大展好書　好書大展
品嘗好書　冠群可期

大展好書　好書大展
品嘗好書　冠群可期

道家養生與生命科學 ⑧

鬼谷子與茅山道派 丹道修真學

蘇華仁　總主編

蘇德仙　李志杰　藍彥嶺　張劍峰　張仲軒　編著

大展出版社有限公司

中國道家內丹養生之道祖師中華民族神聖祖先　黃帝　聖像

中國道家丹道養生祖師老子聖像

中華智聖縱橫家祖師鬼谷子聖像　本像立鬼谷子隱居地河南雲夢山

鬼谷子出生地河北臨漳鹽食村紀念館

鬼谷子生長地山東蒙山水簾洞勝景

鬼谷子丹道弟子茅濛玄孫茅山　道祖茅盈、茅固、茅衷聖像

鬼谷子丹道傳人茅山重要祖師陶弘景

皇帝、老子丹道當代傳人吳雲青坐像

鬼谷子關於
中國道家丹道長壽
修真的精闢論述

真人者，與天為一
內修煉而知之，謂之聖人。
——中華智聖鬼谷子《鬼谷子‧本經陰符七術》

《道德》《陰符》，總明大道之機，
照夜內丹，並是聖人之道。
——中華智聖鬼谷子《天髓靈文》

凡修道之人而內秘真丹也，
故煉心為神，煉精為形，煉炁為命。
——中華智聖鬼谷子《胎息訣》
載中華《道藏‧諸真盛胎神用訣》

謹將本叢書敬獻給

中國道家養生之道集大成者
中華民族神聖祖先黃帝，老子

獻給渴望身心康壽事業成功，天人合一者。

中華聖祖皇帝、老子養生之道禮讚：

浩浩茫茫銀河悠，
浮動蔚藍地球，
造化生人世間稠
生老病亡去，
轉眼百春秋。

皇帝、老子創養生，
度人超凡康壽，
道法自然合宇宙
復歸於嬰兒，
含笑逍遙遊。

——蘇華仁

《中國道家養生與現代生命科學系列叢書》第 2 輯 編委會名單

本叢書所載中國道家丹道修真長壽秘傳師承

1. 吳雲青（1838～1998）

中華聖祖黃帝，老子創立道家丹道修真長壽當代 160 歲傳師，世界著名壽星。（詳況登陸央視四台發現之旅「肉身不腐之謎」）

2. 邊智中（1910～1989）

中國道家華山派丹道修真長壽當代傳師，世界著名生物學家牛滿江道功師父。

3. 李理祥（1893～1996）

中國道家龍門派丹道修真長壽當代百歲傳師，中國當代著名道家醫學傳師。

4. 李嵐峰（1905～1977）

中國道家金山派丹道修真長壽當代傳師，張三豐太極拳與丹道修真長壽當代傳師。

5. 唐道成（1868～1985）

中國道家武當派丹道修真長壽當代 117 歲傳師，中國當代著名道家醫學傳師。

6. 趙百川（1876～2003）

中國道家青城山丹道修真長壽當代 127 歲傳師，中國當代著名長壽老人。

7. 李靜甫（1910～2010）

中國當代華山丹道道醫著名百歲道長、華山道教協會原會長。

《中國道家養生與現代生命科學系列叢書》
總主編蘇華仁簡介

· 蘇華仁與恩師吳雲青1996年合影於西安樓觀台老子說經台

　　蘇華仁道長，道號蘇德仙，20 世紀中葉出生在舉世聞名的《周易》發源地和世界文化遺產殷墟與甲骨文的發祥地——中國古都安陽（古都安陽同時是中華智聖鬼谷子的故鄉）。

　　為追求宇宙天地人大道，年輕時曾雲遊四海、尋真問道，三生有幸於 1980 年被 1998 年 160 歲坐化、至今金剛肉身不壞的世界著名丹道養生老人吳雲青收為入室掌門弟子，精心培養長達十八年。（世界著名壽星吳雲青老人修道養生和坐化肉身不朽情況主要載《人民日報》1980 年 9 月 10 日、中央電視台四台國際頻道「發現之旅」欄目 2010 年 11 月 25 日晚間以「肉身不腐之謎」節目播出，登錄央視網站即可觀看）；蘇華仁道長還曾師從當代道功名師李嵐峰、當代華山道功名家邊智中、

117 歲的丹道高師唐道成、終南山百歲道醫李理祥、青城山127 歲道長趙百川、當代佛門禪宗泰斗虛雲法師弟子九華山佛學院首座法師釋明心、佛門密宗泰斗釋圓照、佛門淨土宗百歲禪師釋淨嚴，有緣學得中國道家內丹與佛家禪修秘傳。

蘇道長曾於 1980 年被中國禪宗祖庭少林寺行正禪師委任為副主持，二人同住一屋。現任中國道教十大名山羅浮山軒轅庵、紫雲洞道長。他將中國道家內丹養生學傳授給海內外有緣的國家、地區和人士，同時用中國道家內丹養生修真學為攻克聯合國公布十七種疑難雜症中的十六種（艾滋病除外）進行了多年探索，取得不少科研成果，康復患者無數，享譽海內外。

蘇華仁道長數十年從事內丹養生修煉，基本上已達先天境界，對各種中國道家內丹養生理論和功法有全面而獨到的精煉解釋。如今，揮手之間，口中金津玉液泉湧無窮，身輕如燕、行走無聲、皮膚已煉至橘子色……是不可多見的理論與實修兼具、有正宗傳承、用生命證明了丹道絕學的當代道家高人。

蘇華仁道長還兼任中國老子道學文化研究會常務理事，中國作家協會河南分會的會員，中國安陽《周易》研究會常務理事，中國珠海市老子道學文化研究會名譽會長，中國珠海市古中醫養生發展研究會會長、新加坡道家養生學會名譽會長等職。

近年來，蘇華仁道長與世界著名易道泰斗唐明邦、董應周和山西科學技術出版社副總編趙志春等同道精心編著《中國道家養生與現代生命科學系列叢書》（共十二冊），蘇道長擔任總主編。本叢書由山西科學技術出版社出版後受到海內外同道好評。書目如下：

1.《老子<道德經>養生之道》
2.《藥王孫思邈道醫養生》
3.《實用道家養生之道與現代生命科學》
4.《太極拳祖師張三豐內丹養生》
5.《<周易參同契>與道家養生》
6.《世界著名壽星吳雲青談中國傳統養生之道》
7.《<黃帝外經>丹道修真長壽學》
8.《<鬼谷子>與茅山道派丹道修真學》
9.《葛洪<抱朴子>道醫丹道修真長壽學》
10.《呂洞賓丹道修真長壽精華》
11.《華山陳摶老祖丹道修真長壽學》
12.《道家南宗丹道修真長壽學》

通訊地址：中國廣東博羅縣羅浮山寶田國際會議大酒店中醫養
　　　　　生理療中心轉軒轅庵　蘇華仁道長收。
郵　　編：516133　　手機：13138387676，13542777234
電子郵箱：su13138387676@163com
公開郵箱：su13138387676@126com　密碼：510315
網　　站：wwwdjystcom
博　　客：http：//blog.sina.com.cn/suhuaren
　　　　　http：//hi.baidu.com／蘇華仁

　　北京愛心中立高文化有限責任公司，是一個專門研究、傳承、創新、傳播經典文化的組織，公司以全真和合論為指導理論，以提升全民文化自覺自信為己任，以健康國民身心為宗旨，以促進和平和諧為目的，秉承傳統，契合當代，弘揚國學經典文化，傳承孝道養老美德，結合傳統工藝精髓，發展身心健康事業。

　　公司目前在北京、河北、山東、甘肅等地共有連鎖店 18 處，公司秉著「誠信合作、互利共贏」的理念誠邀社會文化精英與愛好者共謀發展、共促和諧。

　　電話：010-51811253

　　地址：北京豐台區小屯路 9 號立高大廈

目錄

緒論：中華聖祖黃帝、老子道學與丹道養生修真學傳人鬼谷子頌（詩歌體）

一、中華聖祖黃帝、老子丹道養生禮贊

中華大地出聖仙，故稱神州與赤縣，龍的傳人始黃帝，《史記》《道藏》有記載；

黃帝開創文明源，「平生且戰且學仙」，為求宇宙長生道，拜師廣成崆峒山；

學得大道煉內丹，丹成神龍馭上天，龍的傳人肇於此，黃帝傳道福後代；

著出黃帝《陰符經》，《黃帝內經》《外經》傳，道成「宇宙在乎手」，「萬化生乎身」長安；

黃帝龍馭兩千年，道傳老子降人間，老子丹成度世人，先傳孔子大道開；

爾後西出函谷關，關令尹喜虔誠拜，懇求老子傳大道，老子著出《道德經》；

為傳黃帝內丹道，《老子內丹經》新篇，老子壽高二百餘，喜收弟子鬼谷子；

請看《道教相承錄》，師徒道緣《道藏》載，老子秘傳內丹訣，鬼谷潛心成內丹。

欲知鬼谷子養生，黃帝、老子是道源，細讀《史記》和《道藏》，來龍去脈自明白。

二、黃帝、老子丹道傳人鬼谷子丹道養生禮贊

鬼谷生於漳河岸，時在春秋戰國間，至今留有血板地，殷紅血染兩千年；

長在山東沂蒙山，山中鬼谷村猶在，山頂建有鬼谷殿，鬼谷精神傳萬代；

鬼谷立志學黃帝，功德治世天下安，注解《黃帝陰符經》，自著《陰符本經》篇；

鬼谷修道學老子，千里拜師不畏難，幸為老子門弟子，學成丹道益人天；

煉成出世入世術，隱居雲夢度有緣，孫臏龐涓師鬼谷，《孫臏兵法》萬古傳；

蘇秦張儀學鬼谷，「聯橫合縱」世稍安，尉繚拜師鬼谷子，《武經七書》尉繚傳；

「毛遂自薦」抗強秦，化作成語萬古贊，徐福東渡到日本，道家文化開新篇；

鬼谷學問最貴處，黃老丹道耀坤乾，靜觀中華千秋史，朗朗乾坤尊內丹；

黃帝煉成內丹道，騎龍上天《道藏》載，中華民族龍傳人，黃帝丹道是根源；

老子修成內丹道，壽高二百《史記》載，著出《老子道德經》，「東方聖經」宇宙贊；

鬼谷煉成內丹道，隱居雲夢青山間，著出名著《鬼谷子》，黃老丹訣隱其間；

為讓中華丹道傳，鬼谷擇徒不輕傳，天賜良緣茅濛生，秉性慈悲大智開；

離家千里拜鬼谷，雲蒙山中煉內丹，道成為將大道傳，辭

別鬼谷隱華山；

大道傳至華山中，西岳茅濛洞今在，茅濛玄孫名茅盈，繼承大道隱茅山；

茅盈茅固與茅衷，兄弟三人齊修仙，三人先後都成道，創立道教茅山派；

世人尊為三茅君，茅山大道功德顯，茅山高道歷代出，鬼谷仙師開道源；

三、鬼谷子開源的道教茅山派直承黃帝、老子

靜觀道教茅山派，師承黃帝是根源，平生且戰且學仙，道理丹道道醫全；

功成身退學老子，著書立說傳萬代，入世出世術精湛，山中宰相代代衍；

先育鄭隱師葛玄，鄭隱藏書《道藏》源，葛玄愛孫名葛洪，一代高道古今贊；

著出道典《抱朴子》，羅浮山中煉內丹，丹成羽化入九天，葛洪丹燦今猶在；

留下千古名言傳：「我命在我不在天，還丹成金億萬年。」激勵後人修道緣；

一代書聖王羲之，師友高道名徐邁，書聖五世皆奉道，道潤書法萬古傳；

爾後道傳陶弘景，道德文章合道玄，注解天書《鬼谷子》，又著《真浩》《隱真》篇；

弘景高弟王遠知，道成百歲而童顏，隋煬帝執弟子禮，唐太宗築太平觀；

茅山道傳天台山，司馬承禎道行天，唐朝玄宗稱道兄，為

其建廟王屋山；

司馬著出《坐忘論》，內丹真訣隱其間，鬼谷仙師大慈悲，道傳中華兩千年；

欲學鬼谷丹道訣，中華大地隱其傳，君赴雲夢謁鬼谷，誠登華山尋遺篇；

雲夢華山茅山巔，天台山連王屋山，倘若您能拜名師，方能學得丹訣傳。

道法自然潛心煉，天人合一還成丹，志效黃帝與老子，度己度人益宇寰。

特別附錄：《鬼谷子丹道修真長壽學》
完稿有感致讀者

編書智聖鬼谷子，日閱經史夜間思，而今欣然將完稿，道出甘苦世人知，

緣於智聖鬼谷子，道承黃帝與老子，隱居青山成內丹，辦學又將大道傳，

茅濛徐福為高徒，學得鬼谷道學源，茅濛開出茅山派，奠基中華道教傳，

徐福秦時渡日本，中華道學傳海外，蘇秦張儀與毛遂，學得鬼谷縱橫術，

蘇秦合縱相六國，天下安定好多年，張儀聯橫助秦王，秦皇統一賴其策，

毛遂自薦救趙國，化作成語故事傳，孫臏龐涓尉繚子，鬼谷兵法賴其傳，

《孫臏兵法》譽古今，尉繚兵法入武典，縱觀鬼谷子一生，直承黃帝與老子，

修成丹道成真人，致成中華智聖人，我輩今學鬼谷子，志效黃帝與老子，

學好道學煉內丹，康壽超凡合地天，益己益人益宇寰，不枉此生來人間，

含笑「宇宙在乎手，萬化生乎身」自在，含笑「宇宙在乎手，萬化生乎身」自在。

蘇華仁

此歌作於辛卯正月二十四（公元 2011 年 2 月 26 日）

時在廣東羅浮山軒轅庵

❀第一章❀

《中華智聖鬼谷子評傳》暨鬼谷子傳承中華聖祖黃帝、老子創立的中國道家丹道養生修真學源流

{ ——中華智聖鬼谷子史傳、史跡、民間傳說考錄暨
傳承中華聖祖黃帝、老子道家內丹養生源流考 }

第一節　《中華智聖鬼谷子評傳》寫作緣起及其重要意義

靜觀中華五千年文明史——

根據司馬遷《史記》，中華《道藏》、《雲笈七籤》、《戰國策》、《戰國縱橫家書》等史書記載，同時根據諸多史料和眾多歷史文物考證：鬼谷子是由中華民族神聖祖先黃帝、老子等古之偉大聖哲創立的中國傳統文化主幹：中華道學、中華易學、中華儒學、中華兵學、中華醫學、中華科學、中華縱橫家學等諸多學科的集大成者。

同時，鬼谷子是將上述中國傳統文化落實到具體應用方面的高師與傑出實踐家，其成績卓越、成果斐然。故中國歷史上公認鬼谷子為「中華智聖」。他與「儒聖孔子」、「書聖王羲之」、

「醫聖張仲景」，並稱為「中華四大聖人」。需要特別論及的是鬼谷子是中華聖祖黃帝、老子創立的中國道家內丹養生修真學在中國春秋末、戰國時期的集大成者。

中國古都安陽三教寺李嵐峰道長常引中華古聖哲偈言：「古今一理，萬物一理。」

綜觀當今世界形勢：與中國歷史上的春秋、戰國之際「諸子百家爭鳴」、「諸國縱橫爭雄」的局面有不少相似、相通之處。因此，學習鬼谷子傳承、研究、應用的中國傳統文化精華：中華道學、中華易學、中華儒學、中華縱橫家學、中華兵學、中華天文學、中華風水學、中華教育學、中華醫學等中國傳統文化諸學科，特別是中國道家內丹養生修真學來造福人類，促進歷史發展，更具有深遠的歷史意義與現實意義。

我們要學習研究鬼谷子、發揚鬼谷子學術思想及其應用技術，首先就要研究鬼谷子的一生。

研究鬼谷子的歷史傳記，從中研究其生活的歷史環境、地理環境、人文環境，同時看鬼谷子是怎樣在其特定的生活條件、具體的歷史環境中如何學習應用中華傳統文化，如何成長起來，如何在「諸子百家爭鳴」、諸國縱橫爭雄的形勢中百折不撓，善於處理各種複雜棘手的疑難問題並獲得成功，從而成長為一代中華智聖的。

同時我們還要學習鬼谷子為了使中華傳統文化能夠全面的傳承下去，潛心著書立說，同時辦學培養後人，更要靜心、虛心學習鬼谷子的教學方法。因為在中國歷史上，像鬼谷子一人培養出那麼多傑出人才確實少見。鬼谷子用中國傳統入世學培養出六位著名歷史人物；同時用中國傳統出世學培養出兩位著名道學名家。

鬼谷子培養出三位大軍事家：孫臏、龐涓、尉繚子，特別

是《孫臏兵法》流傳千古，《尉繚子兵法》則被收入中國《武經七書》，與《孫子兵法》、《吳起兵法》、《姜太公六韜》、《司馬法》、《黃石公三略》、《李衛公問對》同時流傳千古。

鬼谷子培養出三位縱橫外交家：蘇秦、張儀、毛遂。這三位均起於布衣之家，憑借自己的縱橫外交智慧流芳百世。需要特別補充的是鬼谷子的學生蘇秦是在距今兩千多年前就倡導合縱，聯合六國抗秦，自己身披六國相印。我們完全可以說：二次世界大戰以後建立的「聯合國」與「歐洲共同體」極有可能受到鬼谷子和其弟子蘇秦的影響。

鬼谷子還培養出兩位中國道學名家茅濛、徐福。這兩位歷史人物雖然在當世不如孫臏、龐涓、尉繚子、蘇秦、張儀、毛遂顯赫一時，名揚諸國，但是這兩位作為繼承鬼谷子學習、繼承的中華聖祖黃帝、老子創立的中國道家文化與中國道家內丹養生之道來看，他們二位在中國的歷史影響可謂深遠矣。

特別值得重視的是茅濛在中國道教史上的巨大影響和徐福在日本的重大影響。故而歷史呼喚我們寫出《中華智聖鬼谷子評傳》。

下面首先讓我們先看看，茅濛向鬼谷子學習中國道家文化和中國道家內丹養生。

根據中華《道藏》、《雲笈七籤·太元真人東岳上卿司命真君傳》、《茅山志》、《華山志》等道典記載：中國道教茅山派開山祖師「三茅真君」茅盈、茅固、茅衷五世祖茅濛，是鬼谷子出世學主要繼承人，史載：「三茅真君」茅盈、茅固、茅衷五世祖高祖父諱濛，字初成，深識玄遠，察覽興亡，知周之衰，不仕諸侯。乃師於北郭北鬼谷先生學道，道成遂隱遁華山，盤桓靈峰，逍遙幽岫，靜念神仙，高抗蕭寥，絕塵人間也。

後至秦始皇 30 年（即公元前 216 年）九月庚子，茅盈高

祖父茅濛，於華山之中乘雲駕龍，白日升天。先是時，其邑謠曰：

> 神仙得者茅初成，駕龍上升入太清。
> 時下元州至赤城，繼世而往在我盈，
> 帝若學之臘嘉平。

秦始皇聞歌謠而問其故，父老具對曰：此仙人之謠，勸帝求長生之事。於是秦始皇忻然乃有尋仙之志，因改臘曰嘉平。

根據上述資料考證：鬼谷子弟子茅濛生活的歷史年代大約在東周末年至秦初（即公元前 380 年～ 216 年之間）。

從以上資料我們可知鬼谷子將中國道學與中國道家內丹養生之道傳授給茅濛，茅濛修成大道的事跡直接影響他的五世孫「三茅真君」茅盈、茅固、茅衷修道與創立中國道教茅山派的人生。這與中國秦、漢之際，漢高祖劉邦之軍師張良十世孫張道陵修道創立中國道教相似相通。故中國魏晉南北朝時期著名山中宰相陶弘景著出的著名道書《真誥》，將鬼谷子與中國道教創始人張道陵並列為上仙之列。

上面我們看完鬼谷子弟子茅濛學道成道，以至影響其五世孫「三茅真君」茅盈、茅固、茅衷，創立中國道教茅山派的事跡。

下面再讓我們看看鬼谷子另一個中國道學弟子徐福的事跡。

根據中華《道藏》、《雲笈七籤·徐福》記載：「徐福，字君房，不知何許人也。秦始皇時，大苑中多枉死者橫道，數有鳥如鳥狀，銜草覆死人面，皆登時活。有司奏聞，始皇使使者集此草，以問北郭鬼谷先生。先生云：是東海中祖洲上不死之草，生瓊田中，一名養神芝，其葉似菰，生不從，一株可活一人。始皇於是乃謂可索得，因訪求精誠道士徐福，發童男童女

各五百人，率樓船等入海尋祖洲，不返，不知所在……」

又根據《史記‧秦始皇本紀》二十八年條目載：「始皇東行郡縣，既已，齊人徐市等上書，言海中有三神山，名曰蓬萊、方丈、瀛洲，仙人居之。請得齋戒，與童男女求之。於是遣徐市發童男女數千人，入海求仙人。」《史記‧淮南衡山列傳》云：「……秦皇帝大悅，遣派男女三千人，資之五穀種種百工而行。徐福得平原廣澤，止王不來。」

而最早明確記載徐福東渡至日本的是五代後周時，義楚義尚撰寫的《義楚六帖》：「日本國亦名倭國，在海中，秦時徐福將五百童男，童女上此國也。」

根據以上歷史資料和有關專家研究：徐福秦時率童男童女到了日本。徐福即日本人尊稱的天皇。詳情請參閱香港史學研究者衛挺先生著《徐福與日本》一書。

第二節　《中華智聖鬼谷子評傳》暨鬼谷子傳承中華聖祖黃帝、老子創立的中國道家內丹養生源流初探

根據上述司馬遷《史記》，中華《道藏》、《雲笈七籤》、《戰國策》、《戰國縱橫家書》等史書記載，中華智聖鬼谷子是中國傳統文化：道學、易學、兵法、天文、地理科學、醫學諸多學科的集大成者。

綜上所述：鬼谷子是一代中國傳統文化高師，中國縱橫家的創始人。鬼谷子生活的歷史年代大約在公元前 450 年～ 280 年之間。

鬼谷子生活在老子後期，孔子之後，莊子、孟子、孫臏之前，大約與墨子、公輸般（魯班）同時。鬼谷子是中華聖祖黃

帝、老子創立的中國道家內丹養生修真學在中國春秋末期戰國初期的傳人，道教茅山派的始祖，同時是秦始皇時率童男童女數千人到日本傳道的徐福的師父。

細觀中華五千年文明史：中華智聖鬼谷子與中華儒聖孔子、中華醫聖張仲景、中華書聖王羲之，同時並稱為中國歷史上的「四大聖人」。綜上所述，於此足見學習研究鬼谷子對我們人生與養生具有不可替代的重要性和實用性。

由於鬼谷子以中國道家隱居修道為指導思想，故他平生大多以隱居山林、修道著書立說、辦學授徒、培養人才、隨緣濟世度人為主，故史書上無他的史傳。至於對他傳承由中華聖祖黃帝、老子創立的中國道家的內丹養生之道源流，只是有些零碎簡單的記載，這實在令人遺憾，實是一樁千古憾事。

好在鬼谷子平生培育出許多知名高徒，其中對中國歷史產生過重要影響的本文上面提到的共有八位，他們分別是（按歷史年代順序為）：孫臏、龐涓、尉繚子、蘇秦、張儀、毛遂、茅濛、徐福。這八位大多史書上有其傳記，故我們可以從他們八位傳記和從與他們同時代的人的傳記、文章之中，折射出鬼谷子輝煌而真實神奇的一生的一部分。

同時，中華《道藏》中有些鬼谷子及其弟子的史料可供我們做十分重要參考使用，恰如中國近代道學巨子陳攖寧論贊《道藏》：「歷代佚亡典籍，猶多附此而存，豈惟道教門庭之光輝，亦是中華文化之遺產。」

三則，由於鬼谷子平生為了學道、修道、隨緣濟世度人，故在中國神州大地留下了不少足跡，還有從出土的文物和有關考古史料之中，為我們探索鬼谷子一生傳略和學習他傳承由中華聖祖黃帝、老子創立的中國道家內丹養生之道提供了極其寶貴、不可替代的資料。

四則，由於鬼谷子兩千多年來，對中國歷史影響深遠不衰，故中國神州大地民間兩千多年來流傳著不少關於鬼谷子記其弟子的傳說，這些民間傳說在下面五個地方較多：

1. 鬼谷子出生地——「古鄴之都」，即今中國古都安陽市北邊 30 公里漳河北岸臨漳縣香菜營鄉谷子村南庵子一帶，此處有鬼谷子王禪宗祠和鬼谷子誕生的南庵子血板地。

2. 鬼谷子生長之地和早年培養出高徒孫臏、龐涓、蘇秦、張儀之地：中國山東沂蒙山一帶。這裡至今仍有千年古村——鬼谷子村。

3. 鬼谷子晚年隱居修道、辦學授徒之地中國河南淇縣雲夢山鬼谷洞。

4. 鬼谷子傳中國道家內丹養生於高徒茅濛、茅濛修道成道之華山。

5. 茅濛五世孫茅盈、茅固、茅衷修道成道開茅山道教之源的茅山。

經過作者多年來對上述史書和上述五地的地理風貌、風土人情、歷史文物實地考證，同時對上述之地流傳的民間傳說學習、梳理、分類，結合當地文物考證，我們大體考證得出鬼谷子生平經歷和鬼谷子傳承由中華聖祖黃帝、老子創立的中國道家內丹養生的源與流如下：

第三節　　鬼谷子誕生在「古鄴之都」

（即今中國古都安陽漳河北岸
臨漳縣香菜營鄉谷子村南庵）

中國歷史進入東周末年的周定王 16 年（公元前 453 年），晉國的三位大臣趙襄子、魏桓子、韓康子三家分晉，中國歷史

春秋時代基本結束，戰國時代基本開始。

待至公元前 403 年，周烈王正式冊封魏、韓、趙為諸侯，中國歷史正式形成秦、楚、齊、韓、燕、趙、魏七國爭雄的局面。

七國之中，魏國國都在安邑（即今中國山西省運城市夏縣一帶），開國國君是魏斯，字獻子，時人稱為魏文侯。魏文侯大約生於公元前 475 年，他公元前 445 年至公元前 396 年為魏王，在位五十年。

魏文侯是位明智君王，他深知魏國的地理環境為「四戰之地」：東與強齊為鄰；南與強楚為鄰；西與強秦和韓國為鄰；北與趙國和燕國為鄰。

魏文侯心裡十分明白：如果魏國國力弱小，他隨時都有被秦、楚、齊、韓、燕、趙吞併消滅。為圖國家長治久安，必須自強不息。當時，魏文侯於公元前 445 年一上任即在七國之中率先施行改革。魏文侯深知：改革的關鍵是人才，而人才要起用本國具有改革才能的人才。同時，引用其他國家自願為魏國效力盡忠的人才。

於是，魏文侯為了魏國強大，師事卜子夏（孔子弟子）、田子方（子貢弟子）、段干木（子夏弟子），同時在國內起用魏國人西門豹與王善，並且引進其他自願來魏國盡忠效力的衛國軍事家吳起守西河，起用李悝（即李克）一同變法改革、奮發圖強。

王善是魏國人，夫人叫王聖仙（乳名叫王春花），家住在魏國最北邊邊境的「古鄴之地」（即今中國河南安陽漳河北岸、河北省臨漳縣香菜營鄉谷子村南庵子）。大約在王善 40 歲那年，即公元前 450～430 年之間，王善夫婦喜得貴子，取名王禪，乳名王詡。後來王禪長大後，先後隱居山東蒙山和河南淇

縣雲夢山等地，自號鬼谷子。

鬼谷子出生時，母親王聖仙其時正在谷子村南庵子茅草地裡幹活，生鬼谷子時胞血甚多，竟染紅了面積約五六平方公尺的茅草地。

令人感到真實神奇的是：自鬼谷子大約於公元前 450~430 年誕生至今二千四百多年來，鬼谷子胞血染紅的四五平方公尺土地的紅色茅草，一年春、夏、秋、冬四季都是紅色的，故當地人將此稱為鬼谷子血板地，並且在血板地旁邊建廟紀念鬼谷子和他的母親王聖仙。

（本文作者特記：作者生長在鬼谷子故里南邊的中國古都安陽市內，距鬼谷子誕生地臨漳縣香菜營鄉谷子村南庵子約 30 公里。

作者曾於 1996 年一年春、夏、秋、冬四季去鬼谷子誕生地南庵子茅草地實地考察，確實親眼看到鬼谷子誕生地的茅草與周圍的茅草地相比呈紅顏色。此歷史現象有待史學家、科學家、道學家、易學家來共同研究。）

基於上述，作者特於 1977 年春夏之交，組織中國、新加坡、馬來西亞等海內外慕道者，特地到鬼谷子出生地遊學，同時資助當地父老鄉親在南庵子血板地蓋廟紀念鬼谷子母子，當地父老為示感激，特立碑紀念此事。

鬼谷子故里谷子村南庵子一帶、除了有鬼谷子出生時胞血染紅的血板地之外，還有鬼谷子王禪宗祠，有鬼谷子故里古碑，更有不少民間傳說，當地文化名人姜福祥、鄧中堂、姜艷梅收集撰寫的《古鄴奇人鬼谷子》和郭孟臣收集撰寫的《鬼谷子故里谷子村》二書供學習和來朝拜鬼谷子故里的人們閱讀。

第四節　鬼谷子成長在中國山東臨沂市　蒙山平邑縣大洼鬼谷子村

王禪長到三歲，魏國發生內訌和戰亂。戰亂中，王善為他的夫人王聖仙和兒子王詡找到一匹白馬，讓他倆向東逃去，王善然後奪路而逃。白馬馱著王聖仙和王禪一直向東逃到山東蒙山地區的平邑縣大洼一個小村莊，被當地村民收留，從此鬼谷子和母親身居異鄉。

在鄉親的大力幫助下，搭起房屋，闢荒種地，好在蒙山中那時沒有戰亂，王聖仙和兒子王禪的日子過得還可以，唯一令王聖仙不安的是丈夫王擅自那日送他們母子倆上了白馬後，竟下落不明、杳無音信。

轉眼間 3 年過去了，王聖仙看到兒子王詡一天一天長大，已到上學年齡，但她一個婦道人家日子過得十分艱苦，哪有錢供兒子上私塾。

為了讓兒子成才，王聖仙就自己一邊做母親照料兒子，一邊做父親到地裡幹活。

鬼谷子的母親同時還擔當起教育兒子讀書成才的重任。由此足見鬼谷子的母親的的確確是一位偉大的、不可多得的母親，故後人尊稱王聖仙為「王老聖母」，在鬼谷子出生地臨漳縣香菜營鄉谷子村南庵子建廟，世世代代時常奉香火果品祀之不已。

第五節　鬼谷子在中國山東蒙山修道，同時傳縱橫家學於蘇秦、張儀、毛遂等人

其根據是司馬遷《史記卷六十九・蘇秦列傳》記載東周洛陽人蘇秦「東師事於齊，而習之於鬼谷先生。」《史記卷七十・張儀列傳》記載：張儀「嘗與蘇秦俱事鬼谷先生學術，蘇秦自以不及張儀。」據此我們可知：鬼谷子生長在山東蒙山，而且在山東蒙山傳縱橫家術於蘇秦、張儀。因為中國春秋戰國的齊國，即今中國山東省。而且山東蒙山之中有鬼谷子的歷史遺跡甚多。

作者特記：2009 年 7 月 2 日和 10 月中旬，本文作者曾兩次應邀專程到山東蒙山考察多日，從親身耳聞目睹中發現山東蒙山一帶有關鬼谷子的遺跡特多，主要有：

一、山東蒙山東麓平邑縣大洼鄉有鬼谷子村

鬼谷子村是蒙山山中的一個千年古村，我到蒙山周圍一打聽，當地男女老幼都知道鬼谷子村。

我到鬼谷子村一看，但見鬼谷子村坐落在雄偉壯麗的蒙山之中，這裡地勢背山面水、景色十分古淳清幽，村中有「鬼谷子講堂」和「鬼谷子洞」遺跡，村中男女老幼都能給我講不少關於鬼谷子的傳說。

其中當地文化名人張立將當地關於鬼谷子王禪的民間傳說收集整理、連同蒙山大地流傳的其他傳說，撰寫了《蒙山的傳說》一書，於 1996 年 10 月，由中國民間文學三套集成編纂委員會出版。

二、王禪祖師殿

在山東蒙山主峰頂上，有一座古道觀，叫雨王廟，廟中專門建有王禪祖師大殿。

我到蒙山主峰王禪祖師大殿一看，但見王禪祖師殿的建築古樸巍峨，海內外來朝拜鬼谷子、給鬼谷子上香的人絡繹不絕。於此足見鬼谷子的影響之大、之遠。

三、鬼谷子王禪修道水簾洞

我到蒙山考察鬼谷子時，發現鬼谷子王禪修道的水簾洞坐落在景色十分古幽、氣勢十分壯觀的懸崖峭壁之下，懸崖峭壁東面竟有一百多公尺長、十分寬廣的瀑布嘩嘩地從懸崖峭壁上直瀉而下，大有李白詩「飛流直下三千尺，疑是銀河落九天」的詩境與詩情畫意。

當地人告訴我：鬼谷子王禪修道古洞就坐落在大瀑布之內，但只有有道德同時與鬼谷子有道緣的人才能進得鬼谷洞。

四、孫臏洞

我到山東蒙山考察鬼谷子遺跡時，親眼看到孫臏洞共有兩處，一處在接近蒙山主峰面南的一個山坡上。這個洞完全是大自然鬼斧神工所為，但見洞周圍古氣森森、白雲裊裊，由於這個洞方位是座西北面東南，背山面水，盡得古之風水之利。我站立在孫臏洞前，情不自禁地遐想當年孫臏在這裡向鬼谷子王禪學習兵法、讀兵法、參悟兵法的一幕幕……

五、龐涓洞

在離孫臏洞不遠處，有一座坐北面南的山峰，在峰頂下行不遠處，有一天然石洞，其洞地勢險峻，當地父老遙指我看：

那是當年龐涓讀兵書戰策的山洞……

第六節　鬼谷子在中國河南淇縣雲夢山修道，創辦以中華道學為綱的軍庠被稱為「中華第一古軍校」，傳兵法於孫臏、龐涓、尉繚子，傳中華道學與丹道養生學於茅濛、徐福等人

　　中國河南省淇縣雲夢山是鬼谷子隱居聚徒講學處之一，他在這裡創辦了被後人稱為「中華第一古軍校」——戰國軍庠，培養出了像孫臏、龐涓、尉繚、蘇秦、張儀、毛遂等一大批軍事家、縱橫外交家，人們稱戰國軍庠是將帥和道家文化名家的搖籃，同時還培養出了中國道家文化與道家內丹養生修真名家茅濛、徐福等高道。

　　雲夢山位於中國河南省淇縣城西南十五公里處，屬太行山東側之餘脈，方圓約 20 平方公里。它由劍繡峰、桃圓峰、龍王峰、子孫峰和玉帝峰等幾個主要山峰組成，主峰海拔 610 公尺。它的西部和北部與太行山脈相連，群峰競立，連綿不斷；東部和南部毗鄰廣闊的平原。

　　山頂部分坡陡崖削，峰石突兀，十分險峻。但山腰以下漸趨平緩，林木繁茂，草莽綿連。在山上俯首近觀，平原上村舍相望，田圃縱橫；登高遠眺，但見雲浮峰馳，霧靄蒙蒙，故而稱作雲濛山，也叫雲夢山。

　　據歷代志書和碑刻記載，雲夢山是鬼谷子「隱居講學處」之一。根據史書記載和民間傳說，戰國初期鬼谷子在鄴地誕生後，隨母親遷至山東蒙山。長大成人後，他雲遊天下，三生有幸拜得中國道家祖師老子為師，經過老子精心培育和鬼谷子自

己刻苦學習,鬼谷子博學多才,成為一代高人,鬼谷子而後隱居在河南淇縣雲夢山,一邊修煉中國道家內丹養生修真大道,一邊創辦了雲夢山軍庠;培養出許多傑出的軍事家、縱橫家、道學家與道家養生家,其中最有名的是孫臏、龐涓、尉繚、蘇秦、張儀、毛遂、茅濛、徐福等,他們的事跡均見載於《史記》、《戰國策》、中華《道藏》等著名史冊之中。所以,人們公認雲夢山戰國軍庠是中華第一古軍校,距今約有 2360 多年的歷史。

20 世紀 70 年代後期,淇縣人民在縣政府的領導下,大力保護文物,弘揚鬼谷子文化,發展旅遊事業。吸引大量資金,修建通往雲夢山的柏油路,在雲夢山每道山梁上栽植松柏樹,並依托山勢建了 100 多個旅遊景點。既整修了鬼谷水簾洞、孫臏洞、捨身台、翠將壇、古兵器館等戰國文化遺跡;又保留了雲夢飛瀑、天書懸崖、山頂、大草原等優美自然風貌。使昔日莽莽荒山變成了景色秀麗的國家 4A 級風景區,平均每年接待旅客數百萬人次。

有關鬼谷子創辦戰國軍庠的歷史文化遺跡集中在雲夢山東南部雲夢山坳和桃圓山頂等處。

雲夢山坳是一條東南至西北走向的山谷,山谷池邇向西為五里峽谷,東部為山間盆地。盆地內有兩大泉水湧流,一曰龍泉,一曰仙泉,兩股泉水匯合成條條澗水形成一座小湖,名曰映瑞池,繼而西流稱為鬼谷清溪。現在,五里峽谷的東部,已移山填谷修建成停車場,迎客鋪店等。

沿石鋪路面向南走 20 多公尺,便是一座寬十公尺的雲夢山門。石坊山門的門楣上鐫刻「中華古軍校」五個大字,朱紅油漆,十分醒目。上首刻「文韜」,下首刻「武略」,相互對稱。門的上方有原新華社社長穆青題寫的「雲夢山」鎦金大

字。走進門，迎面是座「軍壇」，壇通高七公尺，長七公尺，壇上塑有馬拉戰車持鉞武士像。武士頭戴兜鍪，腰懸弓箭，右手持鉞，左手指馬馳向，車上坐一將軍，披風後揚，給人以中華古軍校培養的將士奔赴戰場之感。

在軍壇東面，有一條上山石鋪路面，近百公尺長，路南是旅遊管理處工作人員辦公食宿的二層樓房，路北是崖，山崖上鐫刻有原中共中央副主席李德生將軍題寫的「鬼谷文化，中華瑰寶」，旁邊有幾位著名書法家的題詞。沿路微向東南，有一座「將壇」。壇高五公尺，長六公尺，塑像為將帥牽戰馬扶劍沉思，象徵著中華第一古軍校曾為將帥之搖籃。

從將壇折向南行，有拱捲亭式山門，叫映瑞門。正門為石砌圓拱形，拱上平台建有背歇山重檐回廊小樓，雕飾彩繪，小巧玲瓏。門楣上刻有「迎霞瑞」。兩旁對聯上首書「九霄雲夢遍山野映瑞呈樣」，下首書「千里太行獨此處臥虎藏龍」。進得小山門沿石級而上，西側是山崖，青綠，中間建有平台，上塑鬼谷子騎青牛像。沿一大平台，南邊建有旅遊管理處的紀念品銷售欄杆護圍。人們在登山勞累後，可在這裡稍事休息再登級東南行至山崖邊，回轉西南有石鋪台階上至蘇秦洞、茅濛洞、張儀洞，三個山洞均係天然石洞，經過修整，建有石門，內塑有蘇秦、茅濛、張儀石像。洞前為一狹長東西平台。

在洞前的北側是第一古軍校的宣傳欄，上書「中華第一古軍校。」中華第一古軍校——雲夢山戰國軍庠，為戰國時鬼谷子所建。該平台西部，面東立有石碑一通，上面鐫刻著原國防部長張愛萍將軍題寫的「戰國軍校」。從該平台中部向南登級而上，就到了「鬼谷祠」，明嘉靖四十六年（1567 年）的碑文記載，這裡很古就有了鬼谷祠。因年久失修，早成廢墟，現在的鬼谷祠為 1989 年在原址重修。

鬼谷祠為石牌坊建築，古樸典雅，垂檐斗拱，檐下石面上刻有鬼谷子的傳說，祠門柱石上嵌刻著我國著名書法家張重梅撰寫的楹聯：「鬼谷三卷隱匿天下，兵家七國才出一門。」祠門東側，有一天然洞窟。據傳說，鬼谷子隱居水簾洞時，所騎的青牛在此洞餵養，弟子如有過錯，常在此反省，割草餵牛，自悔其過。現在洞內塑有一青牛，臥地張目，牛角如弓。穿過鬼谷祠坊拾級南上，西邊靠山崖建有「朝歌風光圖片展」二層仿古樓閣。一樓正中有一鬼谷子塑像，四面牆壁有介紹朝歌風光、鬼谷遺跡、名人題詞以及會議照片。

從該樓出門東行，再登級而上，就到了鬼谷子隱居處──水簾洞。水簾洞在雲夢山東段南山崖上，坐南向北。洞口高十公尺，寬六公尺，進深八十多公尺，洞頂鐘乳石千姿百態。中有一泉井，清澈見底。旱時汲水不盡，雨季湧流不息。洞內地面石板上有兩道車轍和牛蹄足跡，從洞內一直延伸到洞外。傳說鬼谷子經常乘牛車從此出入，他的弟子們也用牛車送柴運水，天長日久，就留下了印跡。

清朝順治年間何士琦撰寫《雲夢山遊記》碑刻上，記有：「此山螭怒虬盤，幻異萬狀，水簾一洞尤極幽玄，乃鬼谷先生仙棲之處。」

水簾洞口北邊，靠山崖建有鬼谷亭，亭內塑有鬼谷子站像，右手握竹簡書，左手彎向背後，啟目遠視。從塑像那寬闊的前額、飄灑的鬍鬚、莊重的神態，人們可以體察到鬼谷子聰明睿智、勤奮好學、知識淵博和無私授徒的高貴品格。

這裡是戰國軍庠的制高點，上距山頂約 50 公尺，與入口山門的垂直高度差超過 70 公尺。鬼谷亭北，靠東側山崖有孫臏洞，洞內塑有孫臏像。傳說孫臏是鬼谷子的得意門生，所以他住的洞緊依水簾洞。龐涓洞則在峽谷北山的山腰處，傳說他

在馬陵道自殺後，陰魂歸雲夢，愧對老師和師兄，自己選了無人光顧的荒山洞落腳。毛遂也是鬼谷子晚年的得意門生，毛隧洞在蘇秦、茅濛、張儀等洞的上一層山崖中。

與水簾洞口相對，正北建有古兵器館，裡邊收藏著冷兵器時代的各式各樣兵器。面對那些沉重而又落後的古代兵器，人們不能不嘆服先人們的武功和勇力。

走出雲夢山古軍庠，沿青龍背攀沿而上，就到了雲夢山南山頂，在那兒可到劍繡峰觀星象，也可以到太陽洞看日出；縱目西北可領略演兵嶺上古代兵陣圖的奧秘；緩步北行可以瀏覽南桃園、北桃園山頂草原風光。兩處桃園都是山頂盆地，這裡土層厚植被好。傳說這裡是張儀、蘇秦、毛遂等人演練說服術的地方，也是孫臏、龐涓、尉繚等人種樹勞動的地方。現在這裡有山桃樹數百棵，季春時節，青草吐翠，桃花怒放，迎著習習春風，的確令人心曠神怡。

台灣鬼谷子學術研究會會長混元禪師，十分尊重鬼谷子，他多次率團來雲夢山參觀祭祀鬼谷子，並決定投巨資在南北桃園中間修建鬼谷子紀念祠堂和八卦城。經上級有關部門批准，工程已經開始進行。現在八卦城和後邊的兩座師生樓已經竣工。東峰上的牌樓正日夜地施工。

據淇縣文物旅遊局局長燕昭安介紹：淇縣歷史文化源遠流長，朝歌曾為殷商晚期國都。周武王伐紂，這裡又是決戰之地。西周和春秋時期，朝歌為衛國都城。戰國時期，鬼谷子在雲夢山創為軍庠，培養將帥。經專家學者考證，雲夢軍庠被認定是中華第一古軍校。

解放軍軍事科學院戰略研究部決定將雲夢軍庠作為古代軍事思想研究基地。

1994 年 9 月全國首屆鬼谷子學術研究會在這裡召開，原中

共中央副主席李德生、原外交部副部長符浩等出席。此後有原人大副委員長方毅、中央軍委負責同志劉華清、遲浩田等此題詞。我們要加大工作力度，綠化雲夢，美化雲夢，保護文化遺跡，弘揚鬼谷子文化，使淇縣雲夢山成為豫北大地的一顆弘揚中國傳統文化的璀璨明珠。

第七節　鬼谷子拜師老子學習道家文化與道家內丹養生修真學暨考證詳況

鬼谷子拜師老子學習道家文化與道家內丹養生修真學是鬼谷子成為中華智聖的關鍵所在。同時也是古往今來鬼谷子研究領域爭議較大的問題。故弄清這個問題對研究鬼谷子及中國傳統文化的傳播頗為重要。

為弄清歷史真相：本文作者經過長期查閱諸多歷史資料，而後到中華大地數處鬼谷子修道傳道和生活的歷史遺跡考察，最後終於考證出：

鬼谷子拜師老子學習道家文化與道家內丹養生修真學，主要歷史史料和文物依據，其考證詳情如下：

一、古今偉大史學家司馬遷、道學名家陶弘景、張君房、陳攖寧等人論贊鬼谷子是老子道家學派傳人暨直接師承老子

1.中國西漢偉大的歷史學家司馬遷在其著《史記》中十分明確地肯定鬼谷子的存在，同時肯定鬼谷子是一位傑出的中國道家歷史人物，他在《史記‧蘇秦列傳》中寫道：「（蘇秦）東事師於齊，而習之於鬼谷先生。」他在《史記‧張儀列傳》中寫道：「（張儀）始嘗與蘇秦俱事鬼谷先生學術，

蘇秦自以為不及張儀。」

司馬遷在《史記·太史公自序》評價和贊頌中華聖祖黃帝、老子創立的中國道家時，特引用《鬼谷子》的話講：「聖人不朽，時變是守，道之常也，因之君之綱也。」

2.中國魏晉南北朝著名道學名家陶弘景。陶弘景（公元456年~536年），他編撰的《真業靈位圖》中，把鬼谷子與赤松子、張子房、張道陵等高道同時列為老子道家學派和道教中的真人。

3.中國始於魏晉鄭隱、葛洪，集大成於唐宋元陸靜修、陶弘景、張君房的中華《道藏·道教相承次第錄》中明確記載鬼谷子弟子茅濛是老子丹道第三代傳人，鬼谷子自然是直接老子的第二代傳人。

4.中國明代李杰在其著《道藏目錄詳注》中說：「鬼谷先生，晉平公時人，姓王名詡，不知何許人，受道於老君（即老子）。」

5.持上述觀點的還有五代十國的杜光庭，他在其著《錄異記》中說：「鬼谷先生者，古之真仙也，云姓王氏，自軒轅之代歷於商周，隨老君（即老子）西化流沙，泊周末復還中國，居漢濱鬼谷山，受道弟子百餘人。」上述記載頗有民間傳說味道。眾所周知，對民間傳說不能一概否定，因為其中也有其真實合理的成分。

例如：中國偉大的歷史學家在寫《史記》過程中，曾先後遍遊大江南北，行程數萬里，而廣為收集民間傳說、異聞，從中去偽存真，選出其合理部分，而寫出了被中國近代偉大的思想家、文學家魯迅先生稱為「史家之絕唱，無韻之《離騷》」的《史記》。

因此，我們對杜光庭《錄異記》中其他記載可做研究鬼

谷子的參考史料,而其中:「隨老君(即老子)西化流沙,泊周末復還中國,居漢濱鬼谷山,受道弟子百餘人」的記載恰是鬼谷子是老子弟子的重要研究資料。

6.中國近代道學泰斗陳攖寧肯定鬼谷子是道家人物:《鬼谷子》,漢志不錄。《隋志》入縱橫家,其書有捭闔、反應、內揵、抵巇、飛箝、忤合、揣、摩、權、謀、訣、符言十二篇,又有本經《陰符》七篇。《戰國策》云:蘇秦發書陳篋,得太公陰符,簡練以為揣摩,可知縱橫之學出於太公。而太公當然是道家人物。鬼谷子既服膺太公之學,而自隱其姓名,不欲表現於當世。《史記》又言鬼谷子長於養性治身,是必有味於道家之精意者。蘇秦張儀得其皮毛,已足以玩侯王於股掌,取卿相如探囊,而鬼谷子返敝屣功利,遁跡山林,恬淡自守。觀其書中有云「盛神法五龍,養氣法靈龜」,諸奧語,非深於道者孰能之乎?將其書列入《道藏》,可謂名實相副。

7.中國當代肯定鬼谷子存在是道家人物和鬼谷子師承老子的人物甚多,其中最有代表的是中國台灣的混元禪師:他創立了以崇尚中華民族神聖祖先黃帝、老子開創的中國傳統道家文化為綱,以鬼谷子傳承黃帝、老子文化為用的「唯心宗」宗教,他的弟子——「台灣國立政治大學」黃春枝教授在《中華文化道統‧唯心宗》一書第 105 頁中指出:「鬼谷子姓名王詡(也名王禪),戰國時人,長於養性治身,精通易經、天文、地理、縱橫之學。

鬼谷子思想學說上承易經文化,融合易老思想,以周易的思維與精神,將其思想學說借由教育途徑傳授,並廣泛應用在當時動盪環境中的政治和社會問題的實際解決上。史書上記載最多、最有名、也影響最深遠的是縱橫學說,如司馬

遷《史記》、劉向《說苑》、揚雄《法言》、王充《論衡》等皆推崇鬼谷子是位縱橫家，縱橫家以他為始祖，兵法家更崇奉他的謀略。宋・高似孫在其《子略》一書中，稱鬼谷子為一代之雄。」

二、民國著名史學家俞琰等人考證鬼谷子與墨子（大約生於公元前 468 年，死於公元前 376 年）或同時生活在同一歷史時期

1.「中國民國」年間，俞琰在其著《鬼谷子事略》中確認鬼谷子存在，他經過多方考證後寫道：「總之，鬼谷子年必長於蘇（秦）、張（儀），其為戰國初期人，約在墨翟（墨子）、楊朱之後。〔依據胡適《中國哲學史》，墨子約生於公元前 500 年～490 年，死於公元前 425～416 年。而據古今眾多研究墨子的專家、學者考證：墨子大約生於公元前 468 年，死於公元前 376 年，壽高 93 歲。因為史載墨子大約在公元前 432 年與公輸班（即魯班）〕在楚惠王面前演示攻守城池而設計救宋成功。（按胡適考證墨子生於公元前 500 年，其年墨子已壽高 68 歲恐難其為，如按眾多墨子研究專家學者考證墨子出生於公元前 468 年，其年恰是 36 歲，講他不辭辛苦奔波救宋較為合適。）

楊朱生於公元前 440 年~360 年之間，略先於申不害、商鞅、惠施（申不害約在公元前 358 年至 333 相韓昭王，那麼他約生於公元前 420，死於 337 年。）商鞅說秦在公元前 361 年，死於公元前 338 年，那麼他大約生於公元前 400 年。惠施曾相梁惠王，約生於公元前 380 年，死於公元前 300 年。或與之（指墨子、楊朱）同時，吾人雖不能確定其年歲，要可信此說為最近真。」

俞琰上述，有其合理部分，即鬼谷子「或與之（指墨子、楊朱）同時。」另外俞琰講鬼谷子在墨子、惠施之後：您細考歷史就站不住腳，因為根據《史記・蘇秦列傳》記載蘇秦公元前338年已開始遊說秦惠王，蘇秦其年齡按一個人政治成熟約為40歲左右推理，那麼蘇秦應當出生於公元前378年左右，如果講比蘇秦年長的鬼谷子生於墨子、惠施之後的公元前376年和337年之後，顯然是說不通的。如果講鬼谷子與墨子、惠施同時那還是較為合乎歷史真相的。（而根據鬼谷子修道遺跡中均有孫臏、龐涓修道遺跡，孫臏擒龐涓是公元前353年，因此推理孫臏、龐涓大約出生在公元前393年左右，講鬼谷子生在墨子之後更說不通。況且根據鬼谷子隱居河南淇縣雲夢山，民間有「鬼谷子與墨子智辯潛龍的傳說」，也可作為鬼谷子與墨子生活在同一歷史時代的參考資料。）

2.中國近代學者有不少人贊成上述俞琰觀點，這裡就不一一提及和反駁了。因為在俞琰和中國近代學者眼裡，大多認為鬼谷子生於墨子、惠施之後，或與之同時，鬼谷子師承、受道於老子，持懷疑、否定態度。

三、鬼谷子大約生於公元前 450－430 年之間，仙逝於公元前 270－250 年，其根據與考證始末

本文作者經過長期反覆查閱《史記》、《道藏》、《雲笈七籤》等有關鬼谷子和老子的歷史文獻，然後到中華大地諸多有關鬼谷子和老子歷史遺跡地去考察，反覆論證，終於得出結論：鬼谷子直接師承老子，學習道家文化和道家內丹養生之道。鬼谷子大約出生於公元前450年～430年，死於公元前270～250年左右。其考證與考察過程如下，同時也是「拋磚引玉」，敬請海內外各界熱愛學習和研究老子和鬼谷子文化的人審閱、指

正：

　　1.根據司馬遷《史記》、《道藏》和根據中華大地鬼谷子生活的歷史遺跡考察：鬼谷子後半生主要居住在山東沂蒙山、河南淇縣雲夢山和河南汝陽雲夢山等山中。一邊修煉中華聖祖黃帝、老子秘傳道家內丹養生修真學，一邊辦學培養中國傳統文化人才，其中佼佼者共有八位，依歷史活動和歷史年代而推論他們壽命如下：

　　(1)孫臏為中國大軍事家、孫武後代，傳世有《孫臏兵法》，根據《史記・孫子、吳起列傳》推論（根據一般人成熟年齡在四十歲左右，孔子曰：「四十而不惑。」本文以下歷史人物均按此法推論其生卒年代），孫臏大約生於公元前393年，死於公元前300年，於公元前373年左右拜師鬼谷子學兵法，公元前360年出山，公元前353年，即魏惠王十八年，齊國拜田忌為帥，孫臏為軍師，以「圍魏救趙」計敗魏軍於桂陵（即今河南長垣縣西南），大敗魏軍擒龐涓。

　　(2)龐涓（大約公元前393年~341年），與孫臏同學，二人同事師鬼谷子學兵法，因此推斷龐涓年齡與孫臏相彷彿，大約出生於公元前393年，公元前373年左右師事鬼谷子，根據《史記》、《孫臏兵法・陳忌問答》記載龐涓於公元前341年被以田忌、田嬰為將，孫臏為軍師的「圍魏救趙」大軍大敗於馬陵（即今山東范縣西南，另說在河北大名東南），即自殺，壽命大約52歲。

　　(3)尉繚子（大約出生於公元前380年，死於公元前300年），公元前360年左右師事鬼谷子學兵法，340年應魏惠王聘而入魏國談兵，世傳《中國武經七書》其中有《尉繚子兵法》傳世，《尉繚子兵法》記載：「尉繚子，鬼谷子高弟。」

　　(4)蘇秦（大約生於公元前378年，死於公元前284

年），鬼谷子縱橫學家代表人物之一，著名外交家，根據《史記·蘇秦列傳》記載：蘇秦於公元前 338 年遊說秦惠王不用，於此推斷蘇秦出生大約在公元前 378 年。大約公元前 358 年拜師鬼谷子學縱橫家、外交家。根據《史記》、《戰國縱橫家書》、《中國歷史大事年表》記載，蘇秦死於公元前 284 年，被刺客暗殺於齊國。

(5)張儀（大約生於公元前 378 年，死於公元前 309年），根據《史記》、《戰國縱橫家書》、《中國歷史大事年表》記載：張儀與蘇秦同學，二人大約在公元前 358 年同時師事於鬼谷子學習縱橫家術，張儀於公元前 329 年（即秦惠王 9年）入秦國，公元前 328 年被秦惠王任為丞相，張儀於公元前 309 年（即魏哀王 10 年）死於魏國，大約 70 歲左右。

(6)毛遂（戰國著名外交家、縱橫家，大約生於公元前 300 年，死於公元前 200 年），毛遂大約公元前 280 年拜師鬼谷子，於公元前 260 年做趙國平原君趙勝客卿，公元前 258 年秦國攻趙國都城邯鄲，毛遂自薦，隨平原君趙勝赴楚求救，他據理力爭，以凌厲有力的言辭說服楚孝王派春申君領兵救趙，魏國信陵君竊符救趙，三國聯合抗秦，大破秦軍。

(7)茅濛，根據《道藏·茅濛傳》、《道藏·華山志》、《道藏·太元真人東岳上卿司命真君傳》等史料記載：茅濛大約出生於公元前 350 年，公元前 330 年拜師鬼谷子學中國道家內丹養生修真之道。公元前 216 年（即秦始皇 31 年）在中國華山成道飛升，詳情請看《華山道教》第 59 頁：「茅濛（？～前 216），字初成，陝西咸陽南關人。他性情恬靜豁達，知識博深玄妙，能洞察國家的興衰。算知周朝將要衰亡，就不給王侯做事。常嘆人生如閃電，一晃即過，應審時

度勢，於是投奔雲蒙山鬼谷子門下，修煉長生不老之術。後來到華山隱居，寄情於西岳奇險峻秀的山水景色，逍遙在幽靜的山穴仙窟，斷絕了塵世的一切往來專心修道，於秦始皇31年（即公元前216）九月庚子在華山乘龍駕雲升仙而去。在此之前，咸陽城中流傳著一首歌謠：

> 神仙得者茅初成，駕龍上升入太清。
> 時下元州至赤城，繼世而往在我盈，
> 帝若學之臘嘉平。

　　這裡的臘是指冬至後遍祭百神的一種儀式，非常隆重，吏民百姓都要暢飲飽食。秦始皇聽到這件事後，萌發了尋找聖仙的想法，就在秦始皇31年（前216）12月改臘月為嘉平。後來，茅濛的五世孫茅盈在江蘇句榮縣句曲山修煉，果然修煉成仙，被封為東岳泰山神君上卿司命真君。後人為紀念茅盈，將句曲山改名為茅山。今華山朝陽峰東南盡處的三茅洞相傳即為茅濛隱身修道之地。」

　　(8)徐福，根據《史記・秦始皇世家》、《道藏・徐福傳》記載：徐福大約生於公元前300年，死於公元前200年之間，大約於公元前280年拜師鬼谷子學習中國道家內丹養生修真之道。徐福曾於公元前209年（即秦始皇37年）被秦始皇派入海求仙藥到日本而不返（詳情在《雲笈七籤・徐福傳》第681頁）：「徐福，字君房，不知何許人也。秦始皇時，大苑中多枉死者橫道，數有鳥如烏狀，銜草覆死人面，皆登時活。有司奏聞，始皇使使者齎此草，以問北郭鬼谷先生。先生云：是東海中祖洲上不死之草，生瓊田中，一名養神芝，其葉似菰，生不叢，一株可活一人。始皇於是乃謂可索得，因訪求精誠道士徐福，發童男童女各五百人，率樓船

等入海尋祖洲，不返，不知所在。逮沈羲得道，黃老遣福為使者，乘白虎車、度世君司馬生乘龍車、侍郎簿延乘白鹿車，俱來迎。」

綜上所述：根據以上對鬼谷子八位弟子孫臏、龐涓、尉繚子、蘇秦、張儀、毛遂、茅濛、徐福生卒年月及其壽命的考證，作為最早為鬼谷子弟子孫臏、龐涓大約出生於公元前393年，而作為孫臏、龐涓師父的鬼谷子，自然其年長。而根據中國傳統慣例，師父一般會比弟子大 30～60 歲計算，我們推論出鬼谷子出生年代自然應該為公元前 450～430 年之間是比較合理的。

而鬼谷子八位弟子：茅濛大約生於公元前 380 年，在中國華山成道時為公元前 216 年；徐福大約生於公元前 300 年，卒於公元前 200 年，公元前約 280 年拜師鬼谷子，據此我們推斷鬼谷子大約死於公元前 270～250 年左右，是比較合理的。

最後我們考證結論：鬼谷子大約出生 450～430 年，大約死於公元前 270～250 年，壽高 160 歲~180 歲左右，與出生於公元前 468 年，死於公元前 376 年的墨子大約生活在同一歷史時期。

四、與鬼谷子生活在同一歷史時期的墨子及其師承老子養生之道的考證

我們根據上述公認為學習與研究中國歷史重要資料：《史記》、《道藏》、《雲笈七籤》、《中國歷史大事年表》、《戰國縱橫家書》等史書，對史載為鬼谷子八位弟子的考證，得出鬼谷子與中國春秋戰國墨家代表人物墨子基本上生活在同一歷史時期的結論。因此，進一步弄清墨子生活的歷史年代是弄清鬼谷子生活歷史年代的一個重要環節。

由於史書記載墨子的活動較鬼谷子為多，因此墨子生活的歷史年代較鬼谷子好探尋，因為《中國歷史大事年表》記載墨子曾於公元前432年，為了救宋國，而急奔即將要進攻宋國的楚國國王楚惠王面前，以理勸楚惠王停止攻宋，同時又在楚惠王面前與主張攻宋的公輸班進行攻城演練而成功，致使楚國停止進攻宋國。

　　許多歷史學家據此推斷出墨子生活的歷史時期如下：

　　1.大多研究墨子的專家學者考證墨子生於公元前468年，死於公元前376年，壽高93歲。墨子救宋國時約為36歲左右。

　　2.中國西漢偉大史學家司馬遷《史記‧孟子荀卿列傳》記載：「蓋墨翟，宋之大夫，善守禦，為節用。或曰並孔子時，或曰在其後。」我們知道孔子生於公元前551年，死於公元前478年，如墨子生於孔子之後，諸多史學家講墨子生於公元前468年，死於公元前376年與司馬遷之說是相符的。

　　3.根據中國晉代著名道學名家葛洪所著《抱朴子‧遐覽》和葛洪著《神仙傳‧墨子》和中國《道藏》、《雲笈七籤》中有「墨子閉氣行氣法」等史料記載：墨子晚年至八十二歲看破紅塵即入山修道而康壽超凡，至漢武帝時仍健在人間，而且看上去猶如六十歲人，漢武帝聞之遂遣使請墨子出山被謝絕。其詳情請看後附葛洪著《神仙傳‧墨子》。

　　漢武帝生卒年月，根據司馬遷《史記》和班固《漢書》與沈起煒著《中國歷史大事年表》記載：漢武帝生於公元前156年，死於公元前87年，壽高71歲。

　　綜上所述：如依眾多墨子研究的專家學者考證墨子生於公元前476年，而據葛洪《神仙傳‧墨子》記載：墨子在漢武帝

時代尚健在人間，那麼墨子的年齡至少在 380 歲之多。

關於墨子修道史跡可見於葛洪《抱朴子》、《神仙傳》，同時《道藏》中有墨子修道的具體方法「墨子閉氣行氣法」，從中我們可知墨子修的道是老子傳下來的十分珍貴的方法，具體如下：

老子曰：長生之道，唯在行氣養神，吐故納新，出玄入玄，呼吸生門，其身神不使去，人即長生也。玄者有上下，謂鼻中、口、陰也。鼻、口、陰，亦謂之生門矣。

老子曰：生不再來，故遵之以道。道者氣之寶，寶氣則得道，得道即長生矣。神者精也，寶精則神明，神明則長生。氣行之則為道也，精存之則為寶也。行氣名煉氣，一名長息。其法正偃臥，握固，漱口咽之三。日行氣，鼻但納氣，口但出氣，徐縮鼻引之，且莫極滿，極滿者難還。初為之時，入五息，已一息，可吐也。每口 吐氣欲止，輒一咽之，乃復鼻內氣，不爾者，或令頻。凡內氣則氣上升，吐氣則氣下流，自覺周身也。行氣常以月一日盡十五日，念令氣從手十指出；十六日盡月晦，念氣從足十指出。若行之能久，自覺氣從手足通？則能閉氣不息，便長生矣。

凡欲行氣，先安其身而和其氣，無與意爭，若不安和，且止，和乃為之，常守勿倦也。氣至則形安，形安則鼻息，鼻息則調和，調和則清氣來，至清氣來至則自覺，自覺則形熱，形熱則汗出，且勿使起，則安養氣，務欲其久。當去忿怒愁憂，忿怒愁憂止則氣不亂，氣不亂則正氣來至，正氣來至則口內無唾，而鼻息微長，鼻息微長則五臟安，五臟安則氣各順其理，百病退去，飲食甘美，視聽聰明，形體輕強，可長生矣。

夜半至日中為生氣，從日中至夜半為死氣。當以生氣時正偃臥，瞑瞑目握固，閉氣息，於心中數至 200，乃口吐出之，

日增數。如此身神具，五臟安。能閉氣數至 250，即絳宮神守泥丸，常滿丹田，數至三百，華蓋明，目耳聰，舉身無病，邪不復干，玉女使令司命著生籍矣。

據上述史料考證：墨子大約出生於公元前 468 年，死於公元前 376 年或以後的歷史歲月。此正好是老子生活的晚期，我們再細讀上述「墨子閉氣行氣法」，其中全講的是老子秘傳的中國道家內丹養生修真學。

綜上所述，我們以理推斷：墨子也像鬼谷子那樣，完全有可能直接師承老子學習中國道家內丹養生修真學。

第八節　根據《史記·老子傳》和中華《道藏·道教相承次第錄》等史料，得出鬼谷子直接師承老子學習道家文化與丹道養生修真的結論

鬼谷子直接師承老子學習道家文化與道家內丹養生修真史實依據主要有三：

一、根據司馬遷《史記·老子韓非子傳》等史料：老子生於公元前 571 年，至公元前 371 年之後健在，莫知其所終。

中國偉大的史學家生活在西漢中期的司馬遷（出生於公元前 145 年，約死於公元前 86 年）所著《史記·老子韓非子列傳》記載：「蓋老子百有六十餘歲，或言二百餘歲，以其修道而養壽也。」「莫知其所終。」眾多歷史學家根據眾多有關老子的資料考證後確認：老子生於公元前 571 年。

那麼據上述司馬遷《史記·老子韓非子列傳》所記載：老子在公元前 400 年乃至公元前 371 年和此後歷史歲月裡老子尚健在人間，「莫知其所終」。

二、根據司馬遷《史記》、《道藏》等史料考證出：鬼谷子大約出生在公元前 450~430 年，死於公元前 270 年~250 年。

我們根據司馬遷《史記》、《道藏》等史料考證出鬼谷子生於公元前 450 年~430 年，死於公元前 270 年~250 年左右，因此得出鬼谷子拜公元前 400 年乃至公元前 371 年和此後歷史歲月里尚健在人間的老子為師的結論。

三、從中國古代《道藏・道教相承次第錄》中明確考證出鬼谷子是老子丹道第二代傳人。因其是鬼谷子直接師承老子關鍵性資料特別重要，故今將全文收錄於後，請海內外同道共賞鑒。

一、《史記卷六十三・老子列傳》

原著：司馬遷（中國偉大史學家）

注釋：陳攖寧（中國道教協會老會長）

《老子傳》原文：

老子者，楚苦縣（今中國河南省鹿邑縣）、厲鄉、曲仁里人也。名耳，字聃。姓李氏（此從古本《史記》；今本《史記》云：姓李氏，名耳，字伯陽，謚曰聃），周守藏室之史也（管藏書室的史官）。孔子適周，將問禮於老子。

老子曰：「子之所言者，其人與骨皆已朽矣，獨其言在耳。且君子得其時則駕（駕，是乘馬車而行），不得其時則蓬累而行（蓬。沙磧上轉蓬也，累。轉行貌。言人不得志，則生活如飄蓬。流轉無定所）吾聞之，良賈（賈，音古。良賈即會做生意的商人）深藏若虛，君子盛德，容貌若愚。去子之嬌氣與多欲，態色淫志（態色即不自然的態度，淫志即過高的志願），是皆無益於子之身。吾所以告子，若是而已。」

孔子去，謂弟子曰：「鳥吾知其能飛，魚吾知其能游，獸

吾知其能走。走者可以為矰（矰，即射鳥之箭）。至於龍。吾不知其乘風雲而上天，吾今日見老子，其猶龍耶。」

老子修道德。其學以自隱無名為務。居周久之（東周建都在洛邑，即今中國河南省洛陽市）。見周之衰，（乃）遂去，至關（即函谷關，在中國河南省三門峽靈寶縣西南），關令尹喜曰：「子將隱矣，強為我著書」（你自己雖不願著書，請你勉強為我作一部書）。於是老子乃著書上、下篇，言道德之意五千餘言，而去，莫知其所終。

或曰；老萊子亦楚人也。著書十五篇。言道家之用，與孔子同時云。（《漢書‧藝文志》有《老萊子》十六篇，列於道家）。

蓋老子百有六十餘歲，或言二百餘歲，以其修道而養壽也。

（關於老子年齡一事，我們不必懷疑。今世人活到 100 多歲的還常有，他們多是普通勞動人民。不是專門修養家。老子精於修養之術，二百餘歲並非不可能。）

自孔子死（孔子死於公元前 479 年）之後 129 年（當做105 年），而史記周太史儋見秦獻公曰：「始秦與周合而離，離五百歲而復合，合 70 歲而霸王者出焉」（周本紀作 17 歲，秦本紀作 77 歲，此處又作 70 歲，數目字必有錯誤）。或曰：「儋即老子」。或曰：「非也。」世莫知其然否。

老子，隱君子也。老子之子，名宗（第二代），宗為魏將，封於段干（魏國地名）；宗子注（第三代），注子宮（第四代）。宮玄孫假（第八代）；假仕於漢孝文帝，而假之子（第九代）為膠西王（音昂、）太傅（膠西，國名；太傅，官名）。因家於齊也。（漢朝的膠西國，即今山東膠縣高密縣等地。老子後裔因為在此處做官；所以就住家於此。）（山東省本是古之齊國，故曰：家於齊。）

世之學老子者則絀儒學（絀，同黜，排斥之意），儒學亦

絀老子，道不同不相為謀，豈謂是邪？李而無為自化，清靜自正。

太史公曰：老子所貴道，虛無，因應變化於無為，故著書辭稱微妙難識，皆道德經原意，而老子深遠矣。

二、《道藏・道教相承次第錄》

謹按《雲台治中內錄》言：太上老君（即老子）傳授《雲台正治官圖》，《治山灶鼎》等得四十一代相承。具人名代數如後：第一代老君，老君火山大丹治法（即中國道家內丹養生修真之道）傳授三百人。唯三人系代：（王方平、尹喜、徐甲）。

第二代王君（王君授 30 人。唯三人系代：茅濛、茅盈、章震）。

第三代章震（震授 17 人。唯二人系代：若士、李夫人名仙）。

第四代若士（士授 52 人。唯三人系代：李元君、白石先生、李常存）。

第五代李元君（元君授 72 人。唯二人系代：王子喬、許述成）。

第六代諸仙別傳分散，世絕系治官氣並治名。老君念於志學之子，再下平蓋山，授張陵為雲台治，火芝火仙之經、方術變化、長生不死之藥、登升雲天之道。敕陵為第六代道之外孫，而東海小童君為陵保舉，師太上老君為度師，度雲台治。封陵為天師（天師授 300 人。唯三人系代行治：張申、王升、李忠）。

第七代張申（申授 33 人。唯三人系代，行傳治法：李仲春、李意期、李玄）。

第八代李仲春（仲春授 15 人。唯二人系代：李少君、魏

伯陽）。

第九代李少君（少君授 90 人。唯二人系代：欒巴、李常存）。

第十代欒巴（巴授 5 人。唯二人系代：陰長生、李宙先）。

第十一代陰長生（長生授 8 人。唯二人系代：張景霄、王萬緝）。

第十二代張景霄（景霄授 5 人。唯一人系代：劉馮）。

第十三代劉馮（馮授 5 人。唯一人系代：劉政）。

第十四代劉政（政授 5 人。唯二人系代：孫博、嚴光）。

第十五代孫博（博授 3 人，無可代者。乃入林屋山中，合龍虎大丹而升天。治法遂絕）。

太上老君命李仲甫出神仙之都，以法授江南左慈，字元放，故令繼十六代為師相付。（元放授 80 人。唯三人系代：介象、嚴光女、李佗）。

第十七代介象（介象授 40 人。唯五人系代：李延、張授、萬葛卿、阮玉、李用）。

第十八代李延、介談（延、談授 18 人。唯一人系代：劉景）。

第十九代劉景（景授 4 人。唯一人系代：東海郭延）。

第二十代東海郭延（延授 30 人。唯一人系代：靈壽光）。

第二十一代靈壽光（壽光本外國人。授十八人。唯一人系代：何述）。

第二十二代何述（述授 10 人。唯一人系代：羅先期）。

第二十三代羅先期（先期授 20 人。唯二人系代：甘季仁、甘孝先）。

第二十四代甘孝先（孝先授 51 人。唯一人系代：石帆公）。

第二十五代石帆公（帆公授 19 人。唯一人系代：宮戶。

一云宮中用，字也）。

第二十六代宮戶（戶授 80 人。無可傳者，治法遂絕。戶入南岳及天台山，經 85 年。世絕仙人，正道不繼）。老君念其功修之徒，再降廬山，敕左元放授施存、葛玄，令繼代為仙官世祖，師傳仁人者也。

第二十七代施存（存授 70 人。但皆是仙耳。唯同學葛玄繼代）。

第二十八代葛玄（玄授 19 人。唯三人系代：張秦、仇真、李用別出）。

第二十九代尹思（太上老君差紫衣使者下命於廬山，授五人更二人。尹思、尹軌系代傳治。思授 70 人。唯二人系代：女子樊忠和、韋義山）。

第三十代尹軌（軌授 19 人。唯一人系代：女仙李元一）。

第三十一代女仙樊忠和（忠和授 2 人。唯一人系代：劉綱東陵母）。

第三十二代女仙李元一（元一授 40 人。無人可傳，治法代絕）。

第三十三代劉綱（綱，樊夫人弟子。雖居官治，又其夫也，治法後絕）。

第三十四代張秦（秦，葛玄弟子。玄見其代絕，乃再令秦授 11 人。唯一人系代：王列）。

第三十五代王列（列授 9 人。唯二人系代：許遜、胡少真）。

第三十六代許遜（遜授 100 人。而無人可授，系代又絕。遜升天後兩代，人民征伐，真志不傳）。

老君敕使三人於天台山，令葛玄傳鄭思遠，系 37 代（思遠授 19 人。唯二人系代：葛洪、李淳風）。

第三十八代李淳風（淳風授 40 人。唯四人系代而未傳授。二人者：李道興、李靖。後又隱於房公之山，一百年後，出授張常存、李太虛、李惠舉，同太師神等四人）。

第三十九代李惠舉、張常存而各分代傳授，皆稱三十九代孫（惠舉授 30 人。唯三人可代：李保真、白玄中、李太昌。張常存授三十七人。唯三人願系代：孫張真、應真、孫道用）。第四十代李保真（保真授二十四治一百人。唯二人系代：林通元、李德仁）。

第四十一代林通元。

從上述《道藏・道教相承次第錄》我們可知鬼谷子是直接師承老子和傳承中國道家內丹養生修真之道的，其原因如下：

1.根據《道藏・太元真人東真上卿司命真君傳》明確記載中國道教茅山派開山祖師三茅真君：茅盈、茅固、茅衷的高祖茅濛是鬼谷子的親傳弟子，上述《道藏・道教相承次第錄》記載：茅濛是中國道家祖師老子秘傳中國道家內丹養生修真之道第三代傳人，據此可知鬼谷子是直接師承老子，親自向老子學習中國道家內丹養生修真之道無疑，他是老子丹道第二代傳人，鬼谷子與尹喜、徐甲應同是老子門內的師兄弟。（故鬼谷子能寫出《關令尹喜內傳》）

2.《道藏・道教相承次第錄》記載：老君（即老子）火山大丹治法（即中國道家內丹養生修真之道）傳授 300 人。唯三人系代：王方平、尹喜、徐甲。

第二代王君（王君授三十人。唯三人系代：茅蒙、孫盈、章震）。

據上述可知，第二代王君即是鬼谷子，因鬼谷子姓王名詡（世稱王禪老祖），而寫在尹喜、徐甲名字之前的王方平實是王詡或王禪之誤，因為《道藏》和葛洪《神仙傳》有王方平傳記，

第一章　《中華智聖鬼谷子評傳》暨鬼谷子傳承中華聖祖黃帝、老子創立的中國道家丹道養生修真學源流

其中明確記載：王方平是東漢人，曾舉孝廉，後棄官入山修道，至孝桓帝曾邀入皇宮問道，詳情請看後附《道藏・王方平傳》，而尹喜、徐甲才是春秋戰國時人。（為使讀者清楚我們考證始末，我們將特尹喜、徐甲及王方平傳附後，供大家學習、研究）

三、《道教大詞典・尹喜傳》

據《史記》和《道教大詞典》記載：

尹喜，字公度，周朝天水人，周康王拜為大夫，為函谷關守令。一日，見紫氣東來，吉星西行，預感必有先聖經過，於是前往，迎老子到函谷關，執弟子禮，請求至道，老子遂寫《道德經》授之，後有《文始經》亦名《關尹子》傳世。

四、鬼谷子著《關令尹喜內傳》中含徐甲事跡

徐甲傳記請看鬼谷子著《關令尹喜內傳》，內記徐甲曾隨老子西出函谷關。

五、《道藏・王方平傳》

王方平，[1] 東海人也。[2] 舉孝廉，除郎中，稍加至中散大夫，[3] 博學五經，尤明天文圖讖，識河洛之要，逆知天下盛衰之期，九州吉凶，觀諸掌握。[4] 後棄官入山修道，道成，漢孝桓帝聞之，連徵不出，使郡牧逼載，以詣京師，[5] 低頭閉口，不肯答詔。乃題宮門扇板四百餘字，皆說方來之事，帝惡之，使人削之，外字始去，內字復見，字墨皆徹入板裡。[6]

方平無復子孫，鄉里人累世相傳共事之。同郡故太尉公陳耽，為方平架道室，旦夕朝拜之，但祈福消災，不從學道。[7]方平在耽家四十餘年，耽家無疾病死喪，奴婢皆然，六畜繁

息，田蠶萬倍，仕宦高遷。〔8〕後語耽云：「吾期運將盡，當去，不得復停，明日日中，當發也。」〔9〕至時，方平死，耽知其化去，不敢下著地，但悲涕嘆息曰：「先生捨我去耶，我將何怙？」〔10〕具棺器，燒香，就床上衣裝之，至三日三夜，忽失其尸，衣帶不解，如蛇蛻耳。

方平去後百餘日，耽亦死。或謂耽得方平之道化去，或謂方平知耽將終，委之而去也。其後，方平欲東之括蒼山，過吳，往胥門蔡經家。〔11〕

經者，小民也，骨相當仙，方平知之，故往其家。遂語經曰：「汝生命應得度世，故欲取汝以補仙官，然汝少不知道，今氣少肉多，不得上升，當為尸解耳。尸解一劇須臾，如從狗竇中過耳。」〔12〕告以要言，乃委經去後，經忽身體發熱如火，欲得水灌，舉家汲水以灌之，如沃焦石。〔13〕似此三日中，消耗骨立，乃入室以被自覆，忽然失其所在。〔14〕視其被中，唯有皮頭足具，如蟬蛻也。〔15〕去十餘年，忽然還家，去時已老，還更少壯，頭髮還黑。語其家云：「七月七日，王君當來過，到其日，可所作數百斛飲食，以供從官。」乃去。〔16〕到期日，其家假借盆甕作飲食數百斛，羅列復置庭中。

其日方平果來，未至經家，則聞金鼓簫管人馬之聲，比近，皆驚，不知何等。〔17〕及至經家，舉家皆見方平，著遠遊冠，朱服虎頭鞶裳，五色綬帶劍，少鬚，黃色，長短中型人也。〔18〕乘羽車，駕五龍，龍各異色，麾節幡旗，前後導從，威儀奕奕如大將軍也。〔19〕有十二五百士，皆以蠟蜜封其口，〔20〕鼓吹皆乘麟，從天上下，懸集，不從人道行也。〔21〕既至，從官皆隱，不知所在，唯見方平坐耳。須臾，引見經父母兄弟，因遣人召麻姑相問，亦莫知麻姑是何神也。〔22〕言方平敬報，久不在民間，今集在此，想姑能暫來語否？有頃，信還，

〔23〕但聞其語，不見所使人也。答言：「麻姑再拜，比不相見。忽已五百餘年，尊卑有序，脩敬無階思念，〔24〕煩信承來，在彼登當傾倒，而先被記當案行蓬萊，〔25〕今便暫住，如是當還，還便親覲。願未即去。」〔26〕如此兩時間。〔27〕麻姑來，來時亦先聞人馬之聲，既至，從官當伴於方平也。

麻姑至，蔡經亦舉家見之。是好女子，年十八九許，於頂中作髻，〔28〕餘髮散垂至腰，其衣有文章而非錦綺，光彩耀日，不可名字，皆世所無有也。〔29〕入拜方平，方平為之起立。坐定，召進行廚，皆金玉杯盤無限也，〔30〕餚膳多是諸花果，而香氣達於內外，擘脯而行之松栢炙，云是麟脯也。〔31〕麻姑自說：「接待以來，已見東海三為桑田，向到蓬萊，水又淺於往昔，會時略半也，豈將復還為陵陸乎。」〔32〕方平笑曰：「聖人皆言，海中行復揚塵也。」麻姑欲見蔡經母及婦姪，時經弟婦新產數十日，麻姑望見，乃知之曰：「噫，且止，勿前。」〔33〕即求少許公尺至，得公尺，便以撒地，謂以公尺祛其穢也，視公尺皆成真珠。方平笑曰：「姑故少年也，吾老矣，不喜復作此曹輩狡獪變化也。」〔34〕方平語經家人曰：「吾欲賜汝輩酒，此酒乃出天廚，其味醇釀，非俗人所宜飲，飲之或能爛腸，今當以水和之，汝輩勿怪也。」〔35〕乃以一升酒合水一斗，攪之，以賜經家人，人飲一升許，皆醉。良久，酒盡，方平語左右曰：「不足復還取也。」以千錢與餘杭姥，相聞求其酤酒。〔36〕須臾信還，得一油囊，酒五十斗許，信傳餘杭姥答言，恐地上酒不中尊者飲耳。又麻姑手爪不如人爪形，蔡經心中私言，若背大癢時，得此爪以爬背，當佳也。〔37〕方平已知經心中所言，即使人牽經鞭之，曰：「麻姑，神人也，汝何忽謂其爪可以爬背耶？」便見鞭著經背，亦不見有人持鞭者。方平告經曰：「吾鞭不可妄得也。」

經比舍有姓陳，失其名字，嘗罷尉。[38] 聞經家有神人，乃詣門叩頭乞拜見，於是方平引前與語，此人邊乞得驅使，比於蔡經。方平曰：「君且起，可向日立。」方平從後視之曰：「噫，君心不正，影不端，終不可教以仙道，當授君地上主者之職。」臨去以一符並一傳著小箱中，[39] 以與陳尉，告言：「此不能令君度世，止能令君竟本壽，壽自出百歲也，可以消災治病，病者命未終，及無罪犯者，以符到其家，便癒矣。若有邪鬼血食作禍者，帶此傳以來社吏，當收送其鬼。[40] 君心中亦當知其輕重，臨時以意治之。」陳尉以此符治病，有效事之者數百家，陳尉壽 111 歲而死，[41] 死後，其子孫行其符，不復效矣。

方平去後，經家所作飲食數百斛，在庭中者悉盡，亦不見人飲食之也。經父母私問經曰：「王君是何神人？復居何處？」經答曰：「常治崑崙山，往來羅浮山括蒼山，[42] 此三山上，皆有宮殿，宮殿一如王宮，王君常任天曹事，[43] 悉關王君，王君出時，或不盡將百官，惟乘一黃麟，將士數十人侍，每行，常見山林在下，去地當數百丈，所到，山海之神皆來奉迎拜謁，或有千道者。」後數年，經復暫歸家，[44] 方平有書與陳尉，真書廓落大而不工。[45] 先是無人知方平名遠者，起此，乃因陳尉書知之。其家於今，世世存錄王君手書及其符傳於小箱中，[46] 秘之也。

 注釋

〔1〕本條自「經者小民也……」以下內容，籤本另析為「蔡經」一條，然體例及內容皆不足以單成一條，又二條情節牽連，難以剖分，故仍遵庫本，合為一條，然在條目後復增「蔡經」二字以折中之。

〔2〕東海：治郯，今山東郯城縣。一說治京口，今江蘇鎮江；一說治安流，今江蘇連雲港。

〔3〕舉孝廉：舉，舊時以科考取士之稱，亦指赴試或考中。按：本文中主人公是漢代人，漢代孝廉是在各郡國所屬吏民中薦舉。孝廉：漢代選舉官吏的兩種科目名。孝指孝子；廉指廉潔之士。漢武帝元光元年初，令郡國舉孝廉各一個。後來合稱孝廉。

除郎中：授官郎中。除，拜官授職。郎中，官名。屬郎中令（後改光祿勛），管理車、騎、門戶，並內充侍衛，外從作戰，初分為車郎、戶郎、騎郎三類，長官設有車戶騎三將，其後類別逐漸泯除。

稍：逐漸。中散大夫：省稱中散。參與議論政事，無固定名額。

〔4〕五經：儒家五部經典，即《易》、《尚書》、《詩》、《禮》、《春秋》。

天文：日月星辰等天體在宇宙間分布運行等現象。古人把風、雲、雨、霧、霜、雪等地文現象也列天文範圍。

圖讖：即「讖書」，是巫師或方士製作的一種隱語或預言，作為吉凶的符驗或徵兆。《後漢書・光武帝紀》上：「宛人李通等，以圖讖說光武云：劉氏復起，李氏為輔。」李賢注：「圖，河圖也；讖，符命之書。讖，驗也。言為王者受命之徵驗也。」

河洛：《河圖洛書》的簡稱。《易・繫辭》上：「河出圖，洛出書，聖人則之。」傳說伏羲氏時，有龍馬從黃河出現，背負「河圖」；有神龜從洛水出現，背負「洛書」。伏羲根據這種「圖」、「書」畫成八卦，就是後來周易的來源。

逆：預先猜度。九州：傳說中我國中原上古行政區劃。起於春秋、戰國時代。說法不一。《書・禹貢》九州為冀、兗、

青、雍、徐、楊、荊、豫、梁、雍。《爾雅・釋地》九州無徐、梁，有幽、營。

〔5〕籤本無「後棄官入山修道」諸字，今依庫本抄。漢孝桓帝：名劉志，147~167 年在位。郡牧：官名。一郡的軍事長官。

〔6〕徹：通，傳，透。

〔7〕太尉：官名。掌管軍事。架：原意為搭起，這裡即修建的意思。

〔8〕六畜：牛、馬、羊、豬、狗、雞。息：增長。

〔9〕期運：運氣，氣數。

〔10〕怙：「怙」庫本原作「如」，今據籤本改。依靠之意。化：死。

〔11〕括蒼山：在浙江省青田縣西北三十五公里處。山上的石門洞為道教三十六小洞天之一。胥門：城門名。即今江蘇蘇州城西門。

〔12〕籤本無「尸解一劇」諸字，庫本有此數字，於意更明。

小民：平民。骨相：舊時指人的骨骼相貌，古人以骨相推淪人的命和性。

尸解：得道成仙的一種形式。修道者死後，留下形骸，魂魄聚升成仙，稱為尸解。劇：遊戲。狗竇：狗洞。竇，孔道。

〔13〕灌：澆。汲：取水。沃：灌，澆。燋：通「焦」。

〔14〕消耗骨立：「立」籤本作「盡」，庫本意更佳，言其消瘦枯槁而身體輕盈。

〔15〕「有皮頭足俱存如蟬蛻也」庫本作「唯有皮頭足具，如今蟬蛻也」，既言其如蟬蛻，豈有僅存頭足之皮之理，當從頭至足之皮俱存方可，故籤本更合原意，今從之改。

〔16〕籤本「還」字作「皆」，無「多」字，此二字庫本更

切，從之抄。

〔17〕「何等」庫本作「何所在」，既曰「比近」何復言「不知何所在」，似相抵牾；「不知何等」言不知什麼來頭，什麼架勢。

〔18〕遠遊冠：古代官名。《後漢書‧輿服志下》：「遠遊冠‧制如通天，有展筒橫之於前，無山述，諸王所服也。」漢以後歷代都服用。

鞶：古代皮做的束衣帶。綬帶：絲帶，常用栓玉和印。

〔19〕麾，古代用以指揮軍隊的旗子。幡：同「旛」，旗旛。旛，長方而下垂旗子。奕奕：高大美盛的樣子。

〔20〕「十二隊五百士」庫本作「十二玉壺」，前後句皆寫仗義威勢，此句獨言十二玉壺，似顯突兀，今從籤本改。兵士須靜默行進，古今軍規皆然，以蠟封壺口之事，不過平平耳，不足為道。以蠟封士口，方顯其神奇之韻。

〔21〕「來」字、「人」字從籤本加。

鼓吹：奏演鼓吹樂的樂隊。鼓吹，原為一種器樂合奏，即「鼓吹樂」，亦即《樂府詩集》中的鼓吹曲。主要樂器有鼓、鉦、蕭、笳。源於我國古代民族北狄。漢初邊關用之，以壯聲威，後漸用於朝廷。麟：麒麟，傳說中仁獸名。《索引》引張揖：「雄曰麒，雌曰麟，其狀麇身，牛尾，狼蹄，一角。」

〔22〕麻姑：傳說中女仙。

〔23〕信：使者。

〔24〕「久」字庫本原無，今據籤本加。

比：近來。尊卑有序：地位高和地位低有次序。修敬無階：對您崇高的敬意卻沒有級別（的限制）。修：美好，崇高。階：等級。

〔25〕庫本「躬到」作「傾倒」，「詔」作「記」，今據籤

本改。

在彼登當躬到：在您的信使駕臨時就本應立即親自到您那兒去。彼，那，那時，指信使。登，立即。傾倒，恭敬前來。案行：巡視：

〔26〕如是：去那兒。如，去，往。覲：諸侯秋朝天子之稱，這裡即拜見的意思。

〔27〕時：時辰。

〔28〕髻：梳頭頂上的髮結。

〔29〕文章：錯綜華美的色彩或花紋。錦綺：有花紋的絲織品。錦，有彩色花紋的絲織品。綺，有花紋的絲織品。

〔30〕「各」字庫本作「召」，今從籤本改。行廚：出門途中的臨時烹飪設置。

〔31〕擘：刨，分開。炙：烤的肉。

〔32〕「會將」庫本作「會時」，今從籤本改。接待：接近，到達之意。會將：就要。陵陸：陸地山川。陵，大土山。

〔33〕「婦弟婦新產」庫本作「婦侄時經弟婦新產」，今依籤本抄，唯多加一「時」字。

〔34〕曹輩：輩。曹，輩。狡獪：遊戲。

〔35〕天廚：星名。《星經》上：「天廚六星，在紫微宮東北維。近傳舍北百官廚，今光祿廚像之。」後因謂美之食為出自天廚。醇釀：厚酒。

〔36〕餘杭姥：仙人名。不詳。酤酒：買酒。酤，通「沽」，買酒，賣酒。

〔37〕手爪：手指甲。這裡即為手指。爬：搔。

〔38〕尉：官名。一般指武官。

〔39〕傳：符信。

〔40〕「祟」、「君」二字庫本原無，從籤本加。血食：受祭

祀。古時殺牲取血，用以祭祀，故名。社吏：土地神。

〔41〕籤本作「110歲」。

〔42〕羅浮山：在廣東省東江北岸，增城、博羅、河源等縣間。相傳羅山之西有浮山，為蓬萊之一皁，浮海而到，與羅山並體，故稱羅浮山。為道教第七洞天，葛洪曾修道於此。括蒼山：道教十大洞天之第十洞天，方圓三百里，號曰「成德隱玄之天」。在今浙江汕居、臨海兩縣間。

〔43〕天曹：道家所稱天上的神官。

〔44〕「省」字據籤本加。

〔45〕真書：即「正楷」。廓落：鬆散，不整飭。

〔46〕存錄：保存。錄，收藏。

第九節　鬼谷子傳承黃帝、老子道家內丹養生之道與丹道主要著作綱目

據中國古代《道藏》記載：鬼谷子傳承黃帝、老子道家內丹養生之道主要有二：一為《鬼谷子胎息訣》二為鬼谷子傳留於山東蒙山的《蒙山賢者服氣法》其內容如下：

一、中華《道藏》載鬼谷子胎息訣養生

凡修道之人，返本還純，內合真炁，故道返，則四象、五行、六炁、七元、八卦而煉精炁神成其形質，則是虛中取實，無中取有，而內秘真丹也。故煉心為神，煉精為形，煉炁為命，此是陰陽升降之炁也。

炁源者，命之根也。故修三法則大道也。

二、鬼谷子在山東蒙山中國道家內丹養生傳人
蒙山賢者服氣法

側臥，右脇著床，微縮兩足，並著頭向南面東，兩手握固，傍其頤，閉取內氣，極力開喉咽之，如此七咽一吐氣。病時服氣，一咽兩咽一吐。功成，然後一七咽、二七咽一吐氣，可也。又調息令出入氣勻，準前又咽，都四十九咽，然復起坐之。豎膝座，兩手相叉抱膝，閉氣鼓腹二七或三七，氣滿即吐，更調息，特不得令喘粗，調訖又閉氣，或二七三七一吐氣，使腹調適乃休。

或汗出，頭足皆熱，此氣遍也。即常飽滿，三關百節宣通暢適，行之 10 年登仙，老有少容。夫《舊經》皆存想，恐為勞煩，卻使心意難行，服氣本於胎息，但無思念，自合元化之功，久久行之，當自知其妙矣。

僕遊蒙山，遇此賢者，年可五十已下，其精神清明，頗異於俗。因問，云：貞觀以前遊此山，不道姓名，自稱老夫。僕遂殷勤拜之，蒙授此訣，行之頗甚弘益。妙哉！妙哉！凡欲得不死，腸中無屎，欲得長生，五藏精明。

故《黃庭》云：何不食氣太和精，故能不死入黃庭。《黃帝陰符經》云：積火可以焚五毒。五毒則五味，五味盡可以長生。西王母謂武帝曰：能益能易，名上仙籍。不益不易，不離死厄。所謂益易者，能益精易形也。常能愛精握固，閉氣吞液，則氣化為血，血化為精，精化為液，液化為骨，行之不倦，精神充滿。為之，一年易氣，二年易骸（一本為易血也），三年易血（一本為易脈。）四年易肉，五年易筋（一云易髓）。六年易髓，七年易骨，八年易髮，九年易形，十年道成，位居真人。變化自由，即靈官玉女而侍焉。

三、鬼谷子傳承黃帝、老子道家內丹養生主要著作綱目

鬼谷子繼承並修煉黃帝、老子道家內丹養生之道取得康壽超凡真實而神奇功效之後，為了傳承道家內丹養生之道造福更多人，鬼谷子一方面將道家內丹養生之道傳給茅濛、徐福等弟子，同時將道家內丹養生之道著之成書。

根據有關資料記載，鬼谷子傳世的關於道家內丹養生主要著作如下：

1.《黃帝陰符經》　鬼谷子注
2.《天髓靈文》　　鬼谷子著
3.《關令尹喜內傳》鬼谷子著
4.《本經陰符七術》鬼谷子著

以上四書影響深遠，特別是鬼谷子注解的《黃帝陰符經》被古今道家養生行家視為珍品學習。

而鬼谷子在《天髓靈文》中關於道家的內丹的高度評價更使人沉思。鬼谷子曰「：《道德經》《陰符經》總明大道之機，照夜內丹，並是聖人之道。」至於鬼谷子《本經陰符七術》至今被人們習用，而《關令尹喜內傳》是研究老子在函谷關著出《道德經》後西去的重要研究資料。

第十節　鬼谷子傳承黃帝、老子創立道家內丹養生修真學當代傳人吳雲青傳承黃帝、老子道家內丹養生修真學創造三大生命奇蹟

鬼谷子傳承的由中華民族神聖祖先黃帝、老子創立的中國道家內丹養生修真之道，是舉世公認的全人類康壽超凡的最佳

法寶，因此歷兩千多年歷史滄桑而不衰。靜觀中華五千多年的文明史，歷朝歷代高人輩出，其中僅舉其中佼佼者：如秦漢之際之茅濛、茅盈、茅固、茅衷、張道陵、魏伯陽……魏晉南北朝道學名家左慈、葛玄、鄭隱、葛洪、書聖王羲之……隋唐之際之藥王孫思邈、天仙狀元呂洞賓乃其師父高道鍾離權、八仙名仙張果老、詩仙李白……宋、元、明之際之華山老祖陳摶、陳摶弟子、張三豐丹道恩師火龍真人、太極拳師張三豐、南宗五祖張伯端、石泰、薛紫賢、陳泥丸、白玉蟾、北派七真：王重陽、邱長春、馬丹陽、孫不二、郝大通、王玉陽、譚明瑞……清、民國之際之道家真人黃元吉，近代活神仙劉一天（人稱劉神仙）壽高268歲之李春雲……當代百歲高道吳雲青、楊仙洲、趙百川、唐道成、李理祥、李誠玉、華山道功名家邊治中、李嵐峰……

在上述中國當代諸多高道中，世界著名丹道壽星吳雲青，平生經過修煉由中華智鬼聖谷子傳承、由中華民族神聖祖先黃帝、老子創立的中國道家內丹養生修真之道，創造三大生命科學奇蹟尤為值得世人學習、研究。

根據中國最具權威的報紙《人民日報》1980年9月10日四版圖片新聞報導，和2010年11月25日晚22時中央電視台四台國際頻道發現之旅欄目「肉身不腐之謎」等海內外諸多媒體報導，世界著名丹道壽星吳雲青平生創立三大生命科學奇蹟（登錄央視網站即可觀看。）：

1. 壽高160歲鶴髮童顏：吳雲青生於1838年臘月13日，坐化於1998年8月初一，壽高160歲，其貌鶴髮童顏、宛若仙翁。

2. 臨終坐化，預知歸期。

3. 坐化之後，肉身不壞。

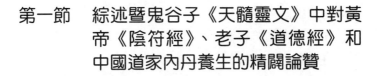

❀第二章❀

**鬼谷子辦學以中華聖祖黃帝《陰符經》、
老子《道德經》創立道家文化經典和黃
帝、老子秘傳丹道養生為核心教育內容暨
鬼谷子傳承黃帝、老子道學與道家內丹養
生和縱橫家主要著作**

第一節　綜述暨鬼谷子《天髓靈文》中對黃帝《陰符經》、老子《道德經》和中國道家內丹養生的精闢論讚

　　綜觀中華智聖鬼谷子傳奇的一生，他不論是隱居在山東臨沂市的蒙山，還是隱居在河南淇縣的雲夢山和河南汝陽的雲夢山，或應邀講學在中華神州任何地方。鬼谷子的辦學校與教學方法始終遵循老子的教誨，隨方設教，但其教學內容、教學課程讓學生讀的經典始終如一：即弘揚中國傳統文化的主幹文化：中國道家文化。

　　鬼谷子特別推尊中華民族神聖祖先黃帝著的《陰符經》、中國道家祖師老子著的《道德經》，同時推尊古今中外公認為全人類康壽超凡法寶，由中華聖祖黃帝、老子秘傳的中國道家內丹養生修真之道。鬼谷子在其著《天髓靈文》一書中衷心讚

嘆《黃帝陰符經》、《老子道德經》道：「《陰符》、《道德》，總明大道之機，照應內丹，並是聖人之道。」同時鬼谷子在其傳世經典名著《鬼谷子》一書中，特別推崇和讚嘆修成黃帝、老子秘傳中國道家丹道養生修真之道的真人時寫道：「真人者，與天為一，內修煉而知之，謂之聖人。」

眾所周知：鬼谷子為了弘揚中華聖祖黃帝、老子開創的中國道家文化與中國道家丹道養生修真之道，特意潛心多年、精心注釋出《黃帝陰符經》，由於其注釋精闢，隨即被世人傳頌，而後被後世行家收入伊尹、姜太公、張良、諸葛亮、李筌合注的《黃帝陰符經》一同傳世。

鬼谷子還寫出老子西出函谷關之後傳奇經歷的《尹真人內傳》，此文章內容神奇、文筆精美，故也為傳世之作中傳奇文學精品，下面是鬼谷子弘揚中國傳統道家文化而辦學校與教學內容的具體經典書目：

1.《黃帝陰符經》

2.《老子道德經》

3. 黃帝、老子秘傳中國道家丹道養生修真之道

4.《周易》

5. 姜太公兵法

6.《孫子兵法》

7. 縱橫家學

8. 鬼谷子著《本經陰符七術》

9. 鬼谷子著老子親傳弟子《尹真人內傳》

10. 中國傳統科學

其內容大體如下：(1)中國傳統天文科學；(2)中國傳統地理科學；(3)中國傳統道家道醫養生學、中醫學中醫藥學；(4)中國傳統風水學（即現代人所講的環境地理科學）；(5)中國傳統《易

經》八卦預測學；(6)中國傳統士、農、工、商學。

第二節　《史記‧五帝本紀第一‧黃帝傳》與《黃帝陰符經》（鬼谷子與伊姜太公、范蠡、張良、諸葛亮、李筌集注本）

　　黃帝《陰符經》，根據中華《道藏》記載為中華聖祖黃帝撰，《新唐書‧藝文志》道家類錄有《集注陰符經》一卷，為姜太公、范蠡、鬼谷子、張良、諸葛亮、李淳風、李筌、李治、李鑒、李銳、楊晟注。現今傳世本有伊尹、姜太公、范蠡、鬼谷子、張良、諸葛亮等注文。

　　黃帝《陰符經》立志高妙，文字簡樸，內含博大精深，故深得古代學者珍愛，名家注本甚多，據不完全統計，現今行世的各家注本足足有數百種之多。

　　鬼谷子是《陰符經》的早期注家之一。署為鬼谷子注的《陰符經》版本，今可見者為《四庫全書》所收包括唐人李筌在內的六家注《陰符經解》。

　　李筌曾與道士吳筠同時稍後，李筌注《陰符經》的時間當在天寶中。吳筠則早在天寶初已入京，其所著《宗元集》中曾引述過《陰符經》經文並鬼谷子注，吳筠引文所據不可能是《陰符經解》，而應是另一種更早的版本。

　　《鬼谷子》很重視「陰符」之說，《鬼谷子》一書中就有《本經陰符七術》。《史記》、《戰國策》記載了蘇秦刺股苦讀「姜太公陰符之書」一事，而今之所見《陰符經解》六家注居首的便是太公之注。可見，當時蘇秦所讀之《陰符》很可能就是包括姜太公和鬼谷子注在內的黃帝《陰符經》。目前存有三百字

本、四百三十七字本。道家、兵家、儒家、縱橫家、醫家、陰陽家往往都把黃帝《陰符經》作為本經。

黃帝《陰符經》是一部思想著作。上篇主要內容是闡述天道與人的關係，其最終目的是講人類修煉丹道養生以成真。中篇主要內容是論述富國安民的道理。下篇主要內容是論兵的，講以正治國，以奇用兵；講以天道、人事相參驗，隨機應變等。

歷史上諸多行家對黃帝《陰符經》的評價甚高，與《老子道德經》相提並論，並作為平生思想與行為準則。

黃帝《陰符經》鬼谷子注文同時是世傳「鬼谷子養生說」的主要內容之一。

（觀天之道，執天之行，盡矣。故天有五賊，見之者昌。）

鬼谷子曰：天之五賊，莫若賊神。此大而彼小，以小而取大。天地莫之能神，而況於人呼！

（五賊在心，施行於天。宇宙在乎手，萬化生乎身。）

鬼谷子曰：賊⑵命可以長生不死，黃帝以少女精炁⑶感之，時物亦然，且經冬之草覆之而不死，露之即見傷，草木植性尚猶如此，況人萬物之靈⑷，其機則少女以時。

注釋

⑴《陰符經》：又稱《黃帝陰符經》，《道藏》舊題黃帝撰，伊尹、太公、范蠡、鬼谷子等注。現存《道藏》、《四庫全書》等版本。

⑵賊：虐待、傷害。

⑶炁同「氣」。道家丹道用語，是指人修煉丹道的精、氣、神綜合體。

⑷萬物之靈：人乃宇宙萬物鍾靈所生。

譯文

鬼谷子說：宇宙大自然界有五種災難，最大的莫過於神（指宇宙與人的精神世界），此是大災難，其餘為小災難，可以以小災難來取代大災難。人類行為只要與宇宙精神世界和宇宙運行規律合一，天地對其都無可奈何，而何況違背天道的人呢？

鬼谷子說：給人傷害的東西用得好也可使人長生不死。黃帝就以少女的精氣神來感應生命，結果壽命形體還是像過去一樣。經歷寒冬的草，被覆蓋上保暖的東西，就不會枯死；裸露在外經歷寒霜的，就要受傷，草木的生命尚且這樣，更何況作為萬物之靈的人呢？其關鍵在於要像少女一樣道法自然適時而生活。

（天地，萬物之盜；萬物，人之盜；人，萬物之盜。三盜既宜，三才既安。）

鬼谷子曰：三盜(1)者，彼此不覺知，但謂之神明。此三者況車馬金帛，棄之可以傾河填海，移山覆地，非命而動，然後應之。

（故曰：食其時，百骸理。動其機，萬化安。）

鬼谷子曰：不欲令後代人君，廣斂珍寶，委積金帛，若能棄之，雖傾河填海未足難也。食者所以治百骸，失其時(2)而生百骸；動者所以安萬物，失其機而傷萬物。故曰：時之至間(3)，不容瞬息，先之則太過，後之則不及。是以賢者守時，不肖者守命也。

（日月有數，大小有定，聖功生焉，神明出焉。）

鬼谷子曰：後代伏思之則明，天地不足貴，而況於人乎？

鬼谷子辦學以中華聖祖黃帝《陰符經》、老子《道德經》創立道家文化經典和黃帝、老子秘傳丹道養生為核心教育內容暨鬼谷子傳承黃帝、老子道學與道家內丹養生和縱橫家主要著作

第二章

注釋

(1)三盜：指天地、萬物和人與互相侵害的關係。

(2)時：時機。

(3)間：有限。

譯文

鬼谷子說：天地、萬物與人三者之間相互是相生相剋的關係，但彼此自身未必知曉，但是知曉其中奧妙者稱之為神明。這三個方面猶如世人貪婪的車、馬、金帛，你放棄它而專心幹一番利國利民大事業時就可以傾河填海，移山蓋地。不循天命而行動的人，以後就會得到宇宙大自然規律懲罰與報應的。

鬼谷子說：要告誡後代世人與君主，不要廣斂珍寶，聚集金帛。如果能放棄這些東西，把心思一味放在事業之上，自然可建成豐功偉業，哪怕是傾河、填海也是不困難的。合理適合時機飲食可以治療百病，但飲食不合理不合時節就會生百病；合理適時行動可以安詳萬物，反之自然就會傷害萬物。所以說：宇宙大自然時機是有規律的，人類掌握時機擇天而行，不容許有瞬息的偏差。先了就會太過，後了則又不及。所以賢明的人善於嚴守宇宙運行規律的時機而幹事業，不肖的人只會聽天由命。

鬼谷子說：後代世人只有思想與行為合乎宇宙大自然之道，自然就會成為聖明賢達之人，對聖明賢達之人來講：天地萬物都不足貴，又何況違天道而行的那些人呢？

附　錄：《黃帝陰符經》姜太公、張良、鬼谷子注

（本經原載《道藏》）

上篇（神仙抱一演道章）

　　觀天之道，執天之行，盡矣。故天有五賊，見之者昌①。五賊在乎心，施行於天。宇宙在乎手，萬化生乎身②。天性，人也；人心，機也。立天之道，以定人也③。天發殺機，龍蛇起陸；人發殺機，天地反覆④。天人合德，萬變定基⑤。性有巧拙，可以伏藏，⑥九竅之邪，在乎三要，可以動靜。火生於木，禍發必克；奸生於國，時動必潰。知之修煉，謂之聖人⑦。

【注】

　　①姜太公曰：其一賊命，其次賊物，其次賊時，其次賊功，其次賊神。賊命以一消，天下用之以味；賊物以一急，天下用之以利；賊時以一信，天下用之以反；賊功以一恩，天下用之以怨；賊神以一驗，天下用之以小大。鬼谷子曰：天之五賊，莫若賊神。此大而彼小。以小而取大。天地莫之能神，而況於人乎？李筌曰：黃帝得賊命之機，白日上升；殷周得賊神之驗。以小滅大；管仲得賊時之信，九合諸侯；范蠡得賊物之急，而霸南越；張良得賊功之恩，而敗強楚。

　　②太公曰：聖人謂之五賊，天下謂之五德。人食五味而生。食五味而死，無有怨而棄之者也。心之所味也亦然：鬼谷子曰：賊命可以長生不死：黃帝以少女精氣感之，時物亦然。且經冬之草。覆之而不死，露之即見傷。草木植性，尚猶如此，況人萬物之靈。其機則少女以時。廣成子曰：以為積火焚五毒。入五毒即五味，五味盡，可以長生也。李筌曰：人因五味而生，五味而死。五味各有所主，順之則相生，逆之則相

勝。久之則積氣薰蒸，腐人五臟，殆至滅亡。後人所以不能終身其天年者，以其生生之厚矣。是以至道淡然，胎息無味。神仙之術百數，其要在抱一守中；少女之術百數。其要在還精採氣；金丹之術百數。其要在神水華池；治國之術百數，其要在清淨自化；用兵之術百數，其要在奇正權謀。此五事者。捲之藏於心，隱於神；施之彌於天，絡於地。宇宙瞬息，可在人之手；萬物榮枯，可生人之身。黃帝得之，先固三宮，後治萬國，鼎成而馭龍上升於天也。

③諸葛亮曰：以為立天定人，其在於五賊。

④范蠡曰：昔伊尹佐殷。發天殺之機，克夏之命盡。而事應之，故有東征西夷怨，南征北狄怨：姜太公曰：不耕，三年大旱；不鑿，十年地壞。殺人過萬，大風暴起。諸葛亮曰：按楚殺漢兵數萬，大風杳冥晝晦，有若天地反覆。

⑤張良曰：從此一信而萬信生，故為萬變定基矣：李筌曰：大荒大亂，兵水旱蝗，是天發殺機也。虞舜陶甄，夏禹拯骸，殷係夏台，周囚羑里，漢祖亭長，魏武曾乞，俱非王者之位，乘天殺之機也。起陸而帝。君子在野，小人在位，權臣擅威，百姓思亂，人殺機也。成湯放桀，周武伐紂，項羽，斬嬴嬰，魏廢劉協，是乘人殺之機也。復貴為賤，反賤為貴·有若天地反覆。天人之機合發，成敗之理宜然，萬變千化，聖人因之而定基業也。

⑥張良曰：聖人見其巧拙。彼此不利者，其計在心，彼此利者，聖哲英雄道焉。況用兵之務哉！筌曰：中欲不出謂之啟，外邪不入謂之閉，外閉內啟，是其機也：難知如陰。不動如山，巧拙之性，使人無聞而得窺也。姜太公曰：三要者，耳、目、口也。耳可鑿而塞，目可穿而眩，口可利而訥。興師動眾，萬夫莫議。其奇在三者，或可動，或可靜之。李筌曰：

兩葉掩門，不見泰山；雙豆塞耳，不聞雷霆，一椒掠舌，不能立言；九竅皆邪，不足以察機變‧其在三也。神，心，志也，機動未朕，神以隨之，機兆將成發，心以圖之；機怨事行，志以斷之，其機動也；與陽同其波，五岳不能鎮其隅！四瀆不能界其維；其機靜也，與陰同其德。智士不能運其榮，深聞不能窺其謀，天地不能吞其時，而況於人乎。

⑦李筌曰：火生於木，火發而木焚；奸生於國，奸成而國滅。木小藏火，火始於無形；國中藏奸，奸始於無象。非至聖不能修身煉行，使奸火之不發，夫國有無軍之兵，無災之禍矣。以箕子逃而縛裘牧，商容囚而蹇叔哭。

中篇（富國安民演法章）

天生天殺，道之理也①。天地，萬物之盜；萬物，人之盜；人，萬物之盜。三盜既宜，三才既安②。故曰：食其時，百骸治；動其機，萬化安③。人知其神之神，不知不神之所以神也④。日月有數，大小有定，聖功生焉，神明出焉，其盜機也⑤。天下莫能見，莫能知。君子得之固躬，小人得之輕命⑥。

【注】：

①張良曰：機出乎心，如天之生，如天之殺；則生者自謂得其生，死者自謂得其死。

②鬼谷子曰：三盜者，彼此不覺知，但謂之神。明此三者，況車馬金帛，棄之。可以傾河填海，移山覆地。非命而動，然後應之。李筌曰：天地與萬物生成，盜萬物以衰老；萬物與人之服御，盜人以驕奢；人與萬物之上器，盜萬物以毀敗；皆自然而往，三盜各得其宜。三才遞安其任。

③鬼谷子曰：不欲令後代人君，廣斂珍寶，委積金帛。若能棄之，雖傾河填海，未足難地。食者所以治百骸。失其時而

生百病；動者所以安萬物，失其機而傷萬物。故曰：時之至間，不容瞬息，先之則太過。後之則不及。是以賢者守時，不肖者守命也。

④荃曰：人皆有聖人之聖，不貴聖人之愚。既睹其聖，又察其愚，既睹其愚，復睹其聖。故書曰：專用聰明，則事不成；專用晦昧，則事皆悖。一明一晦，眾之所載。尹伊酒保，太公屠牛，管仲作革，百里奚賣粥。當衰亂之時，人皆謂之不神；及乎逢成湯，遭文王，遇齊桓，值秦穆，道濟生靈。功格宇宙，人皆謂之至神。

⑤鬼谷子曰：後代伏思之，則明天地不足貴，而況於人乎？李荃曰：一歲三百六十五日。日之有數，月次十二，以積閏大小。餘分有定，皆稟精氣自有。不為聖功神明而生。聖功神明亦稟精氣自有，不為日月而生。是故成不貴乎天地，敗不怨乎陰陽。

⑥諸葛亮曰：孔夫子，姜太公，豈不賢於孫，吳，韓，白？所以君子、小人異之。四子之勇，至於殺身，固不得其主而見殺矣。李荃曰：季主凌夷，天下莫見凌夷之機，而莫能知凌夷之源；霸王開國，而莫能知開國之機，而莫能知開國之源。君子得其機，應天順人，乃固其躬。小人得其機，煩兵黷武，乃輕其命。《易》曰：君子見機而作，不俟終日。又曰：知機其神乎？機者，易見而難知，見近知遠。

下篇（強兵戰勝演術章）

瞽者善聽，聾者善視。絕利一源，用師十倍；三反畫夜，用師萬倍①。心生於物，死於物，機在於目竊②。天之無恩，而大恩生，迅雷烈風，莫不蠢然③。至樂性餘，至靜性廉④。天之至私，用之至公⑤。擒之制在氣⑥。生者死之根，死者生之根。恩

生於害，害生於恩⑦。愚人以天地文理聖，我以時物文理哲⑧。人以愚虞聖，我以不愚虞聖。人以奇期聖，我以不奇期聖⑨。故曰：沉水入火，自取滅亡⑩，自然之道靜，故天地萬物生⑪。天地之道浸，故陰陽勝⑫陰陽相推，而變化順矣⑬。是故聖人知自然之道不可違，因而制之⑭。至靜之道，律曆所不能契⑮。爰有奇器，是生萬象，八卦甲子，神機鬼藏。陰陽相勝之術，昭昭乎進乎象矣⑯。

【注】

①尹伊曰：思之精，所以盡其微，張良曰：後代伏思之耳目之利，絕其一源。李筌曰：人之耳目，皆分於心，而竟於神。心分則機不精，神竟則機不微，是以師曠薰目而聰耳，離朱漆耳而明目，任一源之利，而反用師於心，舉事發機，十全成也；退思三反，經盡歷夜。思而後行，舉事發機，萬全成也。姜太公曰：目動而心應之，見可則行，見否則止。

②李筌曰：為天下機者，莫近乎心目。心能發目。目能見機。秦始皇東遊會稽。項羽目見其機，心生於物。謂項良曰。彼可取而代之。晉師畢至於淮泚，苻堅目見其機，心死於物。謂苻融曰，彼勁敵也，胡為少耶！則知生死之心在乎物，成敗之機見於目焉。

③張良曰：熙熙哉！姜太公曰：誠懼致福。李筌曰：天心無恩，萬物有心，歸恩於天。老子曰：天地不仁，以萬物為芻狗；聖人不仁，以百姓為芻狗。是以施而不求其報，生而不有其功，及至迅雷烈風，威遠而懼近，萬物蠢然而物懷懼，天無威而懼萬物，萬物有懼而歸威於天。聖人行賞也，無恩於有功；行伐也。無威於有罪。故賞罰自立於上，威恩自行於下也。

④張良曰：夫機在於目也。李筌曰：樂則奢餘，靜則貞廉。性餘則神濁，性廉則神清。神者智之泉，神清則智明；智

者心之府，智公則心平。人莫鑒於流水，而鑒於澄水，以其清且平。神清意平，乃能形物之情。夫聖人者，不淫於至樂，不安於至靜。能柄神靜樂之間，謂之守中。如此，施利不能誘，聲色不能蕩，辯士不能說，智者不能動，勇者不能懼，見禍於重開之外，慮忠於杳冥之內，天且不違，而況於兵之詭道者哉。

　　⑤尹伊曰：治極微。張良曰：其機善。雖不令天下而行之。天下所不能知，天下所不能違。李筌曰：天道！曲成萬物而不遺。椿、菌、鵬、晏，巨，細、修、短，各得其所，至私也，雲行雨施，雷、電、霜，霓。生殺之均，至公也。聖人則天法地，養萬民，察勞苦，至私也；行正令，施法象，至公也。孫武曰：視卒如愛子，可以俱死；視卒如嬰兒，可與之赴深溪。愛而不能令，譬若驕子。是故令之以文，齊之以武。

　　⑥姜太公曰：豈以小大而相制哉！尹伊曰：氣者天之機。李筌曰：玄龜食蟒，鷹隼擊鵠，黃腰啖虎。飛鼠斷猿。蛉蛭嚌魚，狼撲齧鶴。餘甘柔金，河車服之。無窮化玉，雄黃變鐵，有不灰之木，浮水之石。夫禽獸木石得其氣，尚能以小制大，況英雄得其氣，自能淨寰海而御宇宙也。

　　⑦姜太公曰：損己者物愛之，厚已者物薄之。李筌曰：謀生者，必先死而後生；習死者，必先生而後死。鶡冠子曰：不死不生，不斷不成。孫武曰：投之死地而後生，致之亡地而後存。吳起曰：兵戰之場，立尸之地，必死則生，幸生則死。恩者害之源，害者恩之源。吳樹恩於越而害生。周立害於殷而恩生。死之與生也。恩之與害，相反糾纏也。

　　⑧姜太公曰：觀鳥獸之時，察萬物之變。李筌曰：景星見，黃龍下，翔鳳至，醴泉出，嘉谷生，河不滿溢，海不鵲揚波。日月薄蝕，五星失行；四時相錯，晝冥宵光。山崩川涸，冬雷夏霜。愚人以此天地文理，為理亂之機。文思安安，光被

四表，克明俊德，以親九族，六府三事，無相奪倫。百穀用成，兆民用康。昏主邪臣，法令不一。重賦苛政，上下相蒙，懿戚貴臣，驕奢淫縱，酣酒嗜音，峻宇雕墙，百姓流亡。思亂怨上，我以此時物文理。為理亂之機也。

⑨李筌曰：賢哲之心。深妙難測，由山巢之跡。人或窺之，至於應變無方，自機，轉而不窮之智，人豈虞之。以跡度心。乃為愚者也。

⑩張良曰：理人自死，理軍亡兵。無死則無不死，無生則無不生。故知乎死生。國家安寧。

⑪尹伊曰：靜之至，不知所以生。

⑫張良曰：天地之道浸微而推勝之。

⑬張良曰：陰陽相推激。至於變化，在於目。

⑭張良曰：大人見之為自然。英哲見之為制，愚者見之為化‧尹伊曰：知自然之道，萬物不能違，故利而行之。

⑮張良曰：觀鳥獸之時，察萬物之變。鳥獸至靜，律曆所不能契，從而機之。

⑯張良曰：六癸為天藏。可以伏藏也。諸葛亮曰：奇器者，聖智也。天垂象，聖人則之，推甲子，畫八卦，考蓍龜，則鬼神之情。稽律曆，陰陽之理。昭著乎象，無不盡矣。諸葛亮曰：八卦之象，申而用之。六十甲子，轉而用之，神出鬼入，萬明一矣。張良曰：萬生萬象者：心也。合藏陰陽之術，日月之數。昭昭乎在人心矣。廣成子曰：甲子合陽九之數也，卦象出師眾之法，出師以律，動合鬼神，順天應時，而用鬼神之道也。

第三節　《肖天石・老子新傳》與《老子道德經》

（西漢馬王堆《道德經》版本）

一、《肖天石・老子新傳》　　　　編者　肖天石

老子者，楚苦縣、厲鄉、曲仁里人也。姓李氏、名耳、字伯陽、謚曰聃，周守藏室之史也。

孔子適周，將問「禮」於老子，曰：「丘治詩、書、禮、樂、易、春秋六經，自以為久矣，孰知其故矣。以見者七十二君，論先王之道，而明周、召之跡；諸君無所採用，甚矣夫！人之難說也，道之難明耶？」

老子曰：「子之所言者，其人與骨，皆已朽矣，獨其言在耳。幸矣，子之不遇治世之君也。夫六經，先王之陳跡也，豈其所以跡哉！今子之所言，猶跡也。夫跡，履之所出，而跡其履哉？……性不可易，命不可變，時不可止，道不可壅。苟得於道，無自而不可，失焉者，無自而可。」

孔子復進而語仁義。老子曰：「仁義，先王之帳廬也，止可以一宿，而不可久處，觀而多責。夫播糠眯目，則天地四方易位矣；蚊虻叮膚，則通夜不寐矣。夫仁義慘然，乃吾心，亂莫大焉；吾子使天下無失其樸。吾子亦放風而動，德而立矣，又奚傑傑然若負建鼓而求亡子者耶？且子之所言，其人與骨，皆已朽矣，獨其言在耳。君子得其時則駕，不得其時則蓬累而行。吾聞之，良賈深藏若虛，君子盛德，容貌若愚。去子之嬌氣與多欲，態色與淫志，是皆無益於子之身，吾所以告子者，若是而已。」

孔子行年五十有一而未聞道，求之於度數而未得，求之於陰陽而未得，復南之沛，往見老子。老子新沐，方將披髮而

乾，超然似非人。孔子便而待之，少焉見曰：「丘也眩乎？何者先生形體，形若槁木，似遺物離人，而玄於獨也。」老子曰：「吾遊心於物之初。」孔子曰：「何謂耶？」老子曰：「心困焉而不知，口辟焉而不能言，嘗為汝議乎其其將。至陰肅肅，至陽赫赫；肅肅出乎天，赫赫發乎地；兩者交通成和而物生焉。或為之紀，而莫見其行；消息滿虛，一晦一明；日改月化，日有所為，而莫見其功。生有所乎萌，死有所乎歸；始終相反乎無端，而莫知乎其所窮。非是也，且孰為之宗？」孔子曰：「請問遊是。」老子曰：「夫得是，至美至樂也。得至美而遊乎至樂，謂之至人。」孔子曰：「願聞其方。」老子曰：「草食之獸，不疾易藪；水性之蟲，不疾易水；行小變而不失其大常也！喜怒哀樂不入於胸次。夫天下也者，萬物之所一也，得其所一而同焉，則四肢百體皆為塵垢，而死生終始將為晝夜，而莫之能滑；而況得喪禍福之所介乎？棄隸者，若棄泥塗，知身貴於隸也。貴在於我，而不失於變；且萬化而未始有極也，夫孰足以患心已！為道者，解乎此。」孔子曰：「夫子德配天地，而猶假至言以修心，古之君子，孰能脫焉！」老子曰：「不然。夫水之於溝也，無為而才自然矣。至人之於德也，不修而物不能離焉。若天之自高，地之自厚，日月之自明，夫何修焉？」孔子出以告顏回，曰：「丘之於道也，其猶醯雞乎？微夫子之發吾覆也，吾不知天地之大全也。」

孔子歸，謂弟子曰：「鳥，吾知其能飛；魚，吾知其能游；獸，吾知其能走。走者可以為網，游者可以為綸，飛者可以為矰，至於龍，吾不能知其乘風雲而上天。吾今日見老子，其猶龍耶？」

老子居周之久，見周之衰，乃遂去。至關，關令尹喜曰：「子將隱矣，強為我著書。」於是老子乃著書上下篇，言道德之

意五千餘言而去，莫知其所終。老子，隱君子也。

老子修道德，其學以自然為宗，以道德為體，以清靜為正，以為而不爭為用。以本為精，以物為粗，以損為益，以屈為伸，以無知無欲為教，以無身無己為訓。以利而不害普物，以反而自成濟道。以柔弱謙下為表，以空虛不毀萬物為實，以返本還淳為修，以歸根復命為紀，以自隱無名為務，而澹獨與神明居。人皆取先，已獨取後；人皆取實，已獨取虛；人皆求福，已獨曲全；人皆貴得，已獨不爭；人皆貴有，已獨尚無。凡有所行，無世反矣！故不為世知。其為道也，於大不終，於小不遺，故成物備。廣廣乎其無不容也，淵淵乎其不可測也。老子者，其古之博大真人哉！

或曰：「老箂子亦楚人也，著書十五篇，於孔子同時云。」孔子之所嚴事，於周則老子，於楚老箂子。老箂子之教孔子，示之以齒之堅也，六十而盡，相靡也。常樅之徒，同尚柔者也。

自孔子死之後，百二十九年，而史記周太史儋見秦獻公，曰：「始秦與周合而離，離五百歲而復合，合七十歲而霸王者出焉。」或曰儋即老子，或曰非也；世莫知其然否？蓋老子百六十有餘歲，或言二百餘歲，以其修道而養壽也。

老子之子名宗，宗為魏將，封於段干。宗子注，注子宮。宮玄孫假。假仕於漢孝文帝。而假之子解，為膠西王卯太傅，因家於齊焉。

老子無為自化，清靜自正。（清虛以自守，卑弱以自持）。貴道德而小仁義，輕禮法，賤兵刑。世之學老子者，則詘儒學，儒學亦詘老子；道不同，不相為謀，豈謂是耶？

夫天下，殊途而同歸，一致而百慮！至乎其極，大通於一，豈有分耶？是謂「玄同」！「玄同」者，天地萬物與吾一體，無不同也，無不通也，無不化也。

二、《老子道德經》（西漢馬王堆《道德經》版本）

第一章

道，可道，非恒道。名，可名，非恒名。無名，天地之始；有名，萬物之母。故常無欲，以觀其妙；常有欲，以觀其徼。此兩者同出而異名，同謂之玄。玄之又玄，眾妙之門。

第二章

天下皆知美之為美，斯惡已；皆知善之為善，斯不善矣。有無相生，難易相成，長短相形，高下相盈，音聲相和，前後相隨，恒也。是以聖人處無為之事，行不言之教，萬物作而弗始，生而弗有，為而弗恃，功成而弗居。夫唯弗居，是以不去。

第三章

不尚賢，使民不爭；不貴難得之貨，使民不為盜；不見可欲，使民心不亂。是以聖人之治，虛其心，實其腹；弱其志，強其骨。常使民無知無欲。使夫知不敢弗為而已，則無不治。

第四章

道沖，而用之或不盈。淵兮，似萬物之宗。挫其銳，解其紛，和其光，同其塵。湛兮，似或存。吾不知誰之子，象帝之先。

第五章

天地不仁，以萬物為芻狗；聖人不仁，以百姓為芻狗。天地之間，其猶橐籥乎？虛而不屈，動而愈出。多聞數窮，不如守中。

第六章

谷神不死，是謂玄牝。玄牝之門，是謂天地根。綿綿若存，用之不勤。

第七章

天長地久。天地所以能長且久者，以其不自生，故能長

生。是以聖人後其身而身先，外其身而身存。非以其無私邪？故能成其私。

第八章

上善若水。水善利萬物而不爭，居眾人之所惡，故幾於道。居善地，心善淵，與善仁，言善信，政善治，事善能，動善時。夫唯不爭，故無尤。

第九章

持而盈之，不如其已。揣而銳之，不可長保。金玉滿堂，莫之能守。富貴而驕，自遺其咎。功遂身退，天下之道。

第十章

載營魄抱一，能無離乎？專氣致柔，能如嬰兒乎？修除玄覽，能無疵乎？愛民治國，能無智乎？天門開闔，能為雌乎？明白四達，能無知乎？生之、畜之，生而不有，長而不宰。是為玄德。

第十一章

三十輻共一轂，當其無，有車之用。埏埴以為器，當其無，有器之用。鑿戶牖以為室，當其無，有室之用。故有之以為利，無之以為用。

第十二章

五色令人目盲；五音令人耳聾；五味令人口爽；馳騁畋獵，令人心發狂；難得之貨，令人行妨。是以聖人為腹不為目，故去彼取此。

第十三章

寵辱若驚，貴大患若身。何謂寵辱若驚？寵為下，得之若驚，失之若驚，是謂寵辱若驚。何謂貴大患若身？吾所以有大患者，為吾有身，及吾無身，吾有何患？故貴以身為天下，若可寄天下；愛以身為天下，若可托天下。

第十四章

視之不見，名曰微；聽之不聞，名曰希；搏之不得，名曰夷。此三者，不可致詰，故混而為一。其上不皦，其下不昧，繩繩兮不可名，復歸於物。是謂無狀之狀，無物之象，是謂恍惚。迎之不見其首，隨之不見其後。執古之道，以御今之有。能知古始，是謂道紀。

第十五章

古之善為道者，微妙玄通，深不可識。夫唯不可識，故強為之容：豫兮，若冬涉川；猶兮，若畏四鄰；儼兮，其若客；渙兮，其若凌釋；敦兮，其若樸；曠兮，其若谷；混兮，其若濁。孰能濁以止？靜之徐清。孰能安以久？動之徐生。保此道者，不欲盈。夫唯不盈，故能蔽而新成。

第十六章

致虛極，守靜篤。萬物並作，吾以觀復。夫物芸芸，各復歸其根。歸根曰靜，靜曰復命。復命曰常，知常曰明。不知常，妄作，凶。知常容，容乃公，公乃王，王乃天，天乃道，道乃久，歿身不殆。

第十七章

太上，不知有之；其次，親而譽之；其次，畏之；其次，侮之。信不足焉，有不信焉。悠兮，其貴言。功成事遂，百姓皆謂：「我自然」。

第十八章

大道廢，有仁義；智慧出，有大偽；六親不和，有孝慈；國家昏亂，有忠臣。

第十九章

絕聖棄智，民利百倍；絕仁棄義，民復孝慈；絕巧棄利，盜賊無有。此三者以為文，不足。故令有所屬：見素抱樸，少

思寡欲，絕學無憂。

第二十章

唯之與阿，相去幾何？美之與惡，相去若何？人之所畏，不可不畏。荒兮，其未央哉！眾人熙熙，如享太牢，如春登台。我獨泊兮，其未兆；沌沌兮，如嬰兒之未孩；儽儽兮，若無所歸。眾人皆有餘，而我獨若遺。我愚人之心也哉，沌沌兮！俗人昭昭，我獨昏昏。俗人察察，我獨悶悶。淡兮，其苦海，望兮，若無止。眾人皆有以，而我獨頑似鄙。我獨異於人，而貴食母。

第二十一章

孔德之容，惟道是從。道之為物，惟恍惟惚。惚兮恍兮，其中有象；恍兮惚兮，其中有物；窈兮冥兮，其中有精；其精甚真，其中有信。自今及古，其名不去，以閱眾甫。吾何以知眾甫之狀哉？以此。

第二十二章

「曲則全，枉則直，窪則盈，敝則新，少則得，多則惑。」是以聖人抱一為天下式。不自見，故明；不自是，故彰；不自伐，故有功；不自矜，故長。夫唯不爭，故天下莫能與之爭。古之所謂「曲則全」者，豈虛言哉！誠全而歸之。

第二十三章

希言自然。故飄風不終朝，驟雨不終日。孰為此者？天地。天地尚不能久，而況於人乎？故從事於道者，同於道；德者，同於德；失者，同於失。同於道者，道亦樂得之；同於德者，德亦樂得之；同於失者，失亦樂得之。信不足焉，有不信焉。

第二十四章

企者不立；跨者不行；自見者不明；自是者不彰；自伐者

無功；自矜者不長。其在道也，曰餘食贅形，物或惡之，故有道者不居。

第二十五章

有物混成，先天地生。寂兮寥兮，獨立而不改，周行而不殆，可以為天地母。吾不知其名，字之曰道，強為之名曰大。大曰逝，逝曰遠，遠曰反。故道大，天大，地大，人亦大。域中有四大，而人居其一焉。人法地，地法天，天法道，道法自然。

第二十六章

重為輕根，靜為躁君。是以君子終日行不離輜重。雖有榮觀，燕處超然。奈何萬乘之主，而以身輕天下？輕則失根，躁則失君。

第二十七章

善行，無轍跡；善言，無瑕讁；善數，不用籌策；善閉，無關楗而不可開；善結，無繩約而不可解。是以聖人常善救人，故無棄人；常善救物，故無棄物。是謂神明。故善人者，不善人之師；不善人者，善人之資。不貴其師，不愛其資，雖智大迷。是謂要妙。

第二十八章

知其雄，守其雌，為天下谿。為天下谿，常德不離。常德不離，復歸於嬰兒。知其榮，守其辱，為天下谷。為天下谷，常德乃足。常德乃足，復歸於樸。知其白，守其黑，為天下式。為天下式，常德不忒。常德不忒，復歸於無極。樸散則為器，聖人用之，則為官長。故大制無割。

第二十九章

將欲取天下而為之，吾見其不得已。天下神器，不可為也。為者敗之，執者失之。物，或行或隨，或噓或吹，或強或

贏，或挫或隳。是以聖人去甚，去奢，去泰。

第三十章

以道佐人主者，不以兵強天下，其事好還。師之所居，荊棘生焉。大軍之後，必有凶年。善有果而已，不以取強。果而勿矜，果而勿伐，果而勿驕，果而不得已，果而勿強。物壯則老，是謂不道，不道早已。

第三十一章

夫兵者，不祥之器。物或惡之，故有道者不居。君子居則貴左，用兵則貴右，故兵者非君子之器。不祥之器，不得已而用之，恬淡為上。勝而不美，而美之者，是樂殺人。夫樂殺人者，則不可得志於天下矣。吉事尚左，凶事尚右。偏將軍居左，上將軍居右，言以喪禮處之。殺人之眾，以悲哀泣之，戰勝以喪禮處之。

第三十二章

道常無名。樸雖小，天下莫能臣。侯王若能守之，萬物將自賓。天地相合，以降甘露，民莫之令而自均。始制有名，名亦既有，夫亦將知止。知止可以不殆。譬道之在天下，猶川谷之於江海。

第三十三章

知人者智，自知者明；勝人者有力，自勝者強。知足者富。強行者有志。不失其所者久。死而不亡者壽。

第三十四章

大道泛兮，其可左右。萬物恃之而生而不辭，功成而名不就。衣養萬物而不為主，可名於小；萬物歸焉而不為主，可名為大。以其終不自為大，故能成其大。

第三十五章

執大象，天下往。往而不害，安平泰。樂與餌，過客止。

道之出口，淡乎其無味，視之不足見，聽之不足聞，用之不足既。

第三十六章

將欲歙之，必故張之；將欲弱之，必故強之；將欲廢之，必故興之；將欲取之，必故與之。是謂微明。柔弱勝剛強。魚不可脫於淵，國之利器不可以示人。

第三十七章

道恆無名，侯王若能守之，萬物將自化。化而欲作，吾將鎮之以無名之樸。無名之樸，夫亦將不欲。不欲以靜，天地將自正。

第三十八章

上德不德，是以有德；下德不失德，是以無德。上德無為而無以為；下德無為而有以為。上仁為之而無以為；上義為之而有以為。上禮為之而莫之應，則攘臂而扔之。故失道而後德，失德而後仁，失仁而後義，失義而後禮。夫禮者，忠信之薄，而亂之首。前識者，道之華，而愚之始。是以大丈夫居其厚，不居其薄；居其實，不居其華。故去彼取此。

第三十九章

昔之得一者：天得一以清；地得一以寧；神得一以靈；穀得一以盈；侯得一以為天下正。其致之。天無以清，將恐裂；地無以寧，將恐廢；神無以靈，將恐歇；穀無以盈，將恐竭；侯王無以貴高，將恐蹶。故貴以賤為本，高以下為基。是以侯王自謂「孤」、「寡」、「不穀」。此非以賤為本耶？非乎？故致數譽無譽。是故不欲祿祿如玉。珞珞如石。

第四十章

反者道之動；弱者道之用。天下萬物生於有，有生於無。

第四十一章

上士聞道，勤而行之；中士聞道，若存若亡；下士聞道，大笑之。不笑不足以為道。故建言有之：「明道若昧，進道若退，夷道若纇，上德若谷，大白若辱，廣德若不足，建德若偷；質真若渝，大方無隅，大器晚成，大音希聲；大象無形。」道隱無名，夫唯道，善始且善終。

第四十二章

道生一，一生二，二生三，三生萬物。萬物負陰而抱陽，沖氣以為和。人之所惡，唯「孤」、「寡」、「不穀」。而王公以為稱。故，物或損之而益，或益之而損。人之所教，我亦教之：「強梁者不得其死」，吾將以為教父。

第四十三章

天下之至柔，馳騁天下之至堅。無有入無間。吾是以知無為之有益。不言之教，無為之益，天下希及之。

第四十四章

名與身孰親？身與貨孰多？得與亡孰病？是故，甚愛必大費，多藏必厚亡。知足不辱，知止不殆，可以長久。

第四十五章

大成若缺，其用不弊。大盈若沖，其用不窮。大直若屈，大巧若拙，大辯若訥。躁勝寒，靜勝熱，清靜為天下正。

第四十六章

天下有道，卻走馬以糞。天下無道，戎馬生於郊。禍莫大於不知足；咎莫大於欲得。故，知足之足，常足矣。

第四十七章

不出戶，知天下；不窺牖，見天道。其出彌遠，其知彌少。是以聖人不行而知，不見而明，不為而成。

第四十八章

為學日益，為道日損。損之又損，以至於無為。無為而無不為。取天下常以無事。及其有事，不足以取天下。

第四十九章

聖人常無心，以百姓心為心。善者吾善之，不善者吾亦善之，得善。信者吾信之，不信者吾亦信之，得信。聖人在天下，歙歙焉，為天下渾其心，聖人皆孩之。

第五十章

出生入死。生之徒，十有三；死之徒，十有三；人之生，動之死地，亦十有三。夫何故？以其生之厚。蓋聞善攝生者，陵行不遇兕虎，入軍不被甲兵。兕無所投其角，虎無所措其爪，兵無所容其刃。夫何故？以其無死地。

第五十一章

道生之，德畜之，物形之，器成之。是以萬物莫不尊道而貴德。道之尊，德之貴，夫莫之命而常自然。故道生之，德畜之。長之育之，亭之毒之，養之覆之，生而不有，為而不恃，長而不宰，是謂玄德。

第五十二章

天下有始，以為天下母。既得其母，以知其子。既知其子，復守其母，沒身不殆。塞其兌，閉其門，終身不勤。啟其兌，濟其事，終身不救。見小曰明，守柔曰強。用其光，復歸其明，無遺身殃，是為習常。

第五十三章

使我介然有知，行於大道，唯施是畏。大道甚夷，而民好徑。朝甚除，田甚蕪，倉甚虛，服文采，帶利劍，厭飲食，財貨有餘，是為盜竽。非道也哉！

第五十四章

善建者不拔，善抱者不脫，子孫以祭祀不輟。修之於身，其德乃真；修之於家，其德乃餘；修之於鄉，其德乃長；修之於邦，其德乃豐；修之於天下，其德乃普。故以身觀身，以家觀家，以鄉觀鄉，以邦觀邦，以天下觀天下。吾何以知天下然哉？以此。

第五十五章

含「德」之厚，比於赤子。毒蟲不螫，猛獸不據，攫鳥不搏。骨弱筋柔而握固。未知牝牡之合而朘作，精之至也。終日號而不嗄，和之至也。知和曰常，知常曰明，益生曰祥，心使氣曰強。物壯則老，謂之不道，不道早已。

第五十六章

知者不言，言者不知。塞其兌，閉其門，挫其銳，解其紛，和其光，同其塵，是謂玄同。故不可得而親，不可得而疏；不可得而利，不可得而害；不可得而貴，不可得而賤。故為天下貴。

第五十七章

以正治國，以奇用兵，以無事取天下。吾何以知其然哉？以此：天下多忌諱，而民彌貧；人多利器，國家滋昏；人多伎巧，奇物滋起；法令滋彰，盜賊多有。故聖人云：「我無為，而民自化；我好靜，而民自正；我無事，而民自富；我無欲，而民自樸。」

第五十八章

其政悶悶，其民淳淳；其政察察，其民缺缺。禍兮，福之所倚，福兮，禍之所伏。孰知其極？其無正。正復為奇，善復為妖。人之迷，其日固久！是以聖人方而不割，廉而不劌，直而不肆，光而不耀。

第五十九章

治人、事天，莫若嗇。夫為嗇，是謂早服，早服謂之重積德。重積德則無不克。無不克則莫知其極。莫知其極，可以有國。有國之母，可以長久。是謂深根固柢，長生久視之道。

第六十章

治大國，若烹小鮮。以道蒞天下，其鬼不神。非其鬼不神，其神不傷人。非其神不傷人，聖人亦不傷人。夫兩不相傷，故德交歸焉。

第六十一章

大國者下流，天下之牝，天下之交。牝常以靜勝牡，以靜為下。故大國以下小國，則取小國；小國以下大國，則取大國。故或下以取，或下而取。大國不過欲兼畜人，小國不過欲入事人。夫兩者各得所欲，大者宜為下。

第六十二章

道者，萬物之奧。善人之寶，不善人之所保。美言可以市尊，美行可以加人。人之不善，何棄之有？故立天子，置三公，雖有拱璧以先駟馬，不如坐進此道。古之所以貴此道者何？不曰：求以得，有罪以免邪？故為天下貴。

第六十三章

為無為，事無事，味無味。大小多少，報怨以德。圖難於其易；圖大於其細。天下難事，必作於易；天下大事，必作於細。是以聖人終不為大，故能成其大。夫輕諾必寡信，多易必多難。是以聖人猶難之，故終無難矣。

第六十四章

其安易持；其未兆易謀；其脆易泮；其微易散。為之於未有，治之於未亂。合抱之木，生於毫末；九層之台，起於累土；千里之行，始於足下。為者敗之；持者失之。是以，聖人

無為，故無敗；無持，故無失。民之從事，常於幾成而敗之。慎終如始，則無敗事。是以聖人欲不欲，不貴難得之貨，學不學，復眾人之所過。以輔萬物自然而不敢為。

第六十五章

古之善為道者，非以明民，將以愚之。民之難治，以其智多。故以智治國，國之賊；不以智治國，國之福。知此兩者，亦稽式。常知稽式，是謂玄德。玄德深矣，遠矣，與物反矣，然後乃至大順。

第六十六章

江海所以能為百谷王者，以其善下之，故能為百谷王。是以聖人欲上民，必以言下之；欲先民，必以身後之。是以聖人居上而民不重，居前而民不害。是以天下樂推而不厭。以其不爭，故天下莫能與之爭。

第六十七章

天下皆謂我道大，似不肖。夫唯大，故似不肖。若肖，久矣其細也夫！我有三寶，持而保之：一曰慈，二曰儉，三曰不敢為天下先。慈，故能勇；儉，故能廣；不敢為天下先，故能成器長。今捨慈且勇，捨儉且廣，捨後且先，死矣。夫慈，以戰則勝，以守則固。天將救之，以慈衛之。

第六十八章

善為士者，不武。善戰者，不怒。善勝敵者，不與。善用人者，為之下。是謂不爭之德，是謂用人之力，是謂配天，古之極。

第六十九章

用兵有言：「吾不敢為主，而為客；不敢進寸，而退尺。」是謂行無行，攘無臂，執無兵，乃無敵矣。禍莫大於輕敵，輕敵幾喪吾寶。故抗兵相若，哀者勝矣。

第七十章

吾言甚易知，甚易行。天下莫能知，莫能行。言有宗，事有君。夫唯無知，是以不我知。知我者希，則我者貴。是以聖人被褐而懷玉。

第七十一章

知不知，上，不知不知，病。聖人不病，以其病病，是以不病。

第七十二章

民不畏威，則大威至。無狎其所居，無厭其所生。夫唯不厭，是以不厭。是以聖人自知不自見，自愛不自貴。故去彼取此。

第七十三章

勇於敢，則殺，勇於不敢，則活。此兩者，或利或害。天之所惡，孰知其故？天之道，不爭而善勝，不言而善應，不召而自來，然而善謀。天網恢恢，疏而不失。

第七十四章

民不畏死，奈何以死懼之？若使民常畏死，而為奇者，吾得執而殺之，孰敢？常有司殺者殺。夫代司殺者殺，是謂代大匠斲。夫代大匠斲者，稀有不傷其手矣。

第七十五章

民之飢，以其上食稅之多，是以飢。民之不治，以其上之有為，是以不治。民之輕死，以其上求生之厚，是以輕死。夫唯無以生為者，是賢於貴生。

第七十六章

人之生也柔弱，其死也堅強。草木之生也柔脆，其死也枯槁。故堅強者死之徒，柔弱者生之徒。是以兵強則滅，木強則折，強大居下，柔弱居上。

第七十七章

天之道，其猶張弓歟？高者抑之，下者舉之，有餘者損
之，不足者補之。天之道，損有餘而補不足。人之道，則不
然：損不足以奉有餘。孰能有餘以奉天下？唯有道者。是以聖
人為而不恃，功成而不居，其不欲見賢。

第七十八章

天下莫柔弱於水，而攻堅強者莫之能勝，以其無以易之。
弱之勝強，柔之勝剛，天下莫不知，莫能行。是以聖人云：
「受國之垢，是謂社稷主；受國不祥，是為天下王。」正言若反。

第七十九章

和大怨，必有餘怨，安可以為善？是以聖人執左契而不責
於人。有德司契，無德司徹。天道無親，恆與善人。

第八十章

小邦寡民。使有什伯之器而不用；使民重死而不遠徙。雖
有舟輿，無所乘之；雖有甲兵，無所陳之。使民復結繩而用
之。甘其食，美其服，安其居，樂其俗。鄰邦相望，雞犬之聲
相聞，民至老死，不相往來。

第八十一章

信言不美，美言不信。善者不辯，辯者不善。知者不博，
博者不知。聖人不積，既以為人己愈有，既以與人己愈多。天
之道，利而不害；聖人之道，為而不爭。

第四節　老子丹道名著《道藏・太上老君
　　　　　内丹經》

老子曰：夫學長生久視。不死之道，先須理心正行。然後
習氣。道則有三：上有還丹金液。中有神水華池，下有五金八

石；術亦有三：上有神仙抱一，中有富國安民，下有強兵戰勝。若得其一，萬事畢矣。神仙抱一者，玉爐煊赫，姹女端嚴，嬰兒含嬌。深根固蒂，五行匹配。八卦相連：此之謂上也。富國安民者，龍盤金鼎，虎繞丹田。黑白真金。鉛汞至寶，水火既濟。日月騰輝。一片火輪。九年丹灶：此之謂中也。強兵戰勝者。一殿恢張。三峰蒼翠。表夫妻之心意。放龍虎以往來。兩湊玄關。一泥丸道：此之謂下也。

老子曰：夫煉大丹者，精勤功行。清靜身心。僻靜深山。幽玄石洞。絕於雞犬。斷卻是非。不睹外物。不聽外聲。一心內守。無勞外求。大凡修道，必先修心。修心者，令心不動。心不動者，內景不出，外景不入，內外安靜，神定氣和。元氣自降：此乃真仙之道也。

老子曰：聖人以身為國。以心為君。心正則萬法皆從。心亂則萬法皆廢；復以精氣為民。民安則國霸。民散則國廢。

老子曰：修生之法，保身之道。因氣安精。因精養神。神不離身，身乃長健。凡修大道。利於生靈之性。發人智見。使人達道，得天沖虛之氣也。

老子曰：心有所愛。不用深愛，心有所憎，不用深憎。如覺偏頗。即隨改正。處富者勿謂長富。居貧者勿謂長貧。貧富之中，常當奉道。道不在煩，心不可亂。勿思衣食，勿思嗜欲。勿思名利。勿思榮辱。抱一守中，自然之道也。

老子曰：夫煉大丹者，固守爐灶。返老還童。功成行滿。氣化為血。血化為精。精化為體。一年益氣。二年益精。三年益脈，四年益肉。五年益髓。六年益筋。七年益髮，八年益骨。九年益變形神，身中有三萬六千精光。神居身不散。身化為仙，足下雲生，頂中鶴舞。號曰長生。修功不怠，關節相連。五臟堅固。內氣不出，外氣不入，寒暑不侵，兵刃不傷。

升騰變化，壽齊天地。玉女侍衛，玉童相隨，上佐玉皇，下度黎庶，號曰真人。

老子曰：玄中有玄是我命，命中有命是我形，形中有形是我精，精中有精是我氣，氣中有氣是我神，神中有神是我自然之道也。

老子曰：長生之體，久視之門。洗心易行，乃成正真，然除想化物，要淨六根，邪魔遠離，眾病和因，通幽顯聖，無不成真，須明恍惚，輔弼帝君。太上老子曰：自己三清，何勞上望；自己老子，何勞外覓。知之修煉。謂之聖人矣。

【按】此經由《黃帝陰符經》的思想推演而來。將道與術分為三等；以神仙抱一之術配還丹金液之道為上。富國安民之術配神水華池之道為中，強兵戰勝之術配五金八石之道為下。指出「修生之法。保身之道，因氣安精。因精安神。神不離身。身乃長健。」並認為修煉內丹的藥物均在自身，不必外求。對後世的中國內丹養生學說有重要影響。

第五節　與鬼谷子同為老子親傳丹道弟子尹喜丹道名著《尹真人東華正脈皇極闔闢證道仙經》

序

原夫大道寶筏，莫不應運而出。蓋由太上老子好生，憫世忘善，乃授純修弟子以度眾生，俾各會歸於極，以合皇極永保昇平於無極，無如學者，心性不明，日污下，所示秘文寶筏，輾轉流傳，始惟魚魯，繼且私心塗改，以至旨昧宗淆，是以得書，貴慎校訂，然傳本訛誤。未有如近日所見本二書，一名《呂祖師先天虛無太一金華宗旨》。一名《尹真人東華正脈皇極

闓闢證道仙經》。實皆太上老子心傳，玄門寶筴，是二書也。

　　吾山遺有初傳梓本，取以印證，正合原序所云。至道隱而不宣，必遭魔障。（一得）何敢稍懈，故為仔細訂正，遂成全璧，原序曰：太上老子心傳，無非命寶，應昌明之元會，兒萬劫而一傳，皆天魔深忌之文，每乘學者，心念一偏，魔便趁機而入。改參魔說，以敗正道。故古哲一得秘書，立即諸金石，垂作砥柱，邪說亂宗，得取以證。又曰：今值真道流行，時不可失，毋庸秘而不泄什襲收藏，不壽諸梨佈諸都邑。無緣者忽視之傳而不傳。有志者鑽研之，秘而非秘，中有循環守護者。二書原序所載已如此。今幸闓闢經訛本，未纂入《道藏》金華宗旨本。雖入藏，而板存姑蘇，取證重梓，亦自易易，且其所誤，不過支派混淆。取登失真，明眼人見之，自然立辨。況書自山出，梓本久已傳世，而此《東華正脈皇極闓闢證道仙經》。梓本流傳未廣，世故罕見，其所摻雜偽本，又相傳來自青羊宮，乃為此經發源之地，混淆內潰，最足誤人。不早為辨正，貽誤必烈，本山書版，雖已殘缺，幸有刷印原本，原可照本翻刻，然本流傳已廣，必須補其缺，正其誤，一一標而出之，庶以本為枕中秘者，不為所惑，知所適從矣。不敢以原書具在，無煩筆削，可登梨棗，遂惜筆墨偷安也。故撰即為付梓，廣為流布，謹述訂正顛末，以弁其首。蓋以是經，於道宗旨，大有關係雲爾，時維道光辛卯仲夏望日，浙湖蓋山龍門正宗第十一代，閔一得沐手謹序。

青羊宮傳抄本

浙湖金蓋山人閔一得訂正

尹真人東華正脈皇極闔闢證道仙經卷之上

一、添油接命章

尹真人曰：原人生受氣之初，在胞胎內，隨母呼吸，受氣而成。此縷與母相連，漸推漸開，中空如管，氣通往來，前通於臍，後通於腎。上通夾脊，由明堂至山根而生雙竅，由雙竅下至準頭而成鼻之兩孔，是以名曰鼻祖，斯時我之氣通母之氣，母之氣通天地之氣，天地之氣通太虛之氣，竅竅相通，無有閡隔。及乎數足，裂胞而出，剪斷臍帶，「啊」的一聲，一點元陽落於臍輪之後，號曰天心虛靈一點是也。自此後天用事，雖有呼吸往來，不得於元始祖氣相通，人生自幼至老，斷未有一息注於其中。塵生塵滅，萬死萬生，皆為尋不著舊路耳。所以太上立法，教人修煉，由其能奪先天之正氣。所以能奪者，由其有兩孔之呼吸也，所呼者自己之元氣從中而出，所吸者天地之正氣從外而入，人若使根源牢固，呼吸之間，亦可奪天地之正氣而壽命綿長。

若根源不固，所吸天地之正氣，恒隨呼吸而出，元氣不為己有，反為天地所得，亦只為不得其門而入耳。蓋常人呼吸，皆從咽喉而下，至中脘而回，不能與祖氣相通，所謂眾人之息以喉也。若至人呼吸直貫明堂而上，（此惟息息自先天，息息由黃道）。蓋切切然以意守夾脊雙關。（其間即黃中，即神室？又名黃堂，位在關前，心後非後天呼吸，所得經也）。自然通於天心一竅。得與元始祖氣相連，如磁吸鐵，而同類相親。即莊子所謂「真人之息以踵也」。踵者；深也。即真人潛深淵，浮遊守規中之義。即潛深淵，則我命在我，而不復為大冶所陶矣。

此竅初凝，即生兩腎，次而生心，其腎如藕，其心如蓮，

其梗中空外直。柱地撐天。心腎相去八寸四分，中餘一寸二分。謂之腔子裡。乃心腎往來之路，水火既濟之鄉。（是皆胎始結時，氣與母一所成之，一縷乃先天真氣結成。漸推漸開而然也。原其得結之由，由於未孩不有思慮。故氣不雜而純。初無朕兆得見。繼因往來久，久乃現。然屬有形而無質也。既而未孩而孩，始有臍帶，得憑以通而尚無心，故得與同呼吸。及既出胎，啊的一聲氣落下極，則已自成一物，故惟自行呼吸。然與天地終始相通而其與祖不接者，氣浮不沉之。故欲與祖接，絕不費功，但自放下一切，吾心自靜。心靜氣自靜，氣靜則自下沉，下沉自與祖接，自得通流一體，久久氣淳，不但周流一體，自與天地太虛同一呼吸，那有不得長生之理。）欲通此竅，先要窮想山根，（曰：窮想者，猶言想到，無可想，想念則自無。）則呼吸之氣，方漸次而通夾脊，透泥丸以達於天心祖竅而子母會合，破鏡重圓。漸漸擴充則根本完固，救住命寶，始可言修煉功夫。

　　行之既久，一呼一吸入於氣穴，乃自然而然之妙也。（此千古不傳之秘而妙用只是無念而已。是純由黃道升降故能自然如此。）按了真子曰「欲點長明燈，須用添油法。」一息尚存，皆可復命。人若知添油之法，續盡燈而復明，即如返魂香點枯荄而重茂也。油乾燈絕，氣盡身亡。若非此竅則必不能添油，必不能接命，無常到來，懵懵而去矣。故呂祖曰：「塞精宜急早，接命莫教遲。」接則長生，不接則夭死也。人生氣數有限而盛不知保，衰不知救。如劉海蟾云：「朝傷暮損迷不知，喪亂精神無所據。」細細消磨，漸漸衰耗，元陽斯去，闔闢之機一停，呼吸之氣立斷。噫！生死機關，迅何如也。

　　而世人不肯回心向道者，將謂繁耶，抑畏難耶，然於此著功法，最是簡易，但行、住、坐、臥，常操此心藏於夾脊之

竅，則天地真氣隨鼻呼吸，以扯而進自與己之混元真精凝結丹田，而為吾養生之益，蓋此竅之氣，上通天谷，下達尾閭，周流百節之處，以天地無涯之元氣續我有限之形軀，自是容易，學者誠能凝神夾脊之竅，守而不離，久久純熟，則裡面皎皎明明如月在水相似，自然散其邪火，消其雜慮，降其動心，止其妄念，妄念止，則真息自現，真息現而真念無念，真息無息哉，息無則命根永固。念無則性體常存，性存命固，息念俱消即性命雙修之第一步功也。

張崇烈云：「先天氣從兩竅中來，西江水要一口吸盡。」即此義也。嗟夫！人生如無根之樹，全憑氣息以為根株，一息不來，即命非我有，故修長生者，首節專以保固真精為本，精旺自然精化為氣，氣旺自然充滿四肢。四肢充滿，則身中之元氣不隨呼而出，天地之正氣恒隨吸而入，久之胎息安鄴，鄂固斯長生有路矣。此段工夫自始至終捨他不得，起手時，有添油接命之功。坤爐藥生時有助火開關載金之功，嬰兒成形時有溫養乳哺之功，只待嬰兒既長。脫穴而升，移居內院之時，則是到岸不須船。而此添油接命之功，方才無用，夫添油入竅。種種玄況不一，總以造有熱湯傾注之驗，覺極通暢。卻並不是將無作有的話頭，學者細心行持，自有天然妙處。

南樵子曰：此夾脊雙關一竅，在人背脊二十四節上下之正中，真可以奪神功。改天命。易曰：黃中通理。正位居體，美在其中，和之至也。

閔小艮曰：按此竅在脊前脘後而有形無形，未開謂之玄關。既開謂之玄竅。學者行到虛極靜篤時。此竅乃現，胎息息於此也。我身元神。於此升降。乃謂得道道路也。謂得徹天徹地也。故此元神一入。自覺此中大無外，細無內也。丹書一名神室，又曰黃房，其名不一。總之結胎養胎，造至脫胎，皆基

於此處。第非後天三寶,所得闖入也。

蓋以此處是黃中。先天休養之所,主君之堂,臣輔得入須憑宣召者。若夫任督,乃為赤黑道,後天精血所由之徑。為之導者,亦藉神氣。世人未知分別。每有後天鬧黃之弊。歷古丹經。不敢逕示由中升降。而但示以由任而降。由督而升。職此故也。是經慈示。實為萬古未嘗少洩之秘。而為登道捷徑,是故諄諄導以自然。自然則無後天升降,升降純是先天矣。唯恐學者妄用心意。不從自然,致遭不測,識此數行,以告同學云。

二、凝神入竅章

尹真人曰:太上老子云:「吾從無量劫來,觀心得道,乃至虛無。夫觀心者,非觀肉團之血心。若觀止心,則有血熱火旺之患,不可不慎。(閔小艮曰:謹按太上觀心,核屬三觀,蓋即內觀外觀遠觀也。人心雖妄。嘗於此心之後,而退藏之,妙用無窮,皆基於此。其法蓋以觀虛觀無且觀靜寂耳。如是觀若勿觀,個中玄竅始開。若一難有意念其弊亦莫測,故有不可不慎之戒。)人有三心曰:人心,道心,天心。人心者,妄心也。道心者,照心也。天心者,元關祖竅,氣穴是也。太上觀心者,以道心而普照天心也。」

又曰:「入竅觀心之法,凝神定息清虛自然。六根大定。百脈平和,將向來夾脊雙關所凝潛入命府,謂送歸大冶牢封固。命門一竅。即臍後一寸二分,天心是也。一名神爐,又名坤爐,而息之起息之止,在此一穴。按自氣穴起息。狀如爐燈隨吾呼吸,仍不外乎黃庭為之主張者,蓋有元神在也。調處之法,乃以道心而照天心,則此靈谷之中。氣機雖繁,有神以主。亦仍如如不動,本體常存,神與氣合,緊緊不離,是名外煉而不失。夫胎息。蓋如凝神於氣穴,(是神室也)時時收視

返聽，照顧不已。則此氣穴（是坤爐也）亦自寂寂惺惺，永無昏沉，而睡魔自遣。且能應抽應添，運用自如矣。」愣嚴經云：「一根既返元，六根自解脫。」

蓋無六根，則無六識，無六識則無輪廻種子。既無種子，則我一點真心，獨立無倚，空空蕩蕩，光光淨淨，斯萬劫而常存也。每見專務頂門之性為宗者，是不知命也，專務坤爐修命為宗者，是不知性也。純陽曰「修命不修性，此是修行第一病。只修祖性不修丹，萬劫陰靈難入聖。」若此凝神入竅之法，乃性命雙修之訣。

蓋得中央黃量所結之神以宰之耳。人若識於此處而迎吾一點元神入於元始祖竅。天心氣穴之中。綿綿續續，勿助勿忘，引而親之，一若升於無何有之鄉，則少焉呼吸相含，神氣相抱，結為丹母，鎮在下田。待時至時。則攝吾身先天靈物。上引三才真一，油然下入，合我身中鉛汞即成無上英華，融而化之，有如北辰居所，眾星皆拱之驗。是皆元神潛入氣穴所致，故而諸氣歸根，萬神聽令。然而古哲謂是黃葉，非真金也。必須久久行之，先天性命，真正合一。如汞投鉛而相制伏。而大丹真孕其中矣。蓋以此段功夫，神既入竅，則呼吸一在竅內。而吾鼻中呼吸，只有一點，而微若無，方為入竅之驗。驗驗不失，乃得真金焉。

南樵子曰：此一章工夫，妙在運雙關所凝之神。藏於氣穴，守而不離，則天地元始祖氣，得以相通而入也。凡修持者，每日以子、午、卯、酉四時為則，每時或坐一香三香，斯時毛竅已開，必須再坐一二香，將神一斂下坐，方可出戶，否則恐干外邪，故亦不可不慎。閔小艮曰：此章玄論皆屬丹經所未泄。了道成真。秘旨備矣，中被魔學節改，幸道不終隱。得準山本，一一訂正夫豈人力也哉。

三、神息相依章

尹真人曰：天谷之神，湛然寂然，真性也。神爐之中，真氣氤氳。而不息者，真命也。他兩個總是真水火，真烏兔，真夫婦，真性命使二者紐結一團，混合一處，煉在一爐，二六時中，神不離氣，氣不離神，性不離命，命不離性。二者則二而一，一而二者也。其功與前章之功，一貫而下。每日子前午後，定息靜坐，開天門以採先天，閉地戶以守胎息。納四時之正氣，以歸正室，以養胎真，漸採漸煉，以完乾體，以全親之所生，天之所賦。真汞八兩，真鉛半斤，氣若嬰兒，陰陽吻合，混沌不分，出息微微，入息綿綿，內氣不出，外氣反入，久之神爐藥生。丹田火熾，兩腎湯煎，此胎息還元之初，眾妙歸根之始也；則一刻工夫可奪天地一年之節候，璇璣停輪，日月合璧。真是：「萬里陰沉春氣到，九霄清澈露華凝。」妙矣哉。

真陽交感之候乎，蓋神入氣中，猶天氣之降於地，氣與神合。猶地道之承於天。《易》曰：大哉乾元，萬物資始也。蓋一陽不生於復而生於坤，坤雖至陰然陰里藏陽，大藥之生，實根柢於此，藥將產時，就與孕婦保胎一般，一切飲食起居，俱要小心謹慎，詩云：「潮來水面侵堤岸，風定江心絕浪波，性寂情空心不動，坐無昏憒睡無魔。」此惟凝神氣穴，定心覺海，元神與真氣相依相戀。自然神滿不思睡，而真精自凝，鉛汞自投，胎嬰自樓，三尸自滅，九蟲自出。其身自覺安而輕，其神自覺圓而明。

若此便是長生路，休問道之成不成，此境必待神爐藥生，丹田火滅。兩腎湯煎，方見此效，方可行開關之功。

又曰：（青羊抄本訣作南樵子曰茲準梓本訂歸經文錄之）修真之士，果能將來脊雙關所凝之神。藏於氣穴。守而不離，則一呼一吸，奪先天元始祖氣，蓋入氣穴之中。久而真氣充滿

暢於四肢，散於百骸，無有阻滯，則自然兩腎湯煎丹田火熱，而開關也。

南樵子曰：此一段工夫，妙在照之一字，照者，慧日也，慧日照破昏衢，能見本來面目。心經云，照見五蘊皆空。空者，光明之象也，五蘊皆空，則六識無倚，九竅玲瓏，百關透徹，空空蕩蕩，光光淨淨，惟到此地。方為復我本來之天真，還我無極之造化，明心見性，汞去金存，再行添油入竅之功，神息永不相離，只待嬰兒成形，移居內院，方歇止。

閔小艮曰：按此內院，即是泥丸，又為玉清宮，元神坐以待詔飛升之地也。

四、聚火開關章

尹真人曰：開關乃修真首務，胎息即證道根基。未有不守胎息，而望開關。不待開關，而能得長生住世者。許旌陽陽真人曰：「關未開，休打坐，如無麥子空挨磨。開得關，透得鎖，六道輪迴可躲過。」此確論也。

（閔小艮曰：此關是元關，乃即尾閭關，故可聚火以開。上而夾脊雙關亦然，皆可以運行開者，鎖則無縫鎖。大造用以封鎖玄竅者也。法惟虛寂之極，先天匙現。豁然洞開，此竅一開，九竅齊開而胎息得行，大道乃有路焉矣。然按章旨，真人蓋為元關未開者而發，乃從色身上攻去積陰。則行無病阻，是亦一法也。余更進而寂體，真人另有玄意，乃補首章所未示，恐人專事中透捷法，而置任督於勿理。則於生生妙用。未免功缺，亦非至庸至正功法，此功行後則於色身固大利。而於法身得培，更無欠缺，後學遵循中透。亦無混入鬧黃之誤，玄意蓋如此。）

開關之法，擇黃道吉日，入室靜定，開天門以採先天，閉

地戶以守胎息。謹候神爐藥生，丹田火熾，兩腎湯煎見此功效，上閉竅塞兌垂簾，神息歸根，以意引氣，沉於尾閭，自與水中真火紐作一股，直撞三關，當此之時，切勿散漫，倒提金鎖鎖，以心役神，以神馭氣，以氣沖火，火熾金熔，默默相沖，自一息至數百息，必要撞開尾閭，火逼金過太元關，而閭口內覺刺痛，此乃尾閭關開之驗。一意後沖，緊撮穀道，以鼻息在閭，抽吸內提上去。如推車上高坡陡處，似撐船到急水灘頭，不得停篙住手，猛烹急煉，直逼上升，再經夾脊雙關，仍然刺痛，此又二關開通之驗，以神合氣，以氣凝神，舌拄上腭，目視頂門，運過玉枕，直達泥丸頂上，融融溫暖，息數周天數足。以目左旋三十六轉，鉛與汞合真氣入腦而化為髓，再候藥生，仍行前功，每日晝夜或行五七九次。

　　行之百日，任督自然交會，一元上下旋轉如輪，前降後升，絡繹不絕，內有一股氤氳之氣，如雲如霧騰騰上升，衝透三關，直達紫府，漸採漸凝，久則金氣布滿九宮，補腦之餘，化而為甘露，異香異美，降入口中，以意送入黃庭土府，散於百絡，否則送爐。如是三關透徹，百脈調和，一身暢快，上下流通。所謂：「醍醐灌頂得清涼同入混爐大道場者。此也。」百日之功，無問時刻，關竅大開，方可行採藥歸壺之事，不然縱遇大藥而關竅不開，徒費神機，採亦全無應驗。張三豐云：「不煉還丹先煉性，未修大道且修心，修心自然丹性至，性至然後藥材生。」

　　還虛子曰：「開關之法，妙在神守雙關一竅。」

　　此竅能通十二經絡，善透八萬四千毛竅，神凝於此，閉息行持久之。精滿氣化，氣滿自然沖開三關，流通百脈，暢於四肢，竅竅光明，此為上根利器也。然於中下之士，或又行功忌緩，則關竅難開。必得丹田火熾，兩腎湯煎，依法運行，方能

鬼谷子辦學以中華聖祖黃帝《陰符經》、老子《道德經》創立道家文化經典和黃帝、老子秘傳丹道養生為核心教育內容暨鬼谷子傳承黃帝、老子道學與道家內丹養生和縱橫家主要著作

第二章

123

開通。故經云：「天之神棲於日。人之神棲於目。古人謂目之所致神亦至焉。神之所至氣亦至焉。又云神行則氣行，神住則氣住。」開關功夫，不外乎此。

南樵子曰：此章功夫，始而妙在神氣紐作一股，默默透後上沖，次而直如推車至上半山，似渡江臨急流水。必要登峰巔達岸而後己，學者專心致志，努力行持自有此效。

閔小艮曰：先師太虛翁云「呂祖師醫世功法入手，亦以開關為第一義，大可即此章以治身，即可準此功以醫世，細體以行。身無有不治。世無有不安泰也，其效乃在流通百脈，暢於四肢，而難在通透關竅也，關開乃有用，竅透用始得當，治身其然，治世亦爾也。

尹真人東華正脈皇極闔闢證道仙經卷之中

五、採藥歸壺章

尹真人曰：採藥必用夜半子時，一陽初動者，其時太陽正在北方。而人身之氣在尾閭，正與天地相應，乃可以盜天地之機，奪陰陽之妙，煉魂魄而為一，合性命以雙修。蓋此時乃坤復之際，天地開闢。於此時，日月合璧於此時，草木萌藥於此時。人身陰陽交會於此時，至人於此時而採藥，則內徵外應，若合符節，乃天人合發之機，至元而至妙者也。《黃帝陰符經》經云：「食其時、百骸理，盜其機，萬化安。」又云：「每當天地交合時，盜取陰陽造化機。」於亥末子初之時，清心靜坐，凝神定息，收視返聽，一念不生，萬緣盡息，渾淪如太極之未分，溟滓如兩儀之未兆，湛然如秋江之映月，寂然如止水之無波。內不知乎吾身，外則忘乎宇宙。虛極靜篤，心與天通。先天大藥隨我呼吸而入於黃庭。周天數足，鉛汞交結。天然真火

薰蒸百脈，周流六虛，沖和八表。一霎時，雷轟巽戶，電發坤門，五蘊空明，九宮透徹，玉鼎湯煎，金爐火熾，黃芽遍地，白雪漫天，鉛汞髓凝，結如黍珠。三十六宮花似錦，乾坤無處不春風。訣曰：「存神唯在腎，水火養潛龍，含光須默默，調息順鴻濛。」此乃封閉之要訣也。

南樵子曰修真煉至明心見性，歸真已得其半，學者果能九竅玲瓏，五蘊空寂，百節透徹，則採藥亦易得，邱長春曰：「深耕則易耨布種為鉤玄，識得玄中奧，人元遍大千，在人遇師不遇師耳。」

閔小艮曰：聞諸駐世神人，泥丸李翁。諭我先師太虛翁云，成道多門，而採取非一，律宗所事為最高，蓋謂得自虛空也，得之之時，學者倘有遍體統熾之患。此情動於中之故，法惟退心於密，能感致太極真陽，陰焰自滅，夫此真陽，歸自坤位，自然升得乾護歸休太極，故能降熄燎原之焰，然非涼德所能感降吾身者，是以學貴疊行名曰深耕，次唯大隱朝不勞布種，自有人元虛集，而已則寂靜虛無以俟，此則律宗之所受援也。夫太極真陽，學者德能感此，必自頂門而下，且必滴頂應闕霎時清涼，驗乃如此，所謂乾元得自頂三界立清涼是也，南樵所述，玄乎玄乎，而青羊鈔本，削而不錄，故準梓本訂增之。

又曰（一得）參究遇師語意，輾轉不成寐，久之，忽入一境，見我師太虛翁，燕坐如生平。手執一卷，青紙金書曰：「此是瓊琯先生所遺，鶴林彭君，纂人天仙枕中秘，世間尚有之，訪可得者，（一得）跪而閱之記其大旨乃即太上宗旨所載，須置活虎生龍，備為勾引，感太玄於虛際，是乃清淨道侶，以元引元，以一引一。」此自然通感之妙用，書內有八十一偈，其七言曰：活虎生龍習靜時，虛空交感不相知，無中生有還歸彼，有裡還無我得之，得此況同巫峽雨，全憑目力慎維持。蓋

言以目後透而升，斯無逐情外漏之弊，其殿偈四言，蓋釋師字之義。按爾雅師眾也，玉篇像他人也，是籍男女眾人，以引元之義。如釋氏之無遮大會，即此妙用也，《禮記》曰：師也者，教之以事而喻諸德者也。教以事，如集清淨道侶，以引太玄之事，諭諸德。則兼有積德之旨，師字之義所該如此。偈云太玄真一，極休如雌，感而遂通，行行合師。五五不圓，勿克應之，得之則榮，失之則枯，道無予奪，德孤乃孤。太虛翁曰：斯貴自勉，勿辜負，爾自知。又曰後世必有誤會者，豈僅作功行條數已哉！二千五百人為師，五五，是解師中眾字之義，孤者眾之反。曰德孤乃孤者言無德，雖遇眾如不遇也，南樵子所述師字隱含如許妙義也，南樵子述而不之釋，感師慈示，爰謹識之，道光辛卯季夏朔日謹志於金陵甘露圓。

六、卯酉周天章

尹真人曰：前章先天大藥。入於黃庭採藥也。此章卯酉周天，左右旋轉，收功也。

張三豐一鉛火秘訣云：「大藥之生有時節，亥末子初正二刻，精神交媾含光華，恍恍惚惚生明月，媾畢流下噴泡然，一陽來復休輕泄，急需閉住太元關，火逼金過尾閭穴，採時用目守泥丸，垂於左上且凝歇，謂之專理腦生玄。右邊放下復旋折，六爻數畢藥升乾，陽極陰生往右邊，須開關門以退火，目光下矚守坤田，右上左下六凝住，三八數了一周天，此是天然真火候，自然升降自抽添，也無弦望與晦朔，也無沐浴達長篇，異名剪除譬喻掃，只斯數語是真詮。」此於採藥歸壺後行之，則所結金丹，不致耗散，大藥採來歸鼎。

若不行卯酉周天之功，如有車無輪，有舟無舵，欲求遠載，其可得乎。其法先以法器頂住太玄關口。次以行氣主宰。

下照坤臍良久，徐徐從左上照乾頂少停，從右下降坤臍為一度。如此三十六轉為進陽火。三十六度畢，去了法器。開關退火。亦用行氣主宰。下照坤臍良久，徐徐從右上照乾頂少停，從左下降坤臍，為一度，如此二十四。為退陰符。純陽云：「有人問我修行法。遙指天邊月一輪。」此即行氣主宰之義也。

此功與採藥歸壺之功。共是一連。採取藥物歸於曲江之下。聚火載金於乾頂之上。乾坤交媾於九宮，周天運轉而凝結。故清者凝結於乾頂。濁者流歸於坤爐，逐日如此抽添，如此交媾，汞漸多而鉛漸少，久而鉛枯汞乾，陰剝陽純結成牟尼寶珠，是為金液大還丹也。蓋坎中之鉛原是九天之真精。離中之汞。原是九天之真氣。始因乾體一破。二物遂分兩弦，常人日離日分。分盡而死。而至人法乾坤之體效坎離之用。奪神功改天命，而求坎中之鉛，制離中之汞。取坎中之陽制離中之陰，蓋陽純而復成乾元之體也。

張紫陽祖師曰：取將坎位中心實，點化離宮腹內陰，自此變成乾健體，潛藏飛躍盡由心。

南樵子曰（抄本以下誤纂入經）後升前降，採外藥也，左旋三十六，以進陽火。右轉二十四，以退陰符。皆收內藥而使來歸壺，不致耗散也，日積月久煉成一黍米之珠，以成真人者即此也。

偈曰：

移來北斗過南辰，兩手雙擎日月輪，
飛趁崑崙山頂上，須臾化作紫霄雲。

閔小艮曰：

謹按此章乃就一身中，採取坎一以為種子，與上章經義不一。

上章得自虛空，此章成自神功者也。

尹真人東華正脈皇極闔闢證道仙經卷之下

七、長養聖胎章

尹真人曰：始初那點金精，渾然在礦，因火相逼，遂上乾宮，漸採漸積，日烹日熔，損之又損，煉之又煉，直至煙消火滅，方才成一粒龍虎金丹。圓陀陀。活潑潑，輝煌閃爍，光耀崑崙。放則迸開天地竅。歸復隱於翠微宮。此時樂也不生，輪也不轉，液也不降，火也不炎，五氣俱朝於上陽，三花皆聚於乾頂陽純陰剝，丹熟珠靈，此其候也。然鼎中有寶非真寶，欲重結靈胎。而此珠尚在崑崙。何由得下而結耶，必假我靈，申透真陽之氣以催之，太陽真火以逼之，催逼久，則靈丹自應時而脫落。降入口中，化為金液，而直射於於丹局之內。霎時雲騰雨施，雷轟電掣，鏖戰片晌之間，而消盡一身陰滓。則百靈遂如車之輳，七寶直如水之朝宗矣。

許宣平曰：「神居竅而千智生，丹入鼎而萬種化。」然我既得靈丹入鼎，內外交修，煉之又煉至與天地合德，則太虛中，自有一點真陽，從鼻竅而入於中宮，與我之靈丹合而為一。蓋吾身之靈，感天地之靈，內徵外應，渾然混合老子云：「人能常清淨，天地悉皆歸。」當此兩陽乍合，聖胎初凝，必須時常照覺，謹慎護持，如小龍之初養珠，如幼女之初懷孕，牢關聖室不可使之滲漏，更於一切時中，四威儀內，時時照顧，念念在茲，混混沌沌，如子在抱，終日如愚，不可須臾間斷也。葛仙翁曰：「息息歸中無間斷，天真胎裏自堅凝。」陳虛白曰：念不可起，念起則火炎，意不可散。意散則火冷。惟要不起不散，含光默默，真息綿綿，此長養聖胎之火候也。

南樵子曰道之所以長養聖胎者，不獨玄門為然。釋氏亦有形成出胎之語，修真之士，於靜定之中，入三摩地者謂道之元神元氣元精，三者合一而歸於天心一竅也，釋氏謂之正定正中正受，三昧真定，而入於真空大定也，人定之時，慧日憑心空朗大千。大道分明體自然，十月聖胎完就了。一聲霹靂出丹田，照天心一竅者，以耳內聽此竅，以眼內觀此竅，如如不動，寂寂惺惺，身如琉璃，為外明徹，包含十方諸佛剎土。靜定自如，虛空淡然，渾無一物，此為三昧真定法門。

偈曰：

男兒懷孕是胎仙，只為蟾光夜夜圓，

奪得天機真造化，身中自有玉清天。

閔小艮曰：謹按此章雙承前兩章得藥歸壺，示以長養聖功也。蓋前兩章得法不同，而皆有未盡善處，一由性功未純，而感外擾，至有燎原之患，幸知疊行積功。上感大造，降至真陽，色身賴以拯救。然經此患，玉石俱傷，欲保功成，必須得法，以撫以安也，其次章之失，乃時命理未精，所採所得，盡屬後天。丹盡所謂黃世，不是真金，何以故以道而論，尚屬後天，至人知之故，故必先事身中胎息，致開先天玄關。摸著大造鼻孔。同出同入，始得於中招引人元。出神入坤，按兩坤字，上坤指坤方。西南是也。下坤指人身。坤腹是也。如是呼吸，自得一一收歸坤爐。朝烹夕煉，與夫平日，所引所致，種種真元，煉而成珠者，引歸神室，溶成一粒，乃為胎成。

先師太虛翁謂工至此。方可從事長養，倘或所聚有難，必重加工力，以容以化，蓋以往昔，所結。尚屬幻化之胎。法惟仗神逼出內院，容成金液，重下坤爐。招致玄竅感降之一。與吾神爐煉物，融成一粒，引歸神室中，以休以養。始得謂真

種，今按是章所言。若合符節，則知是章所章所言鼻竅。不可忍作人身鼻孔，此竅必是玄竅，而鼻則袓義焉耳，南樵子，隱而未泄，恐誤後人，不敢不自云。

八、乳哺嬰兒章

尹真人曰：前面火候已足，聖胎已圓，若果之必熟，兒之必生，彌歷十月，脫出其胎。釋迦牟尼以此謂之法身，老子以此謂之嬰兒，蓋氣穴原是神仙長胎住息之鄉，赤子安身立命之處，嬰兒既宴坐靜室，安處道場，須藏之以玄玄，守之以默默，始借坤母黃芽以育之，繼聚天地生氣以哺之。此感彼應，其中自呼自吸，自開自閉，自動自靜，自由自在，若神仙逍遙於無何有之鄉，若如來禪定於寂滅威海之場。雖到此大安樂處，仍須關元，勿令外緣六塵魔賊所侵，內結煩惱奸回所亂。若坐若臥，常施瑩淨之功，時行時止，廣運維持之，力方得六門不漏，一道常存，真體如如，丹基永固。朝夕如此護持，如此保固，如龍之養珠，如鶴之抱卵，而不敢頃刻之偶忘，方謂真人潛深淵，浮遊守規中也；其法以眼觀內竅，以耳聽內竅，潛藏飛躍，總是一心，則外無聲色臭味之牽，內無意必固我之累，方寸虛明，萬緣澄寂。而我本來之赤子，遂怡怡然安處其中矣。

老子云：「外其身而身修，忘其形而形存。」如心空無礙則神愈煉而愈靈，身空無礙，則神愈煉而愈精，煉到形與神而相涵，身與心而為一，才是形神俱妙與道合真者。

古仙云：「此際嬰兒，漸露其形，與人無異，愈要含華隱曜，鎮靜心田者，若起歡心，即為著魔。嬰兒既長，自然脫竅，時而上升，乾頂，時而出升虛際，時而頓超三界外，不在五行中，出沒隱現，人莫能測，修道必經之境。古哲處之，惟

循清虛湛寂焉。是為潛養聖嬰之至道。」

南樵子曰：火候已定，聖胎已完，全賴靈父聖母，陰陽凝結以成之，雖然嬰兒顯像尚未老成，須六根大定，萬慮全消，而同太虛之至靜，則嬰兒宴居靜室，安處道場，始能得靈父聖母，虛無之祖氣。以養育之。養育之法，神歸大定，一毫不染，開天門以採先天，閉地戶以守坤室，無晝無夜，刻刻提防，勿令外緣六塵所侵，內賊五陰瞋魔擾亂，心心謹篤，三年嬰兒老成，自得超升，天谷直與太虛不二矣。

偈曰：

含養胞胎須十月，嬰兒乳哺要千朝，
胎離欲界升內院，乘時直上紫雲霄。

閔小艮曰：青羊宮抄本，摻入門外漢語，如此章中，既云嬰兒既長，穴不能居。又於注末。摻入嬰兒老成，自尾閭而升天谷，既長而穴不能居，是內身耶，嬰兒乃由尾閭鑽上耶，且焉有玄竅嫌窄者，翻能透尾閭而上，自相矛盾乃爾，茲準山本訂正之。

九、移神內院章

尹真人曰：「始而有作有為者，採藥結丹以了命也。終而無作無為者，抱一冥心，以了性也。」施肩吾曰：達摩面壁九年，方超內院。世尊冥心六載，始脫藩籠。夫冥心者，深居靜室，端拱默默，一塵不染，萬慮潛消，無思無為，任運自如，無視無聽，抱神以靜。體含虛極，常覺常明，此心常明，則萬法歸一，嬰兒常居於清淨之境，棲止於不動之場，則色不得而縛之。體若虛空斯安然自在矣。

陰長生曰：「無位真人居上界，空寂更無塵可礙，有為功

第二章　鬼谷子辦學以中華聖祖黃帝《陰符經》、老子《道德經》創立道家文化經典和黃帝、老子秘傳丹道養生為核心教育內容暨鬼谷子傳承黃帝、老子道學與道家內丹養生和縱橫家主要著作

就又無為。無為也有功夫在。」所謂居上界者，蓋即嬰兒之棲天谷也；空寂明心者，蓋即呂祖向晦宴息，冥心合道之法也。無為也有功夫在者，蓋即太上即身即世，即世即心，遙相固濟之宗旨，其次蓋即譚長真所云：「嬰兒移居上丹田，端拱冥心合自然。修道三千功行滿，憑他作佛與升仙也。」謂必移居天谷者，非必以地峻極於天，實以其純一不雜，嬰兒居此，自無一毫情念得起。但起希仙作佛之心，便墮生死窟中，不能得出。

夫此清淨體中，空空蕩蕩，晃晃朗朗，一無所有，一無所住，心體能知，知即是心，心本虛寂，至虛至靈，由空寂虛靈而知者，先知也。由空寂寂靈而覺者，先覺也。不慮而覺者，謂之正覺。不思而知者，謂之真知。雖修空不以空為證，不作空想，即是真空，雖修定不以定為證，不作定想，即為真定，空定真極，通達無礙，一旦天機透露慧性靈通，乍似蓮花開，恍如睡夢覺，突然現乾元之境，充滿於上天下地而無盡藏。此正心性常明，炯炯不昧，晃朗宇宙，照徹古今，變化莫測，神妙無方，雖具肉眼，而開慧眼之光明，匪易凡心，而同佛心之覺照，此由見性見到徹處，修行修到密處，故得一性圓明，六根頓定。

何謂六通？玉陽太師曰：「坐到靜時陡然心光發現，內則自見肺肝，外則自見須眉，知神踴躍。日賦萬言，說法談玄，無窮無極，此是心境通也。不出房舍，預知未來，身處室中，隔牆見物。此是神境通也。正坐之間，霎時迷悶混沌不分，少頃心竅豁然大開，天地山河，猶如掌上觀紋，此是天眼通也，能開十方之語，如耳邊音，能憶前生之事，如眼前境，此是天耳通也，或晝或夜，能入大定，上見天堂，下見地獄，觀透無數來劫，及宿命所根，此是宿性通也。」

神通變化，出入自如，洞見眾生心內隱微之事，意念未

起，了然先知，此是他心通也。若是者何也？子思曰：心之精神謂之聖，故心定而能慧，心寂而能感，心靜而能知，心空而能靈。心誠而能明，心虛而能覺。功夫至此，凡一切善惡境界，樓台殿閣，諸佛眾仙，不可染著，此時須用虛空之道，而擴而充之，則我天谷之神，升入太虛，合而為一也，再加精進，將天谷元神，煉到至極至妙之地，證成道果。

太上老子曰：「將此身世身心歸融入竅，外則混俗和光，出處塵凡，而同流俗。往來行藏，不露圭角。而暗積陰功，開誠普度。以修以證，是正性命雙修之妙用。究其旨歸，不外皇極闔闢之玄功。」易曰：「先天而天弗違者。」蓋言機發於心，兩大之氣機，合發而弗違也。此即人能宏道之旨，而功法不外神棲天谷，世人不識不知，惟深惟寂。陽光不漏，故能愈擴愈大，彌運彌光，自然變化生神，生之又生，生之無盡，化之又化，化之無窮，東華帝君曰：「法身剛大通天地，心性圓明貫古今，不識三才原一個，空教心性獨圓明。」是言當以普濟為事，是即行滿三千，功圓八百之旨。又曰：「世間也有修元者，先後渾凝類聖嬰，若未頂門開巨眼，莫教散影與分形。」是言雜有後天，後天有形，一紙能隔，況骨肉乎！若夫先天，金玉能透，何勞生開巨眼哉？惟其雜有後天，開眼而出。雖可變化無窮，未能與天合德，故須加以九年面壁之功，淘洗淨盡，乃與天合，自然跳出五行之外，返於無極之鄉，證實相，玄之又玄；得真功，全之又全。成金剛不壞之體，作萬年不死之人。自覺覺他，紹隆道種，三千功滿，而白鶴來迎，八百行圓，而丹書來詔。飛升金闕，拱揖帝鄉。中和集云：「成就頂門開一竅，個中別有一乾坤。」

然此頂門豈易開哉？先發三昧火以透不通，次聚太陽火以沖之，二火騰騰攻擊不已，霎時紅光遍界，紫焰彌天，霹靂一

聲天門開也。

呂祖亦云：「九年火候真經過，忽而天門頂中破，真神出現大神通，從此天仙可稱賀。」此言後天未淨，破頂而出也。至於積功累行，全在神棲內院之時。余（三豐真人自稱）昔有句云：「功圓才許上瑤京，無限神通在色身，行滿便成超脫法，飄然跨鶴見三清。」見今金闕正需材，邱氏功高為救災，止殺何如消殺劫，三千世界盡春台。

南樵子曰：吾師運心，何等之普，今之人得有一訣一法，秘密深藏，唯恐洩漏，豈與吾師自較，豈不愧死，噫！度人即是度己，曡行即是修仙，蓋以普度即性天耳。

閔小艮曰：按抄本此一章，大有改削，注不勝注，茲一準山本增政之，細體經文，直是醫世入手功法，其間圓證宗旨，亦備示焉，第末說破醫世之旨耳，駐世神人泥丸李祖，謂是書與本山所降金華宗旨，皆為醫世而出。蓋必上承元始法旨者，然章中不露應運而說。逕謂旨歸不外云云，是後太上老子所示，體會而得。按真人在世以法顯，未聞倡行醫世之道，此經蓋升證後宣示之文，亦運會使然也。故神人李祖，有欲說未說，今將說之偈，見於是經下章。

十、煉虛合道章

尹真人曰：水邱子云：「打破虛空息億劫，既登彼岸舍舟楫，閱盡丹書萬萬篇，末後一句無人說。」李真人曰：「欲說未說今將說，即外即內還虛寂，氣穴為爐理自然，行滿功圓返無極。」高真人曰：「此秘藏心印，皆佛佛相授，祖祖相承，迄今六祖衣缽，止而不傳，諸佛秘藏於斯已矣。今值元會，樵陽再生，真道當大行，世所傳煉神還虛而止者，猶落第二義，非無上至真之道也。」

樵陽者，古真人之號，姓王不知何代。王昆陽律祖山西潞洲人。相傳生時時，有仙人過其門曰：樵陽再生矣，太上老子律宗從此復振矣，載在三山館錄。律祖於順治康熙年間五開演缽堂，付授太上老子三大戒，弟子三千餘人。傳戒衣缽，有呂祖醫世說述，則得受者有三千餘部，豈非真道之大行乎，況律祖戒堂，開在京郊白雲觀，爾時佛道兩宗傳戒。非奉旨，不得私開，其所傳，有律有書有手卷。卷中載歷祖支派，自太上老子而下，所傳戒偈，或五言，或七言，或四言，累代相承，無缺。無所承者，則必屬冒人。律必究送勿貸。卷上律有諭旨，冠其卷端，而玄律亦極嚴。所以杜假冒耳，所傳之書義理本無所禁。然戒律鄭重，恐人褻玩，故輕泄之律最嚴，是以律裔一概襲藏。而凡無人可授之裔，則必聚而焚之。此食古不化之流弊。律祖三傳而道遂絕。

今嘉慶間所開演缽，邱祖戒本失傳，近所傳訪諸淨明宗教錄，與邱祖所傳，小同而大異也。我山先輩，亦守戒焚之，書則錄本幸存，而卷律亡矣。先師太虛翁道及，必撫膺流涕。蓋為先此耳，真人此書，直與醫世妙用，一貫相通，循以修人太上老子宗旨，如示諸掌，不為注而出之。何以對我師。且任情不改何以對真人，此（一得）不得已之苦衷，非好為饒舌也，龍門後學閔（一得）謹志。

禪關一竅，息心體之，（此一句為開玄竅之枕中秘）一旦參透，打開三家寶藏，消釋萬法千門，還丹至理。豁然貫通。而千佛之秘藏，復開於今世。蓋釋曰禪關，道曰玄竅，儒曰黃中，事之事之，方能煉虛合道。乃為聖諦第一義，即釋氏最上一乘之法也，此法無他，只是復煉陽神以還我毗盧性海。以烹以煉，濁盡清純，送歸天谷。又將天谷之神，退藏於密，如龍養頷下之珠，似鶴抱巢中之卵，即內即外，即氣即心。凝成一

粒，謹慎謹護持，無出無入，眼前即是無量壽國，而此三千大千世界，咸各默受其益。

無有圭角可露，虛寂之極，變化之至，則其所謂造化者，自然而復性命，自然而復空虛，到此則已五變矣，變不盡變，化不盡化，此通靈變化之至神者也。故神百煉而愈靈，金百煉而愈精，煉之又煉，則爐火焰消，虛空現若微塵，塵塵蘊具萬頃冰壺世界，少焉，神光滿穴，陽焰騰空，自內竅達於外竅，外大竅九，以應九州。大竅之中，竅竅皆大神光也。小竅八萬四千以應郡邑，小竅之中，竅竅皆大神光也，徹內徹外，透頂透足，在皆大神光。

（光之所注，其處利益。故當在在照注，注以透徹為度，無有絲毫作用於其間，唯以恒定為妙。定則周遍，恒則透徹，醫世秘訣，盡於此章矣。蓋照則一到，光則元至能透能足，施有虛施乎哉，是有實理實驗，然在行者，不費一文，不勞絲力，坐而致之，得間即行，日計不足，月計有餘，況有三年九載乎，第當切戒者，於光照之時，慎勿妄加作用。按瓊琯詩文集，詳載白祖本是先天北斗祿存星君，唐堯時大旱。玉帝付以瓶水拂塵，命星君馭龍施雨，旨曰：某地某地幾點，勿缺勿多，既行，見地皆赤，禾苗枯，溪澗涸。乃不遵旨。傾瓶罄水而回，致有九年之水，星君乃下謫為人，此可見天工人代，不可作意於其間，畸輕畸重也。醫世功法，無如是書光照兩字，而教養亦自兩全，即如用清用和，我輩性功未徹，性理未精，用或不當，得罪非細，不如迎光普照，不加意念為得，鄙見如是，筆以質諸高明。）

再又攝歸祖竅之中，一塵不染，寂滅而靜定，靜定而寂滅，靜定之久，則紅光如奔雲，發電從中竅而貫於上竅，則更無論大小之竅，而神光動耀，照徹十方，上天下地中人，無處

不照耀矣。

醫世至此，所得益地，不獨震旦南贍可周，西牛東勝北荻中赤。皆受益焉，而功用全在一塵不染，並無作用於其間也。下交所行所言，亦如此。是有涵育薰陶，俟其自化之義。

如是則更加斂攝，消歸祖竅之中一塵不染，寂滅而靜定，靜定而寂滅，靜定之久，則六龍之變化已全，而神更變為舍利之光。如赫赫日輪，從祖竅之內一湧而出，化為萬萬毫光，直上於九霄之上，普照大千世界。一如大覺禪師所說偈言：方知太上所云，天地有壞，這個不壞，這個總是先天主人翁，這個總是真性本體，這個總是金剛不變不換之全真，這個總是無始以來，不生不滅之元神，這個大神通，大性光，覺照閻浮提普度一切，才是不可稱，不可量，不可思議之無量功德也，故其偈曰。

一顆舍利光烈烈，照盡億萬無窮劫，
大千世界總皈依，三十三天咸統攝。

北宗龍門十一代閔一得讀是經畢，歡喜踴躍，百拜稽首謹獻一偈。

偈曰：至真妙道隱西天，東土重聞賴師述，是名皇極闔闢經，道宗玄旨該儒釋，即修即證道並行。功用默申醫世說，忘年忘月一心，持有效無效敢休歇，自從無始到如今，生生世世空勞力，生年月日時現存，一寸光陰皆可惜，一朝圓滿返大羅，大羅天本為人立，大千志士莫灰心，佛也凡夫修乃及，如是如如非杜撰，皇皇經語堪重繹。青陽宮原本，輾轉傳寫，道皈輩證諸律宗。律宗驚其輕泄。節去其要。道販輩又從而增損之。故而強半失真，奉天李蓬頭，名一氣曾論及此此世傳偽本之由，有夙根者，具慧眼。覺其參錯不純，委余校訂，幸有本

山梓本，刊自康熙間者，取以整理，去偽存真，遂成完璧，吾宗丹書，皆為世珍，先師太虛翁，於是書有跋，惜為同人攜去，憶其大旨，謂此經上承正脈，是通天徹地之道，長生久視，乃其餘事，又言真人生於東漢。隱現不可測，駐世神仙泥丸李翁，謂當會於青羊宮之寥陽殿，自云於嶺南脫化，生平以有為法炫世，大厄隨至，乃跨鐵鶴以遺世，茲述虛無大道，以勉同志焉，觀於此，則是經煉虛合道章所引李詩。即為我祖泥丸真人無疑矣。

尹真人於元明時姓尹，世所稱尹蓬頭是也，於東漢時姓屈諱禎，道號無我，閱千數百年，蓋屢易姓名。以隱於塵世者，余生也晚，何幸得處其山，又得其書。今更得其偽本而訂正之，個中奇緣，蓋有不可思議者，故謹志之龍門後學閔（一得）謹跋。

第六節　周文王演著《周易》

一、《史記‧周本紀》等史料載周文王生平

周文王是中國歷史上最早的一位傑出君王。他繼承西伯侯之位後採取很多行之有效的發展生產的政策，實行民族之間和睦，廣徵人才，對開發西北立下了開創性的功勞。他遭陷害之後被囚羑里七年，過著非人的生活，遭受重重迫害，殘忍至極，但他一直表示對殷紂王的「愚忠」，表示永不反叛，他這種維護國家利益，實際上維護了華夏民族的統一，為殷紂統一中國，奠定華夏版圖，發揮了舉足輕重的作用。

他身陷囹圄，但志不減當年，發憤演易，將《伏羲先天八卦》和黃帝《歸藏易》中天六十四卦釋成後天六十四卦，而成為《周易》。在《周易》書中保留下 3000 多年以前自然和社會

很多珍貴資料和當時的宇宙圖像，對人類文明歷史的進化和今天的社會進步、科學的發展，提供了很多有益的借鑒和重要的啟迪，因此，世界各國的科學家、哲學家、社會學家、軍事家、歷史學家、醫學家以及養生家等眾多學科，爭先研究，形成了幾千年研究不斷而今日掀熱潮。

《周易》在當今世界上享有崇高的榮譽，被譽為對人類文明貢獻最大的一部典籍。

二、周文王演《周易》

《史記》載：「文王拘而演周易」。歷史上普遍認為《周易》為周文王的著作。周文王演易即在羑里（即今中國河南省安陽市湯陰縣境內）進行。

周文王姓姬名昌，父季歷為侯伯。文王是周滅殷之後武王諡其父為文王。殷祖甲二十八年，文王生於岐山之下。姬昌自幼聰慧，成人之後，身材高大，龍鬚虎眉，長一副英才像，備受其父鍾愛。季歷在位 46 年後被文丁捕殺，姬昌 47 歲嗣為侯伯，又稱之為西伯或西伯昌。在位 50 年終，其子發（武王）繼位伐商，建立了周朝。

周文王在位時遵祖訓，創基業，施行仁政，禮賢下士，尊老愛幼，招賢納士，四方賢士紛至沓來，辛甲大夫原是殷紂王時的大臣，為人忠直，體恤百姓痛苦，不滿朝廷腐敗，幾十次向紂王進諫而遭到拒絕，因此棄殷而投奔西伯。西伯親自迎接，禮以上賓，任為公卿。鬻（音育）子，名熊，見西伯時已 90 多歲，年歲已高，身體又不佳，西伯也對他委以重任。鬻子對自己老而有為感嘆不已，他說：使我像身強力壯的駿馬攆狡兔那樣，身體不行了，然而如使我評議政治，預斷得失，憑我的資歷和閱歷還是強而不衰的。西伯唯才是用，各地有才之士

比如散宜生、閎夭等人多奔西岐。西周力量逐漸強盛，對殷紂王形成了嚴重威脅。

西伯侯、九侯和鄂侯是殷紂時期德高望重的大臣。九侯有個女兒長得十分美麗，被紂王娶進宮中。九侯之女不適應紂王荒淫糜爛的宮廷生活，引起了紂王憤怒，一怒之下殺死了九侯之女，九侯也被剁成肉醬。鄂侯對此表示不滿，為九侯爭辯，鄂侯又被烤成肉乾。紂王如此殘暴成性，西伯侯聽後暗暗長嘆，為國擔憂，懷念舊友。這件事被崇侯虎知道了，向紂王進讒言，添油加醋地說西伯壞話。於是紂王把西伯昌從西岐招來，囚於羑里（安陽市南 10 公里處）。

據《左傳》載，周文王囚於羑里七年。（《史記綱目》記為三年）。被囚期間，文王經受了殷紂王的重重折磨和生與死的考驗，表現了堅強不屈的高貴品質。殷紂王為了斷絕文王與外界的聯繫，不僅在羑里駐有重兵，在通往羑里的道路上也層層設卡，在伏道駐兵以監視羑里，在羑里西北的愁思岡設立防城。文王的兒子來看望也不讓接近。

文王身居囹圄，不得自由，白天看不到太陽，黑夜看不到月亮，過著一種暗無天日的時光。

有人說西伯昌是聖人，能推知過去，可預測未來。為了檢驗西伯昌是不是聖人，能不能知過去，測未來，殷紂王把文王的長子伯邑考烹為羹，送給文王吃。文王在殷紂王淫威的逼迫下，忍痛將羹吃下。紂王聞知，嘲弄地說：「聖人當不食其子羹。吃自己兒子煮成的羹都不知道，誰說他是聖人呢？」猛虎尚不食子，何況以仁義著天下的文王。文王食羹後遂又吐出，吐出之物後人稱之為「吐兒堆」。

儘管殷紂王對文王殘酷迫害，文王還說：「父有不慈，子不可以不孝；君有不明，臣不可以不忠，豈有君而可叛乎。」

於是殷紂王放鬆了對文王的監視。文王雖身陷囹圄，但胸懷寬廣，自強不息，總結夏商兩代八卦的精華，將伏羲先天八卦與黃帝《歸藏易》中天六十四卦演繹成後天六十四卦，三百八十四爻，每卦有卦辭，爻有爻辭，遂成《周易》。用以探索人生、宇宙變化的原理，推演人生、宇宙和社會變化的規律。為了爭取文王的早日釋放，西岐大臣閎夭等人，從有莘氏部落買美女，從驪戎部落買文馬，從有熊氏部落買駿馬，又弄了很多珍奇寶物，透過費仲獻給紂王。

紂王見到如此眾多珍寶美女，高興地說：「這些禮品中有一件就足以釋放西伯了，何況這麼多！」

文王出獄後向殷紂王表示永不叛變，並請求紂王廢除炮烙酷刑。紂王又賜給他弓矢斧鉞，命他專管征伐。同時告訴文王，說你壞話是崇侯虎幹的。

對周文王拘羑里，演周易，被歷代帝王將相官宦文人學士所稱頌。明嘉靖十八年（公元 1539 年），嘉靖皇帝親來祭祀，祭文說周文王為民立極，功德惟厚。清乾隆十五年九月，乾隆親來致祭，說周文王「忠厚孝慈仁敬」，並揮筆成就《演易台謁周文王祠詩》一首。歷代為文王祠懸掛著無數頌揚的匾額楹聯，文人學士寫了無數篇頌揚的歌賦文章。「萬古臣綱」、「與天地準」、「為臣止敬」、「蒙難堅貞止敬立人臣之極」，「觀圖演彖文明開周魯之宗」。

周文王成為歷代君王崇敬的英雄，《周易》成為中國歷史上最早的百科全書，奠定了中國傳統文化的基礎。

三、周文王年譜

祖甲二十八年，古公亶逝世，季歷嗣位，文王出生，是為 1 歲。

祖甲三十三年（乙未），文王6歲，祖甲崩，子廩辛立。

辛六年（辛丑），文王12歲，廩辛崩，其弟庚丁立。

庚丁四年（乙巳），文王16歲，孝養王季。

庚丁二十一年（壬戌），文王33歲。庚丁崩，子武乙立。

武乙元年（癸亥），文王34歲，武乙徙河北。

武乙四年（丙寅），文王37歲。武乙敗於河渭震死。子太丁立。

太丁二年（戊辰），文王39歲，王季伐燕京之戎，戎人大敗周師。

太丁三年（己巳），文王40歲。太丁崩，子帝乙立。

帝乙元年（庚午），文王41歲。帝乙命王季為牧師。

帝乙三年（壬申），文王43歲。帝乙賜王季圭瓚秬鬯，九命為伯。

帝乙七年（丙子），文王47歲，王季薨。文王嗣為侯伯，謂之西伯。

帝乙二十三年（壬辰），文王63歲，生武王。

帝乙三十七年（丙午），文王77歲，帝乙崩。子受辛立，即紂王。

紂辛元年（丁未），文王78歲，紂辛五拒諫，崇侈嗜酒色。

紂辛五年（辛亥），文王82歲。按竹書紀年，文王拘羑里7年，始於當年。

紂辛八年（甲寅），文王85歲。紂王有蘇氏（部落）獲妲己。

紂辛十二年（戊午），文王89歲，演易於羑里。

紂辛十三年（己未），文王90歲，獲釋（按竹書紀年說）。請除炮烙之刑，賜弓矢斧鉞使得專征伐。

紂辛十五年（辛酉），文王92歲，伐犬戎（今甘肅東北

部），得呂尚（姜太公），立為國師。

紂辛十六年（壬戌），文王93歲。伐密須都程（今甘肅省涇川靈台一帶）。

紂辛十七年（癸亥），文王94歲。伐耆（今山西長治西南）。

紂辛十八年（甲子），文王95歲，伐邘（今河南信陽）。

紂辛十九年（乙丑），文王96歲，伐崇都豐邑。崇國是商在關中的重要屬國，首領崇侯虎是紂王的親信，因他告密，文王被囚羑里，滅崇國，周文王統一了關中。

紂辛二十年（丙寅），文王97歲，文王薨，武王繼位。

四、周文王家譜

帝嚳──後稷（棄）──蓥璽──叔均──不窋──鞠（不窋子）──公劉（鞠子）──慶節（公劉子）──皇僕（慶節子）──差佛（皇僕子）──偽喻（差佛子）──公非（偽喻子）──辟方──高圉（公非子）──侯牟亞圉、雲都（亞圉弟）──祖紺一諸盩──古公──太伯、虞仲、季歷娶太任生姬昌

周文王諸子考

《史記‧管蔡世家》記述周武王兄弟十人，均為太姒所生。歷史記載有：

長男伯邑考，被殷紂所害。

武王發，繼周文王位，稱武王。

周公旦，《史記‧周本紀》載「封弟周公旦於曲阜，曰魯」。武王死，成王幼，周公旦攝政。

管叔鮮，封管（今鄭州管城）。

蔡叔度，封蔡國（今河南上蔡、新蔡）。

曹叔振鐸，封曹（今山東省定陶）。

霍叔處，封霍（今山西霍縣西南）。

成叔武，封成，後為漢成陽縣（今山東寧陽北）。

康叔封，武王少弟，初封為康（河南省禹縣北），後為衛國始祖，因此也稱衛叔康。

郇伯，郇（音旬），《辭海》：郇，占國名，文王之子封於此，在今山西臨猗。

郜子，郜（音告），《辭海》：郜，古國名，始封周文王之子，今山東省成武東南。

郮叔，亦叫聃季載，郮同那，古那字，古國名，始封文工之子。

滕叔繡，封滕，《辭海》載，滕古國名，諸侯國，現址在山東省滕縣西南。

邵公，也稱召公，召康公，姬姓，名奭。《史記·周本紀》載：「封召公奭於燕」。是周代燕國的始祖。曾助武王滅紂，被封於燕。成王時為太保，與周公旦分陝而治。成王去世，他與畢公立康王。

酆侯，封酆國。位於始平、鄠縣東。

畢公，封畢國，位於長安西北。

雍子，封雍國，位於河內山陽縣（左傳二十四年注）。

《易台考略》載，文王之子有：康叔封、蔡叔度、伯邑考、武王、管叔鮮、周公、霍叔處、曹叔振鐸、滕叔縛、郮叔、郜子、雍子、酆侯、成叔武、毛鄭、原伯、畢公高、郇伯，共十八人。

五、周易的組織結構

《周易》，簡稱《易》，亦稱《易經》，由《易經》即經文

部分和《易傳》即傳文部分組成。儒家尊為六經之首。玄學、道教奉為三玄之一。其性質有認為是卜筮之書，有認為是哲學之書，有認為是歷史之書。一般認為是三者兼而有之，因其內容涉及歷史、社會、制度，範圍極廣，且蘊涵著一定哲理。而傳文部分則是哲學著作。所以《周易》具有卜筮、哲學、歷史、科學等多種屬性。

《周易》原名《易》，因漢儒將其列入六經，故稱《易經》。對《周易》的「周」字有多種解釋。一為「周全、周普、周遍」之意。一為地名之意。孔穎達《周易正義》：「《連山》，歸藏並是代名，則周易稱周取岐陽地名。」一為指周朝，為朝代名。《周易正義》：「文王作《易》之時，正在羑里，周德未興，猶是殷世也，故題周別於殷。以此文王所演故謂之周易。其尤周書、周禮題周以別余代」。一為「周旋、周環、週期」之意。「易」字的解釋很多。一為蜥蜴，易為蜴之本字，引申為變易。一為「生生之謂易」，意為宇宙萬物生生不息，變動不居。一為日月之象。一為簡易、變易、不易。一為宇宙之本。一為「神之用」。

一般認為，「易」以「變易」之意為主。近代人以為《周易》揭示了宇宙週期循環運動的規律，故稱之為《周易》。

《易經》指《周易》中相對《易傳》而言的經文部分，據說為文王所作。由卦畫、卦名、卦辭、爻題、爻辭構成，其六十四卦，三百八十四爻，加上乾、坤兩卦的「用九」爻、「用六」爻，共計三百八十六爻，即有六十四卦辭，三百八十六爻爻辭。合計四百五十條，四千九百多字。一般認為是古代卜筮記錄。內容十分廣泛，有自然現象，歷史人物事件、人事行為得失、吉凶斷語。可分為象占之辭、敍事之辭、占兆之辭。《易經》分上下兩經，上經從乾卦開始到離卦共為三十卦。下

經從咸卦開始到未濟共計三十四卦。上經卦多講自然現象，下經卦多講的是人事社會。《易經》原本未附《易傳》，自西漢費直始，才以《彖》、《象》、《繫辭》等傳解經。以後鄭玄和王弼都以傳附經，所以現存版本基本上是經傳合刊。

《易傳》亦稱《易大傳》、《十翼》。共分七部分，十篇，即《彖傳》上下、《象傳》上下、《繫辭》上下、《文言》、《說卦》、《序卦》、《雜卦》。這些都是對《易經》（即經文部分）的注釋和引申。所謂「翼」，有附翼、輔佐之義；傳說是孔子所作。司馬遷《史記‧孔子世家》：孔子晚而喜《易》，序《彖》、《繫》、《象》、《說卦》、《文言》。讀《易》，韋編三絕。曰：假我數年，若是，我於易則彬彬矣。

《易傳》流傳下來最早的本子是魏晉時期王弼、韓康伯注本。唐代孔穎達《周易正義》作疏。宋代朱熹《周易本義》對《繫辭》中個別章節作了調整，並又把經與傳兩部分開。《易傳》是我國古代最重要的哲學著作，它提出「一陰一陽之謂道」，認為宇宙自然存在著陰陽對立，這種對立是事物發展的規律。六十四卦即反映了這種規律，《易傳》完成了《周易》從占筮之書到哲學的過渡。

《繫辭》，亦稱《繫辭傳》，分上下兩篇，是《周易》經文之外全書原理的通論，是對《易經》的結構章法的具體說明。認為任何事物都具有陰陽兩重性，陰陽對立和相互作用是事物變化的普遍規律，提出了「剛柔相推而生變化」、「生生之謂易」的觀點和「太極生兩儀，兩儀生四象，四象生八卦、八卦定吉凶，吉凶生大業」的宇宙衍生觀。闡釋八卦來源、占筮方法、聖人四道、乾坤德性和功用、八卦的含義等。它對中國古代哲學產生了巨大作用。「繫」為繫屬之義，繫在卦、爻後面的為卦辭和爻辭。繫辭是繫在整部《周易》後面的解說。

《象傳》亦稱「象」。分為《大象》和《小象》兩部分。用以說明《易經》各卦的卦象、爻象。說明卦象的稱為「大象」，說明爻象的稱為「小象」。認為《易經》卦、爻都是二種「象」。多舉天地萬物之象，以比喻人事。比如用天、地、風、雷、水、火、山、澤等現象來解釋乾、坤、巽、震、坎、離、艮、兌八卦。

　　《彖傳》，亦稱《彖》、《彖辭》，分上下兩部分。說明《易經》各卦之義，專門解釋卦名、卦象、卦辭，而不涉及爻辭。主要從三個方面解釋卦義。或以卦象象徵萬物釋卦義，或以易理、德才釋卦義，或以爻象在卦中的地位釋卦義。認為「天地盈虛、與時消息」是自然界和人類生活的普遍法則。認為天地萬物存在著對立統一關係。「天地感而萬物化生」言對立物的吸引。「水火相息」，「二女同居，其志不相得」，言對立物的排斥；「萬物睽而其事類」，言對立物的統一性。另外還提出當位、中位、比應、承乘、時中、剛柔往來、順天應人、尚賢養賢等學說與主張。對後世影響深遠。

　　《文言》亦稱《文言傳》。專門對乾、坤兩卦所作的解釋。以孔子答問形式，借闡發天地之德，說明君臣上下，進退存亡之道，修身、齊家、治國、平天下之理。《乾·文言》頌揚、闡發「元、亨、利、貞」四德，說明居主高位危，應不失其亡；《坤·文言》頌揚坤道的至柔、至靜，主張承天而時行，順應自然法則，並要防微杜漸，謹慎處事。「文」是修飾，「文言」是指頌揚乾、坤兩卦的偉大。

　　《說卦》亦稱《說卦傳》。分前後兩部分。前半部分與《繫辭》相同，是對《易》的整體概論。後半部分解釋八卦的性質、方位、象徵意義以及重卦的由來。《說卦》提出「立天之道曰陰與陽、立地之道曰柔與剛、立人之道曰仁與義」的命題，將

世界萬物分成陰陽兩類，其運動、變化、剛健者為陽性事物，如乾、天、君、父、夫等；靜止、安全、柔順者為陰性事物，如坤、地、臣、母、婦等。以八卦象徵的八種自然現象的不同組合關係，說明重卦的由來。提出八卦方位，即震東，巽東南，離南，坤西南，兌西，乾西北，坎北，艮東北，成為宋代後天方位說的淵源。

列舉了八卦的象徵事物，說明其取象範圍的廣寬，是《周易》取象比類思想方法的體現。《說卦》以乾坤為父母，其他六卦為六子，被宋人視為後天次序。《說卦》提出的「窮理盡性以至於命」，成為後世理學道德性命理論的基礎。

《序卦》亦稱《序卦傳》。說明《易經》六十四卦排列的順序與道理。從天地萬物說起，以「有天地、然後萬物生焉。盈天地之間者，唯萬物」來說明乾坤兩卦居於首位。又以萬物生長的過程、事物變化的因果關係及物極必反、相反相生的運動規律等解釋其他各卦的相互關係，說明六十四卦排列的次序。以兩卦為一組，用對立統一思想，試圖將六十四卦建立起因果關係鏈。

《雜卦》亦稱《雜卦傳》，用以說明六十四卦之間的錯綜關係。晉韓康伯說：「雜卦者雜柔眾卦，錯綜其義，或以同相類，或以異相明也。」以相反相成的觀點把六十四卦分為三十二對，兩兩一組，一正一反，簡明扼要的解釋其卦義和相互關係，與《序卦》相互補充印證。有說因為順序與《序卦》不同，所以說「雜」。

六、八　卦

八卦、六十四卦是《周易》的主要內容，也是《周易》的主要組成形式。關於八卦的起源說法多種多樣，或說起源於古

代的文字，或說起之於古代天文學，或說起源於占卜，或說是伏羲時代的八個官名，或說起源於河圖洛書等。但傳統的說法是伏羲作八卦。

據《繫辭》中說：「古者包犧氏（伏羲氏）之王天下也。仰則觀象於天，俯則觀法於地，觀鳥獸之文與地之宜，近取諸身遠取諸物，於是始作八卦。以通神明之德，以類萬物之情。」這是八卦的最早出處。後世多有記述。孔安國著《書經·顧名篇》：「河圖、八卦，伏羲王天下，龍馬出河，遂則其文以畫八卦。」司馬遷著《史記·太史公自序》：「伏羲至純厚，作易八卦。」《史記·日者列傳》：「伏羲作八卦。」劉歆說：「伏羲氏繼天而王，受河圖而畫之，八卦是也。」

八卦是由爻組成。爻是構成卦的最小單位。爻有陰爻和陽爻兩種，陽爻符號為，陰爻符號為。其題名（爻題）陽爻用「九」表示，陰爻用「六」表示。陽爻代表陽、剛、男、君、強、奇數等，陰爻代表陰、柔、女、臣、弱、偶數等。爻的起源說法不一，或結繩說，或男女生殖器說，或龜兆說，或竹節蓍草說，或日月星辰說，或算籌說等。每三爻組成一卦，可得八卦；每六爻組成一卦，可得六十四卦。

八卦又稱八經卦或八純卦。八卦是：乾卦 ☰、坤卦 ☷、坎卦 ☵、離卦 ☲、震卦 ☳、艮卦 ☶、巽卦 ☴、兌卦 ☱。八卦分陰陽，乾卦、震卦、坎卦、艮卦為陽卦，坤卦、巽卦、離卦、兌卦為陰卦。八卦取象為：乾三連，坤六斷，震仰盂，艮覆碗，離中虛，坎中滿，兌上缺，巽下斷。

《周易·繫辭上》：「八卦定吉凶，吉凶生大業」，「以通神明之德，以類萬物之情」，說明八卦的功用，後來用以象徵自然界的現象和人事變化。八卦象徵天、地、雷、風、水、火、山、澤八種自然現象，每卦又象徵多種事物（參考下表）。

卦名	自然	人	屬性	動物	身體	方位	季節
乾	天	父	健	馬	首	西北	秋冬間
坤	地	母	順	牛	腹	西南	夏秋間
震	雷	長男	動	龍	足	東	春
巽	風、木	長女	人	雞	股	東南	春夏間
坎	水、雨	中男	陷	豕	耳	北	冬
離	火、日	中女	附	雉	目	南	夏
艮	山	少男	止	狗	手	東北	冬春間
兌	澤	少女	悅	羊	口	西	秋

　　八卦之中最為重要的是乾、坤兩卦，它是《易經》之門戶，蘊含全部易理。乾坤（天地）為父母，是自然界和人類社會一切現象的最初根源。其餘六子說明世界生成過程。《周易》義理都是在八卦基礎上以取象喻理的方法衍生出來的，對中華民族文化產生了十分深遠的影響。

　　八卦分先天八卦（伏羲八卦）和後天八卦（文王八卦）

　　先天八卦傳說為伏羲創造。先天八卦圖則是宋朝著名道學家、易學家陳摶傳出而流傳於世。八卦的產生最早出於《繫辭》。按《繫辭》中說：「易有太極，是生兩儀，兩儀生四象，四象生八卦」。其生成順序是：

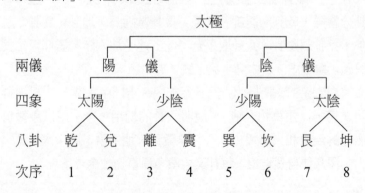

太極

兩儀　　　　陽　儀　　　　　　　　　陰　儀

四象　　　太陽　　　少陰　　　　少陽　　　太陰

八卦　　乾　兌　離　震　巽　坎　艮　坤

次序　　1　2　3　4　5　6　7　8

先天八卦圖如下：

伏羲八卦方位圖

（由外向內看）

先天八卦圖的特點是：

1.先天八卦圖的循環過程有順逆之分。由乾(1)至震(4)為逆時針方向，乾卦象徵天在最上方。由巽(5)至坤(8)為順時針方向，表示坤卦在地最下方。這種排列反映了八卦的陰陽消長，順逆交錯，相反相成的對立辯證思想。

2.這種圖象是古天文學家用以紀年、月、日、時週期的符號，反映了季節的變化，即從乾卦到一陰生的兌卦，再到二陰爻的震卦表示了夏至一陰生起於南方。從坤卦到一陽生的艮卦再到二陽生的巽卦，表示了一陽生起於北方。

3.先天八卦圖的各卦卦畫均是相對的。乾卦三陽爻與坤卦三陰爻相對；兌卦上爻陰下二爻陽，與艮卦上爻陽下二爻陰相對；離卦中爻陰、上下爻陽與坎卦中爻陽，上下爻陰相對；震卦下爻陽上二爻陰與巽卦下爻陰上二爻陽相對。

4.每相對二卦的卦數相加均為 9 數。乾 (1)＋坤(8)＝9；兌(2)＋艮(7)＝9，離(3)＋坎(6)＝9，震(4)＋巽(5)＝9。這種現象反映了相對二卦有相同的平衡的存在，並且相對的二卦陰陽數均相同。

5. 先天八卦從 1 至 8 的排列運行，其路線是「S」線形，表示了太極圖當中的陰陽交際線的「S」形狀，也表示了螺旋形的運動軌跡，也表示了從左至右的逆轉形式。

後天八卦的結構圖：

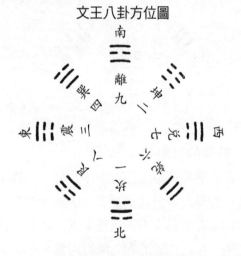

文王八卦方位圖

（由外向內看）

傳說後天八卦為周文王所製，因此又稱之為文王八卦。後天八卦是按《說卦》而製。《說卦》中有：「帝出乎震，齊乎巽，相見乎離，至役乎坤，說言乎兌，戰乎乾，勞乎坎，成言乎艮。」其意為，萬物始於震，震在東方，為初升的太陽，為春季；巽為東南方，萬物在震出生，在巽則整齊，為春夏之交；離為南方，代表夏季，萬物欣欣向榮；坤代表土，為西南方，萬物均得到大地的滋潤；兌為秋季，萬物在秋季已長成，收穫

在望，為西方；乾為西北方，純陽卦居陰位，表明萬物收穫在陰陽搏鬥之中，為秋冬之交；坎代表水，為北方，為流動、勞累之象，萬物收割後需要收藏而勞，為冬季；艮代表東北方，萬物收藏已畢，一年勞作到此完成，為冬春之交。後天八卦依據萬物的成長結構圖式。

邵雍八卦方位圖

先天八卦與後天八卦的異同：

1. 後天八卦的循環過程體現了順的過程，即模仿天的左旋過程。並且後天八卦為兩條運行路線。一是奇數順序（即1到9）是條S型路線；一條是偶數順序（從2到8）的運行S路線。

2. 後天八卦的循環過程也體現了四季的變化和萬物生長的過程，也表明後天八卦與農業生產的密切關係。

3. 後天八卦所體現的是流動的過程，所以又稱為八卦流行圖。

適用八卦是宋代天文學家、八卦大師邵康節所作。後來按時間起卦法和「六爻」預測法都用適用八卦排列順序。

七、六十四卦

六十四卦是《周易》的重要組成部分，它是由八純卦兩兩相重疊而成的。八卦由三爻組成，六十四卦是由六爻組成。我國古代認為，由無極生太極，太極分兩儀，兩儀分四象，四象分八卦，八卦分六十四卦。春秋戰國時開始應用有十二爻卦、六爻卦等多種形式，漢武帝以後按六爻卦定型六十四卦的卦序，即從「乾」卦到「未濟」卦次序進行整體編排。

由六爻構成的六十四卦，以上下各三爻為一組，上方三爻，稱作「上卦」或「外卦」。下方的三爻稱作「下卦」或「內卦」。

六爻從下而上的位置。最下方的位置，稱作「初」，順序而上為「二」、「三」、「四」、「五」，最上方的位置稱作「上」。因為陽爻代表奇數一、三、五、七、九，九是最大，因此九又代表陽。陰爻代表偶數二、四、六、八、十，所以六代表陰。如果一卦全為陽爻即乾卦，由下而上的六爻稱作「初九」、「九二」、「九三」、「九四」、「九五」、「上九」。如果全是陰爻即坤卦，由下而上的六爻稱作「初六」、「六二」、「六三」、「六四」、「六五」、「上六」。

從漢代以來，周易六十四卦的排列順序有多種，有始於乾卦終於未濟的《序卦》排列方法；有京房的八宮排列法；有圓圈排列；有方陣排列；有圓中布方的排列；有以太極為始的起源次序排列等等（參看易圖）。而流傳最廣、影響最大的是《周易》排列法和京房八宮排列法。

一、《周易》排列法，即按《序卦傳》排列的方法。這是最權威的方法，分上經和下經兩部分排列。

上經 30 卦卦名和卦象

乾☰、坤☷、屯䷂、蒙䷃、需䷄、訟䷅、師䷆、比䷇、小畜䷈、履䷉、泰䷊、否䷋、同人䷌、大有䷍、謙䷎、豫䷏、隨䷐、蠱䷑、臨䷒、觀䷓、噬嗑䷔、賁䷕、剝䷖、復䷗、無妄䷘、大畜䷙、頤䷚、大過䷛、坎䷜、離䷝。

下經 34 卦卦名和卦象

咸䷞、恆䷟、遯䷠、大壯䷡、晉䷢、明夷䷣、家人䷤、睽䷥、蹇䷦、解䷧、損䷨、益䷩、夬䷪、姤䷫、萃䷬、升䷭、困䷮、井䷯、革䷰、鼎䷱、震䷲、艮䷳、漸䷴、歸妹䷵、豐䷶、旅䷷、巽䷸、兌䷹、渙䷺、節䷻、中孚䷼、小過䷽、既濟䷾、未濟䷿。

　　為記述方便，《周易本義》記載了六十四卦名次序歌，其歌詞如下：

　　上經卦三十卦

乾坤屯蒙需訟師　　比小畜兮履泰否
同人大有謙豫隨　　蠱臨觀兮噬嗑賁
剝復無妄大畜頤　　大過坎離三十備

　　下經卦三十四卦

咸恆遯兮及大壯　　晉與明夷家人睽
蹇解損益夬姤萃　　升困井革鼎震繼
艮漸歸妹豐旅巽　　兌渙節兮中孚至
小過既濟兼未濟　　是為下經三十四

　　二是《京氏易傳》的八宮卦排列法，亦稱「八純卦」或「八宮本位卦」。排列順序為乾、震、坎、艮、坤、巽、離、兌，前四卦為陽卦，後四卦為陰卦。每一宮卦統領七個卦。乾、坤為父母卦，各統率三男三女。這與漢帛書本《周易》為一系統。各宮卦所屬之卦各有其地位，前五卦分別稱一世、二世、三世、四世、五世，第六卦稱遊魂、第七卦稱歸魂。

　　《京氏易傳》：「易有四世，一世、二世，為地易，三世、

鬼谷子辦學以中華聖祖黃帝《陰符經》、老子《道德經》創立道家文化經典和黃帝、老子秘傳丹道養生為核心教育內容暨鬼谷子傳承黃帝、老子道學與道家內丹養生和縱橫家主要著作

四世為人易，五世、八純為天易，遊魂歸魂為鬼易。」京氏八宮卦卦象次序如下：

乾☰　姤☴、遯☶、否☷、觀☷、剝☶、晉☲、大有☲；

震☳　豫☷、解☵、恆☴、升☷、井☵、大過☱、隨☱；

坎☵　節☵、屯☵、既濟☵、革☱、豐☳、明夷☳、師☷；

艮☶　賁☶、大畜☶、損☶、睽☲、履☰、中孚☴、漸☴；

坤☷　復☷、臨☷、泰☷、大壯☳、夬☱、需☵、比☵；

巽☴　小畜☴、家人☲、益☴、無妄☰、噬嗑☲、頤☶、蠱☶；

離☲　旅☶、鼎☲、未濟☵、蒙☶、渙☴、訟☰、同人☰；

兌☱　困☵、萃☷、咸☶、蹇☵、謙☷、小過☶、師妹☳。

京房八宮的排列法在預測中占有重要地位。其理由是因為六十四卦是由八卦衍化而來，而八卦是六十四卦之本，是物象的標志和陰陽的標志。其方法是把六十四卦分成八組，由八卦各領一組成為八宮。八純卦又成為八宮的首卦。每一組均由首卦變化而形成另外七卦。

首卦的變化在於陰陽互變。首卦的初爻變，即成為第二卦，首卦的二爻變而成為第三卦，首卦的三爻變而成第四卦，首卦的四爻變而成第五卦，首卦的五爻變而成第六卦，六爻不變，再返回首卦的四爻變（亦即第六卦的四爻），成為第七卦，第七卦也叫遊魂卦。依據第七卦，上卦不變，下卦三爻都回本宮的卦爻，形成第八卦，亦稱歸魂卦。

六十四卦的各卦不是獨立的，是相互變化的，卦與卦之間的變化聯繫，亦即本卦爻的變動而形成另一卦，這種卦與卦的聯繫變化稱之為卦變。卦變的目的是依據卦與卦之間的變化與聯繫來解釋《周易》的經傳文。一般地說「卦變」與「變卦」不同。卦變指卦體自身的變化，變卦指揲蓍求卦的變化，但二者經常混用。春秋時期的《左傳》、《國語》已使用之卦法，但未形成體系，今有人認為《左傳》、《國語》只言「變卦」，而

未用「卦變」。戰國時期《彖傳》、《說卦傳》、《繫辭傳》對卦變有了大量描述，表現在爻位的「往來」、「上下」、「剛柔」。卦變方式及學說主要有「之卦、升降、旁通、上下象易、往來、消息、互體、倒象等」。主要代表人物漢朝為荀爽、虞翻，宋代為李之才、朱熹，元代為俞琰等。變卦說由乾坤兩卦變生六子，六子卦變生五十六卦、十二辟卦卦變生六十四卦等。

比如，乾坤兩卦生六子卦。乾卦二、五陽爻變坤卦二、五陰爻，坤卦二、五陰爻變乾卦二、五陽爻，形成離、坎兩卦。離、坎兩卦又各含有巽、兌二互卦和艮、震兩互卦。再如，十二消息卦變雜卦。十二消息卦中復、姤為一陰一陽之卦，臨、遯為二陰二陽之卦，泰、否為三陰三陽之卦，大壯、觀為四陰四陽之卦，每一類消息卦爻象互易，結果變出四十八雜卦（除乾、坤、中孚、小過四卦）。再如，任何一卦中的兩爻互易便成另一卦。比卦是「師二上之五得位」，中孚卦是「訟四之初也」，屯卦是「坎二之初」，蒙卦是「艮三之二」，小過卦是「晉上之三」等等。

爻的變動引起卦的變動。爻變是指爻的變化。指的揲蓍求卦過程中九六之變、老變少不變，即老陽（九）變少陰、老陰（六）變少陽；少陰（七）、少陽（七）則不變。《周易》以變為占，注重爻變。後世有人將爻的剛柔、往來、升降、之正等謂之「爻變」或「動爻」，並將其等同於「卦變」。動爻即變爻，指卦中的老陰爻（六）、老陽爻（九），筮得九、六之數，即老陽、老陰爻，其爻陰變陽、陽變陰，由於變化其為動爻。

六十四卦的變化是有規律的。《周易本義》載有《上下經卦變歌》，其歌如下：

訟自遯變泰歸妹　否從漸來隨三位
首困噬嗑未濟兼　蠱三變賁井既濟

噬磕六五本益生　賁原於損既濟會
無妄訟來大畜需　咸旅恒豐皆疑似
晉從觀更睽有三　離與中孚家人繫
賽利西南小過來　解升二卦相為贅
鼎由巽變漸渙旅　渙自漸來終於是

八、當代易道學術泰斗唐明邦論文：
《周易》是打開宇宙迷宮的金鑰匙

(一)引言

《周易》是我國最古老的文化典籍之一，3000 多年來，在中華文明史上一直放射著耀眼的光芒。近代，不少中外科學家將《周易》象數同現代自然科學相結合，在傳統的象數派和易理派之外，異軍突起形成了科學易學派。《周易》與自然科學的關係，日益密切。

(二)《周易》為歷代科學家提供先進的科學思維方法

《周易》乃東方文化之奇葩，其玄妙的易理在世界文化史上獨樹一幟，它為人們提供了一幅特殊的宇宙演化圖式，立論恢宏，思慮玄妙，基本上奠定了東方哲學思維模式的基礎，易學思想哺育一代又一代哲學家、科學家。

科學家們在探索宇宙、打開神秘的科學殿堂時，手中若無一把金鑰匙，那是不能奏效的。古代科學家們的思維方法和科學方法，同他們所受的優秀文化教養分不開。這種教養是多方面的，易學思想的薰陶，可以說是其主要方面。

首先，建立「天地絪縕，萬物化醇」的宇宙發展觀。它肯定天地萬物不斷推移變化，人類社會的物質文明和精神文明都

是不斷進化發展的，《易傳》將自然和社會不斷變化發展視為普遍規律，要求人們的思想和行為，應當同這一普遍規律相適應。它說：「《易》之為書也不可遠，為道也屢遷，變動不居，周流六虛，上下無常，剛柔相易，不可為典要，唯變所居。」（繫辭）

其次，提出「剛柔相推，變在其中矣」（同上）的變化內因論。認為事物運動變化的原因，不是某種超自然的神靈主宰，而是事物內部固有的一陰一陽兩種對立力量作用的結果。它把陰陽雙方對立的基本屬性規定為一剛一柔，剛柔相推而生變化。由於事物內在力量的「剛柔相推」，從而萬物「生生」不已，變化「日新」。

再次，論述物極必反「革故鼎新」的矛盾轉化思想。認為事物內部矛盾著的雙方，既有著統一性，也存在鬥爭性，矛盾的雙方是可以相互轉化的，猶如「日中則昃，月盈則食。事物的轉化，不只是循環的往復，而且有「革故鼎新」的前進運動。特別是《周易》還闡述了天地人「三才」統一原理。提出：「立天之道，曰陰與陽；立地之道，曰柔與剛；立人之道，曰仁與義。」天道、地道、人道相統一，構成天地人之際三綱領，包含了宇宙演化，社會發展，人際關係的廣泛思想內容。天人一體的宏觀宇宙哲學，充分體現了東方思維模式的特徵，在世界思維史上具有極大優越性，對古代科學影響極大。

(三)象數思維方法對科學技術的影響

《周易》在我國思想史上，形成一脈相承，獨具特色的思維傳統，其中最引人注目的是象數思維方法。象數思維方法，幾千年來不斷充實，久而彌新，對我國古代的科學思維，有著持久的魅力。

1.取象比類——象數思維的基本特徵：遠古之人，智力有限，不能離象言理。「取象比類」是古代的理性思維方法。八卦即八種象。以此種直觀韻卦象，引起人們的聯想與想像，目的在便於論埋。《易傳》稱之為：「其稱名也小，其取類也大。」取象是選擇個別事物作典型，比類理是根據個別事物中的共相加以演繹。取象比類，是由歸納到演繹，由個別到一般的思維方法，是歸納同演繹的綜合運用。取象比類，從思維借助於卦象這一點來看，富有形象的特點：從取象的目的在比類而言，它有著邏輯思維的特性。因此以取象比類為特徵的象數思維方法，是形象思維同邏輯思維相互誘導的特殊思維方法。

2.陰陽對稱、剛柔調和——象數思維的構思準則：易學哲學的自然觀，肯定宇宙萬物都由陰陽二氣所構成。天、地、人三才，無不是一陰一陽的對立統一。

八卦和六十四卦的排列方式，都體現著這種對稱和諧關係的準則。八卦之中，乾與坤、坎與離、震與巽、艮與兌，雙雙對稱和諧，構成四對矛盾和諧統一體。六十四卦之間的對稱和諧關係也很突出。否與泰、剝與復、損與益、鼎與革、既濟與未濟等對偶卦組，從卦象上看，是陰陽對稱的，其卦名是對立統一範疇。這些相反相成的範疇，有助於形成固定的思維模式。這些對立統一的卦象。為取象比類的思維方法提供了有益的啟示。

陰陽消長、對稱和諧原則，形成中華民族象數思維中的致思準則。這種準則，不只表現在哲學上，並滲透在科學、技術思想中。中醫學理論是一個典型。中醫認為疾病的發生原理是陰陽失調，「陰勝則陽病，陽勝則陰病。」（《素問·陰陽應象大論》）。治病的基本原則是「陰病治陽，陽病治陰」。（《素

問‧生氣通天論》）。治病的手段在調整已受破壞的生理機能，使之重新回到陰陽和平狀態。「謹察陰陽所在而調之，以平為期。」（《素問‧至真大要論》）

3.整體思維——象數思維的合理內核。易學將人體小宇宙，與自然大宇宙，都看作這有機統一的整體。象數思維的內核就是引導人們用整體思維方法去觀察分析宇宙萬物的運動、變化和發展。

六十四卦，每卦都是一個整體，六爻之間存在著相互制約的關係。主要有：內卦與外卦的關係、六爻之間的天、地、人三才統一關係，六爻之間初、三、五爻同二、四、六爻的比應關係，承乘關係，二、三、四、五爻之中包含的互體關係，別卦與別卦之間的錯綜關係等。六爻之中，任意變動一爻，則會引起一系列相關性變化，牽一髮而動全身。這就是《周易》象數中的整體關係。象數思維的合理內核正在於透過象數推衍程序，強化整體觀念。

4.強調序列、注重節律——象數思維的突出優點：古代人從長期生產實踐中認識到宇宙萬物的運動變化都有其規律。《易傳》講「日中則仄，月盈則食，天地盈虛，與時消息。」漢代象數學家為了形象地描述四季陰陽寒暑變化的週期性，提出卦氣說、納甲說、爻辰說等等象數思維模式，借易學象數模擬自然變化的節律、星移斗轉的週期。這種象數思維方法，儘管相當牽強，從認識論上看，卻有一定優越性。例如：爻辰說，將一年十二月，一日十二時，同二十八宿相結合，再同乾坤二卦的十二爻位相配，構成十二爻位，十二辰、二十八宿之間固定的對應關係，用以描述自然變化的週期。爻辰圖為中國天文學沿用赤道式座標係統，以北斗的斗柄在初昏時的指向來定季節的方法提供了方便。人們從

四季陰陽消長的圖式中得到啟示，舉一反三，更加注意觀察人和萬物發展、變化的節律與週期。

象數思維方法，有利於總結人類的實踐經驗，便於歸納現象，作出新的結論，進行演繹推理，它是中華民族理論思維的特殊方式，是古代先哲智慧的結晶，數千年來，對科學思維的發展起著重要作用。

㈣運數比類方法在古代科學技術中的應用

同取象比類思維方法相對應，《周易》的運數比類思維方法，對古代科學技術的發展也有廣泛的影響。

1.曆法──運數以表示四季變化的節律：人們為了探索、掌握宇宙自然變化的規律以便於人事活動，「與天地合其德，與四時合其序」真正做到「先天而天弗違，後天而奉天時」（《文言》），就要透過精確的數學計算，揭示四時陰陽變化之「大數」。《禮記‧月令》寫道：凡舉大事，毋逆「大數」。「必順其時，慎因其類。」《周髀算經》認為：「四季晝夜長短均有節度，二至、二分就是節度的標志。」至者，極也，言陰陽氣數消長之極也，」夏至晝極長，冬至夜極長，各為 59 刻。「分者，半也，謂陰陽氣數中分於此也。」春分、秋分，晝夜均等，各長 50 刻。十二消息卦，以卦象標示十二月陰陽消長的象徵數列。十一月一陽五陰（復卦），十二月二陽四陰（臨卦），正月三層陽三陰（泰卦）。……四月六陽（乾卦）；五月一陰五陽（姤卦）；六月二陰四陽（遯卦）；七月三陰三陽。（否卦）……十月六陰（坤卦）；這種用卦象之數表示四時陰陽消長節律，是我國曆法的特徵。將描象原則轉換為直觀形象，有利於曆法知識的普及。

2.樂律——運數以規範律呂損益的程序：我國向稱禮樂之邦，十分注重音樂，對樂律深有研究。戰國時期已發明六律與六呂之間的損益相生關係。《呂氏春秋》指出；樂「生於度量」。律管的長短之數，可確定五音的調。闡發「三分損益」原理，定黃鍾管長九寸，為陽律，三分損一，下生林鍾，長六寸，為陰呂。林鍾三分益一，上生太簇，長八寸，為陽律。太簇三分損一，下生南呂，長五又三分之一寸，為陰呂。……律呂相生，而求律管長度的演算程序是十分繁複的。漢代易學家建立所謂「納音法」以乾坤二卦十二爻，代表十二律，保證這種演算程序有條不紊。明代著名樂律學家朱載堉指出：「不明乎數，不足以語象；不明乎象，不足以語數，是夫欲明律曆之學，必以象數為先。」（律曆融通序）

3.醫學——運數以比類藏象之特徵：中醫學十分注重量的規定。《靈樞‧經水》指出：「八尺之士，皮肉在此，外可度量切循而得之，其死可解剖而視之，若藏之堅脆，府之大小，谷之多少，脈之長短，血之清濁，氣之多少，皆有大數。」（《素問‧金匱真言論》）用《周易》五行生成之數比類藏象之特徵：青色通於肝，味酸，類木，其數八；赤色通於心，味苦，類火，其數七；黃色通於脾，味甘，類土，其數五；白色通於肺，味辛，類金，其數九；黑色通於腎，味鹹，類水，其數六。

今天看來，七、八、九、五、六等數，同五藏的關係實為牽強，但在古代熟悉易數的人眼裡，它蘊含著眾多信息，作為五藏屬性的代號，更利於概括其間生剋制化的微妙關係，有以簡御繁的思維效用。難怪明代科學家徐光啟充分肯定象數之學對古代科技發展的重要性：「象數之學，大者為曆法，為樂律，至其他有質有形之物，有度有數之事，無不

耐以為用，用之無不儘妙極妙者。」（《泰西水法》）

《繫辭》闡明的「極質通變」的原則，是對古代科技思想的概括和總結，它在天文、曆法、樂律、兵法、醫學等方面的運用，有待深入研究。運數之妙在利於科學思維的規範化、程序化。

(五)《周易》象數對現代科學方法的啟迪

《周易》在海內外日益受到現代科學家的青睞，這不是偶然的，人們意識到可能給予現代科學方法論以種種有益的啟迪，一部世界科學技術史，向人們顯示了一個普遍真理；每一門自然科學的新發展，都必然同新的科學方法相聯繫，傑出的科學家們的成功事實表明，他們在科學上作出新貢獻，除受到當時生產、科學實踐和科學發展水平的影響外，起重要作用的是採用了新的科學方法。

現代自然科學飛速發展的事實證明，不但各門自然科學的特殊方法日新月異，而且各特殊方法之間相互滲透的情況已愈來愈突出。自然科學的一般方法，如模擬方法、數學方法、系統方法、類比方法等，已經超出某一門自然科學領域而成為各門自然科學通用的方法了。

令人感興趣的是，人們日益發現，一些現代自然科學通用的方法，往往可以從《周易》哲理和《周易》象數中得到某種啟示，或者說有某些相通、相似之處。

最早萌發這一意識的，無疑是德國著名哲學家、數學家萊布尼茲（1646-1716）。他在 17 世紀末，發明了「二進制新算術，」即今天電子計算機所用的二進制數學原理，當他看到友人由中國寄給他的《周易》圭像圖後，欣喜異常，於 1697-1702 年間，連續給這位在中國研究《周易》的友人鮑威特通

信，十分稱贊《周易》的奧妙，特別談到他的二進制算術與中國古代《易圖》的關係：「這個《易圖》，可以算現在科學最古的紀念物，然而這種科學，依我所見，雖為四千年以上的古物，數千年來卻沒有人了解它的意義。這是不可思議的，它和我的新算術完全一致。……要是我沒有發現二元算術，則比六十四卦的體系，即伏羲《易圖》。雖耗費許多時間，也不會明白的吧！」（轉引朱謙之《中國哲學對於歐洲的影響》，第23頁，福建人民出版社，1985年）。

鮑威特送給萊布尼茲的兩個易圖，是伏羲六十四卦次序圖和伏羲六十四卦方位圖（圓圖中含六十四卦面圖）。兩圖均由宋代邵雍所繪，載於朱熹《周易本義》卷首。萊布尼茲用二進制算術符號1代表（陽爻），用0代表（陰爻），正好可以將六十四卦卦象用數碼代替。他所說的「完全一致，」就是這個意思。兩千多年前承傳下來的易卦符號，可以用最新的二進制算術法則加以破譯，在人類文化史上不能不說是一個奇蹟。

在當代，《周易》象數對現代科學方法的啟迪，突出地反映在量子論的創立者玻爾的認識中。玻爾對太極圖十分崇拜，他特地將太極圖設計在丹麥國王授予他的徽章上，以志永恒紀念。玻爾如此崇拜太極圖，大概是由於他從太極圖中得到常人所不易得到的啟示，比如：對稱原理，互補原理等。儘管在太極圖中這些原理是異常模糊的，未有科學表達，對於一個深思熟慮的科學家，可以說是「心有靈犀一點通」，發生了奇妙的啟迪作用。

當然，我們不能說《周易》象數本身有神通，可以使科學有重大科學發現。科學家的創造發明是長期科學實驗取得的成果，本與《周易》象數無關。不少科學家崇拜《易圖》，原因何在？這只能說科學家們在費盡千辛萬苦而作出重大科學發現

鬼谷子辦學以中華聖祖黃帝《陰符經》、老子《道德經》創立道家文化經典和黃帝、老子秘傳丹道養生為核心教育內容暨鬼谷子傳承黃帝、老子道學與道家內丹養生和縱橫家主要著作

與發明之後，力圖將自己取得科學成果的科學方法加以總結，使之上升為普遍的法則。這時他們的思維需要而且可能超出專業的狹隘圈子，產生思想上的飛躍，力圖從抽象思維方法中過求幫助，易圖和太極圖正好能以其「宇宙代數學」的特點，給予科學家以某些意外的啟示。

在《周易》熱蓬勃發展的今天，可以預期古老的《周易》及其易圖所蘊涵的整體觀念、系統原理、序列思想、相對原理、對稱圖式、互補原理、均衡思想、週期循環思想等，肯定能夠給予現代科學家以更多的新啟示。果真如此，則不僅是人類科學發展之福，亦乃中華民族優秀文化之光。

中國周易研究會會長

武漢大學哲學係教授

唐明邦

第七節　《史記卷三十二‧齊太公世家》　　　　《姜太公兵法‧六韜》

西周‧姜尚

第一篇　文韜

文師第一

文王將田，史編布卜，曰：田於渭陽，將大得焉。非龍非螭，非虎非羆，兆得公侯，天遺汝師。以之佐昌，施及三王。文王曰：「兆致是乎？」史編曰：「編之太祖史疇，為禹占，得皋陶，兆比於此。」文王乃齋三日，乘田車，駕田馬，田於渭陽，卒見太公坐茅以漁。

文王勞而問之曰：「子樂漁耶？」太公曰：「君子樂得其志；少人樂得其事。今吾漁，甚有似也。」文王曰：「何謂其有

似也？」太公曰：「釣有三權，祿等以權，死等以權，官等以權。夫釣以求得也，其情深，可以觀大矣。」

文王曰：「願聞其情。」太公曰：「源深而水流，水流而魚生之，情也。根深而木長，木長而實生之，情也。君子情同而親合，親合而事生之，情也。言語應對者，情之飾也。言至情者，事之極也。今臣言至情不諱，君其惡之乎？」

文王曰：「唯仁人能受正諫，不惡至情，何為其然？」太公曰：「微餌明，小魚食之。綢餌香，中魚食之。隆餌豐，大魚食之。夫魚食其餌，乃牽於緡；人食其祿，乃服於君。故以餌取魚，魚可殺。以祿取人，人可竭。以家取國，國可拔。以國取天下，天下可畢。嗚呼！曼曼綿綿，其聚必散。嘿嘿昧昧，其光必遠。微哉聖人之德誘乎，獨見樂哉。聖人之慮，各歸其次，而立斂焉。」

文王曰：「立斂若何，而天下歸之？」太公曰：「天下非一人之天下，乃天下之天下也。同天下之利者則得天下，擅天下之利者則失天下。天有時，地有財，能與人共之者仁也。仁之所在，天下歸之。與人同憂同樂，同好同惡，義也。義之所在，天下赴之。凡人惡死而樂生，好德而歸利，能生利者道也，道之所在，天下歸之。」

文王再拜曰：「允哉！散不受天之詔命乎！」乃載與俱歸，立為師。

盈虛第二

文王問太公曰：「天下熙熙，一盈一虛，一治一亂，所以然者何也？其君賢不肖不等乎？其天時變化自然乎？」太公曰：「君不肖，則國危而民亂。君賢聖，則國安而民治。禍福在君，不在天時。」

文王曰：「古之聖賢，可得聞乎？」太公曰：「昔者帝堯之

王天下，上世所謂賢君也。」文王曰：「其治如何？」

太公曰：「帝堯王天下之時，金銀珠寶不飾，錦繡文綺不衣，奇怪珍異不視，玩好之器不寶，淫佚之樂不聽，宮垣屋宇不堊，甍桷椽楹不斲，茅茨徧庭不剪。鹿裘禦寒，布衣掩形，粱之飯，藜藿之羹。不以役作之故，害民耕織之時，削心約志，從事乎無為。吏，忠正奉法者尊其位；廉潔愛人者厚其祿。民，有孝慈者愛敬之，盡力農桑者慰勉之。旌別淑慝，表其門閭。平心正節，以法度禁邪偽。所憎者，有功必賞，所愛者，有罪必罰。存養天下鰥寡孤獨，賑贍禍亡之家。其自奉也甚薄，其賦役也甚寡，故萬民富樂而無飢寒之色。百姓戴其君如日月，親其君如父母。」

文王曰：「大哉，賢德之君也。」

國務第三

文王問太公曰：「願聞為國之務，欲使主尊人安，為之奈何？」太公曰：「愛民而已。」

文王曰：「愛民奈何？」太公曰：「利而勿害，成而勿敗，生而勿殺，與而勿奪，樂而勿苦，喜而勿怒。」

文王曰：「敢請釋其故。」太公曰：「民不失務則利之。農不失時則成之。薄賦斂則與之。儉宮室臺榭則樂之。吏清不苛擾則喜之。民失其務則害之。農失其時則敗之。無罪而罰則殺之。重賦斂則奪之。多營宮室臺榭以疲民力則苦之。吏濁苛擾則怒之。故善為國者，馭民如父母之愛子。如兄之愛弟。見其飢寒則為之憂。見其勞苦則為之悲。賞罰如加諸身。賦斂如取於己。此愛民之道也。」

大禮第四

文王問太公曰：「君臣之禮如何？」太公曰：「為上惟臨，為下惟沉。臨而無遠，沉而無隱。為上惟周，為下惟定。周，

則天也。定，則地也。或天或地，大禮乃成。」

文王曰：「主位如何？」太公曰：「安徐而靜，柔節先定。善與而不爭。虛心平志，待物以正。」

文王曰：「主聽如何？」太公曰：「勿妄而許，勿逆而拒。許之則失守，拒之則閉塞。高山仰止，不可極也。深淵度之，不可測也。神明之德，正靜其極。」

文王曰：「主明如何？」太公曰：「目貴明，耳貴聰，心貴智。以天下之目視，則無不見也。以天下之耳聽，則無不聞也。以天下之心慮，則無不知也。輻輳並進，則明不蔽矣。」

明傳第五

文王寢疾，召太公望，太子發在側。「嗚呼？天將棄予。周之社稷，將以屬汝。今予欲師至道之言，以明傳之子孫。」太公曰：「王何所問？」文王曰：「先聖之道，其所止，其所起，可得聞乎？」太公曰：「見善而怠，時至而疑，知非而處，此三者，道之所止也。柔而靜，恭而敬，強而弱，忍而剛，此四者，道之所起也。故義勝欲則昌，欲勝義則亡；敬勝怠則吉，怠勝敬則滅。」

六守第六

文王問太公曰：「君國主民者，其所以失之者何也？」太公曰：「不謹所與也。人君有六守三寶。」

文王曰：「六守何也？」太公曰：「一曰仁，二曰義，三曰忠，四曰信，五曰勇，六曰謀，是謂六守。」文王曰：「謹擇六守者何也？」太公曰：「富之而觀其無犯，貴之而觀其無驕；付之而觀其無轉；使之而觀其無隱；危之而觀其無恐；事之而觀其無窮。富之而不犯者仁也；貴之而不驕者義也；付之而不轉者忠也；使之而不隱者信也；危之而不恐者勇也；事之而不窮者謀也。人君無以三寶借人，借人則君失其威。」

文王曰：「敢問三寶？」太公曰：「大農，大工，大商，謂之三寶。農一其鄉則穀足，工一其鄉則器足，商一其鄉則貨足。三寶各安其處，民乃不慮。無亂其鄉，無亂其族。臣無富於君，都無大於國。六守長，則君昌。三寶全，則國安。」

守土第七

文王問太公曰：「守土奈何？」太公曰：「無疏其親，無怠其眾，撫其左右，禦其四旁。無借人國柄。借人國柄，則失其權。無掘壑而附丘，無捨本而治末。日中必彗，操刀必割，執斧必伐。日中不彗，是謂失時。操刀不割，失利之期。執斧不伐，賊人將來。涓涓不塞，將為江河。熒熒不救，炎炎奈何？兩葉不去，將用斧柯。是故人君必從事於富。不富無以為仁，不施無以合親。疏其親則害，失其眾則敗。無借人利器。借人利器，則為人所害而不終於世。」

文王曰：「何謂仁義？」太公曰：「敬其眾，合其親。敬其眾則和，合其親則喜，是為仁義之紀。無使人奪汝威。因其明，順其常。順者任之以德，逆者絕之以力。敬之勿疑，天下和服。」

守國第八

文王問太公曰：「守國奈何？」太公曰：「齋，將語君天地之經，四時所生，仁聖之道，民機之情。王齋七日，北面再拜而問之。」

太公曰：「天生四時，地生萬物。天下有民，聖人牧之。故春道生，萬物榮；夏道長，萬物成；秋道斂，萬物盈；冬道藏，萬物靜。盈則藏，藏則復起。莫知所終，莫知所始。聖人配之，以為天地經紀。故天下治，仁聖藏，天下亂，仁聖昌，至道其然也。聖人之在天地間也，其義固大矣。因其常而視之，則民安。夫民動而為機，機動而得失爭矣。故發之以其

陰，會之以其陽。為之先倡，而天下和之。極其反常，莫進而爭，莫退而遜。守國如此，與天地同光。」

上賢第九

文王問太公曰：「王人者，何上何下，何取何去，何禁何止？」太公曰：「上賢，下不肖。取誠信，去詐偽。禁暴亂。止奢侈。故王人者有六賊七害。」

文王曰：「願聞其道。」太公曰：「夫六賊者：一曰，臣有大作宮室池榭，遊觀倡樂者，傷王之德。二曰，民有不事農桑，任氣遊俠，犯陵法禁，不從吏教者，傷王之化。三曰，臣有結朋黨，蔽賢智，障主明者，傷王之權。四曰，士有抗志高節，以為氣勢；外交諸侯，不重其主者，傷王之威。五曰，臣有輕爵位，賤有司，羞為上犯難者，傷功臣之勞。六曰，強宗侵奪，陵侮貧弱，傷庶人之業。」

「七害者：一曰，無智略權謀，而重賞尊爵之。故強勇輕戰，僥倖於外，王者謹勿使為將。二曰，有名無實，出入異言，掩善揚惡，進退為巧，王者謹勿與謀。三曰，樸其身躬，惡其衣服，語無為以求名，言無欲以求利，此偽人也，王者謹勿近。四曰，奇其冠帶，偉其衣服；博聞辯辭，虛論高議，以為容美；窮居靜處，而誹時俗，此奸人也，王者謹勿寵。五曰，讒佞苟得，以求官爵；果敢輕死，以貪祿秩；不圖大事，貪利而動；以高談虛論，悅於人主，王者謹勿使。六曰，為雕文刻鏤，技巧華飾，而傷農事，王者必禁。七曰，偽方異技，巫蠱左道，不祥之言。幻惑良民，王者必止之。

「故民不盡力，非吾民也。士不誠信，非吾士也。臣不忠諫，非吾臣也。吏不平潔愛人，非吾吏也。相不能富國強兵，調和陰陽，以安萬乘之主，正群臣，定名實，明賞罰，樂萬民，非吾相也。

「夫王者之道，如龍首，高居而遠望，深視而審聽；示以形，隱其情。若天之高，不可極也；若淵之深，不可測也。故可怒而不怒，奸臣乃作。可殺而不殺，大賊乃發。兵勢不行，敵國乃強。」文王曰：「善哉！」

舉賢第十

文王問太公曰：「君務舉賢，而不能獲其功。世亂愈甚，以致危亡者，何也？」太公曰：「舉賢而不用，是有舉賢之名而無用賢之實也。」

文王曰：「其失安在？」太公曰：「其失在君好用世俗之所譽而不得其賢也。」文王曰：「何如？」

太公曰：「君以世俗之所譽者為賢，以世俗之所毀者為不肖。則多黨者進，少黨者退。若是則群邪比周而蔽賢，忠臣死於無罪，奸臣以虛譽取爵位。是以亂愈甚，則國不免於危也。」

文王曰：「舉賢奈何？」太公曰：「將相分職，而各以官名舉人。按名督實，選才考能，令實當其能，名當其實，則得舉賢之道也。」

賞罰第十一

文王問太公曰：「賞所以存勸，罰所以示懲。吾欲賞一以勸百，罰一以懲眾，為之奈何？」

太公曰：「凡用賞者貴信，用罰者貴必。賞信罰必於耳目之所聞見，則不聞見者莫不陰化矣。夫誠暢於天地，通於神明，而況於人乎。」

第二篇　武　韜

發啟第十二

文王在豐，召太公曰：「嗚呼！商王虐極，罪殺無辜，公尚助予憂民，如何？」

太公曰：「王其修德，以下賢惠民。以觀天道，天道無殃，不可先倡。人道無災，不可先謀。必見天殃，又見人災，乃可以謀。必見其陽，又見其陰，乃知其心。必見其外，又見其內，乃知其意。必見其疏，又見其親，乃知其情。行其道，道可致也。從其門，門可入也。立其禮，禮可成也。爭其強，強可勝也。全勝不鬥，大兵無創，與鬼神通，微哉微哉。與人同病相救，同情相成，同惡相助，同好相趨，故無甲兵而勝，無衝機而攻，無溝塹而守。」

「大智不智，大謀不謀，大勇不勇，大利不利。利天下者，天下啟之；害天下者，天下閉之。天下者，非一人之天下，乃天下之天下也。取天下者，若逐野獸，而天下皆有分肉之心。若同舟共濟。濟則皆同其利，敗則皆同其害。然則皆有以啟之，無有閉之也。無取於民者，取民者也。無取民者民利之；無取國者國利之；無取天下者天下利之。故道在不可見，事在不可聞，勝在不可知，微哉微哉。鷙鳥將擊，卑飛斂翼，猛獸將搏，弭耳俯伏。聖有將動，必有愚色。」

「今彼有商，眾口相惑。紛紛渺渺，好色無極。此亡國之徵也。吾觀其野，草菅勝谷。吾觀其眾，邪曲勝直。吾觀其吏，暴虐殘疾。敗法亂刑上下不覺。此亡國之時也。」

「大明發而萬物皆照。大義發而萬物皆利。大兵發而萬物皆服。」「大哉聖人之德。獨聞獨見，樂哉。」

文啟第十三

文王問太公曰：「聖人何守？」太公曰：「何憂何嗇，萬物皆得。何嗇何憂，萬物皆道。政之所施，莫知其化。時之所行，莫知其移。聖人守此而萬物化。何窮之有。終而復始，優而遊之。輾轉求之，求而得之，不可不藏。既已藏之，不可不行。既以行之，勿復明之。夫天地不自明，故能長生。聖人不

自明，故能名彰。

「古之聖人，聚人而為家，聚家而為國，聚國而為天下。分封賢人，以為萬國，命之曰大紀。陳其政教，順其民俗，群曲化直，變於形容。萬國不通，各樂其所，人愛其上，命之曰大定。嗚呼！聖人務靜之，賢人務正之；愚人不能正，故與人爭。上勞則刑繁，刑繁則民憂，民憂則流亡。上下不安其生，累世不休，命之曰大失。」

「天下之人如流水，障之則止，啟之則行，靜之則清。嗚呼神哉。聖人見其始，則知其終。」

文王曰：「靜之奈何？」太公曰：「天有常形，民有常生。與天下共其生，而天下靜矣。太上因之，其次化之。夫民化而從政，是以天無為而成事，民無與而自富。此聖人之德也。」文王曰：「公言乃協予懷，夙夜念之不忘，以用為常。」

文伐第十四

文王問太公曰：「文伐之法奈何？」

太公曰：「凡文伐有十二節。一曰：因其所喜，以順其志。彼將生驕，必有奸事。苟能因之，必能去之。二曰：親其所愛，以分其威。一人兩心，其中必衰。廷無忠臣，社稷必危。三曰：陰賂左右，得情甚深。身內情外，國將生害。四曰：輔其淫樂，以廣其志，厚賂珠玉，娛以美人；卑辭委聽，順命而合，彼將不爭，奸節乃定。五曰：嚴其忠臣，而薄其賂，稽留其使，勿聽其事。亟為置代，遺以誠事，親而信之，其君將復合之。苟能嚴之，國乃可謀。六曰：收其內，間其外。才臣外相，敵國內侵，國鮮不亡。七曰：欲錮其心，必厚賂之。收其左右忠愛，陰示以利，令之輕業，而蓄積空虛。八曰：賂以重寶，因與之謀。謀而利之，利之必信，是謂重親。重親之積，必為我用。有國而外，其地必敗。九曰：尊之以

名，無難其身；示以大勢，從之必信；致其大尊，先為之榮，微飾聖人，國乃大偷。十曰：下之必信，以得其情。承意應事，如與同生。既以得之，乃微收之。時及將至，若天喪之。十一曰：塞之以道，人臣無不重貴與富，惡危與咎；陰示大尊，而微輸重寶，收其豪傑；內積甚厚，而外為乏；陰內智士，使圖其計；納勇士，使高其氣；富貴甚足，而常有繁滋；徒黨已具，是謂塞之。有國而塞，安能有國。十二曰：養其亂臣以迷之，進美女淫聲以惑之，遺良犬馬以勞之，時與大勢以誘之，上察而與天下圖之。十二節備，乃成武事。所謂上察天，下察地，徵已見，乃伐之。」

順啟第十五

文王問太公曰：「何如而可為天下？」

太公曰：「大蓋天下，然後能容天下。信蓋天下，然後能約天下。仁蓋天下，然後能懷天下。恩蓋天下然後能保天下。權蓋天下，然後能不失天下。事而不疑，則天運不能移，事變不能遷。此六者備，然後可以為天下政。故利天下者，天下啟之；害天下者，天下閉之。生天下者，天下德之；殺天下者，天下賊之。徹天下者，天下通之；窮天下者，天下仇之。安天下者，天下恃之；危天下者，天下災之。天下者非一人之天下，唯有道者處之。」

兵道第十六

武王問太公曰：「兵道何如？」太公曰：「凡兵之道，莫過於一。一者能獨往獨來。黃帝曰：『一者，階於道，幾於神。用之在於機，顯之在於勢，成之在於君。』故聖王號兵為凶器，不得已而用之。今商王知存而不知亡，知樂而不知殃。夫存者非存，在於慮亡。樂者非樂，在於慮殃。今王已慮其源，豈憂其流乎。」

武王曰：「兩軍相遇，彼不可來，此不可往，各設固備，未敢先發。我欲襲之，不得其利，為之奈何？」太公曰：「外亂而內整，示飢而實飽，內精而外鈍，一合一離，一聚一散，陰其謀，密其機，高其壘，伏其銳，士寂若無聲，敵不知我所備。欲其西，襲其東。」

武王曰：「敵知我情，通我謀，為之奈何？」太公曰：「兵勝之術，密察敵人之機而速乘其利，復疾擊其不意。」

三疑第十七

武王問太公曰：「予欲立功，有三疑，恐力不能攻強，離親，散眾，為之奈何？」太公曰：「因之，慎謀，用財。夫攻強，必養之使強，益之使張。太強必折，太張必缺。攻強以強，離親以親，散眾以眾。凡謀之道，周密為寶。設之以事，玩之以利，爭心必起。欲離其親，因其所愛，與其寵人，與之所欲，示之所利，因以疏之，無使得志。彼貪利甚喜，遺疑乃止。凡攻之道，必先塞其明，而後攻其強，毀其大，除民之害。淫之以色，啗之以利，養之以味，娛之以樂。既離其親，必使遠民，勿使知謀。扶而納之，莫覺其意，然後可成。惠施於民，必無愛財，數衣食之，從而愛之。心以啟智，智以啟財，財以啟眾，眾以啟賢。賢之有啟，以王天下。」

第三篇　龍韜

王翼第十八

武王問太公曰：「王者帥師，必有股肱羽翼，以成威神，為之奈何？」太公曰：「凡舉兵師，以將為命。命在通達，不守一術。因能授職，各取所長，隨時變化，以為紀綱。故將有股肱羽翼七十二人；以應天道。備數如法，審知命理。殊能異技，萬事畢矣。」

武王曰：「請問其目？」太公曰：「腹心一人，主贊謀應卒，揆天消變，總攬計謀，保全民命。謀士五人，主圖安危，慮未萌，論行能，明賞罰，授官位，決嫌疑，定可否。天文三人，主司星曆，候風氣，推時日，考符驗，校災異，知天心去就之機。地利三人，主軍行止形勢，利害消息，遠近險易，水涸山阻，不失地利。兵法九人，主講論異同，行事成敗，簡練兵器，刺舉非法。通糧四人，主度飲食，備蓄積，通糧道，致五穀，命三軍不困乏。奮威四人，主擇才力，論兵革，風馳電掣，不知所由。伏旗鼓三人，主伏旗鼓，明耳目，詭符印，謬號令，闇忽往來，出入若神。股肱四人，主任重持難，修溝塹，治壁壘，以備守禦。通才二人，主拾遺補過，應對賓客，論議談語，消患解結。權士三人，主行奇譎，設殊異，非人所識，行無窮之變。耳目七人，主往來，聽言視變，覽四方之士，軍中之情。爪牙五人，主揚威武，激勵三軍，使冒難攻銳，無所疑慮。羽翼四人，主揚名譽，震遠方，動四境，以弱敵心。遊士八人，主伺奸候變，開闔人情，觀敵之意，以為間諜。術士二人，主為譎詐，依托鬼神，以惑眾心。方士三人，主百藥，以治金瘡，以痊萬症。法算二人，主會計三軍營壘糧食，財用出入。」

論將第十九

武王問太公曰：「論將之道奈何？」太公曰：「將有五材十過。」武王曰：「敢問其目？」

太公曰：「所謂五材者，勇、智、仁、信、忠也。勇則不可犯，智則不可亂，仁則愛人，信則不欺，忠則無二心。所謂十過者：有勇而輕死者，有急而心速者，有貪而好利者，有仁而不忍者，有智而心怯者，有信而喜信人者，有廉潔而不愛人者，有智而心緩者，有剛毅而自用者，有懦而喜任人者。

「勇而輕死者，可暴也。急而心速者，可久也。貪而好利
者，可賂也。仁而不忍人者，可勞也。智而心怯者，可窘也。
信而喜信人者，可誑也。廉潔而不愛人者，可侮也。智而心緩
者，可襲也。剛毅而自用者，可事也。懦而喜任人者，可欺
也。」

「故兵者，國之大事，存亡之道，命在於將。將者，國之
輔，先王之所重也，故置將不可不察也。故曰：兵不兩勝，亦
不兩敗。兵出踰境，不出十日，不有亡國，必有破軍殺將。」
武王曰：「善哉。」

選將第二十

武王問太公曰：「王者舉兵，簡練英權，知士之高下，為
之奈何？」

太公曰：「夫士外貌不與中情相應者十五，有賢而不肖
者；有溫良而為盜者，有貌恭敬而心慢者；有外廉謹而內無恭
敬者；有精精而無情者；有湛湛而無誠者；有好謀而無決者；
有如果敢而不能者；有悾悾而不信者；有恍恍惚惚而反忠實
者；有詭激而有功效者；有外勇而內怯者；有肅肅而反易人
者；有嗃嗃而反靜愨者；有勢虛形劣而出外無所不至，無使不
遂者。天下所賤，聖人所貴；凡人不知，非有大明不見其際，
此士之外貌不與中情相應者。」

武王曰：「何以知之？」

太公曰：「知之有八徵，一曰問之以言，以觀其詳。二曰
窮之以辭，以觀其變。三曰與之間諜，以觀其誠。四曰明白顯
問，以觀其德。五曰使之以財，以觀其廉。六曰試之以色，以
觀其貞。七曰告之以難，以觀其勇。八曰醉之以酒，以觀其
態。八徵皆備，則賢不肖別矣。」

立將第二十一

武王問太公曰：「立將之道奈何？」太公曰：「凡國有難，君避正殿。召將而詔之曰：『社稷安危，一在將軍。今某國不臣，願將軍帥師應之。』將既受命。乃命太史鑽靈龜，卜吉日，齋三日，至太廟以授斧鉞。君入廟門，西面而立。將入廟門，北面而立。君親操鉞，持首，授將其柄，曰：『從此上至天者，將軍制之。』復操斧，持柄，授將其刃，曰：『從此下至淵者，將軍制之。見其虛則進，見其實則止。勿以三軍為眾而輕敵，勿以受命為重而必死，勿以身貴而賤人，勿以獨見而違眾，勿以辯說為必然。士未坐勿坐，士未食勿食，寒暑必同。』如此，士眾必盡死力。

「將已受命，拜而報君曰：『臣聞國不可從外治，軍不可從中御。二心不可以事君，疑志不可以應敵。』臣既受命，專斧鉞之威。臣不敢生還，願君亦垂一言之命於臣。君不許臣，臣不敢將。君許之，乃辭而行。

「軍中之事，不聞君命，皆由將出。臨敵決戰，無有二心。若此，則無天於上，無地於下，無敵於前，無君於後。是故智者為之謀，勇者為之鬥；氣厲青雲，疾若馳騖；兵不接刃，而敵降服。戰勝於外，功立於內。吏遷上賞，百姓歡悅，將無咎殃。是故風雨時節，五穀豐登，社稷安寧。」

武王曰：「善哉。」

將威第二十二

武王問曰：「將何以為威？何以為明？何以禁止而令行？」

太公曰：「將以誅大為威，以賞小為明；以罰審為禁止而令行。故殺一人而三軍震者，殺之。賞一人而萬人悅者，賞之。殺貴大，賞貴小。殺其當路貴重之人，是刑上極也。賞及牛豎馬洗廄養之徒，是賞下通也。刑上極，賞下通，是將威之

鬼谷子辦學以中華聖祖黃帝《陰符經》、老子《道德經》創立道家文化經典和黃帝、老子秘傳丹道養生為核心教育內容暨鬼谷子傳承黃帝、老子道學與道家內丹養生和縱橫家主要著作

所行也。」

勵軍第二十三

武王問太公曰：「吾欲三軍之眾，攻城爭先登，野戰爭先赴；聞金聲而怒，聞鼓聲而喜，為之奈何？」

太公曰：「將有三勝。」武王曰：「敢聞其目？」太公曰：「將冬不服裘，夏不操扇，雨不張蓋，名曰禮將。將不身服禮，無以知士卒之寒暑。出隘塞，犯泥塗，將必先下步，名曰力將。將不身服力，無以知士卒之勞苦。軍皆定次，將乃就舍；炊者皆熟，將乃就食；軍不舉火，將亦不舉，名曰止欲將。將不身服止欲，無以知士卒之飢飽。將與士卒共寒暑勞苦飢飽，故三軍之眾，聞鼓聲則喜，聞金聲則怒。高城深池，矢石繁下，士爭先登；白刃始合，士爭先赴。士非好死而樂傷也，為其將知寒暑飢飽之審，而見勞苦之明也。」

陰符第二十四

武王問太公曰：「引兵深入諸侯之地，三軍猝有緩急，或利或害。吾將以近通遠，從中應外，以給三軍之用。為之奈何？」

太公曰：「主與將，有陰符，凡八等。有大勝克敵之符，長一尺。破軍殺將之符，長九寸。降城得邑之符，長八寸。卻敵報遠之符，長七寸。誓眾堅守之符，長六寸。請糧益兵之符，長五寸。敗軍亡將之符，長四寸。失利亡士之符，長三寸。諸奉使行符，稽留者，若符事泄，聞者告者，皆誅之。八符者，主將秘聞，所以陰通言語，不泄中外相知之術。敵雖聖智，莫之通識。」武王曰：「善哉。」

陰書第二十五

武王問太公曰：「引兵深入諸侯之地，主將欲合兵，行無窮之變，圖不測之利。其事繁多，符不能明；相去遼遠，言語

不通。為之奈何？」太公曰：「諸有陰事大慮，當用書，不用符。主以書遺將，將以書問主。書皆一合而再離，三發而一知。再離者，分書為三部。三發而一知者，言三人，人操一分，相參而不知情也。此謂陰書。敵雖聖智，莫之能識。」

武王曰：「善哉。」

軍勢第二十六

武王問太公曰：「攻伐之道奈何？」太公曰：「勢因敵之動，變生於兩陣之間，奇正發於無窮之源。故至事不語，用兵不言。且事之至者，其言不足聽也。兵之用者，其狀不定見也。倏而往，倏而來，能獨專而不制者兵也。聞則議，見則圖，知則困，辨則危。

「故善戰者，不待張軍。善除患者，理於未生。勝敵者，勝於無形。上戰無與戰。故爭勝於白刃之前者，非良將也。設備於已失之後者，非上聖也。智與眾同，非國師也，技與眾同，非國工也。事莫大於必克，用莫大於玄默，動莫大於不意，謀莫大於不識。

「夫先勝者，先見弱於敵而後戰者也。故事半而功倍也。聖人徵於天地之動，孰知其紀。循陰陽之道而從其候。當天地盈縮，因以為常。物有生死，因天地之形。故曰：未見形而戰，雖眾必敗。

「善戰者，居之不撓，見勝則起，不勝則止。故曰：無恐懼，無猶豫。用兵之害，猶豫最大；三軍之災，莫過狐疑。

「善戰者，見利不失，遇時不疑。失利後時，反受其殃。故智者從之而不失；巧者一決而不猶豫。是以疾雷不及掩耳，迅電不及瞑目。赴之若驚，用之若狂；當之者破，近之者亡，孰能御之。

「夫將，有所不言而守者，神也。有所不見而視者，明

也。故知神明之道，野無橫敵，對無立國。」

武王曰：「善哉。」

奇兵第二十七

武王問太公曰：「凡用兵之法，大要何如？」

太公曰：「古之善戰者，非能戰於天上，非能戰於地下；其成與敗，皆由神勢。得之者昌，失之者亡。

「夫兩陣之間，出甲陳兵，縱卒亂行者，所以為變也。深草蓊翳者。所以遁逃也。溪谷險阻者，所以止車禦騎也。隘塞山林者，所以少擊眾也。坳澤窈冥者，所以匿其形也。清明無隱者，所以戰勇力也。疾如流矢，擊如發機者，所以破精微也。詭伏設奇，遠張誑語者，所以破軍擒將也。四分五裂者，所以擊圓破方也。因其驚駭者，所以一擊十也。因其勞倦暮舍者，所以十擊百也。奇技者，所以越深水渡江河也。強弩長兵者，所以踰水戰也。長關遠候，暴疾謬遁者，所以降城服邑也。鼓行讙囂者，所以行奇謀也。大風甚雨者，所以搏前擒後也。偽稱敵使者，所以絕糧道也。謬號令，與敵同服者，所以備走北也。戰必以義者，所以勵眾勝敵也。尊爵重賞者，所以勸用命也。嚴刑重罰者，所以進罷怠也。一喜一怒，一予一奪，一文一武，一徐一疾者，所以調和三軍，制一臣下也。處高敞者，所以警守也。保險阻者，所以為固也。山林茂穢者，所以默往來也。深溝高壘，積糧多者，所以持久也。

「故曰：不知戰攻之策，不可以語敵。不能分移，不可以語奇。不通治亂，不可以語變。故曰：將不仁，則三軍不親。將不勇，則三軍不銳。將不智，則三軍大疑。將不明，則三軍大傾。將不精微，則三軍失其機。將不常戒，則三軍失其備。將不強力，則三軍失其職。

「故將者，人之司命，三軍與之俱治，與之俱亂。得賢將

者，兵強國昌。不得賢將者，兵弱國亡。」

武王曰：「善哉。」

五音第二十八

武王問太公曰：「律音之聲，可以知三軍之消息，勝負之決乎？」

太公曰：「深哉！王之問也。夫律管十二，其要有五音：宮、商、角、徵、羽，此真正聲也，萬代不易。五行之神，道之常也。金、木、水、火、土，各以其勝攻也。古者三皇之世，虛無之情，以制剛強。無有文字，皆由五行。五行之道，天地自然。六甲之分，微妙之神。

「其法以天清淨，無陰雲風雨，夜半遣輕騎，往至敵人之壘，去九百步外，遍持律管當耳，大呼驚之。有聲應管，其來甚微。角聲應管，當以白虎。徵聲應管，當以玄武。商聲應管，當以朱雀，羽聲應管，當以勾陳。五管聲盡不應者，宮也，當以青龍。此五行之符，佐勝之徵，成敗之機也。」

武王曰：「善哉！」

太公曰：「微妙之音，皆有外候。」武王曰：「何以知之？」太公曰：「敵人驚動則聽之。聞枹鼓之音者，角也。見火光者，徵也。聞金鐵矛戟之音者，商也。聞人嘯呼之音者，羽也。寂寞無聞者，宮也。此五者，聲色之符也。」

兵徵第二十九

武王問太公曰：「吾欲未戰先知敵人之強弱，預見勝敗之徵，為之奈何？」

太公曰：「勝敗之徵，精神先見，明將察之，其效在人。謹候敵人出入進退，察其動靜，言語妖祥，士卒所告。凡三軍悅，士卒畏法，敬其將命；相喜以破敵，相陳以勇猛，相賢以威武，此強徵也。三軍數驚，士卒不齊；相恐以強敵，相語以

不利；耳目相屬，妖言不止，眾口相惑；不畏法令，不重其將，此弱徵也。

「三軍齊整，陣勢以固，深溝高壘，又有大風甚雨之利；三軍無故，旌旗前指，金鐸之聲揚以清，鼙鼓之聲宛以鳴。此得神明之助，大勝之徵也。行陣不固，旌旗亂而相遶；逆大風甚雨之利；士卒恐懼，氣絕而不屬；戎馬驚奔，兵車折軸；金鐸之聲下以濁，鼙鼓之聲濕以沐。此大敗之徵也。

「凡攻城圍邑，城之氣色如死灰，城可屠。城之氣出而北，城可克。城之氣出而西，城可降。城之氣出而南，城不可拔。城之氣出而東，城不可攻。城之氣出復入，城主逃北。城之氣出而覆我軍之上，軍必病。凡攻城圍邑，過旬不雷不雨，必亟去之，城必有大輔。此所以知可攻而攻，不可攻而止。」

武王曰：「善哉。」

農器第三十

武王問太公曰：「天下安定，國家無爭。戰攻之具，可無修乎？守禦之備，可無設乎？」

太公曰：「戰攻守禦之具，盡在於人事。耒耜者，其行馬蒺藜也。馬牛車輿者，其營壘蔽櫓也。鋤耰之具，其矛戟也。蓑薛簦笠，其甲冑也。钁斧鋸杵臼，其攻城器也。牛馬，所以轉輸糧也。雞犬，其伺候也。婦人織紝，其旌旗也。丈夫平壤，其攻城也。春鏺草棘，其戰車騎也。夏田疇，其戰步兵也。秋刈禾薪，其糧食儲備也。冬實倉廩，其堅守也。田里相伍，其約束符信也。里有吏，官有長，其將帥也。里有周垣，不得相過，其隊分也。輸粟取芻，其廩庫也。春秋治城郭，修溝渠，其塹壘也。

「故用兵之具，盡於人事也。善為國者，取於人事。故必使遂其六畜，闢其田野，究其處所。丈夫治田有畝數，婦人織

有尺度，其富國強兵之道也。」

武王曰：「善哉！」

第四篇　虎　韜

軍用第三十一

武王問太公曰：「王者舉兵，三軍器用，攻守之具，科品眾寡，豈有法乎？」太公曰：「大哉王之問也。夫攻守之具，各有科品，此兵之大威也。」武王曰：「願聞之。」

太公曰：「凡用兵之大數，將甲士萬人，法用。

「武衛大夫扶胥三十六乘。材士強弩矛戟為翼，一車七十二人；車四馬駢架，六尺車輪；車上立旗鼓，兵法謂之震駭。陷堅陣，敗強敵。

「武翼大櫓矛戟扶胥七十二乘。材士強弩矛戟為翼；五尺車輪，絞車連弩自副。陷堅陣，敗強敵。

「提翼小櫓扶胥一百四十四乘。絞車連弩自副；陷堅陣，敗強敵。

「大黃參連弩大扶胥三十六乘。材士強弩矛戟為翼；飛鳧電影自副。飛鳧，赤莖白羽；電影，青莖赤羽。晝則以絳縞，長六尺，廣六寸，為光耀；夜則以白縞，為流星。陷堅陣，敗步騎。

「衝車大扶胥 36 乘。螳螂武士共載，可以擊縱橫，敗強敵。

「輕車騎寇，一名電車，兵法謂之電擊。陷堅陣，敗步騎。

「矛戟輕車扶胥 160 乘。螳螂武士三人共載，兵法謂之霆擊。陷堅陣，敗步騎。

「方首天掊，重 12 斤，柄長五尺，1200 枚。大柯斧又名天鉞，刃長八寸，重八斤，柄長五尺，1200 枚。方首天鎚，重八

斤，柄長五尺，1200 枚。敗步騎群寇。

「飛鉤，長八寸，鉤芒長四寸，柄長六尺，1200 枚。以投其眾。

「三車拒守，木螳螂，劍刃，行拒馬，廣二丈，120 具。平易地，以步兵敗車騎。

「木蒺藜，去地二尺五寸，120 具。短衝矛戟扶胥 120 輛。敗步騎，要窮寇，遮走北。

「狹路微徑，張鐵蒺藜，芒高四寸，廣八寸，1200 具。敗步騎。

「夜瞑來促戰，白刃接。鋪兩鏃蒺藜，芒間相去二尺，12000 具。曠林草中，方胸鋌矛，1200 具；張鋌矛法，高一尺五寸，敗步騎，要窮寇，遮走北。

「狹路微徑，地陷，鐵械鎖，120 具，敗步騎，要窮寇，遮走北。

「壘門拒守，矛戟小楯 12 具，絞車連弩自副。三軍拒守，天羅虎落鎖，廣一丈五尺，高八尺，120 具，虎落劍刃扶胥，廣一丈五尺，高八尺，510 具。

「渡溝塹，飛橋一間，廣一丈五尺，長二丈，轉關轆轤八具，以環利通索張之。

「渡大水，飛江，廣一丈五尺，長二丈，共八具，以環利通索張之。天浮，32 具，以環絡連接。

「山林野居，結虎落柴營，用環利鐵鎖，環利大通索，環利中通索，環利小微螺，天雨蓋，重車上板，結泉鉬，車一乘，以鐵杙張之。

「伐木天斧，重八斤，柄長三尺，300 枚。棨鑷，刃廣六寸，柄長五尺，300 枚。銅築固為垂，長五尺，200 枚。鷹爪。方胸鐵把，柄長七尺，300 枚。方胸鐵叉，柄長七尺，300 枚。

方胸兩枝鐵叉，柄長七尺，300 枚。芟草木大鐮，柄長七尺，300 枚。大櫓刃，重八斤，柄長六尺，300 枚。委環鐵杙，長三尺，300 枚。椓杙大槌，重五斤，柄長二尺，120 枚。

「甲士萬人，強弩 6000，戟櫓 2000，矛櫓 2000，修治攻具，砥礪兵器，巧手 300 人。此舉兵之大數也。」

武王曰：「允哉。」

三陣第三十二

武王問太公曰：「凡用兵為天陣、地陣、人陣，奈何？」

太公曰：「日日星辰斗柄，一左一右，一向一背，此謂天陣。丘陵水泉，亦有前後左右之利，此謂地陣。用車用馬，用文用武，此謂人陣。」

武王曰：「善哉！」

疾戰第三十三

武王問太公曰：「敵人圍我，斷我前後，絕我糧道，為之奈何？」

太公曰：「此天下之困兵也。暴用之則勝，徐用之則敗。如此者，為四武衝陣，以武車驍騎驚亂其軍而疾擊之，可以橫行。」

武王曰：「若已出圍地，欲因以為勝，為之奈何？」

太公曰：「左軍疾左，右軍疾右，無與敵人爭道。中軍迭前迭後，敵人雖眾，其將可走。」

必出第三十四

武王問太公曰：「引兵深入諸侯之地，敵人四合而圍我，斷我歸道，絕我糧食。敵人既眾，糧食甚多，險阻又固。我欲必出，為之奈何？」

太公曰：「必出之道，器械為寶，勇鬥為首。審知敵人空虛之地，無人之處，可以必出。將士持玄旗，操器械，設銜

枚，夜出。勇力飛走，冒將之士，居前，平壘為軍開道。材士強弩為伏兵，居後。弱卒車騎居中。陣畢徐行，慎無驚駭。以武衝扶胥，前後拒守。武翼大櫓，以蔽左右。敵人若驚，勇力冒將之士疾擊而前。弱卒車騎，以屬其後。材士強弩，隱伏而處。審候敵人追我，伏兵疾擊其後。多其火鼓，若從地出，若從天下。三軍勇鬥，莫我能御。」

武王曰：「前有大水、廣塹、深坑，我欲踰渡，無舟楫之備。敵人屯壘，限我軍前，塞我歸道；斥候常戒；險塞盡守；車騎要我前，勇士擊我後，為之奈何？」

太公曰：「大水、廣塹、深坑，敵人所不守；或能守之，其卒必寡。若此者，以飛江轉關與天潢以濟吾軍。勇力材士，從我所指，衝敵絕陣，皆致其死。先燔吾輜重，燒吾糧食，明告吏士，勇鬥則生，不勇則死。已出，令我踵軍，設雲火遠候，必依草木、丘墓、險阻。敵人車騎，必不敢遠追長驅。因以火為記，先出者，令至火而止，為四武衝陣。如此，則三軍皆精銳勇鬥，莫我能止。」武王曰：「善哉！」

軍略第三十五

武王問太公曰：「引兵深入諸侯之地，遇深溪大谷險阻之水。吾三軍未得畢濟，而天暴雨，流水大至。後不得屬於前，無舟梁之備，又無水草之資。吾欲畢濟，使三軍不稽留，為之奈何？」

太公曰：「凡帥師將眾，慮不先設，器械不備；教不精信，士卒不習。若此，不可以為王者之兵也。凡三軍有大事，莫不習用器械。若攻城圍邑，則有轒轀臨衝；視城中，則有雲梯飛樓。三軍行止，則有武衝大。前後拒守，絕道遮街，則有材士強弩，衛其兩旁。設營壘，則有天羅武落，行馬蒺藜。晝則登雲梯遠望，立五色旌旗。夜則火雲萬炬，擊雷鼓，振鼙

鐸，吹鳴笳。越溝塹，則有飛橋、轉關、轆轤。濟大水，則有天潢、飛江。逆波上流，則有浮海、絕江。三軍用備，主將何憂。」

　　臨境第三十六

　　武王問太公曰：「吾與敵人臨境相拒，彼可以來，我可以往，陣皆堅固，莫敢先舉。我欲往而襲之，彼亦可以來。為之奈何？」

　　太公曰：「分兵三處。令我前軍，深溝增壘而無出，列旌旗，擊鼙鼓，完為守備。令我後軍，多積糧食，無使敵人知我意。發我銳士，潛襲其中，擊其不意，攻其無備。敵人不知我情，則止不來矣。」

　　武王曰：「敵人知我之情，通我之機，動則得我事。其銳士伏於深草，要我隘路，擊我便處，為之奈何？」

　　太公曰：「令我前軍，日出挑戰，以勞其意。令我老弱，曳柴揚塵，鼓呼而往來，或出其左，或出其右，去敵無過百步，其將必勞，其卒必駭。如此，則敵人不敢來。吾往者不止，或襲其內，或擊其外，三軍疾戰，敵人必敗。」

　　動靜第三十七

　　武王問太公曰：「引兵深入諸侯之地，與敵人之軍相當。兩陣相望，眾寡強弱相等，不敢先舉。吾欲令敵人將帥恐懼，士卒心傷，行陣不固，後軍欲走，前陣數顧。鼓噪而乘之，敵人遂走。為之奈何？」

　　太公曰：「如此者，發我兵，去寇十里而伏其兩旁，車騎百里而越其前後。多其旌旗，益其金鼓。戰合，鼓噪而俱起。敵將必恐，其軍驚駭。眾寡不相救，貴賤不相待，敵人必敗。」

　　武王曰：「敵之地勢，不可伏其兩旁，車騎又無以越其前後。敵知我慮，先施其備。吾士卒心傷，將帥恐懼，戰則不

勝，為之奈何？」

太公曰：「誠哉王之問也。如此者，先戰五日，發我遠候，往視其動靜，審候其來，設伏而待之。必於死地，與敵相遇。遠我旌旗，疏我行陣。必奔其前，與敵相當。戰合而走，擊金而止。三里而還，伏兵乃起。或陷其兩旁，或擊其先後，三軍疾戰，敵人必走。」武王曰：「善哉！」

金鼓第三十八

武王問太公曰：「引兵深入諸侯之地，與敵相當。而天大寒甚暑，日夜霖雨，旬日不止。溝壘悉壞，隘塞不守，斥堠懈怠，士卒不戒。敵人夜來，三軍無備，上下惑亂，為之奈何？」

太公曰：「凡三軍以戒為固，以怠為敗。令我壘上，誰何不絕；人執旌旗，外內相望，以號相命，勿令乏音，而皆外向。三千人為一屯，誡而約之，各慎其處。敵人若來，視我軍之警戒，至而必還，力盡氣怠。發我銳士，隨而擊之。」

武王曰：「敵人知我隨之，而伏其銳士，佯北不止。遇伏而還，或擊我前，或擊我後，或薄我壘。吾三軍大恐，擾亂失次，離其處所。為之奈何？」

太公曰：「分為三隊，隨而追之，勿越其伏。三隊俱至，或擊其前後，或陷其兩旁。明號審令，疾擊而前，敵人必敗。」

絕道第三十九

武王問太公曰：「引兵深入諸侯之地，與敵相守。敵人絕我糧道，又越我前後。吾欲戰則不可勝，欲守則不可久。為之奈何？」

太公曰：「凡深入敵人之境，必察地之形勢，務求便利。依山林險阻，水泉林木，而為之固；謹守關梁，又知城邑丘墓地形之利。如是，則我軍堅固，敵人不能絕我糧道，又不能越

我前後。」

武王曰：「吾三軍過大林廣澤平易之地，吾候望誤失，倉卒與敵人相薄。以戰則不勝，以守則不固。敵人翼我兩旁，越我前後，三軍大恐，為之奈何？」

太公曰：「凡帥師之法，常先發遠候，去敵二百里，審知敵人所在。地勢不利，則以武衝為壘而前，又置兩踵軍於後，遠者百里，近者五十里。即有警急，前後相知，吾三軍常完堅，必無毀傷。」

武王曰：「善哉！」

略地第四十

武王問太公曰：「戰勝深入，略其地，有大城不可下。其別軍守險阻，與我相拒。我欲攻城圍邑，恐其別軍猝至而薄我。中外相合，拒我表裡。三軍大亂，上下恐駭。為之奈何？」

太公曰：「凡攻城圍邑，車騎必遠，屯衛警戒，阻其內外。中人絕糧，外不得輸，城人恐怖，其將必降。」

武王曰：「中人絕糧，外不得輸，陰為約誓，相與密謀。夜出，窮寇死戰。其車騎銳士，或衝我內，或擊我外。士卒迷惑，三軍敗亂。為之奈何？」

太公曰：「如此者，當分為三軍，謹視地形而處。審知敵人別軍所在，及其大城別堡，為之置遺缺之道以利其心；謹備勿失。敵人恐懼，不入山林，即歸大邑，走其別軍。車騎遠邀其前，勿令遺脫。中人以為先出者得其徑道，其練卒材士必出，其老弱獨在。車騎深入長驅，敵人之軍，必莫敢至。慎勿與戰，絕其糧道，圍而守之，必久其日。

「無燔人積聚，無毀人宮室，冢樹社叢勿伐。降者勿殺，得而勿戮，示之以仁義，施之以厚德。令其士民曰：『辠在一人』。如此則天下和服。」

武王曰：「善哉！」

火戰第四十一

武王問太公曰：「引兵深入諸侯之地，遇深草蓊穢，周吾軍前後左右。三軍行數百里，人馬疲倦休止。敵人因天燥疾風之利，燔吾上風，車騎銳士，堅伏吾後。三軍恐怖，散亂而走。為之奈何？」

太公曰：「若此者，則以雲梯飛樓，遠望左右，謹察前後。見火起，即燔吾前而廣延之，又燔吾後。敵人苟至，即引軍而卻，按黑地而堅處，敵人之來。猶在吾後，見火起，必遠走。吾按黑地而處，強弩材士，衛吾左右，又燔吾前後。若此，則敵人不能害我。」

武王曰：「敵人燔吾左右，又燔前後，覆吾軍，其大兵按黑地而起。為之奈何？」

太公曰：「若此者，為四武衝陣，強弩翼吾左右，其法無勝亦無負。」

壘虛第四十二

武王問太公曰：「何以知敵壘之虛實，自來自去？」

太公曰：「將必上知天道，下知地利，中知人事。登高下望，以觀敵之變動。望其壘，則知其虛實。望其士卒，則知其來去。」

武王曰：「何以知之？」

太公曰：「聽其鼓無音，鐸無聲；望其壘上多飛鳥而不驚。上無氛氣，必知敵詐而為偶人也。敵人猝去不遠，未定而復反者，彼用其士卒太疾也。太疾則前後不相次。不相次，則行陣必亂。如此者，急出兵擊之。以少擊眾，則必敗矣。」

第五篇　豹　韜

林戰第四十三

武王問太公曰：「引兵深入諸侯之地，遇大林，與敵人分林相拒。吾欲以守則固，以戰則勝。為之奈何？」

太公曰：「使吾三軍，分為衝陣。便兵所處，弓弩為表，戟楯為裡。斬除草木，極廣吾道，以便戰所。高置旌旗，謹敕三軍，無使敵人知吾之情，是謂林戰。林戰之法，率吾矛戟，相與為伍。林間木疏，以騎為輔，戰車居前，見便則戰，不見便則止。林多險阻，必置衝陣，以備前後。三軍疾戰，敵人雖眾，其將可走。更戰更息，各按其部，是為林戰之紀。」

突戰第四十四

武王問太公曰：「敵人深入長驅，侵略我地，驅我牛馬；其三軍大至，薄我城下。吾士卒大恐；人民繫累，為敵所虜。吾欲以守則固，以戰則勝。為之奈何？」

太公曰：「如此者謂之突兵，其牛馬必不得食，士卒絕糧，暴擊而前。令我遠邑別軍，選其銳士，疾擊其後。審其期日，必會於晦。三軍疾戰，敵人雖眾，其將可虜。」

武王曰：「敵人分為三四，或戰而侵略我地，或止而收我牛馬。其大軍未盡至，而使寇薄我城下，致吾三軍恐懼，為之奈何？」

太公曰：「謹候敵人，未盡至則設備而待之。去城四里而為壘，金鼓旌旗，皆列而張。別隊為伏兵。令我壘上，多精強弩。百步一突門，門有行馬。車騎居外，勇力銳士，隱而處。敵人若至，使我輕卒合戰而佯走；令我城上立旌旗，擊鼙鼓，完為守備。敵人以我為守城，必薄我城下。發吾伏兵以衝其內，或擊其外。三軍疾戰，或擊其前，或擊其後。勇者不得鬥，輕者不及走，名曰突戰。敵人雖眾，其將必走。」

武王曰：「善哉。」

敵強第四十五

武王問太公曰：「引兵深入諸侯之地，與敵人衝軍相當。敵眾我寡，敵強我弱。敵人夜來，或攻吾左，或攻吾右，三軍震動。吾欲以戰則勝，以守則固，為之奈何？」

太公曰：「如此者謂之震寇。利以出戰，不可以守。選吾材士強弩車騎為左右，疾擊其前，急攻其後；或擊其表，或擊其裡。其卒必亂，其將必駭。」

武王曰：「敵人遠遮我前，急攻我後，斷我銳兵，絕我材士。吾內外不得相聞，三軍擾亂，皆敗而走。士卒無鬥志，將吏無守心，為之奈何？」

太公曰：「明哉王之問也。當明號審令，出我勇銳冒將之士，人操炬火，二人同鼓。必知敵人所在，或擊其表裡。微號相知，令之滅火，鼓音皆止。中外相應，期約皆當。三軍疾戰，敵必敗亡。」武王曰：「善哉！」

敵武第四十六

武王問太公曰：「引兵深入諸侯之地，猝遇敵人，甚眾且武。武車驍騎，繞我左右。吾三軍皆震，走不可止。為之奈何？」

太公曰：「如此者謂之敗兵。善者以勝，不善者以亡。」

武王曰：「為之奈何？」太公曰：「伏我材士強弩，武車驍騎，為之左右，常去前後三里。敵人逐我，發我車騎，衝其左右。如此，則敵人擾亂，吾走者自止。」

武王曰：「敵人與我車騎相當，敵眾我寡，敵強我弱。其來整治精銳，吾陣不敢當。為之奈何？」

太公曰：「選我材士強弩，伏於左右，車騎堅陣而處。敵人過我伏兵，積弩射其左右；車騎銳兵，疾擊其軍，或擊其

前，或擊其後。敵人雖眾，其將必走。」武王曰：「善哉！」

烏雲山兵第四十七

武王問太公曰：「引兵深入諸侯之地，遇高山磐石，其上亭亭，無有草木，四面受敵。吾三軍恐懼，士卒迷惑。吾欲以守則固，以戰則勝。為之奈何？」

太公曰：「凡三軍處山之高，則為敵所棲，處山之下，則為敵所囚。既以被山而處，必為烏雲之陣。烏雲之陣，陰陽皆備。或屯其陰，或屯其陽。處山之陽，備山之陰。處山之陰，備山之陽。處山之左，備山之右。處山之右，備山之左。敵所能陵者，兵備其表。衢道通谷，絕以武車。高置旌旗；謹隱三軍，無使敵人知吾之情，是謂山城。行列已定，士卒已陣，法令已行，奇正已設，各置衝陣於山之表，便兵所處。乃分車騎為烏雲之陣。三軍疾戰，敵人雖眾，其將可擒。」

烏雲澤兵第四十八

武王問太公曰：「引兵深入諸侯之地，與敵人臨水相拒。敵富而眾，我貧而寡。踰水擊之，則不能前。欲久其日，則糧食少。吾居斥鹵之地，四旁無邑，又無草木。三軍無所掠取，牛馬無所芻牧。為之奈何？」

太公曰：「三軍無備，士卒無糧，牛馬無食。如此者，索便詐敵而亟去之，設伏兵於後。」

武王曰：「敵不可得而詐。吾士卒迷惑。敵人越我前後，吾三軍敗而走。為之奈何？」太公曰：「求途之道，金玉為主，必因敵使，精微為寶。」

武王曰：「敵人知我伏兵，大軍不肯濟，別將分隊，以踰於水。吾三軍大恐。為之奈何？」

太公曰：「如此者，分為衝陣，便兵所處。須其畢出，發我伏兵，疾擊其後。強弩兩旁，射其左右。車騎分為烏雲之

陣，備其前後。三軍疾戰。敵人見我戰合，其大軍必濟水而來。發我伏兵，疾擊其後，車騎衝其左右。敵人雖眾，其將可走。

「凡用兵之大要，當敵臨戰，必置衝陣，便兵所處。然後以車騎分為烏雲之陣，此用兵之奇也。所謂烏雲者，烏散而雲合，變化無窮者也。」

武王曰：「善哉！」

少眾第四十九

武王問太公曰：「吾欲以少擊眾，以弱擊強，為之奈何？」

太公曰：「以少擊眾者，必以日之暮，伏以深草，要之隘路。以弱擊強者，必得大國之與，鄰國之助。」

武王曰：「我無深草，又無隘路，敵人已至，不適日暮；我無大國之與，又無鄰國之助。為之奈何？」

太公曰：「妄張詐誘，以熒惑其將，迂其途，令過深草；遠其路，令會日暮。前行未渡水，後行未及舍，發我伏兵，疾擊其左右，車騎擾亂其前後。敵人雖眾，其將可走。事大國之君，下鄰國之士，厚其幣，卑其辭。如此，則得大國之與，鄰國之助矣。」武王曰：「善哉！」

分險第五十

武王問太公曰：「引兵深入諸侯之地，與敵人相遇於險阨之中。吾左山而右水；敵右山而左水，與我分險相拒。吾欲以守則固，以戰則勝，為之奈何？」

太公曰：「處山之左，急備山之右；處山之右，急備山之左。險有大水，無舟楫者，以天潢濟吾三軍。已濟者，亟廣吾道，以便戰所。以武衝為前後，列其強弩，令行陣皆固。衢道谷口，以武衝絕之。高置旌旗，是為軍城。凡險戰之法，以武衝為前，大櫓為衛；材士強弩，翼吾左右。三千人為一屯，必

置衝陣，便兵所處。左軍以左，右軍以右，中軍以中，並攻而前。已戰者，還歸屯所，更戰更息，必勝乃已。」

武王曰：「善哉！」

第六篇　犬　韜

分合第五十一

武王問太公曰：「王者帥師，三軍分為數處，將欲期會合戰，約誓賞罰，為之奈何？」

太公曰：「凡用兵之法，三軍之眾，必有分合之變。其大將先定戰地戰日，然後移檄書與諸將吏期，攻城圍邑，各會其所；明告戰日，漏刻有時。大將設營而陣，立表轅門，清道而待。諸將吏至者，校其先後；先期至者賞，後期至者斬。如此，則遠近奔集，三軍俱至，並力合戰。」

武鋒第五十二

武王問太公曰：「凡用兵之要，必有武車驍騎，馳陣選鋒，見可則擊之。如何而可擊？」

太公曰：「夫欲擊者，當審察敵人十四變。變見則擊之，敵人必敗。」武王曰：「十四變可得聞乎？」

太公曰：「敵人新集可擊。人馬未食可擊。天時不順可擊。地形未得可擊。奔走可擊。不戒可擊。疲勞可擊。將離士卒可擊。涉長路可擊。濟水可擊。不暇可擊。阻難狹路可擊。亂行可擊。心怖可擊。」

練士第五十三

武王問太公曰：「練士之道奈何？」太公曰：「軍中有大勇力，敢死樂傷者，聚為一卒，名為冒刃之士。」

「有銳氣壯勇強暴者，聚為一卒，名曰陷陣之士。

「有奇表長劍，接武齊列者，聚為一卒，名曰勇銳之士。

「有披距伸鉤，強梁多力，潰破金鼓，絕滅旌旗者，聚為一卒，名曰勇力之士。

「有踰高絕遠，輕足善走者，聚為一卒，名曰寇兵之士。

「有王臣失勢，欲復見功者，聚為一卒，名曰死鬥之士。

「有死將之人，子弟欲為其將報仇者，聚為一卒，名曰死憤之士。

「有貧窮忿怒，欲快其志者，聚為一卒，名曰必死之士。

「有贅婿人虜，欲掩揭名者，聚為一卒，名曰勵鈍之士。

「有胥靡免罪之人，欲逃其恥者，聚為一卒，名曰幸用之士。

「有材技兼人，能負重致遠者，聚為一卒，名曰待命之士。

「此軍之練士，不可不察也。」

教戰第五十四

武王問太公曰：「合三軍之眾。欲令士卒服習教戰之道，奈何？」

太公曰：「凡領三軍，必有金鼓之節，所以整齊士眾者也，將必明告吏士，申之以三令，以教操兵起居，旌旗指麾之變法。故教吏士，使一人學戰；教成，合之十人。十人學戰；教成，合之百人。百人學戰；教成，合之千人。千人學戰；教成，合之萬人。萬人學戰；教成，合之三軍之眾。大戰之法，教成，合之百萬之眾。故能成其大兵，立威於天下。」

武王曰：「善哉。」

均兵第五十五

武王問太公曰：「以車與步卒戰，一車當幾步卒，幾步卒當一車？以騎與步卒戰，一騎當幾步卒，幾步卒當一騎？以車與騎戰，一車當幾騎，幾騎當一車？」

太公曰：「車者，軍之羽翼也，所以陷堅陣，要強敵，遮

走北也。騎者，軍之伺候也，所以踵敗軍，絕糧道，擊便寇也。

「故車騎不敵戰，則一騎不能當步卒一人，三軍之眾成陣而相當，則易戰之法，一車當步卒八十人，八十人當一車；一騎當步卒八人，八人當一騎；一車當十騎，十騎當一車。險戰之法，一車當步卒四十人，四十人當一車；一騎當步卒四人，四人當一騎；一車當六騎，六騎當一車。夫車騎者，軍之武兵也。十乘敗千人，百乘敗萬人；十騎走百人，百騎走千人，此其大數也。」

武王曰：「車騎之吏數與陣法奈何？」太公曰：「置車之吏數：五車一長，十五車一吏，五十車一率，百車一將。易戰之法，五車為列，相去四十步，左右十步，隊間六十步。險戰之法，車必循道，十五車為聚，三十車為屯，前後相去二十步，左右六步，隊間三十六步。縱橫相去一里，各返故道。

「置騎之吏數：五騎一長，十騎一吏，百騎一率，二百騎一將。易戰之法：五騎為列，前後相去二十步，左右四步，隊間五十步；險戰之法：前後相去十步，左右二步，隊間二十五步。三十騎為一屯，六十騎為一輩，縱橫相去百步，周還各復故處。」武王曰：「善哉！」

武車士第五十六

武王問太公曰：「選車士奈何？」

太公曰：「選車士之法，取年四十以下，長七尺五寸以上，走能逐奔馬，及馳而乘之，前後左右，上下周旋，能束縛旌旗；力能彀八石弩，射前後左右，皆便習者，名曰武車之士，不可不厚也。」

武騎士第五十七

武王問太公曰：「選騎士奈何？」

太公曰：「選騎士之法，取年四十以下，長七尺五寸以

上，壯健捷疾，超絕倫等；能馳騎轂射，前後左右，周旋進退；越溝塹，登丘陵，冒險阻，絕大澤；馳強敵，亂大眾者，名曰武騎之士，不可不厚也。」

戰車第五十八

武王問太公曰：「戰車奈何？」

太公曰：「步貴知變動，車貴知地形，騎貴知別徑奇道，三軍同名而異用也。凡車之戰，死地有十，勝地有八。」

武王曰：「十死之地奈何？」太公曰：「往而無以還者，車之死地也。越絕險阻，乘敵遠行者，車之竭地也。前易後險者，車之困地也。陷之險阻而難出者，車之絕地也。陵下漸澤，黑土黏埴者，車之勞地也。左險右易，上陵仰阪者，車之逆地也。殷草橫畝，犯歷浚澤者，車之拂地也。車少地易，與步不敵者，車之敗地也。後有溝瀆，左有深水，右有峻阪者，車之壞地也。日夜霖雨，旬日不止，道路潰陷，前不能進，後不能解者，車之陷地也。此十者，車之死地也。故拙將之所以見擒，明將之所以能避也。」

武王曰：「八勝之地奈何？」

太公曰：「敵之前後，行陣未定，即陷之。旌旗擾亂，人馬數動，即陷之。士卒或前或後，或左或右，即陷之。陣不堅固，士卒前後相顧，即陷之。前往而疑，後往而怯，即陷之。三軍猝驚，皆薄而起，即陷之。戰於易地，暮不能解，即陷之。遠行而暮舍，三軍恐懼，即陷之。此八者，車之勝地也。

「將明於十害八勝，敵雖圍周，千乘萬騎，前驅旁馳，萬戰必勝。」武王曰：「善哉！」

戰騎第五十九

武王問太公曰：「戰騎奈何？」太公曰：「騎有十勝九敗。」

武王曰：「十勝奈何？」太公曰：「敵人始至，行陣未定，

前後不屬，陷其前騎，擊其左右，敵人必走。敵人行陣，整齊堅固，士卒欲鬥。吾騎翼而勿去，或馳而往，或馳而來，其疾如風，其暴如雷，白晝如昏，數更旌旗，變更衣服，其軍可克。敵人行陣不固，士卒不鬥。薄其前後，獵其左右，翼而擊之敵人必懼。敵人暮欲歸舍，三軍恐駭嚇，翼其兩旁，疾擊其後，薄其壘口，無使得入，敵人必敗。敵人無險阻保固，深入長驅，絕其糧道，敵人必飢。地平而易，四面見敵，車騎陷之，敵人必亂。敵人奔走，士卒散亂。或翼其兩旁，或掩其前後，其將可擒。敵人暮返，其兵甚眾，其行陣必亂。令我騎十而為隊，百而為屯，車五而為聚，十而為群，多設旌旗，雜以強弩；或擊其兩旁，或絕其前後，敵將可虜。此騎之十勝也。」

武王曰：「九敗奈何？」

太公曰：「凡以騎陷敵而不能破陣；敵人佯走，以車騎返擊我後，此騎之敗地也。追北踰險，長驅不止；敵人伏我兩旁，又絕我後，此騎之圍地也。往而無以返，入而無以出，是謂陷於天井，頓於地穴，此騎之死地也。所從入者隘，所從出者遠。彼弱可以擊我強，彼寡可以擊我眾，此騎之沒地也。大澗深谷，翳茂林木，此騎之竭地也。左右有水，前有大阜，後有高山；三軍戰於兩水之間，敵居表裡，此騎之艱難地也。敵人絕我糧道，往而無以還，此騎之困地也。污下沮澤，進退漸洳，此騎之患地也。左有深溝，右有坑阜，高下如平地，進退誘敵，此騎之陷地也。此九者，騎之死地也。明將之所以遠避，闇將之所以陷敗也。」

戰步第六十

武王問太公曰：「步兵與車騎戰奈何？」

太公曰：「步兵與車騎戰者，必依丘陵險阻，長兵強弩居前，短兵弱弩居後，更發更止。敵之車騎雖眾而至，堅陣疾

戰，材士強弩，以備我後。」

武王曰：「吾無丘陵，又無險阻。敵人之至，既眾且武，車騎翼我兩旁，獵我前後。吾三軍恐懼，亂敗而走，為之奈何？」

太公曰：「令我士卒為行馬，木蒺莉，置牛馬隊伍，為四武衝陣；望敵車騎將來，均置蒺莉；掘地匝後，廣深五尺，名曰命籠。人操行馬進步，闌車以為壘，推而前後，立而為屯；材士強弩，備我左右。然後令我三軍，皆疾戰而不解。」

武王曰：「善哉。」

第八節　《史記卷六十五‧孫子吳起列傳》 　　　　《孫子兵法十三篇》

《史記卷六十五‧孫子吳起列傳》

孫子武者，齊人也。以兵法見於吳王闔廬。闔廬曰：「子之十三篇，吾盡觀之矣，可以小試勒兵乎？」對曰：「可。」闔廬曰：「可試以婦人乎？」曰：「可。」於是許之，出宮中美女，得百八十人。孫子分為二隊，以王之寵姬二人各為隊長，皆令持戟。令之曰：「汝知而心與左右手背乎？」婦人曰：「知之。」孫子曰：「前，則視心；左，視左手；右，視右手；後，即視背。」婦人曰：「諾。」約束既布，乃設鈇鉞，即三令五申之。於是鼓之右，婦人大笑。

孫子曰：「約束不明，申令不熟，將之罪也。」復三令五申而鼓之左，婦人復大笑。孫子曰：「約束不明，申令不熟，將之罪也；既已明而不如法者，吏士之罪也。」乃欲斬左右隊長。吳王從台上觀，見且斬愛姬，大駭。趣使使下令曰：「寡人已知將軍能用兵矣。寡人非此二姬，食不甘味，願勿斬也。」孫子曰：「臣既已受命為將，將在軍，君命有所不受。」遂斬隊長

二人以徇。用其次為隊長，於是復鼓之。婦人左右前後跪起皆中規矩繩墨，無敢出聲。於是孫子使使報王曰：「兵既整齊，王可試下觀之，唯王所欲用之，雖赴水火猶可也。」吳王曰：「將軍罷休就舍，寡人不願下觀。」孫子曰：「王徒好其言，不能用其實。」於是闔廬知孫子能用兵，卒以為將。西破強楚，入郢，北威齊、晉，顯名諸侯，孫子與有力焉。

孫武既死，後百餘歲有孫臏。臏生阿鄄之間，臏亦孫武之後世子孫也。孫臏嘗與龐涓俱學兵法。龐涓既事魏，得為惠王將軍，而自以為能不及孫臏，乃陰使召孫臏。臏至，龐涓恐其賢於己，疾之，則以法刑斷其兩足而黥之，欲隱勿見。

齊使者如梁，孫臏以刑徒陰見，說齊使。齊使以為奇，竊載與之齊。齊將田忌善而客待之。忌數與齊諸公子馳逐重射。孫子見其馬足不甚相遠，馬有上、中、下、輩。於是孫子謂田忌曰：「君弟重射，臣能令君勝。」田忌信然之，與王及諸公子逐射千金。及臨質，孫子曰：「今以君之下駟與彼上駟，取君上駟與彼中駟，取君中駟與彼下駟。」既馳三輩畢，而田忌一不勝而再勝，卒得王千金。於是忌進孫子於威王。威王問兵法，遂以為師。

其後魏伐趙，趙急，請救於齊。齊威王欲將孫臏，臏辭謝曰：「刑余之人不可。」於是乃以田忌為將，而孫子為師，居輜車中，坐為計謀。田忌欲引兵之趙，孫子曰：「夫解雜亂紛糾者不控棬，救鬥者不搏撠，批亢搗虛，形格勢禁，則自為解耳。今梁趙相攻，輕兵銳卒必竭於外，老弱罷於內。君不若引兵疾走大梁，據其街路，衝其方虛，彼必釋趙而自救。是我一舉解趙之圍而收弊於魏也。」田忌從之，魏果去邯鄲，與齊戰於桂陵，大破梁軍。

後十三歲，魏與趙攻韓，韓告急於齊。齊使田忌將而

往，直走大梁。魏將龐涓聞之，去韓而歸，齊軍既已過而西矣。孫子謂田忌曰：「彼三晉之兵素悍勇而輕齊，齊號為怯，善戰者因其勢而利導之。兵法，百里而趣利者蹶上將，五十里而趣利者軍半至。使齊軍入魏地為十萬灶，明日為五萬灶，又明日為三萬灶。」龐涓行三日，大喜，曰：「我固知齊軍怯，入吾地三日，士卒亡者過半矣。」乃棄其步軍，與其輕銳倍日並行逐之。孫子度其行，暮當至馬陵。馬陵道陜，而旁多阻隘，可伏兵，乃斫大樹白而書之曰「龐涓死於此樹之下」。於是令齊軍善射者萬弩，夾道而伏，期曰「暮見火舉而俱發」。龐涓果夜至斫木下，見白書，乃鑽火燭之。讀其書未畢，齊軍萬弩俱發，魏軍大亂相失。龐涓自知智窮兵敗，乃自剄，曰：「遂成豎子之名！」齊因乘勝盡破其軍，虜魏太子申以歸。孫臏以此名顯天下，世傳其兵法。

吳起者，衛人也，好用兵。嘗學於曾子，事魯君。齊人攻魯，魯欲將吳起，吳起取齊女為妻，而魯疑之。吳起於是欲就名，遂殺其妻，以明不與齊也。魯卒以為將。將而攻齊，大破之。

魯人或惡吳起曰：「起之為人，猜忍人也。其少時，家累千金，遊仕不遂，遂破其家，鄉黨笑之，吳起殺其謗己者三十餘人，而東出衛郭門。與其母訣，齧臂而盟曰：起不為卿相，不復入衛。遂事曾子。居頃之，其母死，起終不歸。曾子薄之，而與起絕。起乃之魯，學兵法以事魯君。魯君疑之，起殺妻以求將。夫魯小國，而有戰勝之名，則諸侯圖魯矣。且魯衛兄弟之國也，而君用起，則是棄衛。」魯君疑之，謝吳起。

吳起於是聞魏文侯賢，欲事之。文侯問李克曰：「吳起何如人哉？」李克曰：「起貪而好色，然用兵司馬穰苴不能過也。」於是魏文侯以為將，擊秦，拔五城。

起之為將，與士卒最下者同衣食。臥不設席，行不騎乘，親裹贏糧，與士卒分勞苦。卒有病疽者，起為吮之。卒母聞而哭之。人曰：「子卒也，而將軍自吮其疽，何哭為？」母曰：「非然也。往年吳公吮其父，其父戰不旋踵，遂死於敵。吳公今又吮其子，妾不知其死所矣。是以哭之。」

　　文侯以吳起善用兵，廉平，盡能得士心，乃以為西河守，以拒秦、韓。

　　魏文侯既卒，起事其子武侯。武侯浮西河而下，中流，顧而謂吳起曰：「美哉乎山河之固，此魏國之寶也！」起對曰：「在德不在險。昔三苗氏左洞庭，右彭蠡，德義不修，禹滅之。夏桀之居，左河濟，右泰華，伊闕在其南，羊腸在其北，修政不仁，湯放之。殷紂之國，左孟門，右太行，常山在其北，大河經其南，修政不德，武王殺之。由此觀之，在德不在險。若君不修德，舟中之人盡為敵國也。」

　　武侯曰：「善。」

　　吳起為西河守，甚有聲名。魏置相，相田文。吳起不悅，謂田文曰：「請與子論功，可乎？」田文曰：「可。」起曰：「將三軍，使士卒樂死，敵國不敢謀，子孰與起？」文曰：「不如子。」起曰：「治百官，親萬民，實府庫，子孰與起？」文曰：「不如子。」起曰：「守西河而秦兵不敢東鄉，韓趙賓從，子孰與起？」文曰：「不如子。」起曰：「此三者，子皆出吾下，而位加吾上，何也？」文曰：「主少國疑，大臣未附，百姓不信，方是之時，屬之於子乎？屬之於我乎？」起默然良久，曰：「屬之子矣。」文曰：「此乃吾所以居子之上也。」吳起乃自知弗如田文。

　　田文既死，公叔為相，尚魏公主，而害吳起。公叔之僕曰：「起易去也。」公叔曰：「奈何？」其僕曰：「吳起為人節

廉而自喜名也。君因先與武侯言曰：夫吳起賢人也，而侯之國小，又與強秦壤界，臣竊恐起之無留心也。武侯即曰：奈何？君因謂武侯曰：試延以公主，起有留心則必受之。無留心則必辭矣。以此卜之。君因召吳起而與歸，即令公主怒而輕君。吳起見公主之賤君也，則必辭。」

於是吳起見公主之賤魏相，果辭魏武侯。武侯疑之而弗信也。吳起懼得罪，遂去，即之楚。

楚悼王素聞起賢，至則相楚。明法審令，捐不急之官，廢公族疏遠者，以撫養戰鬥之士。要在強兵，破馳說之言從橫者。於是南平百越；北併陳蔡，卻三晉；西伐秦。諸侯患楚之強。故楚之貴戚盡欲害吳起。及悼王死，宗室大臣作亂而攻吳起，吳起走之王尸而伏之。擊起之徒因射刺吳起，並中悼王。悼王既葬，太子立，乃使令尹盡誅射吳起而並中王尸者。坐射起而夷宗死者七十餘家。

太史公曰：世俗所稱師旅，皆道《孫子十三篇》，《吳起兵法》，世多有，故弗論，論其行事所施設者。語曰：「能行之者未必能言，能言之者未必能行。」孫子籌策龐涓明矣，然不能蚤救患於被刑。吳起說武侯以形勢不如德，然行之於楚，以刻暴少恩亡其軀。悲夫！

《孫子兵法十三篇》

第一篇　始計

孫子曰：兵者國之大事[1]，死生之地，存亡之道，不可不察也。

故經之以五事，校之以計而索其情[2]：一曰道，二曰天，三曰地，四曰將，五曰法。道者，令民與上同意，可與之死，

可與之生，而不畏危也。天者，陰陽、寒暑、時制也。地者，遠近、險易、廣狹、死生也。將者，智、信、仁、勇、嚴也。法者，曲制、官道、主用也。凡此五者，將莫不聞，知之者勝，不知之者不勝。故校之以計而索其情，曰：主孰有道？將孰有能？天地孰得？法令孰行？兵眾孰強？士卒孰練？賞罰孰明？吾以此知勝負矣。

將聽吾計，用之必勝，留之；將不聽吾計，用之必敗，去之。計利以聽，乃為之勢，以佐其外。勢者，因利而制權也。兵者，詭道也[3]。故能而示之不能，用而示之不用，近而示之遠，遠而示之近；利而誘之，亂而取之，實而備之，強而避之，怒而撓之，卑而驕之，佚而勞之[4]，親而離之。攻其無備，出其不意。此兵家之勝，不可先傳也。

夫未戰而廟算勝者[5]，得算多也；未戰而廟算不勝者，得算少也。多算勝，少算不勝，而況於無算乎！吾以此觀之，勝負見矣。

注釋

〔1〕兵：本義是兵器，引申為士兵、軍隊、戰爭。〔2〕校（ㄐㄧㄠˋ）：同「較」，比較。〔3〕詭（ㄍㄨㄟˇ）：相反相違。〔4〕佚（ㄧˋ）：同「逸」。〔5〕廟算：在廟堂之上謀劃戰爭。

第二篇　作戰

孫子曰：凡用兵之法，馳車千駟[1]，革車千乘，帶甲十萬，千里饋糧[2]，則內外之費，賓客之用，膠漆之材[3]，車甲之奉，日費千金，然後十萬之師舉矣。

其用戰也勝，久則頓兵挫銳，攻城則力屈，久暴師則國用不足[4]。夫頓兵挫銳，屈力殫貨[5]，則諸侯乘其弊而起，雖有

智者不能善其後矣。故兵聞拙速，未睹巧之久也。夫兵久而國利者，未之有也。故不盡知用兵之害者，則不能盡知用兵之利也。

善用兵者，役不再籍，糧不三載；取用於國，因糧於敵，故軍食可足也。國之貧於師者遠輸，遠輸則百姓貧。近師者貴賣，貴賣則百姓財竭，財竭則急於丘役〔6〕。力屈財殫，中原內虛於家。百姓之費，十去其七；公家之費，破軍罷馬〔7〕，甲冑矢弓〔8〕，戟盾矛櫓〔9〕，丘牛大車，十去其六。

故智將務食於敵，食敵一鍾〔10〕，當吾二十鍾；忌稈一石〔11〕，當吾二十石。故殺敵者，怒也；取敵之利者，貨也。車戰得車十乘以上，賞其先得者，而更其旌旗，車雜而乘之，卒善而養之，是謂勝敵而益強。

故兵貴勝，不貴久。故知兵之將，民之司命，國家安危之主也。

注釋

〔1〕馳車：輕快的戰車；駟（ㄙˋ）：套著四匹馬的車。〔2〕饋（ㄎㄨㄟˋ）：贈送。　〔3〕膠漆：用於製作和保養軍械。〔4〕暴：暴露。　〔5〕殫（ㄉㄢ）：枯竭。　〔6〕丘役：以丘為單位徵集人員和物資。　〔7〕罷（ㄆㄧˊ）：同「疲」，疲勞。〔8〕冑（ㄓㄡˋ）：頭盔；矢（ㄕˇ）：箭。　〔9〕戟（ㄐㄧˇ）：一種合戈、矛為一體的兵器；櫓：戰車的護板。　〔10〕鍾：計量單位，每鍾為六十四斗。　〔11〕石（ㄉㄢˋ）：重量單位，每石為一百二十斤。

第三篇　謀攻

孫子曰：夫用兵之法，全國為上，破國次之；全軍為上，破軍次之；全旅為上，破旅次之；全卒為上，破卒次之；全伍

為上，破伍次之。是故百戰百勝，非善之善也；不戰而屈人之兵，善之善者也。

故上兵伐謀，其次伐交，其次伐兵，其下攻城。攻城之法，為不得已。修櫓轒輼[1]，具器械，三月而後成；距闉[2]，又三月而後已。將不勝其忿而蟻附之，殺士卒三分之一，而城不拔者，此攻之災也。故善用兵者，屈人之兵而非戰也，拔人之城而非攻也，毀人之國而非久也，必以全爭於天下，故兵不頓而利可全[3]，此謀攻之法也。

故用兵之法：十則圍之，五則攻之，倍則分之，敵則能戰之，少則能逃之，不若則能避之。故小敵之堅，大敵之擒也。

夫將者，國之輔也，輔周則國必強，輔隙則國必弱[4]。故君之所以患於軍者三：不知軍之不可以進而謂之進，不知軍之不可以退而謂之退，是謂縻軍[5]；不知三軍之事而同三軍之政者，則軍士惑矣；不知三軍之權而同三軍之任，則軍士疑矣。三軍既惑且疑，則諸侯之難至矣。是謂亂軍引勝。

故知勝有五：知可以戰與不可以戰者勝，識眾寡之用者勝，上下同欲者勝，以虞待不虞者勝[6]，將能而君不御者勝[7]。此五者，知勝之道也。

故曰：知彼知己，百戰不殆[8]；不知彼而知己，一勝一負；不知彼不知己，每戰必敗。

注釋

〔1〕轒輼（ㄈㄣˊㄨㄣ）：古代攻城用的一種戰車。 〔2〕闉（ㄧㄣ）：同「堙」，土山。 〔3〕頓：同「鈍」，疲憊、挫折。〔4〕隙：漏洞、缺陷。 〔5〕縻（ㄇㄧˊ）：束縛。 〔6〕虞（ㄩˊ）：準備，防範。 〔7〕御：駕馭。 〔8〕殆（ㄉㄞˋ）：危險。

第四篇　軍形

孫子曰：昔之善戰者，先為不可勝，以待敵之可勝。不可勝在己，可勝在敵。故善戰者，能為不可勝，不能使敵之必可勝。故曰：勝可知而不可為。

不可勝者，守也；可勝者，攻也。守則不足，攻則有餘。善守者，藏於九地之下；善攻者，動於九天之上，故能自保而全勝也。

見勝不過眾人之所知，非善之善者也；戰勝而天下曰善，非善之善者也。故舉秋毫不為多力，見日月不為明目，聞雷霆不為聰耳。古之所謂善戰者，勝於易勝者也。故善戰者之勝也，無智名，無勇功，故其戰勝不忒[1]。不忒者，其所措必勝[2]，勝已敗者也。故善戰者，立於不敗之地，而不失敵之敗也。是故勝兵先勝而後求戰，敗兵先戰而後求勝。善用兵者，修道而保法，故能為勝敗之政。

兵法：一曰度，二曰量，三曰數，四曰稱，五曰勝。地生度，度生量，量生數，數生稱，稱生勝。故勝兵若以鎰稱銖[3]，敗兵若以銖稱鎰。勝者之戰，若決積水於千仞之谿者[4]，形也。

注釋

〔1〕忒（ㄊㄜˋ）：差錯。　〔2〕措：處置，安排。　〔3〕鎰（一ˋ）：古代的重量單位，一鎰為二十四兩；銖（ㄓㄨ）：古代的重量單位，一兩為二十四銖。　〔4〕仞（ㄖㄣˋ）：古代的計量單位，七尺或八尺為一仞。

第五篇　兵勢

孫子曰：凡治眾如治寡，分數是也[1]；鬥眾如鬥寡，形名是也[2]；三軍之眾，可使必受敵而無敗者，奇正是也[3]；兵之所加，如以碬投卵者[4]，虛實是也。

凡戰者，以正合，以奇勝。故善出奇者，無窮如天地，不竭如江海。終而復始，日月是也。死而更生，四時是也。聲不過五，五聲之變，不可勝聽也。色不過五，五色之變，不可勝觀也〔5〕。味不過五，五味之變，不可勝嘗也。戰勢不過奇正，奇正之變，不可勝窮也。奇正相生，如循環之無端，孰能窮之哉！

激水之疾，至於漂石者，勢也；鷙鳥之疾〔6〕，至於毀折者，節也。故善戰者，其勢險，其節短。勢如擴弩，節如發機。

紛紛紜紜〔7〕，鬥亂而不可亂〔8〕；混混沌沌，形圓而不可敗。亂生於治，怯生於勇，弱生於強。治亂，數也；勇怯，勢也；強弱，形也。故善動敵者，形之，敵必從之；予之，敵必取之。以利動之，以卒待之。

故善戰者，求之於勢，不責於人，故能擇人而任勢。任勢者，其戰人也，如轉木石。木石之性，安則靜，危則動，方則止，圓則行。故善戰人之勢，如轉圓石於千仞之山者，勢也。

〔1〕分數：軍隊的組織編制。 〔2〕形名：形為旌旗，名為金鼓。 〔3〕奇正：用兵的變法和常法。 〔4〕碫（ㄉㄨㄢˋ）：磨刀石。 〔5〕勝：盡。 〔6〕鷙（ㄓˋ）：凶猛的鳥，如鷹、雕、梟等。 〔7〕紛紛紜紜：旌旗混亂的樣子。 〔8〕鬥亂：在混亂之中作戰。

第六篇　虛實

孫子曰：凡先處戰地而待敵者佚，後處戰地而趨戰者勞。故善戰者，致人而不至於人。能使敵人自至者，利之也；能使敵人不得至者，害之也。故敵佚能勞之，飽能飢之，安能動之。

出其所不趨，趨其所不意。行千里而不勞者，行於無人之

地也。攻而必取者,攻其所不守也;守而必固者,守其所不攻也。故善攻者,敵不知其所守;善守者,敵不知其所攻。微乎微乎,至於無形;神乎神乎,至於無聲。故能為敵之司命。

進而不可禦者,衝其虛也;退而不可追者,速而不可及也。故我欲戰,敵雖高壘深溝,不得不與我戰者,攻其所必救也。我不欲戰,雖畫地而守之,敵不得與我戰者,乖其所之也。

故形人而我無形,則我專而敵分。我專為一,敵分為十,是以十攻其一也,則我眾而敵寡;能以眾擊寡者,則吾之所與戰者約矣[1]。吾所與戰之地不可知,不可知,則敵所備者多,敵所備者多,則吾所與戰者寡矣。故備前則後寡,備後則前寡,備左則右寡,備右則左寡,無所不備,則無所不寡。寡者,備人者也;眾者,使人備己者也。

故知戰之地,知戰之日,則可千里而會戰[2];不知戰之地,不知戰日,則左不能救右,右不能救左,前不能救後,後不能救前,而況遠者數十里,近者數里乎!以吾度之,越人之兵雖多,亦奚益於勝哉!故曰:勝可為也。敵雖眾,可使無鬥。

故策之而知得失之計,作之而知動靜之理,形之而知死生之地,角之而知有餘不足之處。故形兵之極,至於無形。無形,則深間不能窺[3],智者不能謀。因形而措勝於眾,眾不能知。人皆知我所以勝之形,而莫知吾所以制勝之形。故其戰勝不復,而應形於無窮。

夫兵形象水,水之形,避高而趨下;兵之形,避實而擊虛。水因地而制流,兵因敵而制勝。故兵無常勢,水無常形。能因敵變化而取勝者,謂之神。故五行無常勝[4],四時無常位,日有短長,月有死生。

注釋

〔1〕約:弱而小。 〔2〕會戰:集中兵力與敵交戰。 〔3〕

窺（ㄎㄨㄟ）：偵探，偷看。〔4〕五行：金木水火土。中國古代的五行理論認為：金木水火土是構成萬物的基本元素；五行是相生的：木生火、火生土、土生金、金生水、水生木；五行是相剋的：金剋木、木剋土、土剋水、水剋火、火剋金。

第七篇　軍爭

孫子說：凡用兵之法，將受命於君，合軍聚眾，交和而舍〔1〕，莫難於軍爭。軍爭之難者：以迂為直，以患為利。故迂其途而誘之以利，後人發，先人至，此知迂直之計者也。

故軍爭為利，軍爭為危。舉軍而爭利則不及，委軍而爭利則輜重捐〔2〕。是故卷甲而趨，日夜不處，倍道兼行，百里而爭利，則擒三軍將；勁者先，疲者後，其法十一而至。五十里而爭利，則蹶上將軍〔3〕，其法半至。三十里而爭利，則 2/3 至。是故軍無輜重則亡，無糧食則亡，無委積則亡。

故不知諸侯之謀者，不能豫交〔4〕；不知山林、險阻、沮澤之形者〔5〕，不能行軍；不用鄉導者，不能得地利。故兵以詐立，以利動，以分和為變者也。故其疾如風，其徐如林，侵掠如火，不動如山，難知如陰，動如雷震。掠鄉分眾，廓地分利〔6〕，懸權而動。先知迂直之計者勝，此軍爭之法也。

《軍政》曰：言不相聞，故為之金鼓；視不相見，故為之旌旗。夫金鼓旌旗者，所以一人之耳目也。人既專一，則勇者不得獨進，怯者不得獨退，此用眾之法也。故夜戰多火鼓，晝戰多旌旗，所以變人之耳目也。

三軍可奪氣，將軍可奪心。是故朝氣銳，晝氣惰，暮氣歸。善用兵者，避其銳氣，擊其惰歸，此治氣者也。以治待亂，以靜待嘩，此治心者也。以近待遠，以逸待勞，以飽待飢，此治力者也。無邀正正之旗，無擊堂堂之陣，此治變者也。

故用兵之法：高陵勿向，背丘勿逆，佯北勿從，銳卒勿攻，餌兵勿食[7]，歸師勿遏[8]，圍師必闕[9]，窮寇勿迫，此用兵之法也。

注釋

〔1〕交和而舍：兩軍對壘。 〔2〕委：舍棄。 〔3〕蹶（ㄐㄩㄝˊ）：挫折，失敗。 〔4〕豫（ㄩˋ）：同「與」。 〔5〕沮（ㄐㄩˋ）：低濕的地帶。 〔6〕廓（ㄎㄨㄛˋ）：擴大。 〔7〕餌（ㄦˋ）：釣魚用的魚食。 〔8〕遏（ㄜˋ）：阻止。 〔9〕闕（ㄑㄩㄝˋ）：缺口。

第八篇　九變

孫子曰：凡用兵之法，將受命於君，合軍聚眾，圮地無舍[1]，衢地合交[2]，絕地無留，圍地則謀，死地則戰。塗有所不由[3]，軍有所不擊，城有所不攻，地有所不爭，君命有所不受。

故將通於九變之利者[4]，知用兵矣；將不通九變之利，雖知地形，不能得地之利矣。治兵不知九變之術，雖知五利[5]，不能得人之用矣。

是故智者之慮，必雜於利害。雜於利而務可信也，雜於害而患可解也。是故屈諸侯者以害，役諸侯者以業，趨諸侯者以利。

故用兵之法：無恃其不來，恃吾有以待之；無恃其不攻，恃吾有所不可攻也。

故將有五危，必死可殺，必生可虜，忿速可侮，廉潔可辱，愛民可煩。凡此五者，將之過也，用兵之災也。覆軍殺將，必以五危，不可不察也。

〔1〕圮（夊一ˇ）：塌壞，倒塌。 〔2〕衢（くㄩˊ）：四通八達的道路。 〔3〕塗：同「途」，道路。 〔4〕九變：隨機應變的原則。 〔5〕五利：指「塗有所不由，軍有所不擊，城有所不攻，地有所不爭，君命有所不受。」

第九篇　行軍

孫子曰：凡處軍相敵：絕山依谷，視生處高，戰隆無登[1]，此處山之軍也。絕水必遠水，客絕水而來，勿迎之於水內，令半濟而擊之利[2]。欲戰者，無附於水而迎客，視生處高，無迎水流，此處水上之軍也。絕斥澤，唯急去無留[3]，若交軍於斥澤之中[4]，必依水草而背眾樹，此處斥澤之軍也。平陸處，易右背高[5]，前死後生，此處平陸之軍也。凡此四軍之利，黃帝之所以勝四帝也[6]。

凡軍好高而惡下，貴陽而賤陰，養生而處實，軍無百疾，是謂必勝。丘陵堤防，必處其陽而右背之，此兵之利，地之助也。上雨，水沫至[7]，欲涉者，待其定也。

凡地有絕潤、天井、天牢、天羅、天陷、天隙[8]，必亟去之，勿近也。吾遠之，敵近之；吾迎之，敵背之。軍旁有險阻、潢井、葭葦、林木、翳薈者[9]，必謹覆索之，此伏奸之所處也。

近而靜者，恃其險也。遠而挑戰者，欲人之進也。其所居易者，利也。眾樹動者，來也。眾草多障者，疑也。鳥起者，伏也。獸駭者，覆也。塵高而銳者，車來也。卑而廣者，徒來也。散而條達者，樵採也。少而往來者，營軍也。

辭卑而益備者，進也。辭強而進驅者，退也。輕車先出居其側者，陳也。無約而請和者，謀也。奔走而陳兵者，期也。

半進半退者，誘也。

杖而立者，飢也。汲而先飲者[10]，渴也。見利而不進者，勞也。鳥集者，虛也。夜呼者，恐也。軍擾者，將不重也。旌旗動者，亂也。吏怒者，倦也。殺馬肉食者，軍無糧也。懸瓿不返其舍者[11]，窮寇也。諄諄翕翕徐與人言者[12]，失眾也。數賞者，窘也[13]。數罰者，困也。先暴而後畏其眾者，不精之至也。來委謝者，欲休息也。兵怒而相迎，久而不合，又不相去，必謹察之。

兵非貴益多，唯無武進，足以並力、料敵、取人而已。夫唯無慮而易敵者，必擒於人。卒未親附而罰之，則不服，不服則難用也。卒已親附而罰不行，則不可用也。故令之以文，齊之以武，是謂必取。令素行以教其民，則民服；令素不行以教其民，則民不服。令素行者，與眾相得也。

注釋

〔1〕隆：高地。 〔2〕濟：渡河。 〔3〕唯亟（ㄐㄧˊ）：唯：只有；亟：急切。 〔4〕斥：鹽鹼地。 〔5〕右：兵家以右為尊。 〔6〕四帝：四方的諸侯。 〔7〕沫：泡沫。 〔8〕絕澗：兩岸峭壁，水流其間；天井：四周高峻，中間低注；天牢：高山環繞，易進難出；天羅：荊棘叢生，難以通行；天陷：地勢低洼，泥濘易陷；天隙：兩山夾道，谷地狹長。 〔9〕潢（ㄏㄨㄤˊ）：積水池；葭（ㄐㄧㄚ）：初生的蘆葦；翳薈（ㄧˋ、ㄏㄨㄟˋ）：草木茂盛。 〔10〕汲（ㄐㄧˊ）：從井里打水。〔11〕瓿（ㄈㄡˇ）：同「缶」，盛酒的瓦器。 〔12〕諄（ㄓㄨㄣ）：懇切，誠懇；翕（ㄒㄧ）：和順。 〔13〕窘：窮困。

第十篇 地形

孫子曰：地形有通者、有掛者、有支者、有隘者、有險

者、有遠者。我可以往，彼可以來，曰通。通形者，先居高陽，利糧道，以戰則利。可以往，難以返，曰掛。掛形者，敵無備，出而勝之；敵若有備，出而不勝，難以返，不利。我出而不利，彼出而不利，曰支。支形者，敵雖利我，我無出也；引而去之，令敵半出而擊之利。隘形者，我先居之，必盈之以待敵；若敵先居之，盈而勿從，不盈而從之。險形者，我先居之，必居高陽以待敵；若敵先居之，引而去之，勿從也。遠形者，勢均，難以挑戰，戰而不利。凡此六者，地之道也，將之至任，不可不察也。

凡兵有走者、有馳者、有陷者、有崩者、有亂者、有北者。凡此六者，非天地之災，將之過也。夫勢均，以一擊十，曰走。卒強吏弱，曰馳。吏強卒弱，曰陷。大吏怒而不服，遇敵懟而自戰[1]，將不知其能，曰崩。將弱不嚴，教道不明，吏卒無常，陳兵縱橫，曰亂。將不能料敵，以少合眾，以弱擊強，兵無選鋒，曰北。凡此六者，敗之道也，將之至任，不可不察也。

夫地形者，兵之助也。料敵制勝，計險阨遠近[2]，上將之道也。知此而用戰者必勝，不知此而用戰者必敗。故戰道必勝[3]，主曰無戰，必戰可也；戰無道不勝，主曰必戰，無戰可也。故進不求名，退不避罪，唯民是保，而利於主，國之寶也。

視卒如嬰兒，故可以與之赴深谿。視卒如愛子，故可與之俱死。厚而不能使，愛而不能令，亂而不能治，譬如驕子，不可用也。

知吾卒之可以擊，而不知敵之不可擊，勝之半也。知敵之可擊，而不知吾卒之不可以擊，勝之半也。知敵之可擊，知吾卒之可以擊，而不知地形之不可以戰，勝之半也。故知兵者，動而不迷，舉而不窮。故曰：知彼知己，勝乃不殆；知天知

地，勝乃可全。

注釋

〔1〕懟（ㄉㄨㄟˋ）：怨恨。 〔2〕阨（ㄞˋ）：同「隘」。
〔3〕戰道：戰爭的規律。

第十一篇　九地

孫子曰：用兵之法，有散地，有輕地，有爭地，有交地，有衢地，有重地，有圮地，有圍地，有死地。諸侯自戰其地者，為散地。入人之地不深者，為輕地。我得亦利，彼得亦利者，為爭地。我可以往，彼可以來者，為交地。諸侯之地三屬，先至而得天下之眾者，為衢地〔1〕。入人之地深，背城邑多者，為重地。山林、險阻、沮澤，凡難行之道者，為圮地〔2〕。所由入者隘，所從歸者迂，彼寡可以擊吾之眾者，為圍地。疾戰則存，不疾戰則亡者，為死地。是故散地則無戰，輕地則無止，爭地則無攻，交地則無絕，衢地則合交，重地則掠，圮地則行，圍地則謀，死地則戰。

古之所謂善用兵者，能使敵人前後不相及，眾寡不相持，貴賤不相救，上下不相收，卒離而不集，兵合而不齊。合於利而動，不合於利而止。敢問：「敵眾整而將來，待之若何？」曰：「先奪其所愛，則聽矣。」兵之情主速，乘人之不及，由不虞之道〔3〕，攻其所不戒也。

凡為客之道，深入則專，主人不克；掠於饒野，三軍足食；謹養而勿勞，並氣積力；運兵計謀，為不可測。投之無所往，死且不北；死焉不得，士人盡力。兵士甚陷則不懼，無所往則固，深入則拘〔4〕，不得已則鬥。是故其兵不修而戒，不求而得，不約而同，不令而信，禁祥去疑〔5〕，至死無所之。吾士無餘財，非惡貨也；無餘命，非惡壽也。令發之日，士卒坐者

涕沾襟〔6〕，偃臥者涕交頤〔7〕，投之無所往，則諸劌之勇也〔8〕。

故善用兵者，譬如率然；率然者，常山之蛇也〔9〕。擊其首則尾至，擊其尾則首至，擊其中則首尾俱至。敢問：「兵可使如率然乎？」曰：「可。」夫吳人與越人相惡也，當其同舟共濟而遇風，其相救也如左右手。是故方馬埋輪〔10〕，未足恃也。齊勇如一，政之道也；剛柔皆得，地之理也。故善用兵者，攜手若使一人〔11〕，不得已也。

將軍之事〔12〕：靜以幽，正以治；能愚士卒之耳目，使之無知；易其事，革其謀，使人無識；易其居，迂其途，使人不得慮。帥與之期，如登高而去其梯；帥與之深入諸侯之地，而發其機。焚舟破釜〔13〕，若驅群羊，驅而往，驅而來，莫知所之。聚三軍之眾，投之於險，此謂將軍之事也。九地之變，屈伸之利，人情之理，不可不察也。

凡為客之道，深則專，淺則散。去國越境而師者，絕地也；四通者，衢地也；入深者，重地也；入淺者，輕地也；背固前隘者，圍地也；無所往者，死地也。是故散地，吾將一其志；輕地，吾將使之屬；爭地，吾將趨其後；交地，吾將謹其守；衢地，吾將固其結；重地，吾將繼其食，圯地，吾將進其途；圍地，吾將塞其闕〔14〕；死地，吾將示之以不活。故兵之情：圍則禦，不得已則鬥，過則從。

是故不知諸侯之謀者，不能預交；不知山林、險阻、沮澤之形者，不能行軍；不用鄉導者，不能得地利。四五者，一不知，非霸王之兵也。夫霸王之兵，伐大國，則其眾不得聚；威加於敵，則其交不得合。是故不爭天下之交，不養天下之權；信己之私，威加於敵，故其城可拔，其國可隳〔15〕。施無法之賞，懸無政之令，犯三軍之眾，若使一人。犯之以事，勿告以言；犯之以利，勿告以害。投之亡地然後存，陷之死地然後

鬼谷子辦學以中華聖祖黃帝《陰符經》、老子《道德經》創立道家文化經典和黃帝、老子秘傳丹道養生為核心教育內容暨鬼谷子傳承黃帝、老子道學與道家內丹養生和縱橫家主要著作

生。夫眾陷於害，然後能為勝敗。故為兵之事，在順詳敵之意，並敵一向，千里殺將，是謂巧能成事。

是故政舉之日，夷關折符〔16〕，無通其使，厲於廊廟之上〔17〕，以誅其事。敵人開闔〔18〕，必亟入之，先其所愛，微與之期。踐墨隨敵〔19〕，以決戰事。是故始如處女，敵人開戶；後如脫兔，敵不及拒。

注釋

〔1〕衢：四通八達的道路。 〔2〕圮：塌壞，倒塌。 〔3〕虞：預料。 〔4〕拘：束縛。 〔5〕祥：吉凶的預兆。 〔6〕襟：衣服的胸前部分。 〔7〕頤（ㄧˊ）：面頰。 〔8〕諸：專諸，吳國的勇士，幫助公子光刺殺了吳王僚；劌（ㄍㄨㄟˋ）：曹，魯國的武士，幫助魯莊公打敗了齊國軍隊；後世便以諸劌作為勇士代名詞。 〔9〕常山：北岳恒山，位於山西省渾源縣境內。 〔10〕方：並列。 〔11〕攜：提著。 〔12〕將軍：統帥軍隊。 〔13〕釜：鍋。 〔14〕闕（ㄑㄩㄝ）：缺口。〔15〕隳（ㄏㄨㄟ）：毀壞。 〔16〕符：憑證。 〔17〕歷：同「礪」，磨刀石，引申為反覆商議；廊廟：朝廷。 〔18〕闔：門窗。 〔19〕踐墨：實施計劃。

第十二篇 火攻

孫子曰：凡火攻有五：一曰火人，二曰火積，三曰火輜，四曰火庫，五曰火隊。行火必有因，因必素具。發火有時，起火有日。時者，天之燥也；日者，月在箕、壁、翼、軫也。凡此四宿者〔1〕，風起之日也。

凡火攻，必因五火之變而應之。火發於內，則早應之於外。火發而其兵靜者，待而勿攻，極其火力，可從而從之，不可從則止。火可發於外，無待於內，以時發之。火發上風，無

攻下風。晝風久，夜風止。凡軍必知五火之變，以數守之[2]。故以火佐攻者明[3]，以水佐攻者強。水可以絕，不可以奪。

夫戰勝攻取而不修其功者凶，命曰費留[4]。故曰：明主慮之，良將修之。非利不動，非得不用，非危不戰。主不可以怒而興師，將不可以慍而致戰[5]。合於利而動，不合於利而止。怒可以復喜， 可以復悅，亡國不可以復存，死者不可以復生。故明主慎之，良將警之，此安國全軍之道也。

注釋

〔1〕四宿：二十八宿中的箕、壁、翼、軫四個星宿。
〔2〕數：多風的時日。 〔3〕明：效果明顯。 〔4〕費留：不論功行賞。 〔5〕慍（ㄩㄣˋ）：怨恨。

第十三篇　用間

孫子曰：凡興師十萬，出征千里，百姓之費，公家之奉[1]，日費千金；內外騷動，怠於道路[2]，不得操事者，七十萬家。相守數年，以爭一日之勝，而受爵祿百金[3]，不知敵之情者，不仁之至也，非民之將也，非主之佐也，非勝之主也。

故明君賢將，所以動而勝人，成功出於眾者，先知也。先知者，不可取於鬼神，不可像於事，不可驗於度，必取於人，而知敵之情也。

故用間有五：有鄉間，有內間，有反間，有死間，有生間。五間俱起，莫知其道，是謂神紀[4]，人君之寶也。鄉間者，因其鄉人而用之。內間者，因其官人而用之。反間者，因其敵間而用之。死間者，為誑事於外[5]，令吾聞知之，而傳於敵間也。生間者，反報也。

故三軍之事，莫親於間，賞莫厚於間，事莫密於間。非聖賢不能用間，非仁義不能使間，非微妙不能得間之實。微哉微

哉！無所不用間也。間事未發而先聞者，間與所告者兼死。

凡軍之所欲擊，城之所欲攻，人之所欲殺，必先知其守將、左右、謁者〔6〕、門者、舍人之姓名，令吾間必索知之。必索敵人之間之來間我者，因而利之，導而舍之〔7〕，故反間可得而使也。因是而知之，故鄉間、內間可得而使也。因是而知之，故死間為誑事，可使告敵。因是而知之，故生間可使如期。五間之事，主必知之，知之必在於反間，故反間不可不厚也。

昔殷之興也，伊摰在夏；周之興也，呂牙在殷。故明君賢將，能以上智為間者，必成大功。此兵之要，三軍之所恃而動也。

注釋

〔1〕奉：同「俸」，費用。 〔2〕怠：懶惰。 〔3〕爵：爵位；祿：俸祿。 〔4〕神紀：神秘莫測的方法。 〔5〕誑：欺騙。 〔6〕謁（一せˋ）：接待賓客的近侍。 〔7〕導：誘導。

第九節　中華《道藏》載《鬼谷子》

（梁·陶弘景注釋）

江都秦氏嘉慶十年刊本《鬼谷子》

梁·陶弘景注

一、捭闔第一

〔捭，撥動也。闔，閉藏也。凡與人言之道，或撥動之令有言，示其同也，或閉藏之令自言，示其異也。〕

粵若稽古，聖人之在天地間也。〔若，順。稽，考也。聖人在天地間，觀人設教必順考古道而為之。〕

為眾生之先。〔首出庶物以前人，用先知覺後知，先覺覺

後覺，故為眾生先。〕

觀陰陽之開闔，以名命物。〔陽開以生物，陰闔以成物，生成既著，須立名以命之也。〕

知存亡之門戶。〔不忘亡者存，有其存者亡，能知吉凶之先見者，其唯知幾者乎！故曰：「知存亡之門戶」也。〕

籌策萬類之終始，達人心之理，見變化之朕焉，〔萬類之終始人心之理，變化之朕莫不朗然元悟，而無幽不測，故能籌策遠見焉朕跡也。〕

而守司其門戶。〔門戶，即上存亡之門戶也。聖人既達物理之終始，知存亡之門戶，故能守而司之，令其背亡而趨存也。（按：道藏本注「門戶」上有「司主守也」四字。）〕

故聖人之在天下也，自古及（按：「及」，道藏本作「之」，鮑本作「至」）今，其道一也。〔莫不背亡而趨存，故曰：「其道一」也。〕

變化無窮，各有所歸。〔其道雖一，所行不同，故曰「變化無窮」。然有條而不紊，故曰「各有所歸」也。〕

或陰或陽，或柔或剛，或開或閉、或弛或張。〔此言，象法各異，施教不同。〕

是故聖人一（按：《意林》無「一」字）守司其門戶，審察其所（按：《意林》無「所」字）先後，〔政教雖殊，至於守司門戶則一，故審察其所宜先者，先行；所宜後者，後行之也。〕

度權量能，校其伎巧短長。〔權謂權謀，能謂才能，伎巧謂百工之役。言聖人之用人，必量度其謀能之優劣，校考其伎巧之長短，然後因材而任之也。〕

夫賢、不肖、智、愚、勇、怯、仁、義有差，乃可捭，乃可闔，乃可進，乃可退，乃可賤，乃可貴，無為以牧之。〔言

賢、不肖、智、愚、勇、怯、材、性不同,各有差。品賢者可捭而同之,不肖者可闔而異之,智之與勇可進而貴之,愚之與怯可退而賤之,賢愚各當其分,股肱各盡其力,但恭己無為牧之而已矣。〕

審定有無,與(按:道藏本作「以」)其實虛,隨其嗜欲以見其志意。〔言任賢之道必審定其材術之有無,性行之虛實,然後隨其嗜欲而任之,以見其志意之真偽也。〕

微排其所言,而捭反之,以求其實,貴得其指,闔而捭之,以求其利。〔凡臣言事者,君則微排抑其所言,撥動而反難之,以求其實情。實情既得,又自閉藏而撥動,彼以求其所言之利何如耳。〕

或開而示之,或闔而閉之。開而示之者,同其情也;闔而閉之者,異其誠也。〔開而同之,所以盡其情;闔而異之,所以知其誠也。〕

可與不可,審明其計謀,以原其同異。〔凡臣所言,有可有不可,必明審其計謀,以原其同異。(按:「凡臣」道藏本作「凡有」。)〕

離合有守,先從其志。〔謂其計謀雖離合不同,但能有所執守,則先從其志以盡之,以知成敗之歸也。〕

即欲捭之貴周;即欲闔之貴密,周密之貴,微(按:《文選》注引云:「即欲闔之貴密,密之貴微」)而與道相追。〔言撥動之貴其周遍,閉藏之貴其隱秘。而此二者,皆須微妙合於道之理,然後為得也。〕

捭之者,料其情;也闔之者,結其誠也。〔料謂簡擇,結謂繫束。情有真偽,故須簡擇;誠或無終,故須繫束也。〕

皆見其權衡輕重,乃為之度數,聖人因而為之慮;〔權衡既陳,輕重自分,然後為之度數,以制其輕重,得所,因而為

設謀慮，使之遵行也。〕

其不中權衡度數，聖人因而自為之慮。〔謂輕重不合於斤兩，長短不充於度數，便為廢物，何所施哉？聖人因是自為謀慮，更求其反也。〕

故捭者，或捭而出之，或捭而內（按：「內」，道藏本作「納」，古字「內」通作「納」）之〔謂中權衡者，出而用之；其不中者，內而藏之也。〕

闔者，或闔而取之，或闔而去之。〔誠者闔而取之，不誠者闔而去之。〕

捭闔者，天地之道，〔闔戶謂之坤，闢戶謂之乾，故謂天地之道。〕

捭闔者，以變動陰陽，四時開閉，以化萬物縱橫。〔陰陽變動，四時開閉，皆捭闔之道也。縱橫謂廢起，萬物或開以起之，或闔而廢之。〕

反出、反復、反忤必由此矣。〔言捭闔之道？或反之令出於彼，或反之復來於此，或反之於彼，忤之於此，皆從捭闔而生，故曰「必由此也」。〕

捭闔者，道之大化，說之變也，必豫審其變化。〔言事無開闔，則大道不化，言說無變。故開閉者，所以化大道、變言說事雖大，莫不成之於變化，故必豫審之，〕

吉凶大命繫焉。〔天命謂聖人稟天命王天下然此亦；因變化而起，故曰：「吉凶大命繫焉」。（按：道藏本缺正文及注）〕

口者，心之門戶也。心者，神之主也。〔心因口宣，故曰：「口者心之門戶也」；神為心用，故曰：「心者神之主也」。〕

志意、喜欲、思慮、智謀，此皆由門戶（按：《意林》作「智謀皆從之出」）出入。〔凡此八者，皆往來於口中，故曰：

故關之以捭闔，制之以出入。捭之者，開也，言也，陽也；闔之者，閉也，默也，陰也。〔言上八者若無開閉，事或不節，故關之以捭闔者，所以制其出入。開言於外，故曰：「陽也」；閉情於內，故曰：「陰也」。〕

陰陽其和，終始其義。〔開閉有節，故陰陽和；先後合宜，故終始義。〕

故言長生、安樂、富貴、尊榮、顯名、（按：一本作「榮顯」、「名譽」）愛好、財利、得意、喜欲為陽，曰：「始」。〔凡此皆欲人之生，故曰：「陽，曰始」。〕

故言死亡、憂患、貧賤、苦辱、棄損、亡利、失意、有害、刑戮、誅罰為陰，曰「終」。〔凡此皆欲人之死，故曰：「陰，曰終」。〕

諸言法陽之類者，皆曰：「始」，言善以始其事；諸言法陰之類者，皆曰：「終」，言惡以終其謀。〔謂言說者，有於陽言之，有於陰言之，聽者宜知其然也。〕

捭闔之道，以陰陽試之，〔謂或撥動之，或閉藏之，以陰陽之言試之，則其情慕可知。〕

故與陽言者依崇高，與陰言者依卑小。〔謂與陽情言者依崇，高以引之，與陰情言者依卑，小以引之。〕

以下求小，以高求大。〔陰言卑小，故曰：「以下求小」；陽言崇高，故曰：「以高求大」。〕

由此言之，無所不出，無所不入，無所不可。〔陰陽之理盡，小大之情得，故出入皆可，出入皆可何所不可乎？〕

可以說人，可以說家，可以說國，可以說天下。〔無所不可，故所說皆可也。〕

為小無內，為大無外。〔盡陰則無內，盡陽則無外。〕

益損、去就、倍反，皆以陰陽禦其事。〔以道相成曰：「益」；以事相賊曰：「損」。義乖曰：「去」；志同曰：「就」；去而遂絕曰：「倍」；去而復來曰「反」；凡此不出陰陽之情，故曰：「皆以陰陽禦其事」也。〕

　　陽動而行，陰止而藏；陽動而出，陰隱而入；陽還終陰，陰極反陽。〔此言君臣相成，由陰陽相生也。〕（按：「君臣」，道藏本作「上下」，下並同。）

　　以陽動者，德相生也，以陰靜者，形相成也。以陽求陰，苟以德也。以陰結陽，施以力也。〔此言君以爵祿養臣，臣以股肱宣力。〕

　　陰陽相求，由捭闔也。〔君臣所以能相求者，由開閉而生也。〕

　　此天地陰陽之道，而說人之法也，〔言既體天地、象陰陽，故其法可以說人也。〕

　　為萬事之先，是謂圓方之門戶。〔天圓地方，君臣之義也。理盡開閉，然後能生萬物，故為萬事先。君臣之道，因此出入，故曰：「圓方之門戶」圓君也方臣也。（按：道藏本無「圓君也方臣也」六字。）〕

二、反應第二

　　〔聽言之道，或有不合，必反以難之，彼困難而更思，必有以應也。（按：《太平御覽》作「反覆篇」，據本文當作「反覆」。）〕

　　古之大化者，乃與無形俱生。〔大化者，謂古之聖人，以大道化物也。無形者道也，動必由道，故曰：「無形俱生也。」〕

　　反以觀往，復以驗來；反以知古，復以知今；反以知彼，

復以知此。〔言大化聖人、稽眾捨己，舉事重慎，反覆詳驗。欲以知來，先以觀往；欲以知今，先以考古；欲以知己，先度於彼。故能舉無遺策，動必成功。（按：道藏本作「復以知己」，據注應作「知己」為是。）〕

動靜虛實之理，不合於今，反古而求之。〔動靜由行止也，虛實由真偽也，其理不合於今，反求諸古者也。〕

事有反而得復者，聖人之意也，〔事有不合，反而求彼，翻得復會於此，成此在於考彼，契今由於求古，斯聖人之意也。〕

不可不察。〔不審則失之於幾，故不可不察也。〕

人言者，動也；己默者，靜也。因其言，聽其辭。〔以靜觀動，則所見審，因言聽辭，則所得明。〕

言有不合者，反而求之，其應必出。〔謂言者或不合於理，未可即斥。但反而難之，使自求之，則契理之，應怡然自出也。〕

言有象，事有比，其有象比，以觀其次。〔應理既出，故能言有象，事有比。前事既有象比，更當觀其次，令得自盡。象謂法象，比謂比例。〕

象者象其事，比者比其辭也。以無形求有聲。〔理在元微，故無形也。無言則不彰，故以無形求有聲。聲即言也，比謂比類也。〕

其釣語合事，得人實也。〔得魚在於投餌，得語在於發端；發端則語應，投餌則魚來，故：「釣語」，則事合，故曰合事。明試在於敷言，故曰：「得人實」也。（按：道藏本注「釣語」上有「曰」字，「釣語」下有「語」字。）〕

其猶張罝網而取獸也，多張其會而司之。道合其事，彼自出之，此釣人之網也。〔張網而司之，彼獸自得，道合其事，

彼理自出。言理既彰。聖賢斯辨，雖欲自隱，其道無由。故曰：「釣人之網」也。〕

常持其網驅之，其不言無比，乃為之變，〔持釣人之網，驅令就職事也。或乖彼，遂不言無比，如此則為之變。變常易網，更有以象之者矣。（按：「象」，道藏本作「動」，據下文「以象動之」，則注文「象動」二字當並存。）〕

以象動之，以報其心，見其情，隨而牧之。〔此言其變也，報猶合也，謂更開法象以動之。既合其心，則其情可見，因隨其情慕而牧養之也。〕

己反往，彼復來，言有象比，因而定基。〔己反往以求彼，彼必復來而就職，則奇策必申。故言有象比，則口無擇言，故可以定邦家之基也。〕

重之襲之，反之復之，萬事不失其辭，〔謂象比之言，既可以定基，然後重之、襲之、反之復之，皆謂再三詳審，不容謬妄，故能萬事允；無復失其辭也。〕

聖人所誘愚智，事皆不疑。〔聖人誘愚則閉藏，以知其誠；誘智則撥動，以盡其情。咸得其實，故事皆不疑也。〕

故善反聽者，乃變鬼神以得其情。〔言善反聽者，乃坐忘遺鑒，不思元覽，故能變鬼神以得其情，洞幽微而冥會夫。鬼神本密，今則不能，故曰變也。〕

其變當也，而牧之審也。〔言既變而當理，然後牧之之道審也。〕

牧之不審，得情不明；得情不明，定基不審。〔情明在於審牧，故不審則不明；審基在於情明，故不明則不審。〕

變象比，必有反辭，以還聽之。〔謂言者於象比有變，必有反辭以難之，令其有言，我乃還靜以聽之。（按：「有言」道藏本作「先說」。）〕

欲聞其聲反默，欲張反斂，（按：道藏本作「瞼」。《北史‧姚僧垣傳》：「瞼，垂覆目，不得視。」與此義合）欲高反下，欲取反與。〔此言反聽之道，有以誘致之。故欲聞彼聲，我反靜默；欲彼開張，我反瞼斂；欲彼高大，我反卑下；欲彼收取，我反施與。如此則物情可致，無能自隱也。（按：「瞼斂」，錢本作「斂斂」似誤，今從道藏本改正。）〕

欲開情者，象而比之，以牧其辭，同聲相呼，實理同歸。〔欲開彼情，先設象比而動之。彼情既動，將欲生辭，徐徐牧養，令其自言、譬猶鶴鳴於陰，聲同必應，故能實理相歸也。〕

或因此，或因彼，或以事上，或以牧下，〔謂所言之事：或因此發端，或因彼發端；其事有可以事上，可以牧下也。〕

此聽真偽，知同異，得其情詐也。〔謂真偽、同異、情詐，因此上事而知也。〕

動作言默，與此出入，喜怒由此，以見其式，〔謂動作言默，莫不由情與之出入。至於或喜或怒，亦由此情以見其式也。〕

皆以先定為之法則。〔謂上六者，皆以先定於情，然後法則可為。〕

以反求復，觀其所托。故用此者，〔反於彼者，所以求復於此，因以觀彼情之所托，此謂信也。知人在於見情，故言用此也〕

己欲平靜，以聽其辭，察其事，論萬物，別雄雌。〔謂聽言之道，先自平靜。既得其辭，然後察其事，或論序萬物，或分別雄雌也。〕

雖非其事，見微知類。〔謂所言之事，雖非時要，然觀此可以知彼，故曰見微知類也。（按：「彼」，道藏本作「微」。）〕

若探人而居其內，量其能，射其意，符應不失，如螣蛇之

所指，若羿之引矢。〔聞其言則可知其情，故若探人而居其內，則情原必盡。故量能射意，萬無一失，若合符契，蝸蛇所指，禍福不差。羿之引矢，命處輒中，聽言察情，不異於此，故以相況也。〕

故知之始己，自知而後知人也。〔知人者智，自知者明；智從明生，明能生智；故欲知人，先須自知也。〕

其相知也，若比目之魚，其見形也，若光之與影。〔我能知彼，彼須我知，必兩得之，然後聖賢道合。故若比目之魚，聖賢合則理自彰，猶光生而影見也。（按：《太平御覽》引《反覆》篇云：「其和也若比目魚，其伺言也若聲與響。注曰：和，答問也。因問而言，申敘其解，如比目魚相須而行，候察言辭，往來若影之隨形，響之應聲」。）〕

其察言也，不失若磁石之取針，如舌之取燔骨。〔以聖察賢，復何所失，故若磁石之取針、舌之取燔骨也〕

其與人也微，其見情也疾。〔聖賢相與，其道甚微，不移寸陰，見情甚疾。〕

如陰與陽，如圓與方，〔君臣之道取類股肱，比之一體，其來尚矣。故其相成也，如陰與陽；其相形也，猶圓與方。（按：道藏本正文「如陰與陽」下有「如陽與陰」句，「如圓與方」下有「如方與圓」句。）〕

未見形圓以道之；既見形方以事之。〔謂臣向晦入息，未見之時，君當以圓道導之，亦既出潛離隱見形之後，即以才職任之。（按：道藏本注無「君臣」二字。）〕

進退左右，以是司之。〔此言用臣之道，或升進、或黜退、或貶左、或崇右，一準上圓方之理，故曰以是司之。〕

己不先定，牧人不正，〔方圓進退己不先定，則於牧人之理不得其正也。〕

事用不巧，是謂忘情失道；〔用事不巧，則操末續顛，圓鑿方枘，情道兩失，故曰忘情失道也。〕

已審先定以牧人，策而無形容，莫見其門，是謂天神。〔已能審定，以之牧人；至德潛暢，元風遠扇；非形非容，無門無戶；見形而不及道，日用而不知，故謂之天神也。（按：注「之牧人至德」五字據道藏本補。）〕

三、內揵第三

〔揵者，持之令固也。言君臣之際上下之交，必內情相得，然後結固而不離。〕

君臣上下之事，有遠而親，近而疏，〔道合則遠而親；情乖則近而疏。〕

就之不用，去之反求。〔非其意，則就之而不用；順其事，則去之而反求。〕

日進前而不御，遙聞聲而相思。〔分違則日進前而不御，理契則遙聞聲而相思。（按：《意林》引：「或遙聞而相思，或進前而不御」。）〕

事皆有內揵，素結本始。〔言或有遠而相親，去之反求，聞聲而思者，皆由內合相持，素結其始，故曰：「皆有內揵，素結本始也」。〕

或結以道德，或結以黨友，或結以財貨，或結以采色。〔結以道德，謂以道德結連於君，若帝之臣，名為臣，其實為師也。結以黨友，謂以友道結連於君，王者之臣，名為臣，實為友也。結以貨財、結以采色，謂若桀、紂之臣費仲、惡來之類是也。〕

用其意，欲入則入，欲出則出，欲親則親，欲疏則疏，欲就則就，欲去則去，欲求則求，欲思則思。〔自入出已下八

事，皆用臣之意，隨其所欲，故能固志於君，物莫能間也。〕

若蚨母之從其子也，出無間，入無朕，獨往獨來，莫之能止。〔蚨母，螌蟷也，似蜘蛛，在穴中有蓋。言蚨母養子以蓋覆穴，出入往來，初無間朕，故物不能止之。今內捷之臣，委曲從君，以自結固，無有間隙，亦由是也。〕

內者進說辭也，捷者捷所謀也。〔說辭既進，內結於君，故曰：「內者進說辭也。」度情為謀，君必持而不捨，故曰：「捷者捷所謀也」。〕

欲說者，務隱度；計事者，務循順。〔說而隱度，則其說必行；計而循順，則其計必用。〕

陰慮可否，明言得失，以御其志。〔謂隱慮可否，然後明言得失，以御君志也。〕

方來應時，以合其謀。〔方，謂道術。謂以道術來進必應時宜，以合會君謀也。〕

詳思來捷，往應時當也。〔詳思計慮，來進於君，可以自固，然後往應時宜，必當君心也。〕

夫內有不合者，不可施行也。〔計慮不合於君，則不可施行也。〕

乃揣切時宜，從便所為，以求其變。〔前計既有不合乃更揣量切摩，當時所為之便，以求所以變計也。〕

以變求內者，若管取捷。〔以管取捷，捷必離；以變求內，內必合。〕

言往者，先順辭也；說來者，以變言也。〔往事已著，故言之貴順辭；來事未形，故說之貴通變也。〕

善變者，審知地勢乃通於天，以化四時使鬼神合於陰陽。〔善變者，謂善識通變之理，審知地勢，則天道可知。故曰：「乃通於天。」知天則四時順理而從化，故曰：「以化四時。」

鬼神者，助陰陽以生物者也，道通天地，乃能使鬼神合德於陰陽也。〕

　　而牧人民，見其謀事，知其志意。〔既能知地、通天、化四時、合陰陽、乃可以牧養人民。其養人也，必見其謀事，而知其志意也。〕

　　事有不合者，有所未知也。〔謂知之即與合，未知即不與合也。〕

　　合而不結者，陽親而陰疏。〔或有離合而不結固者，謂以陽外相親，陰內相疏也。〕

　　事有不合者，聖人不為謀也。〔不合，謂圓鑿而方枘。故聖人不為謀也。〕

　　故遠而親者，有陰德也；近而疏者，志不合也；〔陰德，謂陰私相得之德也。〕

　　就而不用者，策不得也；去而反求者，事中來也；〔謂所言當時未合，事過始驗，故曰事中來也。〕

　　日進前而不御者，施不合也；遙聞聲而相思者，合於謀，待決事（按：「待決事」三字據道藏本增）也。〔謂彼所行合於己謀，待之以決其事，故：「遙聞聲而想思」也。〕

　　故曰：「不見其類，而為（按：「為」，道藏本作「說」）之者見逆，不得其情，而說之者見非。」〔言不得其情類而為說者，若北轅適楚、東軫遊秦，所以見非逆也。（按：注「為說者」，道藏本作「說之者」）〕

　　得其情，（按：「得」字上一本有「必」字）乃制其術。〔得其情，則鴻遇長風，魚縱大壑，沛然莫之能禦，故能制其術也。〕

　　此用可出可入，可揵可開〔此用者，謂用其情也，則出入自由，揵開任意也。〕

故聖人立事，以此先知而揲萬物。〔言以得情立事，故能先知可否，萬品所以結固而不離者，皆由得情也。〕

由夫道德、仁義、禮樂、忠信、計謀，〔由夫得情，故能行其道德、仁義已下事也。〕

先取《詩》、《書》混說損益，議論去就。〔混，同也，謂先考《詩》《書》之言以同己說，然後損益時事議論去就也。〕

欲合者用內，欲去者用外。〔內，謂情內；外，謂情外。得情自合，失情自去，此蓋理之常也。〕

外內者，必明道數，揣測來事，見疑訣之，〔言善知內外者，必明識道術之數，預揣來事，見疑能決也。〕

策無失計，立功建德。〔既能明道數，故策無失計，策無失計，乃立功建德也。〕

治名入產業，曰：「揲而內合。」〔理君臣之名，使上下有序；入貢賦之業，使遠近無差。上下有序，則職分明，遠近無差，則徭役簡。如此則為國之基日固，故曰：「揲而內合」也。〕

上暗不治，下亂不悟，揲而反之。〔上暗不治其任，下亂不悟其萌，如此天下無邦，域中曠主。兼昧者可行其事，侮亡者由是而興，故曰：「揲而反之」。〕

內自得而外不留說，而飛之。〔言自賢之主，自以所行為得，而外不留賢者之說。如此者，則為作聲譽而飛揚之，以釣其歡心也。〕

若命自來己，迎而御之；〔君心既善己，必自有命來召，己則迎而御之，以行其志也。〕

若欲去之，因危與之。〔翔而後集，意欲去之，因其將危與之辭矣。〕

環轉因化，莫知所為，退為大儀。〔去就之際，反覆量

宜，如員環之轉，因彼變化，雖優者莫知其所為。如是而退，可謂全身大儀。儀者，法也。〕

四、抵巇第四

〔抵，擊實也；巇，釁隙也，墻崩因隙，器壞因釁。方其釁隙而擊實之，則墻，器不敗。若不可救，因而除之。更有所營置，人事亦猶是也。（按：「巇」，《太平御覽》引作「巘」。劉逵注《左思賦》云：「鬼谷子先生書有《抵戲》篇」，又作「戲」。《漢書‧杜業傳》：贊業「因勢而抵陒」，服虔曰：「抵音紙；陒音義。蘇秦書有此法。」顏師古注：「抵，擊也；陒，毀也。陒，音詭。一說，讀與戲同，許宜反，亦險也。言擊其危險之處。鬼谷有《抵巇》篇也。）〕

物有自然（按：《文選》注，引樂氏注曰：「自然繼本名也」）。事有合離。〔此言合離者，乃自然之理〕。

有近而不可見，有遠而可知。近而不可見者，不察其辭也；遠而可知者，反往以驗來也。〔察辭觀行則近情可見，反往驗來則遠事可知，古猶今也。故反考往古，則可驗來今，故曰：「反往以驗來也。」〕

巇者，罅也。罅者，山間也。間者，成大隙也。〔隙大則崩毀將至，故宜有以抵之也。〕

巇始有朕，可抵而塞，可抵而卻，可抵而息，可抵而匿，可抵而得，此謂抵巇之理也。〔朕者，隙之將兆，謂其微也。自中成隙者，可抵而塞；自外來者，可抵而卻；自下生者，可抵而息；其萌微者，可抵而匿，都不可救者，可抵而得。深知此五者，然後盡抵巇之理也。〕

事之危也，聖人知之，獨保其身，因化說事。（按：《太平御覽》引「身」作「用」，道藏本亦作「用」）通達計謀，以識

細微，〔形而上者，謂之聖人。故危兆才形，朗然先覺，既明且哲，故獨保其身也。因化說事，隨機逞術，通達計謀，以經緯識，細微而預防之也。〕

經起秋毫之末，揮之於太山之本。〔漢高奮布衣以登皇極，殷湯由百里而取萬邦，經，始也，揮，發也。〕

其施外，兆萌牙蘖之謀，皆由抵巇，抵巇之隙為道術用。〔言亂政施外，兆萌牙蘖之時，智謀因此而起，蓋由善抵巇之理。故能不失其機，然則巇隙既發，乃可行道術，故曰：「巇隙為道術用也。」〕

天下紛錯，上無明主，公侯無道德，則小人讒賊，賢人不用，聖人竄匿，貪利詐偽者作，君臣相惑，土崩瓦解，而相伐射。父子離散，乖亂反目，是謂「萌牙巇罅」。〔此謂亂政萌牙，為國之巇罅。伐射，謂相攻伐而激射也。〕

聖人見萌牙巇罅，則抵之以法。世可以治則抵而塞之，不可治則抵而得之。或抵如此，或抵如彼；或抵反之，或抵復之。〔如此，謂抵而塞之。如彼，謂抵而得之；反之，謂助之為理；復之，謂自取其國。〕

五帝之政，抵而塞之；三王之事，抵而得之。〔五帝之政，世猶可理，故曰抵而塞之，是以有禪讓之事；三王之事，世不可理，故曰抵而得之，是以有征伐之事也。〕

諸侯相抵，不可勝數。當此之時，能抵為右。〔謂五伯時，右，由上也。〕

自天地之合離、終始，必有巇隙，不可不察也。〔合離謂否泰，言天地之道，正觀尚有否泰為之巇隙，而況於人乎？故曰：「不可不察也。」〕

察之以捭闔，能用此道，聖人也。〔捭闔，亦否泰也，體大道以經人事者，聖人也。〕

聖人者，天地之使也。〔後天而奉天時，故曰：「天地之使也。」〕

世無可抵，則深隱而待時；時有可抵，則為之謀。可以上合，可以檢下，〔上合，謂抵而塞之，助時為治；檢下，謂抵而得之，使來歸己也。〕

能因能循，為天地守神。〔言能因循此道，則大寶之位可居，故能為天地守其神化也（按：注「神化」，鮑本作「神祇）。」〕

五、飛箝第五

〔飛，謂作聲譽以飛揚之。箝，謂牽持緘束令不得脫也。言取人之道，先作聲譽以飛揚之，彼必露情竭志而無隱，然後因其所好，牽持緘束令不得轉移也。〕

凡度權量能，所以徵遠來近。〔凡度其權略，量其才能，為作聲譽者，所以徵遠而來近也。謂賢者所在，或遠或近，以此徵來，若燕昭尊郭隗，即其事也。〕

立勢而制事，必先察同異，（按：「同異」下據注脫「之黨」二字）別是非之語，〔言遠近既至，乃立賞罰之勢，制能否之事。事勢既立，必先察覺與之同異，別言語之是非。〕

見內外之辭，知有無之數，〔外謂虛無，內謂情實，有無謂道術能否，又必見其情偽之辭，知其能否之數也。〕

決安危之計，定親疏之事，〔既察同異、別是非、見內外、知有無，然後與之決安危之計，定親疏之事，則賢不肖可知也。〕

然後乃權量之。其有隱括，乃可徵，乃可求，乃可用。〔權之所以知其輕重，量之所以知其長短。輕重既分，長短又形，乃施隱括，以輔其曲直，如此則徵之亦可、求之亦可、用

之亦可。〕

引鉤箝之辭，飛而箝之。〔鉤謂誘致其情言，人之材性各有差品，故鉤箝之辭亦有等級。故內感而得其情曰：「鉤」，外譽而得其情曰「飛」。得情則箝持之，令不得脫移，故曰「鉤箝」，故曰「飛箝。」〕

鉤箝之語，其說辭也，乍同乍異，〔謂說鉤箝之辭，或捭而同之，或闔而異之，故曰「乍同乍異」也。〕

其不可善者，或先徵之，而後重累；〔不可善，謂鉤箝之辭所不能動，如此者必先命徵召之。重累者，謂其人既至，然後狀其材術所有。知其所能，人或因此從化也。〕

或先重以（按：「以」字疑衍）累，而後毀之；〔或有雖都狀其所有，猶未從化，然後就其材術短者訾毀之，人或過而從之，無不知化也。〕

或以重累為毀，或以毀為重累。〔或有狀其所，有其短自形，此以重累為毀也。或有歷說其短，材術便著，此以毀為重累也。為其人難動，故或重累之，或訾毀之，所以驅誘之令從化也。〕

其用，或稱財貨、琦瑋、珠玉、璧帛、采色以事之，〔其用，謂人能從化，將欲用之，必先知其性行好惡，動以財貨，采色者，欲知其人貪廉也。〕

或量能立勢以鉤之，〔量其能之優劣，然後立去就之勢，以鉤其情，以知其智謀也。〕

或伺候見澗隙而箝之，〔謂伺彼行事，見其澗有隙而箝持之，以知其勇怯也。〕

其事用抵巇。〔謂此上事，用抵巇之術而為之。〕

將欲用之於天下，必度權量能，見天時之盛衰，制地形之廣狹，岨嶮之難易，人民貨財之多少，諸侯之交孰親、孰疏、

第二章

鬼谷子辦學以中華聖祖黃帝《陰符經》、老子《道德經》創立道家文化經典和黃帝、老子秘傳丹道養生為核心教育內容暨鬼谷子傳承黃帝、老子道學與道家內丹養生和縱橫家主要著作

239

孰愛、孰憎，〔將用之於天下，謂用飛箝之術輔於帝王。度權量能，欲知帝王才能可輔成否？天時盛衰？地形廣狹？人民多少？又欲知天時、地利、人和，合其泰否？諸侯之交，親疏愛憎，又欲知從否之眾寡。〕

心意之慮懷，審其意，知其所好惡，乃就說其所重，以飛箝之辭鉤其所好，乃以箝求之。〔既審其慮懷，又知其好惡，然後就其所最重者而說之。又以飛箝之辭鉤其所好，既知其所好，乃箝而求之。所好不違，則何說而不行哉？〕

用之於人，則量智能，權材力，料氣勢，為之樞機。（按：一本有「飛」字）以迎之、隨之，以箝和之，以意宣之，此飛箝之綴也。〔用之於人，謂用飛箝之術於諸侯之國也。量智能、料氣勢者，亦欲知其智謀能否也。樞所以主門之動靜，機所以制弩之放發。言既知其諸侯智謀能否，然後立法鎮其動靜、制其放發，猶樞之於門，機之於弩。或先而迎之，或後而隨之，皆箝其情以和之，用其意以宣之，如此則諸侯之權可得而執，己之恩信可得而固，故曰飛箝之綴也，謂用飛箝之術連於人也。〕

用之於人，則空往而實來，綴而不失，以究其辭。可箝而從，可箝而橫；可引而東，可引而西；可引而南，可引而北；可引而反，可引而復。〔用之於人，謂以飛箝之術任使人也。我但以聲譽飛揚之，故曰：「空往」，彼則開心露情，歸附於己，故曰：「實來」。既得其情，必綴而勿失。又令敷奏以言，以究其辭，如此則，從、橫、東、西、南、北、反、復，唯在己之箝引，無思不服也。〕

雖覆能復，不失其度。〔雖有覆敗，必能復振，不失其節度，此飛箝之終也。〕

六、忤合第六

〔大道既隱，正道不得，坦然而行。故將合於此，必忤於彼。令其不疑，然後可行其意。若伊、呂之去就是也。〕

凡趨合倍反，計有適合。〔言趨合倍反，雖參差不齊，然施之計謀，理乃適合也。〕

化轉環屬，各有形勢。反覆相求，因事為制。〔言倍反之理，隨化而轉，如連環之屬，然其去就，各有形勢，或反或覆，理自相求，莫不因彼事情為之立制也。〕

是以聖人居天地之間，立身御世，施教揚聲明名也，必因事物之會，觀天時之宜，因知所多所少，以此先知之，與之轉化。〔所多所少，謂政教所宜多，所宜少也。既知多少所宜，然後為之增減，故曰以此先知，謂用倍反之理知之也。轉化，謂轉變以從化也。〕

世無常貴，事無常師。〔能仁為貴，故無常貴；主善為師，故無常師。〕

聖人無常與無不與無，所聽無不聽。〔善必與之，故無不與；無稽之言勿聽，故無所聽。（按：注「無所聽」當作「無不聽。」）〕

成於事而合於計謀，與之為主。〔於事必成，於謀必合，如此者，與眾立之，推以為主也。〕

合於彼而離於此，計謀不兩忠，〔合於彼必離於此，是其忠謀不得兩施也。〕

必有反忤，反於是（按：一本作「此」），忤於彼；忤於此，反於彼，其術也。〔既忠不兩施，故宜行反忤之術。反忤者，意欲反合於此，心行忤於彼。忤者，設疑似之事；令昧者，不知覺其事也。〕

用之於天下，必量天下而與之；用之於國，必量國而與

第二章

鬼谷子辦學以中華聖祖黃帝《陰符經》、老子《道德經》創立道家文化經典和黃帝、老子秘傳丹道養生為核心教育內容暨鬼谷子傳承黃帝、老子道學與道家內丹養生和縱橫家主要著作

之；用之於家，必量家而與之；用之於身，必量身材能氣勢而與之。大小進退，其用一也。〔用之者，謂用反忤之術，量者，謂量其事業有無與謂與之親。凡行忤者，必稱其事業所有而親媚之，則暗主無從而覺，故得行其術也。所行之術，雖有大小進退之異，然而至於稱事揚親則一，故曰：「其用一也」。〕

必先謀慮，計定而後行之以飛箝之術。〔將行反忤之術，必須先定計謀，然後行之，又用飛箝之術以彌縫之也。（按：錢本無「彌」字，據道藏本增）〕

古之善背向者，乃協四海、包諸侯，忤合之地而化轉之，然後求合。〔言古之深識背向之理者，乃合同四海，兼並諸侯，驅置忤合之地，然後設法變化而轉移之。眾心既從，乃求其真主，而與之合也。〕

故伊尹五就湯，五就桀，而不能有所明，（按：錢本無「桀」字，道藏本無「而不能有所明」六字。）然後合於湯。呂尚（按：一本作「望」）三就文王，三入殷，而不能有所明，然後合於文王。〔伊尹呂尚所以就桀紂者，所以忤之令不疑。彼既不疑，然後得合於真主矣。（按：《太平御覽》引《忤合》篇云：「伊尹五就桀，五就湯，然後合於湯；呂尚三入殷朝，三就文王，然後合於文王。此天知之至，歸之不疑。」注云：「伊尹、呂尚各以至知說聖王，因擇釣行其術策。」

此知天命之箝，故歸之不疑也。〔以天命繫於殷湯、文王，故二臣歸二主不疑也。〕

非至聖達奧，不能御世；非勞心苦思，不能原事；不悉心見情，不能成名；材質不惠，不能用兵；忠實無真，不能知人。故忤合之道，己必自度材能知睿，量長短、遠近孰不如，〔夫忤合之道，不能行於勝己，而必用之於不我若，故知誰不如，然後行之也。〕

乃可以進，乃可以退，乃可以縱，乃可以橫，〔既行忤合之道，於不如己者，則進退縱橫。唯吾所欲耳。〕

七、揣篇第七

（按：《太平御覽》引作「揣情」篇）。

古之善用天下者，必量天下之權，而揣諸侯之情。量權不審，不知強弱輕重之稱；揣情不審，不知隱匿變化之動靜。何謂量權？曰：「度於大小，謀於眾寡，稱貨財有無之數。」（按：道藏本作「稱貨財之有無」。）

料人民多少，饒乏有餘不足幾何？辨地形之險，易孰利、孰害？謀慮孰長孰短？揆君臣之親疏，孰賢孰不肖？與賓客之智慧（按：道藏本作「知睿」）孰少、孰多？觀天時之禍福，孰吉、孰凶？諸侯之交，（按：道藏本作「親」，一本作「親疏」。）孰用、孰不用？百姓之心去就變化，孰安、孰危？孰好、孰憎？反側孰辯（按：道藏本「辯」作「便」）。能知？此者是謂量權。〔天下之情，必見於權也。善於量權，其情可得而知之。知其情而用之者，何適而不可哉。〕

揣情者，必以其甚喜之時，往而極其欲也；其有欲也，不能隱其情；（按：二句《文選》注引上有「藏形」二字，似誤。）必以其甚懼之時，往而極其惡也；其有惡也，不能隱其情，情欲必出（按：「出」，道藏本作「失」。）其變。〔夫人之性，甚喜則所欲著，甚懼則所惡彰，故因其彰著而往極之。惡欲既極，則其情不隱，是以情欲因喜懼之變而生也。（按：「生」當作「出」。）〕

感動而不知其變者，乃且錯其人勿與語，而更問其所親，知其所安。〔雖因喜懼之時，以欲惡感動，而尚不知其變。如此者，乃且置其人無與之語，徐徐更問斯人之所親，則其情欲

所安可知也。〕

夫情變於內者，形見於外。故常必以其見者，而知其隱者。此所以（按：一本無「以」字。）謂測深探情。〔夫情貌不差，內變者必外見，故常以其外見而知其內隱。觀色而知情者必用此道，此所謂測深揣情也。（按：「探情」，道藏本作「揣情」，據注則「探」字似誤。）〕

故計國事者，則當審權量，說人主則當審揣情，謀慮情欲必出於此〔審權量則國事可計，審揣情則人主可說。至於謀慮、情欲皆揣而後行。故曰：「謀慮情欲必出於此也。」（按：《太平御覽》引「揣情」篇云：「說王公君長則審情以說，避所短從所長。」）〕

乃可貴，乃可賤，乃可重，乃可輕，乃可利，乃可害，乃可成，乃可敗，其數一也。〔言審於揣術，則貴賤成敗唯己所制，無非揣術所為，故曰其數一也。〕

故雖有先王之道、聖智之謀，非揣情隱匿無可索之。此謀之大本也，而說之法也。〔先王之道，聖智之謀，雖宏曠元妙，若不兼揣情之術，則彼之隱匿從何而索之？然則揣情者，誠謀之大本，而說之法則也。〕

常有事於人，人莫能先，先事而生，此最難為。〔挾揣情之術者，必包獨見之明，故有事於人，人莫能先也。又能窮幾應變，故先事而生，自非體元極妙則莫能為此矣，故曰：「此最難為」也。（按：道藏本注「應變」作「盡變。」）〕

故曰：「揣情最難守司」言必時其謀慮。〔人情險於山川、難於知天，今欲揣度而守司之，不亦難乎？故曰「揣情最難守司」，謀慮出於人情，必當知其時節，此其所以為最難也。〕

故觀蜎飛蠕動，無不有利害，可以生事美。生事者，幾之勢也。〔蜎飛蠕動，微蟲耳，亦猶懷利害之心。故順之則喜

說，逆之則勃怒，況於人乎？況於鬼神乎？是以利害者，理所不能無；順逆者，事之所必行。然則順之招利，逆之致害，理之常也。故觀此，可以成生事之美。生事者，必審幾微之勢，故曰：「生事者，幾之勢也。」〕

此揣情飾言成文章，而後論之也。〔言既揣知其情，然後修飾言語以導之，故說辭必使成文章而後可論也。〕

八、摩篇第八

（按：《太平御覽》引作「摩意」篇）。

摩者，揣之術也（按：《太平御覽》引《摩意篇》云：「摩者，揣之也」），內符者，揣之主也。〔謂揣知其情，然後以其所欲切摩之，故摩為揣之術。內符者，謂情欲動於內，而符驗見於外。揣者，見外符而知內情。故內符為揣之主也。（按：道藏本注無「切」字。）〕

用之有道，其道必隱。〔揣者所以度其情慕，摩者所以動其內符，用揣摩者必先定其理，故曰：「用之有道」。然則以情度情，情本潛密，故曰：「其道必隱」也。〕

微（按：別本「微」字接前「隱」字為句）摩之以其所欲，測而探之，內符必應。其所應也，必有為之。〔言既揣知其情所趨向，然後以其所欲微切摩之，得所欲而情必動，又測而探之，如此則內符必應，內符既應，必欲為其所為也。〕

故微而去之，是謂塞窌、匿端、隱貌、逃情，而人不知。故能成其事而無患。〔君既欲為，事必可成，然後從之。臣事貴於無成有終，故微而去之爾。若已不同於此計，令功歸於君，如此可謂塞窌、匿端、隱貌、逃情。情逃而窌塞，則人何從而知？人既不知所以，息其僭妒，故能成事而無患也。（按：注「僭」字疑作「譖」）〕

摩之在此，符應在彼。從而用之，事無不可。〔此摩甚微，彼應自著，觀者但睹其著，而不見其微。如此用之，功專在彼，故事無不可也。〕

古之善摩者，如操鉤而臨深淵，餌而投之，必得魚焉（按：《太平御覽》引「焉」作「矣」）。故曰：「主事日成，而人不知，主兵日勝，而人不畏也。」〔釣者露餌而藏鉤，故魚不見鉤，而可得；賢者顯功而隱摩，故人不知摩而自服；故曰：「主事日成而人不知」也。兵勝由於善摩，摩隱則無從而畏，故曰：「主兵日勝而人不畏」也。〕

聖人謀之於陰，故曰「神」；成之於陽，故曰「明」。〔潛謀陰密，日用不知，若神道之不測，故曰「神」也。功成事遂，煥然彰著，故曰「明」也。〕

所謂「主事日成」者，積德也，而民安之，不知其所以利；積善也（按：「也」字，錢本作「智」），而民道之，不知其所以然；而天下比之神明也。〔聖人者，體神道而設教，參天地而施化，韜光晦跡，藏用顯仁，故人安德而不知其所以利，從道而不知其所以然，故比之神明也。〕

「主兵日勝」者，常戰於不爭、不費，而民不知所以服，不知所以畏，而天下比之神明。〔善戰者絕禍於心胸，禁邪於未萌，故以不爭為戰，師旅不起，故國用不費。至德潛暢，元風遐扇，功成事就，百姓皆得自然，故不知所以服、不知所以畏，比之於神明也。〕

其摩者，有以平，有以正，有以喜，有以怒，有以名，有以行，有以廉，有以信，有以利，有以卑。〔凡此十者，皆摩之所由而發，言人之材性參差、事務變化。故摩者，亦消息盈虛，因幾而動之。〕

平者，靜也；正者，宜（按：道藏本作「直」）也；喜者，

悅也；怒者，動也；名者，發也；行者，成也；廉者，潔也；信者期（按：道藏本作「明」）也；利者，求也；卑者，諂也。〔名貴發揚，故曰：「發也」；行貴成功，故曰：「成也。」〕

故聖人所以獨用者，眾人皆有之，然無成功者，其用之非也。〔言上十事，聖人獨用以為摩，而能成功立事。然眾人莫不有之，所以用之非，其道故不能成功也。〕

故謀莫難於周密；說莫難於悉聽，事莫難於必成。（按：二句《太平御覽》引「悉聽」作「悉行」，又引注云：「摩不失其情故能建功」）此三者唯聖人然後能任（按：道藏本無「任」字）之。〔謀不周密，則失機而害成；說不悉聽，則違理而生疑；事不必成，則止 而中廢。皆有所難，能任之而無疑者，其唯聖人乎？〕

故謀必欲周密，必擇其所與通者說也。故曰：「或結而無隙也」。〔為通者說謀彼必虛受，如受石投水，開流而納泉，如此則何隙而可得？故曰：「結而無隙也」。（按：注「受」字，別本作「更」，盧學士云：「《儀禮・燕禮更爵》：古文「更」為「受」，《大射儀》同《左傳・昭二十九年》，傳以「更」豕韋之後。《史記》「更」作「受」，《周禮・巾車》：「歲時受讀」。杜子春曰：「受當為更」。又一本「如受石」作「如運石」。）〕

夫事成必合於數，故曰：「道數與時相偶者也。」〔夫謀成必先考合於術數，故道、數、時三者相偶合，然後事可成而功可立也。〕

說者聽必合於情，故曰：「情合者聽」。〔進說而能令聽者，其唯情合者乎？〕

故物歸類，抱薪趨火，燥者先燃；平地注水，濕者先濡。此物類相應（按：《意林》引作「此類相應也」），於勢譬猶是也，此言內符之應外摩也如是。〔言內符之應外摩得類則應，

鬼谷子辦學以中華聖祖黃帝《陰符經》、老子《道德經》創立道家文化經典和黃帝、老子秘傳丹道養生為核心教育內容暨鬼谷子傳承黃帝、老子道學與道家內丹養生和縱橫家主要著作

譬猶水流就濕，火行就燥也。〕

故曰：「摩之以其類，焉有不相應者？」乃摩之以其欲，焉有不聽者，故曰：「獨行之道」。〔善於摩者，其唯聖人乎？故曰：「獨行之道」也。〕

夫幾者不晚，成而不拘，久而化成。〔見機而作，何晚之有？功成不居，何拘之有久？行此二者可以化天下。〕

九、權篇第九

說者，說之也。說之者，資之也。〔說者，說之於彼人也；說之者，所以資於彼人也。資，取也。〕

飾言者，假之也。假之者，益損也。〔說者，所以文飾言語，但假借以求入於彼，非事要也。亦既假之，須有損益，故曰：「假之者損益也」。〕

應對者，利辭也。利辭者，輕論也。〔謂彼有所問，卒應而對之，但便利辭也，辭務便利，故所論之事，自然利辭非至言也。〕

成義者，明之也。明之者，符驗也。〔核實事務，以成義理者，欲明其真偽也。真偽既明，則符驗自著。故曰：「明之者，符驗也。」〕

言或反覆欲相卻也，難言者，卻論也；卻論者，釣幾也。〔言或不合，反覆相難，所以卻論前事也。卻論者，必理精而事明，幾微可得而盡矣。故曰「卻論者釣幾也」，求其深隱曰釣也。（按：錢本無「言或反覆欲相卻也」八字，道藏本有，當是正文，觀注可見。）〕

佞言者，諂而干忠；〔諂者，先意承欲，以求忠名，故曰：「諂而干忠」；〕

諛言者，博而干智；〔博者，繁稱文辭，以求智名，故曰

「博而干智」；〕

平言者，決而干勇；〔決者，縱捨不疑，以求勇名，故曰
「決而於勇」。〕

戚言者，權而干信；〔戚者，憂也，謂象憂戚而陳言也；
權者，策選進謀，以求信名，故曰「權而干信。」〕

靜言者，反而干勝。〔靜言者，謂象清淨而陳言。反者，
他分不足以窒非，以求勝名，故曰「反而干勝」。〕

先意承欲者，諂也；繁稱文辭者，博也；縱捨不疑者，決
也；策選進謀者，權也。他（按：「他」，道藏本作「先」，注
並同）分不足以窒非者，反也。〔已實不足，不自知而內訟，
而反攻人之過，窒他為非，如此者反也。〕

故口者，機關也，所以關閉情意也；耳目者，心之佐助
也，所以窺瞷奸邪。故曰：「參調而應，利道而動」。〔口者所
以發言語，故曰「機關」也。情意宣否，在於機關，故曰「所
以開閉情意」也。耳目者所以助心通理，故曰「心之佐助」也。
心得耳目，即能窺見間隙，見彼奸邪，故曰「窺瞷奸邪也」。
耳、目、心三者調和而相應，則動必成功，吉無不利，其所以
無不利者，則以順道而動，故曰「參調而應利道而動也」。
（按：注「開閉」，道藏本作「關閉。」）〕

故繁言而不亂，翱翔而不迷，變易而不危者，睹要得理。
〔苟能睹要得理，便可曲成不失，故雖繁言紛葩而不亂，翱翔
越道而不迷，變易改常而不危也。〕

故無目者，不可示以五色。無耳者，不可告以五音。〔五
色為有目者施，故無目者不可得而示五音，為有耳者作，故無
耳者不可得而告；此二者為下文分也。〕

故不可以往者，無所開之也；不可以來者，無所受之也。
物有不通者，聖人故不事也。〔此不可以往說於彼者，為彼暗

滯無所可開也。彼所以不來說於此者，為此淺局無所可受也。夫淺局之與暗滯，常閉塞而不通，故聖人不事也。〕

古人有言曰：「口可以食，不可以言」。言者有諱忌也，眾口鑠金，言有曲故也。〔口食可以肥百體，故可食也；口言或有招百殃，故不可以言也。言者觸忌諱，故曰：「有忌諱」也。金為堅物，眾口能爍之，則以眾口有私曲故也，故曰「言有曲故」也。〕

人之情，出言則欲聽，舉事則欲成。〔可聽在於合彼，可成在於順理，此為下起端也。〕

是故智者不用其所短，而用愚人之所長；不用其所拙，而用愚人之所工，故不困也。〔智者之短，不勝愚人之長，智者之拙，不勝愚人之工。常能棄此拙短，而用彼工長，故不困也（按：道藏本注「之長」下有「故用愚人之長也」句，「之工」下有「故用愚人之工也」句）。〕

言其有利者，從其所長也；言其有害者，避其所短也。〔人能從利之所長，避害之所短；故出言必見聽，舉事必成功也。（按：《太平御覽》引《量權》篇云：「言有通者，從其所長；言有塞者，從其所短。」注云：人辭說條通理達，即敘述從其長者。以昭其德人，言壅滯即避其短，稱宣其善，以顯其行，言說之樞機，事物之志務者也。）〕

故介蟲之捍也，必以堅厚。螫蟲之動也，必以毒螫。故禽獸知用其長，而談者亦知其用而用也。〔言介蟲之捍也，入堅厚以自藏，螫蟲之動，行毒螫以自衛；此用其所長，故能自勉於害。至於他鳥獸，莫不知用其長以自保全。談者感此，亦知其所用而用也。（按：《太平御覽》引《量權》篇云：「介蟲之捍必以甲而後動，螫蟲之動必先螫毒。故禽獸知其所長，而談者不知用也。」注云：「蟲以甲自覆障，而言說者不知其

長。」）〕

故曰：辭言有五，曰病、曰恐、曰憂、曰怒、曰喜。〔五者有一，必失中和而不平暢。〕

病者，感衰氣而不神也；〔病者恍惚，故氣衰而言不神也；〕

恐者，腸絕而無主也；〔恐者內動，故腸絕而言無主也；〕

憂者，閉塞而不泄也；〔憂者怏悒，故閉塞而言不泄也；〕

怒者，妄動而不治也；〔怒者鬱勃，故妄動而言不治也；〕

喜者，宣散而無要也。〔喜者搖蕩，故宣散而言無要也。〕

此五者，精則用之，利則行之。〔此五者既失其平常，故用之在精而行之在利，其不精利則廢而止之也。〕

故與智者言，依於博；與博（按：「博者」，道藏本作「拙者」。《太平御覽》作「博」）者言，依於辨；與辨者言，依於要；與貴者言，依於勢；與富者言，依於高；（按：「高」，《鄧析子》作「豪」）與貧者言，依於利；與賤者言，依於謙；與勇者言，依於敢；與愚者（按：「愚」，道藏本作「過」，別本作「通」，《鄧析子》作「愚」）言，依於銳。此其術（按：「術」，《太平御覽》作「說」）也，而人常反之。〔此量宜發言，言之術也，不達者反之，則逆理而不免於害也。〕

是故與智者言，將以此明之；與不智者言，將以此教之，而甚難為也。〔與智者語，將以明斯術；與不智者語，將以此術教之。然人迷日久，教之不易，故難為也。（按：道藏本「迷」字下有「罔」字。）〕

故言多類，事多變。故終日言，不失其類，而事不亂。〔言者條流舛雜，故多類也；事則隨時而化，故多變也。若言不失類則事亦不亂也。〕

終日不變，而不失其主，故智貴不忘。〔不亂故不變，不

變故存主有常。能令有常而不變者，智之用也，故其智可貴而不忘也。〕

聽貴聰，智貴明，辭貴奇。〔聽聰則真偽不亂，知明則可否自分，辭奇則是非有詮。三者能行，則功成事立，故須貴也。（按：「詮」，道藏本作「證」。）〕

十、謀篇第十

（按：《太平御覽》引作「謀慮」篇）

凡謀有道，（按：道藏本「凡謀」上有「為人」二字。）必得其所因，以求其情。〔得其所因，則其情可求；見情而謀，則事無不濟。〕

審得其情，乃立三儀。三儀者，曰上、曰中、曰下。參以立焉，（按：《太平御覽》引《謀慮》篇云：「乃立三儀，曰上、曰中、曰下，參以立焉。」注云：三儀有上、有下、有中。）以生奇。奇（按：一本作「計」）不知其所壅，始於古之所從。〔言審情之術，必立上智、中才、下愚三者，參以驗之，然後奇計可得而生。奇計既生，莫不通達，故不知其所壅蔽。然此奇計非自今也，乃始於古之順道而動者，蓋從於順也。〕

故鄭人之取玉也，載司南之車，為其不惑也。（按：「載」字上《藝文類聚》有「必」字，《宋書·禮志》同。）夫度材、量能、揣情者，亦事之司南也。故同情而相親者，其俱成者也；同欲而相疏者，其偏害者也。〔同情謂欲，共謀立事，事若俱成，後必相親；若乃一成一害，後必相疏，理之常也。（按：《太平御覽》引《鬼谷子》曰：「肅慎氏獻白雉於文王，還恐迷路，問周公作指南車，以送之。」今按全書無此文，疑是司南句下注文也。）〕

同惡而相親者，其俱害者也。同惡而相疏者，（按：別本

有「其」字）偏害者也。〔同惡，謂同為彼所惡，後若俱害，情必相親；若乃一全一害後必相疏，亦理之常也。〕

故相益則親，相損則疏，其數行也，此所以察異同之分也。〔異同之分，用此而察。（按：道藏本正文「異同之分」下有「其類一也」四字。）〕

故墻壞於其隙，木毀於其節，（按：《意林》引二「其」字作「有」）斯蓋其分也。〔墻木壞毀由於隙節，況人事之變生於異同，故曰「斯蓋其分」也。〕

故變生事，事生謀、謀生計、計生議、議生說、說生進、（按：《太平御覽》引注曰：「會同異，曰議，決是非，曰說」。）進生退、退生制，因以制於事。故百事一道，而百度一數也。〔言事有根本，各有從來。譬之卉木，因根而有枝條花葉，故因「變隙然後生於事業」。事業者，必須計謀；成計謀者，必須議說；議說者必有當否，故須進退之；既有黜陟；須別事以為法。而百事百度，何莫由斯而至，故其道數一也。（按：注「成」字疑衍。）〕

夫仁人輕貨，不可誘以利，可使出費；勇士輕難，不可懼以患，可使據危；智者達於數、明於理，不可欺以不誠，可示以道理，可使立功；是三才也。〔使輕貨者出費，則費可全；使輕難者據危，則危可安；使達數者立功，則功可成。總三才而用之，可以光耀千里，豈徒十二乘而已。〕

故愚者易蔽也，不肖者易懼也，貪者易誘也，是因事而裁之。〔以此三術，馭彼三短，可以立事、立功也。謀者因事興慮，宜知而裁之，故曰「因事裁之」。〕

故為強者積於弱也，為直者積於曲也，有餘者積於不足也，此其道術行也。〔柔弱勝於剛強，故積弱可以為強；大直若曲，故積曲可以為直；少則可以得眾，故積不足可以為有

餘。然則以弱為強，以曲為直，以不足為有餘，斯道術之所行，故曰「道術行也」。〕

故外親而內疏者說內，內親而外疏者說外。〔外陽相親，而內實疏者說內，以除其內疏也；內實相親，而外陽疏者說外，以除其外疏也。〕

故因其疑以變之，因其見以然之，〔若內外無親而懷疑者，則因其疑以變化之；彼或因變而有所見，則因其所見以然之。〕

因其說以要之，因其勢以成之，〔既然見彼或有可否之說，則因其說以要結之。可否既形，便有去就之勢，則因其勢以成就之。〕

因其惡以權之，因其患以斥之。〔去就既成，或有惡患，則因其惡也。為權量之，因其患也，為斥除之。〕

摩而恐之，高而動之，〔患惡既除，或恃勝而驕者，便切摩以恐懼之，高危以感動之。〕

微而證之，符而應之，〔雖恐動之，尚不知變者，則微有所引據以證之，為設符驗以應之也。〕

擁（按：「擁」疑作「壅」，注同）而塞之，亂而惑之，是謂計謀。〔雖為設引據，符驗尚不知變者，此則惑深不可救也。便擁而塞之，亂而惑之，因抵而得之，如此者可以為計謀之用也。（按：注錢本無「引」字，據道藏本增。）〕

計謀之用，公不如私，私不如結，結比而無隙者也。〔公者，揚於王庭，名為聚訟，莫執其咎，其事難成；私者，不出門庭，慎密無失，其功可立。故曰：「公不如私」。雖復潛謀，不如與彼要結。二人同心，物莫之間，欲求其隙，其可得乎？〕

正不如奇，奇流而不止者也。〔正者循理守常，難以速

進；奇者反經合義，因事機發，故正不如奇。奇計一行，則流通而不知止，故曰「奇流而不止也」。〕

故說人主者，必與之言奇；說人臣者，必與之言私。〔與人主言奇，則非常之功可立，與人臣言私，則保身之道可全。〕

其身內，其言外者疏；其身外，其言深者危。〔身在內，而言外泄者，必見疏也；身居外，而言深切者，必見危也。〕

無以人之所不欲，而強之於人；無以人之所不知，而教之於人。〔謂其事雖近，彼所不欲，莫強與之，將生恨怒也。教人當以所知，今反以人所不知者教之，猶以暗除暗，豈為益哉！〕

人之有好也，學而順之；人之有惡也，避而諱之。故陰道而陽取之。〔學順人之所好，避諱人之所惡，但陰自為之，非彼所逆，彼必感悅，明言以報之，故曰「陰道而陽取之」也。〕

故去之者從（按：「從」，道藏本作「縱」，下文及注並同）之，從之者乘之。〔將欲去之，必先聽從，令極其過惡，過惡既極，便可以法乘之，故曰「從之者乘之」也。〕

貌者不美，又不惡，故至情托焉。〔貌者，謂察人之貌以知其情也。謂其人中和平淡，見善不美，見惡不非，如此者可以至情托之，故曰：「至情托焉」。〕

可知者，可用也；不可知者，謀者所不用也。〔謂彼情寬密，可令知者可為用謀，故曰「可知者可用」也。其人不寬密，不可令知者，謀者不為用謀也，故曰「不可知者謀者所不用」也。〕

故曰：「事貴制人，而不貴見制於人」。制人者，握權也（按：「也」字，錢本無）；見制於人者，制命也。〔制命者，言命為人所制也。〕

故聖人之道陰，愚人之道陽。〔聖人之道內陽而外陰，愚

人之道內陰而外陽。〕

智者事易，而不智者事難。以此觀之，亡不可以為存，而危不可以為安，然而無為而貴智矣。〔智者寬恕，故易事；愚者猜忌，故難事。然而不智者必有危亡之禍，以其難事。故賢者莫得申其計劃，則亡者遂亡、危者遂危，欲求安存，不亦難乎？今欲存其亡、安其危，則他莫能為，惟智者可矣，故曰「無為而貴智」也。〕

智用於眾人之所不能知，而能用於眾人之所不能見。〔眾人所不能知，眾人所不能見，智獨能用之，所以貴於智也。〕

既用見可否，擇事而為之，所以自為也；見不可，擇事而為之，所以為人也。〔亦既用智，先己而後人，所見可否，擇事為之，將此自為，所見不可，擇事而為之，將此為人，亦猶伯樂教所親相駑駘，教所憎相千里也。（按：「可否」，「否」字疑衍。）〕

故先王之道陰，言有之曰：「天地之化，在高與深，聖人之制（按：「制」字疑衍）道，在隱與匿，非獨忠、信、仁、義也，中正而已矣。」〔言先王之道，貴於陰密，尋古遺言，證有此理曰：「天地之化，唯在高深，聖人之道，唯在隱匿」。所隱者中正，自然合道，非專在忠、信、仁、義也，故曰「非獨忠、信、仁、義」也。〕

道理達於此之義，（按：別本作「此義者」。）則可與語。〔言謀者曉達道理，能於此義達暢，則可與語至而言極也。〕

由能得此，則可以縠遠近之誘。〔縠，養也。若能得此道之義，則可居大寶之位，養遠近之人，誘於仁壽之域也。〕

十一、決篇第十一

凡決物，必托於疑者，善其用福，惡其有患，善至於誘也。

〔有疑然後決，故曰「必托於疑者」。凡人之情，用福則善，有患則惡，福患之理未明，疑之所由生，故曰「善其用福，惡其有患。」然善於決疑者，必誘得其情，乃能斷其可否也。〕

終無惑，偏有利焉，去其利，則不受也，奇之所托。〔懷疑曰「惑」，不正曰「偏」。決者能無惑，偏行者乃有通濟，然後福利生焉。若乃去其福利，則疑者不更其決，更使托意於奇也，趨異變常曰奇。（按：注「更」道藏本作「受」，「更使」以下十三字道藏本缺。）〕

若有利於善者，隱托於惡，則不受矣，致疏遠。〔謂疑者本其利善，而決者隱其利善之情，反托之於惡，則不受其決，更致疏遠矣。〕

故其有使失利者，有使離害者，此事之失。〔言上之二者，或去利托於惡，疑者既不更其決，則所行罔能通濟，故有失利罹害之敗焉，凡此皆決事之失也。〕

聖人所以能成其事者有五：有以陽德之者，有以陰賊之者，有以信誠之者，有以蔽匿之者，有以平素之者。〔聖人善變通、窮物理，凡所決事期於必成。事成理著者，以陽德決之；情隱言偽者，以陰賊決之；道誠志直者，以信誠決之；奸小禍微者，以蔽匿決之；循常守故者，以平素決之。〕

陽勵於一言，陰勵於二言，平素樞機以用四者，微而施之。〔勵，勉也。陽為君道，故所言必勵於一；一，無為也；陰為臣道，故所言必勵於二；二，有為也。君道無為，故以平素為主；臣道有為，故以樞機為用。言一也、二也、平素也、樞機也。四者其所施為，必精微而契妙，然後事行而理不壅矣。〕

於是，度之往事，驗之來事，參之平素，可則決之；〔君臣既有定分，然後度往驗來，參以平素，計其是非，於理既

可，則為決之。〕

王公大人之事也，危而美名者，可則決之；〔危由高也，事高而名美者，則為決之。〕

不用費力而易成者，可則決之；〔所謂惠而不費，故為決之。〕

用力犯勤苦，然不得已而為之者，可則決之；〔所謂知之無可奈何，安之若命，故為決之。〕

去患者，可則決之；從福者，可則決之。〔去患從福之人，理之大順，故為決之。〕

故夫絕情定疑萬事之基，（按：「基」，道藏本作「機」）以正治亂決成敗，難為者。〔治亂以之正，成敗以之決；失之毫釐，差之千里；樞機之發，榮辱之主；故曰「難為。」〕

故先王乃用蓍龜者，以自決也。〔夫以先王之聖智無所不通，猶用蓍龜以自決，況自斯以下而可以專己，自信不博謀於通識者哉？〕

十二、符言第十二

〔發言必驗有若符契，故曰「符言」。〕

安、徐、正、靜，其被節先肉。〔被，及也。肉，肥也。謂饒裕也。言人若居位能安、徐、正、靜，則所及之節度，無不饒裕也。（按：「先肉」，道藏本作「無不肉」。）〕

善與而不靜，虛心平意，以待傾損。〔言人君善與事接而不安靜者，但虛心平意以待之，傾損之期必至矣。〕

右（按：「右」，道藏本作「有」，下並同）主位。〔主於位者，安、徐、正、靜而已。〕

目貴明，耳貴聰，心貴智。〔目明則視無不見，耳聰則聽無不聞，心智則思無不通。此三者無壅，則何措而非當也？〕

以天下之目視者，則無不見；以天下之耳聽者，則無不聞；以天下之心思（按：「心」，《鄧析子》作「智」，道藏本無「思」字）慮者，則無不知。〔昔在帝堯，聰明文思，光宅天下，蓋用此道也。〕

輻輳並進，則明不可塞。〔夫聖人不自用其聰明、思慮而任之天下，故明者為之視、聰者為之聽、智者為之謀，若雲從龍、風從虎、沛然莫之能禦，輻輳並進則亦宜乎！若日月之照臨，其可塞哉？故曰：「明不可塞」也。〕

右主明。〔主於明者，以天下之目視也。〕

德之術曰：「勿堅而拒之」。〔崇德之術，在於恢宏博納。山不讓塵，故能成其高；海不辭流，故能成其深；聖人不拒眾，故能成其大。故曰：「勿堅而拒之」也。〕

許之則防守，拒之則閉塞。〔言許而容之，眾必歸而防守；拒而逆之，眾必違而閉塞。歸而防守，則危可安；違而閉塞，則通更壅。夫崇德者，安可以不宏納哉？〕

高山仰止可極，深淵度之可測。神明之德術，正靜其莫之極。〔高莫過山，猶可極；深莫過淵，猶可測。若乃神明之德術正靜，迎之不見其前，隨之不見其後，其可測量哉？〕

右主德。〔主於德者，在於含宏而勿距也。〕

用賞貴信，用刑貴正。〔賞信，則立功之士致命捐生；刑正，則更戮之人沒齒無怨。（按：「更」，道藏本作「受」）〕

賞賜貴信，必驗耳目之所聞見。其所不聞見者，莫不暗化矣。〔言施恩行賞，耳目所聞見，則能驗察不謬，動必當功。如此，則信在言前，雖不聞見者，莫不暗化也。〕

誠暢於天下神明，而況奸者干君？〔言每賞必信，則至誠暢於天下，神明保之如赤子，天祿不傾如泰山，又況不逞之徒而欲奮其奸謀干於君位者哉！此猶腐肉之齒，利劍鋒接必無事

矣。〕

右主賞。〔主於賞者，貴於信也。〕

一曰天之，二曰地之，三曰人之。〔天有逆順之紀，地有孤虛之位，人有通塞之分，有天下者宜皆知之。〕

四方、上下、左右、前後、皆熒惑之處安在？〔夫四方、上下、左右、前後，皆有陰陽向背之宜，有國從事者不可不知。又熒惑，天之法星，所居災眚，吉凶尤著，故曰：「雖有明天子，必察熒惑之所在」。故亦須知之。〕

右主問。〔主於問者，須辨三才之道。〕

心為九竅之治，君為五官之長。〔九竅運為，心之所使；五官動作，君之所命。〕

為善者，君與之賞；為非者，君與之罰。〔賞善罰非，為政之大經也。〕

君因其所以求，因與之，則不勞。〔與者，應彼所求；求者，得應而悅。應求，則取施不妄；得應，則行之無怠。循性而動，何勞之有？〕

聖人用之，故能賞之。因之循理固（按：一本作「故」，《鄧析子》亦作「故」，故、固古字通。〔因求而與，悅莫大焉；雖無玉帛，勸同賞矣。然因逆理，禍莫速焉；因之循理，故能長久。〕

右主因。〔主於因者，貴於循理。〕

人主不可不周，人主不周，則群臣生亂。〔周，謂遍知物理，於理不周，故群臣亂也。〕

家於其無常也，內外不通，安知所開？〔家，猶業也，君臣既亂，故所業者無常，而內外閉塞，觸途多礙。何如知所開乎？〕

開閉不善，不見原也〔開閉即捭闔也，既不用捭闔之理，

故不見為善之源也。〕

右主周。〔主於周者，在於遍知物理。〕

一曰長目，二曰飛耳，三曰樹明。〔用天下之目視，故曰
「長目」。用天下之耳聽，故曰「飛耳」，用天下之心慮，故曰
「樹明」。〕

明知千里之外，隱微之中，是謂「洞」。天下奸，莫不暗
變。〔言用天下之心慮，則無不知，故千里之外，隱微之中，
莫不元覽。既察隱微，故為奸之徒，絕邪於心胸，故曰：「莫
不暗變更改也」。（按：道藏本正文「暗變」下有「更」字，與
注意合。）〕

右主恭。〔主於恭者，在於聰明文思。〕

循名而為，實安而完，〔實既副名，所以安全。〕

名實相生，反相為情。〔循名而為實，因實而生名；名實
不虧，則情在其中矣。〕

故曰：「名當則生於實，實生於理。」〔名當自生於實，實
立自生於理。〕

理生於名實之德，〔無理不當，則名實之德自生也。〕

德生於和，和生於當。〔有德必和，能和自當。〕

右主名。〔主於名者，在於稱實。〕

十三、轉丸、胠亂（失傳的說明）

（按：「亂」當作「篋」，一本作「轉丸第十三」、「胠篋第
十四」下注亡字）二篇皆亡。〔或有取莊周《胠篋》而充次第
者。按鬼谷之書崇尚計謀、祖述聖智；而莊周《胠篋》乃以聖
人為大盜之資，聖法為桀蹠之失，亂天下者聖人之由也。蓋欲
縱聖棄智，驅一代於混茫之中，殊非此書之意。蓋無取焉。或
曰《轉丸》、《胠篋》者，《本經》、《中經》是也。（按：唐·

右側直書：

鬼谷子辦學以中華聖祖黃帝《陰符經》、老子《道德經》創立道家文化經典和黃帝、老子秘傳丹道養生為核心教育內容暨鬼谷子傳承黃帝、老子道學與道家內丹養生和縱橫家主要著作

趙蕤《長短經・反經》篇，引《鬼谷子》曰：「將為胠篋，探囊發匱之盜，為之守備，則必攝緘縢，固扃鐍，此代俗之所謂智也。然而巨盜至，則負匱揭篋，擔囊而趨，唯恐緘縢扃鐍之不固也。然則，向之所謂智者，有不為盜積者乎？其所謂聖者，有不為大盜守者乎？何以知其然耶？昔者，齊國鄰邑相望，雞狗之音相聞，罔罟之所布，耒耨之所刺，方二千餘里。闔四境之內，所以立宗廟社稷，治邑屋州閭鄉里者，曷常不法聖人哉？然而，田成子一朝殺齊君，而盜其國。所盜者豈獨其國耶？並與聖智之法而盜之。故田成子有乎盜賊之名，而身處堯舜之安，小國不敢非，大國不敢誅，十二代而有齊國。則是不乃竊齊國，並與其聖智之法，以守其盜賊之身乎？蹠之徒問於蹠曰：盜亦有道乎？蹠曰：何適而無有道耶？夫妄意室中之藏聖也；入先，勇也；出後，義也，知可否智也；分均，仁也；五者不備而能成大盜者，天下未之有也。由是觀之，善人不得聖人之道不立，盜蹠不得聖人之道不行。天下之善人少，而不善人多，則聖人之利天下也少，而害天下也多矣。」

　　其文與莊子小異，即注所云：「或有取莊周《胠篋》而充次第者也。」竊疑鬼谷篇目既經陶弘景刪定，不應唐世尚有此篇。趙蕤生於開元，與尹知章同時，可為是尹非陶之證，錄之以俟博考。）〕

十四、本經陰符七術

〔陰符者，私志於內，物應於外，若合符契。故曰「陰符」。由本以經末，故曰「本經」。〕

盛神法五龍。〔五龍，五行之龍也。龍則變化無窮，神則陰陽不測，故盛神之道，法五龍也。〕

盛神中有五氣，神為之長，心為之舍，德為之大。養神之

所，歸諸道。〔五氣，五臟之氣也，謂精神、魂、魄、志也。神居四者之中，故為之長。心能含容，故為之舍；德能制御，故為之大。然則養神之所宜，歸之於道也。〕

道者天地之始，一其紀也。物之所造，天之所生。包宏無形化氣。先天地而成，莫見其形，莫知其名。謂之「神靈」。〔無名天地之始，故曰「道者，天地之始」也。道始所生者一。故曰「一其紀」也。言天道混成，陰陽陶鑄，萬物以之造化，天地以之生成，包容宏厚，莫見其形。至於化育之氣，乃先天地而成，不可以狀貌詰，不可以名字尋，妙萬物而為言是以謂之「神靈」也。〕

故道者，神明之源，一其化端，是以德養五氣，心能得一，乃有其術。〔神明裏道而生，故曰「道者，神明之源」也。化端不一，則有時不化，故曰「一其化端」也。循理有成謂之德，五氣各能循理則成功可致，故曰「德養五氣」也。一者，無為而自然者也。心能無為，其術自生，故曰「心能得一」，乃有其術也。〕

術者，心氣之道所由舍者，神乃為之使。〔心氣合自然之道，乃能生術，術者道之由舍，則神乃為之使。〕

九竅、十二舍者，氣之門戶、心之總攝也。生受於天，謂之真人。真人者，與天為一。〔十二舍者，謂目見色、耳聞聲、鼻臭香、口知味、身覺觸、意思事，根境互相停舍，舍有十二，故曰「十二舍」也。氣候由之出入，故曰「氣之門戶」也。唯心之所操舍，故曰「心之總攝」也。凡此皆受之於天，不虧其素，故曰「真人」。真人者，體同於天，故曰「與天為一」也。〕

內修煉而知之，謂之聖人。聖人者，以類知之。〔內修煉謂假學而知者也。然聖人雖聖，猶假學而知，假學即非自然，

故曰「以類知之」也。〕

故人與一生，出於物化。〔言人相與生在天地之間，得其一耳。但既出之後，隨物而化，故有不同也。〕

知類在竅，有所疑惑，通於心術，心無其術，必有不通。〔竅，謂九竅也。言知事類，在於九竅。然九竅之所礙，必與心術相通，若乃心無其術，術必不通也。〕

其通也，五氣得養，務在舍神，此謂之化。〔心術能通，五氣自養；然養五氣者，務令神來歸舍；神既來舍，自然隨理而化也。〕

化有五氣者，志也、思也、神也、德也，神其一長也。靜和者，養氣，（按：道藏本有「養」字）氣得其和，四者不衰，四邊威勢，無不為，存而舍之，是謂神化歸於身，謂之真人。〔言能化者，在於全五氣，神其一長者。言能齊一志、思，而君長之。神既一長，故能靜和而養氣。氣既養，德必和焉。四者謂，志、思、神、德也。是四者能不衰，則四邊威勢，無有不為，常存而舍之，則神道變化自歸於身，神化歸身可謂「真人」也。〕

真人者，同天而合道，執一而養產萬類，懷天心，施德養，無為以包志慮、思意，而行威勢者也。士者，通達之，神盛乃能養志。〔一者，無為也，言真人養產萬類，懷抱天心施德養育，皆以無為為之，故曰：「執一而養產萬類」。至於志、意、思、慮，運行威勢，莫非自然，循理而動，故曰「無為以包」也。然通達此道，其唯善為士者乎？既能盛神，然後乃可養志也。〕

養志法靈龜。〔志者察是非，龜能知吉凶，故曰：「養志法靈龜」。〕

養志者，心氣之思不達也。〔言以心氣不達，故須養志以

求通也。〕

有所欲，志存而思之。志者，欲之使也。欲多則心散，心散則志衰，志衰則思不達。〔此明縱慾者，不能養氣志；故所思不達也。〕

故心氣一則欲不徨，欲不徨則志意不衰，志意不衰則思理達矣。〔此明寡慾者，能養其志，故思理達矣。〕

理達則和通，和通則亂氣不煩於胸中。〔和通，則莫不調暢，故亂氣自消。〕

故內以養志，外以知人，養志則心通矣，知人則職分明矣。〔心通，則一身泰；職明，則天下平。〕

將欲用之於人，必先知其養氣志，知人氣盛衰，而養其志氣，察其所安，以知其所能。〔將欲用之於人，謂以「養志之術」，用人也。養志則氣盛，不養則氣衰。盛衰既形，則其所安，所能可知矣。然則善於養志者，其唯寡慾乎！〕

志不養，則心氣不固；心氣不固，則思慮不達；思慮不達，則志意不實；志意不實，則應對不猛；應對不猛，則志失而心氣虛；志失而心氣虛，則喪其神矣；〔此明喪神始於志不養也。〕

神喪則彷彿；彷彿，則參會不一。〔彷彿，不精明之貌；參會，謂志、心、神三者之交會也。神不精明，則多違錯，故參會不得其一也。〕

養志之始，務在安己；己安，則志意實堅；志意實堅，則威勢不分。神明常固守，乃能分之。〔安者，謂寡慾而心安也。威勢既不分散，神明常來固守，如此則威積而勢震物也。上分謂散亡也，下分謂我有其威而能動彼，故曰「乃能分」之也。〕

實意法螣蛇。〔意有委曲，蛇能屈伸，故實意者法螣蛇

也。〕

實意者，氣之慮也。〔意實則氣平，氣平則慮審，故曰「實意者氣之慮」也。〕

心欲安靜，慮欲深遠，心安靜則神策生，（按：「神策生」，道藏本作「神明榮」。）慮深遠則計謀成；神策生則志不可亂；計謀成則功不可間。〔智不可亂，故能成其計謀；功不可間，故能寧其邦國。〕

意慮定則心遂安，心遂安，則所行不錯，神自得矣，得則凝。〔心安則無為而順理，不思而元覽，故心之所行不錯，神自得之，得則無不成矣。凝者，成也。〕

識氣寄，奸邪而倚之，詐謀（按：道藏本「邪」下、「謀」下並有「得」字，）而惑之，言無由心矣。〔寄，謂客寄，言識氣非真，但客寄耳。故奸邪得而倚之，詐謀得而惑之，如此則言皆胸臆，無復由心矣。〕

故信心術，守真一而不化，待人意慮之交會，聽之候也。〔言心術誠明而不虧，真一守固而不化，然後待人接物，彼必輸誠盡意。智者慮能，明者獻策，上下同心，故能謀慮交會也。用天下之耳聽，故物候可知矣。〕

計謀者，存亡之樞機。慮不會，則聽不審矣，候之不得。計謀失矣，則意無所信，虛而無實。〔計得則存，計失則亡，故曰「計謀者存亡之樞機」。慮不合物，則聽者不為己，聽故聽不審矣。聽既不審，候豈得哉？乖候而謀，非失而何？計既失矣，意何所信？唯有虛偽，無復誠實也。（按：注「計既失矣」十七字道藏本缺。）〕

故計謀之慮，務在實意，實意必從心術始，〔實意則計謀得，故曰務在實意，實意由於心安，故曰：「必在心術始」也。（按：道藏本誤以此節正文為注，又缺注「實意」以下十八

字。)〕

　　無為而求安靜，五臟和通六腑，精神魂魄固守不動，乃能內視、反聽、定志，慮之太虛，待神往來。〔言欲求安心之道，必先寂淡無為，如此則五臟安靜、六腑和通，精神魂魄各守所司，淡然不動，則可以內視無形，反聽無聲。志慮宅，太虛至，神明千萬，往來歸於己也。（按：「宅」，道藏本作「定」。）〕

　　以觀天地開闢，知萬物所造化，見陰陽之終始，原人事之政理，不出戶而知天下，不窺牖而見天道。不見而命，不行而至，〔唯神也寂然不動，感而遂通天下之故。能知於不知、見於不見，豈待出戶窺牖然後知見哉？同於不見而命，不行而至也。〕

　　是謂「道」，知以通神明，應於無方而神宿矣。〔道，無思也，無為也。然則「道知」者，豈用知而知哉？以其無知，故能通神明，應於無方而神來舍矣。宿，猶舍也。〕

　　分威法伏熊。〔精虛動物謂之威，發近震遠謂之分，熊之搏擊，必先伏而後動，故分威法伏熊也。〕

　　分威者，神之覆也。〔覆，猶衣被也。神明衣被，然後其威可分也。〕

　　故靜意固志，神歸其舍，則威覆盛矣。〔言致神之道，必須靜意固志，自歸其舍，則神之威覆隆盛矣。舍者，志意之宅也。〕

　　威覆盛，則內實堅；內實堅，則莫當；莫當，則能以分人之威，而動其勢，如其天。〔外威既盛，則內志堅實，表裡相副，誰敢當之？物不能當，則我之威分矣；威分勢動，則物皆肅然，畏敬其人若天也。〕

　　以實取虛，以有取無，若以鎰稱銖。〔言威勢既盛，人物

肅然。是我實有而彼虛無,故能以我實取彼虛、以我有取彼無其取之也,動必相應,猶稱銖以成鎰也。24 銖為兩,24 兩為鎰也。〕

故動者必隨,唱者必和。撓其一指,觀其餘次,動變見形,無能間者。〔言威分勢震靡物猶風,故能動必有隨,唱必有和。但撓其指,以名呼之,則群物畢至。然徐徐以次觀其餘眾,循性安之,各令得所。於是風以動之,變以化之,猶泥之在鈞,群器之形自見。如此則天下樂推而不厭,誰能間之也?〕

審於唱和,以間見間,動變明而威可分也。〔言審識唱和之理,故能有間必知。我既知間,故能見間,而既見間,即莫能間,故能明於動變,而威可分也。〕

將欲動變,必先養志,伏意以視間。〔既能養志、伏意,視知其間,則變動之術可成矣。〕

知其固實者,自養也。讓己者,養人也。故神存兵亡,乃為之形勢。〔謂自知志意固實者,此可以自養也。能行禮讓於己者,乃可以養人也。如此則神存於內,兵亡於外,乃可為之形勢也。〕

散勢法鷙鳥。〔勢散而物服,猶鳥擊禽獲,故散勢法鷙鳥也。〕

散勢者,神之使也。〔勢由神發,故勢者神之使也。〕

用之,必循間而動。〔無間則勢不行,故用之必循間而動。〕

威肅、內盛,推間而行之,則勢散。〔言威勢內盛,行之又因間而發,則其勢自然布散也。〕

夫散勢者,心虛志溢。〔心虛則物無不包,志溢則事無不決,所以能散其勢。〕

意衰威失，精神不專，其言外而多變。〔志意衰微而失勢，精神挫衄而不專，則言疏外而多譎變也。〕

故觀其志意為度數，乃以揣說圖事，盡圓方、齊短長。〔知其志意隆替，然後為之度數。度數既立，乃復揣而說之。其圖事也，必盡圓方之理，齊短長之用也。〕

無間則不散勢者，（按：道藏本「者」上有「散字」，盧抱經先生云：「疑不散下勢字不當有，下句作散者為是」。）待間而動，動而勢分矣。〔散不得間，則勢不行。故散勢者，待間而動；動而得間，勢自分矣。〕

故善思間者，必內精五氣，外視虛實，動而不失分散之實。〔五氣內精，然後可以外察虛實之理，虛實之理不失則必可知。其有間，故能不失分散之實也。〕

動則隨其志意，知其計謀。〔計謀者，志意之所成，故隨其志意，以知其計謀也。〕

勢者，利害之決，權變之威。勢敗者，不以神肅察也。〔神不肅察，所以勢敗（按：「敗」字疑「散」字之誤。）〕

轉圓（按：孫季述云疑即「轉丸」。）法猛獸。〔言聖智之不窮，若轉圓之無止；轉圓之無止，猶獸威無盡，故轉圓法猛獸也。〕

轉圓者，無窮之計也。無窮者，必有聖人之心，以原不測之智，而通心術。〔聖心若鏡，物感斯應，故不測之智，可原心術之要可通也。〕

而神道混沌為一，以變論萬類，說義無窮。〔既以聖心原不測，通心術，故雖神道混沌，如物杳冥，而能論萬類之變，說無窮之義也。〕

智略計謀，各有形容，或圓或方、或陰或陽、或吉或凶，事類不同。〔事至然後謀興，謀興然後事濟。事無常準，故形

鬼谷子辦學以中華聖祖黃帝《陰符經》、老子《道德經》創立道家文化經典和黃帝、老子秘傳丹道養生為核心教育內容暨鬼谷子傳承黃帝、老子道學與道家內丹養生和縱橫家主要著作

269

容不同。圓者運而無窮，方者止而有分；陰則潛謀未兆，陽則功用斯彰。吉則福至，凶則禍來。凡此事皆反覆，故曰「事類不同」也。（按：注「動」，道藏本作「彰」。）〕

故聖人懷此用，轉圓而求其合。〔此謂所謀圓方以下六事，既有不同，或多乖謬，故聖人懷轉圓之思，以求順通合也。〕

故與造化者，為始，動作無不包大道，以觀神明之域。〔聖人體道以為用，其動也神，其隨也天，故與造化其初動作，先含大道之理，以稽神明之域。神道不違，然後發號施令也。〕

天地無極，人事無窮，各以成其類。見其計謀，必知其吉凶、成敗之所終。〔天地則獨長且久，故無極；人事則吉凶相生，故無窮。天地以日月不過、陵谷不遷為成，人事以長保元亨、考終厥命為成，故見其事之成否，則知其計謀之得失，知其計謀之得失，則吉凶成敗之所終，皆可知也。〕

轉圓者，或轉而吉，或轉而凶。聖人以道先知存亡，乃知轉圓而從方。〔言吉凶無常準，故取類轉圓。然唯聖人坐忘遺鑒，體同乎道，故能先知存亡之所在，乃後轉圓而從其方，棄凶而趨吉，方謂吉之所在也。〕

圓者，所以合語；方者，所以錯事。轉化者，所以觀計謀；接物者，所以觀進退之意。〔圓者，通變不窮，故能合彼此之語；方者，分位斯定，故可以錯有為之事。轉化者，改禍為福，故可以觀計謀之得失；接物者，順通人情，故可以觀進退是非之事也。〕

皆見其會，乃為要結，以接其說也。〔謂上四者，必見其會通之變，然後總其綱要以結之，則情偽之說可接引而盡矣。〕

損兌法靈蓍〔老子曰：「塞其兌。」河上公曰「兌，目也。」

莊子曰：「心有眼。」然則兌者，謂以心眼察理也；損者，謂減損他慮專以心察也。兌能知得失，著能知休咎，故「損兌法靈著」也。〕

損兌者，機危之決也。〔幾危之兆，動理之微，非心眼莫能察見，故曰：「損兌者，機危之決」也。〕

事有適然，物有成敗。機危之動，不可不察。〔適然者，有時而然也，物之成敗有時而然。機危之動，自微至著，若非情識遠深，知機元覽，則不能知於未兆、察於未形。使風濤潛駭危機密發，然後河海之量堙為窮流，一 之積疊成山岳。不謀其始，雖悔何追。故曰：「不可不察」也。〕

故聖人以無為待有德，言察辭合於事。〔夫聖人者，勤於求賢，密於任使，故端拱無為，以待有德之士。士之至也，必敷奏以言，故曰「言察辭」也。又當明試以功，故曰「合於事」也。〕

兌者，知之也。損者，行之也。〔用其心服，故能知之；減損他慮，故能行之。〕

損之說之，物有不可者，聖人不為之辭。〔言減損之說，及其所說之物，理有不可，聖人不生辭以論之也。〕

故智者不以言失人之言，故辭不煩，而心不虛；志不亂，而意不邪。〔智者聽輿人之訟，採芻蕘之言，雖復辨周萬物，不自說也，故不以己能言而棄人之言。既用眾言，故辭當而不煩，還任眾心，故心誠而不偽。心誠言當，志意豈復亂邪哉。（按：注「訟」，道藏本作「頌」，「訟」、頌古字通。）〕

當其難易，而後為之謀，因自然之道以為實。〔夫事變而後謀生，改常而後計起，故必當其難易之際，然後為之計。謀失自然之道，則事廢而功虧，故必因自然之道，以為用謀之實也。〕

圓者不行，方者不止，是謂「大功」。益之損之，皆為之辭。〔夫謀之妙者，必能轉禍為福，因敗成功，沮彼而成我也。彼用圓者，謀令不行；彼用方者，謀令不止。然則圓行方止，理之常也。吾謀既發，彼不得守其常，豈非大功哉！至於謀之損益，皆為生辭以論其得失也。〕

用分威散勢之權，以見其兌威其機危，乃為之決。〔兌所以能分威散勢者，心眼之由也。心眼既明，機危之威可知之矣。既知之，然後能決之也。〕

故善損兌者，譬若決水於千仞之堤，轉圓石於萬仞之谷。（按：「而能」以下十二字道藏本缺）而能行此者，形勢不得不然也。〔言善損慮以專心眼者，見事審得理明，意決而不疑，志雄而不滯，其猶決水轉石，誰能當御哉？〕

十五、持　樞

〔樞者，居中以運外，處近而制遠，主於轉動者也。故天之北辰，謂之「天樞」；門之運轉者，謂之「戶樞」。然則，持樞者，執運動之柄以制物者也。〕持樞，謂春生、夏長、秋收、冬藏，天之正也。〔言春、夏、秋、冬四時運行，不為而自然也。不為而自然，所以為正也。〕不可干而逆之。逆之者，雖成必敗。〔言理所必有物之自然，靜而順之，則四時行焉，萬物生焉。若乃干其時令，逆其氣候，成者猶敗，況未成者乎？元亮曰：「含氣之類，順之必悅，逆之必怒，況天為萬物之尊而逆之乎？」〕故人君亦有天樞，生養成藏，〔言人君法天以運動，故曰「亦有天樞」。然其生、養、成、藏，天道之行也，人事之正亦復不別耳。〕亦不可干而逆之，逆之者，雖盛必衰。此天道人君之大綱也。〔言干天之行，逆人之正，所謂倒置之，故曰「逆非衰而何？」〕此持樞之術，恨太簡促，暢

〔理不儘，或簡篇脫爛，本不能全故也。〕

十六、中　經

〔謂由中以經外，發於心本，以彌縫於物者也，故曰「中經」。〕

中經，謂振窮趨急，施之能言厚德之人。救拘執，窮者不忘恩也。〔振，起也；趨，向也。物有窮急，當振趨而向護之。及其施之，必在能言之士、厚德之人。若能救彼拘執，則窮者懷德，終不忘恩也。〕

能言者，儔善博惠；〔儔，類也。謂能言之士解紛救難；不失善人之類，而能博行恩惠也。〕

施德人者，依道；〔言施德之人，動能循理，所為不失道也。〕

而救拘執者，養使小人。〔言小人在拘執，而能救養之，則小人可得而使也。〕

蓋士，遭世異時危，或當因免填坑，或當伐害能言，或當破德為雄，或當抑拘成罪，或當戚戚自善，或當敗敗自立。〔填坑，謂時有兵難轉死溝壑。士或有所因，而能免斯禍者，伐害能言，謂小人之道長讒人罔極，故能言之士，多被殘害。破德為雄，謂毀文德，崇兵戰。抑拘成罪，謂賢人不辜，橫被縲絏，戚戚自善，謂天下蕩蕩無復紀綱，而賢者守死善道，貞心不渝，所謂歲寒然後知松柏之後凋風雨如晦，雞鳴不已者也。敗敗自立，謂天未悔過，危敗相仍，君子窮而必通，終能自立，若管敬仲者也。（按：「悔過」，道藏本作「悔禍」。）〕

故道貴制人，不貴制於人也（按：「於人」下錢本缺「一」字）制人者握權，制於人者失命。〔貴有術而制人，不貴無術而為人所制者也。〕

是以見形為容，象體為貌，聞聲知音，解仇鬥郤，綴去卻語，攝心守義。〔此總其目，下別序之。〕

本經紀事者紀道數，其變要在《持樞》、《中經》。〔此總言《本經》、《持樞》、《中經》之義，言《本經》紀事但紀道數而已。至於權變之要，乃在《持樞》、《中經》也。〕

見形為容，象體為貌者，謂爻為之生（按：「生」，道藏本作「主」。）也。〔見彼形，象彼體，即知其容貌者，謂用爻卦占卜而知也。〕

可以影響、形容、相貌而得之也。〔謂彼人之無守，故可以影響、及貌占而得之。〕

有守之人，目不視非，耳不聽邪，言必《詩》、《書》，行不淫僻，以道為形，以德為容，貌莊色溫，不可象貌而得之。如是隱情塞郤而去之。〔有守之人，動皆正直，舉無淫僻，浸昌浸盛，輝光日新，雖有辯士之舌，無從而發，故隱情、塞郤、閉藏而去之。（按：「浸昌浸盛」，道藏本作「厥後昌盛」。）〕

聞聲知音者，謂聲氣不同，恩愛不接。故商、角不二合，徵、羽不相配。〔商金、角木、徵火、羽水，遞相剋食，性氣不同，故不相配合也。〕

能為四聲主者，其唯宮乎？〔宮則土也，土主四季，四者由之以生，故能為四聲之主也。〕

故音不和則悲，是以聲散傷丑害者，言必逆於耳也。〔散傷丑害，不和之音；音氣不和，必與彼乖，故其言必逆於耳。〕

雖有美行盛譽，不可比目，合翼相須也，此乃氣不合、音不調者也。〔言若音氣乖彼，雖行譽美盛，非彼所好，則不可如比目之魚、合翼之鳥兩相須也，其有能令兩相交應不與同氣者乎？〕

執（按：道藏本作「解」）仇鬥郄，謂解羸徵（按：道藏本作「微」，注並同）之仇。鬥郄者，鬥強也。〔辯說之道，其猶張弓；高者抑之，下者舉之。故羸徵為仇，從而解之；強者為郄，從而鬥之也。（按：正文作「徵」，注作「微」未知孰是。）〕

強郄既鬥，稱勝者高其功，盛其勢也。〔鬥而勝者，從而高其功、盛其勢也。〕

弱者哀其負、傷其卑，污其名，恥其宗。〔鬥而弱者，從而哀其負劣，傷其卑小污，下其名，恥辱其宗也。〕

故勝者，聞其功勢，苟進而不知退；〔知進而不知退，必有亢龍之悔。〕

弱者聞哀其負，見其傷則強大力倍，死者是也。〔弱者聞我哀傷，則勉強其力，倍意致死，為我為是也。〕

郄無強大，禦無強大，則皆可脅而併。〔言雖為郄，非能強大；其於捍禦，亦非強大。如是者，則以兵威脅令從己。而併其國也。〕

綴去者，謂綴己之系言，使有餘思也。〔系，屬也，謂己令去，而欲綴其所屬之言，令後思而同也。〕

故接貞信者，稱其行，歷其志，言可為可復，會之期喜。〔欲令去後有思，故接貞信之人則稱其行之盛美，歷其志令不怠。謂此美行，必可常為，必可報復，會通其人，必令至於喜悅也。〕

以他人庶，引驗以結往，明款款而去之。〔言既稱行歷志令其喜悅，然後以他人庶幾於此行者，引之以為成驗，以結己往之心，又明己款款至誠，如是而去之必思己而不忘也。〕

卻語者，察伺短也。〔言卻語之道，必察伺彼短也。〕

故言多必有數短之處，識其短驗之。〔言多不能無短，既

察其短，必記識之，取驗以明也。〕

動以忌諱，示以時禁。〔既驗其短，則以忌諱動之，時禁示之〕

其人恐畏，（按：道藏本作「其人因以懷懼」，誤作注文。）然後結信以安其心，收語蓋藏而卻之，〔其人既以懷懼，必有求服之情，然後結以誠信，以安其懼，以收其向，語蓋藏而卻之，則其人之恩感，固以深矣。〕

無見己之所不能於多方之人。〔既藏向語，又戒之曰：勿於多方人前見其所不能也。〕

攝心者，謂逢好學技術者，則為之稱遠；〔欲將攝取彼心，見其好學技術，則為作聲譽令遠近知之也。〕

方驗之道，警以奇怪，人繫其心於己。〔既為作聲譽，方且以道德驗其技術，又以奇怪從而警動之，如此則彼人必繫其心於己也。〕

效之於人驗，去亂其前，吾歸誠於己。〔人既繫心於己，又效之於時人，驗之於往賢，然後更理其目前所為謂之曰：「吾所以然者，歸誠於彼人之己，如此則賢人之心可得而攝」。亂者，理也。〕

遭淫酒色者，為之術音樂動之，以為必死，生日少之憂。〔言將欲探愚人之心，見淫酒色者，為之術音樂之可說。又以過於酒色，必之死地，生日減少，以此可憂之事以感動之也。（按：探，道藏本作「攝」，下同。）〕

喜以自所不見之事，終可以觀漫瀾之命，使有後會。〔又以音樂之事，彼所不見者，以喜悅之，言終以可觀，何必淫於酒色？若能好此，則性命漫瀾而無極，然後終會於永年。愚人非可以道勝說，故惟音樂可以探其心。〕

守義者，謂以人，探其在內以合也。〔義，宜也。探其

心，隨人所宜，遂所欲以合之也。〕

探心深得其主也。從外制內，事有繫曲而隨之。〔既探知其心，所以得主深也。得心既深，故能從外制內，內由我制，則何事不行？故事有所屬，莫不由曲而隨已也。〕

故小人比人則左道，而用之至能敗家奪國。〔小人以探心之術來比於君子，必以左道用權。凡事非公正，皆曰「小人」。反道亂常，害賢伐善，所用者左，所遵者公，百度昏亡，萬機曠紊，家敗國奪，不亦宜乎！〕

非賢智，不能守家以義，不能守國以道。聖人所貴道微妙者，誠以其可以轉危為安，救亡使存也。（按：道藏本有注「道，謂中經之道也」七字。）

第十節　鬼谷子著老子親傳弟子《尹真人內傳》

按　語

《關令尹喜內傳》，始著錄於《隋書·經籍志》史部，署名鬼谷先生撰。《舊唐書·藝文志》亦著錄。唐代王懸河的《三洞珠囊》引錄有《文始先生無上真人關令內傳》，並注為「鬼谷先生撰」。有的學者認為成書於晉代或南北朝。尹喜，字公度，號樓觀，又號文始先生，傳說其母晝寢，夢天降絳霄，流繞其身。至其生時，家中地上長出蓮花。曾官至周大夫。其人結草為樓，仰觀天象，精思致道，故號為「樓觀」。傳說尹喜知聖人將出關，自求為函谷關令，老子過關時，留老子為師。老子授他內丹、外丹、守三一、療思諸法，以及太清上法、三洞真經、靈寶符圖、太玄等，還以《道德經》相授。三年修煉期間，以老子所說理國修身之要，編為《西升經》。三年之後，

於成都青羊肆尋到老子，被授予無上真人，法號文始先生，隨老子遊觀天上人間。後為印度國國師。其所著為《關尹子》。主要主張為「不為外物所擾，象鏡，貴清」，要效法自然，遵循大道。莊子將關尹和老聃一並贊為「博大真人」。

本篇所記為老子過關、尹喜拜師、老子懲負心人徐甲、尹喜青羊肆尋師、老子化胡等事。

文中著重宣傳了道家的理論原則，即推崇自然、清靜無為和齋戒、中食。闡發了貪心短壽、心誠得道、作惡受罰的道理，主張以「道」來普度眾生，反映了道家的理論和觀點。該書舊題鬼谷先生撰，其中以老子和尹喜為主要人物，記述了一些稀奇古怪的故事。完全屬於杜撰虛構，是典型的偽托之作。

前道教協會會長陳攖寧先生在評論鬼谷子時稱：「既服膺太公之學，而自隱其姓名，不欲表現於世，……敝屣功利，遁跡山林，恬淡自守。……將其列入《道藏》，可謂名副其實。」本書又把鬼谷子與老子、關尹子連在一起，這是道家把鬼谷子納入道教人物的又一實例。

原　文

周無極元年，歲在癸丑，冬十有二月二十五日，老子之度關也⑴，關令尹喜敕⑵門吏曰：「若有老公從東來，乘青牛薄板車者勿聽⑶過關」在後果見老公如是求度關，關吏不許，以關令⑷之言白之，老公曰：「吾家在關東，而田在關西，欲往採樵，幸⑸聽⑹度之。」關吏再⑺不許，入白關令。令即出迎，設弟子之禮，老公故辭欲去，關令殷勤北面⑻事⑼之，老子許之住也。

老子時有賃⑽客，姓徐，名甲，日雇錢一百。老子先與約語，當頓⑾還鄉直⑿，然須吾行達西海大秦安息國⒀歸，以黃金

頓備錢限。甲既見老子方欲遠遊，疑遂不還其直爾。時有美色女人聞甲應得多錢，密語甲曰：「何不急訟求其直？吾當為子妻。」甲惡意因成，即舉詞詣關令，訴[14]老子求錢。關令以甲詞呈老子。老子曰：「吾祿貧薄無僕役，前借此人，先語至西海大秦安息國歸頓，還黃金備直限。其何負約見訟耶？甲隨老子二百餘歲，發應還七百萬。」老子謂甲曰：「吾昔語汝至西海大秦安息國歸頓，以黃金相還。」云[15]：「何不能忍辱？今便興詞訟我？汝隨我已二百餘歲，汝命早應死，賴[16]我太玄長生符在爾身耳。」言畢見太玄長生符飛從甲口出，還在老子前，文字新明。甲已成一聚[17]白骨。

喜既見甲違心便死，意復欲見老子起死人。因曰：「喜當[18]代還此直，即具錢來伏[19]，願赦甲往罪，賜其更生。」老子愍[20]之，曰：「善，此本非吾嗔甲，甲負先心，道自去之。」老子復以向符投其枯骨，甲即還生如故。喜具為說之，甲方叩頭謝罪。老子令「還當汝直」。謝遣之也。

老子以上皇元年歲在丁卯正月十二日丙午，下[21]為周師也。周道[22]將衰，王不修德，弗能以道德治民。「此淫亂之俗不可復」師故微服[23]而行，吾將遠遊矣。」喜復作禮曰：「願大人為我著書說大道之意，喜得奉[24]而修焉。」老子以無極元年歲在癸丑十二月二十八日，日中作道德經上下兩篇，以授喜。老子辭別欲行，喜曰：「願從大人遠遊，觀化[25]天地。間可乎？」老子曰：「我行無常處，或上天，或入地，或登山，或入海，或在戎狄蠻貊非人之鄉，鬼神之邦，險難之中，觀化十方，出入無間[26]坐在立亡[27]。子以始受道，諸穢未盡，焉得隨吾遠行耶？子且止誦此二卷經萬遍，道成乃可從吾遠遊。子道欲成時自當相迎，今未得去也。」老子臨去則告曰：「子千日以後，於成都市門青羊之肆，尋吾可得矣。喜奉教誦經萬遍，千日之後，身

乃飛行，入水、蹈火並不熱溺。今道已成，乃往成都市門，青羊之肆，尋老子。」經日不見，晝夜感念。

到九日，見一人來買青羊，由是乃悟問使人曰：「子何故日日買此青羊耶？」使人答曰：「吾家有貴客，好畜青羊，故使我買之也。」喜曰：「吾昔與彼客有舊，因期[28]於此。子能為我達之不？」[29]因以珍寶獻之。使人曰：「諸君但隨我去，當為具白此意。」喜曰：「若然，白[30]客言關令尹喜在外。」使人如其言白之。老子曰：「令前。」拂衣[31]而起，登自然運華之座。問喜曰：「別後三年之中，子讀經何得？何失？」喜拜而自陳曰：「奉教誦經令喜得常存不死也。」老子曰：「子昔願從吾遠遊。道已成，可以遊觀天地八紘[32]之外也。」喜曰：「弟子宿願始申[33]矣，無復所恨。」老子於是命駕。遠遊天地之間。變化諸國也。

後入罽羅賓國門崛之山精舍中，行道。罽羅賓王出遊問曰：「此何等人？」侍者曰：「道士耳。」王曰：「道士乃幽隱在此乎？」後日復遊，見之。王曰：「何修也。可以致福？」老子曰：「齋戒、中食[34]、讀經、行道，上可得至真，不死不生，教化出入在意也。下可安國隆家，亦可從轉身得道，度世入無為。」王曰：「善哉。」

後日出遊，復見之。王曰：「道士，道法最何為貴耶？」道士曰：「吾道貴自然、清靜、無為及齋戒、行中食、燒香。可從生天，可從生王侯家得，可從道度世，以此為上。」王曰：「善，寡人欲請道士中食行道，可乎？」道士曰：「為欲請幾人耶？」王曰：「悉請也。」道士曰：「徒眾多，難可悉供也。」王笑曰：「寡人大國，何求不得，而云不能供耶？」道士曰：「吾道士固曰貧道，依附國王，致有珍寶，盡是王物。今先欲請王國人中食，以為百姓祈福可乎？」王曰：「善。但恐道士

無以供之。」道士曰：「足有供之，願王枉[35]駕。」王曰：「刻日當到。」道士遂先請。及群臣國人也，皆使仙童玉女及四方飛天[36]人，請男女一十四日都畢。

王歡曰：「貧道士尚能作大福如此，我大國何所乏無而言不能供之耶？」刻日請道士從大會。道士到皆引諸天聖，眾九品仙人，四十餘日，人來不盡。後，方日日異類，或胡[37]或傖[38]，或吳[39]楚[40]，或長或短。王倉庫已半，人猶未止，王曰：「如道士言此人眾何其多，吾誠恥[41]中殆，令無供。具。」忽生惡念，曰：「吾恐此老公是鬼魅，非賢人道士，可速收縛，積薪市中，燒殺之以示百姓。」於是遂縛老子徒眾等，老子爾時任其所作。

聚薪都市，老子語喜及諸從真人：「卿[42]但隨我上此薪上，傾國人悉來視之，終不能害我等也。」如是國人視之，其善心者皆難吒[43]：「我王何故強請道士，而中道燒之？可憐、可念。」火起沖天，國人因見老子亦放身光滿天下。老子與喜及諸真人在炭煙之中，坐蓮華之上，執道德經詠之。及火勢盛，猶在炭上坐，不去，王問：「老公已死耶？」使者曰：「老公故在炭上誦經。」

王又令沉老公深淵。後隨王入淵，入淵不溺。國人見老子放光，神龍負之，龍光亦照淵。方誦經，並不能為害。王問道士等已死乎？」使者曰：「投之深淵，龍王出負之，老公放光滿國內，復不死、不溺，當如之何？」

王曰：「燒之不死，沉之不溺，吾未如之何？」王顧謂群臣曰：「恐彼老子將天師聖人乎？今欲事之，何如？」群臣曰：「善。恐老公徒嗔，將亡國也。願王卑詞謝之。」王曰：「正爾。」自詣卻說前事謝罪云云。

老子曰：「前我語王，恐王不能供之，云云。而反燒我師

徒，何逆天無道耶？上天不許王之橫殺無辜。此乃天見我無罪，故得度險難也。天將滅王國，不久當至也。」王大謝罪，願舉國事師，不敢中怠。老子曰：「王前有惡心，今雖叩頭千下，猶未可保信，恐後有悔，當何以為誓耶？」王曰：「今以舉國男女一世不娶妻，禿易鬚髮以為盟，誓約不中悔，中悔當死為證。何如？」

老子曰：「善，爾時推尹喜為師。」令王及國人事之。王當以國事付太子伊犁。「我當修道，捨家國，求道度(44)世。」老子曰：「善，既欲棄國學道，吾留王之師號為佛，佛事無上正真之道，道有大法(46)，若王居國學道，但奉五戒(47)、十善(47)，自足致福，去卻不祥，常生人道，尊榮富貴，亦可因此得道度世，何必捨家也？」王及群臣一時稽首，師前男女同日日奉道焉。為作三法；衣守攝其心，錫杖以驚蛇蟲，乞中食為節。老子復為造九萬品經，戒令日就誦之，老子曰：「授子道既備，吾欲速遊八方。」遂還，東遊幽，演大道、自然之氣。為三法：第一曰太上無極大道，第二曰無上正真之道。第三曰太平清約之道也。

注釋

(1) 關：指函谷關。

(2) 敕：告誡。《史記》：「君臣相敕。」

(3) 聽：聽憑，任憑。「聽之任之」、「聽其自然」。

(4) 關吏：正統道藏為「官吏」當為「關令」之誤，故改為令。

(5) 幸：希望。《西門豹治鄴》：「幸來告語之，吾亦往送女。」

(6) 聽：接受。《戰國策》：「秦啟關而聽楚使。」

(7) 再：第二次。此處可作「還是」、「又」講。

(8) 北面：君主坐北朝南，臣子朝見君主須面北下拜，所

以，稱向他人稱臣者為「北面」。此處是指以弟子待教師之禮接待老子。

⑼ 事：侍奉，服侍。

⑽ 質：為人雇佣。《南史》：「家貧，每休假，輒佣質自給。」

⑾ 頓：立即，馬上。《席方平》：「一身頓健。」

⑿ 直：通「值」，工錢。

⒀ 大秦安息國：即今伊朗。

⒁ 訴：誹謗，誣告。《左傳》：「訴公於晉侯。」

⒂ 云：語助詞，無實義，用於句首，亦有用於句中、句末者。《詩經》：「云何吁矣。」《禮記》：「故聖人曰禮樂云。」

⒃ 賴：依靠。《甘薯疏序》：「時時利賴其用。」

⒄ 聚：積聚的。王勃詩：聚花如薄雪，沸水若輕雷。

⒅ 當：承擔。《論語》：「當仁不讓於師。」

⒆ 伏：下對上的敬辭。《漢書》：「臣伏計之。」

⒇ 愍：哀憐。《三國志》：「孤甚愍之。」

㉑ 下：降低身份。《信陵君竊符救趙》：「公子為人，仁而下士。」

㉒ 道：道義。《史記·陳涉世家》：「伐無道，誅暴秦。」此處應作「國運」講。

㉓ 微：隱匿。《左傳》：「白公奔山而縊，甚徒微之。」微服：隱藏身份，改換平民服裝。

㉔ 奉：雙手敬捧。《史記·廉頗藺相如列傳》：「相如奉璧奏秦王。」

㉕ 觀化：觀：考察。柳宗元《捕蛇者說》：「故為之說，以俟夫觀人風者得焉。」化：造化。《素問》：「化不可代，時不可違。」觀化，即為考察天地間萬物的造化。

⒂ 間：頃刻。《扁鵲見蔡桓公》：「扁鵲見蔡桓公，立有間。」

㉗ 亡：無，沒有。賈誼《論積貯疏》：「生之有時，而用之亡度，則物力必屈。」

㉘ 期：約會。《史記・張良列傳》：「與老人約，何後也？」

㉙ 不：通「否」。

㉚ 白：陳述、稟告。《西門豹治鄴》：「煩三老為入白之。」

㉛ 拂：甩動、抖動。《世說新語》：「拂袖而去。」

㉜ 紘：綱維。蔡邕文：「天綱縱，人紘馳。」

㉝ 申：舒展，伸直，通「伸」。《三國志》：「使己志不申。」

㉞ 中食：道教術語，修道之人必修功課具體做法不詳。

㉟ 枉：委屈。諸葛亮《隆中對》：「將年宜枉駕顧之。」

㊱ 飛天：佛教壁畫或石刻中在高空飛舞的神。

㊲ 胡：我國古代北部和西部的民族。《木蘭詩》：「但聞燕山胡騎鳴啾啾。」

㊳ 傖：田舍翁。《南史》：「彥德獨受老傖之目。」

㊴ 吳：周代諸侯國，在今長江下游一帶。

㊵ 楚：周代諸侯國，原在今湖北和湖南北部，後擴展到今河南、安徽、江蘇、浙江、江西和四川。

㊶ 恥：以……為恥。《詩經》：不醉反恥。

㊷ 卿：舊時君對臣、長輩對晚輩的敬稱。《赤壁之戰》：「權知其意，執肅手曰：卿欲何言？」朋友、夫婦等也可以「卿」作為愛稱。《孔雀東南飛》：「卿但暫還家，吾今且報府。」

㊸ 叱：高聲呵斥。《史記》：「君其試臣，何遽叱乎？」

㊹ 度：度引。《紅樓夢》：「三言兩語，把一個人度了去了。」

(46) 法：佛教用語，指教義、規範等。

(47) 五戒：就是誓禁戒條。道家有五戒：一戒違真，二戒殺生，三戒偷盜，四戒邪淫，五戒妄語，稱之為「五戒」。

(47) 十善：道家認為修道者必須修「十善」。所謂「十善」，是指：一、孝順父母，二、忠事上師，三、慈愛眾生，四、忍性容人，五、諫諍蠲惡，六、損己救人，七、放生愛物，八、修路造橋，九、濟人利物，十、教化度人。如要修到十善，即可消除「十惡」（口四惡：一綺言，二妄語，三兩舌，四惡口；心三惡：一曰貪，二曰瞋，三曰痴；身三惡；一曰殺，二曰盜，三曰淫）。

周朝無極元年十二月二十五日，是老子度函谷關的日子。這天一早，函谷關的最高行政長官尹喜對負責守門的小吏說：「今天將有一個老公公坐著青牛拉著薄板車從東來要求過關，你不要將他放過去。」沒過多久，果然有這麼一個老者請求度關。關吏不許，並將尹喜的話講給老者聽。老者說：「我的家在關東，但我的田地在關西，我想去採點樵柴，希望您能通融一下，放我過去。」關吏還是不許，並進關向尹喜作了匯報。關令尹喜馬上出關迎接，並施以弟子之禮，（請老公公留下住一段時間），但老者不答應，堅決要求讓他走。關令尹喜更加殷勤地對待他，自己北向事之，禮節非常周到。於是老子答應暫住一段時間。

老子曾雇佣了一個名叫徐甲的人作他的僕從，工錢商定為每天 100 文。兩人訂立協約時老子曾經對他說：「我會很快就給你工錢的，但是必須我西遊到達大秦安息國回來後才行，到時馬上用黃金還你工錢。」此時，徐甲看老子要遠遊，懷疑老子就此一走，不給他工錢了。正好有一個美貌女子聽說徐甲可

以得到很多錢，於是就跑去找徐甲，並說：「你為什麼不去告官？只要你把工錢要來，我就嫁給你。」於是徐甲惡念頓生，寫了一張狀子遞到關令尹喜那裡，控告老子欠他工錢，要求馬上償還。

君喜將狀詞遞呈老子。老子說：「我的俸祿較少，沒有什麼僕從。前段時間，我雇佣了這個人，當初曾經講好我西遊大秦安息國回來後，馬上用黃金償付工錢。他為什麼反悔並來告我呢？」徐甲跟隨老子已有二百餘年，應償付他工錢七百多萬錢。老子就對徐甲說：「當初我曾跟你講好我西遊到大秦安息國回來後，馬上就用黃金算還你的工錢，為何你不能再等一段時間，卻寫狀詞來告我？你跟隨我已有二百多年，你的命限早就到頭，本當死去，只是全靠我的太玄長生符在你身上罷了。」說完，就見那太玄長生符從徐甲口中飛出，落於老子身前，上面的文字新鮮、清楚。再看那徐甲，早已成為一堆白骨。

尹喜看到徐甲因為做了違心的事便死去，便有意觀看一下老子讓死人回生的本領，便說：「我願意承擔償還這些工錢，馬上就拿錢來，請您赦免他以前的過錯，讓他復活吧！」老子心中也早有憐憫之心，說：「這本來也不是我責怪他，只是他做了違心的事，道就從他身上消失了。」於是老子又把那太玄長生符投向那堆枯骨，徐甲馬上又成為一個活生生的人。

尹喜把發生的事向徐甲詳細地復述了一遍，徐甲叩頭謝罪，老子說：「還你的工錢。」徐甲辭謝不受，老子還其值，把他打發走了。

老子於上皇元年正月十二日，做了周朝的國師。「周朝國運衰微，周王不注重修養，不能做到以道德治理天下，這種淫亂的風俗萬萬不可以重視。」所以，老子想微服而周遊天下。「我將要遠遊去了。」尹喜再三施禮說：「希望您能給我寫部

書，以闡說大道的具體內涵，這樣，我就可以早晚奉誦研讀了。」於是，老子就在周無極元年十二月二十八日中午時分，作成《道德經》上下兩卷，贈送給了尹喜。

老子告辭欲行，尹喜說：「我希望能跟您一起去遠遊，以觀察天地間萬物之變化，不知可以嗎？」老子說：「我行蹤不定，有時上天，有時入地，有時登山，有時下海，有時又在戎狄蠻貊之所、非人之鄉、鬼神之邦，處於各種危難之中觀化四方，出入沒有什麼時間、通道的限制，坐的時候還在，等我站起來就沒有了。你才剛剛開始接受、修習道，各種風俗之物尚在，怎麼能跟我遠遊於天地之間？你先誦讀這二卷經書，過一萬遍後道即可成，到那時你就可以跟我一起遠遊了，到時我會來找你，現在你還不能跟我同去。」臨走之前又說：「你於千日後到成都市門的青羊肆中去找我就行了。」於是尹喜就將《道德經》誦讀了萬餘遍，一千天以後，就可在空中飛行，入水蹈火也淹不死、燒不著。「道」終於練成了。於是就動身去往成都市門的青羊之肆去找老子。但是卻整天見不到老子到來，便愈加思念，日思夜想。

一直到第九天上，見到一個人來買青羊，於是就感悟到了，問買羊人：「你為什麼天天買這種青羊？」買羊人說：「我家中住著一個貴客，喜愛餵養青羊，所以就讓我來買。」尹喜就說：「我以前曾與你這位貴客有過一段交往，所以相約在此地見面，你能為我傳個話嗎？」並把自己的珍寶送給了他。買羊人說：「好，你儘管跟我走，我一定會為你詳細稟告。」尹喜說：「如果是這樣，你就給他講：關令尹喜在外面即可。」

買羊人果然按此稟告了老子。老子說：「讓他來。」抖動衣袖，長立而起，登上自然蓮花之座，問尹喜：「在你我別後這三年之中，你誦讀經書有什麼體會、收穫？又失去了些什

麼？」尹喜拜了一下，說：「遵奉您的教導，我每天讀經，現在我已經可以長生不老。」老子說：「你以前曾希望跟我遠遊，現在道已修成，已經可以觀化遊歷於天地之間、八紘之外了。」尹喜說：「我多年的願望終於實現了，從此以後再也沒什麼讓我遺憾的事了。」於是，老子讓尹喜駕車，兩人遍遊天地之間，周遊各諸侯國。

後來，兩人來到了印度的某山的一座精緻的房子裡，並在這裡行道。屬印度王外出遊玩，碰見這兩個人，便問：「他們是什麼人？」侍者回答說：「兩個道士罷了。」王又問：「道士是隱居在這裡的嗎？」隔了一天又出遊，看見他們，就問：「修行些什麼項目才能夠致福？」老子說：「齋戒、中食、讀經、行道，這樣上可得至真，長生不老，出入、教化完全在一個意字，憑你的意念行事；下可以使國家安定、家庭幸福，還可以從轉身得道，度世人入無為之境。」王說：「太好了。」

以後又出遊，又看到他們。王說：「道士，道之法，以什麼為最尊崇、高尚？」老子說：「我們道家最講究、最推崇的是自然、清靜、無為和齋戒、行中食、燒香，從中可以生出天、生出王。等練功到一定程度後，還可以用道來普度眾生，總之，我們最推崇的是無為。」王說：「好，我想請道士們行中食，可以嗎？」老子說：「你準備請幾個人？」王說：「全部都請。」老子說：「我的徒眾很多，恐怕你很難供得起。」王大笑，說：「我堂堂一大國，要什麼東西沒有？說什麼供不起？」老子說：「我們道士本來就稱貧道，依附於國王而擁有各種珍寶，這都是大王您的東西。現在我想先請大王您國中的老百姓行中食，來為他們祈求幸福，可以嗎？」王說：「好。只是怕你們道士沒什麼東西可供。」老子說：「我有足夠的東西可以保證供給，希望大王您能屈駕前往。」王說：「到時我一定去。」

於是老子就先行請印度國的人行中食。到那一天，老子派仙童、玉女以及各方飛天人分頭去請罽賓國的眾大臣及老百姓。十四天就請遍了。

罽賓王高興地說：「窮道士都能做如此之大福，我一個大國的國王什麼都不缺，怎麼能說我供不起呢？」就定下時間，請老子及其徒眾大聚會。道士來後，都引領到各天聖、各九品仙人前，四十多天後，每天還都有新來的，此後才每天換一些種族，有胡人，有傖人，有吳人，有楚人，有的高，有的矮，此時，國王的倉庫已經有一多半都空了，眾道士還在繼續到來。王說：「真像老道士說的那樣，怎麼有那麼多人，我真感到羞恥，讓我無法供給那麼多的飯食。」忽然心生惡念，說：「我看這個老家伙說不定是個鬼魅，不是什麼好人，也不是什麼道士，應該馬上把他抓起來，在市中心堆積柴草燒死他們，以告誡百姓。」於是，就把老子及其眾弟子等綁捆起來，老子任其作為，毫不反抗。

等到在市中心堆積好柴草後，老子對尹喜等徒眾說：「你們只管跟我上到柴草上去，讓他們全國人民都來看看，他們終究害不死我們。」果然他們國家的人民都來了，那些心地善良的人們都私下裡責怪國王：「我們的國王怎麼能強請人家道士來，而中間又想燒死人家這些道士？真是可憐，可憐。」柴草點燃，火光沖天，其國人於是看見老子遍體放光，普照天下。老子及各位真人在炭煙之中，坐在自然蓮花座上，手執《道德經》誦念。當火勢逐步轉盛之時，仍坐在上面，不下去。王問：「老頭子死了沒有？」使者回答：「老公公還在炭上念經。」

王又下令將老子等沉入深淵。尹喜等各位真人又跟隨老子下到深淵，入淵不溺。老百姓又看見老子渾身放光，被一條神龍馱著，神龍也滿身放光，其光照徹深淵，幾人仍誦經，也害

不死。王問：「這幫道士們死了沒有？」使者回答：「把他們扔到深淵裡，被龍王出來馱著，老道士渾身放光，照遍國內，還是淹不死，現在應該怎麼辦？」

王說：「燒也燒不死，淹也淹不死，我還能拿他們怎麼樣？」環顧眾大臣說：「恐怕那個老子果真是天師聖人吧？我想奉他為師，你們說怎麼樣？」眾大臣都說：「好。只怕老子要嗔怪我們，那樣的話就會使我國家滅亡，希望大王您多說幾句好話，向他請罪，求他原諒。」王說：「正是這樣。」於是，自己到老子跟前將事情的前因後果詳細地說了一遍，並請老子原諒。

老子說：「我曾經跟你講過，恐怕你不能供給這麼多食物，可你卻反過來想燒死我們師徒，為何幹這些違逆天意和人倫道德之事？上天不許你濫殺無辜，這是上天看我等無罪，才使我等渡過這一危難。上天將要懲罰你，使你國家覆亡，這一天很快就會來到。」國王拼命說自己有罪，請求原諒，並希望以老子為國師，舉全國人事之，絕不敢中途有所慢怠。

老子說：「你以前曾產生過不良的念頭，現在就算你磕一千次頭，也不能讓人相信你，說不定什麼時候你就反悔了，你以什麼為誓？」國王說：「我以全國的男女一生不嫁、不娶，禿子頭上長鬍鬚作保證，發誓決不中途反悔，中途反悔者死，怎麼樣？」

老子說：「好，你們就推尹喜做你們的國師吧。」讓國王及其群臣百姓服從他，國王準備把國家大事都交給太子伊犁。「我要去修道，捨棄國家、家庭，以求得道之真諦而度世。」老子說：「好，既然你想捨棄國家，修習道行，我就把你的師號留下作為佛。佛奉行無上正真之道，道有大法。如果大王你想在國中修習道法，只要奉行五戒、十善，就足可以致使你有

福，摒棄所有的不祥之物，使你常生於人間，享盡各種尊榮富貴，並也可以因此而得道度世，又何必非要捨棄家庭？」

王及其眾大臣俱都稽首行禮，說要尊奉道教。於是老子就給他們作了三件法事：給他們衣服用來守攝他們的心；又給予錫杖用來驚走蛇蟲；規定把行中食作為他們的必守制度。然後，老子又給他們作了九萬品經，戒令他們每日誦讀，說：「現在該傳授給你們的都已經齊全，我馬上就要出遊。」於是，老子東還，遊歷了幽地，演成「大道」，以自然之氣作三法：第一個是「太上無極大道」，第二個是「無上正真之道」，第三個是「太平清約之道」。

第十一節　鬼谷子開創的中國縱橫家管理智慧綱要

主講：蘇華仁道長（中山大學兼職教授）

編者按：本篇為羅浮山蘇華仁道長 2008 年 3 月為「中山大學國學與管理總裁研修班」講課課件精選

一、中國縱橫家管理智慧享譽古今中外

根據司馬遷《史記》和《道藏》《戰國策》《戰國縱橫家書》等史書記載，同時根據對鬼谷子隱居修道寶地：中國河南省安陽市南 70 公里淇縣雲蒙山鬼谷洞，鬼谷子誕生地：中國河南省安陽市北 30 公里河北臨漳縣菜香營鄉谷子村（古稱鬼谷子村），現場歷史文物，鬼谷子幼年成長在中國山東臨沂市蒙山平邑縣大洼鬼谷子村，同時根據對蒙山山頂鬼谷子廟、鬼谷子水簾洞、孫臏洞、龐涓洞等遺跡和 1972 年 4 月中國山東臨沂市銀雀山漢墓出土竹簡《孫子兵法》考證，其結論如下：

誕生於中國春秋、戰國中、晚期的中國縱橫家，其祖師是中國道學名家鬼谷子、（姓王名禪，也稱王栩）。大約生活於公元前 450 年~270 年之間，其代表人物是鬼谷子與其弟子八人：蘇秦、張儀、毛遂、孫臏、龐涓、尉繚子、茅濛、徐福。這八人中蘇秦、張儀、毛遂、三人是戰國時期著名外交家。孫臏、龐涓、尉繚子、三人是戰國時期著名軍事家。茅濛、徐福兩人是戰國時期著名的道學名與丹道家。

中國縱橫家以中華聖祖黃帝、老子開創的中華道學為指導思想和行為根據，所以他們知識淵博，智慧高妙，具有豐富的「道法自然」，「天人合一」的哲學思想，同時具有一整套完善實用的道學、易學、外交、軍事、天文、地理應用方法。因此，中國縱橫家在戰國時期歷史舞台上，上演了一幕幕雄壯的歷史劇，對當時政治、軍事、外交、管理、商貿、教育格局產生深遠影響。

中國縱橫家代表著作主要有《鬼谷子》、《戰國縱橫家書》，《孫臏兵法》《尉繚子兵法》等。中國縱橫家及其著作對中國歷史和中國文化及世界文化產生了深遠的、不可估量的影響。特別是中國縱橫家內涵的管理智慧、外交智慧更對當今世界產生的影響與日俱增。

二、中國縱橫家管理智慧祖師鬼谷子簡介

根據司馬遷《史記》和《道藏》《戰國策》《戰國縱橫家書》《鬼谷子》等和有關史書與歷史文物考證，鬼谷子一生大體如下：

鬼谷子姓王名禪，（也稱王栩）。號鬼谷，世人尊稱其為鬼谷子。古來世人公認其為「中國智慧聖人」，他與中國儒聖孔子、中國書聖王羲之、中國醫聖張仲景、並列為「中國四大聖

人」。

鬼谷子生卒年月未見史書記載，因為他的一生以「隱居山林修道，授徒濟世救人為本。根據關於他弟子蘇秦、張儀、毛遂、孫臏、龐涓、尉繚子、茅濛、徐福等人的有關史書推斷：鬼谷子為中國戰國時期魏國人，大約生於公元前 450~430 年左右，仙逝於公元前 270 年左右，壽高 160 歲左右。其生活的年代是中國歷史上群雄爭霸的戰國中期，而鬼谷子出生地魏國，又是中國戰國時期戰爭與動亂較多的國家，其時整個社會動蕩不安，民不聊生。故反抗強權政治，渴望和平，走向進步與文明是當時中國歷史的潮流。同時也出現了中國戰國時期「百家爭鳴」的特殊歷史局面。

鬼谷子就誕生在這一波瀾壯闊的歷史大變革時期。

鬼谷子自幼秉性慈悲，天性聰慧，勤奮好學，尤重實用，他目睹社會的弱肉強食，動蕩不安，民不聊生。人民大眾渴望和平，希望走向文明進步之後，他立下大志，順歷史潮流而動。

為實現上述大志和理想，鬼谷子決心學習世間的大智大慧大學問，他一邊遊學神州，廣拜名師，勤奮地學習諸子百家的精華。一邊以中國歷史上的偉大人物為師。學他們一生的作為，同時深讀中國歷史上的偉大人物的歷史傳記與其留下的傳世經典著作。根據《史記·老子傳》《道藏·道教相承次第錄》等有關史料考證：鬼谷子曾三生有幸，在老子晚年時拜到老子門下，直接向中國道家祖師老子學習道家文化與中國道家內丹養生修真之道。

三、中國縱橫家管理智慧祖師──鬼谷子思想淵源

我們靜觀鬼谷子著作《鬼谷子》一書一目了然：鬼谷子一生崇拜並引為老師的偉人及其精心研讀的經典著作主要有黃帝

與《黃帝陰符經》，老子與《老子道德經》周文王與《周易》，姜太公與《姜太公兵法・六韜》，孫武與《孫子兵法》，孔子與《孔子易大傳》。這其中，最核心的是《黃帝陰符經》與《老子道德經》今特述其綱要簡況如下：

黃帝與《黃帝陰符經》，根據《道藏》和有關史料記載：鬼谷子是《黃帝陰符經》早期注家之一，根據《新唐書・藝文志》道家有《集注陰符經》一卷，署為伊尹、姜太公、范蠡、鬼谷子、張良、諸葛亮、李淳風、李荃、李冶、李銳、楊晟注。今存本有伊尹、姜太公、范蠡、鬼谷子、張良、諸葛亮、李淳風、李荃、等注文。

《黃帝陰符經》立意高遠，蘊含博大，文筆精練，實用性強。故而深得中國歷代有識有志之士和各界專家學者的學習與實踐和珍愛。

據有關資料統計，至唐代注本，已逾百種，而以上述，伊尹、姜太公、范蠡、鬼谷子、張良、諸葛亮、李淳風、李荃、注本最為著名。中國唐代道學名家，「八仙名仙」張果老《黃帝陰符經注》是道家丹道養生最為高妙實用的注本之一。

需要補充一點的是：《黃帝陰符經》與公認為「東方聖經」的老子《道德經》齊名，同為中國國學核心道家文化經典中的經典。對中國歷史發展和中國文化發展產生了不可估量的力量和功德：故我們需要認認真真學習之，紮紮實實地活學活用之。中國宋代道學名家張伯端在其名著《悟真篇》中，禮贊《黃帝陰符經》、老子《道德經》曰：

陰符寶字逾三百，道德靈文止五千，
古今上仙無限數，盡從內里得真詮。

《黃帝陰符經》三百字共分為上、中、下三篇分別為：

上篇為：神仙抱一演道章

（本章主要講道家內丹養生之道。）

中篇為：富國安民演法章

（本章主要講使國家富強的管理方法。）

下篇為：強兵戰勝演術章

（本章主要講治軍和戰勝敵人戰略戰術。）

為了方便大家學習好中國縱橫家管理智慧，今特將《黃帝陰符經》其綱要書之如下：

㈠「天人合一」「萬物一理」的世界觀與養生觀。

《黃帝陰符經》曰：「宇宙在乎手，萬化生乎身。知之修煉，謂之聖人。」「天性，人也。人心，機也。立天之道，以人定也。「天人合發，萬變定基。」

㈡「道法自然規律，因而制之」的方法論與人生觀。

《黃帝陰符經》曰：「天生天殺，道之理也」、「聖人知自然之道不可違，因而制之。」

㈢「陰符陽勝，陰陽相推」的宇宙大自然變化規律。

《黃帝陰符經》曰：「自然之道靜，故天地萬物生，天地之道浸，故陰陽勝，陰陽相推，變化順矣。八卦甲子，神機鬼藏。陰陽相勝之術，昭昭乎進乎象矣」。

四、中國智慧聖人縱橫家祖師鬼谷子養生與管理智慧 16 字要訣

1.鬼谷子養生與管理智慧 16 字要訣

　道法自然

　居山養生

　擇人任勢

　聯橫合縱

2.鬼谷子養生與管理智慧 16 字要訣忠行之效果

道法自然萬事興

居山養生身常寧

擇人任勢最高明

聯橫合縱大業成

3.鬼谷子養生與管理智慧 16 字要訣師承淵源

道法自然師黃、老，

居山養生效廣成；（即黃帝道學與丹道師父廣成子）

擇人任勢學孫武，

聯橫合縱姬昌興。（姬昌即周文王）

五、中國縱橫家管理智慧必讀文章精選

中華神聖黃帝與《黃帝陰符經》（唐·張果注解）

中華聖祖黃帝簡介

黃帝，是中華民族的神聖祖先，是中華民族的開創者，是中國傳統文化的主要奠基人，中國道家和道教尊稱之為始祖。

據《史記·黃帝本紀》記載。黃帝姓公孫，名軒轅，有熊國君少典之子。母附寶，瞑見電光繞北斗樞星。感之有孕，懷二十四月而生軒轅。黃帝生於壽丘。位在今河南中部新鄭市內。長於姬水，居於軒轅，故又稱軒轅氏。黃帝生而神靈。弱而能言，幼而徇齊。長而敦敏，成而聰明。年十五受國於有熊氏，亦曰有熊氏。軒轅之時。神農氏世衰，諸侯相侵伐，暴虐百姓，而神農氏弗能徵。於是軒轅乃慣習用干戈，以徵不享，諸侯咸來賓從。而蚩尤最為暴，莫能伐。炎帝欲侵陵諸侯，諸侯咸歸軒轅。軒轅乃修德振兵，治五氣。藝五種，撫萬民，度四方，教熊羆貔貅豹虎。以與炎帝戰於阪泉之野。三戰，然後

得其志。蚩尤作亂，不用帝命；於是黃帝乃徵師諸侯，與蚩尤戰於涿鹿之野，遂擒殺蚩尤。而諸侯咸尊軒轅為天子，代神農氏，是為黃帝。

　　黃帝一生致力於開拓中國疆土。他統一北方後，繼後向長江流域發展。同那裡的夷人和羌人部落結成新的聯盟。他東至於海，登丸山，及岱宗。西至於崆峒，登雞頭。南至於江南，登熊，湘。北逐葷弱（匈奴之前身）。合符釜山。而邑於涿鹿之阿。終於公元前三千多年前統一了中華大地屬原始部落。至此，華夏族版圖雛型形成。隨為各族尊稱為華夏民族共同祖先。

　　黃帝是中國古文化的創造者。據《史記·五帝本紀》記載：他作冠冕，始代毛革之弊。見浮葉為舟。觀轉蓬之象以作車。始教人乘馬。作竈以著經始，令鑄釜造甑乃蒸飯而烹粥，以易茹毛飲血之弊。始作屋築宮室以蔽寒暑燥濕。令築城邑以居之，始改巢穴之弊。觀天文，察地理，架宮室。製衣服候氣律，造百工之藝。藝五種，時播百穀草木。治五氣。獲寶鼎。迎日推策。旁羅日月星辰。水波土石金玉。觀鳥跡以作文字。製文字以代結繩之政，以作書契，理日月之行，調陰陽之氣，為十二律：令岐伯作軍樂。令民鑄刀造弩。定人物之名，作八卦之說。令男女異處而居。又易古之衣薪，葬以棺。作指南車以示八方。總之，在文字、算術，曆法、醫藥、音樂、兵器、婚葬、衣食住行等方面，均始於黃帝。中華民族有如此偉大。中國文化有如此之深遠，實為黃帝拓殖創造之功。

　　中國道家和中國道教尊稱黃帝為始祖。因為黃帝是：中國道家文化始祖。據《史記·封禪書》記載：黃帝在征戰的同時即學神仙，常遊天下名山與神會。為五城十二樓以候神人，百餘歲得與神通，去崆峒山問大道和內丹道功於廣成子。入青丘見紫符先生受三皇內文，至青城山謁中黃丈人。於雲台山見寧

先生受龍蹻經，練石於縉雲。合神符於符山，封禪事畢，採首山銅，鑄鼎於荊山之下，鼎成，於鼎湖之上，乘龍而升天，為五天帝之一，中央黃帝，含樞紐之神，主四方。

六、黃帝陰符經①

（唐・張果注解　載《雲笈七籤》）

黃帝陰符經敘

《陰符》自黃帝有之，蓋聖人體天用道之機也。《經》曰：得機者萬變而愈盛，以至於王；失機者萬變而愈衰，以至於亡。厥後伊呂得其末分，猶足以拯生靈，況聖人乎？其文簡，其義玄。凡有先聖數家注解，互相隱顯。後學難精，雖有所主者，若登天無階耳。近代李筌，假托妖巫，妄為注述，徒參人事，殊紊至源。不慚窺管之微，輒呈酌海之見。使小人竊窺，自謂得天機也。悲哉！臣固愚昧，嘗謂不然。朝願聞道，夕死無悔。偶於道經藏中得《陰符傳》，不知何代人制也。詞理玄邈，如契自然。臣遂編之，附而入注。冀將來之君子，不失道旨。

上篇（神仙抱一演道章）

經曰：觀天之道，執天之行，盡矣（觀自然之道，無所觀也。不觀之以目，而觀之以心。心深微而無所不見，故能照自然之性。性惟深微而能照，其斯謂之陰。執自然之行，無所執也。故不執之以手，而執之以機。機變通而無所繫，故能契自然之理。夫惟變通而能契，斯謂之「符」。照之以心，契之以機，而「陰符」之義矣。李筌以「陰」為「暗」，「符」為「合」，以此文為序首，何昧之至也）。

故天有五賊，見之者昌。（五賊者，命、物、時、功、神也。傳曰：聖人之理，圖大而不顧其細，體瑜而不掩其瑕。故

居夷則遵道布德以化之，履險則用權發機以拯之。務在匡天地，謀在濟人倫。於是用大義除天下之害，用大仁興天下之利，用至正措天下之枉，用至公平天下之私，故反經合道之謀，其名有五，聖人禪之，乃謂之賊；天下賴之，則謂之德。故賊天之命，人知其天而不知其賊，黃帝所以代炎帝也。賊天之物，人知其天而不知其賊，帝堯所以代帝摯也。賊天之時，人知其天而不知其賊，帝舜所以代帝堯也。賊天之功，人知其天而不知其賊，大禹所以代帝舜也。賊天之神，人知其天而不知其賊，殷湯所以革夏命也。周武所以革殷命也。故見之者昌，自然而昌也。太公以賊命為用味，以取其喻也。李筌不悟，以黃帝賊少女之命，白日上騰為非也）。

五賊在乎心，施行在乎天；宇宙在乎手，萬化生乎身。（《傳》曰：其立德明，其用機妙，發之於內，見之於外而已矣。豈稱兵革以作寇亂哉？見其機而執之，雖宇宙之大，不離乎掌握，況其小者乎？知其神而體之，雖萬物之眾，不能出其胸臆，況其寡者乎？自然造化之力而我有之，不亦盛乎？不亦大乎？李筌等以五賊為五味，順之可以神仙不死。誣道之甚也）。

天性，人也；人心，機也。立天之道以定人也。（《傳》曰；人謂天性，機謂人心。人性本自玄合，故聖人能體五賊也。）天發殺機，龍蛇起陸；人發殺機，天地反覆（《傳》曰：天機張而不生，天機馳而不死。天有弛張，用有否臧。張則殺威行，馳則殺威亡。人之機亦然。天以氣為威，人以德為機。秋冬陰氣嚴凝，天之張殺機也，故龍蛇畏而蟄伏。冬謝春來，陰退陽長，天之馳殺機也，故龍蛇悅而振起。天有寒暄，德亦有寒暄德刑整肅君之張殺機也，故以下畏而服從。德失刑偏，君之馳殺機也，故奸雄悅而馳騁。位有尊卑，象乎天地，故

曰；天發殺機，龍蛇起陸，寇亂所由作；人發殺機，天地反覆，尊卑由是革也。姜太公、諸葛亮等以殺人過萬，大風暴起，晝若暝。以為天地反覆，其失甚矣。）

天人合德，萬變定基。《傳》曰：天以禍福之機運於上，君以利害之機動於下，故有德者萬變而愈盛，以至於王；無德者萬化而愈衰，以至於亡。故曰：天人合德，萬變定基。自然而然也。性有巧拙，可以伏藏《傳》曰：聖人之性，巧於用智，拙於用力。居窮行險，則謀道以濟之；對強與明，則伏義以退避之。理國必以是，用師亦以是）。九竅之邪，在乎三要，可以動靜（《傳》曰；九竅之用，三要為機。三要者，機、情、性也‧機之則無不安，情之則無不邪；性之則無不正。故聖人動以伏其情，靜以常其性，樂以定其機‧小人反此，故下文云：太公為三要，為耳、目、口。李筌為心，神、志，皆忘機也。俱失《陰符》之正意）。

火生於木，禍發必克，奸生於國，時動必潰。知之修煉，謂之聖人。（傳曰：夫木性靜，動而生火，不覺火盛，而焚其質。）由人之性靜，動而生奸，不覺奸成而亂其國。夫明者見彼之隙以設其機，智者知彼之病以圓其利，則天下之人，彼愚而我聖。是以生者自謂得其生，死者自謂得其死，無為無不為，得道之理也。

中篇（富國安民演法章）

天生天殺，道之理也。天地，萬物之盜，萬物，人之盜；人，萬物之盜。三盜既宜，三才既安（《傳》曰，天地以陰陽之氣化為萬物，萬物不知其盜。萬物以美惡之味饗人，人不知其盜。人以利害之漠制萬物，萬物不知其盜。三盜玄合於人心，三才靜順於天理。有若時然後食，終身無不愈；機然後

動，庶類無不安。食不得其時，動不得其機，殆至滅亡）故曰：食其時，百骸治，動其機，萬化安。人知其神而神，不知其神所以神也（《傳》）；時人不知其盜之為盜，只謂神之能神。《鬼谷子》曰：彼此不覺謂之神。蓋用微之功著矣。李筌不知此文意通三盜，別以聖人、愚人為喻，何甚謬也。

日月有數，大小有定，聖功生焉，神明出焉（《傳》曰：日月有準，運數也，大小有定，君臣也。觀天之時，家人之事，執人之機，如是則聖得以功，神得以明。心冥理合，安之善也。李筌以度數為日月，以餘分為大小，以神氣能生聖功神明，錯謬之甚也）。

其盜機也，天下莫能見，莫能知也。君子得之固躬，小人得之輕命（《瞄》曰；其盜微而動，所施甚明博，所行極玄妙。君子用之，達則兼濟天下，太公其人也。窮則獨善一身，夫子其人也。豈非擇利之能審乎？小人用之，則惑名而失其身，大夫種之謂歟？得利而亡義，李斯之謂也？豈非信道之不篤焉）

下篇（強兵戰勝演術章）

瞽者善聽，聾者善視。絕利一源，用師十倍。三返晝夜，用師萬倍（《傳》曰：瞽者善於聽，忘色審聲，所以致其聰。聾者善於視，遺耳專目，所以致其明。故能十眾之功。一晝之中三而行之，所以至也。一夜之中三而思之，所以精也。故能用萬眾之人。李筌不知師是眾，以為兵師‧誤也）。

心生於物，死於物，機在於目。（《傳》曰‧心有愛惡之情，物有否臧之用，目視而察之，心應而度之於內。善則從而行之，否則違而止之，所以勸善而懲惡也。李筌以項羽昧機，心生於物；以符堅見機，心死於物。殊不知有否臧之用）。

天之無恩而大恩生，迅雷烈風莫不蠢然（《傳曰》天以凶

象各徵見人，人能儆儆戒以修德。地以迅雷烈風動人，人能恐懼以致福。其無恩而生大恩之謂也。李筌以天地不仁為大恩，以萬物歸於天為蠢然。與《陰符》本意殊背）。

至樂性餘，至靜性廉（《傳》曰：情未發謂之中，守中謂之常，則樂得其志而性有餘矣。性安常謂之自足，則靜得其志而廉常足矣。李筌以奢為樂性，以廉為靜，殊乖至道之意）。

天之至私，用之至公（《傳》曰：自然之理，微而不可知，私之至也。自然之功，明而不可違，公之至也。聖人體之亦然。李筌引《孫子》云：視卒如愛子，可以之俱死，何也）擒之制在氣（《傳》曰：擒物以氣，制之以機，豈用小大之力乎？姜太公曰：豈以小大而相制哉？李筌不知擒之義②，誤以禽獸。注解引云玄龜食蛇，黃腰啖虎之類，為是悲哉）

生者死之根，死者生之根。恩生於害，害生於恩（生者，人之所愛，以其厚於身。太過則道喪，而死自來矣。死者，人之所惡，以其損於事。至明則道存。而生自固矣。福理所及謂之恩，禍亂所及謂之害，損己則為物之所益，害之生恩也。李筌引《孫子》用兵為生死，丁公、管仲為恩害。異哉）愚人以天地文理聖，我以時物文理哲。人以虞愚，我以不虞聖。人以期其聖，我以不期其聖（《傳》曰：觀天之運四時，察地之化萬物，無所不知，而蔽之以無知，小恩於人，以蒙自養之謂也。知四時之行，知萬物之生，皆自然也。故聖人於我以中自居之謂也。故曰死生在我而已矣。入之死亡，比如沉水自溺，投火自焚，自取滅亡。理國以道，在於損其事而已。理軍以權，在於亡其兵而已。故無死機則不死矣，鬼神其如我何？聖人修身以安其家，理國以平天下，在乎立生機。以自去其死性者，生之機也。除死機以取其生情者，死之機也。筌不瞭天道，以愚人、聖人、體道愚昧之人而驗天道，失之甚也）。

故曰沉水入火，自取滅亡。自然之道靜，故天地萬物生。（《傳》曰。自然之道，無為而無不為。動靜皆得其性，靜之至也。靜故能立天地。生萬物，自然而然也。伊尹曰：靜之至，不知所以生也）。

天地之道浸，故陰陽勝（《傳》曰．浸，微也。天地之道，體著而用微，變通莫不歸於正，微之漸也。微漸故能分陰陽，成四時。至剛至順之謂也）。陰陽相推，而變化順矣（《傳》曰：聖人變化順陰陽之機。天地之位自然，故因自然而冥之，利自然而用之，莫不得自然之道也）。

是故聖人知自然之道不可違，因而制之（注在文上）。至靜之道，律曆所不能契（《傳》曰。道之至靜也，律曆因而制之，不能葉其中鳥獸之謂也）。爰有奇器，是生萬象；八卦甲子，神機鬼藏（《傳》曰：八卦囊異之伎，從是而生。上上則萬象，下則萬機用八卦而體天，用九疇而法地。參之以氣候，貫之以甲子，達之以神機，閉之以詭藏，奇譎之蕩自然也）。陰陽相勝之術，昭昭乎進乎象矣傳曰：陰陽相勝之術，恒微再不違乎本，明之信可明，故能通乎精曜象矣。

注釋

①《黃帝陰符經》；簡稱《陰符經》。成書時間不可確考，大抵為唐以前著作。本卷所錄為唐‧張果注本，此為現存《陰符經》，注本中最早者。亦收入三家影印本《道藏》第 2 冊。

②李筌；唐代道教思想家，自少好神仙之道，後出仕，因受丞相李林甫捧擠，辭官入山訪道。不知所終。李筌首注《陰符經》，與張果注並行於世。擒之義：原誤作。擒義之。據輯要本改正。人以虞愚，我以不虞聖，通行本作。人以愚虞聖，我以不愚虞聖」，底本義勝。期其。通行本作。奇期。下同。

七、鬼谷子弟子蘇秦用「合縱」戰略創建了人類歷史上第一個「聯合國」的管理智慧

在距今二千三百多年前，中國歷史正處於戰國紛爭時期。而鬼谷子弟子蘇秦技高一籌，不去競爭，而去「競合」，聯合大家共建大業。建立了一整套完善的「競合」的管理智慧。

當時，蘇秦運用其老師鬼谷子養生與管理智慧 16 字要訣：

道法自然，居山養生。
擇人任勢，聯橫合縱。

在公元前 330 年，為了遏制強秦，蘇秦以「合縱」戰略，經過多年艱苦而智慧的遊說燕，趙、齊、韓、魏、楚六國聯合起來，組建成了中國，也是世界上第一個「聯合國」，蘇秦被上述六國授以「六國相印」（較現代聯合國秘書長權力要大）。當時，以上六國既有政治、經濟、軍事、外交的統一性，又有政治、經濟、軍事、外交的獨立自主性。其詳情請參看《史記·蘇秦列傳》。

當今世界，頗與中國歷史上的春秋戰國相似，而建立於第二次世界大戰後期的聯合國，無疑是步鬼谷子弟子蘇秦建立的「聯合國」的後塵。

而近年來歐洲各國建立的「歐洲共同體」顯然是一個區域性的「小聯合國」。這顯然也是鬼谷子弟子蘇秦二千三百多年前建立「聯合國」的另一種模式。

靜觀古今中外的人類歷史、歷朝、歷代大多數都是每日裡忙著去與別人競爭、爭一高低，爭個你死我活。

但競爭的結果又是什麼下場？什麼結局呢？

不言而喻：去忙著與別人競爭的結果只能有兩個：

其一：您勝利了，把別人整死了，但您自己最終累死了。

其二：您被別人整死了，整死您的人也最終被累死了。

難道歷史不是這樣嗎？

三國時，諸葛亮可謂是足智多謀，平生戰勝了許許多多的強敵，但是他自己才 54 歲就因為與別人競爭而累死於中國陝西五丈原，至於其之智謀不如諸葛亮者其下場自然會更慘！

而古今中外人類歷史上的真正高人，不是去與別人去競爭，而是效法鬼谷子及其弟子蘇秦，去與別人競合，這才是當今世界最高明管理智慧。

當今每天忙著去與別人競爭，把與別人競爭做為高明的管理智慧，您競爭的結果如何呢？因您每天忙著競爭，亞健康早已將您的身心侵蝕，請您重溫中國智慧聖人鬼谷子養生與管理智慧 16 字要訣：

道法自然，居山養生。
擇人任勢，聯橫合縱。

八、鬼谷子弟子茅濛實修丹道、弘揚道學開創 中國道教茅山道派的管理智慧的源泉

(一)鬼谷子管理智慧核心是道家思想

鬼谷子學生中，蘇秦、張儀「聯橫合縱」、「毛遂自薦」，孫臏「圍魏救趙」。古來早已家喻戶曉，同時成為了膾炙人口的「成語故事」在人世間千古傳誦。

而做為鬼谷子重要的中國道學弟子茅濛，其人實修中國道學和中國道家內丹養生修真學，為弘揚中國道學創立的中國道教茅山道派及其管理智慧，對我們今天人們的管理智慧，具有不可替代的實用價值。因為中國縱橫家祖師鬼谷子的管理智慧

的核心是「道家管理智慧」。下面我們擇其綱要介紹一下鬼谷子和弟子茅濛的管理智慧。

㈡鬼谷子、茅濛管理智慧核心思想是中國道學

當我們打開《鬼谷子》一書一目了然，鬼谷子哲學思想與管理智慧，軍事思想、外交思想博大精深，但其核心是中國道家思想。

首先，鬼谷子思想的源泉是中華聖祖黃帝在《黃帝陰符經》中所闡述的中國道家哲學思想，這一點兒從《鬼谷子全書》中，專門有鬼谷子注解《黃帝陰符經》而一望而知。

鬼谷子思想另一個重要思想來源是《老子道德經》，因為《鬼谷子》中有不少章節充滿了《老子道德經》的思想，同時《鬼谷子》一書有鬼谷子專門為老子親傳弟子周朝函谷關令尹喜，尹真人寫的《尹喜真人內傳》。

綜上所述，不言而喻：中國縱橫家祖師鬼谷子養生與管理智慧的核心是中華聖祖黃帝、老子創立的中國道家思想。

在鬼谷子道家思想指導下建立的中國縱橫家管理智慧，孕育出了鬼谷子的弟子，中國道教茅山派始祖茅濛及其玄孫茅盈，開創了中國道教茅山道派的管理智慧。

㈢中國道教茅山道派始祖茅濛與其玄孫茅盈、茅固、茅衷開創的中國道教茅山派管理要訣。

據《道教大辭典》《茅山道教志》《華山道教志‧茅濛》和對中國河南省淇縣雲夢山鬼谷洞和茅濛洞和中國道教華山茅濛洞歷史文物的考證，茅濛簡歷如下：

茅濛，戰國中期秦國人，他原是中國陝西咸陽一個生活富裕的莊主，其平生好道。因聞知鬼谷子隱居雲夢山中修道授

徒，他毅然後告別家鄉，不遠千里來雲夢山鬼谷子處學道。

鬼谷子經過長期觀察茅濛修道至誠、刻苦練功、悟性又好，便逐步將中國道學、中國道家內丹養生之道，中國道家管理智慧秘授給茅濛，同時秘授茅濛一本修道秘本《鬼谷子養生修真大法》。

茅濛不負師父鬼谷子厚望，修道更加刻苦努力，他克服了學道路上的種種艱難險阻，戰勝了學道路上世人難以想像的磨難，隨師父鬼谷子修道多年，遂有大成。

而後，茅濛將鬼谷子道學與道家管理智慧，悉心流傳給了他後人茅盈、茅固、茅衷。此後，茅盈、茅固、茅衷隨緣到中國江蘇南京東南方茅山創立了中國道教茅山道派。

由於中國道教茅山道派道學高妙實用，濟世度人功德無量，其道學與管理智慧符合宇宙天地人萬物變化之道，故而中國道教茅山道派在中國歷朝歷代人才輩出至今不衰，培育除了諸如魏、晉、南北朝歷史時期的著名「山中宰相」陶弘景。同時還培育出了一批道學名家，例如葛玄、葛洪、司馬承禎、書聖王羲之等一代中國道學與中國道家藝術高人。而陶弘景，平生用力氣、潛心學習、注解《鬼谷子》一書。刊印廣行《鬼谷子》一書。於此，足見陶弘景是鬼谷子道學思想養生丹道和管理智慧的重要傳人之一。

綜上所述：中國道教茅山道派師承鬼谷子思想與鬼谷子養生與管理智慧，故而，只要我們今天潛心學習、參透徹了鬼谷子思想與行為，自然而然會掌握了茅山道派的道學養生與管理智慧。從茅濛、茅盈、茅衷、陶弘景，同時以他們管理中國道教茅山派的史實看：中國茅山道派的道學與管理智慧依然是鬼谷子養生與管理智慧十六字要訣：

道法自然，居山養生。

擇人任勢，聯橫合縱。

需要十分重要補充的是：鬼谷子弟子中蘇秦、張儀、毛遂、茅濛、徐福、孫臏、龐涓、尉繚子，「聯橫合縱」「毛遂自薦」「圍魏救趙」等為之奮鬥之業，隨著歷史的發展均成了歷史故事。而唯有鬼谷子道學與丹道弟子茅濛開創的中國道教茅山道派道業，流傳兩千多年至今不衰，這使我們更需要用大力所潛心研究中國茅山道派的道學與管理智慧，以益我們今天的人生幸福與事業成功。

※第三章※
鬼谷子學以致用、學用結合的教學方法

第一節　王充《論衡・答佞》

或問曰：「賢者行道，得尊官厚祿；矣何心為佞，以取富貴？」曰：佞人知行道可以得富貴，必以佞取爵祿者，不能禁欲也；知力耕可以得穀，勉貿可以得貨，然而必盜竊，情欲不能禁者也。以禮進退也，人莫之貴，然而違禮者眾，尊義者希，心情貪欲，志慮亂溺也。夫佞與賢者同材，佞以情自敗；偷盜與田商同知，偷盜以欲自劫也。

問曰：「佞與賢者同材，材行宜鈞，而佞人曷為獨以情自敗？」曰：富貴皆人所欲也，雖有君子之行，猶有飢渴之情。君子則以禮防情，以義割欲，故得循道，循道則無禍；小人縱貪利之欲，逾禮犯義，故進得苟佞，苟佞則有罪。夫賢者，君子也；佞人，小人也。君子與小人本殊操異行，取捨不同。

問曰：「佞與讒者同道乎？有以異乎？」曰：讒與佞，俱小人也，同道異材，俱以嫉妒為性，而施行發動之異。讒以口害人，佞以事危人；讒人以直道不違，佞人依違匿端；讒人無詐慮，佞人有術數。故人君皆能遠讒親仁，莫能知賢別佞。難曰：「人君皆能遠讒親仁，而莫能知賢別佞，然則佞人意不可知乎？」曰：佞可知，人君不能知。庸庸之君，不能知賢，不

能知賢，不能知佞。唯聖賢之人，以九德檢其行，以事效考其言。行不合於九德，言不驗於事效，人非賢則佞矣。夫知佞以知賢，知賢以知佞，知賢則賢智自覺，知賢則奸佞自得。賢佞異行，考之一驗；情心不同，觀之一實。

問曰：「九德之法，張設久矣，觀讀之者，莫不曉見，斗斛之量多少，權衡之縣輕重也。然而居國有土之君，曷為常有邪佞之臣與常有欺惑之患？」

〔曰〕：無患斗斛過，所量非其穀；不患無銓衡，所銓非其物故也。在人君位者，皆知九德之可以檢行，事效可以知情，然而惑亂不能見者，則明不察之故也。人有不能行，行無不可檢；人有不能考，情無不可知。

問曰：「行不合於九德，效不檢於考功，進近非賢，非賢則佞。夫庸庸之材，無高之知不能及賢。賢功不效，賢行不應，可謂佞乎？」

曰：材有不相及，行有不相追，功有不相襲。若知無相襲，人才相什百，取捨宜同。賢佞殊行，是是非非。實名俱立，而效有成敗，是非之言俱當，功有正邪。言合行違，名盛行廢。

問曰：「行合九德則賢，不合則佞。世人操行者可儘謂佞乎？」

曰：諸非皆惡，惡中之逆者，謂之無道；惡中之巧者，謂之佞人。聖王刑憲，佞在惡中；聖王賞勸，賢在善中。純潔之賢，善中殊高，賢中之聖也。〔惡〕中大佞，惡中之雄也。故曰：觀賢由善，察佞由惡。善惡定成，賢佞形矣。

問曰：「聰明有蔽塞，推行有謬誤，今以是者為賢，非者為佞，殆不得賢之實乎？」

曰：聰明蔽塞，推行謬誤，人之所歉也。故曰：刑故無

小，宥過無大。聖君原心省意，故誅故貰誤。故賊加增，過誤減損，一獄史所能定也，賢者見之不疑矣。

問曰：「言行無功效，可謂佞乎？」

〔曰〕：蘇秦約六國為從，強秦不敢窺兵於關外。張儀為橫，六國不敢同攻於關內。六國約從，則秦畏而六國強；三秦稱橫，則秦強而天下弱。功著效明，載紀竹帛，雖賢何以加之？太史公敘言眾賢，儀、秦有篇，無嫉惡之文，功鈞名敵，不異於賢。夫功之不可以效賢，猶名之不可實也。儀、秦，排難之人也，處擾攘之世，行揣摩之術。當此之時，稷、契不能與之爭計，禹、皋陶不能與之比效。若夫陰陽調和，風雨時適，五穀豐熟，盜賊衰息，人舉謙讓，家行道德之功，命祿貴美，術數所致，非道德之所成也。太史公記功，故高來祀，記錄成則著效明驗，攬載高卓，以儀、秦功美，故列其狀。由此言之，佞人亦能以權說立功為效。無效，未可為佞也。

難曰：「惡中立功者謂之佞。能為功者，材高知明。思慮遠者，必傍義依仁，亂於大賢。故《覺佞》之篇曰：人主好辨，佞人言利；人主好文，佞人辭麗。心合意同，偶當人主，說而不見其非，何以知其偽而伺其奸乎？」

曰：是謂庸庸之君也，材下知，蔽惑不見。〔若〕〔大〕賢之君，察之審明，若視俎上脯，指掌中之理，數局上之棋，摘轅中之馬。魚鱉匿淵，捕魚者知其源；禽獸藏山，畋獵者見其脈。佞人異行於世，世不能見，庸庸之主，無高材之人也。

難曰：「人君好辨，佞人言利；人主好文，佞人辭麗。言操合同，何以覺之？」

曰：《文王官人法》曰：推其往行，以揆其來言，聽其來言，以省其往行，觀其陽以考其陰，察其內以揆其外。是故詐善設節者可知，飾偽無情者可辨，質誠居善者可得，含忠守節

者可見也。人之舊性不辨，人君好辨，佞人學求合於上也。人之故能不文，人君好文，佞人意欲稱上。上奢，己麗服；上儉，己不飭。今操與古殊，朝行與家別。考鄉里之跡，證朝廷之行，察共親之節，明事君之操，外內不相稱，名實不相符，際會發見、奸為覺露也。

問曰：「人操行無恒，權時制宜。信者欺人，直者曲撓。權變所設，前後異操，事有所應，左右異語。儒書所載，權變非一。今以素故考之，毋乃失實乎？」

曰：賢者有權，佞者有權。賢者之有權，後有應。佞人之有權，亦反經，後有惡。故賢人之權，為事為國；佞人之權，為身為家。觀其所權，賢佞可論。察其發動，邪正可名。

問曰：「佞人好毀人，有諸？」

曰：佞人不毀人。如毀人，是讒人也。何則？佞人求利，故不毀人。苟利於己，曷為毀之？苟不利於〔己〕，毀之無益。以計求便，以數取利，利則便得。妒人共事，然後危人。其危人也，非毀之；而其害人也，非泊之。譽而危之，故人不知；厚而害之，故人不疑。是故佞人危而不怨；害人，之敗而不仇，隱情匿意為之功也。如毀人，人亦毀之，眾不親，士不附也，安能得容世取利於上？

問曰：「佞人不毀人於世間，毀人於將前乎？」

曰：佞人以人欺將，不毀人於將。「然則佞人奈何？」曰：佞人毀人，譽之；危人，安之。「毀危奈何？」假令甲有高行奇知，名聲顯聞，將恐人君召問，扶而勝己，欲故廢不言，常騰譽之。薦之者眾，將議欲用，問人，人必不對曰：「甲賢而宜召也。何則？甲意不欲留縣，前聞其語矣，聲望欲入府，在郡則望欲入州。志高則操與人異，望遠則意不顧近。屈而用之，其心不滿，不則臥病。賤而命之則傷賢，不則損威。故人

君所以失名損譽者，好臣所常臣也。自耐下之，用之可也。自度不能下之，用之不便。夫用之不兩相益，捨之不兩相損。」人君畏其志，信佞人之言，遂置不用。

問曰：「佞人直以高才洪知考上世人乎？將有師學檢也？」

曰：人自有知以詐人，及其說人主，須術以動上，猶上人自有勇威人，及其戰鬥，須兵法以進眾，術則從橫，師則鬼谷也。傳曰：「蘇秦、張儀從橫習之鬼谷先生，掘地為坑，曰：下，說令我泣出，則耐分人君之地。蘇秦下，說鬼谷先生泣下沾襟，張儀不若。蘇秦相趙，並相六國。張儀貧賤往歸，蘇秦座之堂下，食以僕妾之食，數讓激怒，欲令相秦。儀忿恨，遂西入秦。蘇秦使人厚送。其後覺知，曰：此在其術中，吾不知也，此吾所不及蘇君者。」知深有術，權變鋒出，故身尊崇榮顯，為世雄傑。深謀明術，深淺不能並行，明暗不能並知。

問曰：「佞人養名作高，有諸？」

曰：佞人食利專權，不養名作高。貪權據凡，則高名自立矣。稱於小人，不行於君子。何則？利義相伐，正邪相反。義動君子，利動小人。佞人貪利名之顯，君子不安。下則身危。舉世為佞者，皆以禍眾。不能養其身，安能養其名？上世列傳棄〔榮〕養身，違利赴名，竹帛所載，伯成子高委國而耕，於陵子辭位灌園。近世蘭陵王仲子、東〔郡〕昔盧君陽，寢位久病，不應上徵，可謂養名矣。夫不以道進，必不以道出身；不以義止，必不以義立名。佞人懷貪利之心，輕禍重身，傾死為矣，何名之養？義廢德壞，操行隨辱，何云作高？

問曰：「大佞易知乎？小佞易知也？」

曰：大佞易知，小佞難知。何則？大佞材高，其跡易察；小佞知下，其效難省。何以明之？成事，小盜難覺，大盜易知也。攻城襲邑，剽劫擄掠，發則事覺，道路皆知盜也。穿鑿垣

墙，狸步鼠竊，莫知謂誰。曰：「大佞奸深惑亂其人如大盜易知，人君何難？」《書》曰：知人則哲，惟帝難之。虞舜大聖，驩兜大佞。大聖難知大佞，大佞不憂大聖。何易之有？〔曰〕：是謂下知之，上知之。上知之，大難小易，下知之，大易小難。何則？佞人才高，論說麗美。因麗美之說，人主之威，人〔主〕心並不能責，知或不能覺。小佞材下，對鄉失漏，際會不密，人君警悟，得知其故。大難小易也。屋漏在上，知者在下。漏大，下見之著；漏小，下見之微。或曰：「雍也仁而不佞。」孔子曰：「焉用佞？御人以口給，屢憎於民。」誤設計數，煩擾農商，損下益上，愁民說主。損上益下，忠臣之說也；損下益上，佞人之義也。季氏富於周公，而求也為之聚斂而附益之。小子鳴鼓而攻之可也。聚斂，季氏不知其惡，不知百姓所共非也。

第二節　鬼谷子學以致用、學用結合的教學方法

　　鬼谷子在雲夢山創辦軍庠時期，山中草木蔥蘢，流水潺潺，環境幽靜，但當時交通異常不便，學習條件也很差，來此求學的學生們身背行囊在崎嶇的山路上攀登。

　　學習用的書籍在當時都是用竹子削成的竹簡，上邊刻寫著文字，竹簡書用苧麻繩穿連起來，沉重自然攜帶很不方便。晚上讀書用松明或點小油燈來照明。

　　住室是山洞或石塊疊成的簡易房子。教學用具更談不上，只能用豆子和草棒來擺兵布陣。生活十分艱苦，吃的是五穀雜糧和野山果子，喝的是山中流出的泉水。

　　為什麼在如此艱難困苦的條件下，鬼谷子能培養出那麼多

傑出事家和外交家與道學家呢？

首先是鬼谷子德才兼備、知識淵博，能滿足學生們的求知慾望。鬼谷子雲遊天下，足跡踏遍大江南北、黃河內外，在當時「百家爭鳴」形勢下，他接觸到各家各門學派的知識，並能取其精華，去其糟粕，形成自己獨到見解。可以說，鬼谷子見多識廣，博學多才。

在向學生傳授知識時，他能旁徵博引，使學生們加深理解和記憶。其次是學生們明確的學習目的和強烈的求知慾望。當時秦、楚、齊、燕、韓、趙、魏七雄並立，相互之間戰爭不斷，給老百姓帶來極大災難。

來此求學的學生們都希望學好本領，在社會上施展自己的才華，改變自己的命運，改變國家的命運。因此，他們不計較學習條件簡陋和艱苦，刻苦讀書，認真聽講，有的甚至通宵達旦閱讀，力爭成為有用之才。

除了上述兩個前提條件外，鬼谷子的良好教學方法也是關鍵因素。

鬼谷子主要有哪些教育方法呢？

一、因志而教，因材施教，揚長避短，揚長補短。

鬼谷子有驚人的識人之明，他精通《易經》，透過觀察學生的長相、氣質和性格，能準確地判斷各個學生的長處和短處，以及各個學生將來的發展方向。

在準確判斷的基礎上因地制宜，因材施教，在學生自己學習興趣點上加強專門知識的傳授，使之加深理解和記憶。像孫臏和龐涓，他們在上山求學途中結拜為友，並執意「俱學兵法」。鬼谷子對他們（包括尉繚）重點講授《太公兵法》、《孫武子兵法》，有時深更半夜對孫臏專門輔導。像張儀和蘇秦，

他們到鬼谷子那裡求學，執意學「遊說之術」，希望用自己的遊說本領說國家、說天下。

鬼谷子對他們重點講授如何揣摩人的心理，如何運用「飛箝」之術，達到控制人的目的。像茅濛、徐福等人面對亂世，無意功名，執意學習中國道家內丹養生修真學和醫藥。

鬼谷子就對他們講授草藥知識和道家養生方面的知識，茅濛在老師鬼谷子的教導下，練成了道家內丹，《道藏》記載他是在華山修道成為仙道家。而徐福學有成後，於秦始皇時代率童男童女東渡日本，弘揚中國傳統文化。

二、因世之需，學用結合，實地演練，學以致用。

鬼谷子不僅注意培育學生們刻苦學習的興趣，更注重實地演練，使學到的竹書知識能運用到實踐中去。像孫臏、龐涓、尉繚等學習兵法理論，學習之後，鬼谷子便帶他們到山上觀察各種地形、觀察天象變化，實地講解不同地形、不同天氣條件下擺兵布陣的辦法，並讓他們在關隘要道上，互相演練攻防辦法，然後總結經驗，指出他們的成功與不足之處。

鬼谷子還讓他們在軍庠演兵峰用豆子當兵，調「兵」遣將，演練行軍打戰辦法。他還讓學生們折草棒搭成城防陣式，相互演練。

鬼谷子這種近似實戰的演練教學方法，加深了學生們的記憶力，鍛鍊了他們的實用能力，使他們下山後，很快就能指揮部隊作戰。

蘇秦、張儀的實地演練更為典型，據王充《論衡・答佞》鬼谷子在他們學好理論知識之後，讓他們在山上挖了一個坑，他們兩人輪流下到坑裡練演說。誰能說動鬼谷子的心，使之感情激動，淚流滿面，才讓他上來，換另一個下去演說。

鬼谷子這樣實地演練教學恐怕不只一次。經過多次遊說演練，蘇秦、張儀才下山，分別在七國之間施展連橫戰略和合縱戰略，取得了成功。

　　毛遂的遊說才華，無疑也是實地演練的結果。

三、揣摩判斷，造勢施計，縱橫合縱，共建大業。

　　現在人們都說鬼谷子精通權謀，被稱為是「中華智聖」。鬼谷子不僅自己通權達變，計謀過人，還在教育學生上特別強調學生要自己「揣摩」判斷，施展計謀。

　　「揣摩」按現代理論講，就是毛澤東在《實踐論》中講的判斷推理思維過程，只有經過判斷推理，才能使感性認識上升到理性認識，使認識產生質的飛躍。

　　因此，揣摩判斷是施展計謀的前提，施展計謀是在理性認識的基礎上改造客觀世界的方法。

　　鬼谷子經常出題目考驗學生的實際計謀，例如民間傳記：他讓孫臏、龐涓想法用三文錢填滿屋子，龐涓到城裡買了四擔燈芯草想裝滿屋子，結果也沒有裝滿。孫臏買來一根蠟燭點燃，用燭光充滿了屋子。

　　蘇秦、張儀下山時，鬼谷子還特意送給他們每人一套《太公陰符》，讓他們多揣摩。

　　蘇秦在遊說秦國失敗後路過洛陽老家，父母斥他不務正業，嫂子不給他做飯，妻子不下布機，全家沒人理他。

　　於是蘇秦再次刻苦學習鬼谷子教給他的知識，特別注意揣摩《陰符經》注中的真諦，在悟出道理想出計謀後，又到各國去遊說，這次他成功了，身佩六國相印，成了指揮六國合縱抗秦的縱約長，身披六國相印，在從趙國去楚國途中，路過洛陽，家人僕婦迎接。

第三章　鬼谷子學以致用，學用結合的教學方法

蘇秦為自己的成功而高興，同時也看清人情冷暖的本質。

鬼谷子教學有方，誨人不倦，把自己的知識無私地傳授給他的弟子們，使他們在七雄爭霸的舞台上各顯神通，有的成為中國歷史上著名的軍事家、兵法家、縱橫家和中國道學名家，為後世留下了寶貴的精神財富和文化財富。

❋第四章❋
鬼谷子開源中國道教茅山派暨茅山派歷代主要祖師丹道名著精選

第一節　中國道教茅山派開山祖師茅盈傳略及其著《上清司命茅真君修行指迷訣》

一、中國道教茅山派開山祖師茅盈傳略

陳攖寧撰（中國當代道學高師，曾任中國道教協會會長）

【茅盈】西漢，咸陽（陝西省咸陽縣）人。高祖茅濛，字初成，在東周末，拜鬼谷先生為師，隱居華山，修煉成道；曾祖茅偃，仕於秦昭王之世，有功業手當時；祖父茅嘉，仕於秦莊襄王朝，秦始皇即位，嘉屢立戰功，殁後，始皇命以相國之禮葬於長安龍首山；父茅祚，志在農畝，不願出仕（按此時已到西漢

前期）。祚有子三人，長子茅盈，字叔申；次子茅固，字季偉；少子茅衷，字思和。茅盈生於漢景帝中元五年（公元前 145），自幼好道，十八歲棄家入恒山（即今山西省渾源縣北岳），在山中採藥為食，並讀老子道德經及周易傳；24 歲遇師，學服氣法；再過 20 年，又遇上仙授以妙道；49 歲離師返家（按此時為漢武帝天漢四年，即公元前 97），父母尚存。

至漢宣帝時，二弟皆官居要職，茅固為「執金吾」（官名），茅衷為西河太守。漢元帝初元五年（公元前 44）四月三日，茅盈在家中宴會賓客六百餘人，次日即與親族告別往句曲山（山在今江蘇省句容縣境，自茅氏弟兄於此成道後，遂改名茅山），臨行時對人言：「真仙貴在隱跡，不宜炫耀，吾所以不默遁者，蓋欲以此道勸誘二弟之追慕醒迷也」。事後，二弟聞之，告辭官回鄉里（按，茅盈於 49 歲出山回家，到此時已經過了 53 年，入茅山時當為 102 歲。二弟年齡當亦不小）。茅固、茅衷在家學習茅盈之遺書，久而無所得，遂決計入山尋兄，面求秘訣。漢元帝永光二年三月六日渡江，見兄於東山。茅盈對二弟言：「年老不能學昇霄大術，汝等將來只可作地仙。」茅固、茅衷乃住山依法修煉，竟獲成就。

本地居民，感三茅君之德，有詩歌為證，其詞曰：「茅山連金陵江湖據下流，三神乘白鵠，各治一山頭，甘雨灌旱稻，陸田苗亦柔，妻子成保室，使我無百憂，自鵠翔青雲，何時復來遊。」除此而外，茅濛當日在華山成道時，民間也有一首歌謠，《史記‧秦始皇本紀》：「三十一年十二月更名臘曰嘉平」，《集解》引《太元真人茅盈內紀》曰：「始皇三十一年九月庚子，盈曾祖父濛（按本傳作高祖父濛，相差一代）乃於華山之中，乘雲駕龍，白日升天（這是古代傳說的神話，由來已久，故照錄之）。先是其邑搖歌曰：「神仙得者茅初成，駕龍上升入

泰清，時下玄州戲赤城，繼世而往在我盈，帝若學之臘嘉平始皇聞謠歌而問其故，父老具對，此仙人之謠歌，勸帝求長生之術。於是始皇欣然乃有尋仙之志，因改臘曰嘉平。」

按：茅氏弟兄三人與道教茅山派大有關係，他們的歷史尚在張道陵以前，不能不詳為敘述。晉葛洪《神仙傳》卷九雖言「茅君」一篇記載，僅 478 字，人無名號，事無年代，不足以資考證，今只以《太元真人東岳上卿司命真君傳》為根據，此傳共有 3260 字左右，文章格調似是晉代人手筆。劉宋人裴《史記集解》所引《茅盈內紀》一段，也見於此傳中，不知是一是二，孰先孰後，但可決定《內紀》出世必在《集解》以前，至晚也是東晉人的作品。

二、上清司命茅真君修行指迷訣

上士修行煉炁訣

煉炁正偃臥，徐漱醴泉咽之，莫閉口行炁，口但得吐炁，鼻但得入炁，不欲令惡炁入也。徐縮鼻，莫大極滿，極滿難還。入五息巳，一息可吐，莫大極。一息數之十數，屈指至九十息，疲可愨中，四九 360 息為一意。思脾中黃炁，大如雞子，常念之，意中有疲倦，當先煉炁三七 210 息。煉炁還令腹平滿，平滿藏炁不大令出，閉炁七十息，莫致頻擊之，炁當隨髮上，竟流四支，自熱下至足腳。徐調炁，還至胃管喉咽，使繞臍一二三四，即還管矣。

煉炁偃臥為之，日出便當坐行之。煉炁 70 息，四五度白髮去矣。

夫委炁善煉炁，急 一九、三九於意佳，四九事竟。煉炁一竟，使入身體不知痛， 卒急處，煉疾也。

夫委炁先在口，口含豐雞子睡，當千咽，常睡，故遣口中

津汋持用，待竭二日，十息解體身。解體身時，如委衣三七210息，一竟，常被髮為之佳。

一法：從足起於上，尋除陰脈，上隨小便內經腎，尋除至喉，復從上下，炁如機紋，正向喉中，來入淺腹，養注足。五色炁常取，令分明置喉中，從胡脈下，常存三元三規，成著腎，腎規裏青，青赤表黃，黃巳曰白，妄見目止。

煉炁三規，即三元也。即注泥丸、絳宮、丹田是也。上規一曰，煉炁不息。正偃瞑目，閉口被髮，兩手張，腹小縮，鼻微縮，還未及，因復取唐還炁，腹不得隨也。10息一屈指，至70息一咽，復更盛，炁存胡脈中，平平涓泄，復七十息一咽，小脅小腹，炁上入腦。臥真脅斑，駮上承髮。三七210息，令炁莫交錯，調適守治精神炁新，處形常安。如五藏無主，形體羸瘦，愩筋緩骨，重難以行步，榮華枯落，皮膚革去，十指無色，精炁虛瘦炁乏，乃信此為喉。

天老十干第甲經十二月炁法

第甲日，精至一旬之時。滌蕩五藏，渴飲水漿，顏色脫去，小便赤黃，大便微難，糞而黑剛，腸中雷鳴，如有減傷，逐除邪炁，無或恐惶，行苦艱難，兩目芒芒，時節春秋，日月短長，陰陽損益，皆如經章。

第乙日，精至二旬之時。穀炁始盡，邪炁逃亡，真炁微弱，以水為糧，忽然恍恍，志意悵悵，守之無失，華池玉英，以是為法，臥起案牀，形體瘦弱，難以動行。

第丙日，精至三旬之時，精炁如故，穀炁無滓，兩炁交錯，莫肯適住，意中恬然，不思穀食，精炁在內，王相用事，至誠之效，努力可副，堅守無失，功成事遂，華池玉英，潔白可喜。

第丁日，道至四旬之時。穀炁離形，精炁獨治，脈炁微

弱，乍去乍來，顏色益澤，日受其故，心志悅欣，不復恐懼，
肌肉日生，血炁有餘，光華滑利，往來應度，經管陰陽，和調
補瀉，身形潤澤。

第戊日，道至五旬之時。精炁安處，外事屏去，五藏和
調，精神內養，臥而安席，皮膚改更，動作引步，至精不效，
神炁浮游，數見夢寤，臥時自驚，若有響應，喚呼光影，彷彿
志苦，高精所至，信效為佳。

第己日，道至六旬之時。精炁利安，上下和通，發膚潤
澤，支體易行，行步伏故，耳目聰明，志意漠然，不復恐慌，
屈身利便，機關和良，不念穀食，咽炁益胎，得酒而飲，得食
而食，多少自在，無所榮禁。

第庚日，道至七旬之時。精炁如通，漠然安定，孔竅調
和，五藏潔靜，呼呼吸精炁，滌邪納正，去惡遠新，安然清
淨，內理志炁，外貌日盛，動故踴躍，輕其足脛，若好靜處，
不與人爭，至精之效，以為道經。

第辛日，道至八旬之時。炁游八極，榮術充盈，調炁便
利，往來跂經，上下表裡，潤澤和平，五藏皆定，經歷仙庭，
恬惔無欲，安然而寧，心志安悅，恍惕不驚，內無恐懼，歡樂
平生，長守無失，道著神成，既有效驗，度世長生。

第壬日，道至九旬之時。精炁充滿，靈神開張，懦者而
剛，弱者而強，損者復益，廢者和良，不行自來，不送自逸，
榮華滋潤，音聲益彰，口中甘味，鼻中芳香，華池玉英，常存
不忌，至精所致，道可仕遵。

第癸日，道至十旬之時。精炁皆到，神道疏通。輕壯肌
肉，充布神明，目盡開覽，志炁翱翔，恬恬無欲，蕩滌腹腸，
精存神在，道德會昌，初服飲食，乃能久長，壯不知老，真仙
同鄉，與道沉浮，可致神明。

食炁之法

必以天生人之日,謂甲辰庚日也,乃若四時王相日,始飲藥。食炁初,以九口滿飲為法,後日減一餐,十日穀絕矣。他餘物一時觀,皆可食炁。食炁之法,十咽唅棗十,以棗為籌,為知食炁多少,若使口中,華池玉英,甘露體泉,津約自生,凡食炁之道,炁為寶,一歲至肌膚充榮,二歲至機關和良,三歲至筋骨堅強,四歲至骨髓填塞。天有四時,故人食炁亦應之。四歲即神與形通。通日數有歲,如神明者,不視形見,不聽聲聞,不行而至,不見知之,此所謂形一神,名曰真人矣。同日長生,與天司靈。

正月朝食陽炁 160,暮食陰炁 200。二月朝食陽炁 180,暮食陰炁 180。三月朝食陽炁 200,暮食陰炁 160。四月朝食陽炁 220,暮食陰炁 140。五月朝食陽炁 240,暮食陰炁 120。六月朝食陽炁 220,暮食陰炁 140。七月朝食陰炁 200,暮食陰炁 160。八月朝食陽炁 180,暮食陰炁 180。九月朝食陽炁 160,暮食陰炁 200。十月朝食陽炁 140,暮食陰炁 220。十一月朝食陽炁 120,暮食陰炁 240。十二月朝食陽炁 140,暮食陰炁 220。

夫陽炁,鼻取之炁也。陰炁者,口取之炁也。此二炁,十二月中,日日旦暮能不能者,周天一竟又一周天,是則與天同齡矣。

上清司命茅真君修行指迷訣

第二節　中國道教茅山派集大成者陶弘景傳略及其名著《養性延命錄》等道書

說　明

《養性延命錄》,南朝陶弘景撰。陶氏字通明,號貞白、華

陽陶隱居，孝昌縣令陶貞之子。自幼好學，年四五歲以蘆管為筆學書，10 歲得葛洪《神仙傳》，愛不釋手，遂有學道修仙之念。劉宋末年，蕭道為相，薦弘景為諸王待讀，時弘景不足 20 歲，雖生於朱門大戶，然不與紈綺交往，唯以展讀是務。永明十年（492 年）脫朝服掛於神武門，上表辭官，請入山修道，齊武帝許之，並賜以布帛，敕命所在州縣月給茯苓五斤，白蜜二升，以供其服餌，隱居於句容縣句曲山，立館於其中，自號華陽陶隱居。

初從東陽道士孫岳遊，習符圖、經法，後歷名山，遍訪仙藥，漫遊山水之間。永元初年（499 年）建三層樓，居其上層，唯其一家童能至其所，進益與世塵隔絕。梁武帝即位，慕其超凡脫俗，甚器重之，屢召不至，每遇大事，則遣使咨詢，時人譽之為「山中宰相」。天監四年（505 年）移居積金東澗，以辟穀、導養諸法養性。大同二年卒，享年 81 歲。著《神農本草經集注》、《養性延命錄》、《效驗方》、《太清草木集要》、《太清玉石丹藥要集》、《藥總訣》、《肘後百一方》等。

養性延命錄序

唐・孫思邈撰

夫稟氣含靈，惟人為貴。人所貴者，蓋貴於生。生者神之本，形者神之具。神大用則竭，形大勞則斃。若能遊心虛靜，息慮無為，候元氣於子後，時導引於閒室，攝養無虧，兼餌良藥，則百年耆壽是常分也。如恣意以耽聲色，役智而圖富貴，得喪縈於懷抱，躁撓未能自遣，不拘禮度，飲食無節，如斯之流，寧免夭傷之患也？

余因止觀微暇，聊復披覽《養生要集》。其集乃前彥張湛道林之徒，翟平黃山之輩，咸是好事英奇，志在寶育，或糾集

仙經真人壽考之規，或採摭彭祖、李聃長齡之術，上自農黃已來，下及魏晉之際，但有益於養生，乃無損於後患。諸本先皆記錄，今略取要法，刪棄繁蕪，類聚篇題，號為《養性延命錄》。庶補助於有緣，冀憑以濟物耳。（孫思邈亦有一書名養性延命錄）

養性延命錄卷上

華陽陶隱居集

教戒篇第一

《神農經》曰：食穀者智慧聰明，食石者肥澤不老（謂煉五石也），食芝者延年不死，食元氣者地不能埋，天不能殺。是故食藥者，與天地相弊，日月並列。

《老君道經》曰：谷神不死（河上公曰：谷，養也，能養神不死。神為五臟之神，肝藏魂，肺藏魄，心藏神，腎藏精，脾藏志。五藏盡傷，則五神去矣），是謂玄牝（言不死之道，在於玄牝。玄，天也，天於人為鼻；牝、地也，地於人為口。天食人以五氣，從鼻入，藏於心。五氣清，為精神、聰明、音聲、五性。其鬼曰魂，魂者，雄也。出入人鼻，與天通，故鼻為玄也。地食人以五味，從口入，藏於胃。五味濁，為形骸、骨肉、血脈、六情。其鬼曰魄，魄者，雌也。出入於口，與地通，故口與地通，故口為牝也）。玄牝之門，是謂天地根（根，元也。言鼻口之門，乃是天地之元氣所從往來也）。綿綿若存（鼻口呼吸喘息，當綿綿微妙，若可存，復若無有也），用之不勤（用氣當寬舒，不當急疾勤勞）。

《老君德經》曰：出生（謂情欲出於五內，魂定魄靜故生也）入死（謂情欲入於胸臆，精散神惑故死也），生之徒十有三，死之徒十有三（言生死之類各十有三，謂九竅四關也。其

生也，目不妄視，耳不妄聽，鼻不妄嗅，口不妄言，手不妄持，足不妄行，精不妄施。其死也，反是），人之生，動之死地亦十有三（人欲求生，動作反之，十三之死地也）。夫何故？以其求生之厚（所以動之死地者，以其求生活之太厚也。遠道反天，妄行失紀）。蓋聞善攝生者，陸行不遇兕虎，入軍不被甲兵，兕無所投其角，虎無所措其爪，兵無所容其刃。夫何故？以其無死地焉（以其不犯上十三之死地也）。

《莊子‧養生篇》曰：吾生也有涯（向秀曰：生之所稟，各有涯也），而智也無涯秅（康曰：夫不慮而欲，性之動也；識而發感，智之用也。性動者，遇物而當足，則無餘智；從感而求，倦而不已。故世之所患，常在於智用，不在性動也）。以有涯隨無涯，殆已（郭象曰：以有根之性，尋無窮之智，安得而不困哉。已而為智者，殆而已矣向秀曰：已困於矣，又為以攻之者，又殆矣）。

《莊子》曰：達生之情者，不務生之所無以為（向秀曰：生之所無以為者，性表之事也。張湛曰：生理自全，為分外所為，此是有涯隨無涯也）；達命之情者，不務智之所無奈何（向秀曰：命盡而死者是。張湛曰：秉生順之理，窮所稟之分，豈智所奈何）。

《列子》曰：少不勤行，莊不競時，長而安貧，老而寡欲，閒心勞形，養生之方也。

《列子》曰：一體之盈虛消息，皆通於天地，應於萬類（張湛曰：人與陰陽通氣）。和之於始，和之於終，靜神滅想，生之道也（始終和則神志不散）。

《老君妙真經》曰：人常失道，非道失人；人常去生，非生去人。故養生者，慎勿失道；為道者，慎勿失生。使道與生相守，生與道相保。

《黃老經玄示》曰：天道施化，與萬物無窮；人道施化，形神消亡。轉神施精，精竭故衰。形本生精，精生於神。不以精施，故能與天合德；不與神化，故能與道同式。《玄示》曰：以形化者，尸解之類。神與形離，二者不俱，遂象飛鳥入海為蛤，而隨季秋陰陽之氣。以氣化者，生可異也；以形化者，甚可畏也。

嚴君平《老君指歸》曰：遊心於虛靜，結志於微妙，委慮於無欲，歸指於無為，故能達生延命，與道為久。

《大有經》曰：或疑者云：始同起於無外，終受氣於陰陽，載形魄於天地，資生長於食息，而有愚有智，有強有弱，有壽有夭，天耶？人耶？解者曰：夫形生愚智，天也；強弱壽夭，人也。天道自然，人道自己。始而胎氣充實，生而乳食有餘，長而滋味不足，壯而聲色有節者，強而壽；始而胎氣虛耗，生而乳食不足，長而滋味有餘，壯而聲色自放者，弱而夭。生長全足，加之導養，年未可量。

《道機》曰：人生而命有長短者，非自然也。皆由將身不謹，飲食過差，淫泆無度，忤逆陰陽，魂神不守，精竭命衰，百病萌生，故不終其壽。

《河圖帝視萌》曰：侮天時者凶，順天時者吉。春夏樂山高處，秋冬居卑深藏，吉利多福，壽考無窮。

《洛書寶予命》曰：「古人治病之方，和以體泉，潤以元氣，藥不辛不苦，甘甜多味，常能服之，津流五臟，繫之在肺，終身無患。」

《孔子家語》曰：食肉者，勇敢而悍（虎狼之類）；食氣者，神明而壽（仙人、靈龜是）；食穀者，智慧而夭（人也）；不食者，不死而神（直任喘息而無思慮）。

《傳》曰：雜食者，百病妖邪鍾。所食愈少，心愈開，年

愈益；所食愈多，心愈塞，年逾損焉。

太史公司馬談曰：夫神者，生之本；形者，生之具也。神大用則竭，形大勞則斃。神形早衰，欲與天地長久，非所聞也。故人所以生者，神也；神之所托者，形也。神形離別則死，死者不可復生，離者不可復返，故乃聖人重之。夫養生之道，有都領大歸，未能具其會者，但思每與俗反，則暗踐勝轍，獲過半之功矣。有心之徒，可不察歟？

《小有經》曰：少思、少念、少欲、少事、少語、少笑、少愁、少樂、少喜、少怒、少好、少惡，此十二少，乃養生之都契也。多思則神怠，多念則志散，多欲則損智，多事則形疲，多語則氣爭，多笑則傷藏，多愁則心懾，多樂則意溢，多喜則忘錯昏亂，多怒則百脈不定，多好則專迷不治，多惡則焦煎無歡。此十二多不除，喪生之本也。無多者，幾乎真人大計。奢懶者壽，慳靳者夭，放散劬勞之異也。田夫壽，膏粱夭，嗜欲多少之驗也。處士少疾，遊子多患，事務繁簡之殊也。故俗人競利，道士罕營。

胡昭曰：目不欲視不正之色，耳不欲聽醜穢之言，鼻不欲向膻腥之氣，口不欲嘗毒辣之味，心不欲謀欺詐之事，此辱神損壽。又居常而嘆息，晨夜而吟嘯不止，來邪也。夫常人不得無欲，又復不得無事，但當和心少念，靜慮，先去亂神犯性之事，此則 神之一術也。

《黃庭經》曰：玉池清水灌靈根，審能修之可長存。名曰飲食自然。自然者，則是華池。華池者，口中唾也。呼吸如法，咽之則不飢也。

《老君尹氏內解》曰：唾者，漱為醴泉，聚為玉漿，流為華池，散為精汋，降為甘露。故口為華池，中有醴泉，漱而咽之，溉藏潤身，流利百脈，化養萬神，肢節毛髮宗之而生也。

《中經》曰：靜者壽，躁者夭。靜而不能養減壽，躁而能養延年。然靜易禦，躁難持，盡順養之宜者，則靜亦可養，躁亦可養。

韓融元長曰：酒者，五穀之華，味之至也，亦能損人。然美物難將而易過，養性所宜慎之。

邵仲堪曰：五穀充肌體而不能益壽，百藥療疾延年而不能甘口。充肌甘口者，俗人之所珍。苦口延年者，道士之所寶。

《素問》曰：黃帝問歧伯曰：余聞上古之人，春秋皆百歲而動作不衰（謂血氣猶盛也）；今時之人，年所始半百動作皆衰者，時世異耶？將人之失耶？歧伯曰：上古之人，其知道者，法則陰陽，和於術數（房中交接之法），飲食有節，起居有度，不妄動作，故能形與神俱，盡終其夭命，壽過百歲；今時之人則不然，以酒為漿，以妄為常，醉以入房，以（欲心）竭其精，以好散其真，不知持滿，不時御神，務快其心，逆於陰陽，治生起居無節無度，故半百而衰也。

《老子》曰：人生大期，百年為限，節護之者，可至千歲。如膏之用，小炷與大耳。眾人大言而我小語，眾人多煩而我少記，眾人悖暴而我不怒，不以人事累意，不修君臣之義，淡然無味，神氣自滿，以為不死之藥，天下莫我知也。無謂幽冥，天和人情，無謂暗昧，神見人形。心言小語，鬼聞人聲；犯禁滿千，地收人形。人為陽善，正人報之；人為陰善，鬼神報之。人為陽惡，正人治之；人為陰惡，鬼神治之。故天不欺人依以影，地不欺人依以響。

老君曰：人修善積德而遇其凶禍者，受先人之餘殃也；犯禁為惡而遇其福者，蒙先人之餘福也。

《名醫敘病論》曰：世人不終耆壽，咸多夭歿者，皆由不自愛惜，忿爭盡意，邀名射利，聚毒攻神，內傷骨體，外乏筋

肉，血氣將無，經脈便壅，內裡空疏，惟招眾疾，正氣日衰，邪氣日盛矣。不異舉滄波以注爛火，頹華岳而斷涓流，語其易也，甚於茲矣。

彭祖曰：道不在煩，但能不思衣，不思食，不思聲，不思色，不思勝，不思負，不思失，不思得，不思榮，不思辱，心不勞，形不極，常導引、內氣、胎息爾，可得千歲，欲長生無限者，當服上藥。

仲長統曰：蕩六情五性，有心而不以之思，有口而不以之言，有體而不以之安。安之而能遷，樂之而不愛。以之圖之，不知日之益也，不知物之易也，彭祖、老聃庶幾，不然彼何為與人者同類，而與人者異壽？

陳紀元方曰：百病橫夭，多由飲食。飲食之患，過於聲色。聲色可絕之逾年，飲食不可廢之一日。為益亦多，為患亦切（多則切傷，少則增益）。

張湛云：凡貴權勢者，雖不中邪，精神內傷，身心死亡（非妖邪外侵，直由冰炭內煎，則自崩傷中嘔血）；始富後貧，雖不中邪，皮焦筋出，委痺為攣（貧富之於人，利害猶於權勢，故疴疹損於形骸）。動勝寒，靜勝熱，能動能靜，所以長生。精報清淨，乃與道合。

《莊子》曰：真人其寢不夢。

《慎子》云：晝無事者夜不夢。

張道人年百數十，甚魁壯也，云：養性之道，莫久行、久坐、久臥、久聽，莫強食飲，莫大醉，莫大愁憂，莫大哀思，此所謂能中和。能中和者，必久壽也。

《仙經》曰：我命在我不在於天，但愚人不能知此，道為生命之要。所以致百病風邪者，皆由恣意極情，不知自惜，故虛損生也。譬如枯朽之木，遇風即折；將崩之岸，值水先頹。

今若不能服藥，但知愛精節情，亦得 120 年壽也。

張湛《養生集敘》曰：養生大要：一曰神，二曰愛氣，三曰養形，四曰導引，五曰言語，六曰飲食，七曰房室，八曰反俗，九曰醫藥，十曰禁忌。過此以往，義可略焉。

青牛道士言：人不欲使樂，樂人不壽，但當莫強為力所不任，舉重引強，掘地苦作，倦而不息，以致筋骨疲竭耳。然勞苦勝於逸樂也。能從朝至暮常有所為，使之不息乃快，但覺極當息，息復為之。此與導引無異也。夫流水不腐，戶樞不朽者，以其勞動數故也。飽食不用坐與臥，欲得行步務作以散之。不爾，使人得積聚不消之疾，及手足痹蹷，面目黧皺，必損年壽也。

皇甫隆問青牛道士青牛（道士姓封，字君達，其養性法則可施用），大略云：體欲常勞，食欲常少，勞無過極，少無過虛。去肥濃，節鹹酸，減思慮，損喜怒，除馳逐，慎房室。武帝行之有效。

彭祖曰：人受氣雖不知方術，但養之得理，常壽一百二十歲。不得此者，皆傷之也。少復曉道，可得二百四十歲。復微加藥物，可得四百八十歲（嵇康亦云：道養得理，上可壽千歲，下可壽百歲）。

彭祖曰：養壽之法，但莫傷之而已。夫冬溫夏涼，不失四時之和，所以適身也。重衣厚褥，體不堪苦，以致風寒之疾；厚味脯臘，醉飽厭飫，以致聚結之疾；美色妖麗，妾盈房，以致虛損之禍；淫聲哀音，怡心悅耳，以致荒耽之惑；馳騁遊觀，弋獵原野，以致荒狂之失；謀得戰勝，兼弱取亂，以致驕逸之敗。蓋聖賢或失其理也。然養生之具，譬猶水火，不可失適，反為害耳。

彭祖曰：人不知道，經服藥損傷，血氣不足，內理空疏，

髓腦不實，內已先病，故為外物所犯，風寒酒色以發之耳。若本充實，豈有病乎？

仙人曰：罪莫大於淫，禍莫大於貪，咎莫大於讒。此三者禍之車，小則危身，大則危家。若欲延年少病者，誠勿施精，施精命夭殘。勿大溫消骨髓，勿大寒傷肌肉，勿咳唾失肌汁，勿卒呼驚魂魄，勿久泣神悲蹙，勿恚怒，神不樂，勿念內志恍惚，能行此道，可以長生。

食戒篇第二

真人曰：雖常服藥物，而不知養性之術，亦難以長生也。養性之道，不欲飽食便臥及終日久坐，皆損壽也。人欲小勞，但莫至疲及強所不能堪勝耳。人食畢，當行步躊躇，有所修為為快也。故流水不腐，戶樞不蠹，以其勞動數故也。故人不要夜食，食畢但當行中庭，如數里可佳。飽食即臥生百病，不消成積聚也。食欲少而數，不欲頓多難銷。常如飽中飢、飢中飽。故養性者，先飢乃食，先渴乃飲。恐覺飢乃食，食必多；盛渴乃飲，飲必過。食畢當行，行畢使人以粉摩腹數百過，大益也。

青牛道士言：食不欲過飽，故道士先飢而食也。飲不欲過多，故道士先渴而飲也。食畢行數百步，中益也。暮食畢，行五里許乃臥，令人除病。凡食，先欲得食熱食，次食溫暖食，次冷食。食熱暖食訖，如無冷食者，即吃冷水一兩嚥，甚妙。若能恒記，即是養性之要法也。凡食，欲得先微吸取氣，嚥一兩嚥，乃食，主無病。

真人言：熱食傷骨，冷食傷藏，熱物灼膚，冷物痛齒。食訖跐躇，長生。飽食勿大語。大飲則血脈閉，大醉則神散。春宜食辛，夏宜食酸，秋宜食苦，冬宜食鹹，此皆助五藏，益血氣，辟諸病。食酸鹹甜苦，即不得過分食。春不食肝，夏不食

第四章
鬼谷子開源中國道教茅山派暨茅山派歷代主要祖師
丹道名著精選

333

心，秋不食肺，冬不食腎，四季不食脾。如能不食此五藏，猶順天理。燕不可食，入水為蛟蛇所吞，亦不宜殺之。飽食訖即臥，成病，背痛。飲酒不欲多，多即吐，吐不佳。醉臥不可當風，亦不可用扇，皆損人。白蜜勿合李子同食，傷五內。醉不可強食，令人發癰疽生瘡。醉飽交接，小者令人面皯咳嗽，不幸傷絕藏脈損命。凡食欲得恆溫暖，宜入易銷，勝於習冷。凡食皆熟，勝於生；少勝於多。飽食走馬成心痴。飲水勿忽咽之，成氣病及水癖。人食酪，勿食酢，變為血痰及尿血。食熱食汗出，勿洗面，令人失顏色，面如蟲行。食熱食訖，勿以醋漿漱口，令人口臭及血齒。

馬汗息及馬毛入食入，亦能害人。雞兔犬肉不可合食。爛茅屋上水滴侵者脯，名曰鬱脯，食之損人。久飢不得飽食，飽食成癖病。飽食夜臥失覆，多霍亂死。時病新差，勿食生魚，成痢不止。食生魚，勿食乳酪，變成蟲。食兔肉，勿食乾薑，成霍亂。人食肉，不用取上頭最肥者，必眾人先目之，食者變成結氣及痤瘻，食皆然。空腹勿食生果，令人膈上熱、骨蒸、作癰癤。銅器蓋食，汗出落食中，食之發瘡、肉疽。觸寒未解，食熱食，亦作刺風。

飲酒熱未解，勿以冷水洗面，令人面發瘡。飽食勿沐發，沐發令人作頭風。蕎麥和豬肉食，不過三頓，成熱風。乾脯勿置秫米甕中，食之閉氣。乾脯火燒不動，出犬始動，擘之筋縷相交者，食之患人或殺人。羊腳中有肉如珠子者，名羊懸筋，食之患癲癇。諸濕食之不見蹤影者，食之成痊。腹脹暴疾後不周飲酒，膈上發熱。新病差不用食生棗、羊肉，生菜，損顏色，終身不復，多致死，膈上熱蒸。凡食熱脂餅物，不用飲冷醋漿水，善失聲若咽。生蔥白合蜜食害人，切忌。乾脯得水自動，殺人。曝肉作脯，不肯燥，勿食。羊肝勿合椒食，傷人

心。胡瓜合羊肉食之，發熱。多酒食肉，名曰痴脂，憂狂無恒。食良藥五穀克悅者，名曰中士，憂慮疾苦。食氣保精存神，名曰上士，與天同年。

雜戒忌禳災祈善篇第三

久視久視傷血，久臥傷氣，久立傷骨，久行傷筋，久坐傷肉。遠思強健傷人，憂恚悲哀傷人，喜樂過差傷人，忿怒不解傷人，汲汲所願傷人，戚戚所患傷人，寒暖失節傷人，陰陽不交傷人。凡交，須依導引諸術。若能避眾傷人事，而復曉陰陽之術，則是不死之道。大樂氣飛揚，大愁氣不通。用精令人氣力乏，多睡令人目盲，多唾令人心煩，貪美食令人瀉痢。

俗人但知貪於五味，不知有元氣可飲。聖人知五味之毒焉，故不貪，知元氣可服，故閉口不言，精氣息應也。唾不咽則氣海不潤，氣海不潤則津液乏，是以服元氣、飲醴泉，乃延年之本也。

沐浴無常不吉，夫婦同浴不吉。新沐浴及醉飽、遠行歸還大疲倦，並不可行房室之事，生病，切慎之。丈夫勿頭北向臥，令人神不安，多愁忘。勿跂井，今古大忌。若見十步地墻，勿順墻坐臥，被風吹發癲癇疾。勿怒目久視日月，使目睛失明。凡大汗勿脫衣，不慎多患偏風半身不遂。新沐浴了，不得露頭當風，不幸得大風刺風疾。觸寒來勿面臨火上，成癩，起風眩頭痛。勿跂床懸腳，久成血卑，足重腰疼。凡腳汗勿入水，作骨痹，亦作遁疰。

久忍小便，脈冷，兼成冷痹。凡食熱物汗出勿蕩風，發痓頭痛，令人目澀饒睡。凡欲眠勿歌詠，不祥。眠起勿大語，損人氣。凡飛鳥投入不可食，鳥若開口及毛下有瘡，並不可食之。凡熱泔洗頭，冷水濯，成頭風。

凡人臥，頭邊勿安火爐，令人頭重、目赤、鼻乾。凡臥

訖，頭旁勿安燈，令人六神不安。冬日溫足凍腦，春秋腦足俱凍，此乃聖人之常法也。凡新哭泣訖便食，即成氣病。夜臥勿覆頭，婦人勿跂灶坐，大忌。凡唾不用遠，遠即成肺病，令人手重、背疼、咳嗽。凡人魘，勿點燈照定，魘死暗喚之，即吉，亦不可近前及急喚。凡人臥勿開口，久成病渴，並失血色。凡旦起勿以冷水開目洗面，令人目澀、失明、饒淚。凡行途中觸熱，逢河勿洗面，生烏皯。人睡訖忽覺，勿飲水更臥，成水痹。凡時病新汗解，勿飲冷水，損人心腹，不平復。凡空腹不可見聞臭尸氣，入鼻令人成病。凡欲見死尸，皆須先飲酒及咬蒜，辟毒氣。凡小兒不用令指月，兩耳後生瘡欲斷，名月蝕瘡，搗蝦蟆末傅即差，並別餘瘡不生。凡產婦不可見狐臭，能令產婦著腫。凡人臥不用窗櫺下，令人六神不安。凡臥，春夏欲得頭向東，秋冬頭向西，有所利益。凡丈夫，飢欲得坐小便，飽則立小便，令人無病。凡人睡，欲得屈膝側臥，益人氣力，凡臥欲得數轉側，語笑欲令至少，莫令聲高大。春欲得瞑臥早起，夏秋欲得侵夜臥早起，冬欲得早臥晏起，皆有所益。雖云早起，莫在雞鳴前，晏起莫在日出後。冬日天地閉，陽氣藏，人不欲作勞出汗，發泄陽氣，損人。新沐浴訖，勿當風濕語，勿以濕頭臥（一作「勿當風結髻，勿以濕髻臥」），使人患頭風、眩悶、髮禿、面腫、齒痛、耳聾。濕衣及汗衣皆不可著久，令發瘡及患風。

老君曰：正月旦，中庭向寅地再拜，咒曰：「（某甲）年年受大道之恩，太清玄門願還（某甲）去歲之年。男女皆三通自咒，常行此道延年（玄女有清神之法，淮南有祠灶之規，咸欲體合真靈，護生者也）。」

仙經秘要：常存念心中，有氣大如雞子，內赤外黃，辟眾邪延年也。欲卻眾邪百鬼，常存念為炎火如斗，煌煌光明，則

百邪不敢干人，可入瘟疫之中。暮臥常存作赤氣在外，白氣在內，以覆身，辟眾邪鬼魅。

老君曰：凡人求道，勿犯五逆六不祥，有犯者凶。大小便向西一逆，向北二逆，向日三逆，向月四逆，仰視天及星辰五逆。夜起裸形一不祥，旦起瞋恚二不祥，向灶罵詈三不祥；以足向火四不祥，夫妻畫合五不祥，怨恚師父六不祥。凡人旦起常言善事，天與之福。勿言奈何。歌嘯名曰請禍，慎勿上床臥歌，凶。始臥伏床，凶。飲食伏床，凶。以匙箸擊盤上，凶。司陰之神在人口左，人有陰禍，司陰白之於天，天則考入魂魄。司殺之神在人口右，人有惡言，司殺白之於司命，司命記之，罪滿即殺。二神監口，唯向人求非，安可不慎言？舌者，身之兵革，善惡由之而生，故道家所忌。

飲玉泉者，令人延年除百病。玉泉者，口中唾也。雞鳴、平旦、日中、晡時（道藏本作「日晡」）、黃昏、夜半（道藏本作「夜半時」），一日一夕，凡七漱玉泉食之，每食輒滿口，咽之延年。髮，血之窮；齒，骨之窮；爪，筋之窮。千過梳髮髮不白，朝夕啄齒齒不齲，爪不數截筋不替。

人常數欲照鏡，謂之存形，形與神相存，此其意也。若矜容顏色自愛玩，不如勿照。凡人常以正月一日、二月二日、三月三日、四月八日、五月一日、六月二十七日、七月十一日、八月八日、九月二十一日、十月十四日、十一月十一日、十二月三十日，但常以此日取枸杞菜煮作湯沐浴，令人光澤，不病不老。月蝕宜救活人，除殃。活萬人，與天同功（天不好殺，聖人則之。不好殺者，是助天地長養，故招勝福）。善夢可說，噩夢默之，則養性延年也。

養性延命錄卷下

華陽陶隱居集

服氣療病篇第四

《元陽經》曰：常以鼻納氣，含而漱，滿舌料唇齒咽之，一日一夜得千咽，甚佳。當少飲食，多則氣逆，百脈閉。百脈閉則氣不行，氣水行則生病。

《玄示》曰：志者，氣之帥也；氣者，體之充也。善者遂其生，惡者喪其形。故行氣之法，少食自節，動其形，和其氣，志意專一，固守中外，上下俱閉，神周形骸調暢，四溢修守，關元滿而足實，因之而眾邪自出。

彭祖曰：常閉氣內息，從平旦至日中，乃跪坐拭目，摩搦身體，舐脣咽唾，服氣數十，乃起行言笑。其偶有疲倦不安，便導引閉氣，以攻所患，必存其身頭面、九竅、五臟、四肢，至於髮端，皆令所在覺其氣雲行體中，起於鼻口，下達十指末，則澄和真神，不須針藥灸刺。凡行氣欲除百病，隨所在作念之。頭痛念頭，足痛念足，和氣往攻之，從時至時，便自消矣。時氣中冷可閉氣以取汗，汗出周身則解矣。行氣閉氣，雖是治身之要，然當先達解其理趣。又宜空虛，不可飽滿。若氣有結滯，不得空流，或致瘡節，譬如泉源不可壅遏。若食生魚、生菜、肥肉，及喜怒憂恚不除，而以行氣，令人發上氣。凡欲學行氣，皆當以漸。

劉安曰：食生吐死，可以長存。謂鼻內氣為生也。凡人不能服氣，從朝至暮常習不息，徐而舒之，但令鼻內口吐，所謂吐故納新也。

《服氣經》曰：道者，氣也。保氣則得道，得道則長存。神者，精也。保精則神明，神明則長生。精者，血脈之川流，守骨之靈神也。精去則骨枯，骨枯則死矣。是以為道務寶其

精。從夜半到日中為生氣，從日中後至夜半為死氣，當以生氣時正偃臥，瞑目握固（握固者，如嬰兒捲手以四指壓大拇指也），閉氣不息，於心中數至二百，乃口吐氣出之。日增息，如此身神具，五臟安。

能閉氣至二百五十息，華蓋明。華蓋明則耳目聰明，舉身無病，邪不人也。凡行氣，以鼻內氣，以口吐氣，微而引之，名曰長息。內氣有一，吐氣有六。內氣一者，謂吸也；吐氣六者，謂吹、呼、唏、呵、噓、呬，皆出氣也。凡人之息，一呼一吸，元有此數。欲為長息吐氣之法，時寒可吹，溫可呼，委曲治病，吹以去熱，呼以去風，唏以去煩，呵一下氣，噓以散滯，呬以解極。凡人極者，則多噓呬。道家行氣，多不欲噓呬。噓呬者長息之心也。此男女俱存法，法出於仙經。行氣者，先除鼻中毛，所謂通神之路。若天惡風猛、大寒大熱時，勿取氣。

《明醫論》云：疾之所起，自生五勞，五勞既用，二藏先損，心腎受邪，腑臟俱病。五勞者：一曰志勞，二曰思勞，三曰心勞，四曰憂勞，五曰疲勞。五勞則生六極：一曰氣極，二曰血極，三曰筋極，四曰骨極，五曰精極，六曰髓極。六極即為七傷，七傷故變為七痛，七痛為病，令人邪氣多正氣少，勿忽喜怒悲傷，不樂飲食，不生肌膚，顏色無澤，髮白枯槁，甚者令人得大風偏枯筋縮，四肢拘急攣縮，百關隔塞，羸瘦短氣，腰腳疼痛。此由早娶，用精過差，血氣不足，極勞之所致也。凡病之來，不離於五臟，事須識相。若不識者，勿為之耳。心臟病者，體有冷熱，呼吸二氣出之；肺藏病者，胸膈脹滿，噓出之；脾臟病者，體上游風習習，身癢疼悶，唏氣出之。肝藏病者，眼疼，愁憂不樂，呵氣出之。

以上十二種調氣法，但常以鼻引氣，口中吐氣，當令氣聲

逐字吹呼噓呵唏呬吐之。若患者依此法，皆須恭敬用心為之，無有不差，此即癒病長生要術也。

導引按摩篇第五

《導引經》云：清旦未起，啄齒二七，閉目握固，漱滿唾，三咽氣。尋閉而不息，自極，極乃徐徐出氣，滿三止。便起，狼踞鴟顧，左右自搖曳，不息，自極復三，便起下床，握固不息，頓踵三還，上一手，下一手，亦不息，自極三。又叉手項上，左右自了戾，不息，復三。又伸兩足及叉手前卻，自極復三。皆當朝暮為之，能數尤善。平旦以兩掌相摩令熱，熨眼三過；次又以指按目眥，令人目明。按經云：拘魂門，制魄戶，名曰握固，與魂魄安門戶也。此固精明目，留年還魄之法，若能終日握之，邪氣百毒不得入（握固法：屈大拇指於四小指下，扢之，積習不止，即眼中亦不復開。一說云：令人不遭魔魅）。

《內解》云：一曰精，二曰唾，三曰淚，四曰涕，五曰汗，六曰溺，皆所以損人也，但為損者，有輕重耳。人能終日不涕唾，隨有漱滿咽之，若恒含棗核咽之，令人愛氣生津液，此大要也（謂取津液，非咽核也）。常每旦啄齒三十六通，能至三百彌佳，令人齒堅不痛。次則以舌漱漏滿口中津液，咽之，三過止。次摩指少陽令熱，以熨目，滿二七止，令人目明。每旦初起，以兩手掩兩耳極，上下熱挼之，二七止，令人耳不聾。次又啄齒漱玉泉三咽，縮鼻閉氣，右手從頭上引左耳二七，復以左手從頭上引右耳二七止，令人延年不聾。

次又引兩鬢髮舉之一七，則總取髮兩手向上，極勢抬上一七，令人血氣通，頭不白。又法摩手令熱，以摩面，從上至下，去邪氣，令人面上有光彩。又法摩手令熱，摩身體，從上至下，名曰乾浴，令人勝風寒、時氣熱、頭痛、百病皆除。夜

欲臥時，常以兩手揩摩身體，名曰乾浴，辟風邪。峻坐，以左手托頭，仰，右手向上盡勢托，以身並手振動三，右手托頭振動亦三，除人睡悶。

平旦日未出前，面向南峻坐，兩手托楼，盡勢振動三，令人面有光澤生。平旦起，未梳洗前，峻坐，以左手握右手於左楼上，前卻盡熱挼左楼三；又以右手握左手於右楼上，前卻挼右楼亦三；次又兩手向前，盡勢推三；次又叉兩手向胸前，以兩肘向前，盡勢三次；直引左臂，捲曲右臂，如挽一斛五斗弓勢，盡力為之，右手挽弓勢，亦然。

次以右手托地，左手仰托天，盡勢，右亦然；次捲兩手，向前築各三七；次捲左手盡勢向背上，握指三，右手亦如之；療背膊臂肘勞氣。數為之，彌佳。平旦便轉訖，以一長拄杖策腋，垂左腳於床前，徐峻，盡勢掣左腳五七回，右亦如之，療腳氣疼悶，腰腎冷氣、冷痺及膝冷，並主之。日夕三掣，彌佳。勿大飽及忍小便，掣如不用拄杖，但遣所掣，腳不著地，手扶一物亦得。晨夕梳頭滿一千梳，大去頭風，令人髮不白。梳訖，以鹽花及生麻油搓頭頂上，彌佳。如有神明膏搓之，甚佳。且欲梳洗時，叩齒一百六十，隨有津液便咽之。訖，以水漱口，又更以鹽末揩齒，即含取微酢清漿半小合許，熟漱。取鹽湯吐洗兩目，訖，以冷水洗面，不得遣冷水入眼中。此法齒得堅淨，目明無淚，永無䘌齒。平旦洗面時漱口訖，咽一兩咽冷水，令人心明淨，去胸臆中熱。

譙國華佗善養性，弟子廣陵吳普、彭城樊阿授術於佗。佗嘗語普曰：人體欲得勞動，但不當使極耳。人身常搖動，則穀氣消，血脈流通，病不生。譬猶戶樞不朽是也。古之仙者，及漢時有道士君倩者，為導引之術，作猿經鴟顧，引挽腰體，動諸關節，以求難老也。吾有一術，名曰五禽戲：一曰虎，二曰

鹿，三曰熊，四曰猿，五曰鳥；亦以除疾，兼利手足，以常導引。體中不快，因起作一禽之戲，遣微汗出即止，以粉塗身，即身體輕便，腹中思食。吳普行之，年九十餘歲，耳目聰明，牙齒堅完，吃食如少壯也。

虎戲者，四肢距地，前三擲，卻二擲，長引腰，乍卻仰天，即返距行，前、卻各七過也。鹿戲者，四肢距地，引項反顧，左三右二，左右伸腳，伸縮亦三亦二也。熊戲者，正仰，以兩手抱膝下，舉頭，左僻地七，右亦七，蹲地，以手左右托地。猿戲者，攀物自懸，伸縮身體，上下一七，以腳拘物自懸，左右七，手鉤卻立，按頭各七。鳥戲者，雙立手，翹一足，伸兩臂，揚眉鼓力，右二七，坐伸腳，手挽足距各七，縮伸二臂各七也。

夫五禽戲法，任力為之，以汗出為度，有汗以粉塗身，消穀食益，除百病，能存行之者，必得延年。

又有法：安坐，未食前自按摩，以兩手相叉，伸臂股，導引諸脈，勝於湯藥。正坐，仰天呼出，飲食醉飽之氣立消。夏天為之，令人涼矣。

御女損益篇第六

道以精為寶，施之則生人，留之則生身。生身則求度在仙位，生人則功遂而身退。功遂而身退，則陷欲以為劇，何況妄施而廢棄，損不覺多，故疲勞而命墮。天地有陰陽、陰陽人所貴，貴之合於道，但當慎無費。

彭祖曰：上士別床，中士異被。服藥千裹，不如獨臥。色使目盲，聲使耳聾，味使口爽。苟能節宣其道，適抑揚其通塞者，可以增壽。一日之忌，暮食無飽（夜飽食眠，損一日之壽）；一月之忌，暮飲無醉（夜醉臥，損一月之壽）；一歲之忌，暮須遠內（一交損一歲之壽，養之不復）；終身之忌，暮

須護氣（暮臥習閉口，開口失氣，又邪從口入）。

采女問彭祖曰：人年六十，當閉精守一，為可爾否？

彭祖曰：不然。男不欲無女，無女則意動，意動則神勞，神勞則損壽。若念真正無可思而大佳，然而萬一焉。有強鬱閉之，難持易失，使人漏精尿濁，以致鬼交之病。又欲令氣未感動，陽道垂弱，欲以御女者，先搖動令其強起，但徐徐接之，令得陰氣，陰氣推之，須臾自強，強而用之，務令遲疏。精動而正閉精，緩息瞑目，偃臥導引，身體更復，可御他女。欲一動則輒易人，易人可長生。

若御一女，陰氣既微，為益亦少。又，陽道法火，陰道法水。水能制火，陰亦消陽，久用不止，陰氣吸陽，陽則轉損，所得不補所失。促能御十二女子而復不泄者，令人老有美色。若御九十三女而不泄者，年萬歲。凡精少則病，精盡則死。不可不忍，不可不慎。

數交而時一泄，精氣隨長，不能使人虛損。若數交接則瀉精，精不得長益，則行精盡矣。在家所以數數交接者，一動不瀉則贏，得一泄之精減，即不能數交接。但一月輒再瀉精，精氣亦自然生長，但遲微不能速起，不如數交接不瀉之速也（采女者，少得道，知養性，年一百七十歲，視如十五。殷王奉事之年，問道於彭祖也）。

彭祖曰：奸淫所以使人不壽者，非是鬼神所為也。直由用意欲猥，精動欲泄，務副彼心，竭力無厭，不以相生，反相害，或驚狂消渴，或癲疾惡瘡，為失精之故。但瀉輒導引，以補其處。不爾，血脈髓腦日損，風濕犯之，則生疾病，由俗人不知補瀉之宜故也。

彭祖曰：凡男不可無女，女不可無男。若孤獨而思交接者，損人壽，生百病，鬼魅因之共交，失精而一當百。若欲求

子，令子長命，賢明富貴，取月宿日（月宿日，直錄之於後），施精大佳。

天老曰：人生俱舍五常，形法復同，而有尊卑貴賤者，皆由父母合八星陰陽，陰陽不得其時，中也；不合宿，或得其時人，中上也；不合宿，不得其時，則為凡夫矣。合宿交會者，非生子富貴，亦利己身，大吉之兆（八星者，室、參、井、鬼、柳、張、心、斗，星宿在此星，可以合陰陽求子）。

月二日、三日、五日、九日、二十日，此是王相生氣日，交會各五倍，血氣不傷，令人無病。仍以王相日，半夜後，雞鳴前，徐徐弄玉泉，飲玉漿，戲之。若合用春甲寅、乙卯，夏丙午、丁未，秋庚申、辛酉，冬壬子、癸酉，與上件月宿日合者，尤益佳。

若欲求子，待女人月經絕後一日、二日、五日，擇中王相日，以氣生時，夜半之後施精，有子皆男，必有壽賢明。其王相日，謂春甲乙、夏丙丁、秋庚辛、冬壬癸。凡養生，要在於愛精。若能一月再施精，一歲二十四氣施精，皆得壽百二十歲。若加藥餌，則可長生。所患人年少不知道，知道亦不能信行；至老乃始知道，便已晚矣，病難養也，雖晚而能自保，猶得延年益壽。若少壯而能行道者，仙可其冀矣。

《仙經》曰：男女俱仙之道，深內勿動，精思臍中赤色大如雞子，乃徐徐出入，精動便退。一旦一夕可數為之，令人益壽。男女各息，意共存之，唯須猛念。

道人劉京云：春，三日一施精；夏及秋，一月再施精。冬常閉精勿施。夫天道，冬藏其陽，人能法之，故能長生。冬一施當春百。

蒯道人言：人年六十，便當絕房內。若能接而不施精者，可御女耳。若自度不辨者，都遠之為上。服藥百種，不如此事

可得久年也。

《道林》云：命本者，生命之根本也，決在此道。雖服大藥及呼吸導引，備修萬道，而不知命之根本。根本者，如樹木，但有繁枝茂葉而無根本，不得久活也。命本者，房中之事也。故聖人云：欲得長生，當由所生。房中之事，能生人，能殺人。譬如水火，知用之者，可以養生；不能用之者，立可死矣。交接尤禁醉飽，大忌，損人百倍。欲小便，忍之以交接，令人得淋病，或小便難，莖中痛，小腹強。大恚怒後交接，令人發癰疽。

《道機》：房中禁忌，日月晦朔，上下弦望，日月蝕，大風惡雨，地動，雷電霹靂，大寒暑，春夏秋冬節變之日，送迎五日之中，不行陰陽，本命年、月、日，忌禁之尤重（陰陽交錯不可合，損血氣，瀉正納邪，所傷正氣甚矣，戒之）。新沐頭，新行疲倦，大喜怒，皆不可行房室。

彭祖曰：消息之情，不可不知也。又須當避大寒、大熱、大雨、大雪、日月蝕、地動、雷霆，此是天忌也；醉飽、喜怒、憂愁、悲哀、恐懼，此人忌也；山川神祇、社稷井灶之處，此為地忌也。既避此三忌，又有吉日，春甲乙、夏丙丁、秋庚辛、冬壬癸、四季之月戊己，皆王相之日也。宜用嘉會，令人長生，有子壽。其犯此忌，既致疾，生子亦凶夭短命。

老子曰：還精補腦，可得不老矣。

《子都經》曰：施瀉之法，須當弱入強出（何謂弱入強出，納玉莖於琴弦麥齒之間，及洪大便出之，弱納之，是渭弱入強出。消息之，令滿八十動，則陽數備，即為妙也）。

老子曰：弱入強出，知生之術；強入弱出，良命乃卒。此之謂也。

第三節　陶弘景著《登真隱訣》

華陽隱居陶弘景撰

玄洲上卿蘇君傳訣

傅中有守一，曲碎洞穿，經中有飛步經，略斷絕。皆學者之所難，故各加詳注，以驅疑蔽也。

真　符

太極帝君真符，四符章皆云太極帝君者，是太極之天帝，金闕聖君初學道所受三一之師矣。上元六符，中元五符，下元五符，上中下元者，謂身中三元之宮，其符字各有所生也。涓子剖鯉魚所獲，是太上召三一守形也。以符召一，令一守身，猶如紫文告三魂也。立春、春分、立夏、夏至、立秋、秋分、立冬、冬至，始日也，各以此八節日為始。

朱書，平旦向王，日吞一符。畢，再拜，祝願隨意。初以立春日乎旦，向寅朱書白紙，從上元第一始，左手執而祝，祝畢服，眼畢再拜，亦可仍並畫十六符剪置，旦旦取服，服上元符存入上宮，上一執取之，中元存中，下元存下，皆如之。凡書服符時，先燒香於左也，按諸經服符多有祝辭，而此云隨意音，是不必須也，亦可作四言音韻，取召見之旨而祝之，已別有立成。佩頭上，盛以錦囊，勿履湾，五年與真一相見。佩符亦以初守，立春之日平旦，畫符竟，未服仍更未書三元符白素上，剪為二片，俱執而祝，祝畢，即各捲併內紫錦囊中，佩頭上，畢乃服一紙符。此止立春一節書佩，便可至相見，餘節不須復作，唯更起書服者耳。

吞符以八節日始，十六日止，後節復服如初。並各以節日旦眼，一為始，令符有十六枚，故服盡則止。一節相去四十五

日，一氣相去十五日，則從節服符，正氣日畢。六月既存中斗，不容獨不服符。此止舉八節者，猶如後云四節，共一祝事耳，謂亦必宜服符所以令與夏至、立秋相避也。

寶　章

太極帝君寶章，東海青童君授涓子，以封掌名山也。此亦剖鯉魚所得，而不言者，前符已說也。以朱書素，佩之左肘，勿經汚，佩之八年，而三一俱見矣。當以白晝眼佩三元符竟，仍北向，更書白素，如金質之長廣，左手執，亦隨意立祝，祝畢卷內紫錦囊中，佩之左肘，佩亦至相見也。若立春在故年十二月者，仍以其日書佩，至正月朔乃更服之。佩此章符並不得以履穢，今便曲舉動，或致忘誤，可以守一時，佩之，事竟，脫著寢床器物中也。此云八年三一俱見者，則前符云五年與真一相見，是不盡皆見也。

凡言與一相見者，非但見己身之三一也，謂太微中三一帝皇之君，亦下見之，授子經者，亦是也。故無須守此積勤，然後能感彼之一耳。正月朔旦，青書一符，此亦實章也。既服之，便呼為符，刻金佩帶乃成章耳。章猶印章之章，章尺度有制，不可使虧，符如詔勅，大小可得無限，今小令促，減於章也。每歲朔旦皆服之，須見一乃止，當用好空青、曾青，宜在細研，以水漬去銅氣，乃以膠和，薄書白紙上，勿令濃厚，亦可用黛青也。北向再拜吞之，北向書竟，左手執祝訖，再拜乃吞之，亦存入上宮，凡服符以召告身神者，並須拜，若告外神乃不拜，例皆如此。

三一相見之後，以金為質，長九寸，廣四寸，厚三分而書之。金應用黃金，質謂所刻之本主也。如此法乃用十數斤金，非道士所辦。亦可用白金，白金即銀也，此直呼為金，故可得兩用耳。刻縷文字如印法，皆左書也，尺寸並用古尺度，以封

掌山川之邪神，掌五岳之真精也。臨時節度之序，三元真一君
自將教之。封掌之事，是欲有役使，其法制未宣，須三一相
見，乃可得而受教耳。事出《太上素靈經》上也。此真經未行
於世，是守一之宗本矣。

九　宮

凡頭有九宮，請先說之。方施修用，故先列其區域。兩眉
間上卻入三分為守寸雙田，對鼻直上，下際眉上辟方一寸，卻
者，卻向後也，以入骨為際，骨內三分以前皆守寸之域，台闕
並在其中，明堂止餘七分耳。既共立一寸之中，而兩邊並列，
故名之為守寸雙田也。左有青房，右有紫戶，凡二神居之。卻
入一寸為明堂宮，左有明童真君，右有明女真君，中有明鏡神
君，凡三神居之。卻入二寸為洞房宮，頭中雖通為洞房，而此
是洞房之正也，左有無英君，右有白元君，中有黃老君。凡三
神居之。按自此以後，並云卻入一寸、二寸、三寸者，明知猶
繼眉為本，非從三分後更一寸也。人或謂入三分始得守寸，入
一寸始得明堂者，豈其然乎。

今引例為據。按五辰法云：鎮星在黃室長谷，黃室長谷在
人中，中央直入二分，星如綴懸於上，此則室小而星大，故餘
出綴於皮上，若入二分方得黃室者，星何得出外耶。又云直入
一寸仍辟方一寸，亦足以助明矣。且今經亦言明堂上一寸為天
庭宮，豈應空一寸之上方為天庭耶。明堂上二寸即是帝鄉玄
宮，辰星之所在耳，此皆可以為明證矣。若有能見真宮者，當
知斯言之不虛也。卻入三寸為丹田宮，亦名泥丸宮，左有上元
赤子帝君，右有帝卿，凡二神居之。卻入四寸為流珠宮，有流
珠真神居之。卻入五寸為玉帝宮，有玉清神母居之。明堂上一
寸為天庭宮，此又於明堂上，於外卻入一寸之中也，非必一寸
正當明堂一寸矣。

以人額既岸，故差出三分度後洞房上，其宮前出入之門戶，猶下守寸之中間也，其有上清真女居之也。洞房上一寸為極真宮，上卻入二寸也，其有太極帝妃居之。丹田上一寸為玄丹宮，上卻入三寸也，一名玄丹腦精泥丸玄宮，有中黃太一真君居之。流珠上一寸為太皇宮，上卻入四寸也，其有太上君後居之。凡一頭中九宮也。此後八宮並各方一寸，唯明堂與守寸共方一寸，守寸非他宮，猶明堂之外台闕耳。明堂之內上下兩邊猶各一寸，但南北為淺，正七分也。

此九宮雖俱處一頭，而高下殊品，按第一為玉帝宮，次太皇宮，次天庭宮，次極真宮，次玄丹宮，次洞房宮，次流珠宮，次丹田宮，次明堂宮，此其優劣之差也。其明堂、洞房、丹田、流珠四宮之經，皆神仙為真人之道，道傳於世。按今明堂止有存想經，略無祝說之法，疑為未備。

洞房即是今洞房先進內經者，止有所誦一文而已，都無存用之事，其道已行於世，未見真本。丹田經即此守三元真一之道也。根源乃出素靈，而其事已備於此無復所闕。其流珠經，云太極公卿司命之所行，中君小君亦得受之，雖云傳世，而世未嘗見。故中君曰：良勤不休，吾當與之流珠真，此亦中真之上道也，此語似因以語演客，不知遂受不耳。

其玄丹宮經，亦真官司命君之要言，四宮之領宗矣。此一經須太極帝君告，乃與之也，亦時出授耳。玄丹經即三一後者是也，其本亦出素靈。按此道高妙，而與三元同卷者，是蘇君最末所行以得真卿，故紫陽撰出其事。而載傳後耳，本非共一經也。其盟陋既不同科，受傳之時，自可不必與三一俱受，而玄丹經云：旦夕守諸三一訖，乃未存之者，是玄丹家自可得先守一，守一之家不必知玄丹也。凡合五宮之道行乎世上，有真名者遭值之矣，自非骨相挺命，不聞此言也。世人有受此道者

甚多，而修守之者無一，此身中之神不如他法，上真所寶秘，亦足為業，今此一道若行之則長生，不行則死矣，乃皆非骨挺之謂也。又有玉帝宮，玉清神母居之；又有天庭宮，上清真女居之；又有真極宮，太極帝妃居之；前謂極真，此云真極，二字上下，未詳孰正，恐後或是誤耳。又有太皇宮，太上君後居之。此四宮皆雌真一也，道高於雄真一也，並有寶經以傳已成真人者，未得成真，非所聞也，其雌真之要，亦自不授之矣。前五宮其神皆男故謂雄一，此四宮皆女是為雌一。

凡上清太微中之九宮，則有真君居之，故人頭亦設此位以相應耳，所謂虛和可守雄，蕭蕭可守雌。蕭蕭者，單景獨往之謂也，在世學雖未成真，胸懷滓滯，故不可修之也。五千文亦言知其雄，守其雌也。此四宮人皆有之，但不修此道者，宮中空空耳，夫不盡修於九宮者，宮亦空耳，非但雌家四宮而已。至於丹田宮中常有帝君，守守常有大神，不復問須守乃見在宮耳，修之者神仙，不修者以壽死矣。如此則凡庸俗猥之人，身中亦皆三一常具，但不能修守者，須其人壽畢便去，去即致死。若所得之法常能修存，則諸空宮之中亦隨事受神，非但丹田中一帝君也。守一不殆，其壽限一過，便無復死期，以至於相見，相見則得道矣。

雄雌一神，男女並可兼修之無在也，唯決精苦之至乃獲益矣。此謂雌雄之一，男女皆可俱修，不分別其男女之異也。若男人守雌亦為雌形，女子守雄則猶雄狀，但三卿是我身中精化所結，當各依本別其男女耳。守一之理，先宜一二年中精思苦到，須得彷彿，便易為存想也。

守守為始守一之法。尋經中序說，前後不相次類附，或始未分乖，或事用超涉，不可都依本宜而寫之，今更詮貫次第，鈔拔源領，其大字悉是本文所載，不加損益，但條綜端緒，令

以次依按耳。以立春之日夜半之時，正坐東向，經後云立夏南向，立秋西向，立冬北向，訣曰此是守三元真一之法，俱用四立之夜，亥時後便可就行事，各向月建，四立則四孟，非正方也，五斗分至乃四仲耳。各平坐閉氣臨目握固兩膝上，乃先存守如法。兩眉間上，其裏有黃闕紫戶、絳台青房，共構立守寸之中，左右耳，此即前卻入三分之域。台闕於三分之中，兩邊其廣一寸，列於左右，各方三分，令中間開四分為道，內通明堂，上出通天庭前戶也。守寸左面有絳台，台之形狀如今城門邊方樓，外及上下，皆以赤玉作之，樓上之中有窗戶，帷帳並青色，而神居其內。右面有黃闕。闕形猶似台，亦正方外通，以黃玉作之，闕上之中有窗戶，帷帳並紫色，而神居其內。其九宮真人出入，皆從黃闕、絳台中間為道，故以道之左右置台闕者，以司非常之氣，伺迎真人之往來也。此是說耳，非存思事也。

　　頭中九宮真神出入之所由，外雖有上帝信命，不得即前，故二神常握鈴守衛，猶如今城門之防也。方諸洞房云，紫戶入者謂斗星，從其中間入洞房中，非止從黃闕、紫戶之內偏入也，蓋舉其一名耳。九宮皆各有前戶後戶，以相通洞上四宮，從天庭前出，仍下守寸台闕裏面出於外，唯泥丸一宮有下門，以通喉中，與中下兩宮相關也。紫戶大神名平靜，字法王，在右邊者。青房大神名正心，字切方，在左邊者。

　　此二神皆居房戶之內，故不以台闕為號。形並如嬰孩，如嬰兒始生之狀，玉色，而坐常相向也。各服衣如其房戶之色，右邊紫，左邊青，皆幔帛，非錦也。手執流金鈴，各執一鈴，兩手共把之，流金鈴即火鈴也。無質而赤光。狀如火焰之形、此二神身中亦有風雲之氣，煥赫守寸之境。暮臥及存思之時，若單存諸九宮之夕，初臥亦存祝如此，若值守諸九宮之夜，至

鬼谷子開源中國道教茅山派暨茅山派歷代主要祖師

丹道名著精選

351

臨臥存時又先如此。先存二大神髣髴在見，閉氣存思具如前形，既在其宮，便如親見。仍三呼其名字，當心呼曰：紫戶大神名平靜字法王二二二二，青房大神名正心字切方二二二二。如此乃通氣而微祝曰：

紫戶青房，有二大神，手把流鈴，身生風雲，挾衛真道，不聽外前，使我思感，通達靈關，出入利貞，上登九門，即見九真，太上之尊六韻。祝畢，方乃存思三一洞房九道諸要道也。九道即九宮之道。諸單修明堂、洞房、玄丹者，皆先存祝如此。雌一之妙，亦依此法。

夫頭中九宮之位，有二神，則左神為上，乃次右。有三神者中為上，次左，次右。存修之始，必從下起，故守寸先紫戶，洞房先白元，其明堂先左者，女例貴於男也。唯丹田帝鄉是我身中之精化，非外來之品次，故末乃存之耳。若非上宮在身下者，則左為上，次中次右也。

明　堂

明堂中存守寸畢，次存此。若不守一，單用此亦佳。若上守一，不行此亦無嫌，能兼之者益善耳。左有明童真君，諱玄陽，字少青；存為男形。右有明女真君，諱微陰，字少元；存為女形。中有明鏡神君，諱照精，字四明。存亦男形。此三君共治明堂宮，並著錦衣綠色，腰帶四玉鈴，口銜赤玉鏡，鏡鈴並赤色。上下同服綠色錦衣，腰帶四赤玉鈴，前後左右各一，口銜赤玉鏡之鼻，鏡面向外。鈴鏡雖有質而赤光照洞，聲聲明煥徹，響映九宮頭如嬰兒，形亦如之，對坐俱向外面，或相向也。並如始生之形，金光玉色，白日三人俱向外，夜則左右俱向中央。此明堂之道也。若守一以次存明堂者，至此便各呼其位號三過。曰[1]明童真君諱玄陽字少青二二二二，明女真君諱微陰字少元二二二二，明鏡神君諱照精字四明二二二二。又叩

齒九通止，乃次存洞房也。若非守一之時，止行於後諸事用者，亦先存如此，畢乃各依後法耳。

若道士恐畏，凡云道上者，謂修道之士也，既山居獨處，脫有邪魔來犯，及心中不寧，振懼之時，應為此法。存三神，使鳴玉鈴，使聲聞太極，存三神各以手搖鈴，腰帶四鈴，覺耳聞其聲，震動響徹天上太極宮也。存使吐玉鏡赤光，令萬丈，亦覺吐鏡光於守寸出，照徹四方，圓繞各五十里，一百六十六步四尺，凡所住處當先步四面周匝，至某山某村某界域，令得合此敷後，存光之時，使悠然至此而止則易也。每事皆須精旨如此，不但斯一法而已。存之俱畢，因三呼三君名字，叩齒九通，則千妖伏息，萬鬼滅形也。存畢呼名位，如前以次云云也。此一條是制卻邪精眾妖之法。

若道士飲渴，此謂渴於飲也，亦或應是飢渴字。亦存三君並口吐赤氣使灌己口，口因吸而咽之，須臾自飽也。此當存吐赤氣於守寸中，郁郁然下入我口，口乃吸取吞咽無數，行吐行咽，以飽為度，此一條是止飢渴之法。

若道士夜行暗不見路，又存三君，繼前諸事而言，故有文字耳，使口出三火光照前，須臾路自朗明也。此亦各吐一赤光，狀如火明，從守寸出，列前遠照淳徹，存注如似目見，明朗便行，行存行進，勿得休息。此一條是照暗之法。

若行凶處危難之中，有刀兵之地，既未能坐在立亡，及遠竄無人之鄉，世事多虞，忽有危急，則無以禳衛，故顯此法，至於世人精向者，亦可行之，所以獨無道士之目也。急存三君，使鳴玉鈴，精而想之，存各奮四鈴，振赤鏡光，以掩擊敵人及凶惡之處，覺令彼甲遇此光皆即頓仆也。敵人自然心駭意懾，不復生割心也。割謂割奪之割，亦可應作害字。此一條是辟卻凶惡之法

　　若道士欲求延年不死，疾病臨困求救而生者，當正安寢，偃臥握固，閉氣瞑目定心，先髴髴存日月在明堂中，日左月右，存三君如上法。存明堂三君，並向外長跪。夜存亦令向外也，此人形既臥，神亦隨偃，而尚長跪狀如立時。凡身中之神有臥，而存者於此為明，猶如守寸台闕，豈容回轉，故自附形而側矣，然要應作坐想也。口吐赤氣使光貫我身令匝，各吐赤鏡光氣，從守寸中出，漸漸繞身。我口傍咽赤氣，唯多無數，當閉目微咽之也，隨吸取所貫之赤氣而咽之，唯覺勃勃入口，下流胸腹。須臾赤氣繞身者變成火，火因燒身，身與火共作一體，內外洞光，良久乃止。狀似拘魂之法，使火通燒身表裡骨肉，如然炭之狀乃佳。名曰日月煉形，死而更生者也。此當初遇疾病，即宜作此法治之。若方待困篤，恐存想不復能精，微覺便速修行。此一條是治病消疾之道，行之無的時節也。

　　又暮臥為之，則必長年不死也。謂夕夕為之，以求延年，既非高去，故止不死而已，亦小道可觀者矣。此一條是兼修行長生之法即明堂家常用之道也。

　　又數存咽赤氣，使人顏色反少，色如童子，此不死之道。謂非治疾，及暮臥存想之時，亦常宜存咽赤氣，亦存三君口吐，從守寸中出，下入我口，乃咽之耳。此一條是還童之道矣。

　　明常之要畢矣。凡此明堂之事，乃有七條，皆備盡諸法，唯通無祝辭一事，按常真之道，亦是明堂家法，而存祝殊為委曲，又恐明堂別有太經。此傳中蓋是鈔略耳。

　　旦起，皆咽液三十過，以手拭面摩目以為常，存液作赤津液。此一條以猶配明堂家事。有皆字者，謂行明堂延年之法，旦旦皆應如此耳，亦可兼是守一家用，雖通兩法，同為一行。

洞　房

　　又當兼行洞房，從守寸、明堂，便次洞房，乃得丹田，故

謂宜兼行，不得略度於中間也。洞房之中，自有黃闕紫戶玄精之室，身中三一尊君常棲息處所也。此黃闕紫戶，非謂守寸者也，是洞房宮中別自有之，猶如玄丹雲紫房綠室耳。上一帝君亦時入其中，玉字所存是也，中下兩一不得棲遊，此言三一，舉其綱會，且尊君之稱，亦止謂帝君是三一之尊者矣。兼行之者，見一神益速也。所存既多，故致感亦速也。洞房真人須守一為根本，從外至內，緣始及終，根本之來，由一而起。守一真人須洞房為華蓋，光儀覆陰，以成其道。故三一相須，洞房相待，雖其居不同，而致道用者須齊也。九宮之道，乃宮宮各用，至於兼修，則多多益善，事旨既殊，不相妨礙，但患蹝難備曉，而誠易厭替，是以學者比肩，未有得其塵毫者矣。洞房中有三真，左為無英公子，右為白元君，中為黃老君，三人共治洞房中，此飛真之道，別自有經。按此三真是洞房之常神，而九真乃使假化。離合白元、無英，合為一真。又白元在肺，不入洞旁，且方諸玉字，止黃老一君而已。

登真隱訣卷上

①「曰」字上疑有脫文。

登真隱訣卷中

雲林夫人曰：夜臥先急閉目，東向，按後云要當以生氣時者，則除夕之臥不得行此，至子以後臥覺，使起坐為之，日中之前皆可數按祝耳，但慮東向，不隨四時也。以手大指後掌，各左右按拭目就耳門，使兩掌俱交會於項中三九過，此近掌後，從大指邊起，先微按目有雲，仍各左右拭目，摩耳門過，交於項後如此更還，三九乃止。存目中各有紫、青、絳三色氣出目前。此是內按三素雲以灌合童子也。向按時，存三色雲光鬱鬱，各出面上，至三九過訖，小停住，以疑運三氣，使暉灌

眼童，乃復為之。陰祝曰：

眼童三雲，兩目真君，英明注精，開通清神，太玄雲儀，靈嬌翩翩，保利雙闕，啟徹九門，百節應響，朝液泥丸，身升玉宮，列為上真六韻。祝畢，因咽液五十過，畢乃開目以為常。坐起可行之，不必夜也，要當以生氣時。一年許，耳目便精明，久為之，徹視千里，羅映神靈，聽於絕響者也。此亦真仙之高道，不但明目開耳而已，我滄浪方丈仙人常寶而為之。此道出太上四明王經中，傳行以金青為誓，然後乃施行耳。尋耳目之道莫妙此法，故立盟約乃得傳用。凡諸修守存祝之事，亦皆應脆誓玄師，不爾無驗，金青多少在人之意耳。

右雲林告楊書。

一面之上，常欲得兩手摩拭之，使熱，高下隨形，皆使極匝。先當摩切兩掌令熱，然後以拭面目，畢又順手髮而理櫛之狀，兩臂亦更互以手摩之。

此存法，晝夜有閒便為之先摩掌及熱，以摩面目數遍復切掌又摩，如此四五過乃度手項後及兩鬢，更互摩鬢，向上就經。狀如櫛頭，數十過止，此法雖解童顏還白之良方也。此而字即訓如字用也。

右出丹景經中，令人面有光澤，皺斑不生，髮不白，脈不浮外，行之五年，色如少女，所謂山川行氣，常盈不沒。此即下品丹景道精經中所言謂常如山川行氣，常得充滿而木石榮潤矣。長史書。

臥起，不必早臥起，凡臥初起，皆可為之。當平氣定氣令呼吸徐微也，正坐，隨月王向方面，先叉兩手，叉手而反之，極伸臂於前乃度以掩項後，因仰面視上，興項，使舉兩手，手爭為之三四止。興猶起也，謂叉手覆掩項竟仰面起項，作力與爭極復低緩之如此三四，亦當聞頸骨鳴也此興字或作與字。

畢，又動屈身體，解手低頭屈腰回轉背，腳亦可起倚。伸手四極，伸舉兩手於頭上極力散向兩邊，從前乃復俱向後，仍反張也。反張側掣，當先傴腰反張，仍又合手隨身，縱體左右，側掣掉之。宜搖百關，當復行動振奮，體腳手臂膝脛，皆令通匝。為之各三，如此一事輒三過為之，乃以此復作，非都遍復始也。此當口訣。謂運動四體，不可都書載，當口訣委曲示其形用也意謂正當如所注耳。

右出大洞真經精景按摩篇，使人精和血通，風氣不入，能久行之，不死不病。此大洞之例，卷題殊多，非謂止在三十九章也，後云大洞精景上卷，又大洞遏邪大祝，如是則皆為不少。長史書。

臥起，先以手巾若厚帛拭項中四面及耳後，皆使圓匝，溫溫然也。順髮摩項，若理櫛之無數也，良久摩兩手以治面目，都畢，咽液三十過，以導內液。謂臥初起先宜向王行此法，竟乃為叉手反諸事也。

右出《大洞精景經》上卷，久行之，使人目明，而邪氣不干，形體不垢礙生穢也。礙字，女忌反。長史書。

若體中不寧，此謂覺有不佳處，而無的所苦者。當反舌塞喉，漱津咽液無數，極力捲舌上向，屈以塞喉而漱咽也。須臾不寧之痾即自除也，當時亦當覺體中寬軟也。亦可兼行此中諸按摩存祝之法。

右出消磨上靈叔中。消磨品號，亦如大洞卷目，例皆不少也。長史書。右前來至此凡四事，不顯何真所告。

耳欲得數按抑其左右，亦令無數，令人聰徹，所謂營治城郭，名書皇籍。一真本云營治城郭，其義亦不相乖兩耳為一面之界域，故宜治理之也。鼻亦欲按其左右唯令數，令人氣平，所謂灌溉中岳，名書帝錄。鼻為面之岳山，內景所謂之天中之

岳。精謹修鼻，孔中毛亦欲數減除，恒使潔利。此二事皆可以閒時為，用手按抑，上下摩治無數，則城郭堅完，山岳崻秀，皇籍帝錄，可得而書耳。

右此二法，方丈台照靈李夫人出用，云消磨經上篇法。此照字當為昭，書之誤耳。長史書。

常能以手掩口息，臨目微氣，久時手中生液，通以摩拭面目，常行之，使人體香。以兩手豎掩鼻口，令呼吸通於手下，須有液，仍以摩拭，竟又掩，無定限數，亦使人光澤。

雲出石景赤字經。

常欲以手按目及鼻之兩眥，閉氣為之，氣通輒止，吐而復始，恒行之，眼乃洞觀。此用兩手各第三指俠鼻，按目下內眥，無正限數，通氣小舉指。更閉又按，亦可三九過也。雲出太上天關三經。按下品目有天關三。

圖經疑闕圖字也。

常欲閉目而臥，安身微氣，使如臥狀，令傍人不覺也，此晝夜無定非止欲臥時，當平枕櫨向，使氣調靜也。乃內視遠聽四方，令我耳目注百萬里之外，久行之，亦自見萬里之外事，精心為之，乃見萬里外事也。

後云當先起一方，如此方方各存，都訖，更通存四方皆如聞見也。耳目初注東方令見山川城郭，聞諸玄響並依稀作像，覺我耳目視聽遙擲遠處恍然忘形乃佳，亦應先從一里十里百里千里，漸漸以去也。又耳中亦恒聞金玉絲竹之音，此妙法也。初亦存聞之，後乃得實聞也四方者，總其言耳，當先起一方，而內注視聽，初為之，實無髣髴，久久誠自入妙。夫修道存思，事皆如此，歲月不積誠思不深理未知覺，不得以未即感驗，便致廢棄，鑽石拜山，可謂有志。

雲出紫度炎光經內視中方。

坐常欲閉目內視，存見五藏腸胃，久久行之，自得分明了了也。存見時應想其形色次第，高下大小，狀如目睹，其藏府名序，並注二十四神中，不復兩紀。

雲出丹字紫書三五順行經。

臨食上勿道死事，勿露食物，來眾邪氣。食時欲常向本命及王氣凡食冷暖皆不可不覆，鬼邪喜先來飲饗，則餘味便為濁穢亦能致病也。數沐浴，每至甲子當沐，不爾當幾月旦，使人通靈。幾月即奇月也，謂正月三月五月七月九月十一月也，月中有甲子，便可重沐。消尸用四時王日，仙忌用十一月十一日，九真又用三月三日，五月五日，皆應沐也，月得一過兩過乃佳。浴不患數，患人不能耳，蕩煉尸臭，而真氣來入。紫陽真人告曰：可數沐浴，濯水疾之氣，消積考之瑕，亦致真之階。紫微夫人曰：沐浴不數魄之性也，違魄返是，煉其濁穢，魄自亡矣，知此沐浴便甚須數也，此事自為易矣，於冬月湯少為難瞻爾。洗澡時常存六丁，令人所向如願。謂旦夕經常澡洗也，至沐浴時亦可存向之耳。

六丁即六丁神女，此神善與人感通，易為存召，亦應向六丁所在，謂甲子旬即向卯也。其玉女別有名字服色，在靈飛中理髮向王，謂月建之方面也，髮梳頭沐髮皆爾，按仙忌忌北向理髮，今十一月既建，子宜當猶向亥，此正北不可犯也。既櫛之初，謂初就櫛之始，行祝行櫛。而微祝曰：

泥丸玄華，保精長存，左為隱月，右為日根，六合清煉，百神受恩。祝畢咽液三過。此祝中云左月右日者，是陰陽互相入即紫文三魂飛精之義，故有隱根之目也，玄華是髮神之名，六合為鬢下之府，凡諸祝辭皆有旨訓非但此文而已。

右八條玄師南岳夫人所勅使施用，長史書。

理髮欲向王地，既櫛髮之始，前無發字，又以始為初。而

微祝曰：

　　泥丸玄華，保精長存，左為隱月，右為日根，六合清煉，百神受恩。祝畢咽液三過。按南岳夫人已受此法，今安妃又告，當是前後不相知而用法猶皆同。能常行之，髮不落而日生，當數易櫛，櫛之取多而不使痛。意言悶數櫛者，謂數易櫛處而紫微又云更番用之，此便是用一櫛恐熱，損頭傷髮故耳。今當四五枚更互用使冷也。亦可令侍者櫛取多也。上學之士衣服床席尚不使人近，何容以頭與人櫛之，正可自為。於是血液不滯，髮根常堅。

　　右按九華所告，令施用，云出太極綠經。長史書。

　　《真誥》云：櫛頭理髮，欲得多過，通流血氣，散風濕也，數易櫛更番用之也，亦可不須解髮也。櫛髮之事，頻三真言之，此為宜行之急，且欲勤勤告仙侯，令為返白之道也。

　　右紫微夫人言。長史書。

　　若履淹穢及諸不潔處，當洗浴解形以除之。其法用竹葉十兩，凡諸竹葉皆可用耳，北機之上精，不顯其品族也。桃皮削取白皮四兩，乾者亦可用，此桃皮是其子可食者，生山中者亦好，非山桃也。二物並用古秤，乾桃皮則半之。以清水一斛二斗，於釜中煮之，令一沸，一沸而已，不事於濃也。出適寒溫，以浴形，即萬淹消除也。既以除淹，又辟濕痺瘡癢之疾，且竹虛素而內白，桃即卻邪而折穢，故用此二物，以消形中之滓濁也。竹質既虛，內又素淨，桃主卻穢，二氣相須而成也。《禮》：君臨臣喪，使巫祝先以桃茢拂除。此亦以去其惡氣也。天人下遊既返，未曾不用此水以自蕩也。尋真人降世，其質便不能不染乎穢氣，所用桃竹時，當是諸名山有宮室處以洗浴也。此語或是厲人耳，果其如此，神仙亦何甚異於人乎，唯能凌虛不死而已。

至於世間符水祝漱，外舍之近術，皆莫比於此方也。世中舊有解殗之法，比此亦猶培塿之與方壺矣。若浴者益佳，但不用此水以沐耳，煉尸之素漿，正宜以浴耳，真奇秘也。沐者既以浴竟，復宜依常法沐頭，非用此水以沐也，若沐竟，以此水少少洗刷，亦當無嫌。此水一名練尸素漿止供澡浴耳。解殗之事，學者之所急，此之秘方，千金非寶也。

右紫微王夫人所勑用，云出太上九變十化易新經。長史書。

服仙藥常向本命，服畢勿道死喪凶事，犯胎傷神，徒服無益。凡服仙世方藥，皆當如此，唯初神丸及金丹，云東向耳。

右東卿告楊君，長史書兩本。

君曰：常以夜半時，去枕平臥，握固放體，氣調而微者，身神具矣。如有不具，便速起燒香，平坐閉目，握固兩膝上，心存體神，使兩目中有白氣，如雞子大，在目前，則復故也，五日一行之。按此法是存二十四神之後令所說唯云存神而不言其本，當是逃彼事耳。目中白氣即是明鏡之道但五日一行，止是鏡事，非前具神如此或當參以為用也，今既修大經亦可略此。

君曰：式規之法，使人目明，久而徹視，二十四神謂之拂童之道，使徹見二十四神之法。常以甲子之旬，經用庚午之日，日中之時，取東流清水合真丹，經用水一斗，珍珠二銖，向月建左行，攪之二七過。以洗目，日向清明東旦二七過。經云向東二七過洗目常行之佳。此亦粗說經事耳，已行本法，不復用此。凡經方術數所行所用，多有不驗，事皆如斯此之疏略，豈與本經相似，今若不見彼法，則應施用此道，所以白首無成者，皆由茲輩也。

君曰：欲為道，目想日月，目中常見日月之形，亦兼存左目為日，右目為月也耳響師聲，耳中常聞師之音響，亦兼言語聲氣取類於師也。口恒吐死取生氣，隨四時衰王吐死吸生，假

令春則吐黃而吸青也。體象五星，謂如裴君所存，五星在左右前後頭上也。行常如珊空，行步若在雲虛之中，非如履斗乘綱也。心存思長生，坐臥行來，常念神仙。慎笑節語，無事於笑，何須多言。常思其形，常自識其面貌形色也。要道也。此諸道雖無正術可修，而並是向學之源本矣。

右二條云裴君言。長史、掾兩書本。右前至此凡三十七事，並朝拜攝養，施用起居之道。

每當經危險之路，鬼廟之間，意中諸有疑難之處，心將有微忌，勑所經履者，乃當先反舌內向，反舌內向柱喉中，臨祝乃伸之。咽液三過，畢，以左手第二、第三指捻兩鼻孔下人中之本，鼻中隔孔之內際也，三十六過，即手急按，勿舉指計數也。此急按於急按中陰數，以一息為一過之久。鼻中隔孔之際名曰山源，一名鬼井，一名神池，一名邪根，一名魂台也。此後祝中有此五名，故先顯其目。

紫微夫人云：山源是鼻下人中之本側，在鼻下小入谷中也。用針針之，亦治卒死。捻畢，因叩齒七通，畢又進手心以掩鼻，捻畢未去手，仍叩齒，叩齒竟，仍進手掌以掩鼻口，指端至髮際，拜覆明堂上。於是臨目，臨目內存明堂三君以鈴鏡赤光煥而擲之，又存泥丸赤子帝君，執誦大洞真經以威僂之。乃微祝曰：

朱鳥凌天，神威內張，山源四鎮，鬼井逃亡，神池吐氣，邪根伏藏，魂台四明，瓊房琳琅，玉真巍峨，坐鎮明堂，手揮紫霞，頭建晨光，執詠洞經，三十九章，中有辟邪龍虎，截岳斬岡，猛獸奔牛，銜刀吞鑲，揭山鑱天，神雀毒龍，六領吐火，啖鬼之王，電豬雷父，制星流橫，梟磕駁灼，逆風橫行，天獸羅陳，皆在我傍，吐火萬丈，以除不祥，羣精啟道，封落山鄉，千神百靈，並首稽顙，澤尉捧爐，為我燒香，所在所

經，萬神奉迎。畢，又叩齒三通，乃開目，除去左手，於是感激靈根，天狩來衛，千精震伏，莫千我氣。此祝中並是神獸靈司之名號，故可震卻邪精也。

右出大洞真經高上內章，遏邪大祝上法。長史書。

北帝殺鬼之法，先叩齒三十六下，乃祝曰：

天蓬天蓬，九元殺童，五丁都司，高刀北公，七政八靈，太上浩凶，長顱巨獸，手把帝鐘，素梟三神，嚴駕夔龍，威劍神王，斬邪滅蹤，紫氣乘天，丹霞赫沖，吞魔食鬼，橫身飲風，蒼舌綠齒，四目老翁，天丁力士，威南御凶，天騶激戾，威北先鋒，三十萬兵，衛我九重，辟尸千里，祛卻不祥，敢有小鬼，欲來見狀，鐘天大斧，斬鬼五形，炎帝裂血，北斗然骨，四明破骸，天獸滅類，神刀一下，萬鬼自潰。畢，四言一啄齒以為節也。凡三十六句，則三十六啄齒。

若冥夜白日得祝，為恒祝也，此無正時節修事，有閒及曉夜之際，諸疑暗之處便可祝之。當微言。鬼有三被此祝者，眼睛盲爛，而身即死。此謂諸殺鬼邪鬼，及天地間自有惡強鬼輩，聞此而死耳，非人死之魂爽為鬼者也，如是鬼眼亦是有睛，故盲爛則便死矣。此上神祝，斬鬼之司名，呪中有酆都中官位，及諸神名字，故鬼聞而怖死也。許某領威南兵千人，即此卻凶者也，炎帝即亥帝，四明即諸公矣。北帝秘其道，北帝應遣鬼神人，而值此祝使不可復得，故秘其法也。若世人得此世祝，能行之，便不死之道也。

人之死也，皆為諸鬼神所殺耳，今既不可取，便為不復死也。男女大小，皆可行之，但患其不知此呪耳知者密用，則無限於小大。此語似是令告長史之家也。困病行此立癒。鬼既奔走病豈不除。叩齒當臨目存見五藏，具五神，自然存也。謂初叩齒三十六時，應臨目內視，存具五藏，以次想之皆令分明五

藏之神備在於內然後可得乘正以制邪御神，次誅鬼耳。酆都中秘此祝法，今密及之，不可泄非有道者，其共秘之乎。此雖非高真之至典，而是剪鬼之上術，凶惡既消，則正氣可按，且以誅邪邊試，學者之要法也。而諸人多輕其淺小每致傳世，使神呪隱驗，呵執不行，殊為可責。

右楊君、緣書兩本。

羅酆山在北方癸地，其上下並有鬼神宮室，山上有六宮，洞中有六宮，亦同名相像如一。第一宮名為紂絕陰天宮，以次東行，第二宮名為太殺諒事宗天宮，第三宮名為明晨耐犯武城天宮，第四宮名為恬照罪氣天宮，第五宮名為宗靈七非天官，第六宮名為敢司連宛屢天官。此六宮內外同名，第一最在西，次東列並南向，一宮輒周回千里悉鬼神之府也。世人有知酆都六天宮門名，則百鬼不敢為害。前云是宮名，而此及呪並云是門名者，則門取宮以為名故同一號耳。鬼輩聞人知此名，則言是天宮之主領者，故不敢犯害。欲臥時，先向北祝之三過，微其音也。亦當少斜向癸地，通作一遍祝，竟輒六過啄齒，乃重祝凡三過止也。祝曰：

吾是太上弟子，下統六天，六天之宮，是吾所部，不但所部，乃太上之所主。吾知六天之宮名，是故長生，敢有犯者，太上斬汝形。第一官名紂絕陰天宮，以次東行，第二官名[1]。一遍百一十九字。從此以次，訖六官止。即以次呼前所書宮名也。乃啄齒六下，乃臥。三過竟，乃更為餘事，此便臥者，止是行一法耳。

辟諸鬼邪之氣，夕中先祝石笋文，乃讀此項梁城作酆宮頌曰：

紂絕標帝晨，諒事構重阿。炎如霄中煙，勃若景曜華。武陽帶神鋒，恬照吞清河。閶闔臨丹井，雲門鬱嵯峨。七非通奇

蓋，連宛亦敷魔。六天橫北道，此是鬼神家。

其頌有二萬言，今略道六天之宮名鈔出之耳，夜中亦可微讀之，亦云辟鬼。此既有宮門之名，故鬼亦畏之。按前第三宮名武城，今頌云武陽者此或當兩名及別有義耳，似非誤也。右二條中君告。楊君、掾兩書本。

夜行常當啄齒，啄齒亦無正限數也，殺鬼邪鬼常畏啄齒聲，是故不犯人者也。殺鬼則酆都太上所使取人者也，邪鬼則天地間精物魍魎害人者也。若兼之以漱液呪說，益佳。仙方云：常吞液叩齒，使人返少。叩齒即無外鬼之侵，而內神常守；吞液則和氣常充，肌髓調潤，故無病而不老矣。右中君告。楊君、掾兩書本。

世有下土惡強之鬼，多作婦女以惑試人，世間老精強鬼善有斯變，非唯婦女，亦隨人所好而化，從之皆使迷而不分。始學者心未貞正，時懷邪念，多招斯事，故令卻之。若有此者，便閉氣，思天關之中衡輔之星，星斗之象璇衡輔弼皆在守寸中，杓指前具身神。存守寸、明堂三宮及五藏中二十四神等也。正顏色，定志意，熟視其規中珠子，珠子濁不明者，則鬼試也。要當作方便近邊仍看其眼中，童子若暗者，知非是仙，則邪鬼耳。亦可試以明鏡照之也。

知鬼試，則思七星在面前，亦可在頭上，以去之。仍思向守寸中七星出覆頭上，杓指前，擊之亦可心讀天目、天蓬諸呪。規中方而明者，仙道人也。雖不方正而眼淨明者，亦是異人，火日照之而無影，益為驗也。悟者便拜之，不悟者為試不過，若遇邪而謂之真人，亦是不過之例，子慎之焉。此二事最為難辯，吾第二卷遵戒序中，論之備詳矣。

右裴君告。長史、掾兩書本。

右前至此凡六事，並誅卻精魔，防遏鬼試之道。

明堂內經開心辟妄符，王君撰用。符在第六卷符圖訣中，此即是入心一寸明堂之法又應別有大經，今鈔辟妄之事。王君，上宰總真也。開日旦，向王朱書，再拜服之。平旦隨月建，朱書白紙上，畢，左手執拜，拜畢乃祝，祝畢乃服之。呪曰：

五神開心，徹聽絕音，三魂攝精，盡守丹心，使我勿妄，五藏遠尋。拜畢祝，祝畢乃服，服畢咽液五過，叩齒五通，勿令人見。若不用開日，以月旦、月十五日、二十七日，一月三服，一年便驗秘符也。謂不必知開日者，當以此三日耳，今自可兼用之月五過或六過也。

右長史、掾兩書本。

東華真人服日月之象上法，此則東華宮中男女以成真者，猶服之也。故日芒之法，青君尚存。男服日象，女服月象，日一勿廢，使人聰明朗徹，五藏生華，魂魄制煉。六府安和，長生不死之道。當常以平旦東向，朱書日象於青紙上，左手執，存為日形如彈丸赤色紫芒，乃服之，吞令入心，光明照徹。畢可叩齒九通，咽液九過。女服月象黃書青紙右手執，亦東向服存入心。此兩字是摹真本朱書。

右書日月象法，亦可圓書日也。今既有方圓，又有日字不改，乃應依此，而紫文太玄符中有日字乃圓作，既呼為日月象，便宜象於日月字，且古書日月字，亦並似其形，故八體書勢謂之象形也。今若服圓者，則字亦應如此，皆別有立成法，在符圖訣中。

右楊君書。

太虛真人南岳赤君內法曰：以月五日夜半，存日象在心中，日從口入也，使照一心之內，與日共光相合會也。此坐臥任意，先存日赤色紫光九芒，忽來入口徑住心中，表裡洞光如

一也。畢，當覺心暖，霞輝映驗。初行止存令心暖，久久乃實覺其熱，精心想之，易為感效也。良久，乃祝曰：

太明育精，內煉丹心，光輝合映，神真來尋。畢，咽液九過。到十五日、二十五日、二十九日，復作如上法。此三日皆奇，亦日數之所會也。後云行之務欲數，不必數日者，則日日夜半常為之也。使人開明聰察，百關解徹，面有玉光，體有金澤，行之十五年，太一遣保車來迎，上登太霄。又一真本云：行之五年，太一遣玉保公下迎，尋彼當是脫車字耳。此直云保車者，猶是玉保公交車也。行之務欲數，不必此數日作。

右一條云出太上消磨經中。此本出消磨智慧經中赤君所鈔用，故乃謂為內法。長史書兩本。

東華宮有服日月芒法，已成真人猶故服此，直存心中有日象，大如錢，在心中，赤色。云直存者，今不知所由來，不從天下入口也唯見心中有日形，雖大如錢，而不扁扁，猶如彈丸，徑九分，正赤色。又存日有九芒，向雲赤色耳，不道是芒。按後云月芒白，則日芒應紫色也。從心上出喉至齒，此上存九色紫芒，悉上口中鋒頭向齒而不出，於時亦閉口合齒也，唯是芒出耳，非日形俱上所謂服日芒者矣。而迴還胃中，芒出時猶存日在心上，鋒芒至於齒根下，尚綴日延亙喉胸之中暉赫口齒之內，良久芒鋒乃屈卷向後，從喉更下入胃，胃去心遠近與喉一等，芒亦不加伸縮也。

良久，臨目存自見心胃中分明，日故在心而芒居胃內，使光明流布，洞徹藏府，如此腹內亦應小熱。乃吐氣漱液，服液三十九過止。云吐氣者，向初存時既閉口合齒又當閉氣，須存想竟乃通氣開齒，漱滿口中津液，乃服咽之，存液亦作紫色。一日三為之，此當以平旦東向，日中南向，晡時西向，並平坐臨目，閉氣乃存。

行之一年疾病除，五年身有光彩，十八年必得道，行日中無影，辟百邪千惡災氣。若服日月之形例不至十八年，此既是芒，所以小緩。日月常在身中，與形合照，故能無影，萬神映朗，豈邪惡之敢干乎。常存日在心，存月在泥丸中。此又云常存者，明非服時不出於口故也。夜服月華如服日法，存日月並不須見其真形，但止室中。月既用夜，亦可臥存之，又應三過以戌子丑時也。向雲常在泥丸，當是上丹田之泥丸宮也，玄丹亦名泥丸。又玄真存月在明堂宮，此皆別用耳。今日既在於心，居真人之府，則月亦應在赤子之房，於事相符故令存在上丹田也。存月十芒白色，月色但黃，此白色，正是道月有十芒，芒白色耳，又明月形之不下口也，存月徑一寸。從腦中下入喉，頭中九宮通居腦內耳今月既在泥丸，故可得呼為腦，且又欲明不出於外而下也。

又九宮唯泥丸宮下有穴通喉耳當存十芒從泥丸直下，所通鼻內孔中，各使五芒出於一孔而入喉中，鋒亦向齒。芒亦不出齒而回入胃。此時亦閉口齒如前，其芒令停口中，使光明充滿，乃回向後而下入胃，因吐氣漱咽白液，亦三十九過，畢覺腦中相連之芒欻然消盡。

右南極夫人所告，云此方諸真人法，出大智慧經上中篇，常能行之，保見太平。

西城王君曰：行此日在心，月在泥丸之道，謂省易可得旨行，無中廢絕者也。言此無祝說，又不須見日月存思法亦不難，於人間而不患多方也。除身三尸百疾千惡，煉魂制魄之道也。日月常照形中，則鬼無藏形，形常為日月所棲則邪鬼無所隱伏，故能不疾。青君今故行之，吾即其人也。

此智慧經事，非止是方諸法故總真亦復用之行此道，亦不妨行寶書所服日月法也，兼行益善也。寶書日月，謂五老寶

經，即紫文三魂之法，此既內外之異，故可兼行。今平旦及夕，當先於室中存服芒，至日月出時乃行精霞之法也。今以告子，告楊君也。脫可密示有心者耳。令示長史掾。仙人一日一夕行千事，初不覺勞，明勤道之至，生不可失矣。既已稱仙，其體理自堪勞，此謂當仙之人耳。

凡始學既未甚貞強，其質自易為劬倦，久久習之，乃可閑便，不得初次努力，而後稍致怠替。每從少起，漸試進之，當令一法有常，不可苟貪多尚高也。夫修道乃不患多，但使得其次序，不至亂雜耳所謂非冥冥之無貫，行冥貫之無序矣。萬劫結緣，今有此生，此生一失，復應萬劫，何可不勇猛精勤，使於此遂常生乎。

右楊書。

童初監范某云：所服三氣之法：存青氣、白氣、赤氣各如線，從東方日下來，直入口中，常以日旦向日，若陰雨亦存對之，坐立任意，臨目存此三色氣並列，青在左，以次狀如懸芒，合來入口使三氣之彼根猶綴在日中。挹之九十過，自飽便止。一吸一咽為一挹也。咽氣入喉使分流諸藏府內至數欲訖，漸漸歇盡而止。為之十年，身中自有三氣。謂身中常有三色之氣出於頭上也。此高元君太素內景法，即上清太素三元君之一小法也。旦旦為之，臨目施行，視日益佳，其法鮮而其事驗，許侯可為之。

按此是太素之法，又令仙侯為之，則亦不為下，而范氏受用止得監者，當其所修諸道不多，唯得一法故耳。今令許用此蓋以相扶助，非為專定業也。

右中君言。楊書。

含真台女真張微子所受東華玉妃某服霧法：常以平旦，於寢靜之中，即就所臥之室也。坐臥任己，先閉目內視，髣髴如

見五藏，當以此存五藏形色分開如法。畢，口呼出氣二十四過，臨目為之，此因呼出五藏五色氣，使五氣俱一時出，凡二十四過，向閉目存五藏，五藏具畢，乃小開，臨目而呼出氣。使目見五色之氣相纏燒。在面上鬱然，前直云呼出氣，而此云五色五色非應他來，猶是向五藏五色耳使五氣紛錯相，共相冠頭面之上也。咽入口內此五色氣五十過，向五色凝鬱面上，良久乃更內之，當並吸使入口而咽之也，覺引天地間五色氣，又同與面上者相交合，俱還藏中，幾五氣出內，皆各隨其色還本藏。主十咽，從肺心肝腎脾為次也。畢咽液六十過。正應空咽液耳。乃微祝曰：

太霞發暉，靈霧四遷，結氣宛屈，五色洞天，神煙含啟，金石華真，藹鬱紫空，煉形保全，出景藏幽，五靈化分，合明扇虛，時乘六雲，保攝我身，上升九天。畢，又叩齒七通，咽液七過，乃開目，事訖。

前云服霧之法，其序云：霧者是山澤水火之華精，金石之盈氣。而今存服猶是我五藏中之氣者，何也。謂向呼出二十四氣，使與外霧相交，兩煙合體，然後服之故頓服五十過，則是服霧氣得二十六通矣。此道神妙，神州玄都多有得此術者，爾可行此耶。亦告楊君也。久久行之，常乘雲霧而遊也。又云：久服之，則能散形入空，與雲氣合體。

右中君告。楊書。

杜廣平所受介琰玄白之術，一名胎精中景玄白內法。常旦旦坐臥任意，存泥丸中有黑氣，存心中有白氣，存臍中有黃氣，此三處猶謂三宮中也亦是三一之別道，但氣色為異耳。三氣俱生如雲以覆身，各從其初處出，如小豆乃漸大，以覆冠一身耳。因變成火，火又繞身，內雖變作火外猶有三氣也。身通洞澈，內外如一。火與氣俱燒煉身，表裡照徹也。且行至向中

乃止。諸修行之中，唯法為久，存思氣火便宜安詳，漸漸變化，及煉身之後，彌使良久，狀如眠寐，不復覺有四體乃佳。於是服氣一百二十，都畢。亦存服向之三色之氣，各四十過也。道正如此，使人長生不死，辟卻萬害。

所謂知白守黑，欲死不得，知黑守白，萬邪消卻。白黑即向三色之氣所謂玄白也，此語亦引五千文中之辭也。尤禁六畜肉、五辛之味，當別寢處靜思，尤忌房室，房室即死。此道與守一相似，但為徑要以減之耳。謂徑要省略，故為減耳。忌房室甚於守一，守一之忌在於節之耳。守一既許有兒故不為都斷也。初存氣出如小豆，漸大沖天，三氣纏咽繞身，共同成一混，忽生火在三煙之內。又合景以煉一身，一身之裏，五藏照徹，此亦要道也。

前法小略，故復重說存思之事當令如此。此不死之學，未及於仙道也，自可兼行，以除萬邪，卻千害，行之三十年，遁形隱身，日行五百里。此道甚下，修之至久若修行餘事，便不得用也才淺分少者，宜令守此耳，非高學之所務矣。若欲守玄白者，當與其經，經亦少許耳。如此玄白復別有正經，亦應有祝此蓋其鈔略猶如玄真事耳，此道猶是太清家舊法，小君今言，似令告寅獸也。

右保命告。掾書。

君曰：欲得延年，當洗面精心，日出二丈，服日後乃可為之。面向日，口吐死氣，鼻吸日精，須鼻得嚏便止，是為氣通，口常吐四時死濁之氣，鼻吸引丹霞之精，須與自嚏乃止。此亦頗類上法但無祝說耳。以補精復胎，長生之方也。

君曰：欲使心正，常當以日出三丈，取嚏竟，仍復為之。錯手著兩肩上，左手在上，不可誤也。以日當心，此當正心以對日，存日亦正對於心也。心中覺暖，則心正矣。亦存日之精

暉來入心，故覺其微暖也。常能行之佳。其說有人心不正者亟
為邪事所動，所以真人令向日觀之既見有偏，故授此法大體與
日光入心理同，今無論正與不正，常行此，自為佳術也。

右二條裴君授。長史、掾兩書本。

右前至此凡九事，並服御吐納，存注煙霞之道也。右眾真
授訣三條，凡五十二事。

登真隱訣卷中

①「名」字下疑有脫漏字。

登真隱訣卷下

誦黃庭經法

拜祝法

《三九素語玉精真訣》曰：中品目有三九素語，魏傳目有
玉精真訣。三九素語即應是此經也，但未行世，世中有偽者，
無此訣也。誦東華玉篇《黃庭內景經》，云十讀四拜。本經此
中云朝太上，今略去三字而後顯北向禮祝太上不當昧前旨耶。
先謁太帝，後北向，經序無旨訣也。謂言黃庭前序不說朝謁之
法。按此經中十四字，已足明其事，何假復須發序。消磨云諷
及於此，上朝四方，亦復應須別訣耳。今黃庭之訣，乃出素
語，高下之品殊似不類矣。太帝東，應朝禮。太帝，紫晨君
也。按入道望雲，令東南望扶①桑太帝三素飛雲。又方諸在會
稽東南，其東北則有湯谷。又云入淳山在滄浪之東北蓬萊之東
南。入淳山即太帝所治處也。又清虛王君東行，渡啟明滄浪登
廣桑山，入始暉庭，謁太帝君，如此則扶②桑在湯谷東南於金
陵正東亦小南看矣。且玉籙太帝無紫晨之號，今此所云皆以相
乖矣若必用之，故宜正東向也，所以讀經正東向而仍云先謁太
帝者，明在東矣。回北禮祝太上矣。上清在北，故經言後北向

也。先行其輕，乃造其重也。十讀既竟，起向太帝再拜。拜畢長跪，瞑目祝曰：

小兆某甲謹讀金書玉經，東華謂之玉篇，今啟太帝而云玉經將不濫耶。十轉既周，乞登龍軒，經序本云萬遍方得徹視五藏而已，今始得十轉，便乞登龍軒，如違旨。此法不如余祝，發始便得濫希神仙，及有遍數之闕也天神下降，役使六丁，七祖飛升，我登上清。按黃庭是調和五藏，制練魂魄，本非升化七祖之法。又內黃庭止是不死而已，何上清之可騰乎。且臣而稱我，亦乖謙請之禮。飛步祝以名與我相雜者，此是祝星時以我對彼惡人耳，非如今親對太帝而自稱也。畢，開目咽液十過，叩齒九通。若以十咽為十遍，則叩齒亦宜同。今九過之義，義無所取。次北向再拜，長跪祝曰：

上皇太真，使我升虛，上皇太真，非玉晨之目，使我升虛事同前讖。太帝稱臣，而太上更不可，真法朝祝，皆止姓名，無臣我之例。清齋澡煉，誦詠金書，太上謂之琴心黃庭，而乃說扶③桑之目，何期兩祝皆乖耶。七玄披散，上朝帝廬，誦大洞萬過七祖方得九宮之仙今詠黃庭十遍，而便乞朝宴帝廬，不亦過乎。延年長存，刻名籙書。前乞升虛，後乞延年，則初得高真，末還地仙耶。畢，臨目叩齒九通，咽液十過。前篇開目，後章臨目，叩咽之法，又前後倒用，兩法非異，而俯仰不同統體而論，皆違真例，恐是後學淺才，率意立此不能詮簡事義，故多致違舛相承崇異，莫能證辯。今始學之子若欲按此亦不為所妨要非吾心之所了，若必目觀，真書所不論耳都畢後，還常所轉經也。

存神別法

清虛真人曰：凡修《黃庭內經》，應依帝君填神混化玄真之道。按裴君學道，及有所受說都不闕黃庭家事，此云帝君填

神混化玄真，是今世中偽經，竊用紫度炎光卷中法，其神形長短祝說皆同，乃又因偽以立偽恣妄之甚者也。今所以猶載於此卷者，恐後學尚之子，脫於余處所得不料真偽，言是要訣，謹事存修，則為薰蕕相混，有致真之失，故顯示其非，令有以悟耳。讀竟，禮祝畢，正坐東向，臨目內存身神形色長短大小，呼其名字，還填本宮。不修此法，雖誦萬遍，真神不守，終無感效，亦損氣疲神，無益於年命也。今故抄經中要節相示。

黃庭之序，已備載誦讀之法，若此二事不知修者，便無感效則兼應說之，乃更論怖畏疾病及遇穢之法，而了不及此神王。王君寧當不欲分明指的垂告耶，經如此事，理不盡便，都無可修者矣。

平坐臨目，叩齒三十六通，乃存神，既非制邪大祝，乃後四九叩齒存神，如此經例所無也。發神蒼華字太元，形長二寸一分；腦神精根字泥丸，形長一寸二分；眼神明上字英玄，形長三寸；鼻神玉壟字靈堅，形長二寸五分；耳神空閒字幽田，形長三寸一分；舌神通命字正倫，形長七寸；齒神峰崿字羅千，形長一寸五分。已上面部七神，同衣紫衣飛羅裙，並嬰兒之形，存之審正羅列一面，各填其宮。按經七名兩眼兩耳，其實有九，不如八景，各隨其目所處也。故經云：泥丸九真皆有房，方圓一寸處此中同服紫衣飛羅裳，此即是前九神也。若以此語，是九宮之九真，則紫衣羅裳不當謬耶。有意識人，但就此相求，自得天下真偽之病矣。

又云非各別，住俱腦中，而此云羅列一面，又復為乘其髮腦眼鼻舌五神長短，皆竊用上景中法。其耳齒二神，彼既無之，乃虛立寸數，本解斯人哪敢如此也。畢，便叩齒二十四通，咽氣十二過，此數又乖七神之理，祝曰：

靈元散氣，結氣成神，分別前後，總統泥丸，上下相扶，

七神敷陳，流形遯變，愛養華源，導引八靈，上沖洞門，衛軀躡景，上升帝晨。此祝亦取類八景，且八景之神乃上清中景之法今乃欲導之，以下御高耶。次思心神丹元字守靈，形長九寸，丹錦飛裙；肺神皓華字虛成，形長八寸，素錦衣裳黃帶；肝神龍煙字含明，形長七寸，青錦帔裳；腎神玄冥字育嬰，形長三寸六分，蒼錦衣；脾神常在字魂庭，形長七寸三分，黃錦衣；膽神龍曜字威明，形長三寸六分，九色錦衣綠華裙。此諸衣服悉純取本經之名，諸神長短亦中景家法，但輒減膽一分肝一寸，當是欲示其不同。六府真神處五藏之內六府之宮，按此是列五藏之神，六府止有膽耳。

　　何謂六府真神。乃言處五藏內耶。經所言六府，自總舉六府之稱，本無其神宮之目。且經又云皆在心內運天經則不得各在五臟之內，六府之宮。又經後文重明六處，或神或童，凡有三上三中，各顯服色佩帶，非盡此五藏之神也。形如嬰兒，色如華童，存之審正，羅列一形，羅列一形‧彌乖乎俱在心內者矣。叩齒二十四通，咽氣十二過，祝曰：

　　五臟六腑，真神同歸，總御絳宮，上下相隨，金房赤子，對處四扉，幽房玄闕，神堂紐機，混化生神，真氣精微，保結丹田，與日齊暉，得與八景，合形升飛。按二十四神，則五臟六腑各育有神，今此則藏府相並謂之同歸，於事為乖。且明堂三老，經皆是顯事中部最為黃庭之主，而今都不存祝，何謂可用存思登虛空耶。

　　紫微曰：昔孟光誦黃庭，修此道十八年，黃庭真人降之，尋諸仙人男女，無有孟光者，唯梁鴻娶妻，號之為孟光耳。萬遍既畢，黃華玉女當告子情。此黃庭真人為是何神。若下一元王，寧獨降見，而輕立此說不言今日觸綱，將來諸子以為戒此妙極也。黃庭秘訣盡於此。形中之神耳，亦可從朝至暮，常思

念勿忘，不必待誦經時也，爾其秘之。右此禮祝，存神兩法。皆想傳出，自東晉間並無其書。

假云要秘，觀其辭事乖淺，必應是誇競之徒，傍擬偽經，構造此訣，聊各書錄，以旌真偽。並而論之，前篇禮祝，猶為小勝，此存神之文牽引冗雜庸陋已甚，疑誤後學，其弊不淺。若以吾所據為非，想諸君可覓真本見示，若必其有者，則吾緘口結舌，終身不復敢言學道也。

入　靜

正一真人三天法師張諱告南岳夫人口訣。天師於洛陽教授此訣也。按夫人於時已就研詠洞經，備行眾妙，而方便宣告太清之小術。民間之驗事者云，以夫人在世嘗為祭酒故也。然昔雖為祭酒，於今非復所用，何趣說之。此既是天師所掌任夫人又下教之限，故使演出示世，以訓正一之官。且輕位不得教高真，是以顯常為祭酒之目，明其有相關處耳。

真人之旨，一句一字，皆有探意在其間焉，精而辯之，乃知其理徒抱負拜誦，而不能悟尋所析，猶如埋金於土，用比可為。其入靜章奏治病諸法，實亦明威之上典，非悠悠祭酒可使竊聞也。

入靜法

此文都不顯入靜之意，尋其後云，依常旦夕可不事爾者，當是旦夕朝拜，或伏請乞跪，啟及章奏，治病之時，先當如此，然後可為諸事也。按易遷夫人告云，晨夕當心存拜靜，似是今用此法，既在疾不堪躬行，故使心存拜耳，今山居在世，亦並可修用，雖自高貴，今率之辭，蓋願今世宦者如此，非謂必是我今岩棲之身也。若長齋休糧勤心高業者，可不復身到，而心恭亦當無替，至於後用二朝之法云當先朝靜，乃行此。按夫人於時尚在，修武何容已究陽洛之義，若此時已受判，後不

應更用授判，當別有朝靜之法。

世有穀紙古書，云漢中入治朝靜法必應是此，但今既幸有所授，便宜用之，又復用漢中法，唯前後祝爐，應小回易其辭耳。其旦夕入靜，則用日出日入時也，日之出入非謂必須見出之與沒，盡是出入圓羅之始耳，若有所啟請者，當用夜半時也神理尚幽，故真人下降多不以晝矣。

初入靜戶之時，當目視香爐，而先心祝曰：南真告云：閉氣拜靜，使百鬼畏憚，功曹使者龍虎君可見與語，謂能精心久行之耳。此謂初入便閉氣存想，祝爐燒香，通氣又閉，而拜祝四方，每一方竟，通氣也。又告：入靜戶，先右足著前，乃後進左足，令與右足齊，畢乃趨行如故，使人陳啟，通達上聞。此一條恐非唯入東向之靜，幾欲啟請之處，皆應如此，通幽之事，宜用右足也。又告：燒香時勿反顧，若反顧則仵真氣，致邪應也。此謂既入靜，不得復轉頭後顧。若回行正向看外，亦當無嫌。此二朝後，又云：出靜戶之時，不得反顧，如反顧則仵真光，致不誠。如此出入靜戶並不可反顧也。又云：入靜戶不得喚外人，及他所言念，又入戶出戶，皆云漱口。尋此之旨，凡靜中吏司，皆泰清官寮。糾察嚴明，殊多科制，若不如法，非但無感，亦即致咎禍害者矣。今護述入靜次第，立成之法如左：先鹽澡束帶，刷頭理髮，裙褐整事，巾履齋潔兩手執笏，不得以紙纏裹，既至戶外，漱口三遍，仍閉氣，舉右足入戶，次進左足，使並進前平立，正心臨目存直使、正一功曹、左右官使者四人。並在戶內兩邊側立，又龍君在左，虎君在右，捧香使者二人俠侍香爐，守靜玉女俠侍案几，都畢，乃通氣，開目正視香爐，乃心祝曰：

太上玄元五靈老君，當召功曹使者，左右龍虎君，捧香使者，三炁正神，行二朝者，當益云及侍經神童玉女。急上關啟

三天太上玄元道君，奏聞上清宮。某正爾燒香，入靜朝神，奉行東華秘法，以某本命日去某本命九十日平旦，入靜朝太微天帝君。又以某生日去某生月一百八十二日夜半，入靜朝太上高聖君。乞得八方正氣，來入某身，所啟速聞徑達帝前。太微天帝君玉闕紫宮前，太上高聖君瓊闕下。畢，乃燒香行事，通氣，先進右足至爐前，左足來並左手三捻香，多燒之。按二朝既云先朝靜，朝靜祝爐之辭，不容止依朝靜，故宜隨事增損，粗如前朱注，以遞互回換用之。燒香畢，先退右足，左還併，視煙起閉氣，乃拜也。初向再拜。此既謂之拜靜，靜法自應東向，初入祝爐便是向西，故不復云西向耳。此當正靜屋中央，安一方機，一香爐，一香奩，四面向之。後云若因病入靜，四面燒香，安四香爐者，當安四香機著四邊，各勿至壁，己入中央，以次拜祝。

初入祝爐仍於戶內通向西並祝祝之，乃入中四面燒香也，畢亦西向一祝耳。若經堂中南向屋者，自不得用此法。且亦無功曹龍虎，正有侍經神童玉女耳。若朝太上太素午達者自可止經堂中。凡旦夕拜靜竟，亦又還經前，更燒香請乞眾真，求長生所願者，其餘章奏請天帝君，請官治病，滅禍祈福，皆於靜中矣。拜訖，三自搏四拜畢。跪故笏於前，兩手自搏，及更執笏，稱男女姓名，謹關啟云，餘方皆效此也。

護關啟天師、女師系師三師，門下典者君吏，願得正一三炁，灌養形神，使五臟生華，六府宣通，為消四方之災禍，解七世之殃患，長生久視，得為飛仙。畢又再拜。漢代以前亦復應有天師，皆應有三人，亦有一女，但未必是夫妻父子耳。正一之氣，以師為本，故先拜請。乃北向耳。初再拜自搏舉哀矜也，後又再拜，謝恩德也，諸例中拜有先後者，事旨皆如斯矣。

次北向再拜訖，三自搏，曰：

謹關啟上皇太上北上大道君，某以胎生肉人，枯骨子孫，願得除七世以來，下及某身，千罪萬過，陰伏匿惡，考犯三官者，皆令消解，當令福生五方，禍滅九陰，邪精百鬼，莫敢當向，存思神仙，玉女來降，長生久視，壽同三光。畢，又再拜。北上道君太清之真最貴者也，故禮師竟，便拜之。

次東向再拜，訖三自傳，曰：

謹關啟太清玄元無上三天無極大道、太上老君、太上丈人、天帝君、天帝丈人、九老仙都君、九炁丈人，百千萬重道炁，千二百官君，太清玉陛下，當令某心開意悟，耳目聰明，萬仙會議，賜以玉丹，消災卻禍，遂獲神仙，世宦高貴，金車入門，口舌惡禍，千殃萬患，一時滅絕，記在三官，被受三天丈人之恩。畢又再拜。此太清諸官君，三天之正任，主掌兆民禍福所由，故次拜之。

次南向再拜訖，三自搏曰：

謹關啟南上大道君，乞得書名神仙玉籍，告諸司命，以長生為定。又勅三天萬福君，令致四方財寶，八方之穀帛，富積巍巍，施行功德，所向所欲，萬事成克，如心所願，如手所指，長生神仙，壽同天地。此生字，本作久字後人改為生，今當從真為長久也。畢又再拜。

此太清，南方之道君耳位劣於北上，故無上皇太上之號，是以最後拜之，可命有三十六人，此為諸下小者耳。此萬福君猶是官將，主財寶者。千二百官儀第七卷之十五云：無上萬福吏二十八人，官將 20 人，主來五方利，金銀錢絹布帛絲綿穀米，所思立至，黃生主之。又第三之十三，亦有萬福君五人，官將百二十人主辟斥故氣精祟注氣卻死來生，卻禍來福，所思者至。

都訖。或四向叩頭者，卻禍來福，所思隨意也。叩頭例，

施於有急疾患之時，依常旦夕可不事爾。四向叩頭者，當先朝啟一方竟，仍叩頭，又自搏，言今所乞亦可脫巾悲泣，在事之緩急耳。竟又再拜。餘方皆如此。

都訖，更東向燒香，口啟請官，救解今患，悉依後法也。並皆微言，其旦夕拜禮，如前自足。臨出靜戶，正向香爐而微祝曰：還西向閉氣，視爐而微祝。初曰心祝，今日微祝，當小小動口也。

香官使者，左右龍虎君，當令靜室忽有芝草，金液丹精，百靈交會在此香火前，使張甲張者稱姓，甲者稱名，前單云某，直稱名耳。得道之氣，獲長生神仙，舉家萬福，若山居絕累者，雲山舍萬福。大小受恩，守靜四面玉女，二朝時並云及侍經神童玉女，並侍衛火煙，書記某所言，逕入三天門玉帝几前。二朝云上清宮太微天帝道君几前，上清上宮太上高聖玉晨道君几前。乃出戶。於戶內仍漱口，先舉左足出，乃次右足，勿反顧。都畢。若疾急，他有所陳，自隨事續後而言之任意也。皆當微言，勿令聲大。具如前注。

漢中入治朝靜法

先東向云：甲貪生樂活，願從諸君丈人，乞丐長存久視，延年益壽，得為種民，與天地相守。當使甲家災禍消滅，百病自癒，神明附身，心開意悟。

次北向：甲欲改惡為善，願從太玄上一君乞丐原赦罪過，解除基讁，度脫災難，辟斥縣官。當令甲所向，金石為開，水火為滅，惡逆賓伏，精邪消散。

次西向：甲好道樂仙，願從天師乞丐所樂者得，所作者成。當使甲心開意解，耳目聰明，百病消除，身體輕強。

次南向：甲修身養性，還年卻老，願從道德君乞丐恩潤之氣布施骨體，使道氣流行，甲身咸蒙慈恩，眾病消除，福吉來

集。思在萬福君為甲致四方錢財，治生進利，所向皆至。

四方朝文如此，是為右行法與紫門所說同，而無先後，祝爐文所於四方所請，大意略同，而質略不及後授者。

章　符

若急事上章，當用朱筆題署。謂卒有暴疾病，及禍難憂懼急事，請後天昌君等上章，乞救解者，當朱書太清玄都正一平炁係天師某、治炁祭酒臣某，又後太清細字並臣姓所屬，及太歲日月以下三天曹，得此朱署即奏聞。猶如今陽官，赤標符為急事也。

若欲上逐鬼章，當朱書所上祭酒姓名。謂家有惡強之鬼為禍祟，請後右仙食氣君將等為逐卻之，上章者不以朱題署，止書為上章人某治祭酒甲，又後姓某耳。

若欲上治邪病章，當用青紙。三官主邪君吏，貴青色也。謂人有淫邪之氣，及諸廟座邪鬼為患，請後平天君等消制之，上章者當以朱書青紙章也，亦可別脆青紙，隨人多少。

若注氣鬼病，當作擊鬼章。謂家有五墓考訟死喪逆注之鬼來為病害，宜攻擊消散，請後四胡高倉君將等上章畢者，合檮之服之，如後法也。上章畢，用真朱二分，古秤即今之一兩也。合已上之章，於臼中檮之，和以蜜成丸，分作細丸，頓服之。用平旦時，入靜北向再拜服之。垂死者皆活。勿令人知檮合之時也，使病者魂神正，鬼氣不敢干，他病亦可為之也。若病者能自檮和為佳，不爾即上章祭酒為檮之，先以蜜漬紙令軟，爛乃檮為丸。此章自不過兩紙。所丸亦無多，必應一過頓服，以清水送之，不得分為兩三也。云餘病亦可為者，則不止於擊鬼也。

上章當別有筆硯以書，不得雜也。墨亦異之。此筆硯若是寫經常淨用者，共之無嫌，自不得與世中書疏同耳。左行摩墨

四十九過止，重摩墨亦四十九轉。左行如星次向東也。重摩墨者，謂程墨時四十九過，以法大衍圓著之數，故能通幽達神者矣。此一條使人學道之意彌精貫毫釐，動有法象，豈得為爾泛泛耶。書章時燒香，向北書之。當別用好紙筆，巾案觸物皆使潔淨，束帶恭坐，謹正書治，概墨色皆令調好，麥糊函封依法奏上。案今所應上章，並無正定好本，多是凡校，祭酒虛加損益，永不可承用。唯當依千二百官儀注，取所請官並此二十四官與事目相應者。請之先自申陳疾息根源，次謝愆考罷咎乃請官救解，每使省哀。若應有酬詭金青紙油等物，皆條牒多少，注詔所詭吏兵之號，不得混漫。章中無的詭奉，若口啟亦然。其懸詭者，須事效即送，登即呈啟所詭之物，皆分奉所稟天師。及施散山棲學士或供道用所須勿以自私贍衣食，三官考察，非小事也。

按小君言，人家有疾病死喪，衰厄光怪，夢寤錢財喊耗，可以攘厭，唯應分解冢訟墓注為急，不能解釋，禍方未已。又云可上冢訟章，我當為關奏之。又范中侯云：故宜力上風注冢訟章，此皆告示許家，且許家功業如此，猶憂家訟為急，何況悠悠人乎。如此上章，得其理衷，必當深益。今且非唯章文不精，亦苦祭酒難得趣爾拜奏，猶如投空乃更為愆祟耳。冢訟正本不過三兩紙間世中增加，乃至數十，恐諸章符等，例皆如此。

又出官之儀，本出漢中舊法，今治病雜事，及諸章奏，止得出所佩仙靈籙上功曹吏兵，及土地真官正神耳。世人皆用黃赤內籙中章將吏兵，此豈得相關耶，唯以多召為威，能不料越職之為譴，愚迷相承，遂成儀格，深可悼矣。入見晉泰興中，曲阿祭酒李東章本，辭事省宜，約而能當，後操章無恩惟太上，及陰陽決吏三天曹，而稱龍虎君，及建帝代年號不書太歲，此並是正法。按今章後細字無太上老君，又不北向，止是

太清中諸官君耳云何稱恩惟太上耶，其餘事事皆有諸類，不能復一一論之。李東既祭酒之良才故得為地下主者，初在第一等，今已遷擢此便可依按也，其君常為許家奏章往來，故中君及之也。

若因病入靜，四面燒香，安四香爐。此謂朝拜口啟四方求救之時也，非上章法上章法止得東向耳。施案之事，已注在前。

若大事言功，可三四百，垂死言功可五百，小小可止一二等耳，多則正氣議吏兵厭事。此謂上章及口啟請諸君將吏兵，及我身中功曹諸官，以救治某事，事效應為入靜言其功勞請三天典者依科晉爵如干等也。若初上章者，復亦上章言功，初口啟後亦口啟言功，不得雜錯，天曹尋檢簿目相違，便為罪責，言功多少隨事輕重為率，從一二以上，至五十、一百，到四五百，隨意量用每令和衷。書符當盥潔，乃後就事，向月建閉氣書之。書符之法，先以青墨郭外四周，乃以丹書符文於內，若無青墨，丹亦可用。此說乃是論救卒符意，凡書諸符，自皆宜如此。青墨者，細研空青，厚膠清和為丸，曝使乾燥，用時正爾研之，如用墨法也。

若書治邪病符，當用虎骨、真朱合研，研畢，乃染筆書符。虎骨當先檮為細屑，下重絹篩，三分減朱二，乃合膠清，用以書符。凡辟鬼符，皆自宜爾。此書符法，本在救卒符後，今抄出與章事相隨耳，非本次第也。

請 官

若有急事上章，當上請天昌君黃衣兵十萬人，亦可入靜東向，口請令收家中百二十殃怪，中外強詳十二刑殺鬼。有急事者謂諸有卒急不但疾病也。人家衰禍厄病，皆由冢訟，故令收冢中諸害。此云東向口請，當如章法，治職首尾都自不異，唯無紙墨耳，世人謂為口章，而千二百官儀第二卷之一，便是天

鬼谷子開源中國道教茅山派暨茅山派歷代主要祖師
丹道名著精選

昌君云噩夢錯亂者，當請天昌君黃衣兵士十萬人，主為某家收冢中百二十殃怪，中外強詳十二刑殺鬼令某夢忤者皆使絕滅。贍儀衣物如此，則冢字應作家，人脫 20 字也。自後諸名題宮府所主治。往往小異，並朱書，各載之。此次第猶是取官儀上小復參差而官儀唯無後三官，不知那得爾。尋官儀從來久遠，傳寫漏誤，所以其中亦自有一官數字之疑，然尚可依傍斟酌取衷，如運氣解厄之例，便判是此傳脫矣。

若面目有患，當上章及入靜，請天明君五人，官將百 20 人，在南紀官下，治面上諸疾。凡云在諸宮者皆謂太清三氣之宮，患禍所繼之府，君吏所由之曹故令各先到其宮，乃下治之。凡云君五人者，猶共官將 120 人。凡直云君者，皆一人也。

儀云：男患兩目痛，請天明君五人，官將 120 人，在南紀宮，又主左目。女患痛，請地明君五人，官將 120 人，在北里宮，又主右目。跪錢絹穀米。

若咳逆上氣，吐下青黃赤白五瘟蠱毒六魅之鬼，當請北里大機君，官將 120 人，在太衡宮下。此瘟毒魅者，皆疫癘之疾，風癭眾患，亦皆由之。

儀云：胸痛滿，上氣咳逆，請北里大機君官將 120 人，治太衡宮，治欬逆上氣，吐下青黃赤白五瘟蠱毒六魅之鬼，跪掃除紙筆。

若心腹脹滿，小腹拘急，帶下 12 病之鬼，當請封離君，令治之。帶卜之病，非但女子，男人亦有之。凡自帶以下陰間諸患，凡十二條皆是也。

儀云：心腹脹滿，臍下拘急激痛，請封離君 12 人，主治男女帶下 12 病之鬼，跪米穀。

若腹內飲食不消，結堅淋露不癒者上章啟事，當請赤素君官將 120 人，令治之。此謂腹中症結逆害飲食淋露積時者。凡

有云啟事者謂正爾東向口啟，亦先四方朝竟啟請事之不如上章法也。

儀云：腹中飲食不消，結堅淋露不癒，請赤素君一人，官將 120 人，治六戊宮。女子請白素君官將 120 人，治陰宮。跪米穀，依儀而給。第三卷之一又云：素君五人，官將 120 人，治上靈宮，主男人百病令得首寫。白素君五人，官將 120 人，治陽明宮主女人百病，令得首寫。此則名同而事異也。

若上氣逆引絞急，腹中不下飲食者，上章啟事，當請天官五衡君官將 120 人，在太平宮下，令治之。此悉總諸氣病，腳氣、奔豚、咳嗽皆治之。自此後雖不復道上章啟事者，省煩耳，皆無異也。

儀云：吸吐不下飲食，氣引腹中，請天官五衡君官將 120 人，治太平宮，跪穀米衣，給使紙筆。

若大吐下者，當請地官五衡君官將 120 人，在太平宮下，令治之。霍亂吐下，及諸暴下、久下，皆主之。

儀云：女吸吐，當請地官五衡君官將 120 人，亦治太平宮，跪同前。幾儀中官名有天地者，皆是分別男女之位也。

若小腹脹滿急痛，當請九河北海君官將 120 人，在河兌宮，令官將治護之。小腹結脹不通，諸唇滿者，皆主之，止乞令此君勅官將治之耳。

儀云：小腹脹滿，請九河四海君官將 120 人，治河兌宮，主脹滿，關節不通。跪給使儀衣鹽。

若井灶鬼為疾病者，當請王法君五人，官將 120 人，在五姓宮，令制滅之。謂嘗犯洿井灶及卜問所知，或求食飲祠祀為病害者，此主治之。

儀云：犯此灶鬼④。

若疾病疽惡瘡，當請九集君官將 120 人，在先王宮，令下

第四章　鬼谷子開源中國道教茅山派暨茅山派歷代主要祖師

丹道名著精選

治之，亦治眾瘡。若金火諸瘡及犬馬蛇蟲所嚼，亦皆主之。

儀云：頭面目身體生瘡疾痘，請王法君五人，官將 120 人，治五姓宮；又請九侯君一人，官將 120 人，治先王宮，跪雜衣物米穀紙筆。今此乃別王法君以主井灶鬼，此為異。而儀亦云疾痘惡瘡是犯十二此灶之鬼也，如此則非井灶別為病也。

若病瘦瘠，骨消肉盡垂困者，當請天官陽袟君官將 120 人，左右吏 120 人，令治之。此謂不止有所苦，但羸瘦憔悴積弊致困者。

儀云：淋露虛損，骨消肉盡，醫所不治，請天官陽袟君官將 120 人，左右吏 120 人，患氣吏左右 72 人，主治淋露百病之鬼，跪米穀。

令病者開生門，益壽命，當請南上君官將 120 人，在倉果宮，令延年不死。此謂既隨病已請餘官治護，又更請此官，延期年籌，不於此病致死耳。自非治病，不得請也。

儀云：飛注入腹，著人胸肋背，請南上君官將 120 人，治倉果宮，主開生門，益壽命，今病者三日差，除殃去注。跪錢絹。

若久病著床困篤者，當請須臾君官將 20 人，令治之。謂抱病經久不差者。此官將獨云 20 者，或恐脫百字，亦可止應 20，令但依此，不敢輒益。

儀云：下痢赤白膿，淋露著床，口苦冷者，請須臾君 4 人，官將 120 人，跪米穀。

卻滅家中惡鬼，令厭絕精祟者，當請石仙君一人，官將 120 人，令制滅之。人家中亞有遊魂，客死強鬼為諸精祟，致不吉昌者。

儀云：疾病轉相注易，不可禁止者，請石仙君一人，官將百二十人，一云治害宮主治家中有強詳之鬼，厭絕注鬼氣為精

祟者，跪給使。凡十四官，並在第一卷，主治百病之限。

若欲辟斥故氣，斷絕注鬼，卻死來生，卻禍來福，當請蓋天大將軍十萬人，令收捕之。人家或有先亡，故氣纏著不解，猶為注害禍患者。

儀云：蓋天大將軍十萬人，主收捕天下飲食橫行鬼賊，為萬民作精祟者。第三卷中唯有此一官宮儀。凡八卷，止第一有詭用，自後皆漏略，今欲立詭，亦有依準為之。

若欲收捕眾老之精，侵怪家中者，當請無上元士君五人，官將 120 人，令收執之。天地間自有一切老精，皆能作諸變怪，侵犯人家，求索檮祀者，宜收執之。

儀云：無上元士君五人，官將 120 人，主收捕天下眾老之精，雜神共稱官設號，侵害民人者。

若卜問病者，云犯行年本命，太歲土王，墓辰建破，當請制地君五人，官將 120 人，治宜泉宮，令抑制消滅之。自非高真玄挺，皆有年命衰厄，及行造所為，解犯方地井抵太歲土王之氣，本墓建破之辰及諸禁忌，皆致否病，故令消卻之。

儀云：制地君五人，官將 120 人，治宜泉宮，主收天下高功卑功、太歲行年本命上土公之鬼。

若家中有考訟鬼，不正之氣，致不安穩者，當請四胡君五人，官將 120 人，令消散斷絕之。謂家世先亡有考訟殃逮，使胤嗣多諸躓疾，不安吉者，止宜令消斷而已，故不得誅滅之也。此乃是禍患之運，要子孫不得為逆上之意，其例皆多如此。

儀云：四胡君五人，官將百二十人，主整帥祭酒治舍不安穩，主擊不正逆氣，和解訟考，分別清濁。

若家中多死喪逆注氣，身中刑害，當請運氣解厄君兵十萬人以治之。人家亟有父母兄弟夫婦亡後還注復生人，值其身有刑害，便為禍病，乃致死者，當請治之。按 120 官有運氣解死

患君，今此既無患字，亦不敢輒益。

儀云：運氣解厄君兵十萬人，主收攝疾病之鬼，辟斥攻時破殺十二刑殺 120 殃注鬼，又有運氣解厄君五人收殺。

若家中有五墓之鬼作祟，傷死往來者，當請無上高倉君兵十萬人，使收治之。按墓書有五葬，謂水火兵匿露死者，而不名五墓，今此當是五音姓墓也或有死不得埋，多作禍祟，及傷亡絕後之鬼往來為害者，宜收治之。

儀云：無上高倉君兵十萬人，主收先祖五墓之鬼來著子孫者。

若家中水火復注者，當請無上天君兵十萬人使斷之。人家有水火之官，使相復注其病致死者，皆源類是同互相染逮，世世不絕者，令斷絕之。

儀云：無上天君兵十萬人，主收天下百二十殃注鬼在人身中者，卻死來生。又云：無上天生人君兵士十萬人，主收 120 殃注殺害刑殺之鬼。一云無上天士君一云無上天平君，所主皆同。

若欲破房廟座席禱鬼邪物者，當請平天君官將 120 人，治天昌宮，以治之。謂人先事妖俗，今稟王化，應毀破廟座，滅除禱請事後，或逆為人患，致凶咎疾病，或所居里城有諸立食巫壇，為人禍害者。

儀云：平天君官將 120 人，治天昌宮，主發軍兵收符廟五獄營逆氣飲食之鬼。凡有二十二官並出千二百官儀中，所主職事小有差異，今上章請用，當做兩邊求之。

若欲學神仙，而輒軻疾病尪連沈滯者，當請虛素天精君赤衣兵十萬人，在天柱宮，以制鬼滅禍，遏卻六天之氣。人有至心苦行者，崇學仙道，而六天靈鬼亟來犯人，或遇疾病，或致牢獄，或漸使貧頓，每令觸惡者，故宜急遏制之。

若家有惡鬼不肯散，故為家祟者，當請赤天食氣君官將120人，使治之。謂家中多有惡鬼，已經消制，不肯都散，猶時來侵犯，致有災祟者也。

若家中轆轤不寧，噩夢錯亂，魂魄不守者，當請收神上明君官將120人，主治之。人家每事有轆轤，動皆艱苦，夢想凶擾交接非所，身心不定，日就頓踣者，將衰之漸也，特宜治之。

儀中無此三君名號職主今既併在後，或當是天師新出也，亦並為要用但依此所主請之又上章時亦宜兼復取官儀中相配用，不必專止此25。

右正一真人口訣，治病制鬼之要言也，以應24神，身中之三宮也。按今官將有25號，而云24神者猶以一官應極很之幽神，為25也，則亦最後者應是矣。此神神相應，不可盡求配類三官，即24神八景之宮耳，非三一之宮也。官將及吏兵人數者，是道家三氣應事所感化也，非天地之生人也。此因氣結變，托象成形隨感而應，無定質也非胎誕世人學道所得矣。此精誠發洞，因物致洞耳，所以化氣而成此吏兵也。太清之氣感化無方，雖云無極大道百千萬重，猶未臻其限，故總言之，亦各相接引，不徒然空立，可以理得難用言詳。其仙靈官將，皆此類也。

其餘官號多在1200官儀注上，蓋互相支附，非如此24號以應體中24神之分明也。1200官儀，始乃出自漢中，傳行於世世代久遠，多有異同，殆不可都按此之24官，亦頗有同彼名者既真書未久，必無差謬，今非唯識真之子範而用之，至於盟威祭酒亦應謹按此法，但非其常才所能究見耳。有急事當隨事稱之，皆即驗也，亦可上章請之，亦可入靜燒香，口啟四方，請以求救。前云入靜東向口請，今云四方者，便可通就四方請官，然口啟作章家法用者猶必宜東向正爾，啟乞者可以朝

拜祝竟，又口陳以扶救也。

尋云以應身中二十四神之意，謂人人之身皆以相應，非止論當我之身乃得自用不如存神之法，不得為人存也，故此云大吐下及垂死困篤者此輩豈能自入靜陳乞耶皆是傍人為救治之耳。若自此前諸事，身到啟請，彌為佳矣，上章口啟，隨所行耳，作章不能盡理更復不及朝啟四方也，事若大者皆應乞，懸詭某物，須如願便即奉酬具如前注之法。其有非太清章書，詭願之事，出於真典非此例者別有秘旨非可輕言，諸如此等，自雖以書論，正自各得之於心耳。二朝計 90 日。彼云從本命日為始，此法當逆推，取初生年月日子，後得第一本命日，便計以為始，順數 90 日，輒一斷，至今當行此朝之本命日平旦為起也。

假令人以宋孝建三年丙申歲 4 月 30 日甲寅日生者至 6 月13 日得丙申日，即是第一本命日也，其 8 月 13 日之丙申自空過去非復始本命矣，一丙申相去輒 60 日，今用 90 日，故長 30日也，今若絓取一丙申便用正，恐是向空中者為始，則非第一本命也，至後永成差僻，誤人不小。

前丙申至癸酉年 12 月 22 日丙申，是第 77，因以起朝計復90 日至甲戌年 3 月 21 日丙寅平旦又朝，明日丁卯又起數，九十日得丙申旦又朝，如此一丙寅輒一丙申，若令朝計取九十日者，則用乙丑乙未也。

一年或三朝四朝無定若都不知生年生月者，乃取今年本命為始。平旦入靜燒香，當用日未出時，此法當在靜中，所以云當先朝靜時已燒香者而今又云燒香，是朝靜時燒香西向耳，今既北向應轉機正向北又燒香不得傍向爐側。北向朝太微天帝君，從本命日為始。此謂先以本命日始朝，乃得九十日復朝也，燒香竟仍長跪，存我身忽然如在天帝太微玉闕下，乃注心

定氣而祝。微祝曰：

糞土小兆男生某，謹稽首再拜，朝太微天帝君玉闕紫官前，當令某長生神仙，所欲如願，萬事成就，司命紫簡，記在玉皇，得為物宗。此後所云司命者，非前朝靜南方諸司命之例也，即今下教統吳越者矣畢，乃再拜。云乃者止謂後一再拜耳向北燒香畢，但長跪祝竟乃再拜，拜畢還轉爐西向，祝香都竟當用二朝，時亦可安兩香爐位，不必須回轉舊者。先當朝靜，然後行此。此二法並云入靜，故云先朝今所朝甚高，而云先朝靜者，謂應使直靜侍香之神，奏我辭誠，緣歷以聞二帝故耳。朝靜之法，未見其文具如前法也，行之十八年，太微刻靈籙，書名不死，此內法秘道。

朝太微，故太微書名也。計 182 日，後云以生月生日始此謂所生之日入月五三之日數，非支干甲乙子丑也。此亦應檢長歷，從初生日便計，計百 82 日；輒一斷，至今年數滿而用之，不得即取今年生月日為始也。

假令前丙申人四月三十日生，數至 11 月 4 日得 182 日夜半為第一朝，至今癸酉年十月六日得第七十六朝為始也當計其用支干常間一辰便是也，錯則誤矣。假令前朝日是甲子，則後朝是丙寅又後則戊辰，如此無窮。凡此二朝推計之法，是吾思理所得，一切學者莫能曉悟，又別有用日之訣，受之玄旨，不可得言，其詳論此事，具在第三卷中。

當夜半入靜，亥子二時之間也。燒香北向，朝太上玉晨道君，跪微祝曰：存思事事皆類前法，此無糞土男生者不敢自謙目也。

太上高聖君，此五字是先呼太上之位乃稱姓名，尊貴故也小兆某謹稽首再拜瓊闕下，乞得告下司命，記籍長生，所向所願，萬物皆成，神仙飛行，得宴九天。祝畢，乃再拜，訖。皆

當束帶先齋一日，乃行之。二事皆爾。在世中當先清齋一日，山林長靜正沐浴著新淨衣耳。朝太上當以生月生日始，亦謂以此日夜半便用起朝也，推法如前。

不知生月日者，以本命年辰為日用之，若本命甲子起朝，計得 182 日，得乙丑又朝，明日起數後得丁卯，如此推討無窮，亦必間一辰也。若又不知年者，正月一日始也。既都不知，無由可準則即以今年欲行朝之年，便取正月一日夜半起至 7 月 2 日又計補，小月所闕令整，得 182 日又朝也，因此討其支干便無窮矣。

此外法皆如匈奴外國曆意，可強以充用耳，遠不及審知定者，行之 18 年，太上告司命，入名神簡，上記長生。此朝太上，故太上告下也，二法皆云十八年其事類中品經矣。行之以去使人不復病，辟水火五兵。謂此始行二朝以後，便能辟諸災禍而人或有用之而不免者正由推討之謬不如此之前所取也，青精飽飯服之，亦使人不病不災，與此相符類也。

東華青宮秘法，此蓋諸方中之求仙法耳非謂彼人猶行之也。若家多資用者，別作此二事，入靜朝拜，衣服不與他雜用。凡旦夕入靜朝神，亦宜別衣，豈但此二事而已，夫學在山之時居室書寫觸事常著巾褐，此巾褐則與人物相混，不可以朝謁高真當別作一通衣也，云多資用者，謂應表裏服章裙襦生熟，皆悉別作，不止法衣而已既非貧樓所辦，正當臨時浣令潔也。

清虛王真人告夫人曰：前法亦王君所言，是通說東宮法用，非正所談又不指為一人所設，今者教示方是規誨夫人宜修行之意，故更顯清虛之目也。此二事者，世間應所行之秘訣也，謂卻辟眾災故也，世間多有禍難，故彌宜行之。不學道而道自成也，存修之勤，待其年積，便可階仙，故云爾。夫人奉

而用之，此一句純中候自語也夫人既處亂世，游涉兵寇，既謂宜行，即便奉用若乃次後事，則後謂夫人不必遵修，故中問發斯矣。

每入靜當以水漱口，以洗穢氣故也，常日言笑雜語，或飲食餘氣，不可以啟對真靈，故宜洗蕩盥漱也每出靜亦當漱口，以閉三宮故也，入靜祈拜三官之神，助人陳請，皆從口中出入令事竟水蕩，令還其宮，各安定也，此水悉置之戶側，初進則未入戶限而漱後退則未出戶限漱矣。

此各云每出入者，謂每應入靜關奏朝拜時耳，若是灑掃整拭者唯初入漱口耳，後出不須也出靜戶之時，不得反顧，忤真光致不誠也。人既出靜戶，神休宴，而忽更反顧，如似覘察，故為忤真而非誠順。

又云燒香時亦勿反顧，凡人行來所為所作，爰及術數，皆忌反顧初入靜戶，不得喚外人，及他所言念，則犯靈氣，故不得禎祥。凡入靜燒香，必也存注神真，有所願欲，而方與外人相呼，反別生異念，則內傷神舍，外觸靈軌違典招譴，患禍潛興，禎祥之徵自然遠矣。

夫靜中所須，皆逆應備辦臨時闕之方致呼眾，此愚 之人不足算也。此雖小事，深當慎之。謂此上五事，於法雖小，而致禍亦不為輕，故令行之者慎其禁也。此諸條雖王君所告，並關太清家法，後天師不顯此言者，謂夫人前已知之也。

右魏傳訣凡五事。

登真隱訣卷下

①②③「扶」字原誤作「搏」。

④此句後當有脫漏。可參見《千二百官章儀》。

（汪桂平點校、王卡復校）

第四節　陶弘景著《華陽陶隱居集》

華陽陶隱居集卷上
昭台弟子傅霄編集
大洞弟子陳楠校勘

江總序

昔劉向通古今之學，馬融見天下之書，京房察風雨之占，裴楷曉陰陽之術。子政傷於簡易，季長敝於驕侈。君明遂不旋踵，公矩纔免極誅。鮮有盡美之跡，罕聞克終之譽。若夫德行博敏，孔空四科，經術深長，鄭門六藝，丹陽陶先生備斯矣。至知紫台青簡，綠帙丹經，玉版秘文，瑤壇怪牒，靡不貫彼精微，殫其旨趣。蓋非常之絕伎，命世之異人焉。文集缺亡，未有編錄。門人補輯，若逢遼東之本。好事研搜，如誦河西之篋。奉勅校之鉛墨，緘以緹緗。藏彼鴻都，副在延閣。

尋山志年十五作

倦世情之易撓，乃杖策而尋山。既沿幽以達峻，實窮阻而備艱。眇遊心其未已，方際夕乎云根，欣夫得志者，忘形。遣形者，神存。於是散髮解帶，盤旋其上。心容曠，氣宇條暢。玄雖遠其必存。累無大而不忘。害馬之弊既去，解牛之刀乃王。物我之情，雖均因已濟，吾之所尚也。若夫飛聲西岳，邀利東陵。楚湘之潔，吳江之矜。輕死重氣，名貴於身。迷真晦道，余所弗丞。襲衣縫掖，端委章甫。徘徊廊廟，趨翔庭宇。傅氏百王，流芳世緒。負德叨榮，吾未敢許。爾乃，荊門晝掩，蓬戶夜開。室迷夏草，徑惑春苔。庭虛月映，琴響風哀。夕鳥依檐，暮獸爭來。時復復近，疊尋遠壑。坐磐石，望平原。日負嶂以共隱，月披雲而出山。風下松而含曲，泉漱石而生文。草藿藿以拂露，鹿颯颯而來群。捫虛蘿以入谷，傍洪澤

而比清。照石壁以端色，攀桂枝而齊貞。珥曷蘭而佩蕙，及春蠶之未鳴。且含懷以屏氛，待惠風而舒情。乃乘興而遂往，遵岩路以達遊。竚天維而漂思，敵恍惚而莫求。眺回江之淼漫，眩疊嶂之相稠。日斜雲而色黛，風過水而安流。觸嶔岩而起瀶，值闊達而成洲。石孤聳而獨絕，岸懸天而似浮。綠蹬道其過半，魂渺渺而無憂。悟伯昏之條宕，躡千仞而神休。遂乃凌岩峭，至松門。背通林，面長源。右聯山而無際，左憑海而齊天。竹泫泫以垂露，柳依依而迎蟬。鷗雙雙而赴水，軒軒而歸田。赴水兮氾濫，歸田兮翱翔。此翔濫之足樂，意斯齡之不長。悼菌蟪之危促，羨靈椿兮未央。雖鵬鷃之異類，托逍遙乎一方。願敷袨以遠訴，思松朝而陳辭。

至赤城兮一憩，遇王子而宿之。仰彭涓兮弗遠，必長年兮可期。及榆光之未暮，將尋山而採芝。去採芝兮入深澗，深澗幽兮路窈窕。窈窕路兮終無曙，深澗深兮未曾曉。高松上兮珥停雲，低蘿下兮屢迷鳥。鳥迷羅兮繽紛，雲停松兮欲紛。紛停雲遊兮安泊，離鳥棲兮索群。嗟群泊，其無所。思參差而誰聞，既窮目以無閡。

先生去世後。久無人編錄文集。至陳武帝貞明二年，勑令侍中尚書令江總，始撰文集。先生以梁大同一年解駕，至是五十三載矣。文章頗多散落。問漁人以前路，指示余以蓬萊。曰：果爾以尋山之志，館爾以招仙之台。就瀛水以通懷，謂萬感其已會。亦千念而必諧，竟莫知其所躋。反無形於寂寞，長超忽乎塵埃。

水仙賦

淼漫八海，泫泊九河。中天起浪，分地瀉波。東卷長桑日窟，西斡龍築月阿。乃者，潼關不壅，石門已開。導江出漢，浮濟達淮。漳渠水府，包山洞台。娥英之所遊往，琴馮是焉去

來。或窮發逸鵬，咸池浴日。隨雲濯金漿之沂，追霞採建木之實。弄珠於淵客之庭，卷綃乎鮫人之室。此真復矣。至於碧岩無霧，綠水不風。飛軒絅鳳，遊並駕鴻。上朝紫殿，還覲青宮。進麾八老，顧拂四童。拊洞陰之磬，張玄圃之敖。酌丹穴之酌，薦鱗洲之餚。安期奉棗，王母送桃。錦旌麗日，羽衣拂霄。又其英矣。及秋水方至，層濤架山。各巡封奧，來齎王言。選奇於河侯之府，出寶於驪龍之川。夜光燭月，洪貝充轅。亦其瓌矣。

若夫層城瑤館，縉雲瓊閣，黃帝所以觴百神池。塗山石帳，天後翠幕，夏禹所以集群臣也。岷嶓交錯，上貫井絡，穹漢茫茫，橫帶玉繩。浸湯泉於桂渚，湧沸壑於金陵。崩沙轉石，驚湍走沫。絕壁飛流，萬丈懸瀨。奔激芒碭之間，馳鷟壺口之外。逮乎璇綱運極，九六數翻。用謀西漢，受事龍門。少周姒后，初會媯前。平陰巨鹿，再化為淵；清河渤海，三成桑田。撫二儀以惻愴，哀萬兆以流連。令自安於蝄蛩，緬無羨於鵠年。皆松下之一物，又奚足以語仙。嗟乎，循有生之造物，固莫靈於在人。寧不踵武於象帝，入妙門而自賓。苟淪形於無曉，與螻蟻而為塵。亦有先覺之秀，獨往之英。窺若士於蒙谷，求呂梁於石城。從務光於砥柱，索龍威於洞庭。迎九玄於金闕，謁三素於玉清。更天地而彌固，終逍遙以長生。

華陽頌

【樞域】

河篇徵往冊，孔記昭昔名。三宿麗天序，兩金摽地英。

【質象】

宅無乃生有，在有則還空。靈構不待匠，虛形自成功。

【形位】

總神列三府，分除交五便。陰暉迎夜哲，晨精望曉懸。

【摽貫】

南峰秀玄鼎，北嶺橫秦壁。表裏玉沙津，周回隱輪跡。

【區別】

左帶柳汧水，右浚陽谷川。土懷北邙色，井洌鳳門泉。

【跡號】

郭干跱留岸，姜巴亘遠蹤，鶴廟或聞響，別宅乃恒恭。

【類附】

吳居非知地，越家詎隱遷。樹蓋徒低蔭，石灶未嘗煙。

【物軌】

果林鬱餘奈，蔬圃蔓遺辛。熒芝可燭夜，田泉常瀄塵。

【游集】

降轡龜山客，解駕青華童。寢宴舍真館，高會蕭閒宮。

【才英】

清歌翔羽集，長嘯歸雲翻。子弦有逸調，空談無與言。

【學稟】

摽舍雷平下，立靜連石陰。上道已衝念，飛華當軫心。

【業運】

濟神既有在，去留從所宜。心跡何用顯，冥途自相知。

【挺契】

方隅遊瓊刃，華陽棲隱居。重離儻或似，七元乃扶胥。

【機萌】

號期行當滿，亥數未終丁。迨及唐承世，將賓來聖庭。

【誠期】

刊石玄窗上，顯誠曲階門。動靜顧矜錄，不負保舉恩。

授陸敬游十齎文

隱居先生，遣總事弟子戴坦，乘策執簡，膝授前學弟子吳郡陸敬游，建連石之邑，為棲靜處士。策文曰：

咨爾敬游，昔我紆紱帝闈，侍笏梁席。雖跡混教塗，而心標逸境。芝田之想，無忘曉夜。濠穎之志，歲月以深。至德有鄰，雲風相會。爾之來矣，爰移兩春。於是褫帶青墀，掛冠朱闕攜手東驅，創居茲嶺。脈潤通水，徙石開基。登崖斷幹，越壟負卉。筋力盡於登築，炃血疲乎趨走。膚色憔悴，不以暴露為苦。心魂空懍，寧顧飢寒之弊。棟宇既立，載離霜暑。於時七稔，經始甫訖。今日之安，爾有勤焉。君子不獨居其榮，仁人必與物同泰。是用邑爾，長阿北阪。積金山連石之鄉，方七十步澗水屬焉。茂爾嘉業。永為華陽上賓。爾其蒞之。右一

爾，以專愨為性，恬淡為情。質直居本，沉重樹志。不邀世才，高謝接俗。權謀詭譎，非意所欲。今故齎爾，為棲靜處士。可謂因德立號，克終斯美。右二

爾，基架館境營獲授域。堂壇宏敞，棲路通嚴。官私行止，並有棲憩。繕築之勞，莫匪爾力。今故齎爾，四雷飛軒，廂廊側屋。可以安身靜臥，顯祇遐福。右三

爾，奉上惟勤，接下以惠。稼穡艱難，備嘗勞苦。貨植之宜，允贍糧服。手足胼胝，未獲告休。沐風雨，於焉猶切。今故齎爾，蒼頭一人，厥名多益。可以傳代薪水，省息劬劇。右四

爾，族惟舊緒，身承邦聞。道雖一貫，事望宜分。今故齎爾，銅鐵如意。可以麾對賓僚，即名立事。右五

爾，宗教惟善，法無偏執。器服表用，爰寄玩習。今故齎爾，筇竹錫杖。可以振動三界，精祇憚響。右六

爾，期誠玄契，遐想靈風。致懷所指，因心則通。今故齎爾，香爐二枚，薰陸副之。可以騰煙紫開，招感上司。右七

爾，澡形潔藏，餚糧既去。宣道松術，實資芳醑。今故齎爾，杯盤一具。可以夕挹桂漿，朝承菊露。右八

爾，敬事經誥，遵尚模楷。翰墨之用，於是乎在。今故齎
爾，大硯一面，紙筆副之。可以臨文寫字，對真受言。右九

爾，真心內固，清行外彰。滌蕩紛穢，表裏雪霜。今故齎
爾，鍮石澡灌，手巾自副。可以登齋朝拜，出入盥漱。右十

今齎爾十事，事准前史。可對揚嘉策，循言來理。無或驕
情，以騫斯旨。援筆申懷，敢告處士。

詔問山中何所有賦詩以答

山中何所有，嶺上多白雲。只可自怡悅，不堪持寄君。

題所居壁

夷甫任散誕，平叔坐談空。不言昭陽殿，忽作單于宮。

寒夜愁

夜雲生，夜鴻驚，淒切嘹唳傷夜情，空山霜滿高煙平。鉛
華沉照帳，孤明寒月微。寒風緊，愁心絕，愁淚盡人情。不勝
怨，思來誰能忍。

胡笳篇

自戾飛天歷，與奪徒紛紜。百年四五代，終是甲辰君。

上梁武帝論書啟

奉旨左右中書復稍有能者，唯周喜贊夫，以含心之荄實，
俟夾鍾吐氣。今既自上體妙為，下理用成。工，每惟申鍾、王
一論於天下，進藝方興。所恨臣沈朽，不能鑽仰高深，自懷嘆
慕。前奉神筆三紙，並今為五。非但字字注目，乃畫畫抽心。
日覺勁媚，轉不可說。以酬昔歲，不復相類。正此即為楷，何
復多尋鍾王。臣心本自，敬重今者。彌增愛服，俯仰悅豫，不
能不以啟遍。復蒙給二卷，伏覽標帖，皆如聖旨。既不顯垂，
允少留，不能久停。已就摹索者一段，未畢，不赴今信。紙卷
先已經有，兼多他雜，無所復取。亦請俟俱，了日奉送。兼此
諸書，是篇章體。臣今不辯，復得修習。唯願細書，如樂毅

論、太師箴例，依仿以寫經，傳永存冥，題中精要而已。

梁武帝答書

近二卷欲少留，差不為異紙卷，是出裝書，既須見前，所以付耳。無正可取，備於此，及欲更須細書。如論箴例，逸少跡無甚極細書，樂毅論乃微粗健，恐非真跡。太師箴小復方媚，筆力過嫩，書體乖異。二者已經至鑒，其外便無可付也。

上梁武帝啟

《樂毅論》愚心近甚疑是摹，而不敢輕言，今旨以為非真，竊自信頗涉有悟。箴吟：贊過為淪弱，許靜素段，遂蒙永給，仰銘矜獎，益無以喻。如此書雖不在法例。而致用理均。背間細楷，兼復兩翫。先於都遇得飛白一卷，雲是逸少好跡。臣不嘗別見，無以能辯，唯覺勢力驚絕，謹以上呈。於臣非用，脫可充開，願仍以奉上。臣昔於馬澄處見逸少正書目錄一卷，澄云：右軍勸進洛神賦諸書十餘首，皆作今體，唯急就篇二卷古法，緊細近脫。憶此語當是零落，已不復存。

澄又云：帖注出裝者，皆擬齎諸王及朝士。臣近見三卷首帖，亦謂已久分。本不敢議此正復，希於三卷中一兩條，更得預出裝之例耳。天旨遂復，頓給先卷，下情益用悚息。近初見卷題云 24，已欣其多，今者賜書第至 270，惋訝無已。天府如海，非一瓶所汲，量用息心，前後都已蒙見，大小五卷於野拙之分，實以過幸。若非殊恩，豈可盼望。愚固本博涉，而不能精。昔患無書可看，乃願作主書史。

晚愛隸法，又羨典掌之人。嘗言人生數紀之內，識解不能周流。天壤區區，唯①充忿五欲。實可恥愧。每以為得作才鬼，亦當勝於頑仙，至今猶然。始欲翻之自，無射以後。國政方殷，山心歉默，不敢復以虛閒塵觸，謹於此題事故，遂成煩黷。伏願聖慈，照錄誠慊。

梁武帝答陶隱居論書

又省別疏云，故當宜微以著賞，此既盛事，雖風訓非嫌，云云。然非所習，聊試略言。夫運筆邪則無芒角，執手寬則書緩弱。點掣短則法擁臃，點掣長則法離澌。畫促則字橫，畫疏則形慢。拘則乏勢，放又少則。純骨無媚，純肉無力。少黑浮澀，多墨笨鈍。比並皆然，任之所之，自然之理也。若抑揚得所，趣舍無違，值筆連斷，觸勢峰鬱，揚波折節，中規合矩，分間下注，濃纖有方，肥瘦相和，骨力相稱。婉婉暧暧，視之不足，棱棱凜凜，常有生氣，適眼合心，便為甲科。眾家可識，亦當復貫串耳。

六文可工，亦當復由習耳。一聞能持，一見能記。且古且今，不無其人，大抵為論，終歸是習。程邈所以能變書，體為之舊也。張芝所以能善書，工學之積也。既舊既積，方可以肆其談。吾少來乃至不嘗盡甲子，無論於篇紙，老而言之，亦復何謂，正足見嗤於當今，貽笑於後代。遂有獨冠之言，覽之，背熱隱真，於是乎累真矣。此直一藝之工，非吾所謂盛事。此道心之塵，非吾所謂無欲也。

又上梁武帝論書啟

一一卷中有雜跡，謹疏注如別，恐未允愚衷，並竊所摹者，亦以上呈。近十餘日，精慮悚悸，無寧涉事。遂至淹替，不宜復待，填畢餘條並非用，唯叔夜威輦二篇，是經書體式追以單郭為恨。伏按卷上第數，甚為不少。前旨唯有四卷，此似是宋元嘉中撰集，當由自後多致散失。逸少有名之跡，不過數首，黃庭勸進，像贊洛神此等，不審猶有存否。

第二十三卷，今見有十二條在別紙。按此卷是右軍書者，唯有八條。前樂毅論書，乃極勁利，而非甚用意，故頗有壞字。太師箴，大雅吟，用意甚至，而更成小拘束。乃是書扇題

屏風好體。其餘五片，無的可稱。臣濤言一紙，此書乃不惡，而非右軍，又不識誰跡，又似是摹。給事黃門二紙，治廉歷一紙。是子敬書，亦似摹跡後又治癧狸骨方一紙。是子敬書，亦是摹跡。

右四件非右軍書

第二十四卷。今見有 21 條在。按此卷是右軍書者，唯有 11 條。並非甚合跡，兼多漫抹於摹起，難復委曲。前黃初三年一紙。是後人學右軍繆襲告墓文一紙。是許先生書。抱懷憂痛一紙。是張澄書。五月十一日一紙。是摹王珉書被涵。尚想黃綺一紙，遂結滯一紙。凡二篇並後人所學，甚拙惡。不復展一紙。是子敬書。便復改月一紙。是張翼書。五月十五日縑白一紙。亦是王珉書。治欬方一紙。是謝安書。

右一十條非右軍書

伏恐未垂，許以區別。今謹上許先生書，任靜書。如別比方，即可知王珉、張澄、謝安、張翼書，公家應用。

梁武帝答隱居書

省區別諸書，良有精賞，所異同所可，未知悉可否耳。給事黃門二紙，為任靜書，觀所送靜書諸字相附。近二紙靜書體解雜便，當非靜書。復當以點畫波擊論，極諸家之致，此亦非可倉促運於毫紙，且保拙守中也。許任二跡並摹者並付反。

又上梁武帝論書啟

啟伏覽書前意，雖止二六而規矩必周，後字不出二百，亦褒貶大備一言以蔽。便書情頓極，使元常老骨，更蒙榮造。子敬懦肌，不沉泉夜。唯逸少得進退其間，則玉科顯然可觀。若非聖證品析，恐愛附近習之風，永遂淪迷矣。伯英既稱草聖，元常寔自隸絕。論旨所謂，殆同機神，實曠世莫繼。斯理既明，諸畫虎之徒，當日就輟筆反古歸真，方弘盛世。愚管見預

聞，喜佩無屆。比世皆尚子敬，敬元未繼以齊代，名實脫略海內。非唯不復知有元常，於逸少亦然。

非排棄所可黜涅而不緇，不過數族。今奉此論，自舞自蹈，未足逞泄，願以所摹，竊示。洪遠、思曠此二人，皆是均思者，必當贊仰踴躍，有盈半之益。臣與洪遠雖不相識，從子翊以學往來，故因之有會。但既在閣，恐或已應聞知。摹者，所採字大小，不堪均調，郭看乃尚可，恐筆意大殊。此篇方傳千載，故宜令跡隨矣。偕老美晚，所奉三紙，伏循字跡，大覺勁密。竊恐既以言發意，意則應言。而心隨意運，手與筆會，故益得楷稱。下情懽仰，寶奉愈至。

世論咸云：江東無復鍾跡，常以嘆息。皆竚望中原廓清太丘之碑，可就摹採。今論旨云：真跡雖少，可得而推，是猶有存者，不審可復幾字。既無出見理冒，願得工人摹填數行，脫蒙見此，實為過幸。又逸少學鍾，勢巧形密，勝於自運。不審此例，復有幾紙。垂旨以黃庭像贊等諸文，可更有出給，理自運之跡。今不復希，請學鍾妙，仰惟殊恩。

梁武帝答書

鍾書乃有一卷，傳以為真。意謂悉是摹學，多不足論，有兩三行許似摹，微得鍾體。逸少學鍾的可知近有二十許首，此外字細畫短，多是鍾法。今欲令人帖採，未便得付，來月有意者，當遣送也。

論書啟

逸少自吳興以前，諸書尤為未稱，凡厥好跡，皆是向會稽時永和十許年中者。從失郡告靈，不仕以後，略不復自書，皆使此一人世中不能別見。其緩異呼為末年書。逸少亡後，子敬年十七八，全仿此人書，故遂成與之相似。

今聖旨標顯，足使眾識頓悟於逸少無末年之譏。阮研聞，

丹道名著精選

鬼谷子開源中國道教茅山派暨茅山派歷代主要祖師

近有一人學研書，遂不復可別。臣比郭摹所得，雖粗寫字形，而無復其用筆跡勢。不審前後諸卷，一兩條謹密者，可得在出裝之例。復蒙垂給，至年末間，否此澤自天直以啟審，非敢必覬。

答朝士訪仙佛兩法體相書

初，梁諸朝散大夫問曰：嘗竊觀仙書，輒嗟欣忘倦。徒羨其文，莫測其理。尋七尺之體，既同稟太始，俱服五常，以何因緣獨超青雲，而弊金石者乎。先生領神玄門，學窮仙苑。必有以竭其川岸。請略聞雅說。

隱居答曰：至哉嘉訊，豈蒙生所辯。雖然試言之：若直排竹栢之匹桐柳者，此本性有殊，非今日所論。若引庖刀湯稼從養溉之功者，此又止其所從，終無永固之期。

夫得仙者，並有異乎。此但斯族復有數種，今且談其正體。凡質像所結，不過形神，形神合時，是人是物，形神若離，則是靈是鬼，其非離非合，佛法所攝，亦離亦合，仙道所依。今問以何能而致此仙，是鑄煉之事，極感變之理通也。當埏埴以為器之時，是土而異於土。雖燥未燒，遇濕猶壞，燒而未熟，不久尚毀。火力既足，表裡堅固。

河山可盡，此形無減。假令為仙者，以藥石煉其形，以精靈瑩其神，以和氣濯其質，以善德解其纏。眾法共通，無礙無滯，欲合則乘雲駕龍，欲離則尸解化質。不離不合，則或存或亡。於是各隨所業，修道進學，漸階無窮，教功令滿，亦異竟寂滅矣。

登真隱訣序

昔在人聞，已鈔撰真經修事兩卷，於時亦粗謂委密。頃岩居務靜，頗得恭潔，試就遵用，猶多闕略。今更反覆研構，表裏洞洽，預是真學之理，使了然無滯。一字一句，皆有事旨。

或論有以入無，或據顯而知隱，或推機而得宗，或引彼以明此。自非閑煉經書，精涉道數者，率然覽之，猶觀海爾。必須詳究委曲，乃當曉其所以。

故道備七篇，義同高品。嘗聞古言，非知之難，其在行之意，謂非學之難，解學難也。屢見有人得兩三卷書，五六條事，謂理盡紙上，便入山修用動積，歲月愈久愈昏。此是未造門墻。何由眄其帷席。試略問粗處，已自茫然，皆答言經說止如此，但謹依存行耳，乃頗復開動端萌，序導津流。若值智尚許人，脫能欣爾感悟，詢訪是非。至於愚迷矜固者，便徑道君，何以穿鑿異同，評論聖文。或有自執己見，或云承舊法永無肯發對揚之懷。此例不少，可為痛心。

夫經之為言，徑也，經者，常也，通也。謂常通而無滯，亦猶布帛之有經矣，必須銓綜緯緒僅乃成功。若機關疏越，杼軸乖謬，安能斐然成文。真人立象垂訓，本不為蒙校設言，故每標通衢，而恒略曲徑。知可教之士，自當觀其隅轍。凡五經子史，爰及賦頌，尚歷代注釋猶不能辯，況玄妙之秘途，絕領之奇篇，而可不探括衝隱，窮思寂昧者乎。既撰此粗立，乃輟書而嘆曰：若使願玄平在此，乃當知我心理所得，幾於天人之際往矣，如何孰與言哉。方將寄之於玄會耳。

藥總訣序

上古神農作為本草，凡著 365 種，以配一歲。歲有 365 日，日生一草。草主一病，上應天文，中應人道，下法地理。調和五味，製成膠醴。以備四氣為弗服。欲其本立，道生者也。當斯之時，人心素樸，嗜欲寡少，設有微疾，服之萬全。自此之後，世偽情澆，智慮日生，馳求無厭，憂患不息。故邪氣數侵。病轉深痼，雖服良藥不癒。其後雷公祠君，更增演本草二家藥對，廣其主治，繁其類族。

既世改情移，生病日深，或未有此病，而逆設彼藥。或一藥以治，或百藥共瘉一病。欲以排邪還正，為之原防故也。而三家所列疾病，互有盈縮，或物異而名同，或物同而名異，或冷熱乖違，甘苦背越，採取殊法，出處異所。若此之流，殆難按據，尋其大歸。神農之時，未有文字，至於黃帝書記乃興，於是神農本草列為四經三家之說，遞有損益，豈非隨時適變。殊途同歸者乎。

但本草之書，歷代久遠，既靡師授，又無注訓傳寫之人，遣誤相繫，字義殘闕，莫之是正。方用有驗，布舒合和。

肘後百一方序

太歲庚辰，隱居曰：余宅身幽嶺，迄將十載。雖每植德施功，多止一時之設，可以傳芳遠裔者，莫過於撰述。見葛氏肘後救卒，殊足申一隅之思。夫生人之所為大患，莫急於疾。疾而不治，猶救火而不以水也。今輦掖左右，藥師易尋，郊郭之外，已自難值。況窮村迥野，遙山絕浦，其間枉夭，安可勝言。方術之書，卷秩徒煩，拯濟殊寡。欲就披覽，回惑多端。抱樸此制，實為深益，然尚闕漏，未盡其善，輒更採集補闕凡一百一首，以朱書甄別為肘後百一方，於雜病單治略為用遍矣。昔應璩為百一詩，以箴規心行。今余撰此，蓋欲衛輔我躬。且佛經云：人用四大，成身一大，輒有一百一病。是故深宜自想，上自通人，下達眾庶，莫不各加繕寫。而究括之餘，又別撰效驗方五卷，且論諸病證候，因藥變通，而並是大治，非窮居所資。若華軒鼎室，亦宜修省耳。

葛氏序云：可以施於貧家野居。然亦不止如是。今縉紳君子，若常處閒佚，乃可披於方書，脫從祿外邑，將命遐徵。或宿直禁闈，晨宵隔絕。或羈束戎陣，城柵嚴阻。忽遇疾倉促，唯拱手相看，曷若探之囊笥，則可庸豎成醫，故備論證候，使

曉然不滯。一披條領，無使過差也。

本草序

隱居在乎茅山岩嶺之上，以吐納餘暇，頗遊意方技。覽本草藥性，以為盡聖人之心，故撰而論之。舊說皆稱神農奉經，余以為信然。昔神農氏之王天下也，畫八卦以通鬼神之情，造耕種以省殺生之弊，宣藥療疾以拯夭傷之命，此三道者，歷眾聖而滋彰。文王、孔子象象繫辭，幽贊人天。後稷、伊尹播厥百谷，惠被群生。歧黃彭扁振揚輔導，恩流含氣，並歲腧三千民到，於今賴之。但軒轅以前，文字未傳，如六爻指垂，畫像稼穡，即事成跡。至於藥性所主，當以識識相因不爾，何由得聞。至於桐雷乃著在於編簡。

此書應與素問同類，但後人多更修飾之爾。秦皇所焚醫方卜術不預，故猶得全錄。而遭漢獻遷徙，晉懷奔迸，文籍焚靡。千不遺一。今之所存有此四卷，是其本經。所出郡縣，乃後漢時制，疑仲景、元化等所記。又云有桐君採藥錄，說其花葉形色藥對四卷，論其估使相須。魏晉已來，吳普李當之等更復損益。或五百九十五，或四百四十一，或三百一十九，或三品混糅，冷熱舛錯，草石不分，蟲獸無辨。且所主治互有得失，醫家不能備見，則識智有淺深。今輒苞綜諸經，研括煩省，以神農本經三品，合三百六十五為主，又進名醫副品亦三百六十五，合七百三十種。精粗皆取，無復遺落，分別科條，區畛物類。兼注詔時用，土地所出，及仙經道術所須，並此序錄合為七卷，雖未足追踵前良，蓋亦一家撰制。吾去世之後，可貽諸知音爾。

華陽陶隱居集卷上

注①「唯」原作「隹」，疑缺誤，據上下文義補。

華陽陶隱居集卷下

昭台弟子傅霄編集

大洞弟子陳柟校勘

許長史舊館壇碑

悠哉曠矣，宇宙之靈也。固非言象所傳，文跡可記，默然則後之人奚聞乎。含吐萬有，化育羣生。本其所由，義歸冥昧。至於形域區分，性用殊品。事限觀聽，理窮數識者，儻或可論。山之高，海之廣，夫何故以其有容焉。大天之內復有小天三十六所，並拓寓地空。亘塗水脈。闐闐風岫，通氣雲巘。此山本號句曲，其下是第八洞宮，名曰：金壇華陽之天。周回一百五十里，分置三府。前漢元帝，世有咸陽三茅君得道，來掌此任，故稱茅山，具詳傳記。至晉太和元年，句容許長史在斯營宅，厥跡猶存。

宋初，長沙景王，就其地之東，起道士精舍。梁天監十三年，勅貿此精舍立為朱陽館，將遠符先徵定詳。火歷，於館西更築隱居住址。十四年，別創郁崗齋室，追玄洲之蹤。十七年，乃繕勒碑壇，仰述真軌。真人姓許，諱穆世，名謐，字思玄，本汝南平輿人。後漢靈帝中平二年，六世祖光，字少張，避許相諛俠、乃來過江，居丹陽句容都鄉之吉陽里。後仕吳為光祿勛，識宇亮拔，奕葉才明。祖尚，字符甫。有文章機見，吳中書郎。父副，字仲先。器度淹通，風格清簡。晉剡令，寧朔將軍，下邳太守，西城侯。長史，副第五子也。正生少知，名簡文。在藩為世表之交起家，太學博士。朝綱禮肆，儒論所宗，出為餘姚令，勤恤民隱，惠被鄰邑。徵入凱闈，納言帝側。升平末除，護軍長史，本郡中正。外督戎章，內銓茂序。遐邦肅律，鄉采砥行。太和中，遷給事中散騎常侍，蟬冕輝

華，事歸尚德。簡文踐極方優國老，儵值晏駕。於焉告退，專靜山廬，以修上道。

君雖摺紱朝班，諷議庠塾，而心標象外，志結霞門。第四兄遠遊。永和四年，嘉遁不反，君尚想幽奇，歲月彌軫，恒與楊君深結神明之契。興寧中，眾真降楊備令，宣喻龍書雲篆，僉然遍該靈謨奧旨，於茲必究，年涉懸車，遵行愈篤。

太元元年，解駕違世，春秋七十有二。子姪禮窆於縣西大墓。京陵之蹤未遠，飛劍之墩在焉。謹按真誥，君挺命所基，緣業已久，乃周武王世九宮上相長里薛公之弟也。兼許肇遺功復應，垂祉後胤，故乘運托生，因資成道。玉札所授為上清真人，爵登侯伯，位編卿司。理仙撫治，佐聖牧民矣。真傳未顯於世，莫得具述。楊君諱羲，事具真誥。

長史第三子，諱玉斧，世名翽字道翔，正生。母陶威女，先亡已得在洞府易遷宮中。君清穎瑩潔，特絕世倫。郡舉上計掾不赴，糠粃塵務，研精上業。即弘景玄中之真師也。恒居此宅，繕修經法。楊君數相從就。亟通真感。太和五年，於茲告逝，時年三十。真誥云：後十六年，當度束華為上相青童君之侍。帝晨受書為上清仙公，與谷希子並職。帝晨之仕比世侍中。君長兄摉，世名邁。次兄虎牙，世名聯，並亦得道。摉今有玄孫靈真在山，敕立嗣真館，以褒遠祖之德。皇上乘弘誓本力來君此土，燾育蒼祇，範鑄羣品。導法裁俗，隨緣開教。以隱居積蘊三真經誥，久棲華陽，宜還舊宅，供養修理。乃敕工匠，建茲堂靖。既仰祇帝則，兼闡大猷。束位青壇，西表素塔。壇塔之間，通是基址。埋甌掉瓦，投鏵便值。紫煙白霧，纏徊蔭蓋。宅南一井，即長史所穿。井南大塘，乃郭朝遺制。源出田公之泉，路通姜巴之軌。傍枕雷平，前瞰下泊。束際連崗，北橫長壟。柳汧陽谷，俱會西垂。四域之內，皆謂之金

陵，地肺者也。長史所居，尤為標勝。方將馴雲虬而高騁，驅奔鶴以追風。望洪濤之浩汗，睠故都以浸遠。

古人有言，匪作奚傳，敢刊石頌，永屬來賢。渾樞鷟氣，方只吐靈。依性分境，傳識賦形。化通八寓，功浹四溟。巡跡電滅，測體淵停。旋區岳立，亘海雲舒。搏風泳水，跡實憑虛。亦石幽匠，開石架廬。情高身麗，天府地居。縈巒已曲，晝壤肺浮。五闉面啟，九塗環周。長隰旁嶺，交汧比流。乃稱龍伏。崽崽謂金丘。昔在西漢，三茅來賓。爰暨東晉，二許懷真，裁基浚井，樓道接神。允膺輔聖，錫茲侍晨。參差年代，捆緼名氏。書諮具宣，精暉未弭。甄礱將淪，沉階已毀。拱樹霜摧。修庭草委。肇館華陽，歲躔二紀。永觀前猷，聿遵鴻軌。帝曰楙哉，爾焉斯止。經之營之，輪乎奐矣。勝殿密響，瀉瓶楊芬。瑤宮碧簡，絢采垂文。瓊函玉檢，綺幕繡巾。蘭釭烈耀，金爐揚薰。桐栢雙教，方諸兼學。並證心靜，俱漏身濁。離有離無，且華且樸。結號虛皇，筌法正覺。藥徵質瑩，禪感慧通。飛行焱恍，捫景帶虹。振苦排鄣，還明反聰。物言是力，我見無功。紛紜今古，汗漫兩儀。三相幻惑，舟壑自移。緣來則應，不慮不為。式題龜錄，人天鑒知。

吳太極左宮葛仙公之碑

道冠兩儀之先，名絕萬物之始者。固言語所不得辯，稱謂所莫能筌焉。可以文字述云，何以金石傳古。其遂休也，則日月空照。遂默也，則生人長昏。是故出關導以兩卷，將升犒其五文。令倰靈抱識之士，知杳冥之有精焉。自時厥後，奕代間出。雲篆龍章之牒，炳發於林岫。壞辭麗氣之旨，藻蔚於庭筵。其可以垂規範著謠誦者，迄於茲辰。

昔在中葉，甘左見駭於魏王，象奉擅奇於吳主。至如葛仙

公之才，英俊邁蓋，其尤彰彰者矣。公於時雖歷遊名岳，多居此嶺。此嶺乃非洞府，而跨據中川。東視則連峰入海，南眺則重嶂切雲。西臨江潊，北旁郊邑。斯潛顯之奧區，出處之關津。半尋石井日汲，莫測其源。三足白鼀，百齡不異。其質精靈之所弗渝，神祇之所司衛。麻衣史宗之儔，相繼棲托。後有孫慰祖亦嗣居。彌歲山陰潘洪，字文盛。少秉道性，志力剛明。前住餘姚、四明、陬國為立觀，直上百里，榛途險絕，既術識有用，為物情所懷。

天監七年，郡邑豪舊遂相率輿出制，不由己，以此山在五縣衝要，舍而留止。於茲十有五載，將欲移憩壇上，先有一空碑，久已摧倒。洪意以為蔭其樹者，尚愛其枝，況仙公真聖之遺蹤，而可遂淪乎。乃復建新碑於其所，願勒名跡以永傳。隱居不遠千里，寓斯石而鐫之。仙公姓葛，諱玄，字孝先。丹陽句容都鄉吉陽里人也。本屬琅耶，後漢驃騎僮侯廬讓國於弟來居此土。七代祖艾，即驃騎之弟，襲封僮侯。祖矩，安平太守，黃門郎。從祖彌，豫章等五郡太守。父焉，字德儒。州主簿山陰令，散騎常侍大尚書。代載英哲，族冠吳史。公幼負奇操，超絕倫黨。神挺標峻，精暉卓逸。墳典不學而知，道術纔聞已了。非復軌儀所範，思識所該。特以域之情理之外，置之言象之表而已。

吳初，左元放自洛而來，授公白虎七變，爐火九丹，於是五通具足，化道無方。孫權雖愛賞仙異，而內懷猜害。翻琰之徒，皆被挫斥。敬憚仙公，動相諮稟。公馳涉川岳，龍虎衛從。長山蓋竹，尤多去來。天台蘭風，是焉遊憩。時還京邑，視人如戲。詭譎俏儻，縱倒河山。雖投虒履墜，叱羊石起，簑以加焉。於時有人，漂海隨風，眇漭無垠，忽值神島，見人授書一函，題曰：寄葛仙公。令歸吳達之。由是舉代翕然。號為

仙公。故抱朴著書亦云：余從祖仙。公乃抱朴。三代從祖也。
俗中經傳所談云：已被太極銓授居左仙公之位。如真誥並葛氏
舊譜，則事有未符，恐教跡參差，適時立說，猶如執戟侍陛。
豈謂三摘靈桃，徒見接神役鬼，安知止在散職。一以權道推
之，無所復論其同異矣。仙公赤烏七年，太歲甲子八月十五日
平旦，升仙。長往不返，恒與郭聲子等相隨。久當授任玄都，
祇秩天爵，佐命四輔，理察人祇。瞻望舊鄉，能無累累之嘆。
顧盼後學，庶垂吸引之慈。敢藉邦族末班，仰述真仙遺則。云
爾九陔夐絕，七度虛懸。分空置境，聚怎構天。物滋數後，化
起象前，命隨形轉，神寄業傳。霜野於衰，竹栢翠微。泉壚共
往，彭羨獨歸。生因事攝，年以學祈。如金在冶，如帛在機。
仙公珪瑩，臨韜發穎。襄童比跡，項孺聯影。濯質綺闈，凝心
黛嶺。虎變已攄，龍輴遂騁，竭來台霍，偃蹇蘭穹。碧壇自
肅，玉水不窮。巡芳沐道，懷古惻衷。表茲峻碣，永扇高風。
蘭風寓憩，已勒豐碑。此土舊居，未鐫貞琰。今之遠裔，仰慕
清塵。敬思刊樹，傳芳來葉。

解官表

臣聞，堯風沖天，穎陽振飲河之談。漢德括地，商陰峻餐
芝之氣。臣棲遲早日，簪帶久年。仕豈留榮，學非待祿。恒思
懸纓象闕，孤耕壟下。席月潤門，橫琴雲際。始奉中恩，得遂
丘壑。今便滅影桂庭，神交松友。一出東闕，故鄉就望。睠言
興念，臨波瀉淚。臣舟棹已遄，無容躬詣。不任仰戀之誠，謹
奉表以聞。

詔答

卿遣累卻粒，尚想清虛。山中閒靜，得性所樂，當善遂嘉
志也。若有所須，便可以聞，仍賜帛十疋，燭二十挺，又別

勑。朕月給上茯苓五斤，白蜜二斗以供服餌。

進周氏冥通記啟

某啟去十月將末，忽有周氏事，既在齋禁，無由即得啟聞。今謹編成事跡凡四卷，如別上呈。但某覆翦疑網，不早信悟。追自咎悼，分貽刻責，淵文口具陳述。伏願，宥以闇惰。謹啟。

詔答

省疏並見周氏遺跡真言，顯然符驗前誥，二三明白，益為奇特。四卷今留之，見淵文並具一二，唯增降嘆。

告遊篇

性靈昔既肇，緣業久相因。即化非冥滅，在理淡悲欣。冠劍空衣影，鑣轡乃仙身。去此昭軒侶，結彼瀛台賓。儻能踵留轍，為子道玄津。

殘　文

雲上之仙風賦

縹緲遙裔，亘碧海而揚朝霞，凌青煙而溥天際。出龍門而激水，度蔥關以飛雪。於是漢區動御，月軌驚文。浮虛入景，登空泛去。一舉萬里，曾不浹辰。此列子有待之風也。若乃綿括宇宙，苞絡天維。周流八極，回環四時。氣值節而動律，位涉巽而離箕。徒見去來之緒，莫測終始之期。此太虛無為之風也。

茅山長沙館碑

夫萬象森羅，不離兩儀之育。百法紛湊，無越三教之境。榗紱之士，飾禮容於闈合。耿介之夫，揚旌麾於山裔。銘曰：大哉干元，萬物資始。皇王受命，三才乃理。惟聖感神，惟神降祉。德被歌鍾，名昭圖史。友於兄弟，敬惟西宣。言追茂

實，用表遣先。敢巡舊制，有革雜章。刊石弗朽，奕代留芳。

太平山日門館睥

日門館者，東霞啟暉，開岩引燭以為名也。先是吳郡杜徵君，聲高兩代，德冠四區。教義宣流，播乎數郡。拓宇太平之東。結架菁山之北。爰以此處幽奇，別就基構。樓集有道，多歷世年。

茅山曲林館銘

層嶺外峙，邃宮內映。仄穴旁通，縈泉遠鏡。尚德依仁，祈生翊命。且天且地，若凡若聖。連甍比棟，各謂知道。參差經術，跌宕辭藻。孰如曲林，獨為勁好。掩跡韜功，守茲偕老。

答謝中書書

山川之美，古來共談。高峰入雲，清流見底。兩岸石壁，立色交暉。青林翠竹，四時俱備。曉霧將歇。猿鳥亂鳴。夕日欲頹，沈鱗競躍。實是欲界之仙都。自康樂以來，末復有能與其奇者。

答虞仲書

樓玄翮於荊枝，望綺雲於青漢者，有日於茲矣。而春華來被，草石開鮮。辭動情端，志交衿曲。信知鄰德之談，無虛往橐。夫子雖跡躧朱閣，而心期岱嶺。豈但散發乎高岫，以將飛霜於絕谷。良為欽哉。野人幸得托形崇阜，息影長林。每對月流嘆，臨風軫慨。徒事累可豁。而發容難待自。非齊生死於一致者，能不心熱者乎。舉世悠悠，孰云同此。儻遇知己，相與共憂。竭來虞公，茲焉可邁，何為棲棲。空勞鼓缶。迨及暇日，有事還童。不亦皎潔當年，而無忸前修也。

答趙英才書

子架學區中，飛才何外。不肯掃門覓仕，復懶彈鋏求通。故偃蹇圓巷，從容郊邑。昔所謂傲賓者，此其是乎。岩下鄙

人。守一介之志。非敢蔑榮嗤俗，自致雲霞。蓋任性靈而直往，保無用以得閒。壟薪井汲，樂有餘歡。切松煮術，此外何務。然亦以天地棟宇，萬物同於一化，死生善惡之能聞。

相經序

相者，蓋性命之著乎形骨，吉凶之表乎氣貌。亦猶事究謀而後動，心先動而後應。表裡相感，莫知所以。然且富貴壽夭，各值其數。董賢甫在弱冠，便位過三公，貲半於國，而纔出三十，身摧家破。馮唐袴穿郎署，揚雄壁立高閣，而並至白首。或垂老玉食，而官不過尉史。或穎惠若神，僅至齠齔。或不辨菽麥，更保黃耇。此又明其偏有得也。

華陽陶隱居集卷下

（陳信一點校）

第五節　中國道教茅山派高道司馬承禎傳略及其名著《坐忘論》

一、中國道教茅山派高道司馬承禎傳略

【司馬承禎】（647～735 年）唐代著名道士。河內溫（今河南省溫縣）人，字子微，號白雲子，從嵩山道士潘師正受傳符籙和辟穀導引服餌的方術，住居天台山。武后、睿宗、玄宗迭次召見他，玄宗並從他親受法籙，請他居王屋山陽台觀。又命他以三種字體書寫老子經刊正文句，歿後諡號為「貞一先生」。所著有《天隱子》、《服氣精義論》、《坐忘論》、《道體論》等，皆見於道藏中。

（補充）南唐沈汾《續仙傳·司馬承禎傳》：「盧藏用早隱終南山，後登朝，居要官，見承禎將還天台，藏用指終南山

曰，此中大有佳處，何必天台。承禎徐對曰，以僕所觀，乃仕途之捷徑耳。藏用有慚色。」（今查《唐書。司馬承禎傳》中無二人對話，惟《盧藏用傳》中有之。因此後世文章家遂借「終南捷徑」這句話以諷刺人們利用機會而取得進身之階者）。其餘事跡散見各家傳記中，不能備錄。

（考證）《新唐書》、《舊唐書》、《續仙傳》、《歷世真仙體道通鑒》這四種書皆言「年89」，但並無生卒年月，惟《衡岳志》和《茅山志》言「開元23年卒」（公元 735）。按 89 歲推算。當生於唐太宗貞觀 21 年（公元 647）。

二、《坐忘論》

簡 介

《坐忘論》，唐司馬承禎撰，一卷。全書分「敬信一」、「斷緣二」、「收心三」、「簡事四」、「真觀五」、「泰定六」、「得道七」等七部分，也就是修道的七個步驟和層次，集中講坐忘收心、主靜去欲的問題。認為學道之初，要須安坐，收心離境，不著一物，入於虛無，心於是合道。因為境為心造，只有收心，使其一塵不染，超凡脫俗，才能向「靜」和「虛無」的心體回歸。其主靜說對後來宋代理學家影響極大。

「坐忘」說初見於《莊子·大宗師》，後經魏晉玄學與道教加以發揮，如道經《洞玄靈寶定觀經》即講定心，「滅動心不

滅照心」，南宋吳曾《能改齋漫錄》謂司馬承禎《坐忘論》即取此。在唐代修煉外丹的風氣中，司馬承禎結合老莊思想，吸取佛教止觀禪定方法，力倡「坐忘」，在道教由外丹轉向內丹的進程中起了重要理論作用，對後世道教內丹學也有一定影響。收入《正統道藏》太玄部。

正　文

〔唐〕司馬承禎

夫人之所貴者，生也；生之所貴者，道也。人之有道，如魚之有水。涸澤之魚，猶希升水。弱喪之俗，無心造道。惡生死之苦，愛生死之業。重道德之名，輕道德之行。喜色味為得志，鄙恬素為窮辱。竭難得之貨，市來生之福。縱易染之情，喪今身之道。自云智巧，如夢如迷。生來死去，循環萬劫。審惟倒置，何甚如之！故《妙真經》云：人常失道，非道失人；人常去生，非生去道。故養生者慎勿失道，為道者慎勿失生。使道與生相守，生與道相保，二者不相離，然後乃長久。言長久者，得道之質也。

經云：生者，天之大德也，地之大樂也，人之大福也。道人致之，非命祿也。又《西升經》云：我命在我，不屬於天。由此言之，修短在己，得非天與，失非人奪。捫心苦晚，時不少留。所恨朝菌之年，已過知命，歸道之要，猶未精通。為惜寸陰，速如景燭。勉尋經旨，事簡理直，其事易行。與心病相應者，約著安心坐忌之法，略成七條，修道階次，兼其樞翼，以編敘之。

信敬第一

夫信者道之根，敬者德之蒂。根深則道可長，蒂固則德可茂。然則璧耀連城之彩，卞和致刖；言開保國之效，伍子從誅。斯乃形器著而心緒迷，理事萌而情思忽。況至道超於色

味，真性隔於可欲，而能聞希微以懸信，聽罔象而不惑者哉！如人有聞坐忘之法，信是修道之要，敬仰尊重，決定無疑者，加之勤行，得道必矣。故莊周云：墮肢體，黜聰明，離形去智，同於大通，是謂坐忘。夫坐忘者，何所不忘哉！內不覺其一身，外不知乎宇宙，與道冥一，萬慮皆遺，故莊子云，同於大通。此則言淺而意深，惑者聞而不信，懷寶求寶，其如之何？故經云：信不足，有不信。謂信道之心不足者，乃有不信之禍及之，何道之可望乎？

斷緣第二

斷緣者，謂斷有為俗事之緣也。棄事則形不勞，無為則心自安。恬簡日就，塵累日薄，跡彌遠俗，心彌近道，至神至聖，孰不由此乎？故經云：塞其兌，閉其門，終身不勤。或顯德露能，來人保己；或遺問慶吊，以事往還；或假修隱逸，情希升進；或酒食邀致，以望後恩。斯乃巧蘊機心，以干時利，既非順道，深妨正業。凡此之類，皆應絕之。故經云：開其兌，濟其事，終身不救。我但不唱，彼自不和；彼雖有唱，我不和之。舊緣漸斷，新緣莫結。體交勢合，自致日疏，無事安閒，方可修道。

故莊子云：不將不迎。為無交俗之情故也。又云：無為名尸，無為謀府，無為事任，無為知主。若事有不可廢者，不得已而行之，勿遂生愛，繫心為業。

收心第三

夫心者，一身之主，百神之帥。靜則生慧，動則成昏。欣迷幻境之中，唯言實是；甘宴有為之內，誰悟虛非？心識顛痴，良由所托之地。且卜鄰而居，猶從改操；擇交而友，尚能致益。況身離生死之境，心居至道之中，安不捨彼乎？能不得此乎？所以學道之初，要須安坐，收心離境，住無所有，不著

一物，自入虛無，心乃合道。故經云：至道之中，寂無所有，神用無方，心體亦然。源其心體，以道為本。

　　但為心神被染，蒙蔽漸深，流浪日久，遂與道隔。今若能淨除心垢，開釋神本，名曰修道。無復流浪，與道冥合，安在道中，名曰歸根。守根不離，名曰靜定。靜定日久，病消命復。復而又續，自得知常。知則無所不明，常則永無變滅。出離生死，實由於此。是故法道安心，貴無所著。故經云：夫物芸芸，各歸其根。歸根曰靜，靜曰復命。復命曰常，知常曰明。若執心住空，還是有所，非謂無所。凡住有所，則自令人心勞氣發，既不合理，又反成疾。但心不著物，又得不動，此是真定正基。

　　用此為定，心氣調和，久益清爽。以此為驗，則邪正可知。若心起皆滅，不簡是非，永斷知覺，入於盲定。若任心所起，一無收制，則與凡人元來不別。若唯斷善惡，心無指歸，肆意浮游，待自定者，徒自誤耳。若遍行諸事，言心無染者，於言甚美，於行甚非，真學之流，特宜戒此。今則息亂而不滅照，守靜而不著空，行之有常，自得真見。如有時事，或法有要疑者，且任思量，令事得濟，所疑復悟，此亦生慧正根。事訖則止，實莫多思，多思則以知害恬，為子傷本，雖騁一時之俊，終虧萬代之業。若煩邪亂想，隨覺則除。若聞毀譽之名，善惡等事，皆即撥去，莫將心受。若心受之即心滿，心滿則道無所居。所有聞見，如不聞見，則是非美惡不入於心。心不受外，名曰虛心；心不逐外，名曰安心。心安而虛，則道自來止。故經云：人能虛心無為，非欲於道，道自歸之。內心既無所著，外行亦無所為。非靜非穢，故毀譽無從生；非智非愚，故利害無由至。實則順中為常，權可與時消息，苟免諸累，是其智也。若非時非事，役思強為者，自云不著，終非真覺。何

邪？心法如眼也。纖毫入眼，眼則不安；小事開心，心必動
亂。既有動病，難入定門。是故修道之要，急在除病。病若不
除，終不得定。又如良田，荊棘未誅，雖下種子，嘉苗不成。
愛見思慮，是心荊棘。若不除翦，定慧不生。或身居富貴，或
學備經史，言則慈儉，行乃貪殘。辯足以飾非，勢足以威物，
得則名己，過必尤人。此病最深，雖學無益。所以然者，為自
是故。然此心由來依境，未慣獨立，乍無所托，難以自安。縱
得暫安，還復散亂。隨起隨制，務令不動，久久調熟，自得安
閒。無問晝夜，行立坐臥，及應事之時，常須作意安之。若心
得定，但須安養，莫有惱觸。少得定分，則堪自樂。漸漸馴
狎，唯覺清遠。平生所重，已嫌弊漏，況因定生慧，深違真假
乎！牛馬，家畜也，放縱不收，猶自生鯁，不受駕馭；鷹鸇，
野鳥也，被人擊絆，終日在手，自然調熟。況心之放逸，縱任
不收，唯益粗疏，何能觀妙？故經云：雖有拱璧，以先駟馬，
不如坐進此道。

　　夫法之妙者，其在能行，不在能言。行之則此言為當，不
行則此言為妄。又時人所學，貴難賤易。若深論法，惟廣說虛
無，思慮所不達，行用所無階者，則嘆不可思議，而下風盡
禮。如其信言不美，指事陳情，聞則心解，言則可行者，此實
不可思議，而人不信。故經云：吾言甚易知，甚易行。天下莫
能知，莫能行。夫唯不知，是以不吾知也。或有言火不熱，燈
不照暗，稱為妙義。夫火以熱為用，燈以照為功。今則盛言火
不熱，未嘗一時廢火；空言燈不照暗，必須終夜燃燈。言行相
違，理實無取。此只破相之言，而人反以為深元之妙。雖則惠
子之宏辯，莊生以為不堪。膚受之流，誰能科簡？至學之士，
庶不留心。或曰：夫為大道者，在物而心不染，處動而神不
亂，無事而不為，無時而不寂。今猶避事而取靜，離動而之

定，勞於控制，乃有動靜二心，滯於住守，是成取捨兩病。不覺其所執，仍自謂道之階要，何其謬耶！述曰：總物而稱大，道物之謂道，在物而不染，處事而不亂，真為大矣！實為妙矣！然謂吾子之鑒有所未明。何則？徒見貝錦之輝煥，未曉始抽於素絲；才聞鳴鶴之沖天，詎織先資於縠食？蔽日之干，起於毫末；神凝之聖，積習而成。今徒學語其聖德，而不知聖之所以德。可謂見卯而求時夜，見彈而求鴞炙。何其造次哉！故經云：玄德深矣遠矣！與物反矣！然後乃至大順。

簡事第四

夫人之生也，必營於事物。事物稱萬，不獨委於一人。巢林一枝，鳥見遺於叢葦；飲河滿腹，獸不吝於洪波。外求諸物，內明諸己。知生之有分，不務分之所無；識事之有當，不任非當之事。事非當則傷於智力，務過分則斃於形神。身且不安，何情及道？是以修道之人，要須斷簡事物，知其閒要，較量輕重，識其去取，非要非重，皆應絕之。猶人食有酒肉，衣有羅綺，身有名位，財有金玉。此並情欲之餘好，非益生之良藥，眾皆徇之，自致亡敗。靜而思之，何迷之甚！故莊子云：達生之情者，不務生之所無。以為生之所無生之所無以為者，分之外物也。蔬食弊衣，足延性命，豈待酒食羅綺，然後為生哉！是故於生無要用者，並須去之；於生雖用，有餘者，亦須捨之。財有害氣，積則傷人。雖少猶累，而況多乎！今以隨侯之珠，彈千仞之雀，人猶笑之。況棄道德，忽性命，而從非要，以自促伐者乎！

夫以名位比於道德，則名位假而賤，道德真而貴。能知貴賤，應須去取。不以名害身，不以位易道。故《莊子》云：行名失己，非士也。《西升經》云：抱元守一，至度神仙，子未能守，但坐榮官。若不簡擇，觸事皆為，則身勞智昏，修道事

闕。若處事安閒，在物無累者，自屬證成之人。若實未成，而言無累者，誠自誑耳。

真觀第五

夫觀者，智士之先鑒，能人之善察。究儻來之禍福，詳動靜之吉凶。得見機前，因之造適。深祈衛定，功務全生。自始之末，行無遺累。理不違此，故謂之真觀。然則一餐一寢，居為損益之源，一言一行，堪成禍福之本。雖則巧持其末，不如拙戒其本。觀本知末，又非躁競之情。是故收心簡事，日損有為。體靜心閒，方能觀見真理。故經云：常無欲，以觀其妙。然於修道之身，必資衣食。事有不可廢，物有不可棄者，當須虛襟而受之，明目而當之，勿以為妨，心生煩躁。若見事為事而煩躁者，心病已動，何名安心？夫人事衣食者，我之船舫。我欲渡海，事資船舫。渡海若訖，理自不留。何因未渡，先欲廢船？衣食虛幻，實不足營。為欲出離虛幻，故求衣食。雖有營求之事，莫生得失之心。則有事無事，心常安泰。與物同求，而不同貪；與物同得，而不同積。不貪故無憂，不積故無失。跡每同人，心常異俗。此實行之宗要，可力為之。

前雖斷簡，病有難除者，且依法觀之。若色病重者，當觀染色，都由想耳。想若不生，終無色事。若知色想外空，色心內妄，妄心空想，誰為色主？經云：色者，全是想耳！想悉是空，何有色耶？又思妖妍美色，甚於狐魅。狐魅惑人，令人厭患。身雖致死，不入惡道，為厭患故，永離邪淫。妖艷惑人，令人愛著，乃至身死，留戀彌深。為邪念故，死墮地獄，永失人道，福路長乖。故經云：今世發心為夫妻，死後不得俱生人道。所以者何？為邪念故。

又觀色若定是美，何故魚見深入，鳥見高飛？仙人以為穢濁，賢士喻之刀斧？一生之命，七日不食，便至於死。百年無

色，尤免夭傷。故知色者，非身心之切要，適為性命之讎賊，何乃擊戀，自取銷毀？若見他人為惡，心生嫌惡者，猶如見人自殺己身，引項，承取他刃，以自害命。他自為惡，不遣伐當，何故引取他惡，以為己病？又見為惡者若可嫌，見為善者亦須惡。夫何故？同障道故。若苦貧者，則審觀之，誰與我貧？天地平等，覆載無私，我今貧苦，非天地也。父母生子，欲令富貴，我今貧賤，非由父母。人及鬼神，自救無暇，何能有力，將貧與我？進退尋查，無所從來，乃知我業也，乃知天命也。業由我造，命由天賦。業命之有，猶影響之逐形聲，既不可逃，又不可怨。唯有智者，因而善之，樂天知命，不覺貧之可苦。故莊子云：業入而不可捨。為自業。故貧病來入，不可捨止。經云：天地不能改其操，陰陽不能回其業。

由此言之，故知真命非假物也；有何怨焉？又如勇士逢賊，無所畏懼，揮劍當前，群寇皆潰，功勛一立，榮祿終身。今有貧病惱害我者，則寇賊也；我有正心，則勇士也；用智觀察，則揮劍也；惱累消除，則戰勝也；湛然常樂，則榮祿也。凡有苦事，來迫我心，不作此觀，而生憂惱者，如人逢賊，不立功勛，棄甲背軍，以受逃亡之罪。去樂就苦，何可愍焉！

若病者，當觀此病，由有我身，我若無身，患無所托。故經云：及吾無身，吾有何患？次觀於心，亦無真宰，內外求覓，無能受者。所有計念，從妄心生，若枯體灰心，則萬病俱泯。若惡死者，應念我身，是神之舍。身今老病，氣力衰微，如屋朽壞，不堪居止，自須舍離，別處求安。身死神逝，亦復如是。若戀生惡死，拒違變化，則神志錯亂，自失正業。以此托生，受氣之際，不感清秀，多逢濁辱。蓋下愚貪鄙，實此之由。是故當生不悅，順死無惡者，一為生死理齊，二為後身成業。若貪愛萬境，一愛一病。一肢有疾，猶令舉體不安，而況

一心萬疾，身欲長生，豈可得乎？凡有愛惡，皆是妄生。積妄不除，何以見道？是故心捨諸欲，住無所有，除情正信，然後反觀舊所痴愛，自生厭薄。

若以合境之心觀境，終身不覺有惡；如將離境之心觀境，方能了見是非。譬如醒人，能知醉者為惡；如其自醉，不覺他非。故經云：吾本棄俗，厭離人間。又云：耳目聲色，為子留愆，鼻口所喜，香味是怨。老君厭世棄俗，猶見香味為怨。嗜欲之流焉知鮑肆為臭哉！

泰定第六

夫定者，盡俗之極地，致道之初基，習靜之成功，持安之畢事。形如槁木，心若死灰，無感無求，寂泊之至。無心於定而無所不定，故曰泰定。莊子云：宇泰定者，發乎天光。宇則心也，天光則慧也。心為道之器宇，虛靜至極，則道居而慧生。慧出本性，非適今有，故曰天光。但以貪愛濁亂，遂至昏迷，澡雪柔挺，復歸純靜。本真神志，稍稍自明，非謂今時，別生他慧。慧既生已，寶而懷之，勿為多知，以傷於定。非生慧之難，慧而不用為難。

自古忘形者眾，忘名者寡。慧而不用，是忘名者也，天下希及之，是故為難。貴能不驕，富能不奢，為無俗過，故得長守富貴。定而不動，慧而不用，德而不恃，為無道過，故得深證常道。故《莊子》云：知道易，勿言難。知而不言，所以之天；知而言之，所以之人。古之人，天而不人。慧能知道，非得道也。人知得慧之利，未知得道之益。因慧以明至理，縱辯以感物情。與心徇事，觸類而長，自云處動，而心常寂焉。知寂者，寂以待物乎？此行此言，俱非泰定。智雖出眾，彌不近道。本期逐鹿，獲兔而歸。所得蓋微，良由局小。故《莊子》云：古之修道者，以恬養智。智生而無以知為也，謂之以智養

恬。智與恬交相養，而和理出其性。恬智則定慧也，和理則道德也。有智不用，以安其恬。養而久之，自成道德。然論此定，因為而得成。或因觀利而見害，懼禍而息心；或因損舍滌除，積習心熟，同歸於定，咸若自然。疾雷破山而不驚，白刃交前而無懼。

視名利如過隙，知生死若潰癰。故知用志不分，乃凝神也。心之虛妙，不可思也。夫心之為物，即體非有，隨用非無；不馳而速，不召而至；怒則玄石飲羽，怨則朱夏殞霜；縱惡則九幽匪遙，積善則三清何遠？忽來忽往，動寂不能名；時可時否，蓍龜莫能測；其為調御，豈鹿馬比其難乎！太上老君運常善以救人，升靈台而演妙，略二乘之因果，廣萬有之自然。漸之以日損，頓之以不學。喻則張弓鑿戶，法則挫銳解紛。修之有途，習以成性。黜聰隳體，嗒焉坐忘，不動於寂，幾微入照。履殊方者，了義無日，由斯道者，觀妙可期。力少功多，要矣！妙矣！

得道第七

夫道者，神異之物，靈而有性，虛而無象，隨迎莫測，影響莫求，不知所以不期而然之。通生無匱，謂之道。至聖得之於古，妙法傳之於今。循名究理，全然有實。上士純信，克己勤行。空心谷神，唯道來集。道有至力，染易形神。形隨道通，與神為一。形神合一，謂之神人。神性虛融，體無變滅。形與之同，故無生死。隱則形同於神，顯則神同於形。所以蹈水火而無害，對日月而無影，存亡在己，出入無間。身為滓質，猶至虛妙，況其靈智益深益遠乎！故《靈寶經》云：身神共一則為真身。又《西升經》云：形神合同，故能長久。然虛心之道，力有深淺，深則兼被於形，淺則唯及其心。被形者，則神人也；及心者，但得慧覺而已。身不免謝，何則？慧是心

用，用多則體勞。

初得小慧，悅而多辯，神氣散泄，無靈潤身，生致早終，道故難備。經云尸解，此之謂也。是故大人舍光藏暉，以期全備。凝神寶氣，學道無心，神與道合，謂之得道。故經云：同於道者，道亦得之。又云：古之所以貴此道者，何不日求以得，有罪以免耶？山有玉，草木因之不凋，人懷道，形體得之永固。資薰日久，變質同神。練神入微，與道冥一。散一身為萬法，混萬法為一身。智照無邊，形超有際。總色空以為用，合造化以為功。真應無方，信惟道德。故《西升經》云：與天同心而無知，與道同身而無體，然後大道盛矣。而言盛者，謂證得其極。又云：神不出身，與道同久。且身與道同，則無時而不存。心與道同，則無法而不通。耳則道耳，無聲而不聞；眼則道眼，無色而不見。六根洞達，良由於此。至論玄教，為利深廣，循文究理，嘗試言之。

夫上清隱秘，精修在感，假神丹以煉質，智識為之洞忘；《道德》開宗，勤信唯一，蘊虛心以滌累，形骸得之絕影。方便善巧，俱會道源；心體相資，理逾車室。從外因內，異軌同歸。該通奧賾，議默無逮。二者之妙，故非孔釋之所能鄰。其餘不知，蓋是常耳。

※ 第五章 ※

世傳為鬼谷子關於易道預測命書和天文地理的著作

第一節　《鬼谷先生占氣》

（錄自《隋書・經籍志》《九賢秘典》）

鬼谷子風雲氣候訣

兩軍相對候[1]天時[2]，　　有氣[3]深青一[4]似衣，
料想伏兵宜[5]且住，　　莫教[6]後悔不如歸。
如人再[7]睹有三足，　　出現依依[8]在日西，
若我軍中須是[9]勝，　　復[10]令彼上莫相持。
雲氣如馬又如龍，　　雜[11]色蒼蒼橫在空，
貴氣若臨吾陣上，　　我軍此是大英雄。
五般氣色如鳳雉[12]，　　貴氣臨身漸漸低，
我勝彼輸皆此氣，　　不須再審駿駝嘶。
忽然有氣似生蛇，　　向此橫空勢莫遮，
猛將當時昂[13]上氣，　　見我頭上勝氣虧。
凡雲四面有白氣，　　橫向空中千里勢，
此祥應是節度正，　　猛將氣衝難可制。
橫空有氣五百尺，　　憤怒都從山岳積，

氣長百尺猛將藏，
忽然氣色變空中，
彼卒頭中他定勝，
空中雲氣火霞光，
忽若彼軍頭上見，
有氣空中似覆舟，
此般氣色禎祥見，
陣上如蓬五色雲，
兵家生惡[14]凶軍象，
空中雲氣如白色，
臨營在彼軍自然，
雙雲頭上像[16]吾軍，
彼軍遇時我必敗，
黑氣初收白氣侵，
忽然此兆來軍上，
白黃有氣兩軍諧，
氣出之時軍退戰，
雲氣初生有若氣，
得見凶兆深宜固，
十寨安營十日強，
忽然軍賊應難測，
氣雲如粉又如煙，
臨陣忽然逢此氣，
如羊氣色又如豬，
在彼軍頭宜急戰，
似青似黑在雲中，
自古皆知敗軍積[18]，

彼卒頭中我兵失。
將有深機不可攻，
我軍頭上彼須凶。
百尺英雄不可當，
吾師決勝彼須傷。
吾軍決勝彼軍憂，
臨陣他軍定是柔。
相逢數氣勢均分，
戈倒臨時必敗真。
必有敗軍相助力，
此氣古人皆取則[15]。
白氣前後中黑雲，
天生貴氣要分明。
必知將帥智謀深[17]，
定是今朝得順心。
氣入營門將用才，
順而必勝退而災。
又如霧氣昧軍多，
怠惰須臾被亂誅。
又無雲氣將無傷，
此地名為軍敗行。
欲待興軍難可全，
必須退守得安全。
覆我軍前將必輸，
入如掣電莫教遲。
作惡常言不得終，
枯河深道莫逃蹤。

陣前有氣如軍馬，
此名天狗咬人來，
城上團團氣似星，
圍城急急宜失散，
城頭有氣出東方，
天乙[09]守城攻者敗，
無雲城上亦無氣，
雄雄萬卒不可攻，
從中赤氣出城來，
外弱內強因此兆，
軍頭赤氣如飛鳥，
此般赤氣且攻之，
盤游赤氣彼軍上，
黃氣應為節度正，
軍頭白氣狀如樓，
更有伏兵於此地，
有氣白如兩人衣，
八九百千雖遠地，
覆軍如馬天氣白，
切須遠探在前程，

乍高乍低時復下，
索戰不宜軍且罷，
此之名曰敗軍精，
恐有翻波逆我軍。
氣色之中天變黃，
能知此氣將無傷。
城內三軍同一志，
別候天時再為制。
主將英雄有俊才，
攻城計策且沉埋。
似入軍前無眾少，
遲慢應須為眾笑。
此兆三軍凝猛將，
為帥要自看衰旺。
其下藏軍百萬周，
令人遠救用心搜。
千萬相逢君可知，
兵來緩急要防堤。
必是伏軍要我敵，
守隘恐他藏惡賊。

注釋

(1)候：占驗。《淮南子》：「望氣候星。」

(2)天時：氣候條件。

(3)氣：雲氣。《史記・鴻門宴》：「吾令人望其氣，皆為龍虎，成五彩，此天子氣也。」

(4)一：作助詞，用以加強語氣。杜甫《石壕吏》：「吏呼一何怒，婦啼一何苦。」

(5)宜：應當，應該。諸葛亮《出師表》：「不宜妄自菲薄，引喻失義，以塞忠諫之路也。」

(6)教：使、令、讓。白居易《琵琶行》：「曲罷曾教善才服。」

(7)再：兩次。《孫臏》：「田忌一不勝而再勝。」

(8)依依：依戀的樣子。《孔雀東南飛》：「二情同依依。」

(9)是：作助詞，無實義。如：唯命是從。

(10)復：轉回。

(11)雜：顏色不純。

(12)鳳雉：鳳，指鳳凰。雉，鳥名，俗稱「野雞」，雄的羽毛很美麗。

(13)昂：升。《促織》：「昂其值，居為奇貨。」

(14)惡：憎恨。《張衡傳》：「嘗問衡天下所疾惡者。」

(15)則：準則。屈原《離騷》：「原以彭咸之遺則。」

(16)象：依順。《荀子》：「像上之志而安樂之。」

(17)深：潛藏。

(18)積：累，多。《南史》：「將士積日不得寢食。」

(19)天乙：是紫微星座旁的一顆星，為萬神之主宰。星相學家以之作為貴人。

譯文

兩軍對壘之時，要注意觀測氣候條件。如果天之有雲，其色深青如衣，就應該估計到敵人已經設下伏兵，待我前去。此時應該立即下令部隊停止前進，或者乾脆撤回駐地，這樣才不至於幹出以後會後悔的事情來。

如果幾次看見三隻腳狀雲團依依地傍在日邊，那麼就要看它所處的位置如何再定是否與敵交戰。如果此日在我軍頭上，那麼這次戰鬥我軍就必勝無疑；如果此三足之日出現在敵軍營

之上，那麼我軍最好不要與之相對峙。

假若天上的雲氣各種顏色混雜，形狀像馬像龍，橫在當空，那麼這種雲氣屬於貴氣。這種雲氣如果飄臨我軍陣地上面，那麼我軍戰則必勝，且出英雄無數。

假若幾種雲氣顏色交錯，美如鳳凰、雉鳥，那麼此氣當屬貴氣。貴氣飄臨我陣且越降越低，那麼我軍必勝，敵軍必敗。此時只管放大膽子與敵交戰根本用不著再去考慮士氣、後勤裝備等因素了。

突然之間有一雲氣似蛇樣橫空向我陣地衝來，勢不可擋。我軍之將氣上前與之相抗，勝氣不足抵敵不住，此時不宜戰。

凡是雲四周有白氣包圍，在空中以決堤江水之勢突奔，這是祥雲，但需有所節制方可，此時與敵軍交戰，我軍士氣旺盛，戰鬥力強，定勝。

空中有雲突兀而出，大有五百尺，士兵之怒氣如山岳一樣急劇積聚、膨脹。如此氣約百尺長，那麼軍中一定藏有一來露面的猛將，假若此雲氣在敵軍陣地之上，那麼我軍此時作戰，則非失敗不可。

天空中雲氣顏色突變，那麼可能其中深藏機鋒，此時不應輕易出兵，還需再作觀察。若此雲空降臨到敵軍陣中，此時我軍戰則必敗。若此雲氣臨我陣上，那麼我軍戰則必勝。

假若天空中有一火霞般顏色的雲團，其大有百尺，則此時兩軍之中一軍士氣旺盛。假若此氣在敵軍頭上出現，此時我軍與之決戰，他們一定會大傷元氣。

假若空中出現一雲團，形狀如反扣過來的小船，那麼此時我軍戰則必勝，敵軍一定怕我出擊，整日憂慮重重。這種氣雲出現，那是一種非常吉祥的徵兆。

陣地之上好像有五氣之雲籠罩，幾種顏色的雲氣勢均力

敵，相持不下者，屬於部隊內部不和，定有人臨陣倒戈。是為凶象，戰必敗。

空中雲團顏色為白色者，一定有人相助敗陣之軍，這種雲氣如果飄到敵人陣地上，那麼不可與之戰，這是古人經驗的總結。

如果天上有雲分黑白二色，且黑氣在中，白氣居前後者，屬貴氣，若此種氣被敵軍遇上，那麼我軍非敗不可，此時不可戰，切切。

如果黑氣之勢有所收斂而白氣得寸進尺者，此軍主帥智高謀深。若這種雲氣降臨我軍之上，那麼這一場戰鬥一定會大獲全勝。

如果天上的雲氣呈白、黃二色，那麼兩軍比較平靜，不會有什麼大的戰鬥。這種氣若進入營門，則此軍主帥空用有才之人；若此氣從軍中出走，那麼，部隊要邊戰邊後撤。對這種雲氣，一定要順著它的方向走，這樣就能取勝，否則就會有滅頂之災。

假若雲氣的初生之時其形狀完全像霧氣，那麼，此軍將被人進攻。發現此兆以後，應立即深壁高壘，堅守不出，不與之交戰，一刻也耽誤不得，否則，定會因一時之拖延而被敵人亂軍殺死。

假若安營十日之內，無任何天氣變化亦無任何敵人在軍事上的動向，軍隊內也沒有人被殺或受傷，那麼，此時應提防敵軍前來偷襲，這樣的地方有一個名稱，叫「軍敗行」。

假若天上的雲氣像粉塵，又像煙霧，那麼，這時想出兵打仗，一定不會如願。假若是兩軍對壘之時遇到此種雲氣，那麼應立即退守，方得保全軍平安。

如果雲氣像羊又像豬，在我陣前則我軍必敗：如果在敵陣

上方，則宜急速出戰風馳電掣般地衝入敵陣，千萬不能延遲，時機一縱即逝。

如果雲氣又黑又青，那麼就像常言所說的那樣，作惡的人不得善終。自古至今，凡易敗軍潰逃，不管是走枯河還是走小道，蹤跡都會被人發現。

如果我軍陣前有雲氣像軍馬形狀，且時高時低，起伏不定，這種雲叫：「天狗咬人來」。此時不應求戰，應高掛免戰牌，切不可冒失進軍。

如果城頭上有一團團的像星星一樣的雲氣，這種雲氣叫「敗軍精」，此時如急急圍攻城池，則會有些人被失散。只要這種出現，就有可能有人陣前倒戈，如水中之逆波，壞我大事。

如果城頭之上從東方出一雲氣，在此氣覆蓋範圍之內天色變黃，那麼，此時為天乙神下凡守城，攻者必敗。軍中將領應熟知此氣，可免卻諸多傷亡。

假若城上無雲也無氣，那麼守城之眾一定同仇敵愾，萬眾一心，這時即使有上萬的雄健士兵攻城也不能達到預定目標，此時理應將兵退回，等待機會來時再有所動作也不遲。

假若從城中飄出一片赤紅之氣，那就說明守城的將軍是英雄之人，他的手下亦不乏俊傑之才，他們外表上看起來比較弱，很容易攻打，其實，其實力卻相當強。此時我方應立即放棄攻城之策。

如果軍陣頭上有紅色鳥形之雲，看它到了軍前而一個不少時，就應立即採取攻城之行動，且不可因行動遲緩，延誤戰機而貽笑世人。

如果敵軍陣之上有一赤氣盤游，說明敵三軍同一心，專注於猛將之命，只有黃氣才可以節制它。做主帥的自己應該經常看一看天象，掌握軍隊的衰旺之象。

軍陣之上有白色的雲氣，其形狀像小樓，就說明此軍隊伍頗為壯大，尚有大批軍卒處於隱蔽狀態。甚至還安排好了伏兵，如想作戰，則應安排好救兵，前進之時要仔細搜索。

如果雲氣是白色又像兩人的衣裳，就可以知道是千萬大軍相遇。儘管可能在千八百里之地，大批敵軍或急或緩地逼近，都要認真提防。

如果天空中雲氣呈白色，狀如馬，覆蓋在軍陣之上，那麼一定是敵人埋伏好了伏兵，要我上當，此時應多派探哨進行遠距離大範圍偵察，把守住險隘關口，以防敵伏兵來襲。

軍氣[1]雜占[2]

凡初出軍，天色昏漫、雲氣寒磣者，必敗。若清明和暢、風塵不動者，不戰。有青氣見，軍之旺相，上當城，交戰；不見，則不戰。

出軍向東伐，而有白雲從西來，因隨而擊之。若有赤雲或青雲從東來逆軍者，急宜屯守。餘仿此。

凡對敵，敵在東方，白雲東去，而有雲東來相逆者，須臾雲已去。而又有順隨之，望雲有龍虎之狀，不可戰。

兩軍相當，赤雲氣加西方，客勝；加北方，客敗；加東方，不戰；加南方，軍還。餘色仿此。

凡遇四方盛氣，不可向之戰。

甲乙日，青氣在東方。丙丁日，赤氣在南方。

庚辛日，白氣在西方。壬癸日，黑氣在北方。

凡戰，得此者勝，向此者敗。

凡出軍，有黃氣臨營，西向、東向，戰皆凶；向吉則不安。

凡氣盛則眾盛，氣衰則眾衰，氣散則眾散。

⑴軍氣：軍，軍事。氣，雲氣。這裡指主軍事吉凶的雲氣。

⑷雜占：雜，各種各樣。占，占筮。這裡指種種占問。

譯文

舉凡剛發兵就天色昏暗，雲氣慘淡者，此軍戰則必敗。如果天氣清明和暢，風塵不動，那麼將不會發生戰鬥。如果是有青色的雲氣，這是軍隊士氣旺盛，凡事順利的徵兆，應上城與敵交戰。如果沒有青氣出現，那麼就不要與敵交戰。

如果我軍想出兵東征，而從西方飄來白雲，就應該跟隨雲的行走路線而行軍擊敵。如果有赤紅或青色的雲氣從東方來，抵禦我軍，那麼，就應該馬上安營紮寨，注意防守。其他方向的照此類推。

凡與敵軍相對峙，如果敵軍在東方，白雲由西向東飄去，而從東方來雲與之相抗衡，一會兒雲就飄走，並有別的雲跟從的，並且看起來像龍或虎的形狀的，不要與敵交戰。

如果兩軍旗鼓相當，有赤紅色的雲氣加於西方，那麼來犯者勝；如果此赤紅色雲氣加於北方，那麼客敗；如果此氣加之於東方，不要與敵交戰；加於南方，應立即撤軍。別的顏色也照此類推。

凡是遇到東南西北四方雲氣很強大的時候不要面向這些雲作戰：

甲乙日，青色雲氣在東方；丙丁日，赤紅色的雲氣在南方。

庚辛日，白色雲氣在西方；壬癸日，昏黑色雲氣在北方。

凡是有戰鬥的時候，注意到這一問題就可以取得勝利，否則面向雲氣的戰則必敗。

凡是出兵，有黃色氣如臨我軍營，面向西或面向東作戰，必有凶險。面向吉利的方向，則僅有點不安定。

第五章　世傳為鬼谷子關於易道預測命書和天文地理的著作

凡是軍中雲氣較盛的，其士氣也較盛，凡是雲氣較弱的，其士氣也較弱，氣散的，軍心也渙散。

十干占[1]

甲日大風，主[2]丙丁雨，海中兵起。

乙日大風，主穀貴，邊夷內侵。

丙日大風，主邊城兵起，胡兵作亂，邊城圍。

丁日大風，主歲大旱，人多疫病。

壬日大風，主胡兵侵邊境。

戊日大風，主興土功，食物貴，人遷徙，或遷邑。

庚、辛日大風，主蝗災，兵作亂，宜備邊。

注釋

(1)干占：用十個干支占卜。下文只有八個干支，與標題所示少兩個干支。

(2)主：預示。指一種自然現象預示著要發生什麼事。

譯文

甲日起大風，主丙丁日有雨，海上將有戰事。

乙日起大風，主五穀價格上漲，周邊四夷有入侵者。

丙日起大風，主邊城有戰事，胡兵要作亂，圍困邊城。

丁日起大風，主本年天大旱，多發各種瘟疫。

壬日起大風，主胡兵要入侵我邊境。

戊日起大風，主興土功，食物漲價，人民有大的遷移，或者要遷城邑。

庚辛日起大風，主蝗災，有兵起作亂，應早做準備，防敵來侵。

第二節 《鬼谷子命書》李虛中注

（錄自《四庫全書》）

李虛中序

昔司馬季主居壺山之陽，一夕雨餘，風清月朗，有叟踵門，自謂鬼谷子。季主因與談天地之始，論河洛之書，箕子九疇，文王八卦，探賾幽微造化。至曉，出遺文九篇，包括三才，指陳萬物。季主得而明之，每言人之禍福、時數吉凶，應如神察，為當時所貴。今余得其舊文，稽考頗經證效，惟歷世之久，篇目次序似乎乖異。其五行之要尚或備載，余恐其本術將至湮沒，故掇拾諸家注釋成集。

非敢補於缺文，且傳之不朽，高明君子毋我譙焉。

唐元和初載九月十三日
殿中侍御史李常容虛中序。

案：唐惟天寶至德稱載，此序後元和而亦稱載是即作偽之一證。

甲子，天官藏，是子旺母衰之金，溺於水下而韜光。須假火革，有旺盛之氣，方可以揚名顯用。〔命入貴格，明暗取官。〕

乙丑，祿官承，乃庫墓守財之金，不嫌鬼旺之方，喜見祿財之地。水土砥礪，忽然有氣，亦可以為器成材。〔平和貴格，不須祿到。〕

丙寅，祿地元，是子母相承之火，先煙後焰，抽其明而三進。喜木為助，嫌水陵遲。五行相養，雖在死方，亦可光耿。〔命入貴格，不用於祿。〕

丁卯，貴祿奇，乃本旺祿休之火，惟欲陰旺，惡處盛陽。若火木相資，連於艮震之方，必能變鼎味而成享禮也。〔欲逢

官鬼，始得貴奇。〕

戊辰，神頭祿，乃華實兼榮之木，愛乎水土，忌見火金。有所養於金，乃英實之命也。〔相乘可貴，不畏鬼臨。〕

己巳，地奇備，乃氣勝體剛之木，生逢對旺，千鬼相加，或木來比助，金伐以成。為棟樑之材，皆得終美。〔貴無官鬼，須見角音。〕

庚午，天祿承，是含輝始育之土，氣數未備，唯喜旺方，得數已完，尚嫌水重。若獨祿會，命旺身絕，豈是貴地。〔祿鬼自處，不假官鬼。〕

辛未，祿自藏，乃自本立形之土。有火相助，得木相乘，水輕木重，亦可以小康；若敗而乘祿多，方為厚載之福。〔喜見干連，不畏木重。〕

壬申，地天祿，乃自任權制之金，剛而有斷，愛土木而嫌火重，雖居財旺，身衰，亦主清華之貴。〔真假財官，貴之為貴。〕

癸酉，貴符印，乃剛銳利用之金，不嫌絕敗，惟畏鬼多，若平易而不相刑，當有自然之材器。〔庚辛無鬼，不假官貴。〕

甲戌，祿臨官，乃墓成息用之火，不求壯旺，欲物平資，福祿可以高厚。〔入格可貴，干不必官。〕

乙亥，地祿承，為氣散遊魂之火，生於木火，榮方上下，不逢相制，不僅而成達，多助尤崇。〔真官相制，得貴亦崇。〕

丙子，天祿承，乃深沉停會之水，若會源得生用，制於東南，為出常之器。〔自有真官，佳期祿會。〕

丁丑，祿自守，乃漸下欲流之水，得水土相承，經於敗地，源脈不斷，可升而濟物，功德昭著也。〔丑有癸藏，不明見官。〕

戊寅，地官承，乃生體安和之土，若資之以火土，俱盛金

旺之榮，雖多反制，尚可高崇，為不常之用。〔得官不旺，貴出自然。〕

己卯，地官承，為鬼旺體堅之土，生於金重，木多而見財重，乃富貴長遠。〔得官不旺，貴出自然。〕

庚辰，祿暗會，乃顯光之金，而未成材，金剛土重，得期相會，無炎火之官，乃大臣之制。〔不假祿合，祿干克期。〕

辛巳，地官承，為資始之金，身堅而體柔，欲平火之制，若金助土成，則為光大之器。〔丙官在下，務貴於祿。〕

壬午，天官合，乃化薪之木，畏在火強，得水資之，或處生旺，而逢土亦可富貴。若獨見金制，在死敗之鄉，非長久之命。〔丁壬德合，寄任旺官。〕

癸未，祿自備，為伐根之木，氣敗而體柔，不嫌金制，喜水之榮，及會元而借生主，乃重器成德之材。〔癸在巳中，喜逢甲乙。〕

甲申，地祿生，乃源泉之水，務有資助，流長而無鬼，則為運廣之淵，可享高厚之福。〔祿始生，要干生，旺而無官。〕

乙酉，貴還命，乃母旺進趨之水，若資以金，濟用以火，自乾東而震北，亦超卓輔弼之用。〔干之無官，會合而貴。〕

丙戌，祿德合，乃祿資支附堅固，火鐘之土，若資之以木，光耀不群，蓋本重不須旺也。〔自有卒符，不畏偏貴。〕

丁亥，地貴符，乃福壯臨官之土，若潤之以水，麗澤以金，處魁罡坤艮之方，可以顯功遂名。〔貴守官藏，真鬼德旺。〕

戊子，天祿合，乃神龍之火，利於震巽，不畏水刑，支干得官，皆可顯用，水木盛則尤佳。〔自有癸財，不必會祿。〕

己丑，神頭祿，乃餘光不凡之火，惟期體重，不假奇財，若祿有資而命有成，方入康榮之貴局。〔貴財相會，無祿亦

第五章 世傳為鬼谷子關於易道預測命書和天文地理的著作

439

榮。〕

庚寅，地奇備，不避刑沖，寧辭衰敗，乃五行堅實之木。若得和柔之氣，德貴相符，必作顯揚大用。〔祿位生旺，得官鬼成。〕

辛卯，貴沖命，自旺經制之木，不畏霜雪，氣節凌雲，可制之以金，損之以火，而逢旺相即成巨室之材；若平易而無金火，生於曲直之會，亦為貴重矣。〔祿命相擊，不畏官耗。〕

壬辰，祿清潔，乃會貴守成之水，五行不雜，在兌坎之間，無物來制，文明清異之資，可享高厚之福。〔喜於寅亥，見戌亦清。〕

癸巳，地帶合，乃流遠澄清之水，若溢之，以水在火，木榮方音中無土，則有濟物惠施之德也。〔真氣得用，官氣尤清。〕

甲午，天符祿，乃沙汰之金，志大而有節操，或零火蓋之而嚴，或旺金集之而剛，不遇丁壬，始可陶熔之寶。〔祿神敗而食子，欲妻剛而子旺。〕

乙未，祿印綬，乃強悍剛礦之金，欲金相用，在火盛處，父子相乘，皆為珍寶。〔德神當位，喜見印官。〕

丙申，地官承，乃無資之火，金木壯旺而有制，得干生即為厚實，若祿盛而無依，即灰飛而不焰矣。〔官在生方，不須癸壬。〕

丁酉，貴自承，乃平易無為之火，得木旺則火炎，見木多則成用，得火助則不清，在火位則常存，人生得此，無不貴豪。〔丁連丙貴，見合不清。〕

戊戌，神頭祿，乃不材之木，喜逢水旺，乃可資榮，豈厭生成，伐宜金敗，真運自然，不嫌祿鬼，方可高崇。〔明合暗官，成於旺方。〕

己亥，地官承，乃糞水育苗之木，水多土而臨旺，皆有成就，然逢敗絕為殃，亦主富貴榮盛。〔干支財祿，畏彼官鬼。〕

庚子，天雲日承，乃氣過浮虛之土，得重土相資，水木不剛，即享福壽。〔官鬼不刑，衰絕自保。〕

辛丑，祿承庫，乃氣衰就本之土，欲承之以火，制之以木，或重遇木土有刑沖，須假祿元生旺造化，應斯功名可立。〔官鬼不加，祿剛則貴。〕

壬寅，地會義，乃藏用體柔之金，喜土資之，以旺財官，不可太剛，若能應此，富貴始得久遠。〔艮土包命，祿須貴旺。〕

癸卯，貴會源，乃財旺體弱之金，財命相乘，喜身在生旺之方，或得真官真氣，無不配合，貴源莫不易而厚祿也。〔貴源多會，不在多逢。〕

甲辰，祿馬承，乃始壯之火，欲多生我，或會本源卻無炎，光之極自然超卓，水輕而無土，亦可勝達矣。〔甲丙生寅，明我生氣。〕

乙巳，地官承，乃進功之火，欲輔助之不息，不必旺極，得木火相乘，雖死敗而可貴。〔或同音煞，丙亦生貴。〕

丙午，神頭祿，乃至陰之水，發於陽明，蒸氣氤氳，何所不及，處金木旺而沖刑祿，得炎而財盛，始可貴矣。〔身同官鬼，不避掩沖。〕

丁未，祿文承，乃祿旺育生之水，宜於水火之中，得五行死敗之氣。祿干自旺，財貴會於乾方，乃富貴顯揚之用。惟嫌土在旺鄉即非長久。〔喜遇丙丁，畏官當用。〕

戊申，地符會，乃柔順發生之土，喜臨四季，得木為榮，獨居水火榮方，未得尊高之著。〔真官符用，不畏鬼臨。〕

己酉，貴承，乃子旺母衰之土，喜火土之榮，慶從革之

地，或水輕木柔，亦是滋生之德，倘能應此，軒冕非難。〔不必正應，要臨辛丙。〕

庚戌，祿符源，乃鈍弱成用之金，火輕金重，魁罡相乘，可以休逸，福祿自然。忌木火之極則命屯蹇。〔旺逢妻鬼，遇鬼反榮。〕

辛亥，地祿印，乃木旺祿休之金，得平火之革，然後制於克伐，或衝擊於金水之中，得以平安守職，富貴優游。〔喜於金助，不畏丁鬼。〕

壬子，神頭祿，乃體柔用剛之木，居旺相而得金，遇貴地而無火，則可以揚名當世。〔祿旺須官，音盛畏鬼。〕

癸丑，祿得源，乃剛柔相濟之木，水土承於旺方，則生育利物，金制於生成，皆可以立功立事，唯恐生旺逢火。〔祿居北地，畏鬼掩沖。〕

甲寅，神頭祿，乃淵深處靜之水，若資之木旺土衰，則為奇特貴異。〔庚辛不畏，清在丁壬。〕

乙卯，神頭祿，乃死中受氣之水，雖敗無妨，或會源於音地，未有不達之者。此一水皆喜土而清，若水多而無土，則為伏寒之氣。〔癸馬為官，勝於戊己。〕

丙辰，祿自裕，乃發施養生之土，喜於火助，不畏掩沖，夫如是者，自然榮貴。〔水在庫中，無官自裕。〕

丁巳，神頭祿，是絕中受氣之土，喜逢土助，不畏死敗，惟能朝命建元，可以文章妙選。〔上下火乘，鬼無害也。〕

戊午，天祿備，乃神發離明之火。旺中受絕，喜木助於衰方，忌火乘於己旺，生之應此，必作魁英。〔真假居壯，水盛不傷。〕

己未，神頭祿，乃成功之火，得季夏之炎陽，守小吉之貴地，生自東北之南，有所資附，則能享福厚矣。〔甲乙扶持，

不須更旺。〕

庚申，神頭祿，乃未堅柔末之木，春相夏旺，金重而得火，土重而得水，則為出常之器。〔不畏陽官，要官鬼旺。〕

辛酉，神頭祿，乃包秀結英之木，喜於生旺，忌見金多，得土水相乘，為物之貴，二者各旺而不得水，亦為奇特之材。〔不嫌官鬼，厭甲為財。〕

壬戌，祿官順，乃杳冥之水，喜於死敗要土之擊，發則能博施之功及物也。〔正氣自守，持祿亦榮。〕

癸亥，神頭祿，乃始進成終之水，喜逢貴地，忌在祿鄉，三元相反，福慶自然。蓋其為用也，大而廣，故不可以守常為尚，須升而為雨霧，散而為江河，乃為大用也。

此六十位五行支干相乘，要分輕重。若金溺水下，火出水上，木不得金之所制，木無成也。如甲子乙亥是也。金溺水下，火出水上，金不得火之所制，金無成也。如辛亥之金是也。夫如是而推伏現之情，則造化之機自理。〔鬼谷子以此十二音、五行分輕重之用，以推通變之妙者，尚恐人執守方隅。故言稱顯隱可測，造化之說也。〕

本家貴人命者，如甲人有戊有庚有丑有未是也。大貴如甲人得丁丑辛未，又其次也。蓋甲年丑上邅得丁，未上邅得辛也。更有一種貴人亦為福甚重，得者必貴。甲戊庚得乙丑、癸未，乙得庚子、戊申，己得丙子、甲申，丙丁得丁酉、乙亥，壬癸得乙卯、癸巳，六辛得丙寅、戊午是也。甲陽木，戊陽土，庚陽金，皆喜土位。而未者，土之正位。丑者，土之安靜之地。故以牛羊為貴。然細分之，則甲尤喜未，庚尤喜丑，各歸其庫也。戊子戊寅戊午喜丑，丑者，火，人胎養之鄉。戊辰戊申戊戌喜未，未者，木，人之庫。土，人生旺之地也。乙者，陰木，己者，陰土也。陰土喜生旺，陰木喜陽水。所以鼠

猴為貴。然乙尤喜申，申者，木之絕鄉也。己尤喜子，子者，坤之正位也。丙丁屬火，火墓在戌；壬癸屬水，墓在辰。辰戌為魁罡之地，貴人所不臨，故尋寄火貴於酉亥、寄水貴於卯巳，皆歸靜復之鄉。六辛陰金，喜陽火生旺之地，故以馬虎為貴。雖然，宜以納音互換推尋，須皆和則其貴，為福。若丙寅火得酉，則火至此，焉足為貴哉？〔《廣祿》〕

天乙貴人者，三命中最吉之神也。若人遇之，主榮名早達，官祿易進。若更三命皆乘旺氣，終登將相公卿之位。大小運行年至此，亦主遷官進財，一切加臨，至此皆為吉兆。〔《三命指掌》〕

論貴神優劣乙丑文星貴神，乙未華蓋貴神，〔截路空亡〕丁未退神，羊刃貴神〔一云半吉〕，己未羊刃貴神〔一云半吉〕，辛未華蓋貴神〔一云空亡大敗〕，癸未伏神，華蓋貴神，〔已上甲戊庚人月日時貴神〕甲子進神貴神，丙子交神貴神，戊子伏神貴神，庚子德合貴神，壬子羊刃貴神，甲申截路，空亡貴神〔一云半吉〕，丙申大敗貴神，戊申伏馬貴神，庚申建祿馬貴神，壬申大敗貴神〔一云半吉，已上乙己人月日時貴神〕，己酉破祿貴神，丁酉喜神貴神〔一云大敗〕，己酉進神貴神，辛酉建祿交貴神，癸酉伏神貴神〔一云吉〕，乙亥天德貴神，丁亥文星貴神〔已上丙丁人月日時貴神〕，甲午進神貴神，丙午交羊刃貴神〔一云半吉〕，戊午伏羊刃貴神，庚午文星截路貴神〔一云半吉〕，壬午祿旺氣貴神，甲寅文星建祿貴神，丙寅文星貴神，戊寅伏馬貴神，庚寅破祿馬貴神，壬寅截路貴神〔已上六辛人月日時貴神〕，乙卯天喜貴神，丁卯截路貴神〔一云半吉〕，己卯進神貴神，辛卯交破祿貴神，癸卯旺祿貴神，乙巳正祿馬貴神，丁巳九天祿庫貴神，己巳九天祿馬庫貴神，辛巳截路貴神〔一云半吉〕，癸巳伏馬貴神〔已上壬癸人

月日時貴神〕。

凡如此己上貴神，若與祿馬同窠，不犯交退伏神，支干相合者，定須官高職清。若無德，更值空亡交退伏神，五行無氣，至死不貴。緊要在月日時，支干相合，則為吉；不然乃庸常流也。〔並同《金書·命訣》〕

此格有三：干合為上，支合次之，無合又次之。如甲子己未，此為上格。蓋甲巳合也，無死絕衝破空亡，更有福神助之，當極一品之貴宰。有死絕為鄙吝，殺也。如有死絕衝破空亡之類，只作正郎，員郎，然多難無福耳。如戊子己丑，此為次格。若無死絕衝破空亡，須作兩制，兩省，少年登科，當居清要華近之選。更有福神相助，為兩府矣。有死絕即減作正郎，員郎，亦須有職名。若有衝破空亡，只作一多難州縣官，晚年得至朝官極矣。如辛未庚寅，此為第三等，若無死絕衝破空亡，即作正郎卿監，少達，歷清要差遣；更有福神為之助，往往為兩制矣。若有死絕，即作員郎，京朝官；更有衝破空亡，平生多難，只作州縣卑冗之官。縱得改官易位，壽不永矣。〔《林開五命》〕

紫虛局：貴人交互人多貴，旺氣相乘館殿資，切莫五行傷著主，令人間地冷清虛。〔寸珠尺璧，凡月日時，互換見貴，太歲不帶者不貴。〕

貴合貴食有貴合則官位穹崇，所作契合；有貴食則祿豐足，所成造望。如甲戊庚貴在丑未，甲得己丑、己未，戊得癸丑、癸未，庚得乙丑、乙未。乙己貴在甲子，乙得庚子、庚申，己得甲子、甲申。丙丁貴在亥酉，丙得辛酉、辛亥，丁得壬寅、壬辰。如此之類，謂之貴合。

甲食丙，乙食丁，丙丁貴在酉亥，甲得丙寅丙辰，乙得丁酉丁亥。庚食壬，辛食癸，壬癸貴在卯巳，庚得壬申壬戌，辛

得癸卯癸巳。如此之類，謂之貴食。

有貴合則官多稱意，有貴食則祿多稱意，二者兼之，官高祿重，無往不利。〔《閫東叟書》〕天乙貴神合者，謂天乙在貴神亦上合是也。甲戊庚在子午，乙己在丑巳，丙丁在寅辰，壬癸在申戌，辛在亥未，皆主大福，遇兩合以上者，主貴。〔《三命提舉》〕

通理物化清氣陽為天，杳杳而上沖乎陽；濁氣陰為地，冥冥而下從其物。〔太虛之先，升寂何有？至精感微而真一生焉。真一運靈而元氣自化。自化元氣者，乃無中之有，有中之無，廣不可量，微不可察。氤氳漸著，混漠無倪，萬象之端，朕兆於此。於是有清通澄朗之氣化而為天，濁滯煩昧之氣積而為地。故清者，自濁而澄；高者，自下而上。天高而浮，地厚而沉。浮者有彰動之象，故為陽；沉者有寂沒之理，故為陰。清者，上騰高而純陽，故充滿；濁者，下沉密而純陰，故冥寂。而萬物從化之，故沖於上者為陽，而生萬物；沉於下者為陰，而成萬物。然而實始於一者也。〕

清濁交分，人物混成，造化始於無相，因而三生。〔太樸之散，乾坤之形，分體一定乎尊卑。有陰陽之相摩，有剛柔之相推。變動以行其道，經緯以成其事。凡垂象於天者，莫非文也。有高下之相，傾廣之相，推動靜之所生，形勢之所持。凡其質於地者，莫非禮也。故萬物生於其間者，亦且出機入機，出冥入冥，方生方死，方死方生，域於輪轉之地而機之動，不能自己。故草木黃落菊始華，倉庚鳴而鷹以化。一根荄之細，不知誰與之扶持；一昆蟲之微，不知誰與之生死。戢戢而動植，非物與之雕刻也；芸芸而歸根，非物與之揪斂也。自消自息，自智自力，自形自色，曾不知有造化之者，是人物混然而立也。則其光為日月，其文為星辰，其澤為雨露，其威為雷

霆，辰集於房，月湛而明，日遄而化，此天之道也。其高為山岳，其大為江湖，其文為草木，其富為百穀，載萬物而不懾，生萬物而無窮，此地之德也。高而為君父，貴而為王侯，大而為郡牧，下而為庶民。文於仁義忠信，富於財穀布帛，成而祀天地，靈而驅萬物，此人之事也。莫大乎天，莫厚乎地，莫靈於人，是以因於天體，成於地儀，範圍天地之化，三才由一而生也。〕

天一地二，蓋乾坤之體。坤為土也，乾為金，金亦土也，為水母。〔天一地二，奇偶之策也。三奇為乾，三偶為坤，是一而兩之之義也。故陰陽自始者，謂之太始；陰陽自明者，謂之太極。則萬物之始於乾也，亦由天地之所資以始，是以知乾為之太始；萬物之所資生於坤也，亦由天地之所資以生，是以知坤為之太極。故乾之卦所以在西北，坤之卦所以在西南，以乾為太始，以坤為太極，可知矣。是以太始之極，一而兩之，作乾坤之象，金土同體而異名，有此見一數之終始也矣。〕

四正，四隅，何邐迤之為正，艮為土也，應乎坤；巽為風也，風出木。〔乾、坤、艮、巽，四隅也，而為天地之大紀；坎、離、震、兌，四正也，而為乾坤之大綱。曾不知廣輪之艮而有會通之情也，然則萬物之始終莫盛乎艮，故應，乾坤之節制莫始於巽，故為風。然風非出於木而鼓舞於萬物，為事由動之生息也。故巽繼於震。〕

坎離未判，以清濁明水火；震兌之前，以左右用金木。〔天一地六，相合生水，地二天七，相合生火。言水則含知而內明，言火則崇禮而外照。內明足以應物，外照足以知人。知人者無所不知，應物者無所不應。故清之為水，得天一辰中，是奇內而天一，偶外而地六，其為卦也，曰坎。故濁之為火，得地二辰中，是偶合而地二，奇外而天七，其為卦也，曰離。

夫二者，本水火南北之分，為乾坤男女之體，亦由清濁判於自然也。天三地八相合而生木於東方，木生風以動之，故為卦曰震。地四天九相合而生金於西方，金生水以澤物，而物悅之。故為卦曰兌。然東木受西金之制，而左言木，右言金者，是震男兌女尊卑之義也。〕

《易》八卦者，以剛柔相半連；四象者，分逆順而生成。〔《易》以八卦兼三才，而兩立為天地廣輪之體，用故始三一而為乾，二為坤，生六六九九之變為四象，五行之數。然後聖人分陰分陽，迭用柔剛以相易之，故天地位而成章也。列萬匯而象之，以別盛衰矣。四象者，大而為日月星辰，廣而為金木水火，八卦由四象而兩制之，則有陰中之陽，陽中之陰，寒暑運行而萬物化育也。〕

二儀分列，各包四象之形，乾坤音土，遂作五行之用。〔天地為二儀，則上有日月星辰運於無為，下有金木水火濟於有用。金生於土而聚於土者，然乾坤本一而立二，為清濁之別，包括四象為五行，以盡天地之數，備萬物之成終也。〕

一而兩之道，法乎自然，八卦九宮，乘陰陽以數。〔道生一，一雖立而道未離也。一生二，二名成，而道斯遠矣。是故道非數而數之所生，一非二而一之所出。陰陽之在天地，其妙有機。而物之所始，其顯有數。而物之所生始終如一。一有二，而不可以相無。然陰雖有佐於陽，陽實始之而無恃焉；陽雖有賴於陰，陰實由之而不與焉。是陽常始而陰常成，陽常唱而陰常和，有自然之理。故陽奇陰偶，迭用生成。而天五、地六，二五而成十，五十有五之策，所以行變化而明鬼神也。故乾坤之策，萬有一千五百二十，當期之日，當萬物之數，四營成《易》。十有八變成卦，發剛柔而生爻。以八八於四維，則居中者盡乎九也。〕

五行分陰陽為十干，清而不下；五支易剛柔為十支，濁而不上。〔天地之數各成於五，然始立甲者，本乎土之氣，申乾坤皆土之義。始於甲乙丙丁，次生戊己庚辛壬癸，如一之有二，而為十干之氣，主曰清則騰而生，故不同於下之五行也。五支言道生，一而支散為五，以成五行之數。乃濁者下沉而生二五，如十則分支列於乾坤之廣輪，如甲之生乙、丙之生丁之義。故寅則運於卯，巳則運於午，然而同類為陰陽，而不同支干之生。〕

土逐四時之氣，故有十二支。十二支以夫婦為體，十干以父子相乘。〔四時，乃四季也，順四象之用。然四象為兩立成八支，惟土者本天地各五而兩之，則分四支，列乎四維，以終四象之變。蓋辰戌同體，丑未同形。子陽亥陰，寅陽卯陰之類，如夫婦之同體。甲生乙，乙生丙，類如父子相生，本乎一而為五。〕

三才有陰陽之天地，五行運物化之人倫。〔分陰陽則為天地，立父子則為人倫。故干，陽也，亦有乙丁己辛癸之為陰；支，陰也，亦有子寅辰午申戌之為陽。是知陰陽之相覆，奇偶相匹，故萬物化成生者，為父為母，為子為孫，配之為夫為婦，以別人倫之要也。〕

故曰：甲己真宮，乙庚真商，丙辛真羽，丁壬真角，戊癸真徵。〔甲木二五之始，名而為土，六位相成於己，故曰真宮。土生始成終，故金次於土。羽，水之音；角，木之音；徵，火之音。此十干者，皆天之清氣生數成於五至六而為偶，為陰陽之始，作天地之真運。然而真運在天，必自地而得之矣。何則？天罡本乎辰也，陽動而陰靜，得十二常轉位自甲子為始，至於辰則見戌，是地之功也。故甲之為土明矣。是知真運在天，自地而得之也。〕

寅午戌，火體；亥卯未，木體；申子辰，水體；巳酉丑，金體。斯非真體，乃五行生旺之地。土則從四事成之。〔四象之體而終皆土，故戌至辛而金之土也。〕

六十納音者，配十干、十二支，周而終之數也。〔干支相乘，歸天地始終之數，為六十也。〕

自生成而言之，則水得一，火得二，木得三，金得四，土得五。感物化而言之，則火得一，土得二，木得三，金得四，水得五。〔生成者，天地生成之數；物化則五行支干相成納音之數也。〕

法乎天地，支干數乘。〔此十干配天、十二支配地而合，成萬物動靜之機，充合端委之數也。〕

支干配則甲己子午九，乙庚丑未八，丙辛寅申七，丁壬卯酉六，戊癸辰戌五，巳亥支數四。〔自九之數，損之又損也。然於巳亥者，不由巳而存乾之一二，坤之二三，是道始一至三錯綜而生諸數，以合乾坤覆載之功。若夫前所謂支干之配，則道生一，一生二，二生三，三之又三，則九為陽生。言數以甲己為造化之首，子午為陰陽之至，取極之數，而先稱九，而後損之八七五六四也。〕

子寅同途，歲上辰下，未可俱言。其支先甲後子納音，金者，數也，始父母之氣而成音，離天地則見名數。〔子得同壬，寅得同甲，歲木辰水，如寅為木二合，若見子而得寅者亦是。甲子之金，不可獨言木也，甲臨於子而金者，是支干化納音之數也。干支五行始因天五地五之數，變而納音九八七六五四之數，相成上下而得，卻須坎離五六之數也。〕

天五地五，則為造化之先，除其數則納音之用。〔天地變通，二五為十，終成萬物，始一終五，皆陽合之，為六則陰，為六五數外，即天地數，所納五行之數也。假令水得五者是本

音，以土權碍也，然後有音，故丙子丁丑共得三十之數，而六五皆土而得納音，為水也。火得一者，是火無音，因水沃之，然後有音，故戊子己丑共得三十一數，而除六五，而有一數而納音，得火也。木得三者，蓋木有本音，故壬子癸丑共得二十八數，而有五之數，是三數而納音，得木也。金得四者，亦金是本音，而甲子乙丑共得三十四數，而除六五之數外，是四數，乃金也。土得二者，蓋土本無音，火陶之然後有音，故庚子辛丑共得三十二數，而除六五之數，而納音為土也。故經云：先甲後子納音，金者，數也，得此則彼可知也。〕

自乾而生順，從坤而產逆，陰陽機括於五行，五行之體依八卦。〔父生順，母生逆。假如甲己干正月建丙寅丙丁火，故木生順，母己之干在木死為逆，故甲為父，己為母，在寅之家。天一生水則由乾為屬金，金，水也。故自乾生而順，及納音即甲子乙丑，金為首。蓋乾納甲子，即是天五，地五於坤數中生逆，其終數而生，亦由先九而後至四數也。陰陽者乾坤，故金土一而兩之，以備五行，五行分體用而為八卦。〕

火愛乾為會水，利巽而享，歲守坤鄉，金藏艮位。〔乾，純陽也，處西北，至亥而顯明。水性本下。巽，出東南，順下也。故水已為利也。坤則成物歲以終之，故至申萬物介然守禮。用艮終始萬物而仕於坤，故金至寅終藏於土下。〕

木落糞本，水流趨末，火顯諸用，金蔽於光。〔各任性鄉，故守坤鄉，水趨末則利巽方；火顯用則愛於乾，金蔽於光則又藏於艮也。〕

水土金，性本下；木火，性本巍。〔水流就濕，土積而載，金重而沉，故曰本下。巍者，上也。木性漸上，而火性炎上。〕

沉者得形而上騰，升者期卑而高會。〔水得土而木生，是

土剋水而生木，木之剋土而上騰，則水土之氣自木而上也。火得水而上既濟，蓋推五行之性，沉者升者皆必以形為用也。〕

以坎為離，精玄者能知；易兌作震，通鬼神而作旨。〔庚申、辛酉，木在巳申酉之中，亦當作金，或卯人遇三酉之類而可言金，餘準此推之則妙窮造化。但以本納音為用，所謂易兌作震，通鬼神而作旨此也。假令丙午水得癸巳，月丙寅日戊戌時己午，未為火之本，方寅戌午之正體，又上下俱火，雖納音為水，多變作炎上之火看，或水多人全在巳午未，生而不犯本命支，更干頭有氣，亦宜作火看，不可謂之休囚。此所謂以坎為離，精玄妙者為能知。〕

故以庚申乙卯為夫婦之本宗，子癸亥壬丁馬丙蛇之寄位。〔此論干祿也。季主所謂先南北之陽，以辨東西之陰，陰祿陽而陽祿陰，金自金而木自木，故金木自然而得專位，水火土從造化，故陽寄於陰而陰寄陽也。〕

勞而不息，驛居病方。〔五行支病處而為驛，驛所以休息也。〕

馬得縱橫，更觀乎干生而不運，以氣建推之。〔以申子辰水位處驛為病也，以寅為驛，所謂馬必以氣建者，而驛之為馬也。且甲子人正月丙為馬，然不在正月亦自得地位，建丙亦是馬，故曰馬得縱橫矣。珞琭子云：見不見之形，無時不有，正謂此也。〕

出五行之外者，生死在乎我；居清濁之內者，存亡從數焉。〔凡修德養性，煉假守真，靈台內靜，反覆還元，神遊六合之外，必造五行之先。則欲生欲死、欲隱欲顯，皆由乎我，是謂神仙真人矣。豈由天地鬼神時數所拘哉？此欲人之自修，不可專滯乎命，彼生死猶可任，況修德致祥，轉禍為福！夫人居清濁之內，皆由情性，善惡死生而未能逃五行之數者，何

也？蓋未嘗能煉陽純陰，煉陰純陽，雖存念至道，亦不能出於清濁之間，徒自苦形而不逃存亡之數也。〕

元命勝負，三元者，干祿，支命，納音身，各分衰旺之地。〔三元各分生、旺、庫之地，而為九命，是主祿主三會也。〕

干主名祿貴權，為衣食受用之基；支主金珠積富，為得失榮枯之本；納音主才能器識，為人倫親屬之宗。〔干為天元祿，故主貴爵，衣食之正本也。支為地元財命，至此比形立象，始終之元，故主貧富運動榮枯。納音為人元身命，故主賢愚，好醜，形貌，才能，度量，凡有生則彼我生剋愛憎，故為人倫親眷也。〕

支干納音之氣，順四柱以定休囚。祿馬神煞之方，分二儀以求勝負。劫災天歲，遇用處不能為凶；祿馬奇輿，逢破處未始為福。〔三元五行，亦各分四季定休旺之氣。干中所用神煞乃天之清氣，支中所用神煞乃地之濁氣。凡言神煞，各分天地二氣，勝負吉凶。支煞自有諸例言，劫災天歲，四煞雖凶，若支干配合有用，則為福祿之神；祿馬奇輿，雖干之清氣，富貴之神，主福祿尊貴，若支神配合為破敗者，則反為貧賤凶害之煞。〕

四柱者，胎月日時。〔三元為萬物之本，四柱為五行之輔佐，亦猶乾坤之有四時，土有四象，人有四肢。故珞璟子云：根在苗先，實從花後者。四柱有偏枯，則隨所主而論之。〕

胎主父母祖宗者十分，主事者二分。〔萬物之根本固在我名之先有也，故主祖宗者十分。然而根在物之先，而花實苗之後，雖主事二分，亦當以胎為本氣。〕

月主時氣者十分，主事者六分。〔月為建元，分四時之休旺，故主三元氣用，所出十分，是月與時為賓主以輔三元。故

主立氣立事十分，是將來臨月份，亦定災福之六分。〕

日主未得氣者十分，主事者八分，時主用度、進退、向背、力氣，勝負皆十分，吉與凶同。〔日主月內四時向背之氣十分，三元貴賤之氣及胎本共時八分。時主元吉凶及胎月日之氣皆十分，故言吉凶變異勝負之力同等也。〕

九命論互相奔刑，反順生煞，以別源流。〔三元、四柱、祿馬為九命。須遞相往來，取刑沖德合，逆順盛衰以定清濁之理。〕

先看重輕、盛衰、尊卑、逆順，次分彼我緊慢，情意相續，干音親義四柱，然不合沖類千頭配合之理。〔先看三元支干本意，以辨四柱之力，有形視形，氣之厚薄，凡化象之有性，操用度之淺深，勿論得地不得地，辯尊卑之勝負也。四柱相沖，然無配合納音，取賓主保義情親以定勝負。〕

大抵年為本則日為主，月為使則時為輔。〔年為日之本，日為命主。如君之有臣、父之有子、夫之有婦、國之有王，是胎月生時為主本之扶援，欲得以序相承順也。〕

主本保合，未有貧賤之人；時日乖違，豈有久榮之理。〔主本保和，相育為貴。年剋日，減力也；日剋年，雖主貴，氣亦多迍剝，況日時俱剋於年，乖離尤甚也。〕

三元入墓，日時自旺，雖運並絕逢鬼，鬼亦不能取。〔本入墓中卻主相輔，行在旺鄉，雖逢並絕，更來加身，命雖災而未至死厄。〕

四柱集旺，運逢於祿馬，祿馬無用。〔三元四柱俱到旺處，或生時又使過，若曾發祿於閒地，雖逢祿馬而必災。〕

過與不及，游移顛倒，氣數中庸，應期而發。〔五行喜剛柔得中，三命忌盛衰太過。〕

方信陽唱陰和，須分干正支邪；陰靜陽從，更忌祿衰鬼

旺。〔如乙酉得甲辰，雖天地合，卻甲畏辛見乙畏酉，金火畏死地，逢子也。又如戊逢癸亥，是干正支邪，戊午丙子，支正干邪，然水火陰陽相和則不如干合為正也。又如丙辰見申為祿衰，土逢壬為鬼丁人見乙卯癸卯之類。〕

必死有生，凶中反吉。〔如庚子見丁卯，死而得生；甲子見戊寅，凶中反吉。〕

旺衰之理，審量生剋；輕重之名，須識向背。〔三元旺地畏忌；衰處好生，須臨時審其輕重。如壬申癸酉本重，壬寅癸卯本輕，卻取輕重扶持為用，始分向背之力氣。〕

輕得地而可敵重衰，重無地而制之輕敗。〔如土制水則丙辰、丁巳之土能制丙子、癸亥之水也。壬申癸酉之金雖重，卻遇戊子、己丑、丙寅、丁卯之火，雖金重亦受制於火，蓋火向旺金絕方也。〕

各衰各旺，輕重自然。〔如辛卯見癸酉，戊午見丙子，乃旺處相敵，支氣不比，卻有相敵為變化發揚也。甲寅水見庚午、辛未土，力氣各衰，水土和柔則有化育之道矣。餘準此。〕

守凶煞者在其尊者制其卑，生剋交加應得先者令其後。〔吉神凶煞四柱先後，干神可制，支煞更分生剋之理。〕

五行相敵，二凶一吉。〔五行相敵，輕重相等，遇鬼二則為凶，一重為鬼猶凶中反吉。〕

復以輕重之理，方得貴賤之原。〔須以六十納音支干輕重，取衰旺制度，方可定貴賤也。〕

至如體輕用重，不免漂沉；本重末輕，廣謀自勝。主客從容，優游享福。〔如庚午、辛未，土本輕也，見壬戌、癸亥、丙子之水，是本輕用重，反散流也。辛未年壬辰月甲申日甲戌時，此正應體輕用重之格，如庚子、辛丑土見癸巳、乙卯，是本重廣謀，自負之人也。五行主客輕重等以制用有法，水土和

柔，金火平適則康寧。〕

水得水多則沉潛伏溺，小巧多權，苗而不秀，聲譽汪洋。〔然而富貴則無變通，而勢不崢嶸矣。〕

水得火多則崇禮貪饕，自恃深慮，多憂猛斷後悔。〔水遇火多，其性如此，不妨名利也。〕

水得木多則流而不止，執志反柔，臨事汗漫，奢儉失中。〔水生木、木剋土，土散而無止，故此情性也。〕

水得金多則本末常安，多得資援，好義不實，智大多淫，智勝義負則性靈強。水得土多則沉靜執塞，內利外鈍，忍妒多恨，信義無決。〔此論五行之性，不取神煞論也。〕

火得火多則崇禮義泊，明外昏內，自華而儉，既旺即已，不可速達。〔火星暴而無制，福至則禍來速。〕

火得木多則自恃威福，聰明志懦，動思依輔，靜則志明，好辨是非。〔仁與禮不足，雖和而多忘。〕

火得金多則志不自勝，好辯而剛，禮義失中，直而招謗。〔火金兩強，故多剋辯。〕

火得土多則立用沉密，利害敢為，言清行濁，執不通變。〔火絕得土，土蔽火光，故所適不變利。〕

火得水多則為德不均，巧而忘禮，多易多難，摭取艱險，計深反害。〔水火未濟，多智多傷。〕

木得木多則柔懦泛交，曲直自循，多學不實，聰明華潔。〔木主仁柔，色以表形。〕

木得金多則克制憔悴，剛而無斷，靜思悔動，譽義不常。〔義勝於仁，反吝於心。〕

木得土多則取舍自信，華而不奢，體柔伏剛，言必鑒人，智不自勝。〔仁輕信過，無禮節也。〕

木得水多則漂流不定，言行相違，處吉不寧，趨時委曲。

〔木華水智，故多順取。〕

木得火多則馳騁聰明，好學不切，禮繁義亂，明他害己，善惡決發。〔火得木而熾，木無以自容。〕

金得金多則剛直尚勇，見義必為，過不自知，忘仁好義，思禮好勝。〔金重欲火，故思禮。〕

金得木多則辯分曲直，利害兼資，置德懷忿，朋友失義。〔仁義相伐，必有所失。〕

金得火多則口才辯利，好禮忘義，動止寬和，中心鄙吝。〔火勝於金，有義禮也。〕

金得水多則計慮不深，為人無恩，臨事齷齪，或是或非。〔水重金藏，多計無剛。〕

金得土多則失中有成，口儉心慈，作為暗昧，多處嫌疑。〔金蔽土中則求之者成。〕

土得土多側重厚藏密，守信容物，或招毀謗，恩害敢為。〔土雖守信，深厚難知。〕

土得金多則信而好義，剛而多躁，不能持重，庶事無容。〔金土爭麗，兩不自持。〕

土得木多則形勞志大，雜好狂徒，用柔爽信，曲直黨情。〔木剋土，則信虧。〕

土得火多則施義忘親，外明少斷，奢儉失中，好禮口惠。〔土得火助，信有所毀。〕

土得水多則貪功好進，泛順伏機，志善若昏，愛惡無義。〔土雖剋水，水多則土失信。〕

誠能以此更分輕重，明作為之性情，消息盈虛依於禍福，然後為能言，以前五行多寡，論性情而復推禍福，正氣無刑。〔如庚祿在申，氣當用甲，如諸位中不見庚之刑甲，或他位見甲，即為無庚是也。〕

名背之半。〔不見正祿，如得已而無乙，亦是所謂得一分三之說，雖背正祿必為福。〕

馬無害，祿無鬼，食無亡，支合無元，干祿無厄。〔甲子得丙寅為馬，見壬午及水在丙寅六合破，刑之上如不見正氣，卻見他干在祿位，其祿干亦要無鬼也。倒食順食皆要無空亡亡神也，支神名合要無元辰，十干合處要無六厄。〕

旺無喪，衰無吊，妻無刃，財無飛，孟無孤，季無寡，生無劫，死無敗。〔如癸丑木命不要卯，此則旺無喪。如壬午木命不要辰，此則衰無吊。陽制陰為妻，不可在羊刃上，故妻欲無刃。命後四辰曰飛，廉我剋者為財，不可犯之。四孟之人不得見孤辰在命；四季之人不得見孤宿在地。長生處要不值劫煞。如乙巳、丁酉、乙丑見寅是也。死處忌見八敗沐浴金神。〕

火無水，水無土，土無木，木須金，金須火。〔火無水降，亦能自潤；水無土壅，莫不成流；土無木制，曠野安然。木須金剋，可以成材；金無火鍛，不能成器。〕

體重須鬼，祿輕須官，刑雖全，敗雖孤，夫須鮮，妻須倍，吉須顯，煞凶須沉昧，天盤須會，地帶須連。〔五行本重，須鬼損裁，祿輕須官，如甲人祿位雖辛亦貴。四柱之刑各須全見，八敗之地不畏本氣在孤病。夫須鮮者，己不可見甲眾也；妻須倍者，甲見己在旺地也。五行在吉，神方須顯然見其清氣。凶位見五行，須得凶煞沉昧，斯能無害。甲丙庚壬須右右朝揖，是天盤須會也。亥子丑寅卯須交連左右，是地帶須連也。〕

干全順則為清，氣完和者為貴。〔如甲乙丙丁戊為十干全，須歲胎月日時順，則為清。如水在申子辰中，或在亥子丑中制用氣完，乃為貴。〕

陰附陽帶歲則富貴。陽合陰背本則虛浮。〔陽支互合，陰

干不來朝命及本向衰則無有用也。〕

應凶觀空而無空，旺相得空而尤利。〔應煞害刑在空亡無合，動不為凶也。旺相處明暗合，或逢天月德見空亡，亦吉。〕

至若空亡有用，賴虛中而有應。〔夫響之有聲，莫非中虛也。至若鐘鼓之聲，虛中則擊而鳴遠，若實之則不應。是以大人之命要虛中，德必居空空自旺有用，乃有大聲之應器也。〕

庫中鬼勿取，生旺繼衰殃。〔當生旺者，更引旺處，福與禍並，庫中之鬼。如甲見辛未，金見巳丑。〕

木本離而化薪，金趨坎而育水。〔木見火多，或木重運至離宮，則化柴薪也。雖金生於水，然子勝而母負也。〕

水有火，火有金，金有木，木有土，土有水。〔如壬中有丁，丙中有辛，庚中有乙，甲中有己，戊中有癸。〕

干備而祿備，命成而財成，身有地而官行，貴賤自此而見矣。〔干為天祿，要正氣，而有地備足貴扶之類，支為命，納音為身，身命順旺財在中也。又能先論輕重而分干祿命財，更身有命，則貴可知也。〕

祿為君子之性，命為定性，身為用性，時納音為居性。〔言性則可至於命祿，主貴，故為君子之性。支為定局，取其屬以見人之定性，納音主財能器，為用性也。有時則三元之氣備，所以見人居止動靜情性也。〕

貴氣無地，賤生貴中；本賤有時，貴生賤內。〔本於日時上旺相保和，卻得貴氣來時上衰敗，始貴終賤；四柱落在貧賤氣中，而時運在旺方，逢時之貴氣，賤中反貴也。〕

貴絕處觀殃，因貴賤中亡，賤臨貴鬼旺，賤向貴中死。〔貴備之氣至絕處，更帶鬼，雖貴人死於終賤；主本賤，臨鬼旺而有鬼氣來承，雖賤而後亦貴。〕

支干太和而塞，夫婦失時而凶。〔五行支干納音專位相和

則塞剝，如甲子逢己巳，在秋生，又見甲午沖命，雨金剋己，
己，木也。〕

三元有地而貴，四柱遞合而崇。〔三元俱有用，得地必富
貴清顯。胎月日時交互相合而朝命，即是崇貴相輔清顯之命
也。〕

真假邪正變通拙而蔽於神，執一明而瞀於眾，辨明真假，
消息盈虛。〔陰陽無形，為道至妙。須在智識變通，為比察觀
真假，消息盈虛，則靈於神明。〕

守位則正，失方則邪。〔如甲寅乙卯在亥卯未，乃得正
體，若居巳酉丑之方，謂之失位。他皆仿此。〕

陰生陽死，逆順相因，甲氣申方，乙絕酉位。〔四時一陽
生六陰死，然陽道行左，陰道行右，如甲乙皆木也，甲陽生亥
而順行，至午則死；乙陰在午而逆行，至酉為絕。〕

子為天正歲時，始於一陽；寅為地首陽備，人興於甲。
〔建子之月一陽生焉，是為歲首。則一日建子，子時當為一日
之首。建寅之月草木甲拆則陽氣備，歲時興，建寅之時則人興
寢日事始，非天道之始，為地首矣。〕

天左中而左吉，地右半而坤鄉。〔太陽法天，正月自子左
行，至六月在未，未小，吉也。以是子為天，正也。月建法
地，自正月建寅，至六月在未，未，坤之境也。而天地異見而
至同焉。〕

先天後地，宮土其中。人中貴神，丑土己土，正體大吉，
形體小吉。〔言天自子行，太陽至未，如月建至寅，然往而中
會於未，終於丑，故宮土其中也。天地自寅子左右行至中而終
於丑，常中於地之道者，未有人中之貴神，丑為大吉，未為小
吉。巳同丑未之體，左右天地中會其方，小吉。所以立貴神用
巳丑為家也。夫貴神者，在天為紫微星，在地為天乙，貴神領

諸干神，助地旋德，奉天行道，以及乎人。〕

戌亥為天之成，辰巳為地之往，故貴神。逢天則左，遇地則右。〔言亥為地之陰極，戌為天之神極，守萬物成功卑用之位。是謂天之成也。巳乃地之陽極，辰為天陰之始，是萬物榮枯，往來進功。又戌為魁成，辰為罡干，故貴神。逢天地真運進退之，所領諸神避之，故逢天則左行，遇地則右行也。〕

天乙不守魁罡，庚辛陰陽合異。〔天罡天魁，是天地造化立事營始成終之位。二辰主生殺之權，行刑政之統。天乙紫微以吉德善輔，行道而不亂典彝，行令而不殺戮。唯以正道尊嚴天德，故分旦暮之位以別相儀，陰陽之卜以當進退，人能審是，則見五行盈虛之異用矣。〕

魁為大煞，正月厭元；亥為地將，正期神合。〔魁主肅殺揫斂飲之辰，寅為和氣生育之首，故正月生體，以九月為厭元，亥為登明，正月將與合德，期合也。〕

德將無厭，清華總領之人，德合月承，金殿鳳台之貴。〔亥人正月生得亥而無戌，又此月生人，天德在丁，月德在丙，更與四柱德合，若人生有天月二德，朝命承之，必歷顯位。〕

金堅於土，乾坤妙用無方。〔金土一也。主色麗而堅剛於土，陽自陰生而尊於陽。〕

土重而金生，金強而育水，水流而歲成，木交而火熾。〔清者，自濁而澄靜者，乃動之機，是土重則金生矣。濕生土，土生金，故云金生水，水實地中行，非假金，故云金土一也。水既生旺，則木榮長矣。木相摩而火熾。〕

火無我也，夫薪歸土，火遇土不能生。鬼在旺方，看五行之輕重。〔火無相，托物現形，故謂之神，青赤而為父子，故火無木則化灰塵也。盈虛相代，逆順相成，未始有生，未始有

死，綿綿無窮，妙應無方，用之不匱，乃五行之陰陽。〕

測於無形，不執乎相，乃得真際。〔五行支干相因而生，納音五行周運無窮。陰陽之道，不見聲形，無以比擬，執相之論，須盡神攄披變，乃不亂用。〕

或有陽守陰多而利，陰逢陽盛而殃。〔一者眾之歸，故陽多得陰而利；陰卑而陽盛，故一陰眾陽必多殃競。〕

日遇隔角孤有，用陽就妻而成家，婦若奔夫，二位雖貴合六馬。〔以年為夫，以日為婦，如日在孤絕隔角，卻於年上有吉神之氣，宜陽就陰為吉。如甲辰得己酉，是陽不往合其陰也，為婦奔夫，禮所屈也。若己丑合甲子，是夫位有貴神財命進旺，故從夫也。〕

先上清而得之下濁，後下濁而升越上清。〔先取上之輕清為用神之福，次看濁氣居下，上雖清而不秀，則取下濁有用之氣為福，所升越為上矣。〕

甲子、己丑是天地合，輕重自分，丁亥、壬辰清潔會，支干尤亨。〔彼我往來皆在囚死，故雖有貴者，不能拔萃，猶不若己丑見甲子是也。丁亥地貴符，壬辰祿清潔，丁壬合氣為木，生於亥，而更辰與亥為秀德合貴氣互換，乃清潔也。若壬辰生而得丁亥，未為盡善。〕

寅中有甲，得陰土以為妻，方知甲與己合，丑寅未會。〔甲乙寅未相合，甲寅同體，丑未同己，故寅見丑未為合。〕

子巳體壬丁之會，卯申同乙庚之交。丙午、辛酉無干，不為破刑。癸始亥中，辰戌得同乎戊，此乃有無之相承，異乎六合之配偶。〔此言皆天地同道而分一二三生，而陰陽數異而為支干，故同體者支配干合矣。〕

同形則貴在岩廊，六合或清居邦教。〔辰亥子巳之數，皆同形之合，故貴。而遇者必高大。六合專位，貴為清選。〕

連屬不言孤寡，清絕〔一作純粹〕可勝乖違。〔如亥得寅戌，寅見丑未，或支干朝會包裹貴人連屬，本命雖犯孤寡，亦吉。如壬辰、丁亥、甲午、己未雖主木乖違，卻有清純秀氣，可以為福。〕

大凡多取真形，慎勿專持假體，寅午戌氣喜於申，更觀干頭之輕重，合守安馬於戌全要無形，土馬守於離陽晶應於子。〔五行支干配用，先推真者為用，則五行之妙見也。火體氣病散禧於申，須看干頭所配生殺三支輕重以論乎吉凶。三合季地，乃華蓋下之暗馬會之者，亦當富貴，大忌衝破之處，土無正氣寄於離，火為精神而祿應於子也。則土水為夫婦，由水之於火，正守子午之位。〕

三元失地，雖貴而弗貴；上下得真，雖賤而未賤。〔三元失地，雖貴者必遭貶而不康寧，如甲子得壬子、己丑、甲寅、乙卯、癸亥、戊辰，乃天地之吉氣，雖賤而不知卑矣。〕

蓋陽盛則禧陽，陰極則殺陰是也。〔陰陽各得專位而不為遇極，雖身受死絕亦有富貴之理，凡論陰陽勝負必分真假邪正，斯可矣。〕

升降清濁父子之行年同體，子享父利；夫婦之祿馬並傷，妻殃夫病。〔年父時子，生我為父，剋我為子，二者氣用在行年上分吉凶，各隨其用以分休咎。年祿日馬，日祿年馬各有時，害則夫婦並傷也。〕

五墓為歲藏之地，時貴亦妨四孟，是孤絕之方，帶煞必剋。〔四季為五行之墓，萬物之所終也。生時逢之，雖會吉而貴，亦主妨害尊親也。四孟上有孤辰氣絕，若更見亡神劫煞歲刑，亦主妨害父母也。〕

子午乃陰陽之至，卯酉為日月之門，死敗全逢，刑猶壽考。〔四仲時生，主無妨敗；若年死敗，有生，主有壽及父

母。〕

有祿者干支生成，動則周觀；缺祿者財命身祿，行遊一理。〔千祿破傷，五行不秀，須推財命，不可一揆推其官鬼，至於行運亦不論干頭祿馬矣。〕

祿位有無，認於官鬼，官鬼競馳，災殃並亂。〔身有地祿氣無刑，更要干中無官鬼，有官鬼，雖貴而多殃。〕

身土遇火生而漸利，命水得金降而優長，金多須火或從革以成名，木重得金揉曲直而任使。水流不止，息土以攘之；火盛無依，惟水以濟之。〔生命喜於生旺，祿干不嫌克制。金重無火而集旺於酉中，亦可以成名。木重須金，如無金，而亥卯未亦為曲直理斷之任使。水流不止，惟土以防之，水流不進，欲以土剋發，仍有水土之輕重。如火之盛旺，左右無木，須得水制方成既濟，使不極也，火輕則不然。〕

丙寅丁卯，秋冬宜以保持；戊午庚申，彼我得之超異。〔木不南奔，火無西旺，故火木至秋冬勢恐不久。庚申石榴木，夏旺，故喜戊午。蓋天官旺而石榴之木性得時，戊午乃旺極之火，氣喜於甲見，天馬相資也。〕

時居日祿，當得路於青雲；五馬交加，可致身於黃閣。〔生月生日兩祿干在時，如敏少宰。注云：甲日得寅時，須有氣而能朝命主本三，天氣亦可清貴，但壽福不永耳。年、月、日、時、胎五馬不聞，定為丈儒之貴。若年馬、時馬、華蓋馬及二位天馬不聞，亦是。如王安中左丞乙卯年丁亥月乙巳日丁亥時是也。〕

丁壬喜乎丙辛，乙庚愛乎甲巳。〔言彼有此，辨一分氣是得一分三之義，乃氣相生也。〕

甲午愛官旺，辛酉忌生旺。〔強悍砂洑之金，欲得官鬼有生旺之氣，亦可為貴旺，不必為官也。辛酉氣絕之木，欲生旺

以為榮，然金中之木，金木未成器，為貴美亦可矣。〕

物之未哄，盛衰有漸。〔物生有漸則堅實，蓋其進銳者，其退速，是以五行之命貴在中庸之氣。〕

以慶為吉，慶弗吉；知凶遠凶，凶敗無。〔作福作威，返福為禍；知命畏天，轉禍為福。〕

有根而無苗，實貧而尚可甘餐，本氣絕而花繁，縱子成而味拙。〔根基主本有氣，雖食運不扶合，亦可作六親優備，平生自足之命。三元四柱本無旺氣，得到福祿之運，亦乍舉乍勝，不可以大榮達也。〕

君子小人之用，否泰各端；支煞納音之情，體何一揆。〔支千配祿馬，貴神君子之事也。納音財帛支煞，小人之用也。乃分君子、小人兩端推之。〕

寅申巳亥生成而有子有孫，祿命身源衰旺而存終辨始。〔四孟上見四柱之生旺，更不必推，乃有子有孫也。又說，須是六合相合，方論此。如見六害卻無息也。如癸亥年庚申月壬寅日乙巳時卻無嗣，先看三元輕重，次看四柱盛衰，既見主本高低，乃論運中得失。〕

順往而亨，逆者則否，逆順之情，從大小運而言之。〔言三元分於四柱，要互換生旺，然後以九命看，二運上要休旺相順為吉，勝負相逆為否。〕

智仁禮信義，水木火土金，論十二數者，支干極也。〔水即言智，木則近仁，火則主禮，土則主信，金則主義，以支干相配五行，各有十二位也。〕

智仁則清，禮義則濁，信從四時之氣。〔水木和柔，主文章清秀；金火剛暴，主威武濁勇；土隨四時而有濁有清，當隨所犯而言之。〕

清無地而後濁，濁有時而返清，清得地而轉清，濁會濁而

愈濁。〔水木失地,雖貴必俗。濁而為武人,金火得四時之生旺氣,反清貴,而主文章繼世,為天下英賢秀士。如木生亥卯未而有水,生之性也。金水有用,可武耀於疆場,為天下元帥。〕

旺相之義,官鬼豈分?清濁之源,輕重可別。〔戊午火旺盛,見木水相乘,則官在其間也。如無水木,即須見祿水木金火,各先分所得納音之氣輕重,然後論所得之地,以辯輕重清濁。〕

應得墓者,守成而無害;臨生旺者,自損抑則崇性。〔凡得五行在墓,其中見財富官貴者,發旺即已當功成身退,守之乃榮,本未皆旺,而運氣更臨生旺。是人富貴得時者,宜自謙退。〕

祿馬氣聚,刑備貴全,清則清貴,濁則濁榮。〔祿馬在身命之刑位者,若見貴人全聚德合,生氣聚旺,不論清濁,皆主富貴。〕

偶者則升,孤者則降。〔支干祿會,福祿集聚,則升清為上格,如不得天元一氣,若又支干孤絕,正氣刑破,卻逢身會旺相,有貴者當降為下品之格。〕

德將相扶,金印垂腰之貴,遞相揖讓,調鼎位極人臣。〔天月德臨,月將事合神,乃主紫綬金章之貴。支干六合,清氣合四柱、支干,左右朝命柱者,乃極品之貴人也。〕

衰旺取時論一方之氣,不可過角,進角為孤,退角為寡。〔一方之氣,則四象各主於一時之偶也。如寅卯辰則已孤丑寡。〕

既旺不過一方之氣,卻言衰者成功也。〔木木亥衰於辰,是木出東方,春位而衰,此本未衰旺,功成身退,子結花落也。〕

華過衰而實成，是窮則變通之象，始生於沐浴，為風水陶化之因，冠帶則材器可任，臨官則鬼害之難。〔物主臨官，則氣血堅壯，可受制敵，不畏其鬼。〕

旺則剛介自處，衰則去華立實，病者孤也。〔病者，形勢孤弱，如木病已則寅辰之孤也。〕

死兮無物，墓藏為造化之終，絕煞有鼎新之氣。氣盡後成胞胎，凝結始分形狀。〔此長生之氣，言五行至絕受氣而成形，十二支位之理乃代謝自然。〕

夫物出自然，端倪莫測，直須仔細探賾消息龜數。〔五行之造化，萬物之盈虧，以盡著龜之數。〕

衰病之所，有鬼則止，無鬼則停。〔止則窮，已停則流滯，如丙至壬戌，壬申則絕，至庚申、乙亥則流滯而不通。〕

水性本寒，火體本熱。極寒則丑寅以為期，大署則未申而自定。極也，反也，五行之常體；生也，殂也，萬物之自然。〔五行各有正性，在人所稟；有吉凶，發覺未萌。須在期程之所極可定。賦云：三冬署少九陽多，亦以正氣為憑也。五行之運，陰陽相推。亦有不應和者，亦極相反。是謂死兮生之本，生兮死之源。〕

歲隱其神，神成而歲死。〔歲，木也。神，火也。火盛則木死。勢不兩立，因恩而生害。〕

智從義出，智盛則義藏。〔智，水也。義，金也。金生水，水盛金藏，未嘗不失於義也。〕

信從四事，物物皆歸。〔鍾於土是也。辰為木之土，戌為金之土，未為火之土，丑為水之土。〕

鬼財相會，則凶中得吉。〔如庚申得癸卯，是庚申月乙卯有合，會德之財，癸卯為木之鬼。〕

觀刑逢妻，生旺不取。生月為父，胎月為母，身剋為妻，

妻生為子，時生是妻子之數，成敗自然。〔以火剋金為父，則以生月定之。然後看日時承受胎月有無刑害。身剋為妻，以日論之。妻生為子，以時推之。乃看生旺刑制五行之定數也。〕

胎氣同往，當有異母；月干相逢，須依二父。〔受胎正在受氣之地，而與日時支干同者，當食二母之乳；月干與年干相連而同在父母生地當相交，或立身於二事而成也。〕

子息則先明生氣，或用剋以推之。〔如丁巳土以木為子孫，建至亥上得辛，若四柱見丁在無氣，更有刑害者，必少子孫也。〕

自生自旺，更看運元胎月。〔如生納音在月旺處，更不論刑害，子孫之地。如胎月在有氣處，於生時之上，亦不絕子也。〕

祿馬不閒，子孫未必絕滅。〔若人生時見祿馬，往來朝命不犯孤寡，亦有子孫。〕

陰陽和會，交友結心，同氣連枝，同名定數。〔五行須和順者，四海之人亦心於交友相結，況同胞兄弟豈不得力。但五行中以此為兄弟而無災位也。〕

或有偶然同產，一母以生，須分深淺之時，復看五音向背。〔凡一時有八刻二十分，故有淺深，前後，吉凶不同。其有以生須分深淺，異姓則論五音向背。〕

本音生旺，須至福勝於休囚，時日初終，更看先後之凶吉。〔異姓同時音得旺相者，福祿深厚言同時，則看先後吉凶。〕

歲月各計於氣交，胎月定推於干數。〔有年未交而氣先交者，氣已交而月未建者，須以交氣為定人之生也。稟五行四時之氣為性命，且年歲乃辰煞而已，其餘建月不足月，俱以十月為胎，以同天干之數。〕

是以天奇地偶，有萬不同，陰煞陽生，無形自運，察衰於氣數之中，則萬物變論之必應。〔天地生物不同，如人質未嘗相肖，蓋使有造化之別爾，陽主生，陰主煞，乃運於無形之中，而萬物先後自然應備。五行衰旺以四時輪轉，則萬物從而化育至，如鷹入水化為鳩蚯蚓結之類是也。〕

貴賤所成，刑聚敗極。〔甲申得丁巳、己卯、己巳之類。〕

四柱不收。〔甲子得丙寅、丁巳、辛亥、壬申之類。〕

五行未備。〔甲子得庚子、己卯、癸巳之類。〕

數無取用。〔如不合干，不沖支而上下相異其氣。〕

一方前後。〔如木命人己丑之類。〕

柱多隔角。〔辛丑得卯，甲子得甲戌。〕

真者失時。〔如丙辛合在二月六月，丁壬合在秋月。〕

假者夾克。〔五行納音本輕，卻多逢剋制。〕

主本倒亂。〔火年水日更先逢生旺，繼逢死絕。〕

父子乖違。〔日剋年，時剋月，貧賤之人皆從此出，人生元命犯以上之格，皆主貧賤害身，如此而元命有氣卻得富貴者，必不久而多凶也。〕

祿期本地，身命旺相，祿承馬在，貴合兩同。〔如甲人生亥卯未地，或寅卯辰中，即生旺氣也。如壬辰得辛亥、丙寅、己亥，甲寅得乙未、丙子、己亥也。〕

真體守位。〔如丁人得壬而在寅卯辰亥之中，或見丙辛各在旺地而別旺無丁壬也。〕

假音得時。〔如上人生夏季或居申子辰中，連四季皆是。〕

寶義制伐，四事顯明。〔尊生卑曰寶，卑生尊曰義，上剋下曰制，下賊上曰伐，以此四者，胎、月、日、時上下相生相剋是也。〕

五行不雜，九命相養。〔謂三元各處一方，帶本近祿而和

及，三元各居生旺庫而納音支干，相生育也。〕

木官不重。〔木須要金而木通，用甲重而無金者，須得支有。〕

金鬼無偏，〔金須要火而金相當，或須重而合會於丙。〕

用刑者有時。〔如寅刑巳而生在春，制剋有用。〕

守刑者不亂。〔如癸巳刑戌申，而無丁干者是。〕

明官德合。〔如丁亥得壬辰、壬戌、壬寅，又己卯得甲戌、甲寅。〕

暗逢支祿。〔甲人得丑未亥之類。〕

支純干一，有貴來朝。〔本命四柱支干純一，或四柱干目純帶，貴神來朝，本命或四柱併在一支上，見貴神。〕

主旺本成，會於一方。〔庚子土得庚辰日、癸未時、丙戌月、丁丑胎之類，雖衝破卻會在本氣之方，更有祿馬尤吉。〕

金逢五事，順得三奇。〔金木水火土，金而三元有旺氣，得生剋相順尤嘉也。辛酉生人得甲午月、戊寅日、庚申時者，是三奇之順得也。〕

富貴之人，皆能應此。〔人生元命支干四柱，應以上諸格者，主富貴。縱無氣，亦主聞名挺特出群。〕

五行各有奇儀，須分逆順。〔若三奇各帶合，須前後五辰合為上，更分順逆之用。〕

甲戊庚金奇，喜辰戌丑未或金方；乙丙丁火奇，喜寅午戌或酉方；丙辛癸水奇，喜亥子丑申辰方；丁壬甲木奇，喜喜寅卯辰亥方；甲己丙主奇，喜四季及寅亥午申方。歲胎月日時者，順；時日月胎歲者，逆。〔三奇亦要合而貴五位得逆。順三奇皆吉，惟嫌不連順。〕

胎本立於歲前，因歲得之胎月。故立胎在歲後月前，空刑敗害。日時倒亂卻得順奇，不為倒也。〔三刑、八敗、六害、

空亡，相生相絕。倒亂者卻得三奇，順在本方，亦主富貴。〕

日時無方，東裡多迍；根鮮枝榮，西門寡祿。根固時雄，花實無忒。〔日時之力，不輔三元。或耗或剋，主災多行年。根苗花實乃胎月日時相順為貴，若五行更到旺方，即為長遠。〕

應得位者，支干咎有所刑官；或無氣也，上下須依乎父母。〔入前格而貴者，支干中須有沖刑之官。如無官，須以德運為清也。當死絕處，須要逢父母。故子晉云：賴五行之救助。〕

四柱主本，祿馬往來，須分建破，天乙扶持，將德侍衛，更辨尊卑。〔謂當用處有建不可破，己破卻不可建。吉神在四柱中，各在四時，用干為貴。〕

真合為緊。〔子巳卯申之合為真。〕

德合不清。〔甲子、己丑、丙戌、辛卯連，順；而貴尚不如壬子、癸丑。〕

連珠未顯。〔連珠支干，前後顛倒，皆不為顯。〕

空合何榮。〔四柱相合，不扶六馬本命，即為不貴。〕

支連干會，連珠真同鳳凰數；刑全貴全，天赦祿食麒麟窟。〔甲子、乙丑、丙寅連，順而貴，尚不如壬子、癸丑、甲寅，乙卯為鳳凰藪。其貴清異，人生二刑更晝夜貴神全，皆主文章清秀之貴。〕

卯酉自分承不承，魁罡言之會不會。〔乙酉得辛卯，辛酉得癸卯，而有辰戌，言支干相承用魁罡辰戌也。辰戌相沖，須有寅亥申支，乃為相會，不相會為凶。〕

罡中旺乙，魁裡伏辛，貴神得癸，小吉隱丁。〔辰中是乙，戌中是辛，乙丑為貴神，丑中有癸，未中是丁。〕

有陰而無陽，乃四方之貢士。〔言癸乙丁辛皆陰干，四位中貢成其物之土。〕

陽守正於魁罡，陰有用於丑未。金在火鄉，貴而遷逐，財則孤勞。〔戊同辰戌，己同丑未。金命在火鄉，貴人多黜貴，財人則孤勞。〕

體重為從革日新，本輕則災殃短折。〔金以火為官，若體重者為火位中生，亦可成器。若金本輕而生於火鄉，更遇之多必短夭刑折。〕

須詳生剋之愛憎，舉一隅而辨眾。〔如金在火鄉，各以其義辨生剋愛憎而言吉凶。如水木火土，各以金之義而推之，故一隅足以辨眾。〕

支干論配合之情，力氣取四時之義。〔五行生在三合中，各以生剋物化人倫之義，以辨吉凶，更看四時中所得力氣及支干配合真假，以定吉凶。〕

仍分尊卑上下，筋脈交連。神煞吉凶，以分高下。〔此重言者欲人不忽於消息，言更看上下、先後、尊卑，見不見、抽不抽之筋脈情理，乃神煞吉凶而定榮謝也。〕

至若貴神當位，諸煞伏藏，三元旺相，豈專神煞。〔言天乙貴人論於干看五行四時之氣，及晝夜之干而定，若有氣，天乙當位，則煞自藏矣。五行三元為本，若在旺相之地，不背剋生氣，不論神煞也。〕

或遇七元刑劫敗害，元亡衝破，在上無可救者，為頭目之疾。〔七元干鬼者，對命是也。三刑劫煞，八敗六害，元亡衝破者，犯真祿之位。見干鬼及三兩位並犯胎命之建，更地位無救，主頭目疾。〕

在下無可救者，為手足之厄。〔只犯納音支者，乃手足股肱之病。〕

父母子孫，奚能免害？生時既用，行運亦然。〔如此之人亦須妨害六親，以三元尊卑而言也。又言己土七煞之凶，不惟

生時用於上下之災，行運太歲，亦當與日時通論。〕

木火則奔速，土金水乃容之。〔所遇上件破害，當向坐時運中更分五行遲速之性。火木漸上，主速；土金水沉下，主遲緩也。噫，造化寥廓，禍福杳微，或積善而有災殃，或積惡而多喜慶，蓋禍福定於生時，善惡由人，然而天道福善禍淫，故君子修身以俟命。〕

三元九限三元者，大小氣運也；九限者，三運之榮謝也。自生得節日為初，陽男陰女順而理，陰男陽女逆而推。向者，數之未來；背者，用之已往。十干分之為月，三日成之一年。向背之數，須得其實，未來無日，謂當日得節也。當虛作歲，背之同推。行遊四柱，吉凶自然；小運同途，盛衰理異。〔運至四柱中，伏反、生剋、吉凶自然。同年小運，四柱所生有別也。〕

伏反之狀，災福仍分本主之基，以辨吉凶之變。〔伏，守也，逢合則動；反，動也，逢合則靜。先分君子小人之主本，次看運中吉凶變通。〕

小運天左地右，陽備於寅，陰備於申，故男一歲起於寅，女一歲起於申。〔寅為三陽化主，申為三陰肅煞。故男小運起於寅，女小運起於申，假如申子年，男起丙寅，女起壬申之類是也。〕

以建元而論勝負，助歲運而依吉凶。〔小運各以年遞月建五行而分生剋勝負，小運助大運，太歲相依輔而為吉凶也。〕

反破刑孤，凶中有吉，寅申二命，小運不專。〔返吟沖，伏吟害，及孤病之類，雖是凶運，其中亦有吉者。二運生而小運伏吟反吟，故不以小運專任太歲之上也。〕

一歲一移，週而復始。〔若一年各有一建而循環也，不可以氣運取，男 30 而女 20，陽自戊子，陰自庚子，男得丁巳，

女得辛巳，男順十月至丙寅，女逆十月至壬寅也。〕

氣者，時也。未有時而氣未定，既有時而氣以完。用之納音者，緣有身而得之氣也。〔言氣運取生時五行納音之休旺。〕

身者，三元之本也。氣者，身之本也。運既順而氣逆，運若逆而順，自生時為始，轉行不已，推遷逐歲。一宮以大小運分吉凶，休祥非命之也。〔甲己土運，乙庚金運，乃天道起魁罡之運，主國家運祚之休祥，非云命之氣運也。〕

氣運並絕則厄。太歲為君王，大運為元帥，氣運如曹使，小運若使臣。帥凶則曹使不能吉。〔氣運二真運祿馬之氣，並絕則死。太歲為百神之主，大運、氣運欲轉輪不絕，則主本優游。大運主生煞之柄，故曹使不能違理。〕

會吉會凶，作用定矣。〔在三元生旺庫及祿馬旺處為會吉，居三元沐浴衰病死絕處，逢祿馬為鬼，無和順者為會凶。〕

其象大者至於死絕，小者期於災撓。身須逐運，運須逐身。柱助運而凶反吉，柱敗運而吉復凶。時運逢馬，吉凶馬上，一吉呼而百吉會，一凶馳而眾凶符。〔太歲起大運及主本尊者，則大危或死亡矣。小者有用雖自有福，若傷慢處，亦主災撓。身、運二者須左右有符合資助，為吉。柱為主，運為客，客為主害，無不凶也。二運到馬上，即看馬上之吉凶。馬主動，必須細取三元、四柱而論，不可以馬吉而不言馬上有凶也。〕

吉若勝凶，凶藏吉內；凶若勝吉，吉隱凶中。〔其言吉凶有相反，如季主雲，使盡吉合，則殃也。〕

運限之道，有天官限者。〔三元到中庸之地，見貴逢合。或只有貴卻無合，或有合而無貴，四柱相生，運歲相輔，凡得此限，君子將榮，庶人獲安，事事皆吉。有得勢限，三元俱到旺相地，四柱相資承。有龜藏限，如祿金入土干下者是也。命

金入土支下身，金入土納音下者，則暮春之優游，不利君子利乎小人，蓋子弱母勝也。有波浪限，金人運到亥子歲，乃小運上是也。木人大危，餘人意思不調，飄泛如舟也。有風雨限，運到三元衰絕處，氣運小運，人為祿鬼，如此則吉凶相繼，來去迅速，勢若風雨暴遇而無所繫也。有布素限，行運到身旺相支干死絕是也。若太歲小運扶助，本命雖入災運，於十載之間亦有五年之吉，不至於凶甚。以此消息，故名布素限。分前後，五年不吉，後運則助五年無凶，後運若凶，則凶咎。有失所限，三元俱值鬼，二運見三刑並沖，柱主本與行年不相承，作黃泉失所之命也。有破碎限，此非死限，只是金破碎，去如流水而不返，諸運氣沐浴更逢真鬼，謂甲衰而有庚之類。有災位限，運至伏吟上逢喪吊，見白衣飛廉孤寡歲刑剋身者，是主災位之事；凡得此限，則親戚不利，主有喪服。〕

夫三元九限者，乃人之利也；四柱三才者，乃人之本也。本輕則大者小利，小則主本貧，而更無運路，亦惶惶無所依矣。〔本大者得之小，猶勝小者得之大；本小者得之大，未及大者得之小。本重則利重，本輕則利輕。本重得小者逍遙無凶，得大者官清祿崇；本輕則小者且福且利，得大者吉極防凶。有小者如物待時，得時則萬物滋長，本無者如折木憑空，氣過則花實並敗。是故木生於震，臨離兌以多殃；火產東南，赴天門而寡祿；金降自乾東而震北，遇坤鄉而敗祿衰官；水長逢火木崇方，復乾宮而潛身退跡；五土忌於真敗，隨氣運以詳之。又土無正位，隨真運而敗。甲己土敗在酉，乙庚金敗在午，丙辛水敗在酉，丁壬木敗在子，戊癸火敗在卯，各以十干所配消息而取用也。〕

天承地祿日之火也，陽之晶；月之水也，陰之極。日自左而奔右，歲行一周；月自陰而還陽，三旬一往。子為天正，寅

為地常。四正為上，以左右為門，運陰陽旋轉之機，應天地虧盈之數。六十載支干同日神頭，後有顯說。六合之德，

甲子己丑，〔換貴德。〕

甲寅己亥，〔三元承天德。〕

甲辰己酉，〔敗干失地德。〕

甲午己未，〔敗夫承妻神貴德。〕

甲申己巳，〔陰往陽承，陽干敗絕德。〕

甲戌己卯；〔自官從旺夫妻德。〕

丙子辛丑，〔陰盛歸陽藏敗德。〕

丙寅辛亥，〔天地貴神重換德。〕

丙辰辛酉，〔丙祿相合承地復敗德。〕

丙午辛未，〔祿氣相資生合德。〕

丙申辛巳，〔祿承本祿生成德。〕

丙戌辛卯；〔陽承本官干合德。〕

戊子癸丑，〔陽附貴而陰懷德。〕

戊寅癸亥，〔陽附陰神相濟德。〕

戊辰癸酉，〔祿命吉神德。〕

戊午癸未，〔祿命太過不承德。〕

戊申癸巳，〔各守而舉不敢刑德。〕

戊戌癸卯；〔陰貴暗符重貴德。〕

庚子乙丑，〔支干合換貴自盛德。〕

庚寅乙亥，〔陽附陰大貴德。〕

庚辰乙酉，〔金水未成用德。〕

庚午乙未，〔干祿不備自敗德。〕

庚申乙巳，〔帶刑帶鬼帶食德，〕

庚戌乙卯；〔祿承陰會小享德。〕

壬子丁丑，〔祿會官承換官德。〕

壬寅丁亥，〔祿貴本元生氣德。〕

壬辰丁酉，〔貴會氣承清潔德。〕

壬午丁未，〔支干不合陽祿陰符德。〕

壬申丁巳，〔木合無刑陰貴德。〕

壬戌丁卯。〔往來換官德。〕

若夫顯說之外，非至聖則難言二儀，同德歸一而可測。搜造化伏現之機，格有無奇儀之會，發揚妙旨，神鬼何誅？〔疑誅為殊，乃鬼谷自謂臨於神鬼之妙，豈鬼神之所見誅也。〕

甲寅己未己丑，〔上文秀人臣調鼎格，下秀而不清中貴格。〕

甲辰甲戌己亥，〔上下祿命秀合重者，守德侍從。一本添己酉。〕

甲午己酉，〔重敗祿夫奔妻有秀無祿格。〕

甲申己卯，〔正夫絕妻貴奔夫正貴格，可作侍臣並非長遠之用。〕

甲子己巳；〔祿厚重合奔妻，夫地清貴上品格。〕

丙寅辛未辛丑，〔上承妻貴奔夫大順格，下夫奔妻德通變秀和格。〕

丙辰丙戌辛亥，〔上自合承，官妻貴格，下德貴相承自清格。〕

丙午辛酉，〔秀合神頭祿，先利後敗夫婦文貴格。〕

丙申辛卯，〔支干無地秀而不英格。〕

丙子辛巳；〔陽祿扶義陰德相承生旺格。〕

戊寅癸未癸丑，〔上有貴暗官不清格，下有地相通貴濁格。〕

戊辰戊戌癸亥，〔上妻奔夫神頭祿，清貴格；下官輕承秀，兵印大權格。〕

第五章 世傳為鬼谷子關於易道預測命書和天文地理的著作

477

戊午癸酉，〔支干失地無官有祿空秀格。〕

戊申癸卯，〔妻貴扶祿承合不秀格。〕

戊子癸巳；〔癸祿往遠秀氣人臣格。〕

庚寅乙未乙丑，〔妻重貴秀，合兵印重權，上清下濁格。〕

庚辰庚戌乙亥，〔二者乃魁罡相承，兵印重承上清下濁。〕

庚午乙酉，〔夫旺妻旺，格中而必敗。〕

庚申乙酉，〔祿頭專合人臣剛毅格。〕

庚子乙巳；〔秀合暗官妻奔夫貴格。〕

壬寅丁未丁丑，〔上陰地陽，承反覆格。下秀合不清高上格。〕

壬辰壬戌丁亥，〔上秀清祿會格，下濁名卑位高格。〕

壬午丁酉，〔陰附陽祿陽承陰貴格。〕

壬申丁卯，〔妻貴夫承官德相交中貴格。〕

壬子丁巳。〔祿德會合暗官虛中大用格。〕

夫寅午戌之類，乃五行體合，三生之會也。子丑之類，地支歲合也。甲巳之類，真氣德合也。寅丑未之類，天地真刑會也。甲得丑未，無合有合也。丁見亥之類，祿氣通合也。申見乙，支合干也，甲見亥，干合支也。各看失位之輕重，得地之清濁，上下配偶，親疏之緊慢也。其神頭祿者，乃陰陽專位、天地神會也。列八卦之真源，演五行之成敗，剛柔相推，有無合化也。故壬子之水，應北方之坎；丙午之火，實南宮之離。所以丙午得壬子不為破，丁巳得癸亥不為沖。是水火相濟之源，有夫婦配合之理。〔坎、離為男女精神之中者也。壬子見丙午、癸丑見丁巳，則先水後火，有未濟之象；又不知丁巳見壬子、丙午得癸亥也。〕

庚申、辛酉之金，應西方之兌；甲寅、乙卯之木，像東方之震。凡甲寅得庚申不為刑，乙卯得辛酉不為鬼。是木女金夫

之正體，明左右之神化也。〔木主魂，金主魄，二者左右相間不合，若能全合，則神之化生以間也。若庚申見乙卯，辛酉得甲寅，不為變識之用也。〕

戊辰、戊戌之土，為魁罡相會，乾坤厚德，覆載含生，不得以為反吟也。〔戊辰、戊戌不為沖破，是土得正位於守元會也。〕

己丑、己未是貴神，形體具備，守位忠貞，動靜不常。此四維真土，有萬物終始之道。非才能明於日月、器度廣於山川，大人君子熟能備德？況神頭祿各有神以主之，應日臨神，或左右運動於六合之中，盈縮於吉凶之變也。〔己丑土為天乙貴人，乙未土為太常福神。解百煞之凶，配一人之德，吉以吉應，逐凶釋凶。若得之當用則為橫財之善。若戊辰為勾陳，戊戌為天，空亡之神，多遷改君師，外藩出鎮，邊防有所不常矣。丁巳為螣蛇之神，凶以凶用，吉以吉承，多熒惑之憂，有滑稽之性。丙午為朱雀之神，應陽明之體，文辭藻麗。甲寅為青龍之神，博施濟眾，得四方之利。乙卯為六合之神，主發生榮華，和弱順儇。壬子為天後之神，主陰騭天德，容美多權。癸亥為玄武之神，乃陰陽極終，有潛伏之氣。從下如流，雖名大智，非軒昂超達之士，不可姑息，順則安平，逆則奸危。庚申為白虎之神，利於武而不利於文，有抱道旅羈之性。善中嚴內，色屬內荏，有仁義，好幽僻。辛酉為太陰之神，懷肅殺之氣者，有清白之風，為文章和易不世之才。然後各以親疏休旺定之也。〕

水土名用土本無一方之氣，從水妻之義也。陰陽各逐四時成就。〔辰中有乙則木土成之，故在寅卯辰中之土，隨木之生旺也。魁裡藏辛，則金土成之，故在申酉戌之土，隨金之生旺也。貴神得癸則水土成之，故在亥子丑之土，隨水之生旺也。

未隱丁火則火土成之，故在已午未之土，隨火之生旺也。大體如此，則其土之用皆喜於辰戌丑未也。戌氣從戌從已，戌火鍾而土育已，火極而土成。己氣從亥從午，亥火之絕也，土生；午火之旺也，土育。蓋已午為火極，戌亥為火熄，父母極熄而子孫成之。與水之異也，二氣俱逆戌得丑而為已得未，己自亥逆至未旺，戌自已逆至丑旺。天地之中庫於辰，金土之會成於戌。然則水土當育於寅，陰陽之中，卯酉為無止之地，子午為夫旺婦極之所，丑乃木立形而上藏甲，為金成而土衰，戌作魁而利。乃土發之獨用，不從四時之義也。其立用之方，蓋土無定形，雖載其文而未可究其指，故存之以待來者。〕

第三節　《鬼谷子分定經》

（錄自《永樂大典》）

永樂大典序

《分定經》，鬼谷子先生之所作也。以年時為主，遂成一卦。一卦之中而有三宿，照臨之端，以定其格。雖千萬之世，億兆之眾，造化之機、分定之理，昭然可考。猶如明鏡睹物，妍醜可見。可謂玄之又玄也。

甲甲　震卦　雷霆遠震格

長天忽震雷霆響，凜凜帷中獨有威，驚散雁鴻飛塞遠，狂風飄散落花枝。山南山北鄉關闊，家住瀟湘東復西，借問百年堪結子，一條球棒引孩兒。

天鸞　金雀　天貴

此星照命，風霜早歷，奔馳度量，高胸次遠。手段大，機謀深，心慕高人，見事敢做。親君子，遠小人，退神重重，多奸疑，多思慮，不驕傲。恬淡只因立志不一，性亂難拘所作於

人。不足頭女末男，便是這個五行所注。初年未稱意，末限方成。

述云：過水自有人相接，提我登雲別有梯。

甲乙　恒卦　泊水鴛鴦格

群群雁過遠離塞，雨打鴛鴦各自飛，縱有海風吹不斷，也須相守自相宜。滿樹花殘留一葉，好逢前發馬頭時，若見子宮須發祿，牛首牽弓必射之，壽命齊松柏，天齡不待時，鰲魚游水遠，平步上雲梯。

此命造化，性格恬淡，氣宇風騷，胸襟磊落，言語剛強。放蕩所為，不會深思遠慮。從前吃誤兩三番，方才省覺：滋潤處，不滋潤；安閒處，不安閒。廣孝不記，心力不足。初年件件愛好，中年事事懶惰，凡事要一番做兩番。頭子難招，妻宜兩硬，交友水炭，多成多敗。

述云：一番風雨足，方始見生涯。

甲丙　豐卦　馬瘦長川格

遙遙千里見波濤，獨有心機志氣高，故國豈無根葉在，爭名圖利自蕭條。青山雁侶雙雙遠，歲寒松柏枝枝青，君今莫問榮枯事，晚景終為富貴豪。

生涯未遇平生志，總使身閒心未閒，酉進辰年龍在水，無憂人在水歸山。

天滯　天罍　天說

此星照命，技藝工巧之星，學術多能之士。清閒秀麗，險處無慮，凶中反吉，臨危有救。見善不欺，君子成持，小人欺罔。為人性快，使人欺，能有綱紀自在中。尋出不自在，要好處，樂得一場愁。雁行有侶有妻，妾各難老。凡事慮心，且宜戒酒。

述云：孤中孤不盡，一世見凶危。

甲丁　豫卦　春暖鵑啼格

祖計紛紛東又西，綠楊深處子規啼，山空霧潤猿聲切，澗遠林深鳥倦飛。雁宿野花岩歲月，鴛鴦雨打不分離，終知意在逍遙外，爭奈塵心染是非。積歲多迍蹇，如今漸漸通；年老春色好，花枝一叢叢。

天拗　天慵　天執

此星照命，眉宇清秀，性格高標。凡事見快，珍瓏見識。知高下、識尊卑。只緣志大心高，立志不定。緊慢不均，大寬小急，多學少成，忘前失後，有始無終。會施為，能妝飾，無下口不吃飯，無衣冠不出門。財帛聚散，假小心，多魯莽。雖然遍歷風霜，卻喜危中有救。惡星出限，末主無疑。

述云：若要心身定，末主始榮昌。

甲戊　小過卦　漁父收綸格

漁父歸莊利祿名，旗橫隨後詔宣城，年來塞外思鄉國，游水中心逐浪平。生計必從前定立，運時應待百年榮，天邊孤雁高飛處，花落岩前月滿庭。帶祿牽牛歸路時，馬猴消息應天時，庭前早有文書至，何必自心盡皺眉。

天晦　天淹　天貴

此星照命，乃慵懶暗昧之宿。作事退晦，行坐躊躇，不會俯仰人，不會拘束人。衣祿自然豐厚，大利改更不靜。在祖宅難為六親、兄弟冰炭，只宜離祖過房、行贅遠方。求財不利家，為人無私曲，情性寬緊不調，從來凶險多經歷，只得凶中有救。

述云：子午才來時應泰，龍蛇地上必深財。

甲己　豐卦　鳳宿春林格

鳳凰池上釣連鰲，風捲長沙逐浪濤，雁過碧天群失隊，違親背祖奮身高。花開雨打枝頭損，果結風吹實不牢，北畔是家

南畔立，晚年須遇貴人豪。遇犬邊添翼，逢牛角畔刀，限隨羊馬發，身上碧雲霄。

天曜　天章　紫微

此星照命，吉利之星，祥瑞之宿，靜辦處反成啾唧，尬處卻有救神。一生巧中成拙，是處成非。此命是非多惹，才得自然，朋輩如同親眷，骨肉恰似路人。妻是瓜皮搭李樹，李樹搭皮兒。兄弟不和合，子息不能全，目下啾唧有貴人舉目。

述云：貴人來舉目，何愁不稱心。

甲庚　歸妹卦　花遇殘愁格

女嫁男婚寡與鰥，心靈機巧性居閒，江邊雁伴飛南北，百歲榮華醉夢間。遠樹落花存果少，可憐香徑蝶蜂還，路遙千里知音絕，限遇猴狼必稱顏。逆水行舟體不安，好於舟內把魚竿，庚辛自應身危險，壬癸相逢始好看。

雲雨　天囂　天機

此星照命，作事剛柔，所為平品。凡事勞心未達，要高未高，要顯未顯，立志不一，外觀有餘。內看不足，弄巧成拙；近處無緣，遠處欽慕；骨肉無分，子息見遲；螟蛉庶出，贅婿之類。眼前一件事，心下萬般量，只是虛名薄利未到。風光寅申運氣裏，好事立成。

述云：目下心不足，後有貴人成。

甲辛　大壯卦　月遠雲霄格

金烏明處蟾蜍黑，高山險處不須行，雁過長江波浪急，平生活計破中成。好似電光風裏燭，花開花落不堪論，晚景到來須享福，百年喜氣一身盈。思慮不曾閒，身閒心不閒，饒君多計較，雖有也憂煎。

金鳳　玉壺　鳳關

此星照命，如鵲巢生鳳，似蚌長明珠。作事先難後易，只

宜別祖離宗，過房異姓，入贅遷居。剋陷六親，兄弟不睦，機深志遠，作事剛柔，口直心慈，不受觸，不藏事，口傷人招人相怪。大寬小急，作事猖狂。妻命兩敵免剋，可保到頭。

述云：七九年來收算子，縱橫好用自家風。

甲壬　解卦　芳草逢春格

春來芳草依依綠，雪散紛紛見枯竹，空中群雁各東西，傷情獨向灘邊宿。雨裡桃花風裡燭，平生到此心未足，樹頭花發兩三枝，一朵枝頭紅似玉。陸地行舟水未來，空將心事委塵埃，逢牛漸漸登雲閣，跨馬騎牛大路開。

金鸞　天印　科名

此星照命，乃福祿之星。科名之宿，如珠之命。自立規矩，自闢門庭。比如大海之舟，又似水中萍梗。有三般早：當家早，憂慮早，歷事早；有三般遲：發祿遲，妻子遲，享福遲。只得命中有退神重重，若要名成利就，除非庚午年。多學少成，忘前失後。

述云：龍蛇過了逢牛馬，別有提攜一貴人。

甲癸　小畜卦　白玉離塵格

年光迅速催人老，風過瀟湘春又秋，雁過碧天沙塞遠，雨殘花敗果難收。知君頗得高人用，喜慰安然祿自收，欲問平生何處好，南遷京國度揚州。苦處還逢樂，身高又欲危，犬頭人發箭，戌遇虎生威。

天福　天星　文貴

此星照命，稟五行之氣福，居百順之祥聲，聞震屋之雷氣，達剛柔之象情。性機謀深，作事忘前失後，多學少成，件件向前，般般費力。划船人少，距立人多，相成者少，相敗者多。性直口毒，招人相怪。男女生多收少，妻宮兩硬無傷。目下未得安寧，除是子寅路通。

述云：牛羊若得雞聲唱，便是安閒享福人。

乙甲　益卦　行穩梅林格

日月分明照太陽，一身孤節最高強，空中雁陣東西遠，南北鴛鴦逐水長。有祿遇羊頭上發，樹頭枝葉暮秋殘，知君心有塵勞外，不被塵勞不奮揚。生計從來未委泥，早年兄弟見分離，龍蛇若遇還通泰，虎上高山意便奇。

祿存　天感　天聆

此星照命，事業艱辛。幼年見成之規模空費，萬般之心力三思進退、百種盈虧。破祖業，財帛難聚，有險難之處喜得救神，行皆好事翻成怨恨。近處無緣，遠方人喜。危難立個家計，無心中遇個因緣。子息見多難存，頭子須是喚爺作伯、呼母為姑方可，若到猴雞，必能自成自立。

述云：從來磨難多勞力，今日淘沙始見金。

乙乙　巽卦　鴻雁瀟湘格

遇貴還須得意時，平生剛志與松齊，登山履險雲山遠，綠樹逢春發舊枝。鴻雁過溪雙遠影，百歲榮華見一兒，更問雙蛇平地起，牛羊兩路必登梯。雪落紛紛三十九，天晴日暖雙蛇走，長安路遠遇危橋，勸君莫飲春前酒。

天蠱　天毒　紫宸

此星照命，退晦淹留之宿，安閒自在之星。凡有凶危，龍頭蛇尾，好事多磨，凶中有救。貴人遇如不遇，財祿秀而不實。學堂雖有，多學少成。也不會惡人，也不會救人。退神重重，使錢如風，撰錢如雨；有錢會使，無錢會耐，成財不一。中年合帶暗疾，雕青破肉可以延年，要安穩直待辰寅。

述云：直待一聲雷奮發，管教一躍入青雲。

乙丙　家人卦　日月重明格

日月交光色漸明，重樓天大兩重明，天邊雁叫蘆花遠，池

沼鴛鴦憶出群。生來未發應無馬，名利成時待虎年，借問桃花成幾果，雨中風送一殘燈。借問何為業，龍蛇水畔僧，馬牛逢薦舉，更上樓一層。

天佑　天禮　天揮

此命星如鳳生鵲巢、龍長蛇腹，性緊多謀，常懷不足。作事躊躇，所為進退自在中出，苦辛安閒處惹是非，盡心竭力似春花逢夜雨、秋月被浮雲。會趁錢不如省用度，一似門樓前獅子、草屋下珠簾，強施捨、硬追陪。

述云：貴人輕借力，又立一翻新。

乙丁　觀卦　魚游清波格

你親非我我非親，家外榮身隔故人，興廢想應前分定，利名還要待終人。高峰頂上群離雁，渭水河邊釣錦鱗，借問花殘鶯舌老，禁煙春色柳青青。頭枕山前鹿，心思水上財，騎牛須遇虎，方有貴人來。

天嚞　天祿　孤虛

此星照命，困干之宿，虛名之星。人命值之，無見成之。福獨拳，自立理。要分明。作事自是氣高、性直、口毒、心慈、親眷無緣，朋友少義，知心者少，妒害者多，只喜凶中有救。用心多，歷事早。要靜辦，未靜辦；要安閒，不安閒，卻有晚景好且待之。

述云：長安道上花閒盡，誰信山邊有彩雲。

乙戊　漸卦　鶴立松林格

生同出處鶴離巢，飛上青松立樹梢，學問不成終是去，蓋根遮葉未能拋。空中二雁爭群隊，池內鴛鴦頸不交，姑舅六親雖共處，成敗艱辛命裡招，種菜須宜時，花開發舊枝，一朝身立奮，成鳳附瑤池。

天休　天霞　天權

此星照命，如仙女種田，天橋車水，安閒中尋出辛苦，享福處不得安閒。為人慷慨，見識高明，平生性格，如泉擊石。區區心力，成三四處之規模；滾滾平生，做兩三場之活計。件件自向前，般般自費力，有福不會享，有事不能藏。性直無私，恩愛中反招不足。

述云：莫恨春遲花落早，秋來猶有一枝芳。

乙己　謙卦　籬外海棠格

重台遙望仰天高，風捲長沙起浪濤，莫問平生榮與辱，身成上馬指龍毛。湘雁過離蹤跡，吳越相持奮氣豪，由恨此生根葉好，不堅牢處也堅牢。意欲謀前路，心懷未肯行，馬羊逢舉力，方始得通亨。

天柱　天極　天颯

此星照命，乃是鑿山取路之星，掘石沒泉之宿。有心膽，有機謀，有措置，會施為。知輕重，識高低，別貴賤，有威儀。如不繫之舟，若初生之月。為人慷慨，稟性持達，只因運未至。且戒且忍，晚年發跡，無心中遇個貴人，無意中遇項財物，榮身潤已，稱平生之志矣。

述云：正好求謀安樂計，忽然日暖動蛇鄉。

乙庚　中孚卦　幸遇金門格

玉殿金門到不難，一心重度兩重山，空中雁叫飛二隻，一歲兒童一日閒。鹿在遠鄉歸故里，箭隨風月過雲間，誰知性戀逍遙外，爭奈身閒心未閒。秉志剛柔足，機謀出眾群，資財盈白首，無意遂功名。

天福　天機　括舌

此星照命，金銀斗秤之星，福祿簿書之宿。件件勞心，般般費力，機謀神密，劣性心高。會驅駕，能擔當，假小心，喝

大采。勤燒香念佛，有救人心，無傷人意。要使大錢，會吃大飯。結識人，尷尬處能分理，險難處會脫身。猴鼠相逢，必能發奮。目下時運不襯，淹留未能顯達。

述云：花正開時遭雨打，月當圓處被雲遮。

乙辛　渙卦　海底明珠格

明珠海底隱寒光，用意成時卻有傷，孤雁叫天離塞遠，雙龍吟雨更蒼忙。田中祖業更新主，境外榮身立舊莊，借問百年成甚事，枝頭花果一雙雙。臥虎相將起，人眼醉漸忙，猴蛇終見喜，卓立自相當。

天貴　天梁　天浼

此星照命，為人有調度，有機謀，胸襟磊落，志氣剛強，生來只緣磨難多，卻得凶中有救星。貴人遇如不遇，親眷親之不親，懶中忽然豁達，用事卻有迂迴。妻宜親上成親，卻宜在外經營，不利在家作活，命中合帶暗疾，雕青斬指，延壽和平，睹事發出話來，招人相怪，兄弟如無父母，過容百事。會褌補，能主張。若遇龍豬，方始通泰。

述云：莫嗟時未至，暗過又還明。

乙壬　小畜卦　雁過長江格

密雲不雨空雷響，閃電流光震不威，雁叫空中飛去急，歲寒松柏綠依依。能將心膽分南北，解用剛刀斷是非，滿樹花開存一果，更隨掣電耀光輝。膽氣合天心，狂風擺舊林，年來新事到，花樹再鮮榮。

天暗　天奔

此星照命，乃綱紀之星，權衡之宿。人命值之，有創業之謀，無享祖之福。剛柔相濟，為人見識。作事自是氣高性急，口直心慈。生經風浪早，獨權獨立，省力處翻成費力，安閒處不得安閒。見不平事要斷，理直才去沾惹，反成不足。

述云：春去秋來多少恨，才逢羊馬得平安。

乙癸　漸卦　松竹同榮格

平生艱阻多翻覆，費力勞心半松竹，雁行中路見分離，夫妻傷刑多反目。月移花影當心觸，月到天中雲霧簇，樹上花枝兩朵榮，百年未稱今朝福。俊俏有規模，聲名播道途，欲求天外事，須下死功夫。

天吉　天祚　天晚

此星照命，多遭誹謗。口直心慈，不受人欺。凡百之事，所為進退，錢財失散，好事難成。妻遲子晚，只宜頭女頭子難招，所為有頭無尾。雞鳴犬吠相逢，這須遠大前程。晚年財祿自成，前程遠大。

述云：歷過幾多危險處，如今舟穩始無風。

丙甲　大有卦　池內雙蓮格

赤腳堂前履玉墀，蓮花出水不沾泥，天然定注安閒福，富貴奔馳事業遲。遠雁分飛煙水闊，鴛鴦戲水各分離，君家若問平生事，向道登雲自有梯。積善延君壽，行慈護子孫，喜逢豬合處，騎鹿上天門。

天恩　天赦　天櫃

此星照命，出現眾星朗然，君臣和合，風雪濟會，奸佞不生。胸襟瑩徹，賞罰必信。事業似燕營巢，獨居自處，生來好靜，主性不一。易盈虧，多反覆，傷妻害子，好事難全。大門樓，好妝點，外觀須好，裡面槎牙，成中有破，喜處多憂。晚年財祿自成，前程遠大。

述云：從前難處多經歷，牛馬相逢事便奇。

丙乙　鼎卦　鶴宿春林格

塵埃漸脫步雲梯，花發庭前正及時，若得東君眈子力，太陽何處不光輝。有限自然成祿位，雁橫秋水遠相離，若問生涯

何處足，明蟾一點照希夷。欲謀千里事，登明陟險難，伏心勞費力，善地覓安閒。

科名　詞館　鳳閣

此星照命，如玉如珠。貴人皆仰，民族皆歡，能為鐘鼎之器，可作棟樑之材。只緣退神重重，好事迂迴，利名反覆，勞而無功，秀而不實，機深慮遠，事無十全。

性剛強，不俯仰，不謙讓，妻宜親上成親，長子難招，卻要喚爺作伯。雖是口毒心平，與人不足赦人，無恩中兩主駁雜，卻稱晚年。

丙丙　離卦　虎困松林格

生身本在垂楊下，恰正成陰志不閒，雁過碧波照影見，林中哮吼待歸山。若問生涯隨分過，命中險難隔函關，六親險難應難守，飄蓬因得貴人看。冗冗心無用，區區未肯閒，假若心事好，命不與時爭。

紫氣　天瑞　天官

此星照命，乃爵祿之星，利祿之宿。自合名利兩全，爭奈運氣未至。屈曲處，會忍耐；不儉約，會安排；懶俯仰，只是與人不足，兄弟不和，親不是親，非親卻親。五遲五早之命：當家早、歷事早、吃力早、辛苦早、破祖早；妻招遲、兒女遲、成身遲、享福遲、財祿遲。

述云：若要風雲相濟會，除非添了水邊人。

丙丁　晉卦　燕奪鶯巢格

平生注定馬頭榮，事業區區總未成，西畔有家東畔立，南邊有辱北邊榮。孤飛雁叫湘江水，燕奪鶯巢兩處鳴，借問此身何處是，雲收月皎正當庭。運氣合迍蹇，生涯日日新，問君前程事，要是虎頭人。

天魁　天馴　天英

此星照命，生來近貴，須沾雨露之恩。命合遇天財，爭奈五行駁雜，還了許多俗債。有事不會藏，有事不會耐。弄巧成拙，恩中生怨，撰錢來如風雨，去似飛沙。雖是名播四方，聲揚閭裡，比如乾纈桃花，好看不結實。兄弟虎羊，件件自當心，自理會。命中若帶暗疾，雕青破肉，可免傷妻害子。

述云：一生心多事翻覆，猴鼠相逢事業成。

丙戌　旅卦　雁逐鸞飛格

重山高聳拂雲端，孤燕高飛逐鳳鸞，久後資財應滿屋，白頭方得貴人看。生因志氣如松竹，立志清高耐歲寒，借問西圓花結果，一枝春色椅欄杆。初榮中亦破，祿在晚年成，見豬登劍閣，遇鼠即身榮。

天休　天祿　天煥

此星照命，胸襟磊落，滿面春風。見識察秋毫之末，謀事有沖天之志。慮遠機深，胸襟澄澈，明明如燭。量長較短，知輕識重，善斟酌，會周折，意慈悲，不怨恨。監危涉險，自能主張。五行孤不盡，猶如草屋下掛珠簾、匣中藏寶劍。凶事如冰見日，好事未免迂迴。松柏常青風霜久歷，若帶暗疾，可免刑傷。

述云：功名未遇天家祿，試向雞窗苦用功。

丙己　晉卦　失侶孤鴻格

羽翼初生且待時，開籠展翅自高飛，誰期失侶分南北，嘹唳衡陽日易西。遠雁過山群失隊，白雲深處杜鵑啼，爭知意在塵埃外，因在塵埃涉是非。滿院桃花帶雨開，東風吹綻一枝梅，逢牛兔上枝枝發，一箭成功事事諧。

天妒　三合　天憂

此星照命，不喜俗事，有冠世之材。心地好，行忠孝，作

事閒中不靜，只好鬧中取靜。僧不僧，道不道，俗不俗，孤不孤。拿東籬補西障度日，身心不定。早年喜得庇蔭下，中年不好，末主始成。若不破祖，定是異居。合帶暗疾，可免傷剋根基；應在水邊成立，目下未達。

述云：幾多辛苦皆經歷，自有桑榆壽晚年。

丙庚　睽卦　天際孤鴻格

百尺竿頭進步難，紛紛祖業有循環，雲中雁陣飛程遠，檻內奇花一點斑。若問前程榮顯事，白雲猶自戀孤山，平生志氣應無失，只恐當年事不閒。生涯心未定，遇虎方榮盛，進退有兩般，弟兄應不順。

右史　天營　天柄

此星照命，性格不常，易喜易瞋。早年福祿，志略操持，心機遲要。省力早，越見心下不安。雖然一個好根基，過了許多磨難。雖北辰有拱星之拱常明，台輔之前，高而不危，滿而不溢。會主張，歷事早，成敗知多少，憂煎過幾番。若逢申已歲，必遇貴人欽。

述云：運氣未來君且守，晚年一個稱心人。

丙辛　大有卦　鶴立青松格

青松百尺嶺頭寒，白鶴飛來立晚灘，氣直雪霜欺不得，石崖岩下立根盤。紛紛葉落春光語，百歲兒童一夢間，借問生涯何處發，才逢犬馬始安然。長安路坦然，不用苦相煎，前程名與利，直過馬牛邊。

天台　天退　天懶

此星照命，有規模，有豐度，能驅駕，會撐拼。只因多破少成，秀而不實，豪氣沖天，膽志拖地。不能俯仰人，會支吾，能處分，會妝點，善擺佈。卻因福薄恩深，多翻多覆，獨權自立之命，只得根基固實，凶中有救，災害難侵，晚年方有

貴人舉用。

述云：遇盡許多危與險，直須且待晚年成。

丙壬　未濟卦　山頂鸞棲格

祖業紛紛晚可成，山深隱雪見猴星，孤飛雁南南來伴，渭水河邊釣錦鱗。若問生涯多進退，勞心費力晚年榮，牛馬運來應見祿，從前事業未堪憑。白玉黃金貴，清門早赴期，瓊林花要發，牛角長新枝。

大常　天府　炎炎

此星照命，有火星，難獨犯。多頭多緒多疑惑，多屢愁，多是非。口直性緊，自是自直。勤燒香，懶念佛，多憂慮。志遠機深，安閒中見生受，省力易，費力難。雖是能措置，會施為，卻緣命中凡百蹭蹬，好事迂迴。早年宜異姓隔胞，改更離祖，如乳燕營巢自立計方可，若守祖業誠恐難招。晚年自有貴人提攜，無心中遇一項財祿。

述云：頭上安頭心不足，巳亥才逢有貴人。

丙癸　旅卦　雁唳雲霄格

撼動高山力不加，根深連海接天涯，雁飛江外無消息，拆散鴛鴦便不來。春風是處圓林好，秋月揚明逐歲華，借問平生何處是，到頭三結半枝花。遇馬多應險，逢牛迤邐安，此時方得意，喜得貴人看。

天輔　天破　天鸞

此星照命，是穿山透石之星，經風涉浪之宿。人命犯之，施行雨露，掌握山河。容貌清壽，骨格胸襟磊落。所為進作操持，即緣性剛弄巧成拙，多招是非。撰錢來如風雨。

述云：過了危難處，龍蛇始稱心。

丁甲　復卦　枯木逢春格

春來萬物長新枝，枯木寒風灰火隨，因向暗中逢巨燭，月

殘素色漸光輝。蘆花雁過溪邊白，柳絮鶯聲是處啼，桃花滿圓人不摘，霜林花放柳塘堤。魚入大江中，山林虎嘯風，命逢寅午位，箭發馬蹄中。

天權　天沖　天秤

此星照命，美中不美，好事多磨，始榮終辱。先難後易之兆，好事迂迴、錢財蹭蹬，恩中成怨、好事乖張。離祖辭親，移南就北。多翻多覆之命，瀟灑中不安閒，端正處要喝斜，心閒心未定，運至心安然。

述云：堪恨年來無限事，馬頭逢著有恩人。

丁乙　升卦　月透浮雲格

平地升騰上碧霄，烏雲散處有仙橋，每將心事重更變，祿食千鍾福自招。天邊雁叫空留影，南北家鄉萬里遙，墳前借問誰為主，風送孤帆出海潮。久缺看看滿，經年鏡再明，江南與江北，花落虎頭人。

天庫　天倉　天樓

此星照命，監官提攜之宿。氣宇朗然，機謀智略。作事好勝，財帛要多，心常不足。人雖欽仰，作事迂迴。重擔有肩，無人可替。高人見喜，小輩無緣。口直傷人，多招不足。憐貧敬老，難觸心慈。中主漸強，末主最好，命中合遇金貴水貴等人。

述云：從來事業成烏有，晚景生涯始可誇。

丁丙　明夷卦　張弓待箭格

雁過前山影漸孤，家鄉天際立江湖，張弓待箭逢牛虎，雞兔相逢是事圖。月下瓊花三結子，日高紅照隔天衢，借問安身何處好，不妨迅步到皇都。梨在田中未過牛，小童湖上泛輕舟，青錢再得逢朱紫，須信中年事不虛。

天階　天貴　天策

此星照命，有見識，有操持，機謀膽量出眾超群。心性剛直，志識遠大，易瞋易喜，退神重臨。危不危，遇險不險，成中有破，莫信小人。初年有福，中限便強，末限尤佳。

述云：擬待張弓施一箭，百步穿楊也不難。

丁丁　坤卦　耕鋤獲寶格

耕鋤偶爾得金珠，牽牛遇虎雁相速，花殘一果榮君壽，欲學相如卻未如。夾道相牽仍隔水，鴛鴦孤隻戲雙魚，終知事業青松下，留取生涯伴老軀。受祿須乘馬，逢雞路漸通，虎頭尋兔尾，當遇主人翁。

天非　天妒　天舌

此星照命，平生氣宇，草屋上獸頭，羊質，虎皮，要妝點，要好看，要施為。能近上卻緣運氣未利，虛名虛利苗而不秀，秀而不實。知道理尊卑，思遠大見識高明。凶中有吉，不犯宮刑。要閒管，招是非，於人不足。末主錢財興旺，不求自至。無心中遇個貴人，忽然中得段財祿，傷妻剋子，破祖離宗之命。

述云：此身成立處，須仗貴人扶。

丁戊　謙卦　桃李同榮格

黃河天水相連濟，自古從今不斷流，月在碧霄雲漢闊，雁飛天外兩驚秋。每聽猿聲山澗遠，利名福祿自然周，借問花殘留幾果，桃源雨打落花憂。

天車　天轟　天蟄

此星照命，自成自立。心地坦然，不免勞心費力；未能成家，不得六親兄弟之力。骨肉相悚憂愁多，巧中成拙失了還。束心平口直，發出話來招人相怪。顛撲處有救神，危難中立家計，凶險處做個門庭，比似一塊生鐵煉成一塊真鋼，還是成器

費力尤多，須待晚景。

述云：煉鐵成鋼為美器，財到榮身也不難。

丁己　坎卦　乘槎渡海格

黃河湘水水相同，水港微渠路也通，松茂節高侵碧漢，爭知蓬島有仙翁。雁飛雲外無蹤跡，必是年深事業隆，夭桃花發枝枝秀，羊虎才逢喜氣濃。羊馬即亨通，貴客更相逢，箭隨弦上發，錢財喜氣中。

天輪　天戈　天鋒

此星照命，陷害六親。遷居改正，孤獨自成。心閒身未閒，身閒心似火，意懶氣如虹。當權早，歷事早，百丈竿頭，進步千重，浪底翻身多磨難，只得凶中有救，破盡還來，卻在晚年，發祿如井泉水之造化，用之不竭，貯之不滿，成中有破，破了還成，卻在晚年。

述云：要知向去生涯事，羊馬群中事鼎新。

丁庚　頤卦　畫樓獨倚格

高樓畫閣終非久，獨倚欄杆望遠天，一上小舟音信隔，蘆花深處有風顛，鄰家戶口三千萬，咫尺長安一水間，借問白頭墳畔立，四隅相送海隅間。四海名聲遠，風帆駕遠舟，逢寅親馬尾，明月照中秋。

天刑　天耗　天虛

此星照命，做事迂迴，巧中成拙，是處還非。傾心吐膽於人，翻成不足。兄弟無分，獨立自成。財似嶺頭雲，聚散不一；福如秋夜月，明暗不常。家不欠缺，眉頭不曾開；親戚難靠，朋友少知心；子未得力擔未息，肩鬢白如霜，猶負重擔。目下雖安心未徹，枯木若逢春，蟠桃終是結。

述云：寅馬才逢泰，枯枝也遇春，是非還自戒，切莫聽小人。

丁辛　泰卦　月影浮雲格

自古興隆泰漸通，因逢除夜月朦朧，如今暗地逢明燭，隨照流光卻向空。寒塞霧煙鶯燕少，雁飛沙塞也西東，知君意在青松下，堪笑桃花滿樹紅。如禽添羽翼，侶虎奔深山，便風舟到岸，何用苦搖撐。

天井　天台　右班

此星照命，作事迂迴，所為進退，歷盡崎嶇，舟行未穩。嘲風詠月，瀟灑胸襟。吃不得虧，受不得思，出外高人見喜，在家小輩無緣，命中退神重重，奈緣事運皆未能成器，才到午酉件件稱心。

述云：目下小人相忌妒，自有高人舉用時。

丁壬　師卦　鼠守陳倉格

倉積陳糧食有餘，半歸食鼠半歸廚，空中雁字飛相遠，天賜聰明豈在書。有限足招雲外慶，危中卻有貴人扶，百年大限中庸好，心巧機靈壓眾愚。立志能剛勇，心聰見識明，六親雖倚靠，舉意合天真，子箭思牛鬥，騎龍上碧雲，逢蛇多稱意，遇馬得榮身。

天鑰　天缺　天蝎

此星照命，機深膽略，志巧心靈，生來軌道，不會懸容。有操持，會施為，能支撐，會伏眾，卻緣磨難早，六親不得力，當心自掙扎。退神重重，相識無義，骨肉相悚，好處翻成不足，妻遲子晚，好事多磨。

述云：好笑幾翻天大事，危中卻有貴人扶。

丁癸　謙卦　雲開見月格

君子垂釣坐釣台，烏雲吹散碧天開，從今漸有升騰志，好把身心自忖裁。此時得運瀟湘客，月影梅花明照雪，蛇猴相會濟風雲，荒圃凋枝杏花發。得意成家業，時至福崢嶸，蛇猴相

世傳為鬼谷子關於易道預測命書和天文地理的著作

會處，福祿自然通。

天廚　天馳　天料

此星照命，如孤鴻離塞，只鶴秉風，志在四方，宦遊他處，不守祖居立業，只宜出外救神有。求財如泉，井滿而不溢。三兩次改換基址，四五翻成立家緣。

在俗還孤，出家不淨，磨難多，成敗多，心在間地，身落火坑，盡是天馳星所注。

述云：君今若問真消息，只好桑榆渡晚年。

戊甲　頤卦　仙鶴騰雲格

大化無非小化成，身齊松柏復堅青，安居待命須時發，養性逍遙自稱情。天遠雁飛三四隻，水邊雲際望俱平，君還若問前程事，百歲花如半日榮。遇犬逢辛祿，逢牛箭自來，兔龍應奮發，羊馬上高台。

天船　天昌　天南

此星照命，心性剛直，所作詳明，其性坦然，並無私曲，三寸剛舌，一片佛心，卻只於人不足，恩中生怨。交遊無終始，件件自當心，般般自費力。移桃結李，幾度家成又敗。末主方興五行之所注。

述云：從前磨難皆勞力，今日方知舉步高。

戊乙　蠱卦　鶴立青松格

鶴立青松棲不成，無言終日謾勞神，剛柔自定成身計，金滿斯箱酒滿瓶。雁叫碧天空接水，桃花雨後始鮮明，堪受利名頻得失，爭似山居靜掩門。得遇陰人發，乘豬喜漸通，龍蛇當有慶，羊馬開顏紅。

天綺　天併　天轂

此星照命，凶處成吉，憂處有喜。件件自勞心，般般重費力，朋友淡薄，親戚相疏，伶俐自然，風流天賦。於人不足，

翻成是非。只得救神在命，三五處失腳吃顛處，人扶妻宮有破、祖業消磨。命帶暗疾，可免刑傷亦能延壽。宜戒五葷三厭。

述云：平生歷遍難危處，如上青山得片雲。

戊丙　賁卦　鴻雁失群格

如今家富未為富，他日身貧未是貧，根腳淺來心地廣，榮身好事未能成。雁飛天外空尋侶，裡外三千煙水雲，借問芳菲成幾朵，滿圓留得一枝春。身計未能安，區區雁陣寒，利名須見馬，方得貴人看。

天牛　天雍　天空

此星照命，如芝蘭秀於山谷，松柏茂於岩崖，出處幽微，根苗固實。雖然祖父根基，獨自能與保守，六親無分，弟兄相疏，好個創業規模，卻欠安閒之福。如甜瓜，命香從辛苦裡來。

述云：己午年中成事業，桑榆晚景樂餘年。

戊丁　剝卦　夜雨翻桃花格

桃花夜雨春殘落，柳綠鶯聲繞樹枝，寄我一身須遠祖，蘆花深處雁南飛。真文必遂金門椽，晚赴舟墀莫嘆遲，家住五湖明月夜，兒童相送步雲梯。寒雁江天晚，昏銅再琢磨，箭從寅午發，牛鼠亦顏和。

右輔　天蓬　積寶

此星照命，氣宇精神，胸襟灑落，成幾處事，立幾處家風。滾滾平生，區區名利，披星戴月，惹是生非。高人見喜，小輩相欺，近處無緣，遠傳令德，只喜不犯宮刑，仍主晚年秀氣。

述云：從前歷遍崎嶇道，若要心閒待晚年。

戊戊　艮卦　獨婦倚門格

岩前風雨正依依，獨倚柴門半掩扉，貞潔沉吟凝淚眼，兒夫別後未回歸。天邊雁陣空違侶，檻內無花借一枝，莫恨晚年

第五章　世傳為鬼谷子關於易道預測命書和天文地理的著作

成敗事，休論昔日是和非。休誇得意深，莫怨彼無情，欲進獨難進，別有好知音。

天央　天說　天文

此星照命，外好看，內槎槎牙牙。葉茂花繁，秀而不實。密雲不雨，憂中有喜，險處有救神。有於人意，無酷毒心，頭緒多少記著，成而又破破了又成，妻宮有剋，子宜見遲。

述云：君知欲問前程事，只好空心待丑蛇。

戊己　剝卦　擊破連環格

連環擊破愁縈腹，松檜盤槎鶴必棲，雁過遠山飛斷目，鴛鴦雨打各分離。平生志氣應難敵，爭奈從來未遇時，借問晚年何處是，桃花林下好圍棋。

天愁　天皮　鎖眉

此星照命，口能舌辨，出語不常。作事多疑，為人奸狡。生來有四遲四早：辛勤早、歷仕早、卓立早、事業早；妻妾遲、子息遲、享福遲、安閒遲。

若是離祖隔胞，庶出異姓，最得地。不然則女遲子晚，遍歷風霜，撰錢來如風雨，去若飛沙。正是，花巧得花巧破財是，更殘漏盡燈。

述云：從前是處卻未是，只得桑榆可瞻身。

戊庚　損卦　岩前古檜格

立志先須用琢磨，荒涼陸地起風波，孤飛雁度雲霄遠，乳燕飛來壘舊窠，花發圓林存一果，從來事業也蹉跎，君還問我平生事，喜得連綿壽數多。獨坐圍棋為樂情，水東軒宇水西亭，如今箭在行人手，牛角乘龍上玉京。

天郝　天憂　天商

此星照命，枯木未春，旱苗未雨，為人熱心腸。賭事理直口直，發出話招人相怪。是親不親，非親卻親；外人如手足，

兄弟不和睦。身在江東，心有江北。凶中有救，不犯宮刑。生來只被天憂星所惱，歡喜未來愁先到，錢財聚處又成空。初中限駁雜，末主方佳。

述云：梅花還謝了，結實在枝頭。

戊辛　大畜卦　負薪登險格

負薪涉險過長林，半路行來卻遇金，休道資財前分定，也須回首謝知音。空中雁叫雙雙遠，喜得年高卻稱心，為向桃花留幾果，樹頭獨有一枝春。莫怨榮身晚，枯木再逢春，見豬方得地，月到五更明。

天懶　天晦　天暗

此星照命，心明志巧，智廣機深，從容出眾，作事退悔，多學少成。早年不能奮迅，中年始可立成，天懶慵惰，天暗不明，移南就北。革故鼎新。是瓜皮搭柳樹，兄弟恩猶如羊虎，商量一件事，管取鬧一場。

述云：生來磨難處，晚得貴人成。

戊壬　央卦　芳草芝蘭格

黃金非我終身寶，畢竟芝蘭異芳草，家住瀟湘東又西，身向山南山北老。枝頭春色枝枝早，傍人稱意知音少，百歲榮華不必憂，福祿雙全還自好。暑往更寒來，終是有資財，馬龍施一箭，莫與外人猜。

天祿　天轟　天福

此星照命，為人正直，謹言語，有救人之心，無傷之意。高人見喜，小輩無情。同居合家做活，凡事弄巧成拙。退神重重不克，有兩座祿星在命，衣祿自然。

述云：從來事業皆未定，畢竟收因在晚年。

戊癸　艮卦　沙裡藏金格

生涯不可謾咨嗟，石在玄精金在沙，去石真珪方顯得，淘

沙金塊各無瑕。雁離衡陽無伴侶，鴛鴦戲沼隱蓮花，須知祿向龍頭得，財寶逢牛自有涯。未遂平生志，豬尋子上雄，春殘花未落，一朵伴春風。

天機　天柱　天敗

此星照命，為人機巧，有操持，審法度，知高下，別賢愚。小人無緣，高人見喜。依本分，利名頭，風霜早，磨難早，幾度吃顛仆，皆是天敗星在命。只得天柱星在命，且得凶中不凶，妻宮不得力，兒女主遲。

述云：牛龍須遇貴，枯木再逢春。

己甲　復卦　池長碧蓮格

平生未遇衣和祿，藕在青泥長碧蓮，魚戲池中還自樂，雁飛遠漢度長川。盡道功名難入手，卻緣事業晚因緣，借問桃源消息好，牛羊歸去好耕田。鑿井通泉水，枯木長新枝，君應施一箭，且待馬牛時。

天隆　天晚　天祿

此星照命，乃廣行之星，為人耿直，作事忠良，心靈志巧，見識遠謀，妻宮有破，子息難招。只宜出外求財，在家不利。六親冰炭，骨肉無情，有貴人遇如不遇，有衣祿秀而不實。外觀有餘，內看不足。結識相知，臨難不救。攀陪親眷，冷淡相看。這五行獨權自立，秋花晚秀之命。

述云：時運到時成大器，休怨蒼天且待時。

己乙　升卦　雲散月明格

百計千方作養生，風吹雲散月重明，空中雁影飛三隻，祖代耕盤在一耕。遠樹落花三四朵，秋風結子一枝榮，心懷志氣無人敵，莫把聰明與命爭。遇乙親同位，逢寅運漸通，箭先隨鼠發，虎跳出朦朧。

天進　天蠱　天祿

此星照命，為人性剛，有膽略，有操持，親枝不得力，有事自當心，做事十步九計，恩愛處落得辛勤。恩中成怨，好事多磨，不欺貧，不妒富。退神重重，不發達者，盡被天蠱星所惱，將來還遇一貴人舉用。

述云：施恩成怨處，卻有貴人扶。

己丙　明夷卦　秋晚芙蓉格

富貴豪奢意未專，年來年去幾多般，須知雁過關山遠，花發清秋色亦鮮。立業成功還已定，成身無咎亦天然，終知得遇同鄉友，乘馬凌雲上碧天。平生未遇亨，舉步上青雲，兔頭兼虎尾，有路坦然平。

天破　天災　天榮

此星照命，磨難風霜。親不可托，友人可交，勞心只力獨支撐，會施為，能措置，好事多磨，巧中成拙，險處卻不險，安閒又不閒，正是一個不靜辦五行，卻不忘恩亦不狂圖也。會守己，好事蹭蹬，成了又破，破了又成。中初兩限不聚財，末限方得地。

述云：新月休言缺，團圓也有時。

己丁　坤卦　接木逢春格

日透高峰雪未消，難將桂木接新條，榮身本是天然定，成敗皆因命裡招。水際鴛鴦和暖夜，天邊鴻雁不丹霄，花開正遇陽和節，又恐狂風一旦飄。命逢豬漸發，遇丙卻堅牢，平生多蹇滯，方始出塵勞。

天轟　天明　天說

此星照命，有機謀，有膽略，有權柄，有操持。自權自立之命，有造化能全，只因刑殺重，立性重，為人性懶心焦、多奸多疑。會妝點，會施為，能驅駕，會撐持，口直傷人，恩中

生怨，傷妻損子，事不十全。初中財不聚，末主方成。

述云：釣鰲不得休空嘆，自有生涯在晚年。

己戊　謙卦　雁戲長谿格

百歲生涯漸得成，險中重換一翻新，西圓春色濃如錦，好向朱門問主人。鴻雁過谿妨羽翼，桃花值雨亦傷情，平生事業休惆悵，羊馬相逢卻是榮，雞報更殘晚，牛逢鼠漸奇，龍蛇消息好，羊馬始成時。

天騫　天將　天福

此星照命，初年顛磕，多憂多慮，勞心費力，不能遂心。蹇滯奔波，骨肉冰炭，千方百計，有始無終。兄弟難靠，相識無情，獨立自成之命。遠處人見喜，近處並無緣，作事勞而無功，名利秀而不實。若要稱心，直過五九。

述云：名利還自得，羊馬遇時榮。

己己　坤卦　鑿石見玉格

鑿石盡時逢寶玉，庭樹檻外夾修竹，雁飛天外唳聲高，鷗沙汀蹺一足。圓林處處接桃花，唯我庭前長秋菊，百年枝上果何如，半子半孫相半宿。

天退　天晦　天喪

此星照命，機辨多疑，多思遠慮，性直心高。

見識有心機，口毒心慈，聰明中做出魯莽事，機巧處弄出是非來，胸襟磊落，性格巍巍。財利盡被天晦星所退，猶如蓮葉上水珠，空中得來空裡去，散時容易聚時難。只得退神重重，逢凶不凶，遇險不險。目下未成，直待末限。

述云：幾番得失教經歷，晚景將來必稱心。

己庚　臨卦　雨打鴛鴦格

日出陰雲光自燦，安然千載喜相期，歲寒但愛存蹤跡，莫怨生來未遇時。天外有鴻聲叫遠，鴛鴦經雨各分飛。桃花闐苑

春殘處，零落圓中一兩枝。聚散多今古，榮枯幾代前，追思來往事，且樂太平年。

天嚻　天爵　天章

此星照命，孤高品格，秋月精神。六親不得力，兄弟不比和。口直心慈，閒管處惹是非，於人不足，巧中成拙，好事多磨，無心中做就家，趁哄處立成計。先難後易，始辱終榮，中主漸好，末主尤佳。

述云：還知世事多顛倒，才到凶年卻不危。

己辛　既濟卦　石上栽松格

苦節凌霜志恁堅，賢人未決待天然，有志終須成大器，休嗟虛度舜堯年。鴻雁沙汀三四隻，鴛鴦獨立在江邊，誰知樹上殘秋果，李白桃紅寄在前。鹿過重山喜，逢牛始遂心，虎頭春色美，龍尾立家榮。

天庫　天傷　蠱毒

此星照命，竿頭上立身，進退未得；海灘上起屋，立柱不牢。磨難風霜，利名未就，空存學識，未免憂心。親情難靠，兄弟無緣，自成自立，造化難憑。真心待人，未免不足，無心栽柳，卻又成蔭。端止處要喝斜，成就處有破綻，君子相欽，小人懷恨。

述云：從來險難牛羊見，待得雞猴立大功。

己壬　師卦　鴛戲蓮池格

戲水鴛鴦滿沼蓮，朱衣放箭遇階前，黃金未與君收掌，白玉堂前看古賢。遠雁孤飛天外影，鴛鴦兩兩旁沙眠，君今肯問平生事，松柏同榮壽萬年。遇鼠明消息，逢牛喜漸榮，樹頭空問祿，花向水中尋。

天樞　天川　農蠱

此星照命，多思遠慮，易信易瞞。家業見成，田疇不缺。

知進退，識高低，作事沉吟，所為進退大寬小急，喜怒不常，於人不足，惹是招非。恩愛生煩惱，好事思參差。凶中有救，退神重重。

述云：從前多駁雜，中末始平和。

己癸　謙卦　花秀秋深格

祿重須防印與權，財成人恐事連綿，三春鴻雁飛南北，花落秋深葉亦鮮。晚景利名終得遂，平生無恨亦安然，家鄉本在瀟湘外，重遇關山好向前。守道終成福，須知省禍危，雲離天上過，迤邐見光輝。

天丙　猥疾　龍虎

此命造化，見識高明，機謀智慧。是處成非，非中又是，多思多慮，未能遂心。貴人見喜，小輩無緣。口直心慈，運人牛羊，自然通泰。

述云：傍人盡道成身早，畢竟生涯在晚年。

庚甲　隨卦　渭水垂釣格

疏屋荒涼燕久居，過橋相遇一封書，持竿上釣魚相失，反致休來卻有魚。玉樹有花難可折，金櫻花落果應疏，須知雁過斜陽遠，雲散庭前樹幾株。攜弓親射鹿，逐鹿自歸林，得遇黃牛首，羊馬遂人心。

貫索　天絞　天刑

此星照命，志氣高，心機大，立性質樸，所為聰明。親眷無情，朋友無義，作事不湊逗，舉用未能成。退神太重，多學少成，若交牛馬之鄉，別是一家風景。

述云：牛馬運中方得地，須信榮身在晚年。

庚乙　大過卦　鶯語東風格

疏卻親情親卻疏，離南往北自安隅，知君本是吾鄉友，權寄飄飄江上居。雙雁過溪忘羽翼，鴛鴦獨戲繞青蒲，黃鶯枝上

雙雙語，為報窠中一個雛。橋邊逢水客，屋內未親知，南北東西去，窠中只一兒。

天藻　天煩　天懶

此星照命，為人氣高，不能俯仰。好一介造物如錦袋，貯糠草屋安穩。外觀有餘，內觀不足，勞而無功，秀而不實，密雲不雨，空裡雷聲，錢財聚散，好事迂迴，六親冰炭，朋友相疏，妻遲子晚，未得安居。

述云：晚年必是成身處，濟會風雲事未虛。

庚丙　革卦　革故鼎新格

棄故從新待命通，利名還見兩三重，雁飛隊隊迷蹤跡，花落溪邊間綠紅。祿立應隨天信志，始覺心閒事事通，借問君子何年順，龍頭一見自身榮。犬上花開色，龍頭奮舊身，一心隨命舉，破屋再重榮。

天饒　天車　太乙

此星照命，親高近貴，性直心慈。亦無克剝，亦不苟求。五行堅實，四柱平和。性如碧潭秋月，情如野鶴棲松，六親如畫餅，骨肉似虛花。凶中有救，喜處還瞋，命帶暗疾，有破相方可以延年。

述云：多成多破多翻覆，龍犬才交顯後身。

庚丁　萃卦　月照幽軒格

月華清潔瑩如銀，世外安身欲染塵，愁慮未消終有待，逍遙偏稱等閒人。空中飛雁江邊立，日透紅霞漸出雲，身在五湖歸不得，花殘果結一枝春。心在繁難外，身居眾緒邊，馬頭春色好，雲靜月當天。

飛輪　天蓬　天倉

此星照命，性巧心靈。將無作有，弄假成真。親如雪中月，財如水上萍，好事多磨，利名進退。凶中有救，不犯宮

刑。先來破祖，自立自成。此命是也。

述云：掃雪觀山山色異，春來還有百花紅。

庚戌　咸卦　鳳宿梧桐格

身心進退多翻覆，且度年華守舊心，若問瑤池東畔立，等閒棲向綠楊蔭。遠雁堅飛三四隻，寒風一點透波深，終身若問歸何處，千里黃沙半捻金。得路逢牛首，騎虎渡危橋，平生心膽廣，福祿命中招。

天參　天孤　天鸞

此星照命，如孤鸞出塞，似野鶴乘風，志在他鄉，心思他處，成身異地，立業他鄉，東畔栽花西畔發，北國種樹南國蔭。父母堂前過客，弟兄空裡雁行。

述云：從前事業多成敗，直待虎牛身漸成。

庚巳　萃卦　孤雁傳書格

銀花滿地襯金車，踏雪歸來向五湖，借問長安消息好，唯知孤雁一封書。鴛鴦懶向池中宿，零落花枝獨一株，猶恨根基還恁薄，貴人引入好山居。井內霞光射鬥牛，平生衣祿未能周，施弓箭向豬頭發，必在功成在此秋。

天鑒　天秤　天度

此星照命，秉性玲瓏，胸襟磊落。磨難早，翻覆多，親情有似溪邊雪，兒女還如鏡裡花。疑思重，成敗多，經歷早，作事蹉跎。

述云：名利未成君且待，犬豬才到事皆和。

庚庚　兌卦　春花秋葉格

大澤乘舟泛五湖，區區逐浪不通吳，春花苑圃終難久，才到秋來葉漸疏。水涸山遙飛雁遠，天高雲杳事難圖，知君志在清閒地，好向林泉讀佛書。

天秋　天都　毛頭

此星照命，如芝蘭出深谷，似松柏茂幽巖，父母鎡基難守，兄弟事業如無。獨身自立，難靠難憑。親義秋風葉，人情鑒裡花，成敗多端，利名進退。命中八字，卻得時辰得也終；祿在晚年，此命好為僧道。

述云：雖然通草做屏風，異日崢嶸骨不同。

庚辛　央卦　鰲隱滄浪格

日到天心影漸高，庚辛金印自風騷，巨舟泛浪多翻覆，淺水回波隱巨鰲，遠雁過溪三四隻，柳枝一朵伴紅桃，平生志氣無人識，晚景金門過貴豪。身心辛勤事未成，碧天雲暗幾翻明，逢雞漸有人抬舉，跨馬騎牛祿漸平。

天英　天馳　天破

此星照命，心行正直，賦性平和。能睹是非，無私曲，不藏機，出語毒，易瞋易喜，能榮能辱，如虎之口，佛之心。於人不足親，如千葉桃花；交友如風裡秉燭。

述云：妻遲子晚君休嘆，五九安閒福始來。

庚壬　困卦　雨打荷花格

荷花雨打鴛鴦散，蘆葦風翻雁陣斜，家住五湖思信至，白頭塵境自生涯。圓林花發存三果，百歲墳前半是他，借問始生須苦節，到頭三紀入煙霞。遇犬多驚險，逢牛路漸通，前程還有路，龍馬必亨榮。

天騎　天馬　文昌

此星照命，凶中變吉，好事多磨。見識別，智略多，自能自會不俯仰，性快口直多魯莽。會擔當，能支撐，會裨補。夫妻和睦，兄弟鏡中花。有貴如不遇，衣祿聚散多。

述云：龍馬才逢遇，衣祿自亨通。

第五章　世傳為鬼谷子關於易道預測命書和天文地理的著作

庚癸 咸卦 鶯宿野林格

斛裡黃金不用量，誰知升斗自相妨，孤飛雁過蘆花白，百歲優游玩水旁。鶯宿喬林飛散畢，春花枝上有金芳，君家若出中年外，好逐笙歌入畫堂。筆硯隨身學不成，不思名譽與公卿，江邊幸有鱸魚美，錯認長江作帝京。

天將 天氣 孤惱

此星照命，孤重、性重，退神重重。心高性直，不靠祖財。拳頭上做成個基業，竿頭上撰出家緣，千層浪裡安身，不妨百尺竿頭立命。不怕虎穴中敢去取子，巨浪裡也去釣鰲，只得四柱堅牢，所以不能消爍。

述云：根基先駁雜，晚景福優游。

辛甲 無妄卦 雲罩長椿格

重雲密霧遍天涯，祈雨祈風隔歲華，秋水雁橫三四隻，歲寒孤立伴寒沙。春晴去處圓林綠，冬寒凝霜自不加，借問生涯何處是，騎牛歸去老農家。

天班 天瓊 天囚

此星照命，隱士之星，有道之宿。人命臨之，清若秋霄夜月，春沼虛花。不實之兆，名利奔馳，生涯蹭蹬。性直出口傷人多招不足，親情有如江上雪，兄弟恰似鏡中花。若要身榮，除非牛虎相逢之年。

述云：長江波浪急，也有坦平時。

辛乙 姤卦 戲水鴛鴦格

志氣孤高且待時，煙鴻霧雁各分飛，圓林花發依依綠，春色須還長嫩枝。山遠路遙知馬力，鴛鴦戲水不相依，前程幸有知音者，獨聽殘鶯晚樹啼。遇鼠身逢厄，逢寅遇貴推，龍蛇波浪急，牛馬定光輝。

天祐　天非　天破

此星照命，無祖業之分，無親友股肱之力，一雙手做成家計，獨自立個生涯。人情淡薄，骨肉相疏。十分恩愛，好處成非，雖是疑奸，奈何費力。大事不怕，小事不欺，過思遠慮，千方百計。過了多少艱難，經了幾翻閃撞，皆是天破星所注。

述云：幾番浪裡風波急，還知也有坦平時。

辛丙　同人卦　日被雲翳格

日盡難分影漸斜，成身消息未待時，春歸雁叫無蹤跡，秋月空梁燕亦歸。祖道只因身反破。恩深爭奈見分離，春色樹浸緣何事，實結枝頭一果奇。知道身榮貴，成身卻異同，龍牛外虎穴，相會便亨通。

天權　天聰　天害

此星照命，經風涉浪之星，穿山透石之宿。人命照之，有三早，有三遲：當家早、憂愁早，勞心早；子息遲、心閒遲、享福遲。直待末主成家計。

述云：五九才交還得地，桑榆晚景得安閒。

辛丁　觀卦　雁過高峰格

雁過高峰不及飛，歲寒江上理毛衣，犬頭消息應測別，鹿在豬牛奮猛威。中路陰人來舉用，綠波深處定虛虧，平生蹇難得後晚，才過蛇羊透玉墀。大樹盤根實，年深枝葉殘，歲歲江上日，獨自照青山。

星　名　缺

此星照命，如風之象，有名無形。作事七顛八倒，弄巧成拙。親如不親，恩中生怨。撰錢來如風雨，去若飛沙，雖是鎡基鞏固，預尋不定之憂。妻遲子晚，凡事勞心。妻宜命硬年高，方合婚緣；命弱年小，定有相仿，休言發達應遲，末主自有福利來也。

述云：猴兔才相會，事業便光輝。

辛戊　遯卦　雲霧過山格

平生立志重重險，獨拽彎弓力漸施，雲路過山多險阻，時來平地上天梯。雁飛天外聲聲遠，雨後桃花片片飛，借問百年成應事，長江春色綠依依。

天印　龍馬　北辰

此星照命，有操持，有智慧，見喜不喜，財帛不缺，先破後成，會撐絣，會分理，有剛斷。卻緣退神重重，多學少成，有頭無尾，名揚內外，譽藹鄉閭，目下未成，四九之後方可榮身。

述云：根深不怕風搖動，五九年來見倍明。

辛己　否卦　琢玉圓珠格

箭飛星斗起寒光，月照長天感上蒼，宮羽己開天賜福，目前雲幕自高強。黃牛滿屋非干職，琢玉須圓取出方，雁過碧天沙塞遠，兒童歸去一雙雙。雨潤龍生角，山深虎奮威，但交猴鼠上，漸漸見光輝。

天貴　天轟　血妒

此星照命，將相扶君之兆，文武待衛之星。爵祿自然，凶惡不侵。明窗淨几，受業琢磨，有記性心，有操持志。只因心不足，未免多學少成。退神在命，凶中有救，險處人扶。五九才交成立，命享安閒之福。

述云：利名未遂心多慕，際會風雲自有期。

辛庚　履卦　龍蛇波浪格

水畔張弓射鹿魚，龍藏深窟自安居，鴻飛天上聲聲遠，蛟在池中戲月珠。祖業漫將心不足，鴛鴦相背意情陳，知君自有逍遙路，摘取蟾宮第一枝。鹿在高原望，張射鬥牛弓，平生何事足，晚景自從容。

天刑　天孤　鸞鶴

此星照命，一生勞心費力，般般自向前，件件自理會。別人做過事，須是自要做，不信別人，自是自直。作事持重，言不妄發。安須少，煩惱多，閒中尋靜，靜處不安閒。命招性拗，妻須命硬。凶中有救，遇險無危。

述云：一生勞心非燦爛，遙空輝晃照天宮。

辛辛　乾卦　石上芝蘭格

頑金鍛冶方成器，石上芝蘭根腳異，遠塞孤鴻飛不歸，群群飛上丹霄際。春來花發滿園林，未秀多應時未至，百年枝上半青紅，白頭應作蓬萊裔。遇鼠天應祿，逢丁必惹災，鼠牛羊內發，一舉上高台。

天蔭　天囚　科秘

此星照命，不受祖業之物，全憑天地之滋生。如日升東，漸麗北海；筍迸新芽，不久成竹；魚游深水，變化非難。好個根基，只緣退神重重，胸襟磊落，作事迂迴。

述云：桃李花飄處，枝頭綴果多。

辛壬　訟卦　雲霄月朗格

骨骼輕盈如婀枝，清風滿徑任教吹，良宵月朗天光碧，在路行人未得歸。借問嶺頭花發未，囂囂鶯語喜還悲，平生進退多危險，晚景匆匆福自宜。門戶慶來時，麻衣換綠衣，馬頭人著力，應事見光輝。

天愕　天銳　天鉒

此星照命，乃惡劣之星，人命值之，君子多福，常人帶疾，添財減土，成敗不常。先憂後喜，破了還成，心性不常。大寬小急，性忒直，心忒焦，妻硬相宜，子遲到老。九五之後方得立成人家。

述云：甜苦重重暗歷過，方知晚景祿優游。

辛癸　遯卦　寶劍重磨格

吹毛寶劍金剛樣，塵土經年暗未明，合遇貴人重拂拭，雪霜潔利自然新。江邊三雁飛沙遠，樹上花枝果亦成，幸有陰人相接引，春雷才動馬嘶聲。無根濃葉滿地堆，蓮花出水望秋來，逢牛必定成權貴，跨馬騎牛大路開。

天福　天將　天卻

此星照命，乃榮華之宿，富貴之星。生來無苦，衣祿自然，有操權，有智慧，有鎡基，有變豹，有靜性，有剛斷。作事先難後易，所為十是九非，才逢雞兔之年，定主妻榮子美。

述云：一生災難處，基進益多。

壬甲　屯卦　松透蓬蒿格

逢蒿直透茂松青，霜雪雖深且固根，雁飛天外聲聲遠，鴛鴦戲水失其群。桃花滿苑從君摘，未逢一個好知音，若逢運到蛇羊地，衣祿安然必稱情。限隨羊馬發，喜慶自然迎，壽如逢九五，不用問前程。

天祿　天將　天容

此星照命，主人有機謀，有持略，有進濟，有財帛。親如不親，交友難托，獨自向前。難為長子螟蛉，庶出方可存留。更遇馬牛，錢財興盛。

述云：逢牛遇馬方還樂，休道年來不稱心。

壬乙　井卦　玉碗盤托格

白玉藏珍寶，靈沙隱碎金，異香安水際，方始見浮沉。遠飛雁千里，鴛鴦戲綠蔭，信如花謝後，實子火中尋。滿屋乘天雨，陰人隱舊情，豬中逢兔子，方始遂安寧。

天暗　天成　天賜

此星照命，為清風明月之星，為昏迷朦朧之宿。人命犯之，藏機隱志，思遠慮深，反覆鎡基，顛倒造化。只宜過房離

祖，異姓就贅。妻遲子晚。妻是年高命硬，保守到頭，子若螟蛉庶出，相陪到老。

述云：豬羊逢兔子，方始得身榮。

壬丙　既濟卦　猿戲叢林格

柱倒人扶起，輪推仗匠圓，雁飛沙塞遠，有意合天心。命有重榮晚，花開兩果鮮，馬頭逢見犬，牛首換弓弦。地遠三千里，扁舟泊小溪，貴人來舉用，逢丑上天梯。

天廚　天柱　天霞

此星照命，乃遊懸之星，犯之志性乃見。遠機深，難觸犯，不吃虧，易嫌消，不妄相。不利東南，得來西北，貴人提攜一段財物卻有壽。作事可然，面前背後，多招不足。

述云：名利成就何時晚，只恨初中運不通。

壬丁　比卦　雁宿蘆叢格

雲收月出天中淨，雪壓松筠翠轉堅，雞叫牛邊聲未歇，雁樓蘆葦竟艱眠。平生志氣無人識，馬去羊來意向便，報導龍蛇消息好，弓開箭發盡天年。

天遊　天靜　天鎮

此星照命，不耐靜，猶加被雲遮，鏡在塵土；如甜瓜香從辛苦裡來，甜向苦中生。六親如冰炭，兄弟若流波。在家煩惱大，出外笑顏多。只宜出外求財，不利在家作話。分憂人少，吞食人多之命。

述云：自有根基在，何勞事不成。

壬戊　蹇卦　金玉滿堂格

江邊雁陣聲聲遠，孤隻飛來野岸中，金玉滿堂誰得意，一枝花放暗香通。春來滿苑花芬晚，百歲枝頭一點紅，借問馬頭消息好，箭來蛇上必成功。遇午登雲路，逢牛渡險堤，命逢雞犬上，平步上雲梯。

天寶　天圭　天財

此星照命，氣大心慈，剛性志廣。閒管翻成不足，不平處須要閒言，好處成悲，恩中生怨，六親冰炭，兄弟無緣。好事多磨，弄巧成拙。

述云：從前多少關心事，五九才交事業新。

壬己　中孚卦　雁度衡陽格

海潤無涯萬裡深，蓬萊仙島在其中，雁聲暗度衡陽遠，鴛侶雙雙逐曉風。月到更闌天練淨，秋風颯颯樹頭空，君家若問歸身計，蛇到龍宮事業隆。箭發從空下，龍蛇必換宮，貴人相接引，方始見亨通。

天波　天匪　天恔

此星照命，能妝點，會施為，立志孤高，見識遠大。作事無私，斷曲理直，有能三思行之，卻不魯莽。口直招人怪，喜得命中有救神。

述云：生來作事臨危處，卻得官刑不犯凶。

壬庚　節卦　換骨成仙客格

四海為家未是家，西山盡可作生涯，天邊雁叫思南北，池沼鴛鴦獨戲沙，繞樹花芳三五朵，秋殘將落一枝花，終知志在逍遙外，欲到蓬萊度歲華。說著文君信，君常省是非，要知財祿盛，遇鼠自相宜。

天怨　天年　天越

此星照命，立業早，勞心早。刑殺重，退神多，雕青破肉，斬指截髮，可免刑獄，只得退神在命，若向松軒竹檻，作一個清閒瀟灑之人，量為得地。若在塵勞中末，區區碌碌不能遂心。

述云：平生多志氣，晚景自逍遙。

壬辛　央卦　雁陣橫空格

天高地遠難憑尺，有志堪宜生羽翼，雁陣橫空各自飛，賓鴻江上應孤隻。要知花果深蹤跡，花落枝頭俱教逸，向雲深處好安身，謾自經營勞苦力。

貪狼　王簡　天喜

此星照命，孤高獨立，稟性聰明。分憂人少，趁問人多。廣招是非，於人不足。好事多磨，閒中不靜，惡處成活。貴人在命，空得奔波。衣祿有分，人事未知。一生凡事勞心費力，便是這個命中所注。

述云：孤舟無櫓棹，大海遇風波。

壬壬　坎卦　池沼游魚格

生計如魚戲水池，臨危涉險亦無危，鴻飛天上無消息，畢竟傷心意緒悲。青草池塘鴛鴦失，洞庭湖上客船稀，知君箭發龍蛇地，莫怨如今未得時。春來又復秋，如水向東流，若問安閒日，重山好牧牛。

天暗　天器　天庚

此星照命，難為父母，祖業可留，兄弟宜遠，妻室難求。清閒瀟灑，自在優游，一番事作兩番做，一重煩惱一重憂。高人舉用，小輩啾唧。

述云：自有貴人相舉薦，何須回首夕陽樓。

壬癸　蹇卦　花柳同榮格

萬里關山東復西，後前事業是成非，蘆叢雁別雙雙遠，雨打鴛鴦兩處飛。綠樹春花開數朵，秋深葉脫獨存枝，知君貴在君臣下，只恐天年又不齊。遇丙雨兩相宜，庚年恐是非，遠山逢虎日，龍到更為奇。

天笑　天印　天焱

此星照命，五行安德，四柱堅牢，基業見成，一呼百諾，

名傳閭里，德譽鄉關。此命憂中有喜，喜處成悲，退神重重，財物來如驟雨，去如流沙，正是花巧得來花巧去，散時容易去時難。

述云：滾滾生涯閒未得，區區享福晚年間。

癸甲　頤卦　月華秋夜格

雙雙鴻雁飛霄漢，獨對秋光月更明，煙靄霧橫千里遠，行人猶聽馬嘶聲。名成利就還中末，早歲奔馳事未成，更問年來誰是伴，兒男東畔向西傾。橋水卻難逢，關山兩樹紅，騎牛逢遠路，必遇主人公。

天晦　天龍　天哭

此星照命，為人豁達，稟性聰明。不耐靜，要尋頭，會撐持，能就省。兒女有，不得力，錢米不能周急，樂處未能樂憂，中卻有歡。

作事躊躇多思慮，凶事不凶，凶中卻有救神。

癸乙　蠱卦　鶗鴂棄梧格

鶗鴂離梧別幽谷，飛過岩前立奇木，雁飛天外怨聲悲，鴛鴦戲水多翻覆，處處花開我未開，我花開時風雨觸，勸君不用苦經求，晚年自有千鍾祿。運至馬牛時，凡事悉皆宜。

天疊　天雨　天逸

此星照命，聰明曉了，睹事執直，鎡基自好。心力不足，五行穩潤，四柱得局。外觀好看，裡面不足，靜中尋出不靜，思中成怨，憂處不足。

述云：休道從前虛度日，始知牛馬是豐年。

癸丙　賁卦　金榜題名格

龍樓鳳閣帝王城，草屋柴扉貴祿名，金榜唱名應自別，寰中君子駭然驚，江邊雁過空移影，對對遙飛只聽聲，試問前程何所是，妻兒子女晚年成。命中逢犬喜，乘牛必見凶，馬頭相

遇日，喜氣必重重。

司諫　石闕　天昌

此星照命，聰明之宿，人皆仰之。性直心慈，招非惹是，喜努不常，理直瞎是。親戚和而不同，朋友和而不美，便是這個命中所注。

癸丁　剝卦　鸞鏡重明格

平生似玉無瑕玷，百年磨難未能成，良工巧匠鑿成器，早年應須遇貴人。霜雁過溪三四隻，松筠帶葉各枝青，知君意在行雲外，半把金銀伴月明，遇馬行千里，逢雞始過橋，鼠牛心未足，龍虎自逍遙。

貫索　天飄　天戲

此星照命，資財多，費力多，恩愛煩惱多。親恩如冰炭，兄弟不比和，贊力受奔波。孤不盡，妻不和美。只喜得退神重，凶中不凶。

述云：從前騎虎多不利，今日乘龍便不同。

癸戊　艮卦　雁過重嵐格

重山過雁楚天高，百歲兒童晚景豪，早歲不成安樂地，榮處家如磨劍刀。圓林是處花開早，直至春深雪未消，遇兔馬龍身奮發，利民晚歲遇英豪。百里秋光起，千秋木葉凋，才逢兔馬地，衣祿自然調。

天暗　天奔　天貴

此星照命，獨立自成自費力，營家早，風浪早，磨難早。虎狼口，善心腸，好多磨。凡百進退，君子知重，小人無緣。惹是招非多，招不足。

述云：巧成名利日，馬足兔頭中。

癸己　剝卦　雲散青松格

雷發空中應聲遠，松篁雪化樹頭青，雁陣聲聲歸遠岫，空

對蘆花月朗明。煙裡樓台鶯語巧，芳堤雨霽馬蹄輕，借問桃源花幾朵，枝頭留下一枝榮。

天艱　天興　天晶

此星照命，心高志氣廣，性直會剛斷，能施為，會理直，能睹是。虎口佛心，為人慷慨，多成少聚，多學少成，好南北，多恩多怨，多因婦人面上不足省順，可免是非，無心中可要惹煩惱，身安處心不安。

述云：雞兔相逢身必貴，引取前來步玉京。

癸庚　損卦　岩前古柏格

古柏岩前歲月深，直堅霜雪耐欺侵，剛柔未決身猶舉，白首榮心量滿襟。祿位得時君自險，資財失處又還成，要知立業安身計，三四人中一老心，樹花逢一果，蛇猴合稱心。

天福　天台　天極

此星照命，執直睹是，仁義禮樂，所為平品。作事忠良，能親君子，會御小人。凶中有救，有犯宮刑。六親冰炭，朋友無情。

述云：利民還自得，五九好身榮。

癸辛　大畜卦　池映芙蓉格

池畔芙蓉照水開，松筠力辦雪霜材，孤飛雁過瀟湘遠，百歲兒童去復來。興廢只因辛到癸，成名好趁卯寅來，誰將杖擊雲中鼓，震動成聲滿九垓。跨馬身榮早，騎牛帶祿榮，莫言今未顯，羊角虎頭成。

天福　天倉　天晦

此星照命，為人聰明俊秀，性直口快，有執持，能耐事，如松筠之在歲寒，經霜雪而不改其性操。與朋友交，久而敬之。骨肉情疏，子息晚立。遇辛癸且興且廢，逢寅卯志遂名成。身榮家富，作事振作，聲譽四方，經險而不危，遇凶而自

消，末主福祿稱心。

述云：過了千重險，虎羊身始成。

癸壬　蒙卦　虎隱深山格

遇浪輕舟不復高，平生興廢若波濤，逢豬才息風波險，遇鼠方知松節高。雁叫碧空悲夜月，鴛鴦併隊戲新潮，要知箭發從何處，遇虎方知福自高。遇虎身舒暢，逢兔福優游。

鍛鍊　孤虛　天福

此星照命，如枯木逢春，旱苗得雨。五行中勞心早，歷事早，煩惱早，艱辛早。妻不得力，子不替憂。心性緊慢不均，大寬小急。作事龍頭蛇尾，有始無終。皆因退神重。

述云：初年吃盡艱辛苦，末主安閒福始來。

癸癸　艮卦　墻畔黃葵格

今日心同百歲時，爭知名利未相齊，有根不斷階前草，總有孤鴻江上飛。春樹有花終結子，冬深松柏壽同齊，若問生涯成利祿，才逢羊馬便相宜。

牽牛　天應　天空

此星照命，如芝生榭砌，竹茂南軒，根深葉實，情異直堅，心慈志廣，玲瓏天然。只因退神在命，父母堂前，過客兄弟，天邊雁陣，妻妾同林，宿鳳兒女。謾惹榮牽，初年管見，駁雜榮華在晚年。休言晚發，五行所注之然。

述云：晚景成身處，羊馬始亨通。

〔附錄〕：

永樂太典《鬼谷子分定經》

檢數起例

如六甲生人，見甲子時，則於甲甲內取子時；或六乙生人，見甲子時，則於乙甲內尋子時。餘皆仿此。

第四節　鬼谷子著《鬼谷子天髓靈文》

（錄自中華《道藏》）

　　夫水簾洞主鬼谷子秘密天文大道，測天地之機，曉造化之本。天生真性逐嗜欲，而迷不知生死，難曉幽微之理。道德陰符，總明大道之機，照夜內丹，並是聖人之道。夫在世，凡夫迷惑真性，不達真理。故名異術，乃秘之。

　　初以傳孫子、龐公，如後學之人習吾真法，行之皆得避難逃生，免死凡世憂煎逼迫，免山河水起之厄，免刀劍劫賊之厄，免生魂鬼聚之厄，免狂鬼詛咒之厄，免百萬軍陣之厄，免水火盜賊之厄。夫吾秘密天文者，名為六天正訣，又名六神文，又名隱形藏體之術，又名驅神入室之術，又名魂遊三界之經，又名水簾幽微之教，又名超脫生死之論。此吾教法之內，有真訣神符。第一隱形藏體符，第二驅神入室符，第三魂遊三界符，第四超脫生死符，第五火假四大符，第六周天隱跡閉形符。或在世修行之人收吾正法真經，習吾真教，達吾糟粕者，須是淨心，淨性，嚴持香火，於年通運達，擇良辰吉日，善心之時，須是志心謹具香燈嚴持齋戒，朱書神符默持神咒四十九日，神符即顯應矣。

　　若在世男女收吾大訣天書者，須是虔誠志心持意。欲傳授者，須用結壇，威儀有三等壇。上等結壇授持法者，須用五方羅五段，各長四十九尺，玉環四十九對，鏡四十九面，正青紅同心四十九付，燈四十九盞，錢馬食各四十九付；中等而結壇，以授持法者，用五方羅五段，各長三丈六尺，金環三十六對，鏡三十六面，正青紅同心三十六付，燈三十六盞，錢馬食各三十六分，下等結壇授持法者，用五方羅五段，各長二十四尺，銀環二十四對，鏡二十四面，正紫紅同心二十四付，燈

二十四盞，錢馬食二十四分。

右件三等授持法者，傳授金柜藏秘。如行此法須是揀擇運通年達，好日良辰方可作壇，持法不虛矣。

隱形藏體符

此符用朱砂，志心向北斗，禮二十四拜方執筆，望北極，取氣吹筆上書符。服至七七四十九日，身形出入行走，人不見。百萬軍陣之中過，將此符用朱砂書於心一道，兩臂各一道，並無妨害，須是志心記之。

驅神入室符

此符行持服至百日，密持咒百日，使六丁神現目前，隨意使用由己。但書符須用朱砂，志心誠意，冥心向北，禮二十四拜，方可執筆，收北氣吹筆尖上書符。

魂遊三界符

此符服至百日，神魂意使是如，書符用朱砂，禮北極二十四拜，面北取氣書符為聖也。

超脫生死符

此符服至百日，生死去住或假尸可以書之。依前書符，望北極禮二十四拜罷，想自己身常思別人尸殼，或少年之人，或清秀之人，亦借之。

火假四大符

此符亦用朱書，冥心望北極禮二十四拜，取北氣吹在筆上可書，服至百日，覺自身口中氣並是火焰，身上只如火燒相似，唯見莫怕任意逐火而去。唯存此符持咒，吾此符並法不可怠慢，依此嚴潔清心，受持不得輕泄，戒之。

咒　筆

天圓地方，六律九章，神筆一下，萬鬼滅亡。急急如律令勒攝。

乾元亨利貞，日月與吾真，神水通入服，不是去通身。急急如律令勒。

逐日持咒

太上老君、太上老君、元始天尊、長生保命天尊、八卦護身天尊、延壽益算天尊、法身藏化元君、腦神精根泥丸君、眼神明上應元君、鼻神主龍氣君、齒神羅喉清元君、耳神天空閉宮君、舌神正倫君、重樓十二大真君、脾神近命君、膽神虛空君、腎神玄武敬君、陽神樹魂魂靈、左青龍神、右白虎神、前朱雀神、後玄武神、六丁六甲神、精藏下元神君、胎光幽精爽靈神、界除守護三尸神、彭質、彭琚、彭矯，各住其位就得長生、吾奉太上老君急急如律令勒攝。

咒每日志心於日晨朝時，向聖前密持 180 遍，持至 49 日，自覺己身空中如浮雲相似，不得驚怪。法欲成也，如此後要逐日持念，大有神驗，秘之秘之。志心用天之訣，行用血氣之功，夫血氣者，穿九宮，度八卦，運真氣 15 度。先舌柱上腭，定息 15 度，下有津，叩齒 15 度，漱液烹津。度滿，做五度咽之。此行血氣之功，行罷覺己身萬竅中汗自出。此是驗也，微覺頂內有簫韶之聲，行九還七返之，功成。七返者，是心頭悶而恰震之，相火輪送頂左右，五日進火一度三分日為滿，週而復始，返本還源記之。

行閉形隱跡之功式，天清地寧，六塵不起，心氣散亂，想心火送在宮轉一百八遭，光轉五十四遭，若是次氣本胸氣來覺，時心頭恰似清風相似，心頭悶不多時。太陽金丹隱跡之法，延年 120 歲形壽。秘之秘之。

水簾洞鬼谷子秘訣天文玉虛集。三洞天心，玉虛大帝、三茅真君、妙寶梵心感應真經上。書因師知得長生訣，行火知時節，先認取嬰兒姹女，後煉得黃芽白雪，捉得擒來收入爐中，

更撈出水中九盞照佛燈，光如不滅煉成氣，人難別。須知道，無寒、無熱、無日、無月、無時，更把爐中養就一神胎，又不是父精母血。得斬一斷三尸六賊，便就金丹向外人休說。水簾洞主鬼谷子秘訣，天文玉虛集，三洞天心，玉虛大帝，三茅真君，妙寶梵心感應真經上。

夫人，稟天地而生，不知五行造化，因道而生。蓋世人迷情不捨，貪淫慾而身亡，為財色而遭患。或修善之人，未得善應，或遭惡業未逢惡果，持齋戒爭如有物。外超凡境或學攝養。豈聞隱跡分明散影之術，今乃編感應之術也。七曜符煉，共成九章，以傳於世，度脫眾生。若在世男女等眾修持此符者，須是神性清淨，各按禁忌，方可齋戒修持此法，至日靈應常於眼前見矣。所有在世男女收吾此法，須是齋戒受持，誦咒語無不應之。此書是三清宮內秘密之法中再的其符籙以濟於世，各度眾群以證其妙訣，普勸受持眾等，各保護此文秘密之書，不可輕示非人，戒慎其符法咒並齋戒禁忌，科編於卷中，日之真假避體，藏形隱跡，分明去住，散影之法，謹傳於世，不可輕泄。秘之。

戒忌葷膻

三元、五臘、四時、八節，三七、三八、十五、生日、本命日、甲子、庚申、壬申。

右戒持法之人，不可食葷膻。如食此法不靈矣。

戒色慾

三元、五臘、四時、八節，三七、三八、十五、生日、本命日、庚申、甲子、壬戌，大風、大雨、大雪、大寒、大陰、大星落，大喜、大怒、飢飽之日。

右件行法之人，不可不記之，如犯此法，不靈矣。

戒食味

牛肉、狗肉、黑魚肉、鱉肉，五辛薤、蒜、蔥、胡、荽、韭辛酸苦鹹。

右件此物，如行法之人食之，傷神役性，有觸此法不一慎之。

水假符

右符朱書，用流水服之，至日望北斗取氣，念咒書符服之，49 日，過河不用船。服至百日，如見水入去，恰似宅舍中不濕衣服。至千日，逢水度化。不可輕泄。

金假符

右符朱書，用水銀末用為符丸彈子，以朱砂水書吞之。此符服至四十九日，夜夢劍戟林中行是魂。服百日，見劍芒使度化，持咒符見一切鐵器化真形人其中方假其體。此符書時，望北斗取氣，持咒吹在筆上書符。秘之。

火假符

右符朱書，用水銀化葉符為丸子，亦用南流水吞之。服至百日，似借火做刑，更用自己身邊真太陽火，相應自己火者，取二手相擦，至百日，自己身火成。方假凡火。此法昔日軒轅黃帝以持此法跨火龍，以朝三界。此取太陽氣吹在筆上，書篆之。

木假符

右符用檀香心，煎湯吞之。更用自己身，持用雷驚棗木，作一神枕，枕頭作時，須用方圓七寸二分，高二寸五分。曉時但存想形體似在枕中，方假服符咒，持四十九日，神枕化為自己身形，質相似。更持百日，斷斷法成，志心不退。千日神枕大出遊方，唯留下神枕在房內，便是自己身體。

若在家中有人葬埋，去如自己身。欲來時人盡驚怪，都言

道：死去如何在來。至時猶人說似破開墳，惟見棺內只是一神枕，此法乃是替身。自己死一回去如是，其時別造一枕。延年12月，此符望東方日未出時，取氣吹在筆上，卓十二下，然後書符記之。

土假符

右符用朱書神土半錢，用茯苓末多許，為丸符如彈子相似。服此符至百日，身如風雲相似。上坡下澗如神符左右。訣如人習，持此法在世修行，心談生死，如要離世，幻度人時怕去火，庵中宿臥，每將鏡壁上照面，想己身形影收，用墨書放庵壁，但凡至百日，自家修行者，以無別人到處房內，不令婦人，雞、犬見之。犯法不可見此符。望四方取氣吹在筆上，方可書符。

書篆符籙持點光咒曰

上有東流點光，香水入服，萬邪藏三二。但左有青龍，白虎右防。

祝筆咒曰

筆為利刀，朱為百藥，神符到處，萬邪消亡。急急如律令勒攝。

三洞天心玉靈大帝君，畢上卿真人秘訣。夫天髓陰陽為本性，有善有惡，有賢有愚。修善者，天神佑護。修惡者，即有惡報，橫遭其事。

蓋如上古軒轅黃帝，下有一切群仙，無有不習吾法。救度群生，普降諸仙。夫隱閉藏形，天術約有數端文字。皆是通仙之徑路，入大道之玄門。此書少許文字，蓋自古達道真君，皆口口相傳，不記文字。此書是紫微洞主處收藏。自後傳度與魏夫人收授。謝自然授與張使，張使收書滿宅中。

符書授至三年之間。忽有一日，午書來張使騫聞笙歌之

聲，果然有天神先來報，所詔滿宅，白日上升，如此之日，張使藏作於終南山，隱之儀文，若或有修行達道之人，得遇吾真訣，非關今世蓋為宿緣。

有道之心方獲見吾文字，如世人收吾秘訣者，須用公勤行，專百日之功，獲其果無不神驗矣，當時畢上卿真人留傳此經，度脫眾生，欲離苦海。是作津梁證無上之仙人。若一切人須是志心，行持百日之功，無不靈矣，無不應矣。

其吾法號名為九曜耀都。秘密經文隱神符九道，不可輕示他人，其經三十年方可傳授一人或二人，不得輕傳非徒之輩，苟學之人，不容易契之。當折墮傳之人，永墮地獄不得出離九祖，落入無間地獄。受苦無乃萬劫，不逢真經文字，如在世之人，收吾書者，志心受持如人。收經不與人者，折墮藏經之人。記之，記之。

若在世之人，修行此經者，功成行滿，遷名於紫府，位列真仙。如在家修行，不得教婦人雞犬見之，恐遭折墮。其法不成。只有世間人閉行藏影，或為官軍行有逼迫有劫賊刀兵，或被妖精相纏，或有賢賓，或為扶危，濟難，種種方便，或救患人亦可得功成行滿伏待殷勤。入仙官職位，加其功德，不可細說。如有輕視，罪無邊際，此文秘密藏之。

書符咒曰

天圓地方，九二天章，神筆下處，噴雲攝傍，吾奉北極紫微帝君急急如律令勒。

逐日行持六戊神咒曰

日出東方赫赫火光，六戊神符急駕雲章，乘雲下降斬邪除殃，天神助我，萬鬼消忘，吾奉北極紫微帝君急急如律令勒。

驅六甲神跨南方赤馬符

將此符用朱書，早取井花水，於庚申日早晨取太陽未出

時，依前持咒書符。

此法昔日有真人，服至三百日，跨赤馬引六甲天神，真至金階殿下，是時漢武帝亦見大驚，遂請先生飲酒，先生才大飲酒，西北上有火起，先生噴酒一口，救火，因此武帝請先生住，先生不肯住，跨赤馬去，便不見了。如在世，欲授持法者，須要志心功成，行滿三年之內，此法應之。

去住分明散影符

符依前修持咒書符，服至百日自己鏡內常照相形，驅咒罷將身湧便入時，人不見或得滿宅上升。秘之。

點勘生死運命符

此符依前篆，感天師差仙童，夢中急報，應來此法。昔日王喬，每行法，時人不依。後至死，眾人方喪，其心真修行，傾城都傳持此法。大有神驗也。

引神離殼符

此符書，服至四十九日，或百日，須是逐日將自己身形殼諸物處掛染逐物，而行其形離體到，照此法甚妙，百日功成就。

投胎換舍符

此符依前書，服至百日，或三百日。欲嫌自身醜陋、衰老者，將親身自見者，死尸年六十亡，已來男女身體，私是與仵作行人些小利養，但教留尸體埋了，自家去房作法。

持畢，將身打一擁相新死尸，去不多時，新舍覺便將些小糯米粥。下神魂，惺惺定省，自來家內尸前照顧。休教人知，便同來葬埋了。若欲再用之，無不應也。此法習時，惟忌婦人見之。秘之秘之。

驅三尸離體符

此符依前書，服至百日，三尸離身，自驅不使人心惑亂，作為既除了三尸，證仙位長生之道也。

持符神劍獲仇符

此符依前書符。欲授持一道香爐上咒罷，燒作灰。用淨水吞之，四十九日，此道約年功德，後逢此冤仇魂魅，一切仇冤之人，並用此符。香爐上度之一道，咒罷依前咒，更想仇恨之人處。逢意便獲，令先學持法人者，忽然不教人見，秘密之法不可稱揚。秘之秘之。

驅六戊神將噴雲符

夫書此符前，別有咒持課篆符須揀擇命年，通日辰，用帳幕了自己寢房，不令教妻女同親人相見，恐觸破了法，不可教見凡夫。持前法者，須帳幕了淨房，用燈六十盞，錢馬六副，食六分，如此安排了，揀擇庚申甲子日，作法，授持記之。高上玉虛帝君，畢上卿真人。秘之。

右鬼鏡

凡有人欲吞符，服水七日前，用黃錢七貼，素馬七個。先去閣室中，供養七日後用時，須擇庚申日或滿日，日未出時，去面東禮拜了，燒錢馬等，使符服水上漂，只一處隨水吃了。夫習調神符一道，元三界六甲靈飛之法，能知吉凶。厭長生不老，先知禍福之由，求祭福神應靈之法，日是我父，月是我母，五星是我兄，太乙是我朋友。

奉請東門崔判官、北六許判官、西門李判官、南門鄭判官，善惡二部童子、大力鬼王牛頭獄卒，小力鬼王來降道場，為吾助法力。

奉請星辰運日月交天甲王來降道場，為吾助法力。

奉請知地下附尸寶物隱九京地甲神王來降道場，為吾助法力。

奉請知奴婢走失逃亡人甲神王來降道場，為吾助法力。

奉請知災星邪祟鬼魅擾人甲神王來降道場，為吾助法力。

奉請患眼可交解鬼神之語通目神王來降道場，為吾助法力。

奉請謁藏身形隱伏神王來降道場，為吾助法力。

奉請能知降伏驅道善使十二通神王來降道場，為吾助法力。

奉請六丙六乙六丁六甲神王為吾助法力。

奉請六十甲子王來降道場，為吾助法力。

奉請年直、月直、日直、時直、六丁、六甲神王來降道場，為吾助法力。

奉請東方青帝、青龍符神王氣入吾身來降道場，為吾助法力。

奉請南方赤帝是朱雀符神王氣入吾身來降道場，為吾助法力。

奉請西方白帝、白虎當降神王氣入吾身來降道場，為吾助法力。

奉請北方黑帝是玄武當降神王氣入吾身來降道場，為吾助法力。

奉請中央黃帝勾陳螣蛇當降神王氣入吾身來降道場，為吾助法力。

求祭福神應靈之法

迷 咒

咒星星落，咒日日沉，咒山山崩，咒地地裂，咒水水絕，咒火火滅，咒病病除，咒人人安，咒死死生，咒鐵鐵剛。

天甲符

夫天甲符者，本師要知天上星辰隕，日月交蝕，移年中旱澇，得五穀相宜四時，祭灶符化孩兒聲旁邊心，報問劫念咒文遣去，說在前，符在後。

地甲符

夫地甲符者，本師要知地下伏尸盤泉地寶神物瘞藏暗昧難尋者，當祭此符，即知地下深淺，此符化作小童子，有物即現身覓了些物孩不度形，至北斗星下全念咒祭之即現也。

人甲符

夫人甲符者，或有人家奴婢走失逃亡，或走還不知去處，本師要知去處即祭人甲符，化作童子，前向心言，吾知姓名去處，遠近州軍四方各報明矣。

鬼甲符

夫鬼甲符者，或有人家男女及小口心風邪，崇鬼魅攪撓疼痛，虎咬瘧子，久瘴夜夢、不祥，本師要知祭此符，化為童子，前心報知姓名，潛藏去處，為遣送之家即安矣。

通目神符

夫通目符者，每遇辛酉日，半夜子時燈下朱書符，五寸絹上用灰畫壇三重，燈三盞，水二鍾，劍一把，香盤灰城一重，放此通目符在盤中，赤足下念前咒，祭之三次了燈，燒此符作灰，淋水。平旦寅時供養眼見一切鬼神，暗將資才物色而去。

伏藏符

夫伏藏符者，有人家被暮賊驚散，走劫一切物色去要追伏者，作灰城三重，劍三口，鏡一面，茶一盞，淨水一盞，念前咒一遍，祭了咒曰：「以水向東，噀木摧折，向南噀火出滅，向西噀金剛缺，向北噀水枯竭，向上噀天柱折，向下噀地獄烈，向賊噀速足蹶。祭畢時賊神限至三日，捉盜賊與師矣。失物自來詣門請。」

冢墓神符

夫冢墓符者，即有人家河水漂流，冢墓骨殖難尋者，用絹一寸，上寫冢符在絹上，夜至星象全時，置壇場祭了，到早起

後，得日出時，觀覷墓上，飛符牒隱隱入谷中，往地府化童子到人住處，是骨殖也。若是陽人化陽人，陰人化陰人，只去符上辨之，即知此事矣。

混天移地法

凡有此書者，欲要行者先須積行三年，積成齋戒，香湯沐浴，用雷驚棗木，裁成十二信印，秘於正月一日子時，置壇。白茅鋪地，鹿脯香茶，酒果燈燭，各十二分天蘦（菖蒲），地酒（乃泉水也）離壇傍，伴勿語，向天門上道不許人知見，於寂靜無人處，置祭物，披頭仗劍，請聖默念。咒曰：「唵護勾那涯查真武咸麻薩薄陀衍哆顯頤叱頤叱鳴金，希希咄咄（七遍）。」

跣足嚼舌，噴血，向天門將印稱香度過，跪坐持刀，開十二信印，畢香洗過各置祭物，依前念咒七遍。跣足嚼舌，噴血天門上，左手持天信印向天門上印一印，言道速疾當有黑風，從天門上起，有戈甲之聲內忽見頂天上地，神人手持槍銃，刺其本身，忽現龍虎之形，舞爪張牙，奔自身來，披心勿驚，低頭持護身，真言自然去矣。

護身真言曰：「速降吉祥，吾今敢當。衝吾者死，害吾者亡。吾降正法，上聖皆降。急急如律令。」

虔誠念咒靜勿懼，少時變化紫雲壇畔，上酒香跪拜，受法自有王者，上聖來至，自然善降清心，信禮祭畢，至明將祭物自食飲，餘者隨東流水去之，亦勿人見。其印方二寸四分，厚六分，錦袋盛之。勿離其身，勿觸穢犯。

天髓靈文經十二印信訣：

天信印，地信印，人信印，龍信印，虎信印，雲信印，風信印，金信印，木信印，水信印，火信印，土信印。凡此十二信印，應用之，使勿得交雜，則應神機，知此文者，不脫身

殼，免離六道，悟入仙鄉。

凡有災難不測之禍，病患臨危，用香煙度過，持念一遍，應時消散，回凶就吉，除災去難。

天信印

此印能開使用回天，住日留月，變晝作夜，夏雪冬雷，遊日看月，隨意而成。將左手恰乾亥，用右手執印，天門上印一印，向震天門則仙女下降，問其所願者皆成。若欲日月宮遊玩、先將雲信印靜沐浴，鋪淨席，用雲信印印之，起雲乘空，至月宮。將天信印印開月宮，看月仙仙童捧持。欲回印地，若要變晝作夜，將印用水盆中印日，其日便沉作夜，若要住日用竹杖豎仰照，日不敢動，要沒取印。將印天南角，即夏月降雪，要住收印。若要冬月雷聲，印天心，即雷震地。

地信印

此印能動地、摧山、竭海、伏鬼、降神、開山、建河、成溝、斷澗、隨意皆成。若要地震將印印地戶上，其地震動，欲止將印印天罡上，即不震。將印印山山摧，印海海竭。印鬼神告求龍虎降伏。若要山開將印印山，路立開，自有山神引路。若災危厄難將印大道。寫水字中心則變江河，萬人不敢過。若欲成溝澗將印印十字道，印成萬丈溝澗也。

人信印　靈萬勝寶

此印能行兵用人，訣勝無窮，千變萬化，動使草木，金石皆化人形，隱異體隨意而入。凡欲臨軍用人，若逢林木將印印林首，樹噀水一口，喝變其林皆盡成人，各持戈甲。若要隱形，持淨草七枝，面向門持，即先踏七星步，萬人皆隱不能見形。若有急難將印頭為老翁，印足為童子，印腰為婦人，印面成走獸，印膊成飛鳥，隨形皆化。印背成林木，印胸成大石，皆須用水成。而若要入石木土，將印之隨意所入。將諸物持

印，噴水即見，其無淨潔忌葷，隨身帶水。

七星禹步

後天八卦巽為地戶，坤為人門，乾為天門，艮為鬼路。

從地戶起，行入天門上，出萬人並皆不能見之，衛軍必用，此乃返魂術，藥聖用。

龍信印　降龍寶

此印能降龍乘駕，異物成龍，騰雲入霧，蛇蟲變化，一印皆成，吞雲吐霧。凡要變龍，將白練三尺，亦印頭尾，中心書龍字，嘆水一口，喝變三聲，主化成龍，騎跨任意。欲要止，印地。凡要追海獸，將印印水面，其龍獸出水面上，驅使任意。若要自己變龍時，將印印心上，吃水三口，言變三聲，立化成龍，乘雲吐霧，千里之外將印諸物色噴水。要成大蛇，書蛇字。要成龍，書龍字，皆噴水持印，隨意皆成。

虎信印　伏虎寶

此印能伏虎，殺虎，便降伏一切虎豹狼蟲山中異獸。兼有殺虎符，有禁山術中全一卷內。若要山中猛虎食人，喚樵夫時，將朱印絹上，於山林樹上貼之，其虎伏於樹下，其虎不敢移動也。

欲要殺時，印於鐵板上，埋枯樹下。若要追虎時，將印印桃板上，青袋盛佩帶，其虎自追隨相就如羊。若山路遠行，將印印大石上，其山滅跡，無虎狼，遠去千里之外也。若要自己變虎時，將印印背上，噴水變，立成虎，風生虎。

雲信靈印　起雲寶

此印能起雲登空，解生五色祥雲，駕雲升天，遊日看月，去住自然，往來得此印，遍巡四大神州。若有得此印法將印印之足下，雲生遍地，欲要乘駕雲，復印雲上，起一印起一丈，二印二丈。欲落將印印上自下，欲上天看月，精誠齋戒，香湯

沐浴，將印印地，生雲起，至月先用開天門印。如天雨不止，欲生五色祥雲，用青布上，朱書五方金木水火土，用印字上，五方生五色祥雲。

風信靈印　生風寶

此印能萬里生威風，行軍過舟，起寨迎敵，吹沙起石，隨機而應用，昏天暗地。擬印時，行回風印，則凡若遇敵，用瓷碗一個，用朱砂書速生風三字，隨向擲空處，用印照之，其風速至，摧山折木也。

若渡水過船，用其風勢，亦如前用。若欲昏天暗地，用上件法，向鬼門用印，照之，黑風立起，不辨晝夜，若值逆風，回避，將印迎風，碗書回字，向空擲去，印則回。

金信靈印　碎劍寶

此印能梯金要鐵印白刃不能傷，斷劍折槍，一切刀斧無害，彤弓朱弩，到身而回，不損絲毫。若臨兵陣，欲敵相持，印用朱砂印於白練上七顆。向陣燒灰，用一碗淨水，攪印灰向陣噀之，及兵左膊各一印，去敵即如綿，刃不能及折，一切箭失，至身則盡回。如要驗時，用雞五個籠裡篤定，內有一隻雞翅底暗帶一顆用回，以箭射雞其帶印者不損分毫，神驗。

木信印　返木寶

此印能生一切草木，及乘駕空中，能使用木禽、木獸搬糧運草，凡駕乘枋木，用印印兩頭，噴水念疾字，如枋起空，欲住處喝住，若圍軍陣困兵無糧，將木做造一飛鳥形象，付印肚上，其飛禽去軍陣帶糧，往來用水，依前建高堂大宅，亦依前用，夜行之如畫。勿泄漏之。

水信靈印　泛波寶

此印善變水溢江，興雲致雨，建井移河，渡海乘波，隨而所願。若求波浪祭水，宰白馬帶駒者，向北祭，用印印鐵箚

上，投江河中，不移少時，雷震降大波濤。若值大江河，欲過，將印印於履。若建井回河，將印印地面上，其水自至矣。

火信靈印　列賜寶

此印能發萬里火，灰木燒山，焚營焦寨。毀火，火炎起煙，滾海煎波。凡用火印夜行之。若起萬里火，將印印南方丙上，取氣吹印上，向方位照之，其火從印中出，焚蕩無涯，欲滅水印救之。欲焚舍室、草木，用印印青紙上，裹圓石人，投擲於室上，火發無救，若避難逃形。將印印山大石，立成火山也。

土信印　長春寶

此印能生一切草、五穀、果實、瓜菜，能印土成金，變石作玉。入土印印地，將五穀種之，噴水一口生，二口長，三口成形象，四口結實，五口熟。若要種諸果木，亦噴水一印水，一口生七尺，七口水印成。如前法用印印石成玉，印土成金。印枯木生芽，印樹冬月開花，發隱地入玉無不在也。

此書天之秘文，出世離凡之妙法，若修仙求道之士，知此文者，奪一紀年功，燒金煉藥，無不成就。凡行天髓靈經，須精誠齋戒，斷五辛，除六害，積脫塵之福，行修真之功德，勿輕視靈文，已污穢觸犯，禍及身矣。若傳下士罪深無疆，萬金不傳之秘也。

天髓治國安邦章

此書能治國安邦，馳名遍世。無窮自在，千變萬化，出有入無，撒豆成兵，撒草成馬。一夫決敵百人，起風雲，穰氣色，變晝作夜，回風住雨，續骨接筋，驅一切鬼神，掌握乾坤，都於目下。若要離凡超聖，乃上天梯也。

凡欲行法，積功行度，眾生忌五辛，持大咒，敬神祇隱凡世，勿泄天機，精解義奧，堅心守志。此法行能住世。鬼谷子

曰：「上士得之，乘雲上升；中士得之，鬼順神驚；下士得之，掌國權兵。」莫泄天機，名太清真人行用此法，先齋戒沐浴，嚴潔精誠於孤靜無人處，五月五日，七月七日，三月三日，應吉重日置灰壇祭物於左。

灰　壇

此壇三重，外方二丈四尺，第三重內方一丈二尺，於北斗下置用之五方旗子，各按五方位用祭物置壇上。鹿脯七分酒七盞，食七分，果七分，燈七盞，淨水七盞，香花供養茅香鋪地，更用野狐心一具，老猿猴心一具，野鵲心一具，蛩鴆鷸心一具。

右件四心托在壇畔，斟酒上香，對北斗披頭仗劍，持咒，咒曰：

「奉請北極大帝真武將軍，速令下降，助吾神力，急付壇場，馨香珍味，吾奉帝勒，行法於世急急如律令，虔心獻酒焚香，少時有紫雲蓋壇，雲中忽見青足，勿驚。祭畢時，將四心用盤托向壇前。」

祝曰：「狐心靈靈，猿意清清，靈知靈怪，聽吾令行，真魂勿散，靈魄同生，式付杵臼，碎汝魂精，吾今使用，一一皆成，急急如律令勒。」

右件祭畢雲收祭食隨東流水去之。用杵臼將四心搗之，祝曰藥靈、藥靈，吾奉太清，逢人人死，逢鬼鬼驚，千搗千聖，萬搗萬靈，立降真氣，使吾上升，急急如律令，持杵搗千餘下，後入藥同搗。

鬼臼（半兩深者），鬼箭（半兩陳者），鬼扇（半兩斷者），鬼督郵（半兩並者），雄黃（半兩好者），人參（半兩形者），茯神（半兩），茯苓（半兩），龍腦（半兩），麝香（半兩）。

右件搗羅為末，煉千歲松脂為丸，朱砂為衣，如小彈子

大，如修合時，並不許雞犬婦人孝子見之，觸犯著此藥飛走變化。用錦囊盛之，甲子日早晨，左手持一粒，念咒一遍，用開心符一道，調淨水吞下一粒，次念咒曰：

「符水清清，造化身成，入吾五臟，助吾魂精，千年不朽，萬歲莫傾，吾今祝咒，換吾身形，金丹一粒，立去天庭，急急如律令。」

【開心符燒灰調服】

此藥名換殼丹，又名覷鬼丹，初服一粒，雲行四步，五臟六腑，表裡通徹，行汗出熱水浴之。第二日二服，似覺渾身毛竅如針刺熱痛，三日下血三五升，勿怪之，換血臟。服至七日，藥行泥丸宮換腦髓，頭痛如劈，不可忍也。服解痛引子。

人參、茯苓、石膏、赤箭、甘草、附子、木香

右件各分停為末，乳香水調下，二錢日進三服則止，慎勿飲河水，至百日任意服藥經二十七日，渾身變換，體輕身健，眼如碧桃，臉很紅蓮，走如奔馬，三七日心開，無物不知，天書不解，心開意朗，眼中夜放一丈光明，出現十里見鬼神，狀日月。中烏兔，心如達知未來之凶禍，神人自告百日功成。千變萬化，坐在立亡，隨意而用。

若臨災危，自己要變百尺鬼神時，將符書就，星吞之，飲水喝言長百尺青身，萬人皆懼也。右凡要變百歲翁，將香水吞成皓首翁矣。若要隱時書就此符，向日吞之，即時隱矣，無人得見，每月一度吞之。

如交敵，要槍刀斧不能及，將符書成四十九道，燒灰用水五七碗，攪勻，教軍人共飲之。皆不損身體，刀斧自斷折，著身似鐵石。

若臨軍過之，先用香爐一枚，須要淨水一碗。向北用紅旗七柄，鼓一面，師人紅背子披頭念咒執筆書符，想自己真武形

象，符成就燒灰，嚼舌噴血，井水符灰，向北方振鼓搖旗，教眾軍叨聖字，黑風當北方罩軍，兵皆成一丈鬼神，青面黑殺將軍，百萬軍不可當也。有河莫過，過則禍矣。

咒曰：「壬癸將軍，助吾威風，千兵浴體，立化神身，逢山山碎，遇海竭津，吾奉真命，不得久停。急急如律令勒。」

右件前符藥神咒，並是精思用意，勿差錯，但是符錯，咒不真，藥不精，則不靈矣。

凡有世人命帶攀鞍驛馬，將軍有權握之人，若遇此書，立國安邦，功勛遍世，天人可動。

草豆法

若要撒豆為兵，斬草為馬，縱橫自在，萬里蕩蕩無憂，依法用兵。於七月七日，五月五日，依前再畫灰壇、香盤、淨水，大豆一斗二升，淨草一束，安於壇心，披頭作咒，從此夜初起，念咒至五更，收壇了畢，每日淨室焚香，持咒至四十九日，臨欲行兵行住坐臥默念一遍，此法立成，從壇心用香度草豆咒曰：

「天真敕奏，驅使草豆，大變神兵，為吾行營，急呼速至，不得久停，聽吾神咒，各付真形，神水一噀，草變豆成，急急如律令。」

右件先將草豆咒香上度過，念咒七遍，噴水，吾於草上，言攝攝攝攝罷，收壇持天羅咒四十九日，持千遍，每日先服起靈符一道，後念咒畢日，自驗之。

起靈符

早辰朱砂書符燒灰，用淨水向日吞之，默念天羅咒：「唵去薩佛唏唵薩佛夷霞紛紛絀絀叱迦吣呢耶怛姪陀羅陀羅唵喥嚕喥嚕煙無夷鉞陁跋陁跋利囉呢曼茶嚕吽勾那嗦。」持咒時先須齋戒，沐浴焚香，日念千遍，至 49 日足，將草一把，約 120

莖，大豆一升二合，於淨處將草撒於寬廣處，無人之地，試法念咒一遍，披頭天符，噀水將用刀子細銼噴水一口，喝七聲變人七尺，變馬五尺，用兵多少，隨意加減，如持咒至 49 日，咒成，自聞草人之聲，是驗如變人，將使用行戰，東勿至林，西勿至金，北勿至出。謹正如此，是真五形返法。據凡人用之，切記返禍矣。

急呼，急應。若遇甲子旬，呼六甲神，本命日用銀錢細馬祭之。依如軍令中要精嚴。若得上卷凡百觸犯禁戒，產婦腥血並不為害。若曾習六壬遁甲，自知逆順，若要歸形，將咒倒持一遍，後念還咒一遍，自成草豆。還真咒曰：

「草豆靈靈，速化本形，吾今祝咒，各歸太清，急呼急至，所願皆成。急急如律令。」

咒畢噀水噴軍，自不見矣。若軍卒要馬，但靈神廟，宇中焚香，借但用緋，綜繩子繫一紙馬，腳跟上如真騎用自然。應用驗過，夜依然用草餵之，勿近穢污水漿傍畔，壞法矣。

借馬咒

速仰告應靈神，借龍馬足踏青雲，千里渡江塵。急急如律令勒。

廟中焚香將故紙馬畢各用緋繩子繫了，日行千里不倦，過水解下，過了卻繫，如過敵若無槍刀，各人持小沙石土磚瓦向陣拋擲，當有自損，力加萬倍。若值無糧草書鎖腸符燒灰，向水中飲之，則不飢渴，力加十倍，百日不飢馬。已用之，如用開腸符一道，已如前用，則無害矣。但若行此之人，但有安淨眼前藥心開自曉解，一一精細驗用，勿差互，萬無一失矣。

鎖腸符、開腸符

凡欲超凡出世，此書神仙機長生之逕路，祖父子勿傳，千金勿示，太玄妙術，玉帝靈文，焚香念咒，鬼怕神驚，人若授

者，得福無邊，洞曉乾坤，明達五行，知陰陽逆順，若傳萬載，祐國助君，保天下。當有長存世不俗通，能曉天之意，善解鬼神機，但得此書，錦袋盛之，常令供養，乃名山洞府岩穴中，隱閉收藏，得三五年有香氣出於此地，靈花芝草自然生，金玉成形。

凡有諸鬼祟邪魅魍魎，狐狸山魈纏綿不去者，但將此書焚香度照，其諸凶禍奔走他鄉，粉骨碎形，無不應驗，若有志心人傳授，須齋戒良善，清潔不淫，精心信禮，對天尊設，誓積行救人，可以傳授。若傳下士庸愚，禍殃九祖。

凡世之萬物，唯人最靈，最貴，象天地五行造化，成陰陽交感精血成就，故自假合完形有生死。上聖帝君不能此，寓形宇內亦知歸。往往愚士，歷歷頗周，不曉造化。或服金石，望脫殼飛升。或練氣運用，望延年住世。或聽邪說，居山絕粒。然是神仙之法，亦有飛升住世。得此者，宿世靈明之胎，塵外長生聖體，自感人妙訣，天降長生之術，變動仙機，通解聖意。似此觀之，萬中無一餘者，愚人不知聖理，妄學明人，狂作聖意，累劫白骨。過於須彌，山積世孤魂，北邙餓鬼，又不知死瞑目，前由望長生住世。神仙有限可修，歲遠可待，古今世人知生不知死，寄塵如盲目，登山居世如夜行涉水，有誤徒學，沒於苦海，吾合留術於世也。

點檢法

凡欲長生住世，不死之道須知命運遠近。方可修真養命，去除死籍，陰部無名，玉策添字，吾入仙鄉，不死之道。

右點檢術，先齋戒沐浴七日，至三月三日未日出時，執刀斧於山中，採荊杖 120 莖，各長一尺二寸，五色線繫之，封裹東南角懸之，勿得觸污。又至五月五日日未出時，又採杜荊杖12 莖，各長一尺二寸，五色線繫之，封裹於西北上，勿令觸

犯。又七月七日日未出時，依前採荊杖 30 枝，各長七寸，五色線繫之，懸在東北上，不得觸犯。又九月九日日未出時，又採杜荊杖 12 莖，五色線繫之，封吊西南上，勿令犯污。

右四次將荊杖各吊方位，不得交雜不潔，勿令人知見，至十二月一日夜，取四位荊杖於淨室中供養，持咒常夜不闕，夜用紅花油燈七盞，九蒸、九曝、燈芯 21 莖，然燈七盞，香花果茶淨水各七分，從月一日夜供養荊杖，常夜焚香念咒七遍，香度荊杖咒曰：

「靈荊靈荊，土木長成，吾今向祭，要汝知之，知某年命，現在靈荊，十月則現，限到無形，吾今祝咒，聽吾令行，急急如律令。」

右從 12 月 1 日夜起，如法供養，念咒七遍，常夜不闕至 12 月 30 日，小盡 29 日。守至年除日，五更初時。燈七盞，合為十一盞，於室內無人知見獨自西北，持咒一遍，跪坐將燈向南明照一舼白璧或屏面。將先 120 莖荊杖，除當年外數，手持一枝向燈其影現壁上便過，再捻一枝如前至命終盡之年，其荊影不現用紙筆記之。次將第二次採者十二莖荊杖香上度過，祝曰：「敢告杜荊願吾祈月。」如前照之，至限無影，亦以記之。次收第三採者 30 莖，依前告祝至限上，無影記之。次取第四採者，12 莖，依前祝告，至限，無影，切記紙筆將荊杖斗下燒之，將灰並獻祭，並隨流水去之。

積功修行至限盡年月日，用鬼谷子還生法禳之，死籍除名、長生住世，不記年月，入仙之道，與天地同畢，共山河齊年。

自古達士皆行此法，長生成就，還生禳死法，至限年月日前，齋戒沐浴，於淨室內鋪席稿二寸厚，枕七寸，頭南絕粒不語，臥七日服鎖腸符，至限前一日，於合作墳處，掘地深二丈

四尺，墓前棺樿五穀各一升二合放棺內。至日棺內南首臥，伸足至時都假符，要五穀秕，內辰下散發，右手握黃土一把，口內含水飯一口，左手恰乾亥地字，出墳向鬼門，足踏七星步便去。勿回頭，千里外陰部除名，玉榜上添名，世人皆見死矣。此禳假還生法，勿泄天機。唐時軍人侯獨翁得此法，禳之，住世 927 歲，白日駕朱鶴飛升，至後諸仙經內並不載此術，七星禹步，鎖腸符，並於卷前，不重載。都假神符合付於右，前用手內土，口中飯離 120 步去之無畏。

都假符

右件前符用 12 月絕養己身，一道朱書，展於棺內，載於己形，皆不見自己身死於此也。

造化靈藥

此藥乃神異之書，有通神驗聖奇術，驚耳駭目之靈方，觀其夏雪冬雷，興雲致雨，隱形匿貌，變白延年，有謂藥術之精微，天書之玄妙者，愚人得之樂然而。

如磁石引針、琥珀拾芥、河車伏汞、揄耳採金、陽燧取火、獺膽分杯、蟹黃聚鼠奇方，豈是聖歟？蓋以藥性相扶，氣類相感使之然也。此方鬼谷先生所載，又兼前術時有驗者，多乃揀去集為秘要藥術，摘太清之玄章，遂以墨子之要心搜世藥幽微，乃術於世秘密流傳，以成天髓靈經。還性命。若有其人。我死未滿七日，然已死未爛壞者，服一丸者，無不活矣。如人患將死，與一丸，無不效，以三丸納口中，須臾便活。口齒灌藥，無不活。有邪鬼帶一粒立去。

如修合先須齋戒，如健人服之，延年不老，名之曰：「太一返魂丹」。雄黃、雌黃、丹砂（各十二分）置於生竹筒中，埋地中，丹砂用竹筒埋在南面，雌黃在北，雄黃在中心，各一竹筒，口以雲母粉塞之，土三寸蓋竹筒頭上，用灰火燒七日七

夜，化為水花，未化再用火氣呵取成為限。右將三水置銅器之中，夜於露中，日出取之，又下井水三尺內，三水中入天雄末五升，修養藥候紅色，一丸如十二升鯉魚目大，金器盛之部老松根養三年後以祭之，而收依前，秘法用之。

驅役靈魂

凡用紙人之法，須曉鬼神之機，呼便自在，出入行廚隨意，東西要者之物，所取皆得先通，犯法欲死之人，以前酒食思之，各得其名姓年月日時，欲赴法見一面與紙錢勸酒，其犯法人須謝言之意，便向死人道與公，即曰：「無恩為公靈明故來相訪。既君知意與聚魂。」符一道，暗與丸拋酒中與飲之，罷言汝欲命斷，歸聲而來，其人知意，法場對面五十步高望見處，手執大鏡一面，周圍一尺二寸，明照著犯之人，鏡面上書：「招魂符」欲視刀過命，既念咒，咒曰：「奉請北方犯法之人。」一氣念三遍，取氣吹於鏡內，用白練裹鏡至淨室中，此夜用三盞香美酒食祭之。於傍將鏡對燈咒曰：「真魂靈明，速現本形，吾今向祭，要用隨聲，魂魄勿散，救汝還生。」

念畢將鏡執向燈前，現喚其名姓，與其酒祭食，彩畫其像，暗處常以向祭香花供養，要使用剪紙人，長七寸，呼名立至，付其紙人，如其人使用無異，疊七人可以動用驅使。其招魂聚魂二符，令人魂魄不散，為丸飲之。

招魂符、歸魂符

取六月一日燕巢中雛口中蟲七枚，螢火蟲七枚，三月三日取科斗一十四枚，陰乾鳥卵開破去黃留清，將末投中卻封了令雞抱之，其雞叫也盛，取去密器中盛之，如用取一大豆來津唾塗於頂上，夜有百尺霞光，晝有紫雲，如置藥指甲中，則指物色如箭如射，用蟾血和塗身，夜作一塊火置口中，唾則亦火出，六甲日造。如要燒一切舍屋，諸應情燒物，用藥一刀圭書

塗上，至夜，則火無救。如將小石置藥少許，沉在井則火生於井底，水無害。

要起毫象白氣

凡欲眉間現毫頂生白氣，蓋乃先聖之作也。非凡俗所干，今用之，藥亦是受日月之精華，天地之秀氣，成物之餌，可以造化而成故鬼谷先生留術秘之勿泄。

真陽起石（十銖）、雲母石（七銖）、白英石（四銖）、鉛白霜（一分）、海浮石（一錢）

右件各以溫酒洗過，庚申日搗為粉，辛日用白蟾蜍喉下有八字一枚，去腸安在中，又海蜊蛤如蚌大者二枚，磨令一合，封蜜安在內置泉水中，養七七日藥成，候泉出白氣，聚之成也。如日未足，封中有水，再取拭乾，用蠟固濟封口，停之則自成也。去海蛤蜍只取藥停於銀合，勿透氣如欲現毫將藥置一麻子大用津唾塗於眉間，白光自現。毫象光輝，如將一米大置茶酒中，從盞中光起數尺，置指中，向日光從指中頂上，白氣置諸物，亦以現光也。

登波術

右件取五月五日黑蜘蛛十枚，如至日即難得時，可以預分布人亦使捕之，至其日暮著一不津器中，以豬脂二合在內，蜘蛛自當食脂盡至七月七日，取水馬七枚，水上長腳者是也。復和上件蟲物，一處於瓶中埋舍北陰乾，百日值成。日取藥置在竹筒中盛如江河，急難取一刀圭塗足下，走水如登大石，諸經少有載者，無聖二術不同常術。

啟扉術

右建日夜半子時，取小兒墓上木，禹步斬之，向北削，長七寸三分，將五彩衣密藏之。用披頭髮以手摩，門戶即自開，並一切鎖鑰。又五月五日取黑犬舌，並齒陰乾，以虎脂塗百人

手持之，辰行入人家不能見手。捉犬尾不吠，不咬人，指臥人不能起，睡人不覺也。勿泄非人，此法記耳。

脫殼現形術

凡行此術者，先於靜室內置坐位，面前吊大鏡一面。從甲子日起，每日淨心對鏡中形象行住坐臥，想在己身，目前在真形、早辰先服分神散，後對煉神行四十九日，常想留一神在鏡中，書現形符一道在鏡面上，埋於大門上，深七尺七寸瓷器中，物蓋之，欲起形時，令將小鏡子書現形符於鏡面上。吹氣一口懸於室中，任意東西去住，室中自有己一身，或坐，或臥，或立，收鏡自己收之，他人即見，見人合一身也。

煉殼分神散

蛇蛻皮（一條全者五月五日收），蟬殼（七枚全者六月六日收），龍骨（一兩七月七日），白茯苓（一兩），茯神（一兩），遠志（一兩），人參（一兩），薰陸花（一錢），伏翼心（一具，酒洗焙乾）。

右件為細末，每服一錢，吃藥時並不得吹攪，吃至十日覺昏沉，是驗也。服之四十九日為定，更不重複，餘藥隨鏡埋。

現形符

右件將此符朱砂書於鏡上，想如己身在鏡，吹氣符上，自然視現於此符。絕上書時勿觸犯云，一一精誠，煉形鏡內，足四十九日，要成如是。不虔恪則難成矣。一人分身如前說坐臥之法。坐則倚壁低吊鏡；臥則橫符；立則高懸；想己身之法也。

異　容

若人有危難不測之災，未能建法成就，急速異形遽閃一難須用此術。

故笠子（一個），燒號丹（一分），白馬蹄甲（一個燒灰），薩子花（陰乾），老章鹿根（二兩），翼翅（一對燒灰）。

右件六味各為細末，將一半置青膽中，懸東門七十日。如急夜去一核大藥用，津唾塗於面上，明日妻男認不得，更將前散藥時面東調時，不得睡攪吃不得吹，家屬不識矣。

知命丹

若人修真習道，須知死此藥則有驗，或前七日藥鼻中出有神聖之靈。

辰砂（一錢），雄黃、乳香、青木香、安息香（一錢），伏神（一錢半），遠志（一錢），石韋（一錢），蓽澄茄（一錢），人參（一錢半），蓮子仁（七個），太一禹餘糧（一個）。

右件一十二味，並依州土，持擇淨於甲子日辰時，不得雞犬婦人見，面向東不語搗羅為末。用石密和成塊，念三清玉帝敕三萬遍，搗三萬杵，於東南井內離水一尺至戊子日丸為雞頭，大至後一旬，甲子日甲辰，面東焚香，念本命星官三百遍。吞一丸水下，並不得食五辛酒肉，房色致命，盡七日，前其藥從鼻中出，或夢中人告之，自吃藥致命盡，並不染疾，立坐而化。秘之。

此書蓋天下之玄文中髓，自古及今超凡出世，掌國高賢，皆以得甚妙，自曉天文，得其至道。如得此者，亦非今遇，蓋是宿緣，莫能人視，福應無邊，收者吉昌，世有金玉，非為至寶，有神王萬載昌。秘之。

第五節　《鬼谷算》

（錄自《永樂大典》）

今有物，不知數。[1]

三三數[2]之勝二；

五五數之勝三；

七七數之勝二。

問物幾何[3]？

答曰：23。

術曰：三三數之勝二，置[4]140；

五五數之勝三，置63；

七七數之勝二，置30。

並之得233，以210減之，即得。

凡三三數之勝一，則置70；

五五數之勝一，則置22；

七七數之勝一，則置15。

160以上，以150減之，即得。

注釋

(1) 數：這裡指數量。

(2) 數：這裡作動裡詞用，指計算數量。

(3) 幾何：多少。

(4) 置：設置、假設。

譯文

現在有一種東西，不知道它的數量是多少。只知道：如果三個三個地數，最後要餘下二；五個五個地數，最後要餘下三；七個七個地數，最後要餘下二。問這些東西是多少。

答案是：23。其計算方法是：三個三地數餘2，則設140；五個五個地數餘3，則設63；七個七個地數餘2，則設30。將所設的數加在一起得233，減去210，就是所求的結果。

凡是三個三個地數餘1，則設70；五個五個地數餘1則設22；七個七個地數餘1，則設15。160以上，減去105，就是所求的結果。

第五章　世傳為鬼谷子關於易道預測命書和天文地理的著作

※第六章※
鬼谷子諸弟子傳記及其著作

第一節 《史記列傳第五卷六十五・孫武、吳起》中的孫臏、龐涓史跡（請參看本書第二章第八節）

第二節 孫臏著《孫臏兵法》

上 編
擒龐涓

昔者，梁君將攻邯鄲，使將軍龐涓、帶甲八萬至於茌丘。齊君聞之，使將軍忌子、帶甲八萬至……競。龐子攻衛，將軍忌〔子〕……衛，救與……曰：「若不救衛，將何為？」孫子曰：「請南攻平陵。平陵，其城小而縣大，人眾甲兵盛，東陽戰邑，難攻也。吾將示之疑。吾攻平陵，南有宋，北有衛，當途有市丘，是吾糧途絕也。吾將示之不知事。」於是徙舍而走平陵。……陵，忌子召孫子而問曰：「事將何為？」孫子曰：「都大夫孰為不識事？」曰：「齊城、高唐。」孫子曰：「請取所……二大夫以臧都橫卷四達環塗橫卷所陣也。環塗甲之所處也。吾末甲勁，本甲不斷。環塗擊柀其後，二大夫可殺也。」

於是段齊城、高唐為兩，直將蟻附平陵。挾柭環塗夾擊其後，齊城、高唐當術而大敗。將軍忌子召孫子問曰：「吾攻平陵不得而亡齊城、高唐，當術而厥。事將何為？」孫子曰：「請遣輕車西馳梁郊，以怒其氣。分卒而從之，示之寡。」於是為之。龐子果棄其輜重，兼趣舍而至。孫子弗息而擊之桂陵，而擒龐涓。故曰，孫子之所以為者盡矣。四百六……子曰：吾……孫子曰：「毋待三日」。

見威王

孫子見威王，曰：「夫兵者，非士恆勢也。此先王之傳道也。戰勝，則所以在亡國而繼絕世也。戰不勝，則所以削地而危社稷也。是故兵者不可不察。然夫樂兵者亡，而利勝者辱。兵非所樂也，而勝非所利也。事備而後動。故城小而守固者，有委也；卒寡而兵強者，有義也。夫守而無委，戰而無義，天下無能以固且強者。堯有天下之時，黜王命而弗行者七，夷有二，中國四，……素佚而致利也。戰勝而強立，故天下服矣。昔者，神戎戰斧遂；黃帝戰蜀祿；堯伐共工；舜伐而併三苗，……管；湯放桀；武王伐紂；帝奄反，故周公淺之。故曰，德不若五帝，而能不及三王，智不若周公，曰我將欲責仁義，式禮樂，垂衣裳，以禁爭奪。此堯舜非弗欲也，不可得，故舉兵繩之。」

威王問

齊威王問用兵孫子，曰：「兩軍相當，兩將相望，皆堅而固，莫敢先舉，為之奈何？」孫子答曰：「以輕卒嘗之，賤而勇者將之，期於北，毋期於得。為之微陣以觸其側。是謂大得。」威王曰：「用眾用寡有道乎？」孫子曰：「有」。威王曰：「我強敵弱，我眾敵寡，用之奈何？」孫子再拜曰：「明王之問。夫眾且強，猶問用之，則安國之道也。命之曰贊師。毀卒

亂行，以順其志，則必戰矣。」威王曰：「敵眾我寡，敵強我弱，用之奈何？」孫子曰：「命曰讓威。必臧其尾，令之能歸。長兵在前，短兵在，為之流弩，以助其急者。毋動，以待敵能。」威王曰：「我出敵出，未知眾少，用之奈何？」孫子〔曰〕：命曰……威王曰：「擊窮寇奈何？」孫子〔曰〕……可以待生計矣。威王曰：「擊均奈何？」孫子曰：「營而離之，我並卒而擊之，毋令敵知之。然而不離，按而止。毋擊疑。」威王曰：「以一擊十，有道乎？」孫子曰：「有。攻其無備，出其不意。」威王曰：「地平卒齊，合而北者，何也？」孫子曰：「其陣無鋒也。」威王曰：「令民素聽，奈何？」孫子曰：「素信。」威王曰：「善哉！言兵勢不窮。」

田忌問孫子曰：「患兵者何也？困敵者何也？壁延不得者何也？失天者何也？失地者何也？失人者何也？請問此六者有道乎？」孫子曰：「有。患兵者地也，困敵者險也。故曰，三里洳將患軍……涉將留大甲。故曰，患兵者地也，困敵者險也，壁延不得者寒也，……奈何？」孫子曰：「鼓而坐之，十而揄之。」田忌曰：「行陣已定，動而令士必聽，奈何？」孫子曰：「嚴而示之利。」田忌曰：「賞罰者，兵之急者耶？」孫子曰：「非。夫賞者，所以喜眾，令士忘死也。罰者，所以正亂，令民畏上也。可以益勝，非其急者也。」田忌曰：「權、勢、謀、詐，兵之急者耶？」孫子曰：「非也。夫權者，所以聚眾也。勢者，所以令士必鬥也。謀者，所以令敵無備也。詐者，所以困敵也。可以益勝，非其急者也。」田忌忿然作色：「此六者，皆善者所用，而子大夫曰非其急者也。然則其急者何也？」孫子曰：「料敵計險，必察遠近，……將之道也。必攻不守，兵之急者也。……骨也。」田忌問孫子曰：「張軍毋戰有道？」孫子曰：「有。險增壘，諍戒毋動，毋可毋可怒。」田

忌曰：「敵眾且武，必戰有道乎？」孫子曰：「有。埤壘廣志，嚴正輯眾，避而驕之，引而勞之，攻其無備，出其不意，必以為久。」田忌問孫子曰：「錐行者何也？雁行者何也？篡卒力士者何也？勁弩趨發者何也？飄風之陣者何也？眾卒者何也？」孫子曰：「錐行者，所以衝堅毀銳也。雁行者，所以觸側應〔也〕。篡卒力士者，所以絕陣取將也。勁弩趨發者，所以甘戰持久也。飄風之陣者，所以回〔也〕。眾卒者，所以分功有勝也。」孫子曰：「明主、知道之將，不以眾卒幾功。」

孫子出而弟子問曰：「威王、田忌臣主之問何如？」孫子曰：「威王問九，田忌問七，幾知兵矣，而未達於道也。吾聞素信者昌，立義……用兵無備者傷，窮兵者亡。齊三世其憂矣。」……善則敵為之備矣。孫子曰……孫子曰：「八陣已陳……孫子……險成，險成敵將為正，出為三陣，……倍人也，按而止之，盈而待之，然而不……無備者困於地，不者……士死而傅。」

陳忌問壘

田忌問孫子曰：「吾卒……不禁，為之奈何？」孫子曰：「明將之問也。此者人之所過而不急也。此之所以疾……志也。」田忌曰：「可得聞乎？」

曰：「可。用此者，所以應猝窘處隘塞死地之中也。是吾所以取龐而擒太子申也。」田忌曰：「善。事已往而形不見。」孫子曰：「蒺藜者，所以當溝池也。車者，所以當壘〔也〕。〔者〕，所以當堞也。發者，所以當埤也。長兵次之，所以救其隋也。次之者，所以為長兵也。短兵次之者，所以難其歸而徼其衰也。弩次之者，所以當投機也。中央無人，故盈之以……卒已定，乃具其法。制曰：以弩次蒺藜，然後以其法射之。壘上弩戟分。法曰：見使來言而動……去守五里置候，令相見

也。高則方之，下則圓之。夜則舉鼓，晝則舉旗。」……田忌問孫子曰：「子言晉邦之將荀息、孫軫之於兵也，未……無以軍恐不守。」忌子曰：「善。」田忌問孫子曰：「子言晉邦之將荀息、孫〔軫〕……也，勁將之陣也。」田忌請問兵情奈何？……「見弗取。」田忌服問孫……「棄焉。」孫子曰：「兵之……應之。」孫子曰：「伍……孫子曰：……見之。」孫子……「以也。」孫……「將戰書，所以哀正也。誅規旗，所以嚴後也。善為陣者，必賢……明之吳越，言之於齊。曰知孫氏之道者，必合於天地。孫氏者……求其道，國故長久。」孫子……「問知道奈何。」孫子……「而先知勝不勝之謂知道。戰而知其所……所以知敵，所以曰智，故兵無……」

纂　卒

孫子曰：兵之勝在於纂卒，其勇在於制，其巧在於勢，其利在於信，其德在於道，其富在於亟歸，其強在於休民，其傷在於數戰。孫子曰：德行者，兵之厚積也。信者，兵〔之〕明賞也。惡戰者，兵之王器也。取眾者，勝也。孫子曰：恒勝有五：得主專制，勝。知道，勝。得眾，勝。左右和，勝。量敵計險，勝。孫子曰：恒不勝有五：御將，不勝。不知道，不勝。乖將，不勝。不用間，不勝。不得眾，不勝。孫子曰：勝在盡，明賞，選卒，乘敵之。是謂泰武之葆。孫子曰：不得主弗將也……令，一曰信，二曰忠，三曰敢。安忠？忠王。安信？信賞。安敢？敢去不善。不忠於王，不敢用其兵。不信於賞，百姓弗德。不敢去不善，百姓弗畏。

月　戰

孫子曰：「間於天地之間，莫貴於人。戰不單。天時、地利、人和，三者不得，雖勝有殃。是以必付與而戰，不得已而後戰。故撫時而戰，不復使其眾。無方而戰者小勝以付者也。」

孫子曰：「十戰而六勝，以星也。十戰而七勝，以日者也。十戰而八勝，以月者也。十戰而九勝，月有……〔十戰〕而十勝，將善而生過者也。」一單……所不勝者也五，五者有所壹，不勝。故戰之道，有多殺人而不得將卒者，有得將卒而不舍得者，有得舍而不得將軍者，有覆軍殺將者。故得其道，則雖欲生不可得也。

八 陣

孫子曰：「智不足，將兵，自恃也。勇不足，將兵，自廣也。不知道，數戰不足，將兵，幸也。夫安萬乘國，廣萬乘王，全萬乘之民命者，唯知道。知道者，上知天之道，下知地之理，內得其民之心，外知敵之情，陣則知八陣之經，見勝而戰，弗見而諍，此王者之將也。」孫子曰：「用八陣戰者，因地之利，用八陣之宜。用陣三分，誨陣有鋒，誨鋒有後，皆待令而動。鬥一，守二。以一侵敵，以二收。敵弱以亂，先其選卒以乘之。敵強以治，先其下卒以誘之。車騎與戰者，分以為三，一在於右，一在於左，一在於後。易則多其車，險則多其騎，厄則多其弩。險易必知生地、死地，居生擊死。」

地 葆

孫子曰：凡地之道，陽為表，陰為裡，直者為綱，術者為紀。紀綱則得，陣乃不惑。直者毛產，術者半死。凡戰地也，日其精也，八風將來，必勿忘也。絕水、迎陵、逆流、居殺地、迎眾樹者，鈞舉也，五者皆不勝。南陣之山，生山也。東陣之山，死山也。東注之水，生水也。北注之水，死水。不流，死水也。五地之勝曰：山勝陵，陵勝阜，阜勝陳丘，陳丘勝林平地。五草之勝曰：藩、棘、椐、茅、莎。五壤之勝：青勝黃，黃勝黑，黑勝赤，赤勝白，白勝青。五地之敗曰：谿、川、澤、斥、鹵。五地之殺曰：天井、天宛、天離、天隙、

天。五墓，殺地也，勿居也，勿也。春毋降，秋毋登。軍與陣皆毋政前右，右周毋左周。

勢　備

孫子曰：夫陷齒戴角，前爪後距，喜而合，怒而鬥，天之道也，不可止也。故無天兵者自為備，聖人之事也。黃帝作劍，以陣象之。羿作弓弩，以勢象之。禹作舟車，以變象之。湯、武作長兵，以權象之。凡此四者，兵之用也。何以知劍之為陣也？且暮服之，未必用也。故曰，陣而不戰，劍之為陣也。劍無鋒，雖孟賁〔之勇〕不敢。陣無鋒，非孟賁之勇也敢將而進者，不知兵之至也。劍無首鋋，雖巧士不能進。陣無後，非巧士敢將而進者，不知兵之情者。故有鋒有後，相信不動，敵人必走。無鋒無後，……券不道。何以知弓弩之為勢也？發於肩膺之間，殺人百步之外，不識其所道至。故曰，弓弩勢也。何以〔知舟車〕之為變也？高則……何以知長兵之〔為〕權也？擊非高下非……盧毀肩，故曰，長兵權也。凡此四……中之近……也，視之近，中之遠。權者，晝多旗，夜多鼓，所以送戰也。凡此四者，兵之用也。皆以為用，而莫徹其道。……功。凡兵之道四：曰陣，曰勢，曰變，曰權。察此四者，所以破強敵，取猛將也。……之有鋒者，選陣也。爵……得四者生，失四者死……。

兵　情

孫子曰：若欲知兵之情，弩矢其法也。矢，卒也。弩，將也。發者，主也。矢，金在前，羽在後，故犀而善走。前……今治卒則後重而前輕，陣之則辨，趣之敵則不聽，人治卒不法矢也。弩者，將也。弩張柄不正，偏強偏弱而不和，其兩洋之送矢也不壹，矢雖輕重得，前後適，猶不中〔招也〕……將之用心不和……得，猶不勝敵也。矢輕重得，前〔後〕適，而弩

第六章　鬼谷子諸弟子傳記及其著作

557

張正，其送矢壹，發者非也，猶不中招也。卒輕重得，前……兵……猶不勝敵也。故曰，弩之中彀合於四，兵有功……將也，卒也〔法〕，也。故曰，兵勝敵也，不異於弩之中招也。此兵之道也。……所循以成道也。知其道者，兵有功，主有名。

行篡

孫子曰：用兵移民之道，權衡也。權衡，所以篡賢取良也。陰陽，所以聚眾合敵也。正衡再累……既忠，是謂不窮。稱鄉縣衡，雖其宜也。私公之財壹也。夫民有不足於壽而有餘於貨者，有不足於貨而有餘於壽者，唯明王、聖人知之，故能留之。死者不毒，奪者不慍。此無窮……民皆盡力，近者弗則遠者無能。貨多則辨，辨則民不德其上。貨少則，則天下以為尊。然則為民賕也，吾所以為賕也，此兵之久也。用兵之……殺士孫子曰：明爵祿而……殺士則士……知之。知士可信，毋令人離之。必勝乃戰，毋令人知之。當戰毋忘旁毋……必審而行之，士死……

延　氣

孫子曰：合軍聚眾，〔務在激氣〕。復徙合軍，務在治兵利氣。臨境近敵，務在厲氣。戰日有期，務在斷氣。今日將戰，務在延氣。……以威三軍之士，所以激氣也。將軍令……其令，所以利氣也。將軍乃……短衣裘，以勤士志，所以厲氣也。將軍令，令軍人人為三日糧，國人家為……〔所以〕斷氣也。將軍召將衛人者而告之曰：「飲食毋……〔所〕以延氣……也。延氣……營也。以易營之，眾而貴武，敵必敗。氣不利則拙，拙則不及，不及則失利，失利……氣不厲則懾，懾則眾，眾……而弗救，身死家殘。將軍召使而勉之。

官　一

孫子曰：凡處卒利陣體甲兵者，立官則以身宜，賤令以采

章，乘削以倫物，序行以，制卒以州閭，授正以鄉曲，辨疑以旌輿，申令以金鼓，齊兵以從跡，庵結以人與雄，邋軍以索陣，茭肄以囚逆，陳師以危，射戰以雲陣，御裹以贏渭，取喙以闓燧，即敗以包，奔救以皮傅，燥戰以錯行。用以正，用輕以正散，攻兼用行城，地用方，迎陵而陣用，險用圜，交易武退用兵，陣臨用方翼，泛戰接厝用喙逢，囚險解谷以遠，草騪沙茶以陽削，戰勝而陣以奮國，而……為畏以山，秦怫以透池，便罷以雁行，險厄以雜管，還退以蓬錯，繞山林以曲次，襲國邑以水則，辯夜退以明簡，夜警以傳節，厝入內寇以棺士，遇短兵以必興，火輸積以車，陣刃以錐行，陣少卒以合雜。合雜，所以御裹也。行連削，所以結陣也。雲折重雜，所權也。凡振陳，所以乘疑也。隱匿謀詐，所以釣戰也。龍隋陳伏，所以山鬥也。乖舉，所以厭津也。卒，所以〔敗戰〕也。不意侍卒，所以昧戰也。遏溝陳，所以合少也。疏削明旗，所以疑敵也。剽陣車，所以從遺也。椎下移師，所以備強也。浮沮而翼，所以燧斗也。禪避，所以莠也。簡練剽便，所以逆喙也。堅陣敦，所以攻也。揆斷藩薄，所以眩疑也。偽遣小亡，所以敵也。重害，所以茭也。順明到聲，所以夜軍也。佰奉離積，所以利勝也。剛者，所以御劫也。更者，所以過也。……者，所以御也。……者，所以厭也。胡退入，所以解困也。……令以金……雲陣，御裹……秦怫以透池，便罷……夜退以明簡，夜警……興，火輸積以車，陣……龍隋陳……也。簡練便，所以逆……斷藩薄，所以眩……所以敵也。重害，所……奉離積，所以利……

強　兵

威王問孫子曰：……齊士教寡人強兵者，皆不同道。……〔有〕教寡人以政教者，有教寡人以……〔有教〕寡人以散糧

者，有教寡人以靜者，……之教行之教奚……〔孫子曰〕：「……皆非強兵之急者也。」威〔王〕……孫子曰：「富國。」威王曰：富國……厚，威王、宣王以勝諸侯，至於……將勝之，此齊之所以大敗燕……眾乃知之，此齊之所以大敗楚人反……大敗趙……人於桑而擒氾皋也。……擒唐也。

下 編

十 陣

凡陣有十：有方陣，有圓陣，有疏陣，有數陣，有錐行之陣，有雁行之陣，有鉤行之陣，有玄襄之陣，有火陣，有水陣。此皆有所利。方陣者，所以剸也。圓陣者，所以槫也。疏陣者，所以吠也。數陣者，為不可掇。錐行之陣者，所以決絕也。雁行之陣者，所以接射也。鉤行之陣者，所以變質易慮也。玄之陣者，所以疑眾難故也。火陣者，所以拔也。水陣者，所以倀固也。方陣之法，必薄中厚方，居陣在後。中之薄也，將以吠也。重其，將以剸也。居陣在後，所以……〔圓陣之法〕……〔疏陣之法〕，其甲寡而人之少也，是故堅之。武者在旌旗，是人者在兵。故必疏鉅間，多其旌旗羽旄，砥刃以為旁。疏而不可蹙，數而不可軍者，在於慎。車毋馳，徒人毋趨。凡疏陣之法，在為數丑，或進或退，或擊或須，或與之佂，或要其衰。然則疏可以取銳矣。數陣之法，毋疏鉅間，戚而行首積刃而信之，前後相保，變，甲恐則坐，以聲坐，往者弗送，來者弗止，或擊其迂，或辱其銳，笄之而無間，軔山而退。然則數不可掇也。錐行之陣，卑之若劍，末不銳則不入，刃不薄則不剸，本不厚則不可以列陣。是故末必銳，刃必薄，本必鴻。然則錐行之陣可以決絕矣。〔雁行之陣〕，……中，此謂雁陣之任。前列若觶，後列若貍，三……闊羅而自存，此之

謂雁陣之任。

鉤行之陣，前列必方，左右之和必鉤。三聲既全，五彩必具，辨吾號聲，知五旗。無前無後，無……玄纕之陣，必多旌旗羽旄，鼓翟莊，甲亂則坐，車亂則行，已治者，櫛櫛崒崒，若從天下，若從地出，徒來而不屈，終日不拙。此之謂玄纕之陣。火戰之法，溝壘已成，重為溝塹，五步積薪，必均疏數，從役有數，令之為屬枇，必輕必利，風辟……火既自覆，與之戰弗克，坐行而北。火戰之法，下而衍以芿，三軍之士無所出泄。若此，則可火也。陵焱蔣芿，薪蕘既積，營窟未謹。如此者，可火也。以火亂之，以矢雨之，鼓譟敦兵，以勢助之。火戰之法。水戰之法，必眾其徒而寡其車，令之為鉤錯蓰柤貳輯絳皆具。進則必遂，退則不蹙，方蹙從流，以敵之人為招。水戰之法，便舟以為旗，馳舟以為使，敵往則遂，敵來則蹙，推攘因慎而飭之，移而革之，陣而之，規而離之。故兵有誤車有御徒，必察其眾少，擊舟須，示民徒來。水戰之法也。七百八十

十　問

兵問曰：交和而舍，糧食均足，人兵敵衡，客主兩懼。敵人圓陣以胥，因以為固，擊〔之奈何？曰〕：擊此者，三軍之眾分而為四五，或傅而佯北，而示之懼。彼見我懼，則遂分而不顧。因以亂毀其固。馳鼓同舉，五遂俱傅。五遂俱至，三軍同利。此擊圓之道也。交和而舍，敵富我貧，敵眾我少，敵強我弱，其來有方，擊之奈何？曰：擊此者，陣而之，規而離之，合而佯北，殺將其後，勿令知之。此擊方之道也。交和而舍，敵人既眾以強，勁捷以剛，銳陣以胥，擊之奈何？擊此者，必三而離之，一者延而衡，二者恐而下惑，下上既亂，三軍大北。此擊銳之道也。交和而舍，敵既眾以強，延陣以衡，我陣而待之，人少不能，擊之奈何？擊此者，必將三分我兵，

練我死士，二者延陣張翼，一者材士練兵，期其中極。此殺將擊衡之道也。交和而舍，我人兵則眾，車騎則少，敵人十倍，擊之奈何？擊此者，當保險帶隘，慎避廣易。故易則利車，險則利徒。此擊車之道也。交和而舍，我車騎則眾，人兵則少，敵人十倍，擊之奈何？擊此者，慎避險阻，決而導之，抵諸易。敵雖十倍，便我車騎，三軍可擊。此擊徒人之道也。交和而舍，糧食不屬，人兵不足，絕根而攻，敵人十倍，擊之奈何？曰：擊此者，敵人既而守阻，我……反而害其虛。此擊爭之道也。交和而舍，敵將勇而難懼，兵強人眾自固，三軍之士皆勇而無慮，其將則威，其兵則武，而理強梁，諸侯莫之或待。擊之奈何？曰：擊此者，告之不敢，示之不能，坐拙而待之，以驕其意，以惰其志，使敵弗識，因擊其不，攻其不禦，壓其駘，攻其疑。彼既貴既武，三軍徙舍，前後不相睹，故中而擊之，若有徙與。此擊強眾之道也。交和而舍，敵人保山而帶阻，我遠則不接，近則無所，擊之奈何？擊此者，彼阻移則危之，攻其所必救，使離其固，以揆其慮，施伏設援，擊其移庶。此擊保固之道也。交和而舍，客主兩陣，敵人形箕，計敵所願，欲我陷覆，擊之奈何？擊此者，渴者不飲，飢者不食，三分用其二，期於中極，彼既，材士練兵，擊其兩翼，彼喜三軍大北。此擊箕之道也。

略甲

略甲之法，敵之人方陣無……欲擊之，其勢不可，夫若此者，下之……以國章，欲戰若狂，夫若此者，少陣……反，夫若此者，以眾卒從之，篡卒因之，必將……篡卒因之，必……左右旁伐以相趨，此謂鉤擊。……之氣不藏於心，三軍之眾循之知不……將分軍以寡而民……威其難將之也。分其眾，亂其……陣不屬，故列不……遠揄之，敵倦以遠……治，孤其

將，蕩其心，擊……其將勇，其卒眾……彼大眾將之……卒之道……

客主人分

兵有客之分，有主人之分。客之分眾，主人之分少。客倍主人半，然可敵也。負……定者也。客者，後定者也，主人安地撫勢以胥。夫客犯隘逾險而至，夫犯隘……退敢刎頸，進不敢拒敵，其故何也？勢不便，地不利也。勢便地利則民自……自退。所謂善戰者，便勢利地者也。帶甲數十萬，民有餘糧弗得食也，有餘……居兵多而用兵少也，居者有餘而用者不足。帶甲數十萬，千千而出，千千而之……萬萬以遺我。所謂善戰者，善翦斷之，如會者也。能分人之兵，能按人之兵，則錙〔銖〕而有餘。不能分人之兵，不能按人之兵，則數倍而不足。眾者勝乎？則投算而戰耳。富者勝乎？則量粟而戰耳。兵利甲堅者勝乎？則勝易知矣。故富未居安也，貧未居危也；眾未居勝也，少〔未居敗也〕。以決勝敗安危者，道也，敵人眾，能使之分離而不相救也，受敵者不得相……以為固，甲堅兵利不得以為強，士有勇力不得以衛其將，則勝有道矣。故明主、知道之將必先，可有功於未戰之前，故不失；可有之功於已戰之後，故兵出而有功，入而不傷，則明於兵者也，五百一十四……焉。為人客則先人作……兵曰：主人逆客於境……客好事則……使勞，三軍之士可使畢失其志，則勝可得而據也。是以按左右，右敗而左弗能救；按左右，左敗而右弗能救。是以兵坐而不起，避而不用，近者少而不足用，遠者疏而不能……

善 者

善者，敵人軍人眾，能使分離而不相救也，受敵而不相知也。故溝深壘高不得以為固，車堅兵利不得以為威，士有勇力而不得以為強。故善者制險量阻，敦三軍，利屈伸，敵人眾能

使寡，積糧盈軍能使飢，安處不動能使勞，得天下能使離，三軍和能使柴。故兵有四路、五動：進，路也；退，路也；左，路也；右，路也。進，動也；退，動也；左，動也；右，動也；默然而處，亦動也。善者四路必徹，五動必工。故進不可迎於前，退不可絕於後，左右不可陷於阻，默〔然而處〕，於敵之人。故使敵四路必窮，五動必憂。進則傳於前，退則絕於後，左右則陷於阻，默然而處，軍不免於患。善者能使敵捲甲趨遠，倍道兼行，倦病而不得息，飢渴而不得食。以此薄敵，戰必不勝矣。我飽食而待其飢也，安處以待其勞也，正靜以待其動也。故民見進而不見退，蹈白刃而不還踵。

五名五恭

兵有五名：一曰威強，二曰軒驕，三曰剛至，四曰助忌，五曰重柔。夫威強之兵，則屈軟而待之；軒驕之兵，則恭敬而久之；剛至之兵，則誘而取之；駔忌之兵，則薄其前，譟其旁，深溝高壘而難其糧；重柔之兵，則而恐之，振而捅之，出則擊之，不出則回之。五名兵有五恭、五暴。何謂五恭？入境而恭，軍失其常。再舉而恭，軍無所糧。三舉而恭，軍失其事。四舉而恭，軍無食。五舉而恭，軍不及事。入境而暴，謂之客。再舉而暴，謂之華。三舉而暴，主人懼。四舉而暴，卒士見詐。五舉而暴，兵必大耗。故五恭、五暴，必使相錯也。

兵 失

欲以敵國之民之所不安，正俗所……難敵國兵之所長，耗兵也。欲強多國之所寡，以應敵國之所多，速屈之兵也。備固，不能難敵之器用，陵兵也。器用不利，敵之備固，挫兵也。兵不……明者也。善陣，知背向，知地形，而兵數困，不明於國勝、兵勝者也。民……兵不能昌大功，不知會者也。兵失民，不知過者也。兵用力多功少，不知時者也。兵不能勝大

患，不能合民心者也。兵多悔，信疑者也。兵不能見福禍於未形，不知備者也。兵見善而怠，時至而疑，去非而弗能居，止道也。貪而廉，龍而敬，弱而強，柔而〔剛〕，起道也。行止道者，天地弗能興也。行起道者，天地……之兵也。欲以國……內疲之兵也。多費不固……見敵難服，兵尚淫天地……而兵強國……兵不能……

將　義

將者不可以不義，不義則不嚴，不嚴則不威，不威則卒弗死。故義者，兵之首也。將者不可以不仁，不仁則軍不克，軍不克則軍無功。故仁者，兵之腹也。將者不可以無德，無德則無力，無力則三軍之利不得。故德者，兵之手也。將者不可以不信，不信則令不行，令不行則軍不摶，軍不摶則無名。故信者，兵之足也。將者不可以不智勝，不智勝……則軍無。故決者，兵之尾也。

將　德

……赤子，愛之若狡童，敬之若嚴師，用之若土芥，將軍……不失，將軍之智也。不輕寡，不劫於敵，慎終若始，將軍……而不禦，君令不入軍門，將軍之恒也。入軍……將不兩生，軍不兩存，將軍之……將軍之惠也。賞不逾日，罰不還面，不維其人，不何……外辰，此將軍之德也。

將　敗

一曰不能而自能。二曰驕。三曰貪於位。四曰貪於財。五曰色。六曰輕。七曰遲。八曰寡勇。九曰勇而弱。十曰寡信。十一曰不走……十四曰寡決。十五曰緩。十六曰怠。十七曰祈匄。十八曰賊。十九曰自私。廿曰自亂。多敗者多失。

將　失

一曰，失所以往來，可敗也。二曰，收亂民而還用之，止

北卒而還鬥之，無資而有資，可敗也。三曰，是非爭，謀事辯訟，可敗也。四曰，令不行，眾不壹，可敗也。五曰，下不服，眾不為用，可敗也。六曰，民苦其師，可敗也。七曰，師老，可敗也。八曰，師懷，可敗也。九曰，兵遁，可敗也。十曰，兵〔合〕不〔齊〕，可敗也。十一曰，軍數驚，可敗也。十二曰，兵道足陷，眾苦，可敗也。十三曰，軍事險固，眾勞，可敗也。十四曰，〔兵甲無〕備，可敗也。十五曰，日暮路遠，眾有至氣，可敗也。十六曰，……可敗也。十七曰，〔冡夜呼〕……眾恐，可敗也。十八曰，令數變，眾偷，可敗也。十九曰，軍淮，眾不能其將吏，可敗也。廿曰，多幸，眾怠，可敗也。廿一曰，多疑，眾疑，可敗也。廿二曰，惡聞其過，可敗也。廿三曰，與不能，可敗也。廿四曰，暴露傷志，可敗也。廿五曰，期戰心分，可敗也。廿六曰，恃人之傷氣，可敗也。廿七曰，事傷人，恃伏詐，可敗也。廿八曰，軍輿無，〔可敗也。廿九曰〕，下卒，眾之心惡，可敗也。卅曰，不能以成陣，出於夾道，可敗也。卅一曰，兵之前行後行之兵，不參齊於陣前，可敗也。卅二曰，戰而憂前者後虛，憂後者前虛，憂左者右虛，憂右者左虛。戰而有憂，可敗也。

雄牝城

城在澤之中，無亢山名谷，而有付丘於其四方者，雄城也，不可攻也。軍食流水，〔生水也，不可攻〕也。城前名谷，背亢山，雄城也，不可攻也。城中高處下者，雄城也，不可攻也。城中有付丘者，雄城也，不可攻也。營軍趣舍，毋回名水，傷氣弱志，可擊也。城背名谷，無亢山其左右，虛城也，可擊也。盡燒者，死壤也，可擊也。軍食泛水者，死水也，可擊也。城在發澤中，無名谷付丘者，牝城也，可擊也。城在亢山間，無名谷付丘者，牝城也，可擊也。城前亢山，背名谷，

前高後下者，牝城也，可擊也。

五度九奪

……矣。救者至，又重敗之。故兵之大數，五十里不相救也。況近數百里，此程兵之極也。故兵曰：積弗如，勿與持久。眾弗如，勿與接和。〔弗如，勿與。弗如，勿〕與長。習弗如，毋當其所長。五度既明，兵乃橫行。故兵……趨敵數。一曰取糧。二曰取水。三曰取津。四曰取途。五曰取險。六曰取易。七曰取□。八曰取□。九曰取其所讀貴。凡九奪，所以趨敵也。

積　疏

……〔積〕勝疏，盈勝虛，徑勝行，疾勝徐，眾勝寡，佚勝勞。積故積之，疏故疏之，盈故盈之，虛〔故虛之，徑故徑〕之，行故行之，疾故疾之，〔徐故徐之，眾故眾〕之，寡故寡之，佚故佚之，勞故勞之。積疏相為變，盈虛〔相為變，徑行相為〕變，疾徐相為變，眾寡相〔為變，佚勞相〕為變。毋以積當積，毋以疏當疏，毋以盈當盈，毋以虛當虛，毋以疾當疾，毋以徐當徐，毋以眾當眾，毋以寡當寡，毋以佚當佚，毋以勞當勞。積疏相當，盈虛相〔當，徑行相當，疾徐相當，眾寡〕相當，佚勞相當。敵積故可疏，盈故可虛，徑故可行，疾〔故可徐，眾故可寡，佚故可勞〕。

奇　正

天地之理，至則反，盈則敗，〔陰陽〕是也。代興代廢，四時是也。有勝有不勝，五行是也。有生有死，萬物是也。有能有不能，萬生是也。有所有餘，有所不足，形勢是也。故有形之徒，莫不可名。有名之徒，莫不可勝。故聖人以萬物之勝勝萬物，故其勝不屈。戰者，以形相勝者也。形莫不可以勝，而莫知其所以勝之形。形勝之變，與天地相敝而不窮。形勝，

以楚越之竹書之而不足。形者,皆以其勝勝者也。以一形之勝勝萬形,不可。所以制形壹也,所以勝不可壹也。故善戰者,見敵之所長,則知其所短;見敵之所不足,則知其所有餘。見勝如見日月。其錯勝也,如以水勝火。形以應形,正也;無形而制形,奇也。奇正無窮,分也。分之以奇數,制之以五行,鬥之以〔眾寡〕。分定則有形矣,形定則有名〔矣〕。……同不足以相勝也,故以異為奇。是以靜為動奇,佚為勞奇,飽為飢奇,治為亂奇,眾為寡奇。發而為正,其未發者奇也。其發而不報,則勝矣。有餘奇者,過勝者也。故一節痛,百節不用,同體也。前敗而後不用,同形也。故戰勢,大陣斷,小陣解。後不得乘前,前不得然後。進者有道出,退者有道入。賞未行,罰未用,而民聽令者,其令,民之所能行也。賞高罰下,而民不聽其令者,其令,民之所不能行也。使民雖不利,進死而不旋踵,孟賁之所難也,而責之民,是使水逆流也。故戰勢,勝者益之,敗者代之,勞者息之,飢者食之。故民見人而未見死,蹈白刃而不旋踵。故行水得其理,漂石折舟;用民得其勝,則令行如流。

第三節　《明朝武備志》中關於尉繚子、魏國人、鬼谷子高弟著《尉繚子兵法》

天官第一

梁惠王問尉繚子曰:「黃帝刑德,可以百勝,有之乎?」

尉繚子對曰:「刑以伐之,德以守之,非所謂天官時日陰陽向背也。黃帝者,人事而已矣。何者?今有城,東西攻不能取,南北攻不能取,四方豈無順時乘之者耶?然不能取者,城高池深,兵器備具,財穀多積,豪士一謀者也。若城下池淺守

弱，則取之矣。由是觀之，天官時日不若人事也。

（案）〔按〕天官曰：背水陳為絕（紀）〔地〕，向阪陳為廢軍。武王伐紂，背濟水向山阪而陳，以二萬二千五百人，擊紂之億萬而滅商，豈紂不得天官之陳哉？楚將公子心與齊人戰，時有彗星出，柄在齊。柄所在勝，不可擊。公子心曰：彗星何知！以彗斗者，固倒而勝焉。明日與齊戰，大破之。黃帝曰：先神先鬼，先稽我智。謂之天（時）〔官〕，人事而已。」

兵談第二

量土地肥墝而立邑建城。〔以城〕稱地，以（城）〔地〕稱人，以人稱粟。三相稱，則內可以固守，外可以戰勝。戰勝於外，（備主）〔福生〕於內，勝（備）〔福〕相應，猶合符節，無異故也。

治兵者，若秘於地，若邃於天，生於無。故（關）〔開〕之，大不窕；〔關之，〕小不恢。明乎禁舍開塞，民流者親之，地不任者任之。夫土廣而任則國富，民眾而（治）〔制〕則國治。富治者，（民）〔車〕不發軔，（車）〔甲〕不出（暴）〔橐〕，而威制天下。故曰：「兵勝於朝廷。」

不暴甲而勝者，主勝也。陳而勝者，將勝也。兵起，非可以忿也。見勝則興，不見勝則止。患在百里之內，不起一日之師；患在千里之內，不起一月之師；患在四海之內，不起一歲之師。

將者，上不制於天，下不制於地，中不制於人。寬不可激而怒，清不可事以財。夫心狂、目盲、耳聾，以三悖率人者，難矣。

兵之所及，羊腸亦勝，鋸齒亦勝，緣山亦勝，入谷亦勝，方亦勝，圓亦勝。重者如山如林，如江如河；輕者如炮如燔，

〔如漏如潰〕。如垣壓之，如雲覆之，令之聚不得以散，散不得以聚，左不得以右，右不得以左。兵如總木，弩如羊角。人人無不騰陵張膽，絕乎疑慮，堂堂決而去。

制談第三

凡兵，制必先定。制先定則士不亂，士不亂則形乃明。金鼓所指，則百人盡鬥。陷行亂陳，則千人盡鬥。覆軍殺將，則萬人齊刃。天下莫能當其戰矣。

古者，士有什伍，車有偏列。鼓鳴旗麾，先登者未嘗非多力國士也，先死者〔亦〕未嘗非多力國士〔也〕。損敵一人而損我百人，此資敵而傷我甚焉，世將不能禁。徵役分軍而逃歸，或臨戰自北，則逃傷甚焉，世將不能禁。殺人於百步之外者，弓矢也。殺人於五十步之內者，矛戟也。將已鼓，而士卒相囂，拗矢折矛抱戟，利後發。戰有此數者，內自敗也，世將不能禁。士失什伍，車失偏列，奇兵捐將而走，大眾亦走，世將不能禁。夫將能禁此四者，則高山陵之，深水絕之，堅陳犯之。不能禁此四者，猶亡舟楫絕江河，不可得也。

民非樂死而惡生也，號令明，法制審，故能使之前。明賞於前，懲罰於後，是以發能中利，動則有功。（今）〔令〕百人一卒，千人一司馬，萬人一將，以少誅眾，以弱誅強。試聽臣言其術，足使三軍之眾誅一人無失刑。父不敢捨子，子不敢捨父，況國人乎？一賊杖劍擊於市，萬人無不避之者，臣謂非一人之獨勇，萬人皆不肖也。何則？必死與必生，固不侔也。聽臣之術，足使三軍之眾為一死賊，莫當其前，莫隨其後，而能獨出獨入焉。獨出獨入者，王霸之兵也。

有提十萬之眾，而天下莫當者誰？曰桓公也。有提七萬之眾，而天下莫當者誰？曰吳起也。有提三萬之眾，而天下莫當

者誰？曰武子也。今天下諸國士，所率無不及二十萬眾者，然不能濟功名者，不明乎禁舍開塞也。明其制，一人勝之，則十人亦以勝之也。十人勝之，則百千萬人亦以勝之也。故曰：便吾器用，養吾武勇，發之如鳥擊，如赴千仞之谿。

今國被患者，以重寶出聘，以愛子出質，以地界出割，得天下助卒。名為十萬，其實不過數萬爾。其兵來者，無不謂其將曰：「無為天下先戰。」其實不可得而戰也。

量吾境內之民，無伍莫能正矣。經制十萬之眾，而王必能使之衣吾衣，食吾食。戰不勝，守不固者，非吾民之罪，內自致也。天下諸國助我戰，猶良驥騄耳之駛，彼駑馬鬐興角逐，何能紹吾氣哉？吾用天下之用為用，吾制天下之制為制。修吾號令，明吾刑賞，使天下非農無所得食，非戰無所得爵，使民揚臂爭出農戰，而天下無敵矣。故曰：發號出令，信行國內。

民言有可以勝敵者，毋許其空言，必試其能戰也。視人之地而有之，分人之民而畜之，必能內有其賢者也。不能內有其賢而欲有天下，必覆軍殺將。如此，雖戰勝而國益弱，得地而國益貧，由國中之制弊矣。

戰威第四

凡兵，有以道勝，有以威勝，有以力勝。講武料敵，使敵之氣失而師散，雖形全而不為之用，此道勝也。審法制，明賞罰，便器用，使民有必戰之心，此威勝也。破軍殺將，乘闉發機，潰眾奪地，成功乃返，此力勝也。王侯如此，〔所〕以三勝者畢矣。

夫將（卒）〔之〕所以戰者，民也；民之所以戰者，氣也。氣實則鬥，氣奪則走。刑（如）未加，兵未接，而所以奪敵者五：一曰廟勝之論，二曰受命之論，三曰逾垠之論，四曰深溝

高壘之論，五曰舉陳加刑之論。此五者，先料敵而後動，是以擊虛奪之也。

善用兵者，能奪人而不奪於人。奪者，心之機也。令者，一眾心也。眾不審則數變，數變則令雖出眾不信矣。故令之法，小過無更，小疑無申。故上無疑令，則眾不二聽；動無疑事，則眾不二志。

〔古率民者，〕未有不信其心，而能得其力者〔也〕；未有不得其力，而能致其死戰者也。故國必有禮〔信〕親愛之義，則可以飢易飽；國必有孝慈廉恥之俗，則可以死易生。古者率民，必先禮信而後爵祿，先廉恥而後刑罰，先親愛而後律其身。故戰者必本乎率身以勵眾士，如心之使四（支）〔肢〕也。志不勵，則士不死節；士不死節，則眾不戰。勵士之道，民之生不可不厚也；爵列之等，死喪之（親）〔禮〕，民之所營，不可不顯也。必（也）因民所生而制之，因民所（榮）〔營〕而顯之，田祿之實，飲食之（親）〔糧〕，鄉里相勸，死（生）〔喪〕相救，兵役相從，此民之所勵也。使什伍如親戚，卒伯如朋友，止如堵墻，動如風雨，車不結轍，士不旋踵，此本戰之道也。

地所以養民也，城所以守地也，戰所以守城也。故務耕者民不飢，務守者地不危，務戰者城不圍。三者，先王之本務〔也〕。本務〔者〕，兵最急（本者）。故先王專於兵，有五焉：委積不多則士不行，賞祿不厚則民不勸，武士不選則眾不強，備用不便則力不壯，刑賞不中則眾不畏。務此五者，靜能守其所（固）〔有〕，動能成其所欲。夫以居攻出，則居欲重，陣欲堅，發欲畢，（鬩）〔鬥〕欲齊。

王國富民，霸國富士，僅存之國富大夫，亡國富倉府，（所）〔是〕謂上滿下漏，患無所救。故曰：舉賢任能，不時日

而事利；明法審令，不卜筮而事吉；貴功養勞，不禱祠而得福。又曰：天時不如地利，地利不如人和。聖人所貴，人事而已。

夫勤勞之師，將（不）〔必〕先己。暑不張蓋，寒不重衣，險必下步，軍井成而後飲，軍食熟而後飯，軍壘成而後舍，勞佚必以身同之。如此，師雖久而不老不弊。

攻權第五

兵以靜（勝國）〔固〕，以專勝。力分者弱，心疑者背。夫力弱，故進退不豪，縱敵不（禽）〔擒〕。將吏士卒，動靜一身。心（既）疑〔必〕背，則計決而不動，動決而不禁。異口虛言，將無修容，卒無常試，發攻必衄。是謂疾陵之兵，無足與鬥。

將帥者，心也；群下者，支節也。其心動以誠，則支節必力；其心動以疑，則支節必背。夫將不心制，卒不節動，雖勝，幸勝也，非攻權也。

夫民無兩畏也。畏我侮敵，畏敵侮我，見侮者敗，立威者勝。凡將能其道者，吏畏其將也；吏畏其將者，民畏其吏也；民畏其吏者，敵畏其民也。是故知勝敗之道者，必先知畏侮之權。

夫不愛說其心者，不我用也；不嚴畏其心者，不我舉也。愛在下順，威在上立。愛故不二，威故不犯。故善將者，愛與威而已。

戰不必勝，不可以言戰；攻不必拔，不可以言攻。不然，雖刑賞不足信也。信在期前，事在未兆。故眾已聚不虛散，兵已出不徒歸，求敵若求亡子，擊敵若救溺人。（分）〔囚〕險者無戰心，（挑）〔佻〕戰者無全氣，鬥戰者無勝兵。

凡挾義而戰者，（應）〔貴從〕我起；爭私結怨，（應）〔貴

以〕不得已;怨結(雖)〔難〕起,待之貴後。故爭必當待之,息必當備之。

兵有勝於朝廷,有勝於原野,有勝於市井。鬥則〔得,服則〕失,幸以不敗,此不意彼驚懼而曲勝之也。曲勝,言非全也。非全勝者,無權名。故明主戰攻〔之〕日,合鼓合〔角〕,節以兵刃,不求勝而勝也。

兵有去備徹威而勝者,以其有法故也。有器用之早定也,其應敵也周,其總率也極。故五人而伍,十人而什,百人而卒,千人而率,萬人而將,已(用)〔周〕已極。其朝死則朝代,暮死則暮代。權敵審將,而後舉兵。

故凡集兵千里者旬日,百里者一日,必集敵境。卒聚將至,深入其地,錯絕其道,棲其大城大邑,使之登城逼危,男女數重,各逼地形,而攻要塞。據一城邑而數道絕,從而攻之。敵將帥不能信,吏卒不能和,刑有所不從者,則我敗之矣。敵救未至,而一城已降。

津梁未發,要塞未修,城險未設,渠答未張,則雖有城無守矣。遠堡未入,戍客未歸,則雖有人無人矣。六畜未聚,五穀未收,財用未斂,則雖有資無資矣。夫城邑空虛而資盡者,我因其虛而攻之。法曰:「獨出獨入,敵不接刃而致之。」此之謂也。

守權第六

凡守者,進不郭(圍)〔圉〕,退不亭障,以禦戰,非善者也。豪傑雄俊,堅甲利兵,勁弩(彊)〔強〕矢,盡在郭中,乃收窖,毀拆而入保,令客氣十百倍,而主之氣不半焉。敵攻者,傷之甚也。然而世將弗能知。

夫守者,不失險者也。守法:城一丈,十人守之,工食不

與焉。出者不守，守者不出。一而當十，十而當百，百而當千，千而當萬。故為城郭者，非特費於民聚土壤也，誠為守也。千丈之城，則萬人之守。池深而廣，城堅而厚，士民備，薪食給，弩堅矢強，矛戟稱之，此守法也。

攻者不下十餘萬之眾，其有必救之軍者，則有必守之城；無必救之軍者，則無必守之城。若彼〔城〕堅而救誠，則愚夫愚婦無不蔽城盡資血城者。期年之城，守餘於攻者，救餘於守者。若彼城堅而救不誠，則愚夫愚婦無不守陴而泣下，此人之常情也。遂發其窖廩救撫，則亦不能止矣。必鼓其豪傑雄俊，堅甲利兵，勁弩強矢並於前，（分歷）〔么〕毀瘠者並於後。

十萬之軍頓於城下，救必開之，守必出之。（據出）〔出據〕要塞，但救其後，無絕其糧道，中外相應。此救而示之不誠。〔示之不誠，〕則倒敵而待之者也。後其壯，前其老，彼敵無前，守不得而止矣。此守權之謂也。

十二陵第七

威在於不變；惠在於因時；機在於應事；戰在於治氣；攻在於意表；守在於外飾；無過在於度數；無（因）〔困〕在於預備；慎在於畏小；智在於治大；除害在於敢斷；得眾在於下人。

悔在於任疑；孽在於屠戮；偏在於多私；不祥在於惡聞己過；不度在於竭民財；不明在於受間；不實在於輕發；固陋在於離賢；禍在於好利；害在於親小人；亡在於無所守；危在於無號令。

武議第八

凡兵，不攻無過之城，不殺無罪之人。夫殺人之父兄，利

人之貨財，臣妾人之子女，此皆盜也。故兵者，所以誅暴亂禁不義也。兵之所加者，農不離其田業，賈不離其肆宅，士大夫不離其官府，由其武議在於一人，故兵不血刃而天下親焉。

萬乘農戰，千乘救守，百乘事養。農戰不外索權，救守不外索助，事養不外索資。夫出不足戰，入不足守者，治之以市。市者，所以（外）〔給〕戰守也。萬乘無千乘之助，必有百乘之市。

凡誅〔賞〕者，所以明武也。殺一人而三軍震者，殺之；（殺）〔賞〕一人而萬人喜者，（殺）〔賞〕之。殺之貴大，賞之貴小。當殺而雖貴重必殺之，是刑上究也；賞及牛童馬圉者，是賞下流也。夫能刑上究、賞下流，此將之武也，故人主重將。

夫將，提鼓揮枹，臨難決戰。接兵角刃，鼓之而當，則賞功立名；鼓之而不當，則身死國亡。是存亡安危，在於枹端，奈何無重將也。夫提鼓揮枹，接兵角刃，居以武事成功者，臣以為非難也。

古人曰：「無蒙衝而攻，無渠答而守，是謂無善之軍。」視無見，聽無聞，由國無市也。夫市也者，百貨之官也。市賤賣貴，以限士人。人食粟一斗，馬食（粟）〔菽〕三斗，人有飢色，馬有瘠形，何也？市有所出，而官無主也。夫提天下之節制，而無百貨之官，無謂其能戰也。」

起兵，直使甲冑生蟣〔虱〕者，必為吾所效用也。鷙鳥逐雀，有襲人之懷，入人之室者，非出生〔也〕，後有憚也。

太公望年七十，屠牛朝歌，賣食盟津，過七年餘而主不聽，人人（之謂）〔謂之〕狂夫也。及遇文王，則提三萬之眾，一戰而天下定。非武議，安得此合也。故曰：「良馬有策，遠道可致；賢士有合，大道可明。」

武王伐紂，師渡盟津，右旄左鉞，死士三百，戰士三萬。紂之陳億萬，飛廉、惡來，身先戟斧，陳開百里。武王不罷市民，兵不血刃，而〔克〕商誅紂。無祥異也，人事修不修而然也。今世將考孤虛，占咸池，合龜兆，視吉凶，觀星辰風雲之變，欲以成勝立功，臣以為難。

夫將者，上不制於天，下不制於地，中不制於人。故兵者，凶器也；爭者，逆德也。將者，死官也。故不得已而用之。無天於上，無地於下，無主於後，無敵於前。一人之兵，如狼如虎，如風如雨，如雷如霆，震震冥冥，天下皆驚。

勝兵似水。夫水，至柔弱者也，然所觸，丘陵必為之崩，無異也，性專而觸誠也。今以莫邪之利，犀兕之堅，三軍之眾，有所奇正，則天下莫當其戰矣。故曰：舉賢用能，不時日而事利；明法審令，不占筮而獲吉；貴功養勞，不禱祠而得福。又曰：天時不如地利，地利不如人和。古之聖人，謹人事而已。

吳起與秦戰，捨不平隴畝，樸樕蓋之，以蔽霜露。如此何也？不自高人故也。乞人之死不索尊，竭人之力不責禮。故古者，甲冑之士不拜，示人無已煩也。夫煩人而欲乞其死、竭其力，自古至今未嘗聞矣。

將受命之日忘其家，張軍宿野忘其親，援（抱）〔枹〕而鼓忘其身。吳起臨戰，左右進劍。起曰：「將專主旗鼓爾，臨難決疑，揮兵指刃，此將事也。一劍之任，非將事也。」三軍成行，一捨而後成三捨，三捨之餘，如決川源。望敵在前，因其所長而用之。敵白者堊之，赤者赭之。

吳起與秦戰，未合，一夫不勝其勇，前獲雙首而還。吳起立斬之。軍吏諫曰：「此材士也，不可斬。」起曰：「材士則是也，非吾令也。」斬之。

將理第九

凡將，理官也，萬物之主也，不私於一人。夫能無（移）
〔私〕於一人，故萬物至而制之，萬物至而命之。

君子不救囚於五步之外，雖鉤矢射之，弗追也。故善審囚
之情，不待箠楚，而囚之情可畢矣。笞人之背，灼人之脅，束
人之指，而訊囚之情，雖國士有不勝其酷而自誣矣。

今世諺云：「千金不死，百金不刑。」試聽臣之言、行臣之
術，雖有堯舜之智，不能（關）〔開〕一言；雖有萬金，不能
用一銖。

今夫（決獄）〔系者〕，小圍不下十數，中圍不下百數，大
圍不下千數。十人聯百人之事，百人聯千人之事，千人聯萬人
之事。所聯之者，親戚兄弟也，其次婚姻也，其次知識故人
也。是農無不離〔其〕田業，賈無不離〔其〕肆宅，士大夫無
不離〔其〕官府。如此關聯良民，皆囚之情也。兵法曰：「十
萬之師出，日費千金。」今良民十萬而聯於（囚）〔圄〕圍，上
不能省，臣以為危也。

原官第十

官者，事之所主，為治之本也。制者，職分四民，治之分
也。貴爵富祿必稱，尊卑之體也。好善罰惡，正比法，會計民
之具也。均（井地）〔地分〕，節賦斂，取與之度也。程工人，
備器用，匠工之功也。分地塞要，殄怪禁淫之事也。

守法稽斷，臣下之節也。明法稽驗，主上之操也。明主
守，等輕重，臣主之權也。明賞賚，嚴誅責，止奸之術也。審
開塞，守一道，為政之要也。下達上通，至聰之聽也。知國有
無之數，用其仂也。知彼弱者，強之體也。知彼動者，靜之決
也。官分文武，惟王之二術也。

俎豆同制，天子之會也。遊說（開）〔間〕諜無自入，正議之術也。諸侯有謹天子之禮，君民繼世，承王之命也。更（造）〔號〕易常，違王明德，故禮得以伐也。

官無事治，上無慶賞，民無獄訟，國無商賈，何王之至！明舉上達，在王垂聽也。

治本第十一

凡治人者何？曰：非五穀無以充腹，非絲麻無以蓋形。故充腹有粒，蓋形有縷。

夫在芸耨，妻在機杼，民無二事，則有積蓄。夫無雕文刻鏤之事，女無繡飾纂組之作。木器液，金器腥。聖人飲於土，食於土，故埏埴以為器，天下無費。

今也，金木之性不寒而衣繡飾，馬牛之性食草飲水而給菽粟。是治失其本，而宜設之制也。春夏夫出於南畝，秋冬女練〔於〕布帛，則民不困。今短褐不蔽形，糟糠不充腹，失其治也。古者，土無肥饒，人無勤惰，古人何得，而今人何失邪？耕有不終畝，織有日斷機，而奈何寒飢！蓋古治之行，今治之止也。

夫謂治者，使民無私也。民無私，則天下為一家，而無私耕私織。共寒其寒，共飢其飢。故如有子十人，不加一飯；有子一人，不損一飯。焉有喧呼酖酒以敗善類乎？民相輕佻，則欲心（與）〔興〕，爭奪之患起矣。橫生於一夫，則民私飯有儲食，私用有儲財。民一犯禁，而拘以刑治，烏有以為人上也。善政執其制，使民無私。為下不敢私，則無為非者矣。反本緣理，出乎一道，則欲心去，爭奪止，囹圄空，野充粟多，安民懷遠，外無天下之難，內無暴亂之事，治之至也。

蒼蒼之天，莫知其極。帝王之君，誰為法則？往世不可

及，來世不可待，求己者也。

所謂天子者四焉：一曰神明，二曰垂光，三曰洪敘，四曰無敵。此天子之事也。

野物不為犧牲，雜學不為通儒。

今說者曰：「百里之海，不能飲一夫；三尺之泉，足止三軍渴。」臣謂：欲生於無度，邪生於無禁。太上神化，其次因物，其下在於無奪民時，無損民財。夫禁必以武而成，賞必以文而成。

戰權第十二

兵法曰：「千人而成權，萬人而成武。」權先加人者，敵不力交；武先加人者，敵無威接。故兵貴先，勝於此，則勝彼矣；弗勝於此，則弗勝彼矣。

凡我往則彼來，彼來則我往，相為勝敗，此戰之理然也。夫精誠在乎神明，戰（楹）〔權〕在乎道之所極。有者無之，無者有之，安所信之。

先王之所傳聞者，任正去詐，存其慈順，決無留刑。故知道者，必先圖不知止之敗，惡在乎必往有功。輕進而求戰，敵復圖止，我往而敵制勝矣。故兵法曰：「求而從之，見而加之，主人不敢當而陵之，必喪其權。」

凡奪者無氣，恐者不（守可）〔可守〕，敗者無人，兵無道也。意往而不疑則從之，奪敵而無敗則加之，明視而高居則威之，兵道極矣。

其言無謹，偷矣；其陵犯無節，（被）〔破〕矣。水潰雷擊，三軍亂矣。必安其危，去其患，以智決之。高之以廊廟之（論）〔論〕，重之以受命之論，銳之以逾垠之論，則敵國可不戰而服。

重刑令第十三

夫將自千人以上，有戰而北，守而降，離地逃眾，命曰「國賊」。身戮家殘，去其籍，發其墳墓，暴其骨於市，男女公於官。自百人（已）〔以〕上，有戰而北，守而降，離地逃眾，命曰「軍賊」。身死家殘，男女公於官。使民內畏重刑，則外輕敵。故先王明制度於前，重威刑於後。刑重則內畏，內畏則外堅矣。

伍制令第十四

軍中之制，五人為伍，伍相保也；十人為什，什相保也；五十為屬，屬相保也；百人為閭，閭相保也。伍有干令犯禁者，揭之，免於罪；知而弗揭，全伍有誅。什有干令犯禁者，揭之，免於罪；知而弗揭，全什有誅。屬有干令犯禁者，揭之，免於罪；知而弗揭，金屬有誅。閭有干令犯禁者，揭之，免於罪；知而弗揭，全閭有誅。

吏自什長以上，至左右將，上下皆相保也。有干令犯禁者，揭之，免於罪；知而弗揭者，皆與同罪。

夫什伍相結，上下相連，無有不得之奸，無有不揭之罪。父不得以私其子，兄不得以私其弟，而況國人聚舍同食，烏能以干令相私者哉！

分塞令第十五

中軍、左、右、前、後軍，皆有（地分）〔分地〕，方之以行垣，而無通其交往。將有分地，帥有分地，伯有分地，皆營其溝域，而明其塞令。使非百人無得通。非其百人而入者，伯誅之；伯不誅，與之同罪。

軍中縱橫之道，百有二十步而立一府柱，量人與地，柱道

相望，禁行清道。非將吏之符節，不得通行。採薪（之）〔芻〕牧者，皆成行伍；不成行伍者，不得通行。吏屬無節，士無伍者，橫門誅之。 逾分干地者，誅之。故內無干令犯禁，則外無不獲之奸。

束伍令第十六

束伍之令曰：五人為伍，共一符，收於將吏之所。亡伍而得伍，當之；得伍而不亡，有賞，亡伍不得伍，身死家殘。亡長得長，當之；得長不亡，有賞，亡長不得長，身死家殘；復戰得首長，除之。亡將得將，當之；得將不亡，有賞，亡將不得將，坐離地遁逃之法。

戰誅之法曰：什長得誅十人，伯長得誅什長，千人之將得誅百人之長，萬人之將得誅千人之將，左、右將軍得誅萬人之將，大將軍無不得誅。

經卒令第十七

經卒者，以經令分之為三分焉：左軍蒼旗，卒戴蒼羽；右軍白旗，卒戴白羽；中軍黃旗，卒戴黃羽。

卒有五章：前一行蒼章，次二行赤章，次三行黃章，次四行白章，次五行黑章。次以經卒，亡章者有誅。前一五行，置章於首；次二五行，置章於項；次三五行，置章於胸；次四五行，置章於腹；次五五行，置章於腰。如此，卒無非其吏，吏無非其卒。見非而不（誥）〔詰〕，見亂而不禁，其罪如之。

鼓行交鬥，則前行進為犯難，後行（進）〔退〕為辱眾。逾五行而前者有賞，逾五行而後者有誅。所以知進退先後，吏卒之功也。故曰：「鼓之，前如雷霆，動如風雨，莫敢當其前，莫敢躡其後。」言有經也。

勒卒令第十八

金、鼓、鈴、旗，四者各有法。鼓之則進，重鼓則擊。金之則止，重金則退。鈴，傳令也。旗，麾之左則左，麾之右則右。奇兵則反是。一鼓一擊而左，一鼓一擊而右。一步一鼓，步鼓也。十步一鼓，趨鼓也。音不絕，騖鼓也。商，將鼓也。角，帥鼓也。小鼓，伯鼓也。三鼓同，則將、帥、伯其心一也。奇兵則反是。鼓失次者有誅，（讙）〔喧〕嘩者有誅，不聽金、鼓、鈴、旗而動者有誅。

百人而教戰，教成，合之千人；千人教成，合之萬人；萬人教成，合之三軍。三軍之眾，有分有合，為大戰之法，教成，試之以閱。

方亦勝，圓亦勝，錯邪亦勝，臨險亦勝。敵在山，緣而從之；敵在淵，沒而從之。求敵若求亡子，從之無疑，故能敗敵而制其命。

夫蚤決先（敵）〔定〕，若計不先定，慮不蚤決，則進退不定，疑生必敗。故正兵貴先，奇兵貴後，或先或後，制敵者也。

世將不知法者，專命而行，先擊而勇，無不敗者也。其舉有疑而不疑，其往有信而不信，其致有遲疾而不遲疾。是三者，戰之累也。

將令第十九

將軍受命，君必先謀於廟，行令於廷，君身以斧鉞授將，曰：「左、右、中軍皆有分職，若逾分而上請者死。軍無二令，二令者誅，留令者誅，失令者誅。」

將軍告曰：「出國門之外，期日中，設營表，置轅門。期之，如過時，則坐法。」

將軍入營，即閉門清道，有敢行者誅，有敢高言者誅，有敢不從令者誅。

踵軍令第二十

所謂踵軍者，去大軍百里，期於會地，為三日熟食，前軍而行。為戰，合之表，合表乃起。踵軍饗士，使為之戰勢，是謂趨戰者也。

興軍者，前踵軍而行，合表乃起。去大軍一倍其道，去踵軍百里，期於會地，為六日熟食，使為戰備。

分卒據要害，戰利則追北，按兵而趨之。

踵軍遇有還者，誅之。所謂諸將之兵在四奇之內者勝也。

兵有什伍，有分有合，豫為之職，守要塞關梁而分居之。戰，合表起，即皆會也。大軍為計日之食，起，戰具無不及也。令行而起，不如令者有誅。

凡稱分塞者，四境之內，當興軍踵軍既行，則四境之民無得行者。奉王之軍命，授持符節，名為順職之吏。非順職之吏而行者，誅之。戰，合表起，順職之吏乃行，用以相參。故欲戰，先安內也。

兵教上第二十一

兵之教令，分營居陳，有非令而進退者，加犯教之罪。前行者，前行教之；後行者，後行教之；左行者，左行教之；右行者，右行教之。教舉五人，其甲首有賞。弗教，如犯教之罪。羅地者，自揭其伍。伍內互揭之，免其罪。

凡伍臨陳，若一人有不進死於敵，則教者如犯法者之罪。凡什保什，若亡一人，而九人不盡死於敵，則教者如犯法者之罪。自什己上至於裨將，有不若法者，則教者如犯法者之罪。

凡明刑罰，正勸賞，必在乎兵教之法。

將異其旗，卒異其章。左軍章左肩，右軍章右肩，中軍章胸前，書其章曰：「某甲某士」。前後章各五行，遵章置首上，其次差降之。

伍長教其四人，以板為鼓，以瓦為金，以竿為旗。擊鼓而進，低旗則趨，擊金而退。麾而左之，麾而右之，金鼓俱擊而坐。伍長教成，合之什長。什長教成，合之卒長。卒長教成，合之伯長。伯長教成，合之兵尉。兵尉教成，合之裨將。裨將教成，合之大將。大將教之，陳於中野，置大表三，百步而一。既陳，去表百步而決，百步而趨，百步而鶩。習戰以成其節，乃為之賞法。

自尉吏而下，盡有旗。戰勝得旗者，各視其所得之爵，以明賞勸之心。戰勝在乎立威，立威在乎戮力，戮力在乎正罰。正罰者，所以明賞也。

令民背國門之限，決生死之分，教之死而不疑者，有以也。令守者必固，戰者必鬥；奸謀不作，奸民不語；令行無變，兵行無猜；輕者若霆，奮敵若驚。舉功別德，明如白黑，令民從上令，如四肢應心也。

前軍絕行亂陳，破堅如潰者，有以也。此之謂兵教，所以開封疆，守社稷，除患害，成武德也。

兵教下第二十二

臣聞人君有必勝之道，故能並兼廣大，以一其制度，則威加天下。有十二焉：一曰連刑，謂同罪保伍也；二曰地禁，謂禁止行道，以網外奸也；三曰全軍，謂甲首相附，三五相同，以結其聯也；四曰開塞，謂分地以限，各死其職而堅守也；五曰分限，謂左右相禁，前後相待，垣車為固，以逆以止也；六

曰號別，謂前列務進，以別其後者，不得爭先登不次也；七曰五章，謂彰明行列，始卒不亂也；八曰全曲，謂曲折相從，皆有分部也；九曰金鼓，謂興有功，致有德也；十曰陳車，謂接連前矛，馬冒其目也；十一曰死士，謂眾軍之中有才力者，乘於戰車，前後縱橫，出奇制敵也；十二曰力卒，謂經旗全曲，不麾不動也。此十二者教成，犯令不舍。兵弱能強之，主卑能遵之，令弊能起之，民流能親之，人眾能治之，地大能守之。國車不出於閫，組甲不出於櫜，而威服天下矣。

兵有五致：為將忘家，逾垠忘親，指敵忘身，必死則生，急勝為下。百人被刃，陷行亂陳；千人被刃，擒敵殺將；萬人被刃，橫行天下。

武王問太公望曰：「吾欲少間而極用人之要。」望對曰：「賞如山，罰如谿。太上無過，其次補過。使人無得私語，諸罰而請不罰者死，諸賞而請不賞者死。」

伐國必因其變。示之財以觀其窮，示之弊以觀其病，上乖者下離，若此之類，是伐之因也。

凡興師，必審內外之權，以計其去。兵有備闕，糧食有餘不足，校所出入之路，然後興師伐亂，必能入之。

地大而城小者，必先收其地；城大而地窄者，必先攻其城；地廣而人寡者，則絕其阨；地狹而人眾者，則築大堙以臨之。無喪其利，無奪其時，寬其政，夷其業，救其弊，則足施天下。

今戰國相攻，大伐有德。自伍而兩，自兩而師，不一其令。率俾民心不定，徒尚驕侈，謀患辨訟，吏究其事，累且敗也。日暮路遠，還有挫氣；師老將貪，爭掠易敗。

凡將輕、壘卑、眾動，可攻也。將重、壘高、眾懼，可圍也。凡圍，必開其小利，使漸夷弱，則節吝有不食者矣。眾夜

擊者，驚也；眾避事者，離也；待人之救，期戰而蹙，皆心失而傷氣也。傷氣敗軍，曲謀敗國。

兵令上第二十三

兵者，凶器也；爭者，逆德也。事必有本，故王者伐暴亂，本仁義焉。戰國則以立威抗敵相圖，而不能廢兵也。

兵者，以武為植，以文為種。武為表，文為裡。能審此二者，知勝敗矣。文所以視利害、辨安危；武所以犯強敵、力攻守也。

專一則勝，離散則敗。陳以密則固，鋒以疏則達。卒畏將甚於敵者勝，卒畏敵甚於將者敗。所以知勝敗者，稱將於敵也。敵與將，猶權衡焉。

安靜則治，暴疾則亂。出卒陳兵有常令，行伍疏數有常法，先後之次有適宜。常令者，非追北襲邑攸用也。前後不次，則失也。亂先後，斬之。

常陳皆向敵，有內向，有外向，有立陳，有坐陳。夫內向，所以顧中也；外向，所以備外也。立陳，所以行也；坐陳，所以止也。立坐之陳，相參進止，將在其中。坐之兵劍斧，立之兵戟弩，將亦居中。

善禦敵者，正兵先合，而後扼之，此必勝之術也。

陳之斧鉞，飾之旗章，有功必賞，犯令必死。存亡死生，在枹之端。雖天下有善兵者，莫能禦此矣。

矢射未交，長刃未接，前躁者謂之虛，後躁者謂之實，不躁者謂之秘。虛、實、〔秘〕者，兵之體也。

兵令下第二十四

諸去大軍為前御之備者，邊縣列候，相去三、五里。 聞大

軍為前御之備，戰則皆禁行，所以安內也。

內卒出戍，令將吏授旗鼓戈甲。發日，後將吏及出縣封界者，以坐後戍法。兵戍邊一歲，遂亡不候代者，法比亡軍。父母妻子知之，與同罪；弗知，赦之。卒後將吏而至大將所一日，父母妻子盡同罪。卒逃歸至家一日，父母妻子弗捕執及不言，亦同罪。

諸戰而亡其將吏者，及將吏棄卒獨北者，盡斬之。前吏棄其卒而北，後吏能斬之而奪其卒者，賞。軍無功者，戍三歲。

三軍大戰，若大將死，而從吏五百人以上不能死敵者斬，大將左右近卒在陳中者皆斬，餘士卒有軍功者奪一級，無軍功者戍三歲。戰亡伍人，及伍人戰死不得其尸，同伍盡奪其功，得其尸，罪皆赦。

軍之利害，在國之名實。今名在官，而實在家，官不得其實，家不得其名。聚卒為軍，有空名而無實，外不足以禦敵，內不足以守國，此軍之所以不給，將之所以奪威也。

臣以謂卒逃歸者，同舍伍人及吏罰入糧為饒，名為軍實，是有一軍之名，而有二實之出。國內空虛，自竭民歲，曷以免奔北之禍乎？今以法止逃歸、禁亡軍，是兵之一勝也。什伍相連，及戰鬥，則卒吏相救，是兵之二勝也。將能立威，卒能節制，號令明信，攻守皆得，是兵之三勝也。

臣聞古之善用兵者，能殺士卒之半，其次殺其十三，其下殺其十一。能殺其半者，威加海內；殺其十三者，力加諸侯；殺其十一者，令行士卒。故曰：百萬之眾不用命，不如萬人之鬥也；萬人之鬥〔不用命〕，不如百人之奮也。賞如日月，信如四時，令如斧鉞，（制）〔利〕如干將，士卒不用命者，未之有也。

第四節 《史記列傳六十九·蘇秦列傳》

蘇秦者，東周雒陽人也。東事師於齊，而習之於鬼谷先生。

出遊數歲，大困而歸。兄弟嫂妹妻妾竊皆笑之，曰：「周人之俗，治產業，力工商，逐什二以為務。今子釋本而事口舌，困，不亦宜乎！」蘇秦聞之而慚，自傷，乃閉室不出，出其書遍觀之。曰：「夫士業已屈首受書，而不能以取尊榮，雖多亦奚以為！」於是得周書《陰符》，伏而讀之。期年，以出揣摩，曰：「此可以說當世之君矣。」求說周顯王。顯王左右素習知蘇秦，皆少之。弗信。

乃西至秦。秦孝公卒。說惠王曰：「秦四塞之國，被山帶渭，東有關河，西有漢中，南有巴蜀，北有代馬，此天府也。以秦士民之眾，兵法之教，可以吞天下，稱帝而治。」秦王曰：「毛羽未成，不可以高飛；文理未明，不可以並兼。」方誅商鞅，疾辯士，弗用。

乃東之趙。趙肅侯令其弟成為相，號奉陽君。奉陽君弗悅之。

去遊燕，歲餘而後得見。說燕文侯曰：「燕東有朝鮮、遼東，北有林胡、樓煩，西有雲中、九原，南有哮沱、易水，地方二千餘里，帶甲數十萬，車六百乘，騎六千匹，粟支數年。南有碣石、雁門之饒，北有棗栗之利，民雖不佃作而足於棗栗矣。此所謂天府者也。

「夫安樂無事，不見覆軍殺將，無過燕者。大王知其所以然乎？夫燕之所以不犯寇被甲兵者，以趙之為蔽其南也。秦趙五戰，秦再勝而趙三勝。秦趙相斃而王以全燕制其後，此燕之所以不犯寇也。且夫秦之攻燕也，逾雲中、九原，過代、上谷，彌地數千里，雖得燕城，秦計固不能守也。秦之不能害燕

亦明矣。今趙之攻燕也，發號出令，不至十日而數十萬之軍軍於東垣矣。渡嘑沱，涉易水，不至四五日而距國都矣。故曰秦之攻燕也，戰於千里之外；趙之攻燕也，戰於百里之內。夫不憂百里之患而重千里之外，計無過於此者。是故願大王與趙從親，天下為一，則燕國必無患矣。」

文侯曰：「子言則可，然吾國小，西迫強趙，南近齊，齊、趙強國也。子必欲合從以安燕，寡人請以國從。」

於是資蘇秦車馬金帛以至趙。而奉陽君已死，即因說趙肅侯曰：「天下卿相人臣及布衣之士，皆高賢君之行義，皆願奉教陳忠於前之日久矣。雖然，奉陽君妒而君不任事，是以賓客遊士莫敢自盡於前者。今奉陽君捐館舍，君乃今復與士民相親也，臣故敢進其愚慮。」

「竊為君計者，莫若安民無事，且毋庸有事於民也。安民之本，在於擇交，擇交而得則民安，擇交而不得則民終身不安。請言外患：齊秦為兩敵而民不得安，倚秦攻齊而民不得安，倚齊攻秦而民不得安。故夫謀人之主，伐人之國，常苦出辭斷絕人之交也。願君慎勿出於口。請別白黑，所以異陰陽而已矣。君誠能聽臣，燕必致旃裘狗馬之地，齊必致魚鹽之海，楚必致橘柚之圜，韓、魏、中山皆可使致湯沐之奉，而貴戚父兄皆可以受封侯。夫割地包利，五伯之所以覆軍禽將而求也；封侯貴戚，湯武之所以放弒而爭也。今君高拱而兩有之，此臣之所以為君願也。」

「今大王與秦，則秦必弱韓、魏；與齊，則齊必弱楚、魏。魏弱則割河外，韓弱則效宜陽，宜陽效則上郡絕，河外割則道不通，楚弱則無援。此三策者，不可不孰計也。」

「夫秦下軹道，則南陽危；劫韓包圍，則趙氏自操兵；據衛取卷，則齊必入朝秦。秦欲已得乎山東，則必舉兵而向趙

矣。秦甲渡河逾漳，據番吾，則兵必戰於邯鄲之下矣。此臣之所為君患也。」

「當今之時，山東之建國莫強於趙。趙地方二千餘里，帶甲數十萬，車千乘，騎萬匹，粟支數年。西有常山，南有河漳，東有清河，北有燕國。燕固弱國，不足畏也。秦之所害於天下者莫如趙，然而秦不敢舉兵伐趙者，何也？畏韓、魏之議其後也。然則韓、魏，趙之南蔽也。秦之攻韓、魏也，無有名山大川之限，稍蠶食之，傅國都而止。韓、魏不能支秦，必入臣於秦。秦無韓、魏之規，則禍必中於趙矣。此臣之所為君患也。」

「臣聞堯無三夫之分，舜無咫尺之地，以有天下；禹無百人之聚，以王諸侯；湯武之士不過三千，車不過三百乘，卒不過三萬，立為天子：誠得其道也。是故明主外料其敵之強弱，內度其士卒賢不肖，不待兩軍相當而勝敗存亡之機固已形於胸中矣，豈掩於眾人之言而以冥冥決事哉！」

「臣竊以天下之地圖案之，諸侯之地五倍於秦，料度諸侯之卒十倍之秦，六國為一，並力西向而攻秦，秦必破矣。今西面而事之，見臣於秦。夫破人之與破於人也，臣人之與臣於人也，豈可同日而論哉！」

「夫衡人者，皆欲割諸侯之地以予秦。秦成，則高台榭，美宮室，聽竽瑟之音，前有樓闕軒轅，後有長姣美人，國被秦患而不與其憂。是故夫衡人日夜務以秦權恐愒諸侯以求割地，故願大王孰計之也。」

「臣聞明主絕疑去讒，屏流言之跡，塞朋黨之門，故尊主廣地強兵之計臣得陳忠於前矣。故竊為大王計，莫如一韓、魏、齊、楚、燕、趙以從親，以叛秦。今天下之將相會於洹水之上，通質，刳白馬而盟。要約曰：秦攻楚，齊、魏各出銳師

以佐之，韓絕其糧道，趙涉河漳，燕守常山之北。秦攻韓、魏，則楚絕其後，齊出銳師而佐之，趙涉河漳，燕守雲中。秦攻齊，則楚絕其後，韓守城皋，魏塞其道，趙涉河漳、博關，燕出銳師以佐之。秦攻燕，則趙守常山，楚軍武關，齊涉渤海，韓、魏皆出銳師以佐之。秦攻趙，則韓軍宜陽，楚軍武關，魏軍河外，齊涉清河，燕出銳師以佐之。諸侯有不如約者，以五國之兵共伐之。六國從親以賓秦，則秦甲必不敢出於函谷以害山東矣。如此，則霸王之業成矣。」

趙王曰：「寡人年少，立國日淺，未嘗得聞社稷之長計也。今上客有意存天下，安諸侯，寡人敬以國從。」乃飾車百乘，黃金千溢，白璧百雙，錦繡千純，以約諸侯。

是時周天子致文武之胙於秦惠王。惠王使犀首攻魏，禽將龍賈，取魏之雕陰，且欲東兵。蘇秦恐秦兵之至趙也，乃激怒張儀，入之於秦。

於是說韓宣王曰：「韓北有鞏、成皋之固，西有宜陽、商阪之塞，東有宛、穰、洧水，南有陘山，地方九百餘里，帶甲數十萬，天下之強弓勁弩皆從韓出。谿子、少府時力、距來者，皆射六百步之外。韓卒超足而射，百發不暇止，遠者括蔽洞胸，近者鏑弇心。韓卒之劍戟皆出於冥山、棠谿、墨陽、合賻、鄧師、宛馮、龍淵、太阿，皆陸斷牛馬，水截鵠雁，當敵則斬，堅甲鐵幕，革抉㕙芮，無不畢具。以韓卒之勇，被堅甲，蹠勁弩，帶利劍，一人當百，不足言也。夫以韓之勁與大王之賢，乃西面事秦，交臂而服，羞社稷而為天下笑，無大於此者矣。是故願大王孰計之。」

「大王事秦，秦必求宜陽、成皋。今茲效之，明年又復求割地。與則無地以給之，不與則棄前功而受後禍。且大王之地有盡而秦之求無已，以有盡之地而逆無已之求，此所謂市怨結

禍者也，不戰而地已削矣。臣聞鄙諺曰：寧為雞口，無為牛後。今西面交臂而臣事秦，何異於牛後乎？夫以大王之賢，挾強韓之兵，而有牛後之名，臣竊為大王羞之。」

於是韓王勃然作色，攘臂瞋目，按劍仰天太息曰：「寡人雖不肖，必不能事秦。今主君詔以趙王之教，敬奉社稷以從。」

又說魏襄王曰：「大王之地，南有鴻溝、陳、汝南、許、郾、昆陽、召陵、舞陽、新都、新郪，東有淮、潁，煮棗、無胥，西有長城之界，北有河外、卷、衍、酸棗，地方千里。地名雖小，然而田舍廬廡之數，曾無所芻牧。人民之眾，車馬之多，日夜行不絕，輷輷殷殷，若有三軍之眾。臣竊量大王之國不下楚。然衡人怵王交強虎狼之秦以侵天下，卒有秦患，不顧其禍。夫挾強秦之勢以內劫其主，罪無過此者。魏，天下之強國也；王，天下之賢王也。今乃有意西面而事秦，稱東藩，築帝宮，受冠帶，祠春秋，臣竊為大王恥之。

「臣聞越王勾踐戰敝卒三千人，禽夫差於干遂；武王卒三千人，革車三百乘，制紂於牧野：豈其士卒眾哉，誠能奮其威也。今竊聞大王之卒，武士二十萬，蒼頭二十萬，奮擊二十萬，厮徒十萬，車六百乘，騎五千匹。此其過越王勾踐、武王遠矣，今乃聽於群臣之說而欲臣事秦。夫事秦必割地以效實，故兵未用而國已虧矣。凡群臣之言事秦者，皆奸人，非忠臣也。夫為人臣，割其主之地以求外交，偷取一時之功而不顧其後，破公家而成私門，外挾強秦之勢以內劫其主，以求割地，願大王孰察之。」

「《周書》曰：綿綿不絕，蔓蔓奈何？毫釐不伐，將用斧柯。前慮不定，後有大患，將奈之何？大王誠能聽臣，六國從親，專心並力壹意，則必無強秦之患。故敝邑趙王使臣效愚計，奉明約，在大王之詔詔之。」

魏王曰：「寡人不肖，未嘗得聞明教。今主君以趙王之詔詔之，敬以國從。」

因東說齊宣王曰：「齊南有泰山；東有琅琊，西有清河，北有勃海，此所謂四塞之國也。齊地方二千餘里，帶甲數十萬，粟如丘山。三軍之良，五家之兵，進如鋒矢，戰如雷霆，解如風雨。即有軍役，未嘗背泰山，絕清河，涉渤海也。臨淄之中七萬戶，臣竊度之，不下戶三男子，三七二十一萬，不待發於遠縣，而臨淄之卒固已二十一萬矣。臨淄甚富而實，其民無不吹竽鼓瑟，彈琴擊築，鬥雞走狗，六博蹋鞠者。臨淄之塗，車轂擊，人肩摩，連衽成帷，舉袂成幕，揮汗成雨，家殷人足，趾高氣揚。夫以大王之賢與齊之強，天下莫能當。今乃西面而事秦，臣竊為大王羞之。

「且夫韓、魏之所以重畏秦者，為與秦接境壤界也。兵出而相當，不出十日而戰勝存亡之機決矣。韓、魏戰而勝秦，則兵半折，四境不守；戰而不勝，則國已危亡隨其後。是故韓、魏之所以重與秦戰，而輕為之臣也。今秦之攻齊則不然。背韓、魏之地，過衛陽晉之道，徑乎亢父之險，車不得方軌，騎不得比行，百人守險，千人不敢過也。秦雖欲深入，則狼顧，恐韓、魏之議其後也。是故恫疑虛猲，驕矜而不敢進，則秦之不能害齊亦明矣。

「夫不深料秦之無奈齊何，而欲西面而事之，是群臣之計過也。今無臣事秦之名而有強國之實，臣是故願大王少留意計之。」

齊王曰：「寡人不敏，僻遠守海，窮道東境之國也，未嘗得聞余教。今足下以趙王詔詔之，敬以國從。」

乃西南說楚威王曰：「楚，天下之強國也；王，天下之賢王也。西有黔中、巫郡，東有夏州、海陽，南有洞庭、蒼梧，

北有陘塞、郇陽，地方五千餘里，帶甲百萬，車千乘，騎萬匹，粟支十年。此霸王之資也。夫以楚之強與王之賢，天下莫能當也。今乃欲西面而事秦，則諸侯莫不西面而朝於章台之下矣。」

「秦之所害莫如楚，楚強則秦弱，秦強則楚弱，其勢不兩立。故為大王計，莫如從親以孤秦。大王不從親，秦必起兩軍，一軍出武關，一軍下黔中，則鄢郢動矣。」

「臣聞治之其未亂也，為之其未有也。患至而後憂之，則無及已。故願大王早執計之。」

「大王誠能聽臣，臣請令山東之國奉四時之獻，以承大王之明詔，委社稷，奉宗廟，練士厲兵，在大王之所用之。大王誠能用臣之愚計，則韓、魏、齊、燕、趙、衛之妙音美人必充後宮，燕、代橐駝良馬必實外廄。故從合則楚王，衡成則秦帝。今釋霸王之業，而有事人之名，臣竊為大王不取也。」

「夫秦，虎狼之國也，有吞天下之心。秦，天下之仇讎也。衡人皆欲割諸侯之地以事秦，此所謂養仇而奉讎者也。夫為人臣，割其主之地以外交強虎狼之秦，以侵天下，卒有秦患，不顧其禍。夫外挾強秦之威以內劫其主，以求割地，大逆不忠，無過此者。故從親則諸侯割地以事楚，衡合則楚割地以事秦，此兩策者相去遠矣，二者大王何居焉？故敝邑趙王使臣效愚計，奉明約，在大王詔之。」

楚王曰：「寡人之國西與秦接境，秦有舉巴蜀併漢中之心。秦，虎狼之國，不可親也。而韓、魏迫於秦患，不可與深謀，與深謀恐反人以入於秦，故謀未發而國已危矣。寡人自料以楚當秦，不見勝也；內與群臣謀，不足恃也。寡人臥不安席，食不甘味，心搖搖然如懸旌而無所終薄。今主君欲一天下，收諸侯，存危國，寡人謹奉社稷以從。」

於是六國縱合而併力焉。蘇秦為從約長,並相六國。

北報趙王,乃行過雒陽,車騎輜重,諸侯各發使送之甚眾,疑於王者。周顯王聞之恐懼,除道,使人郊勞。蘇秦之昆弟妻嫂側目不敢仰視,俯伏侍取食。蘇秦笑謂其嫂曰:「何前倨而後恭也?」嫂委虵蒲服,以面掩地而謝曰:「見季子位高金多也。」蘇秦喟然嘆曰:「此一人之身,富貴則親戚畏懼之,貧賤則輕易之,況眾人乎!且使我有雒陽負郭田二頃,吾豈能佩六國相印乎!」於是散千金以賜宗族朋友。初,蘇秦之燕,貸人百錢為資,及得富貴,以百金償之,遍報諸所嘗見德者。其從者有一人獨未得報,乃前自言。蘇秦曰:「我非忘子。子之與我至燕,再三欲去我易水之上,方是時,我困,故望子深,是以後子,子今亦得矣。」

蘇秦既約六國從親,歸趙,趙肅侯封為武安君,乃投從約書於秦。秦兵不敢窺函谷關十五年。

其後秦使犀首欺齊,魏,與共伐趙,欲敗從約。齊、魏伐趙,趙王讓蘇秦。蘇秦恐,請使燕,必報齊。蘇秦去趙,而從約皆解。

秦惠王以其女為燕太子婦。是歲,文侯卒,太子立,是為燕易王。易王初立,齊宣王因燕喪伐燕,取十城。易王謂蘇秦曰:「往日先生至燕,而先王資先生見趙,遂約六國從。今齊先伐趙,次至燕,以先生之故為天下笑,先生能為燕得侵地乎?」蘇秦大慚,曰:「請為王取之。」

蘇秦見齊王,再拜,俯而慶,仰而弔。齊王曰:「是何慶弔相隨之速也?」

蘇秦曰:「臣聞飢人所以飢而不食烏喙者,為其愈充腹而與餓死同患也。今燕雖弱小,即秦王之少婿也。大王利其十城而長與強秦為仇。今使弱燕為雁行而強秦敝其後,以招天下之

精兵，是食烏喙之類也。」

齊王愀然變色曰：「然則奈何？」

蘇秦曰：「臣聞古之善制事者，轉禍為福，因敗為功。大王誠能聽臣計，即歸燕之十城。燕無故而得十城，必喜；秦王知以己之故而歸燕之十城，亦必喜。此所謂棄仇讎而得石交者也。夫燕、秦俱事齊，則大王號令天下，莫敢不聽。是王以虛辭附秦，以十城取天下。此霸王之業也。」

王曰：「善。」於是乃歸燕之十城。

人有毀蘇秦者曰：「左右賣國反覆之臣也，將作亂。」蘇秦恐得罪，歸，而燕王不復官也。

蘇秦見燕王曰：「臣，東周之鄙人也，無有分寸之功，而王親拜之於廟而禮之於廷。今臣為王卻齊之兵而得十城，宜以益親。今來而王不官臣者，人必有以不信傷臣於王者。臣之不信，王之福也。臣聞忠信者，所以自為也；進取者。所以為人也。且臣之說齊王，曾非欺之也。臣棄老母於東周，固去自為而行進取也。今有孝如曾參，廉如伯夷，信如尾生。得此三人者以事大王，何若？」

王曰：「足矣。」

蘇秦曰：「孝如曾參，義不離其親一宿於外，王又安能使之步行千里而事弱燕之危王哉？廉如伯夷，義不為孤竹君之嗣，不肯為武王臣，不受封侯而餓死首陽山下。有廉如此，王又安能使之步行千里而行進取於齊哉？信如尾生，與女子期於梁下，女子不來，水至不去，抱柱而死。有信如此，王又安能使之步行千里卻齊之強兵哉？臣所謂以忠信得罪於上者也。」

燕王曰：「若不忠信耳，豈有以忠信而得罪者乎？」

蘇秦曰：「不然。臣聞客有遠為吏而其妻私於人者，其夫將來，其私者憂之，妻曰勿憂，吾已作藥酒待之矣。居三日，

其夫果至,妻使妾舉藥酒進之。妾欲言酒之有藥,則恐其逐主母也;欲勿言乎,則恐其殺主父也。於是乎佯僵而棄酒。主父大怒,笞之五十。故妾一僵而覆酒,上存主父,下存主母,然而不免於笞,惡在乎忠信之無罪也?夫臣之過,不幸而類是乎!」

燕王曰:「先生復就故宮。」益厚遇之。

易王母,文侯夫人也,與蘇秦私通。燕王知之,而事之加厚。蘇秦恐誅,乃說燕王曰:「臣居燕不能使燕重,而在齊則燕必重。」

燕王曰:「唯先生之所為。」

於是蘇秦佯為得罪於燕而亡走齊,齊宣王以為客卿。

齊宣王卒,湣王即位,說湣王厚葬以明孝,高宮室大苑囿以明得意,欲破敝齊而為燕。燕易王卒,燕噲立為王。其後齊大夫多與蘇秦爭寵者,而使人刺蘇秦,不死,殊而走。齊王使人求賊,不得。蘇秦且死。

乃謂齊王曰:「臣即死,車裂臣以徇於市,曰蘇秦為燕作亂於齊,如此則臣之賊必得矣。」於是如其言,而殺蘇秦者果自出,齊王因而誅之。

燕聞之曰:「甚矣,齊之為蘇生報仇也!」

蘇秦既死,其事大泄。齊後聞之,乃恨怒燕。燕甚恐。蘇秦之弟曰代,代弟蘇厲,見兄遂,亦皆學。及蘇秦死,代乃求見燕王,欲襲故事。

曰:「臣,東周之鄙人也。竊聞大王義甚高,鄙人不敏,釋鑲耨而干大王。至於邯鄲,所見者絀於所聞於東周,臣竊負其志。及至燕廷,觀王之群臣下吏,王,天下之明王也。」

燕王曰:「子所謂明王者何如也?」

對曰:「臣聞明王務聞其過,不欲聞其善,臣請謁王之

過。夫齊、趙者,燕之仇讎也;楚、魏者,燕之援國也。今王奉仇讎以伐援國,非所以利燕也。王自慮之,此則計過,無以聞者,非忠臣也。」

王曰:「夫齊者固寡人之仇,所欲伐也,直患國敝力不足也。子能以燕伐齊,則寡人舉國委子。」

對曰:「凡天下戰國七,燕處弱焉。獨戰則不能,有所附則無不重。南附楚,楚重;西附秦,秦重;中附韓、魏,韓、魏重。且苟所附之國重,此必使王重矣。今夫齊,長主而自用也。南攻楚五年,畜聚竭;西困秦三年,士卒疲敝;北與燕人戰,覆三軍,得二將。然而以其餘兵南面舉五千乘之大宋,而包十二諸侯。此其君欲得,其民力竭,惡足取乎!且臣聞之,數戰則民勞,久師則兵敝矣。」

燕王曰:「吾聞齊有清濟、濁河可以為固,長城、巨防足以為塞,誠有之乎?」

對曰:「天時不與,雖有清濟、濁河,惡足以為固!民力疲敝,雖有長城、巨防,惡足以為塞!且異日濟西不師,所以備趙也;河北不師,所以備燕也。今濟西河北盡已役矣,封內敝矣。夫驕君必好利,而亡國之臣必貪於財。王誠能無羞從子母弟以為質,寶珠玉帛以事左右,彼將有德燕而輕亡宋,則齊可亡已。」

燕王曰:「吾終以子受命於天矣。」

燕乃使一子質於齊。而蘇厲因燕質子而求見齊王。齊王怨蘇秦,欲囚蘇厲。燕質子為謝,已遂委質為齊臣。

燕相子之與蘇代婚,而欲得燕權,乃使蘇代侍質子於齊。齊使代報燕,燕王噲問曰:「齊王其霸乎?」

曰:「不能。」曰:「何也?」曰:「不信其臣。」於是燕王專任子之,已而讓位,燕大亂。齊伐燕,殺王噲、子之。燕立

昭王，而蘇代、蘇厲遂不敢入燕，皆終歸齊，齊善待之。

蘇代過魏，魏為燕執代。齊使人謂魏王曰：「齊請以宋地封涇陽君，秦必不受。秦非不利有齊而得宋地也，不信齊王與蘇子也。今齊魏不和如此其甚，則齊不欺秦。秦信齊，齊秦合，涇陽君有宋地，非魏之利也。故王不如東蘇子，秦必疑齊而不信蘇子矣。齊秦不合，天下無變，伐齊之形成矣。」於是出蘇代。代之宋，宋善待之。

齊伐宋，宋急，蘇代乃遺燕昭王書曰：

夫列在萬乘而寄質於齊，名卑而權輕；奉萬乘助齊伐宋，民勞而實費；夫破宋，殘楚淮北，肥大齊，仇強而國害：此三者皆國之大敗也。然且王行之者，將以取信於齊也。齊加不信於王，而忌燕愈甚，是王之計過矣。夫以宋加之淮北，強萬乘之國也，而齊併之，是益一齊也。北夷方七百里，加之以魯、衛，強萬乘之國也，而齊併之，是益二齊也。夫一齊之強，燕猶狼顧而不能支，今以三齊臨燕，其禍必大矣。

雖然，智者舉事，因禍為福，轉敗為功。齊紫，敗素也，而賈十倍；越王勾踐棲於會稽，復殘強吳而霸天下：此皆因禍為福，轉敗為功者也。

今王若欲因禍為福，轉敗為功，則莫若挑霸齊而尊之，使使盟於周室，焚秦符，曰：「其大上計，破秦；其次，必長賓之。」秦挾賓以待破，秦王必患之。

秦五世伐諸侯，今為齊下，秦王之志苟得窮齊，不憚以國為功，然則王何不使辯士以此言說秦王曰：「燕、趙破宋肥齊，尊之為之下者。燕，趙非利之也。燕、趙不利而勢為之者，以不信秦王也。然則王何不使可信者接收燕、趙，令涇陽君、高陵君先於燕、趙？秦有變，因以為質，則燕、趙信秦。秦為西帝，燕為北帝，趙為中帝，立三帝以令於天下。韓、魏

不聽則秦伐之，齊不聽則燕、趙伐之，天下孰敢不聽？天下服聽，因驅韓、魏以伐齊，曰必反宋地，歸楚淮北。反宋地，歸楚淮北，燕、趙之所利也；並立三帝，燕、趙之所願也。夫實得所利，尊得所願，燕、趙棄齊如脫屣矣。今不收燕、趙，齊霸必成。諸侯贊齊而王不從，是國伐也；諸侯贊齊而王從之，是名卑也。今收燕、趙，國安而名尊；不收燕、趙，國危而名卑。夫去尊安而取危卑，智者不為也。」

秦王聞若說，必若刺心然。則王何不使辯士以此若言說秦？秦必取，齊必伐矣。

夫取秦，厚交也；伐齊，正利也。尊厚交，務正利，聖王之事也。

燕昭王善其書，曰：「先人嘗有德蘇氏，子之之亂而蘇氏去燕。燕欲報仇於齊，非蘇氏莫可。」乃召蘇代，復善待之，與謀伐齊。竟破齊，湣王出走。

久之，秦召燕王，燕王欲往，蘇代約燕王曰：

楚得枳而國亡，齊得宋而國亡，齊、楚不得以有枳、宋而事秦者，何也？則有功者，秦之深仇也。秦取天下，非行義也，暴也。秦之行暴，正告天下。

告楚曰：「蜀地之甲，乘船浮於汶，乘夏水而下江，五日而至郢。漢中之甲，乘船出於巴，乘夏水而下漢。四日而至五渚。寡人積甲宛東下隨，智者不及謀，勇士不及怒，寡人如射隼矣。王乃欲待天下之攻函谷，不亦遠乎！」楚王為是故，十七年事秦。

秦正告韓曰：「為起乎少曲，一日而斷大行．我起乎宜陽而觸平陽，二日而莫不盡繇。我離兩周而觸鄭，五日而國舉。」韓氏以為然，故事秦。

秦正告魏曰：「我舉安邑，塞女戟，韓氏太原卷。我下

軹,道南陽、封冀,包兩周。乘夏水,浮輕舟,強弩在前,銛戈在後,決滎口,魏無大梁;決白馬之口,魏無外黃、濟陽;決宿胥之口,魏無虛、頓丘。陸攻則擊河內,水攻則滅大梁。」魏氏以為然,故事秦。

秦欲攻安邑,恐齊救之,則以宋委於齊。曰:「宋王無道,為木人以象寡人,射其面。寡人地絕兵遠,不能攻也。王苟能破宋有之,寡人如自得之。」已得安邑,塞女戟,因以破宋為齊罪。

秦欲攻韓,恐天下救之,則以齊委於天下。曰:「齊王四與寡人約,四欺寡人,必率天下以攻寡人者三。有齊無秦,有秦無齊,必伐之,必亡之。」已得宜陽、少曲,致藺、離石,因以破齊為天下罪。

秦欲攻魏重楚,則以南陽委於楚,曰:「寡人固與韓且絕矣。殘均陵,塞鄳隘,苟利於楚,寡人如自有之。」魏棄與國而合於秦,因以塞鄳隘為楚罪。

兵困於林中,重燕、趙,以膠東委於燕,以濟西委於趙。已得講於魏,至公子延,因犀首屬行而攻趙。

兵傷於譙石,而遇敗於陽馬,而重魏,則以葉、蔡委於魏。已得講於趙,則劫魏,魏不為割。困則使太後弟穰侯為和,贏則兼欺舅與母。

適燕者曰「以膠東」,適趙者曰「以濟西」,適魏者曰「以葉、蔡」,適楚者曰「以塞鄳隘」,適齊者曰「以宋。」此必令言如循環,用兵如刺飛,母不能制,舅不能約。

龍賈之戰,岸門之戰,封陵之戰,高商之戰,趙莊之戰,秦之所殺三晉之民數百萬,今其生者皆死秦之孤也。西河之外,上雒之地,三川晉國之禍,三晉之半,秦禍如此奇大也。而燕、趙之秦者,皆以爭事秦悅其主,此臣之所大患也。

燕昭王不行。蘇代復重於燕。

燕使約諸侯從親如蘇秦時，或從或不，而天下由此宗蘇氏之從約。代、厲皆以壽死，名顯諸侯。

太史公曰：蘇秦兄弟三人，皆遊說諸侯以顯名，其術長於權變。而蘇秦被反間以死，天下共笑之，諱學其術。然世言蘇秦多異，異時事有類之者皆附之蘇秦。夫蘇秦起閭閻，連六國從親，此其智有過人者。吾故列其行事，次其時序，毋令獨蒙惡聲焉。

第五節　《史記列傳七十・張儀列傳》

張儀者，魏人也。始嘗與蘇秦俱事鬼谷先生，學術，蘇秦自以不及張儀。

張儀已學而遊說諸侯。嘗從楚相飲，已而楚相亡璧，門下意張儀，曰：「儀貧無行，必此盜相君之璧。」共執張儀，掠笞數百，不服，釋之。

其妻曰：「嘻！子毋讀書遊說，安得此辱乎？」

張儀謂其妻曰：「視吾舌尚在不？」

其妻笑曰：「舌在也。」

儀曰：「足矣。」

蘇秦已說趙王而得相約從親，然恐秦之攻諸侯，敗約後負，念莫可使用於秦者，乃使人微感張儀曰：「子始與蘇秦善，今秦已當路，子何不往遊，以求通子之願？」

張儀於是之趙，上謁求見蘇秦。蘇秦乃誡門下人不為通，又使不得去者數日。已而見之，坐之堂下，賜僕妾之食。

因而數讓之曰：「以子之才能，乃自令困辱至此。吾寧不能言而富貴子，子不足收也。」謝去之。

張儀之來也，自以為故人，求益，反見辱，怒，念諸侯莫可事，獨秦能苦趙，乃遂入秦。

蘇秦已而告其舍人曰：「張儀，天下賢士，吾殆弗如也。今吾幸先用，而能用秦柄者，獨張儀可耳。然貧，無因以進。吾恐其樂小利而不遂，故召辱之，以激其意。子為我陰奉之。」乃言趙王，發金幣車馬，使人微隨張儀，與同宿舍，稍稍近就之，奉以車馬金錢，所欲用，為取給，而弗告。張儀遂得以見秦惠王。惠王以為客卿，與謀伐諸侯。

蘇秦之舍人乃辭去。張儀曰：「賴子得顯，方且報德，何故去也？」

舍人曰：「臣非知君，知君乃蘇君。蘇君憂秦伐趙敗從約，以為非君莫能得秦柄，故感怒君，使臣陰奉給君資，盡蘇君之計謀。今君已用，請歸報。」

張儀曰：「嗟乎，此在吾術中而不悟，吾不及蘇君明矣！吾又新用，安能謀趙乎？為吾謝蘇君，蘇君之時，儀何敢言。且蘇君在，儀寧渠能乎！」

張儀既相秦，為文檄告楚相曰：「始吾從若飲，我不盜而璧，若笞我。若善守汝國，我顧且盜而城！」

苴蜀相攻擊，各來告急於秦。秦惠王欲發兵以伐蜀，以為道險狹難至，而韓又來侵秦，秦惠王欲先伐韓，後伐蜀，恐不利，欲先伐蜀，恐韓襲秦之敝，猶豫未能決。司馬錯與張儀爭論於惠王之前，司馬錯欲伐蜀，張儀曰：「不如伐韓。」

王曰：「請聞其說。」

儀曰：「親魏善楚，下兵三川，塞什谷之口，當屯留之道，魏絕南陽，楚臨南鄭，秦攻新城、宜陽，以臨二周之郊，誅周王之罪，侵楚、魏之地。周自知不能救，九鼎寶器必出。據九鼎，案圖籍，挾天子以令於天下，天下莫敢不聽，此王業

也。今夫蜀，西僻之國而戎翟之倫也，敝兵勞眾不足以成名，得其地不足以為利。臣聞爭名者於朝，爭利者於市。今三川、周室，天下之朝市也，而王不爭焉，顧爭於戎翟，去王業遠矣。」

司馬錯曰：「不然。臣聞之，欲富國者務廣其地，欲強兵者務富其民，欲王者務博其德，三資者備而王隨之矣。今王地小民貧，故臣願先從事於易。夫蜀，西僻之國也，而戎翟之長也，有桀紂之亂。以秦攻之，譬如使豺狼逐群羊。得其地足以廣國，取其財足以富民繕兵，不傷眾而彼已服焉。拔一國而天下不以為暴，利盡西海而天下不以為貪，是我一舉而名實附也，而又有禁暴止亂之名。今攻韓，劫天子，惡名也，而未必利也，又有不義之名，而攻天下所不欲，危矣。臣請謁其故：周，天下之宗室也；齊，韓之與國也。周自知失九鼎，韓自知亡三川，將二國並力合謀，以因乎齊、趙而求解乎楚、魏，以鼎與楚，以地與魏，王弗能止也。此臣之所謂危也。不如伐蜀完。」

惠王曰：「善，寡人請聽子。」卒起兵伐蜀，十月，取之，遂定蜀，貶蜀王更號為侯，而使陳莊相蜀。蜀既屬秦，秦以益強，富厚，輕諸侯。

秦惠王十年，使公子華與張儀圍蒲陽，降之。儀因言秦復與魏，而使公子繇質於魏。儀因說魏王曰：「秦王之遇魏甚厚，魏不可以無禮。」魏因入上郡、少梁，謝秦惠王。惠王乃以張儀為相，更名少梁曰夏陽。

儀相秦四歲，立惠王為王。居一歲，為秦將，取陝。築上郡塞。

其後二年，使與齊、楚之相會齧桑。東還而免相，相魏以為秦，欲令魏先事秦而諸侯效之。魏王不肯聽儀。秦王怒，伐

取魏之曲沃、平周，復陰厚張儀益甚。張儀慚，無以歸報。留魏四歲而魏襄王卒，哀王立。張儀復說哀王，哀王不聽。於是張儀陰令秦伐魏。魏與秦戰，敗。

明年，齊又來敗魏於觀津。秦復欲攻魏，先敗韓申差軍，斬首八萬，諸侯震恐。

而張儀復說魏王曰：「魏地方不至千里，卒不過三十萬。地四平，諸侯四通輻輳，無名山大川之限。從鄭至梁二百餘里，車馳人走，不待力而至。梁南與楚境，西與韓境，北與趙境，東與齊境，卒戍四方，守亭鄣者不下十萬。梁之地勢，固戰場也。梁南與楚而不與齊，則齊攻其東；東與齊而不與趙，則趙攻其北；不合於韓，則韓攻其西；不親於楚，則楚攻其南：此所謂四分五裂之道也。

「且夫諸侯之為從者，將以安社稷尊主強兵顯名也。今從者一天下，約為昆弟，刑白馬以盟洹水之上，以相堅也。而親昆弟同父母，尚有爭錢財，而欲恃詐偽反覆蘇秦之餘謀，其不可成亦明矣。」

「大王不事秦，秦下兵攻河外，據卷、衍、燕、酸棗，劫衛取陽晉，則趙不南，趙不南而梁不北，梁不北則從道絕，從道絕則大王之國欲毋危不可得也。秦折韓而攻梁，韓怯於秦，秦韓為一，梁之亡可立而須也。此臣之所為大王患也。」

「為大王計，莫如事秦。事秦則楚、韓必不敢動；無楚、韓之患，則大王高枕而臥，國必無憂矣。」

「且夫秦之所欲弱者莫如楚，而能弱楚者莫如梁。楚雖有富大之名而實空虛；其卒雖多，然而輕走易北，不能堅戰。悉梁之兵南面而伐楚，勝之必矣。割楚而益梁，虧楚而適秦，嫁禍安國，此善事也。大王不聽臣，秦下甲士而東伐，雖欲事秦，不可得矣。」

「且夫從人多奮辭而少可信，說一諸侯而成封侯，是故天下之遊談士莫不日夜搤腕瞋目切齒以言從之便，以說人主。人主賢其辯而牽其說，豈得無眩哉。」

「臣聞之，積羽沈舟，群輕折軸，眾口鑠金，積毀銷骨，故願大王審定計議，且賜骸骨辟魏。」

哀王於是乃背從約而因儀請成於秦。張儀歸，復相秦。三歲而魏復背秦為從。秦攻魏，取曲沃。明年，魏復事秦。

秦欲伐齊，齊楚從親，於是張儀往相楚。楚懷王聞張儀來，虛上舍而自館之。曰：「此僻陋之國，子何以教之？」

儀說楚王曰：「大王誠能聽臣，閉關絕約於齊，臣請獻商於之地六百里，使秦女得為大王箕帚之妾，秦楚娶歸嫁女，長為兄弟之國。此北弱齊而西益秦也，計無便此者。」

楚王大悅而許之。群臣皆賀，陳軫獨吊之。楚王怒曰：「寡人不興師發兵得六百里地，群臣皆賀，子獨吊，何也？」

陳軫對曰：「不然，以臣觀之，商於之地不可得而齊秦合，齊秦合則患必至矣。」

楚王曰：「有說乎？」

陳軫對曰：「夫秦之所以重楚者，以其有齊也。今閉關絕約於齊，則楚孤。秦奚貪夫孤國，而與之商於之地六百里？張儀至秦，必負王，是北絕齊交，西生患於秦也，而兩國之兵必俱至。善為王計者，不若陰合而陽絕於齊，使人隨張儀。苟與吾地，絕齊未晚也；不與吾地，陰合謀計也。」

楚王曰：「願陳子閉口毋復言，以待寡人得地。」乃以相印授張儀，厚賂之。於是遂閉關絕約於齊，使一將軍隨張儀。

張儀至秦，佯失綏墮車，不朝三月，楚王聞之，曰：「儀以寡人絕齊未甚邪？」乃使勇士至宋，借宋之符，北罵齊王。齊王大怒，折節而下秦。

　　秦齊之交合，張儀乃朝，謂楚使者曰：「臣有奉邑六里，願以獻大王左右。」

　　楚使者曰：「臣受令於王，以商於之地六百里，不聞六里。」還報楚王，楚王大怒，發兵而攻秦。

　　陳軫曰：「軫可發口言乎？攻之不如割地反以賂秦，與之併兵而攻齊，是我出地於秦，取償於齊也，王國尚可存。」

　　楚王不聽，卒發兵而使將軍屈匄擊秦。秦齊共攻楚，斬首八萬，殺屈匄，遂取丹陽、漢中之地。楚又復益發兵而襲秦，至藍田，大戰，楚大敗，於是楚割兩城以與秦平。

　　秦要楚欲得黔中地，欲以武關外易之。楚王曰：「不願易地，願得張儀而獻黔中地。」秦王欲遣之，口弗忍言。張儀乃請行。

　　惠王曰：「彼楚王怒子之負以商於之地，是且甘心於子。」

　　張儀曰：「秦強楚弱，臣善靳尚，尚得事楚夫人鄭袖，袖所言皆從。且臣奉王之節使楚，楚何敢加誅。假令誅臣而為秦得黔中之地，臣之上願。」遂使楚。

　　楚懷王至則囚張儀，將殺之。靳尚謂鄭袖曰：「子亦知子之賤於王乎？」

　　鄭袖曰：「何也？」

　　靳尚曰：「秦王甚愛張儀而不欲出之，今將以上庸之地六縣賂楚，以美人聘楚，以宮中善歌謳者為媵。楚王重地尊秦，秦女必貴而夫人斥矣。不若為言而出之。」

　　於是鄭袖日夜言懷王曰：「人臣各為其主用。今地未入秦，秦使張儀來，至重王。王未有禮而殺張儀，秦必大怒攻楚。妾請子母俱遷江南，毋為秦所魚肉也。」懷王後悔，赦張儀，厚禮之如故。

　　張儀既出，未去，聞蘇秦死，乃說楚王曰：「秦地半天

下，兵敵四國，被險帶河，四塞以為固。虎賁之士百餘萬，車千乘，騎萬匹，積粟如丘山。法令既明，士卒安難樂死，主明以嚴，將智以武，雖無出甲，席捲常山之險，必折天下之脊，天下有後服者先亡。且夫為從者，無以異於驅群羊而攻猛虎，虎之與羊不格明矣。今王不與猛虎而與群羊，臣竊以為大王之計過也。

「凡天下強國，非秦而楚，非楚而秦，兩國交爭，其勢不兩立。大王不與秦，秦下甲據宜陽，韓之上地不通。下河東，取成皋，韓必入臣，梁則從風而動。秦攻楚之西，韓、梁攻其北，社稷安得毋危？」

「且夫從者聚群弱而攻至強，不料敵而輕戰，國貧而數舉兵，危亡之術也。臣聞之，兵不如者勿與挑戰，粟不如者勿與持久。夫從人飾辯虛辭，高主之節，言其利不言其害，卒有秦禍，無及為已。是故願大王之孰計之。」

「秦西有巴蜀，大船積粟，起於汶山，浮江已下，至楚三千餘里。舫船載卒，一舫載五十人與三月之食，下水而浮，一日行三百餘里，里數雖多，然而不費牛馬之力，不至十日而距扞關。扞關驚，則從境以東盡城守矣，黔中、巫郡非王之有。秦舉甲出武關，南面而伐，則北地絕。秦兵之攻楚也，危難在三月之內，而楚待諸侯之救，在半歲之外，此其勢不相及也。夫恃弱國之救，忘強秦之禍，此臣所以為大王患也。」

「大王嘗與吳人戰，五戰而三勝，陣卒盡矣；偏守新城，存民苦矣。臣聞功大者易危，而民敝者怨上。夫守易危之功而逆強秦之心，臣竊為大王危之。」

「且夫秦之所以不出兵函谷十五年以攻齊、趙者，陰謀有合天下之心。楚嘗與秦構難，戰於漢中，楚人不勝，列侯執珪死者七十餘人，遂亡漢中。楚王大怒，興兵襲秦，戰於藍田。

此所謂兩虎相搏者也。夫秦楚相敝而韓魏以全制其後，計無危於此者矣。願大王孰計之。」

「秦下甲攻衛陽晉，必大關天下之匈。大王悉起兵以攻宋，不至數月而宋可舉，舉宋而東指，則泗上十二諸侯盡王之有也。」

「凡天下而以信約從親相堅者蘇秦，封武安君，相燕，即陰與燕王謀伐破齊而分其地；乃佯有罪出走入齊，齊王因受而相之；居二年而覺，齊王大怒，車裂蘇秦於市。夫以一詐偽之蘇秦，而欲經營天下，混一諸侯，其不可成亦明矣。」

「今秦與楚接境壤界，固形親之國也。大王誠能聽臣，臣請使秦太子入質於楚，楚太子入質於秦，請以秦女為大王箕帚之妾，效萬室之都以為湯沐之邑，長為昆弟之國，終身無相攻伐。臣以為計無便於此者。」

於是楚王已得張儀而重出黔中地與秦，欲許之。屈原曰：「前大王見欺於張儀，張儀至，臣以為大王烹之；今縱弗忍殺之，又聽其邪說，不可。」

懷王曰：「許儀而得黔中；美利也。後而背之，不可。」故卒許張儀，與秦親。

張儀去楚，因遂之韓，說韓王曰：「韓地險惡山居，五穀所生，非菽而麥，民之食大抵菽飯藿羹。一歲不收，民不饜糟糠。地不過九百里，無二歲之食。料大王之卒，悉之不過三十萬，而廝徒負養在其中矣。除守徼亭鄣塞，見卒不過二十萬而已矣。秦帶甲百餘萬，車千乘，騎萬匹，虎賁之士跿跔科頭，貫頤奮戟者，至不可勝計。秦馬之良，戎兵之眾，探前趹後，蹄間三尋騰者，不可勝數。山東之士被甲蒙冑以會戰，秦人捐甲徒裼以趨敵，左挈人頭，右挾生虜。夫秦卒與山東之卒，猶孟賁之與怯夫；以重力相壓，猶烏獲之與嬰兒。夫戰孟賁、烏

獲之士以攻不服之弱國，無異垂千鈞之重於鳥卵之上，必無幸矣。」

「夫群臣諸侯不料地之寡，而聽從人之甘言好辭，比周以相飾也，皆奮曰聽吾計可以強霸天下。夫不顧社稷之長利而聽須臾之說，詿誤人主，無過此者。」

「大王不事秦，秦下甲據宜陽，斷韓之上地，東取成皋、滎陽，則鴻台之宮、桑林之苑非王之有也。夫塞成皋，絕上地，則王之國分矣。先事秦則安，不事秦則危。夫造禍而求其福報，計淺而怨深，逆秦而順楚，雖欲毋亡，不可得也。」

「故為大王計，莫如為秦。秦之所欲莫如弱楚，而能弱楚者莫如韓。非以韓能強於楚也，其地勢然也。今王西面而事秦以攻楚，秦王必喜。夫攻楚以利其地，轉禍而悅秦，計無便於此者。」

韓王聽儀計。張儀歸報，秦惠王封儀五邑，號曰武信君。

使張儀東說齊湣王曰：「天下強國無過齊者，大臣父兄殷眾富樂。然而為大王計者，皆為一時之說，不顧百世之利。從人說大王者，必曰齊西有強趙，南有韓與梁。齊，負海之國也，地廣民眾，兵強士勇，雖有百秦，將無奈齊何。」

大王賢其說而不計其實。夫從人朋黨比周，莫不以從為可。臣聞之，齊與魯三戰而魯三勝，國以危亡隨其後，雖有戰勝之名，而有亡國之實。是何也？齊大而魯小也。今秦之與齊也，猶齊之與魯也。秦趙戰於河漳之上，再戰而趙再勝秦；戰於番吾之下，再戰又勝秦。四戰之後，趙之亡卒數十萬，邯鄲僅存，雖有戰勝之名而國已破矣。是何也？秦強而趙弱。

「今秦楚嫁女娶婦，為昆弟之國。韓獻宜陽；梁效河外；趙入朝澠池，割河間以事秦，大王不事秦，秦驅韓梁攻齊之南地，悉趙兵渡清河，指博關，臨淄、即墨，非王之有也。國一

第六章　鬼谷子諸弟子傳記及其著作

611

日見攻，雖欲事秦，不可得也。是故願大王孰計之也。」

齊王曰：「齊僻陋，隱居東海之上，未嘗聞社稷之長利也。」乃許張儀。

張儀去，西說趙王曰：「敝邑秦王使使臣效愚計於大王。大王收率天下以賓秦，秦兵不敢出函谷關十五年。大王之威行於山東，敝邑恐懼懾服，繕甲厲兵，飾車騎，習馳射，力田積粟，守四封之內，愁居懾處，不敢動搖，唯大王有意督過之也。」

「今以大王之力，舉巴蜀，并漢中，包兩周，遷九鼎，守白馬之津。秦雖僻遠，然而心忿含怒之日久矣。今秦有敝甲凋兵，軍於澠池，願渡河逾漳，據悉吾，回邯鄲之下，願以甲子合戰，以正殷紂之事，敬使使臣先聞左右。」

「凡大王之所信為徒者恃蘇秦。蘇秦熒惑諸侯，以是為非，以非為是，欲反齊國，而自令車裂於市。夫天下之不可一亦明矣。今楚與秦為昆弟之國，而韓梁稱為東藩之臣，齊獻魚鹽之地，此斷趙之右臂也。夫斷右臂而與人鬥，失其黨而孤居，求欲毋危，豈可得乎？」

「今秦發三將軍：其一軍塞午道，告齊使興師渡清河，軍於邯鄲之東；一軍軍成皋，驅韓梁軍於河外；一軍軍於澠池。約四國為一以攻趙，趙破，必四分其地。是故不敢匿意隱情，先以聞於左右。臣竊為大王計，莫如與秦王遇於澠池，面相見而口相結，請案兵無攻，願大王之定計。」

趙王曰：「先王之時，奉陽君專權擅勢，蔽欺先王，獨擅綰事，寡人居屬師傅，不與國謀計。先王棄群臣，寡人年幼，奉祀之日新，心固竊疑焉，以為一從不事秦，非國之長利也。乃且願變心易慮，割地謝前過以事秦。方將約車趨行，適聞使者之明詔。」趙王許張儀，張儀乃去。

北之燕，說燕昭王曰：「大王之所親莫如趙。昔趙襄子嘗以其姊為代王妻，欲並代，約與代王遇於句注之塞。乃令工人作為金斗，長其尾，令可以擊人。與代王飲，陰告廚人曰：即酒酣樂，進熱啜，反斗以擊之。於是酒酣樂，進熱啜，廚人進斟，因反斗以擊代王，殺之，王腦塗地。其姊聞之，因摩笄以自刺，故至今有摩笄之山。代王之亡，天下莫不聞。」

　　「夫趙王之很戾無親，大王之所明見，且以趙王為可親乎？趙興兵攻燕，再圍燕都而劫大王，大王割十城以謝。今趙王已入朝澠池，效河間以事秦。今大王不事秦，秦下甲雲中、九原，驅趙而攻燕，則易水、長城非大王之有也。」

　　且今時趙之於秦猶郡縣也，不敢妄舉師以攻伐。今王事秦，秦王必喜，趙不敢妄動，是西有強秦之援，而南無齊趙之患，是故願大王孰計之。」

　　燕王曰：「寡人蠻夷僻處，雖大男子裁如嬰兒，言不足以採正計。今上客幸教之，請西面而事秦，獻恒山之尾五城。」燕王聽儀。儀歸報，未至咸陽而秦惠王卒，武王立。

　　武王自為太子時不悅張儀，及即位，群臣多讒張儀曰：「無信，左右賣國以取容。秦必復用之，恐為天下笑。」諸侯聞張儀有郤武王，皆叛衡，復合從。

　　秦武王元年，群臣日夜惡張儀未已，而齊讓又至，張儀懼誅，乃因謂秦武王曰：「儀有愚計，願效之。」王曰：「奈何？」

　　對曰：「為秦社稷計者，東方有大變，然後王可以多割得地也。今聞齊王甚憎儀，儀之所在，必興師伐之。故儀願乞其不肖之身之梁，齊必興師而伐梁。梁齊之兵遇於城下而不能相去，王以其間伐韓，入三川，出兵函谷而毋伐，以臨周，祭器必出。挾天子，按圖籍，此王業也。」秦王以為然，乃具革車三十乘，入儀之梁。齊果興師伐之。

梁哀王恐。張儀曰：「王勿患也，請令罷齊兵。」乃使其舍人馮喜之楚，借使之齊，謂齊王曰：「王甚憎張儀，雖然，亦厚矣王之托儀於秦也？」

齊王曰：「寡人憎儀，儀之所在，必興師伐之，何以托儀？」對曰：「是乃王之托儀也。夫儀之出也，固與秦王約曰：為王計者，東方有大變，然後王可以多割得地。今齊王甚憎儀，儀之所在，必興師伐之。故儀願乞其不肖之身之梁，齊必興師伐之。齊梁之兵連於城下而不能相去，王以其間伐韓，入三川，出兵函谷而無伐，以臨周，祭器必出。挾天子，案圖籍，此王業也。秦王以為然，故具革車三十乘而入之梁也。今儀入梁，王果伐之，是王內疲國而外伐與國，廣鄰敵以內自臨，而信儀於秦王也。此臣之所謂托儀也。」

齊王曰：「善。」乃使解兵。

張儀相魏一歲，卒於魏也。

陳軫者，遊說之士。與張儀俱事秦惠王，皆貴重，爭寵。張儀惡陳軫於秦王曰：「軫重幣輕使秦楚之間，將為國交也。今楚不加善於秦而善軫者，軫自為厚而為王薄也。且軫欲去秦而之楚，王胡不聽乎？」王謂陳軫曰：「吾聞子欲去秦之楚，有之乎？」

軫曰：「然。」王曰：「儀之言果信矣。」

軫曰：「非獨儀知之也，行道之士盡知之矣。昔子胥忠於其君而天下爭以為臣，曾參孝於其親而天下願以為子。故賣僕妾不出閭巷而售者，良僕妾也；出婦嫁於鄉曲者，良婦也。今軫不忠其君，楚亦何以軫為忠乎？忠且見棄，軫不之楚何歸乎？」王以其言為然，遂善待之。

居秦期年，秦惠王終相張儀，而陳軫奔楚。楚未之重也，而使陳軫使於秦。過梁，欲見犀首。犀首謝弗見。

軫曰:「吾為事來,公不見軫,軫將行,不得待異日。」犀首見之。陳軫曰:「公何好飲也?」犀首曰:「無事也。」曰:「吾請令公厭事可乎?」曰:「奈何?」曰:「田需約諸侯從親,楚王疑之,未信也,公謂於王曰:臣與燕、趙之王有故,數使人來,曰:『無事何不相見』,願謁行於王。王雖許公,公請毋多車,以車三十乘,可陳之於庭,明言之燕、趙、燕、趙客聞之,馳車告其王,使人迎犀首。

楚王聞之大怒,曰:「田需與寡人約,而犀首之燕、趙,是欺我也。」怒而不聽其事。齊聞犀首之北,使人以事委焉。犀首遂行,三國相事皆斷於犀首。軫遂至秦。

韓魏相攻,期年不解。秦惠王欲救之,問於左右。左右或曰救之便,或曰勿救便,惠王未能為之決。陳軫適至秦,惠王曰:「子去寡人之楚,亦思寡人不?」陳軫對曰:「王聞夫越人莊舄乎?」王曰:「不聞。」曰:「越人莊舄仕楚執珪,有頃而病。楚王曰:『舄故越之鄙細人也,今仕楚執珪,貴富矣,亦思越不?』中謝對曰:『凡人之思故,在其病也。彼思越則越聲,不思越則楚聲。』使人往聽之,猶尚越聲也。今臣雖棄逐之楚,豈能無秦聲哉!」惠王曰:「善。今韓魏相攻,期年不解,或謂寡人救之便,或曰勿救便,寡人不能決,願子為子主計之餘,為寡人謀之。」陳軫對曰:「亦嘗有以夫卞莊子刺虎聞於王者乎?莊子欲刺虎,館豎子止之,曰:兩虎方且食牛,食甘必爭,爭則必鬥,鬥則大者傷,小者死。從傷而刺之,一舉必有雙虎之名。卞莊子以為然,立須之。有頃,兩虎果鬥,大者傷,小者死。莊子從傷者而刺之,一舉果有雙虎之功。今韓魏相攻,期年不解,是必大國傷,小國亡,從傷而伐之,一舉必有兩實。此猶莊子刺虎之類也。臣主與王何異也。」

惠王曰:「善。」卒弗救。大國果傷,小國亡,秦興兵而

伐，大剋之。此陳軫之計也。

犀首者，魏之陰晉人也，名衍，姓公孫氏。與張儀不善。

張儀為秦之魏，魏王相張儀。犀首弗利，故令人謂韓公叔曰：「張儀已合秦魏矣，其言曰魏攻南陽，秦攻三川。魏王所以貴張子者，欲得韓地也。且韓之南陽已舉矣，子何不少委焉以為衍功，則秦魏之交可錯矣。然則魏必圖秦而棄儀，收韓而相衍。」公叔以為便，因委之犀首以為功，果相魏。張儀去。

義渠君朝於魏。犀首聞張儀復相秦，害之。犀首乃謂義渠君曰：「道遠不得復過，請謁事情。」曰：「中國無事，秦得燒掇焚杅君之國；有事，秦將輕使重幣事君之國。」其後五國伐秦。會陳軫謂秦王曰：「義渠君者，蠻夷之賢君也，不如賂之以撫其志。」秦王曰：「善。」乃以文繡千純，婦女百人遺義渠君。義渠君致群臣而謀曰：「此公孫衍所謂邪？」乃起兵襲秦，大敗秦人李伯之下。

張儀已卒之後，犀首入相秦。嘗佩五國之相印，為約長。

太史公曰：三晉多權變之士，夫言從衡強秦者大抵皆三晉之人也。夫張儀之行事甚於蘇秦，然世惡蘇秦者，以其先死，而儀振暴其短以扶其說，成其衡道。要之，此兩人真傾危之士哉！

第六節　《史記‧平原君世家中的毛遂傳》

平原君趙勝者，趙之諸公子也。諸子中勝最賢，喜賓客，賓客蓋至者數千人。平原君相趙惠文王及孝成王，三去相，三復位，封於東武城。

平原君家樓臨民家。民家有躄者，槃散行汲。平原君美人居樓上，臨見，大笑之。明日，躄者至平原君門，請曰：「臣

聞君之喜士，士不遠千里而至者，以君能貴士而賤妾也。臣不幸有疲癃之病，而君之後宮臨而笑臣，臣願得笑臣者頭。」平原君笑應曰：「諾。」躄者去，平原君笑曰：「觀此豎子，乃欲以一笑之故殺吾美人，不亦甚乎！」終不殺。居歲餘，賓客門下舍人稍稍引去者過半。平原君怪之，曰：「勝所以待諸君者未嘗敢失禮，而去者何多也？」門下一人前對曰：「以君之不殺笑躄者，以君為愛色而賤士，士即去耳。」

於是平原君乃斬笑躄者美人頭，自造門進躄者，因謝焉。其後門下乃復稍稍來。是時齊有孟嘗，魏有信陵，楚有春申，故爭相傾以待士。

秦之圍邯鄲，趙使平原君求救，合從於楚，約與食客門下有勇力文武備具者二十人偕。平原君曰：「使文能取勝，則善矣。文不能取勝，則歃血於華屋之下，必得定從而還。士不外索，取於食客門下足矣。」得十九人，餘無可取者，無以滿二十人。門下有毛遂者，前，自贊於平原君曰：「遂聞君將合從於楚，約與食客門下二十人偕，不外索。今少一人，願君即以遂備員而行矣。」平原君曰：「先生處勝之門下幾年於此矣？」毛遂曰：「三年於此矣。」平原君曰：「夫賢士之處世也，譬若錐之處囊中，其末立見。今先生處勝之門下三年於此矣，左右未有所稱頌，勝未有所聞，是先生無所有也。先生不能，先生留。」毛遂曰：「臣乃今日請處囊中耳。使遂早得處囊中，乃脫穎而出，非特其末見而已。」平原君竟與毛遂偕。十九人相與目笑之而未廢也。

毛遂比至楚，與十九人論議，十九人皆服。平原君與楚合從，言其利害，日出而言之，日中不決。十九人謂毛遂曰：「先生上。」毛遂按劍歷階而上，謂平原君曰：「從之利害，兩言而決耳。今日出而言從，日中不決，何也？」楚王謂平原君

曰：「客何為者也？」平原君曰：「是勝之舍人也。」楚王叱曰：「胡不下！吾乃與而君言，汝何為者也！」毛遂按劍而前曰：「王之所以叱遂者，以楚國之眾也。今十步之內，王不得恃楚國之眾也，王之命懸於遂手。吾君在前，叱者何也？且遂聞湯以七十里之地王天下，文王以百里之壤而臣諸侯，豈其士卒眾多哉，誠能據其勢而奮其威。今楚地方五千里，持戟百萬，此霸王之資也。以楚之強，天下弗能當。白起，小豎子耳，率數萬之眾，興師以與楚戰，一戰而舉鄢郢，再戰而燒夷陵，三戰而辱王之先人。此百世之怨而趙之所羞，而王弗知惡焉。合從者為楚，非為趙也。吾君在前，叱者何也？」楚王曰：「唯唯，誠若先生之言，謹奉社稷而以從。」毛遂曰：「從定乎？」楚王曰：「定矣。」毛遂謂楚王之左右曰：「取雞狗馬之血來。」毛遂奉銅槃而跪進之楚王曰：「王當歃血而定從，次者吾君，次者遂。」遂定從於殿上。毛遂左手持槃血而右手招十九人曰：「公相與歃此血於堂下。公等錄錄。所謂因人成事者也。」

平原君已定從而歸，歸至於趙，曰：「勝不敢復相士。勝相士多者千人，寡者百數，自以為不失天下之士，今乃於毛先生而失之也。毛先生一至楚，而使趙重於九鼎大呂。毛先生以三寸之舌，強於百萬之師。勝不敢復相士。」遂以為上客。

平原君既返趙，楚使春申君將兵赴救趙，魏信陵君亦矯奪晉鄙軍往救趙，皆未至。秦急圍邯鄲，邯鄲急，且降，平原君甚患之。邯鄲傳舍吏子李同說平原君曰：「君不憂趙亡邪？」平原君曰：「趙亡則勝為虜，何為不憂乎？」李同曰：「邯鄲之民，炊骨易子而食，可謂急矣，而君之後宮以百數，婢妾被綺縠，餘粱肉，而民褐衣不完，糟糠不厭。民困兵盡，或剡木為矛矢，而君器物鐘磬自若。使秦破趙，君安得有此？使趙得全，君何患無有？今君誠能令夫人以下編於士卒之間，分功而

作，家之所有盡散以饗士，士方其危苦之時，易德耳。」

於是平原君從之，得敢死之士三千人。李同遂與三千人赴秦軍，秦軍為之卻三十里。亦會楚、魏救至，秦兵遂罷，邯鄲復存。李同戰死，封其父為李侯。

虞卿欲以信陵君之存邯鄲為平原君請封。公孫龍聞之，夜駕見平原君曰：「龍聞虞卿欲以信陵君之存邯鄲為君請封，有之乎？」平原君曰：「然。」龍曰：「此甚不可。且王舉君而相趙者，非以君之智能為趙國無有也。割東武城而封君者，非以君為有功也，而以國人無勳，乃以君為親戚故也。君受相印不辭無能，割地不言無功者，亦自以為親戚故也。今信陵君存邯鄲而請封，是親戚受城而國人計功也。此甚不可。且虞卿操其兩權，事成，操右券以責；事不成，以虛名德君。君必勿聽也。」平原君遂不聽虞卿。

平原君以趙孝成王十五年卒。子孫代，後竟與趙俱亡。

平原君厚待公孫龍。公孫龍善為堅白之辯，及鄒衍過趙言至道，乃絀公孫龍。

虞卿者，遊說之士也。躡蹻擔簦說趙孝成王。一見，賜黃金百鎰，白璧一雙；再見，為趙上卿，故號為虞卿。

秦趙戰於長平，趙不勝，亡一都尉。趙王召樓昌與虞卿曰：「軍戰不勝，尉復死，寡人使束甲而趨之，何如？」樓昌曰：「無益也，不如發重使為媾。」

虞卿曰：「昌言媾者，以為不媾軍必破也。而制媾者在秦。且王之論秦也。欲破趙之軍乎，不邪？」王曰：「秦不遺餘力矣，必且欲破趙軍。」虞卿曰：「王聽臣，發使出重寶以附楚、魏，楚、魏欲得王之重寶，必內吾使。趙使入楚、魏，秦必疑天下之合從，且必恐。如此，則媾乃可為也。」趙王不聽，與平陽君為媾，發鄭朱入秦。

第六章　鬼谷子諸弟子傳記及其著作

秦內之。趙王召虞卿曰：「寡人使平陽君為媾於秦，秦已內鄭朱矣，卿以為奚如？」虞卿對曰：「王不得媾，軍必破矣。天下賀戰勝者皆在秦矣。鄭朱，貴人也，入秦，秦王與應侯必顯重以示天下。楚，魏以趙為媾，必不救王。秦知天下不救王，則媾不可得成也。」應侯果顯鄭朱以示天下賀戰勝者，終不肯媾。長平大敗。遂圍邯鄲，為天下笑。

秦既解邯鄲圍，而趙王入朝，使趙郝約事於秦，割六縣而媾。虞卿謂趙王曰：「秦之攻王也，倦而歸乎？王以其力尚能進，愛王而弗攻乎？」王曰：「秦之攻我也，不遺餘力矣，必以倦而歸也。」虞卿曰：「秦以其力攻其所不能取，倦而歸，王又以其力之所不能取以送之，是助秦自攻也。來年秦復攻王，王無救矣。」

王以虞卿之言告趙郝。趙郝曰：「虞卿誠能盡秦力之所至乎？誠知秦力之所不能進，此彈丸之地弗予，令秦來年復攻王，王得無割其內而媾乎？」王曰：「請聽子割矣，子能必使來年秦之不復攻我乎？」趙郝對曰：「此非臣之所敢任也。他日三晉之交於秦，相善也。今秦善韓、魏而攻王，王之所以事秦必不如韓，魏也。今臣為足下解負親之攻，開關通幣，齊交韓，魏，至來年而王獨取攻於秦，此王之所以事秦必在韓、魏之後也。此非臣之所敢任也。」

王以告虞卿。虞卿對曰：「郝言不媾，來年秦復攻王，王得無割其內而媾乎。今媾，郝又以不能必秦之不復攻也。今雖割六城，何益！來年復攻，又割其力之所不能取而媾，此自盡之術也，不如無媾。秦雖善攻，不能取六縣；趙雖不能守，終不失六城。秦倦而歸，兵必疲。我以六城收天下以攻疲秦，是我失之於天下而取償於秦也。吾國尚利，孰與坐而割地，自弱以強秦哉？今郝曰秦善韓、魏而攻趙者，必王之事秦不如韓、

魏也，是使王歲以六城事秦也，即坐而城盡。來年秦復求割地，主將與之乎？弗與，是棄前功而挑秦禍也；與之，則無地而給之。語曰強者善攻，弱者不能守。今坐而聽秦，秦兵不弊而多得地，是強秦而弱趙也。以益強之秦而割愈弱之趙，其計故不止矣。且王之地有盡而秦之求無已，以有盡之地而給無已之求，其勢必無趙矣。」

趙王計未定，樓緩從秦來，趙王與樓緩計之，曰：「予秦地如毋予，孰吉？」

緩辭讓曰：「此非臣之所能知也。」

王曰：「雖然，試言公之私。」

樓緩對曰：「王亦聞夫公甫文伯母乎？公甫文伯仕於魯，病死，女子為自殺於房中者二人。其母聞之，弗哭也。其相室曰：焉有子死而弗哭者乎？其母曰：孔子，賢人也，逐於魯，而是人不隨也。今死而婦人為之自殺者二人，若是者必其於長者薄而於婦人厚也。故從母言之，是為賢母；從妻言之，是必不免為妒妻。故其言一也，言者異則人心變矣。今臣新從秦來而言勿予，則非計也；言予之，恐王以臣為秦也：故不敢對。使臣得為大王計，不如予之。」王曰：「諾。」

虞卿聞之，入見王曰：「此飾說也，王慎勿予！」樓緩聞之，往見王。王又以虞卿之言告樓緩。

樓緩對曰：「不然。虞卿得其一，不得其二。夫秦趙構難而天下皆悅，何也？曰吾且因強而乘弱矣。今趙兵困於秦，天下之賀戰勝者則必盡在於秦矣。故不如亟割地為和，以疑天下而慰秦之心。不然天下將因秦之怒，趁趙之弊，瓜分之。趙且亡，何秦之圖乎？故曰虞卿得其一，不得其二。願王以此決之，勿復計也。」

虞卿聞之，往見王曰：「危哉樓子之所以為秦者，是愈疑

天下，而何慰秦之心哉？獨不言其示天下弱乎？且臣言勿予者，非固勿予而已也。秦索六城於王，而王以六城賂齊。齊，秦之深仇也，得王之六城，並力西擊秦，齊之聽王，不待辭之畢也。則是王失之於齊而取償於秦也。而齊、趙之深仇可以報矣，而示天下有能為也。王以此發聲，兵未窺於境，臣見秦之重賂至趙而反媾於王也。從秦為媾，韓、魏聞之，必盡重王；重王，必出重寶以先於王。則是王一舉而結三國之親，而與秦易道也。」趙王曰：「善。」

則使虞卿東見齊王，與之謀秦。虞卿未返，秦使者已在趙矣。樓緩聞之，亡去。趙於是封虞卿以一城。

居頃之，而魏請為從。趙孝成王召虞卿謀。過平原君，平原君曰：「願卿之論從也。」虞卿入見王。

王曰：「魏請為從。」對曰：「魏過。」王曰：「寡人固未之許。」對曰：「王過。」王曰：「魏請從，卿曰魏過，寡人未之許，又曰寡人過，然則從終不可乎？」對曰：「臣聞小國之與大國從事也，有利則大國受其福，有敗則小國受其禍。今魏以小國請其禍，而王以大國辭其福，臣故曰王過，魏亦過。竊以為從便。」王曰：「善。」乃合魏為從。

虞卿既以魏齊之故，不重萬戶侯卿相之印，與魏齊間行，卒去趙，困於梁。魏齊已死，不得意，乃著書，上採春秋，下觀近世，曰《節義》、《稱號》、《揣摩》、《政謀》，凡八篇。以刺譏國家得失，世傳之曰《虞氏春秋》。

太史公曰：平原君，翩翩濁世之佳公子也，然未睹大體。鄙語曰「利令智昏」，平原君貪馮亭邪說，使趙陷長平兵四十餘萬眾，邯鄲幾亡。虞卿料事揣情，為趙畫策，何其工也！及不忍魏齊，卒困於大梁，庸夫且知其不可，況賢人乎！然虞卿非窮愁，亦不能著書以自見於後世云。

第七節 《中國道藏・茅濛傳》、
《華山道教・茅濛》

一、《中國道藏・茅濛傳》

茅濛,字初成,咸陽南關人也。即東卿司命君盈之高祖。入華山修道,後乘雲駕龍,白日升天。先是,其邑歌曰:神仙得者茅初成,駕龍上升入太清,時下玄洲戲赤城。繼世而住在我盈,帝若學之臘嘉平。秦始皇聞之,因改臘曰嘉平。

二、《華山道教・茅濛》　張玉楓撰

茅濛(?一前 216),字初成,陝西咸陽南關人。他性情恬靜豁達,知識博深玄妙,能洞察國家的興衰。算知周朝將要衰亡,就不給王侯做事。常嘆人生如閃電,一晃即過,應審時度勢,於是投奔雲蒙山鬼谷子門下,修煉長生不老之術。後來到華山隱居,寄情於西岳奇險峻秀的山水景色,逍遙在幽靜的山穴仙窟,斷絕了塵世的一切往來專心修道,於秦始皇 30 年(前217)九月庚子在華山乘龍駕雲升仙而去。在此之前,咸陽城中流傳著一首歌謠:

神仙得者茅初成,駕龍上升入太清。

時下元州至赤城,繼世而住在我盈,

帝若學之臘嘉平。

這裡的臘是指冬至後遍祭百神韻一種儀式,非常隆重,吏民百姓都要暢飲飽食。秦始皇聽到這件事後,萌發了尋找聖仙的想法,就在 31 年(前 216)12 月改臘月為嘉平。後來,茅濛的五世孫茅盈在江蘇句榮縣句曲山修煉,果然修煉成仙,被封為東岳泰山神君上卿司命真君。後人為紀念茅盈,將句曲山改名為茅山。今華山朝陽峰東南盡處的三茅洞相傳即為茅濛隱

身修道之地。

第八節　《中國道藏·徐福史跡》、
　　　　《史記卷六·徐福史跡》

一、《中國道藏·徐福史跡》

　　徐福，字君房，不知何許人也。秦始皇時，大苑中多枉死者橫道，數有鳥如鳥狀，銜草覆死人面，皆登時活。有司奏聞，始皇使使者集此草，以問北郭鬼谷先生。先生云：是東海中祖洲上不死之草，生瓊田中，一名養神芝，其葉似菰，生不從，一株可活一人。始皇於是乃謂可索得，因訪求精誠道士徐福，發童男童女各五百人，率樓船等入海尋祖洲，不返，不知所在。逮沈羲得道，黃老遣福為使者，乘白虎車、度世君司馬生乘龍車、侍郎簿延乘白鹿車，俱來迎。

二、《史記卷六·徐福史跡》

　　既已，齊人徐市等上書，言海中有三神山，名曰蓬萊、方丈、瀛洲，正義漢書郊祀志云：「此三神山者，其傳在渤海中，去人不遠，蓋曾有至者，諸仙人及不死之藥皆在焉。其物禽獸盡白，而黃金白銀為宮闕。未至，望之如雲；及至，三神山乃居水下；臨之，患且至，風輒引船而去，終莫能至雲。世主莫不甘心焉。」仙人居之。請得齋戒，與童男女求之。於是遣徐市發童男女數千人，入海求仙人。

　　正義括地志云：「亶洲在東海中，秦始皇使徐福將童男女入海求仙人，止在此州，共數萬家。至今洲上人有至會稽市易者。吳人外國圖雲亶洲去琅琊萬里。」

❀第七章❀
當代鬼谷子學術思想與道家內丹養生傳人研究名家關於鬼谷子的著作精選

第一節　世界著名丹道壽星吳雲青傳承鬼谷子秘傳的中國道家內丹養生「九轉還丹」秘功

一、築　基

今日傳築基之真傳，吾欣喜諸子，道家內丹功做得廣大，善事亦作得甚多，對家事亦安置好，妥當修道四要素：法財侶地，亦有齊備，對於煉心性功夫，平常亦做得純正能忍，在靜中以無雜念，坐到身中有千變萬化之景，絲毫都無害怕，雖化泰山崩落，壓在吾身，而亦不懼，又化刀槍之險，而都不驚，心意永無亂動，一心守玄竅，所以在靜中，死活不管他，任其自然，此初步煉心性之功體，以得到自然健全之效果，須知修真學道，還丹最容易，而煉心性之功最難，煉心性之功，譬喻人生之造屋，築地基一樣，初初造屋，若無先築地基，以後如何疊壁上樑柱乎，所以築地基得堅固，後日資力積滿，材料備足，欲建平階，或是建三層，五層，則可由人願力之希望，資料若豐富，建到中途，自無停工，或欠料之失敗，亦免有困難

之處，所以煉心性者，謂之築道基也。

心性者，還丹之基礎，做仙佛之來源也。心性之功夫，若得健全，在修學途中，雖遇千魔萬難，而心性亦不遷移，已入真靜，所以在鬧動之中，受世事件件刺激，又逢萬般考懲，而能心無亂，性無變，又能忍受，看淡俗事虛景，人人若能抱此心志，而進行修道，此為道之資力，道基之數據，如此還丹，則容易貫通也。所以外功，惟善德多作，自然數據豐富，欲證初乘人仙，中乘地仙，大乘神仙，上乘天仙，最上一乘金仙，此五乘亦謂五等，證此五位仙果，亦是由人信願行而證，亦由人功德而分也。登此五等仙果者，是以煉心性之功夫健全，遇事能看破忍耐，不使心性妄動，而發無明火，可說基礎堅固，對渡己渡人之事，或善事亦有廣積，善根深固，乃有大德之人，可能得此至道也。

為何仙有分五乘五等乎。因初乘煉精血化氣，使精血無走漏，得長生不老，但外功未足，謂之人仙也。中乘煉氣養神，但本性養未真明，所以不得變化，謂之地仙也。大乘煉氣成神，本性朗明，而有神通變化之境也。上乘煉神化形，千百化身，經十數年之熱氣燒過，全身筋骨皮膚臟腑，已無半點陰氣，乃在大溫養之功，而得此果也。

最上一乘，煉神還虛，煉虛還無，以道合真，一性圓明，萬古長存，無去無來，佛之大覺金仙者，即此果也。總要內果外功俱備，方能證此果也。

佛亦有五乘之分別，一人乘，乃持守五戒，殺盜淫妄酒不犯，而生人道者，二天乘，乃修上品十善，即一不殺生，二不偷盜，三不邪淫，四不妄語，五不兩舌，六不惡口，七不綺語，八不貪欲，九不瞋恚，十不愚痴，不犯此十條者，順於正理，故曰十善，此十善之相反，即為十惡也。所以持守此十

善，而不錯亂，則生在天上，為天神也。

三聲聞乘，聞聽經理之修法，而獨善其身，自悟四諦理，乃徹明苦集滅道，而斷生死輪廻，得阿羅漢果，知世間是苦惱，而集成煩惱，萬境總不實，有生必有滅，能悟此大道真理，修煉本性圓明是實也。四緣覺乘，乃自觀十二因緣，而生智慧，以斷煩惱，修煉精氣神皈元，以避輪廻，而證辟支佛果者，此十二因緣，是眾生生死輪廻之次等，乃由此而緣起也。

一無明，乃過去，現在，未來，有種種之煩惱也。二行，乃依此煩惱中，而作善惡自當其果報也。三識，即依過去世之業，而受現在世，投胎之一念也。四名色，謂投胎之中，知心身漸發育，已成有形色相之喻也。第五，六處，乃在胎中，六根，眼耳鼻舌身意俱足，要將出胎也。六觸，到出胎二三歲之時，但不知事物之苦樂香臭，只慾觸物入口食也。七受，至六七歲時候，已知事物之真假苦樂香臭，而感受愛慾也。八愛，到十四五歲之青春年期，男人清陽足，女子月癸行，由此而生種種，強盛之愛慾，而染情感也。九取，由成人之後，氣血漸定，雖不多慾以色慾，但爭權奪利之慾愈盛，即貪求所慾，而詐取欺騙也。十有，即依貪求妄取，求不得苦，而生煩惱，將所作之善惡，而定當來，即來世之果報也。十一生，乃由現在世所造之業，而定來世貧富貴賤，智愚高壽，或夭折之受生也。十二老死，謂來世所受之果報，能得高壽，而不艱苦，或壽不高而夭折，乃定苦樂，老死之位，此為十二因緣也。

五菩薩乘，謂廣修六度萬行，即布施，持戒，忍辱，精進，禪定，智慧，而證最上乘佛果，雖然有此乘別，總要煉己修功，方能得此證位，若無功無果，九品蓮台，不容易坐也。

◎欲進築基者，須要從前，煉心性之法純熟，無妄動情

境，坐到變化之景，無有害怕者，則可以築基也。築基之法，乃在靜中，用一點真意，裁決判定，看自己心性，煉到今日，已得到純然之地步否。須抱定冲天之志，死活不管，明白心性一理，思自己現在，已進入築基之階段，凡心定要死，性情方得純正，切不可行至中途，受著財利美色，心再妄動，或受著刺激魔考，而亦移去道心志念，如此之時，乃心性無主之故，就難免無雜想心，由此而惡疾魔病上身，亦不只染病受苦，亦連累大道之不成，反墜六道輪廻之苦矣。

所以初步煉心性之功夫，定要坐到觀景，而能忘形，如視而不見，聽而不聞，心意注意，在於玄關丹田中間，此功夫，亦要由煉靜煉坐而得，所以初步之煉靜坐，總不分任何場所，鬧處亦可，靜室宜妙，心若能靜，意無散亂，能在鬧動求靜者，最上之功夫也。

以上所說，乃初步之自由煉法，但已到築基之日，有不同之處，何為築基，乃自無中，要煉成有，故須選定適當場所，以立基礎，可使煉丹，有著落穩當之地點也。

為何築基，要如此之重視乎。因大道之成功失敗，乃在此築基第一節，所以進入築基，須要嚴禁幾項，即眼不觀雜色，耳不聽雜言，身如枯木，不亂行動，心意要鎖閉，不生雜念，亦不隨便接近人，口言亦要減少，男女不混雜，另名謂閉關，食慾睡慾，須知制止，此築基者，與建築家屋，築地基相同，若地基之水泥未乾，或地面未實，則要緊急迭壁上樑，如此決定倒落，即建不成家屋，所以築此道基，若未煉到，溫暖之氣上升，全身如火爐之熱，不論寒天暑期，汗都流得滿衣服，又精血未閉者，即未得到築基，極點之功夫，此為築基之證明，乃成功失敗，進退之證據也。

◎靜坐之人，在蒲團上，心意抱定至誠，眼露一線之光，

守玄關，統一六神，滅除雜念，不可埋頭仰面，埋頭即任脈不通，不可昏沉太重，仰面即督脈不貫，尾閭關不開，故要端身正坐，令上下相通，子午相對，方可調勻氣息，一呼一吸，緩而長，成一勻，而玄關丹田，自然一氣，身中無半點雜念，此時，伸出兩腳，雙手搭膝，輕放在腿上，此時兩手按太極之法免用，應知腳伸直，則精道自閉，而腎中曰丹田，亦謂海底，所聚之至精，亦名干金，就不能逃遁，兩手搭膝，則身要正，自然餓鬼所出入之穴遣，餓鬼乃指精血，即永遠閉塞，亦名閉地戶斷死門，然後用先天虛無之火，乃是一點真意而已，即用此火，當時同甘露玉津，降下丹田，心意齊守丹田，一心無亂，此時玄關免守，一絲不掛，雜念全消，守至虛極靜篤，無人我之時，正氣復發，丹田溫暖，久久修煉自然功成，精血自化矣。

◎因人身背脊中，大腎內，有根管帶，名為橐籥（音「陀月」），接腎脈之旁，男女交媾時，男子真精，由此橐籥而出，女子至寶，由此橐籥而飛，二物凝結，長為胞胎，所以世人，不知收歸真金，至久而久之，真精至寶，泄走完了，就做了枯體乾殼，死期至矣。

今修行之人，則用逆行之術，塞斷管竅，不使真精至寶飛走，即是築基也。

按男子十六歲滿，而陽精至，到此時期，若無修煉者，就開始走漏矣。又女子十四歲滿，而天癸行，到此時期，若知修煉靜坐者，是名曰坐斷血河，若是築基功成，男子無夢遺漏精之患，女子無經水月行之理，由此而可延年，而得長生，為仙為佛，觀世人之中，只知飲食，可能維特生命，全不知，呼吸比飲食，更加重要，人若斷食，可到七天尚不死，但閉塞口鼻，斷了呼吸，恐怕不到半小時，就要死也。

所以普通無學玄功之人，只知飲食重要，全不知呼吸重要之原因，前面章章，已有說過，教示學坐功之人，呼吸之一呼一吸，定要深而長，用腹部調息而成，一勺，須知人之性命本源，下手功夫，由呼吸入門，呼吸初不可短而淺，若短淺者，身體就不能健康爽快，亦不能達到循環之優良，又不能延年益壽，故靜坐之呼吸，謂之調息，學者，應該注意，呼吸絲毫不可用力，使鼻息出入，極輕極細，漸漸深長，使肺中，及腹部之濁氣，盡量能外散，所以靜坐之功夫，到年深月久，呼吸深細，一出一入，自己不覺不知，可比無呼吸一樣，勤練到此處，可達到調息之極功，若是呼吸不調和，心就不能達成真靜，性命亦不得延長也。

呼吸若能吸透天地根，即玄關透丹田，此即築基功夫已成，基若築穩，則佛仙之道就不遠矣。

◎調息之法，決定用腹部凸凹，雖免用鼻呼吸，亦得自然，順腹部凸凹，而呼吸也。若不知用腹部調息之人，不但性命不長，亦難得健康，恐多患肺病艱苦，何也。因五臟六腑，就是肺臟極軟弱，因肺臟極不易展大，若用肺臟呼吸，肺臟時時大起來，致肺尾同胸骨相爭，久之定發生肺癆病，若知用腹部調息，由新陳代謝，吸新鮮空氣，換出腹部穢氣，不只腹部肺部輕鬆，亦可幫助消化食物之極功也。

初築基之人，若口中玉津未生，感覺口渴，體中火盛之時，可以用後天水，乃清水滾水，多飲之，使身中雜邪之火能散，若至先天真水生出，玉津如蜜之甜，又吞不完之時，口就不渴，此時免再飲後天水，故菩薩，有甘露水，能救活群生，亦名大悲咒水，又曰先天真水，若能飲此水，而得長生，就是學道人之玉津甘露也。

（第一節：築基，古傳為莊子講授）

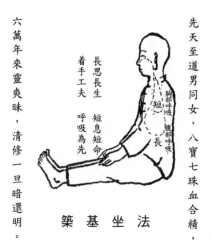

先天至道男同女，八寶七珠血合精，

長思長生　短息短命
着手工夫　呼吸為先

胸部呼吸－腹部呼吸
短
長

六萬年來靈爽昧，清修一旦暗還明。

築 基 坐 法

二、煉　己

夫煉己者，則孔門克己之功也。煉者，將凡心俗氣煉死，及身中脾氣魔病，一切煉退，看境色而不動心，此煉己之要訣也。前第一節之築基，若只用空殼名字，雖曰築穩，其實未煉至極功，則心意，亦不穩定，恐怕心猿意馬，六賊眼耳鼻舌身意制未死，而依然能妄動，故必須用煉己之功，以制伏心性，加添補充，築基堅固，須知自古千聖萬真之修道，先須煉己，使神全氣盛也。

學者在未築基，未煉己之時者，每被萬事情慾之所勞，而為日用識神之當權，牽連眼耳鼻舌身意之同用，而染色聲香味觸法之塵境，所以若不先為勤練，使基礎堅固，遇境則亦難安，神馳氣散，焉能奪造化之玄機哉。所以未煉還丹，須先煉性，未修大藥，要緊修心，在煉己能遇境無形，則六賊不擾，而神自凝矣。須明六賊者，即眼耳鼻舌身意，為人身之六賊也，色聲香味觸法為塵世之六賊也。

愛惡慾貪瞋痴為心內之六賊也。人身之六賊，若不謹慎引

入內，則內心之六賊蜂起，而塵世之六賊亦牽引染纏，既然人身之六賊不鎖閉，由此而作怪耗精，則眼見色，就愛起而賊精，耳聽聲音，則慾情起而搖精，鼻吸香味，則貪起而耗精，口嘗滋味，則瞋起而走精，身意遇觸法，則痴起而損精，此六者，日夜盜賊於身，道基之精液，能有幾多，精走去則神氣亦隨之，由此而喪生損命矣。

◎須知後天濁精，本是先天佛性，修行之人，以身為國，以精為民，精不動搖，謂之民安，神氣充足，謂之國富，所以煉己之功，若無煉至純熟，欲煉精者，不得其精住，欲煉氣者，不得其氣來，精氣不得連和，藥當生之時，即不辨其時候，須煉至終，不知其為終，基雖築成，猶如無築，或遇喜懼，而隨之喜懼，遇疑信，而隨之疑信，此皆煉己無純熟之故也。且煉己，若不煉到虛無，萬緣入眼皆空，亦不為百事而阻碍，若不能煉到如此，則仙佛不得，能到虛無，可以煉丹，即此義也。

然對此煉己，若能煉到還虛之功純然者，乃由氣化神，而神有朗明，即還虛之功得，而神意有主宰，所以煉己之法，即觀照本心，而心不為識神，物慾之牽纏，比如水桶，桶如身，水如心，身若不動時，桶自然定定，桶定水自定，由此而污物沉底，若身定心不定，桶水搖動，如心妄想，即污物塵垢浮上，須知光明本性，如清水印月，心動如水有污物，污物既浮，就難印月之光，所以煉心性功夫，須萬緣不掛，一塵不染，時時保得，七情未發之中，刻刻全得，六識未染之體，外棄諸緣，內絕諸妄，一念不起，使眼耳鼻舌身意，各返其位，在煉之內，耳雖聞聲，而元神不受音聲之謎感，故在煉之時，不起思想心，身雖在塵，而在煉之時，不受著塵之染，所謂煉己者，逢景無妄，見天地人我，而無天地人我之相也。見山川

草木，而無山川草木之景也。見一切諸物，而無一切諸物之體也。萬象俱空，虛無正照，一念全無，則漸入大定矣。故金丹之道，若不先煉己，而能成道者，謬矣。

　　老母云，聲色不止神不清，思慮不止心不寧，心不寧兮神不靈，神不靈兮道不成，即此意也。所以煉己，則不論時刻，勤而煉之，待至日久，修道則能成全功矣。若煉己放蕩，煉丹則有走失之患，養性之時，則有妄出之險，若不煉己而進道，道遙遠矣。煉己即用漸法，以修煉之，漸法者，見美色愛慾，亦不起邪念，而心總不動，若見富貴榮華，提起正念，而心不惑，自然功深，靜中一切境界，現於目前，就不得起心生愛，先知修行之人，靜中境界，多般皆是，自己身中之三尸識神所化，有時化神佛來言禍福，到此境界，若無鎮定心意，謹慎提防，恐誤性命大事，若希望靈通，或望想做仙做佛，則大差之魔病也。

　　因識神靜而現，引誘君心，劫奪塵緣，若能用道心主專一，見境如不見，視如不視，聞如不聞，體與太虛空相合，自然識神消散，煉己煉到七情不動，六賊不亂，六根自然大定，一念不起，一塵不染，萬緣皆絕，此即本來性體，持心苦練至今，方可行此一時半刻之功，而入恍恍惚惚，杳杳冥冥之內，求此先天真一之氣也。

　　◎古云，辛勤二三年，快活千萬劫，可見煉己之貴重，超生了死，乃在此處做出者，故煉己到純熟，築基基自固，最尊重者，即煉己之功，不可輕視也。昔吾師正陽師試十魔於吾，吾心正念而不疑，任師百般磨難，不生疑心，獨立正念，後得到煉己，築基之安全處，能成正覺，體天渡世，方得今日之果位也。首先應知煉己，魔障極多極強，亦要慎重注意，因恐怕心意受諸魔之考，若再妄動，則照第一節之坐法，兩足伸直，

手兔搭膝合掌拱手求老母，以及默念佛號，須愈至誠求念，如有眼落，身化之懼，即天譴雷誅之威，乃陰魔已經降復，到此則私心，識神自滅，道心本性自現，其心純一，心意既純，則元精元氣元神，皆聚於丹田，而恍惚杳冥，藥物已現，只待時而採也。到築基煉己之節，最忌少年人，恐功行半途，再動春心，而再走精血，墮落者多矣。總要提防，拿定主意方可成功也。但是老年之人，雖無此弊病，但恨精氣已枯，修煉而採無藥，凡人六十歲已過，卦數已周，骨脈乾枯，所以老年修行，水火已寒，而在年少之時，不識修行路，耗散元陽，到老來反悔已經遲矣。今將老年之人，比作一根枯木，葉敗枝枯，那還能開花結果乎。但若知修煉，棄末求本之法，可將陰中，苦求真陽，培補早日，所耗散去之至寶，就好如逢春風微拂，日暖氣溫和，能得時刻不怠續煉，不日間，吹得青枝綠葉，紛紛生出茂盛，即是枯樹逢春，死而復生，由此而返老還童，收歸所失去之真陽復位，須知為人，定可以勝天也。

乃從此抽坎填離，煉命歸根，做返本還原工夫，雖壽有八十之老翁，亦不為晚也。若能修成純陽，煉就萬劫不壞金身，自得返老還童，須知人生在天地間，雖然受天地好生之德，上有天之所蓋，下有地之所載，亦要明天地二氣，亦能損害人身，天為陽，地為陰，所謂陰陽相混者人身，不可不知天地能化育人，亦能劫奪人，何謂劫奪人乎。

當知世人，自離母腹之後，男人至十六歲，女人到十四歲之青春年期，多是奪天地間之真陽，補充而長成者，故男子十六清陽足，女子十四濁陰降，則經水行，只有此幾年間，能奪得天地之真陽而已，若至此青春年過，人欲增盛，識神用事，由此而上天，要奪回人身之清陽，且大地亦助人成陰，是使早日能陰氣相混，日月亦是推人死，至死期既到，四大假

合，地水火風之肉體分散，即永失真道，所以修煉大道，實無他事，只要將自身，在先天所帶來之至寶，又被天地所奪去之真陽，再重新收歸本位，此乃奪天地之造化，乃煉清陽之童體，故謂壽八十之老翁，若知正法而修持，至真陽補滿，其髮雖白，但其顏如童，乃煉白髮童顏之活神仙也。能得此法，而有相信者，定永超塵世，不受沉淪之若，所以煉己之工夫，若煉到全身如火熱，精血閉斷者，則延年益壽而得到人仙，佛曰阿羅漢果之位矣。

◎煉己之功，最忌色欲瞋恚，雖然對色欲有斷除，但男女之間，若相見妄想色慾，致動心機者，亦是同真淫慾一樣，所以心機既動，真精化而為淫精，在不知不覺，或大小便之時，定走出精液，又瞋恚心，若無提防忍耐，遇事刺激，則發怒氣生邪火，而阻道前程，對此二點，宜要注意也。

（第二節：煉己，古傳為呂洞賓祖師講授）

外染消除絕俗情，提防妄念得神明，

默念佛號　不靜自靜
人欲淨盡　天理流行

靜中一物無留滯，洗却濁心水火凝。

煉己坐法

三、採　藥

採藥第三節，學者要知，採藥不是上山採青草也。乃待真

機發動，而採先天至精，使其皈原，亦是由無念慮之中，所生之精液，方為真藥也。若有妄念而動者，即屬濁精，須知採藥，甚有困難之處，昔云，大藥修之易亦難，要知由己亦由天，若非種功修陰德，動有群魔作祟緣，所以採藥，雖然靠重自己，有至誠不怠，但亦要靠上天仙佛之暗護，方能順序而得，若無仙佛之護助，倘受魔之擾亂，心則動搖，如真金變成泥土，所以要陰德培補扶助，方能順手而可採也。

何為陰德，施與不求報，陰德也。積善無人知，暗中作方便，亦陰德也。須知修行人，若陰德未充，必定被內外魔所擾，若知回思內省，發大忍辱以精進，即魔障化為陰德，自然採藥，藥能自得，故採藥之功，在煉己純熟後，由身不動，萬塵不染，而元精自凝，由心不動，清濁自分，而元炁方聚，由意不動，三昧大定，而元神混合，此際三家相會，打成一片，結成一團，遇此景象，而大丹藥苗漸現，已成真種，自此真陽發動，另名為活子時，或一陽初動者也。

故藥苗既現，則候時採取，切莫錯過，今比如天邊之月，每逢初三日，出於西方之上，此乃如修煉大道之人，初築基煉己之功夫純熟，久無走漏，由此溫暖之氣，而生出真種之藥苗，另曰金丹真鉛，所知初初之生，如初三日之月，形如刀圭，乃形容甚少之意，此亦謂之三陽開泰，即是身中三家，精氣神合一，由此而有真藥可採，總要求中和之氣，使三昧身心意大定，亦是三寶連和，然後由杳冥虛無之中，自有藥物可採，都是採取精液所化之物也。

◎學者，須知採藥無他，乃吸先天虛無之氣，而採精氣神三寶，所結之藥苗，既然三寶已現，必奪造化之權，運採取之功，降心火於丹田，化開丹田之陰氣，以真意為主，意者靜則為性，動則為意，妙用則為神，神屬火，火能生土，土能生

金，金自玄關，落於坤，丹田就變為坎，由坎中陽爻，在人身為精，在五行為金，此精是人吃五穀，所生化之物，若知煉則為佛為仙，不知煉則為鬼矣。

此精名說真藥，乃屬在陰精，故此陰精，若無用風火鍛鍊，則此精必定在裡面作怪，思想淫慾，攪亂君心矣。鍛鍊之法，務要凝神，入丹田炁海，又加調息之功，而使橐籥鼓風，則風吹火，烹煉淫精，化而為炁，其炁混入一身之炁，再合先天之炁，再從竅內發出，而為藥苗，如世人之鎔鐵，起初用風筒吹風，使爐火猛烈，然後則鐵可鎔，若火不暖亦不及，火強則太過，總要取中和，而不失敗，此採藥之法，乃靜入虛無，而待元精生，以神火而化，以息風而吹，以靜而取，以動而應，以虛而養，以無而存，則調藥之法，得之矣。

所謂神則為火，息則為風，別名謂之風火煉精，精得火則化，學者，當知採藥之方法，其時心守丹田，只用真意，分而引出兩腿，一推出，一降下，此時兩紳照原伸直，兩手搭膝，佛號免念，玄關免守，抱心如大虛，忘身如枯木，自靜中求出甘露，意順甘露，而降下丹田，實時用真意，推引出兩腿，引到腳尖拇趾上面，一寸三分之高，對臍下一寸三分之處，有一條直線之形，其時真意，引到腳尖拇趾上面，一寸三分高之處，要隨時，吸先天虛無之氣，到玄關，要吸當時，眼要一開，鼻息要一吸，初次吸後，舌尖再搭天橋，虔誠求出甘露，然後將此甘露，再降下丹田，專用真意引出兩腿，照初次之法，到腳尖上面，一寸三分高，二次再吸先天虛無之氣，到玄關，吸時照原，眼一開，息一吸，連用三回，勿錯勿亂，時令為冬月建子，在太陰為初三日，月出庚方，此為第一次採藥也。

第二次採藥，時在十二月建丑，在太陰為初八日，月之上弦也。第三次採藥，時在正月建寅，在太陰為十五滿光瑩也。

上說乃借比喻而已，須知初次之採藥，如初三日之月，現刀圭之形，在第二次之採藥，則如初八日之月，已成半面，若至第三次之採藥，如三陽開泰，月到十五日，則圓明光輝，此亦不是指一天二天之比喻，乃將大道，修煉之採藥此節，而形容明示，使修煉之人，容易明通大意，若不用積集之法，亦難得一時間，補滿先天之破處，所以煉道修真，教人定要抱長久之志，累年累月之功，即如在砂中傾金同樣，乃積少成多，從近而遠，登高必自邇，如行路之初，由近處而出發，能久行不怠，方得到目的地，採藥之法，亦與此相同也。再如雞母生卵，一日一定生一粒，並無一日生二粒之理。所以此段採藥之功夫，乃表示世人，在先天所帶，此點元陽，是元精，藏在後天濁精之內，至男十六，真陽走，女十四，月經行，日日耗散，終無人指醒，至死方休，今修行之人，修煉金丹，採舍利大藥者，即是採此一點元陽真精也。

須要謹慎注意，待一陽初動之時，正宜採取逆行，知者仔細，依照書中之口訣，而精進之，此玄妙之天機，古今不得言明者，今為應普度之期間，廣施妙法，亦不得不講，乃希望世人，增加進修之婆心，而指泄漏明，須要敬慎以學之，自無錯誤之差失也。

◎學者，須知採藥，就是採取精液所化之真氣，所謂金丹大藥，並無物可形容，千言萬語，亦是自身之濁精，由全身溫暖之氣，乃強烈之火候燒過，而成真種，由此方有真氣可採也。此真氣，又曰元氣，修煉大道，總要保持，此點真種不散，如浩然之氣，時時上升，而得長生不老也。例如精似水，爐屬火，水放在鼎內，就是精血聚在丹田，即爐中內，爐若不熱，無猛火燒起，此鼎之水，永遠不滾，既然水不滾，就無薰蒸之氣浮上，至終此水，則變成污臭水，此乃比如精血，聚在

丹田，若無受過溫暖之燒，此精血永不化，雖然有極法可閉，亦不是究竟功夫，久久亦都走泄，此論說，一樣如造酒，只收薰蒸之氣，而為酒精，若無收此燒氣之薰蒸，為酒者，不久定壞去，若真酒精，任存數十年，亦都不壞，所以大道之修法無他，亦是採取，溫暖之氣燒化，所薰蒸之真氣，使其周流全體，而通竅聚陽聚陽棄陰，即煉金剛不壞之舍利，若用有形，而為藥者，即差之矣？

（第三節：採藥，古傳為曹國舅講授）

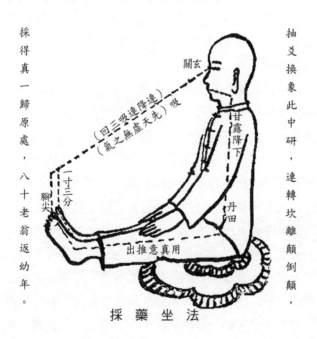

採藥坐法

採得真一歸原處，八十老翁返幼年。

關玄

（回三吸連降連）
（氣之無虛天先）吸

一寸三分

腳尖

甘露降下

丹田

出推意真用

抽爻換象此中研，連轉坎離顛倒顛，

四、得　藥

得藥者，得精化氣謂之大藥，前節用心火降下丹田，丹田本有水，水得火，水火則融和，性命則合一，而成真種矣。故自初次凝神，心返照丹田，渾然而定靜，以忘形而待動，以意

氣而同用，以神火而化精，以息風而吹炎，以武火而煆煉，武
火者，乃呼吸之急速，以文火而守，文火者，不存而守，不息
而噓，時時刻刻，不昧惺惺，綿綿不絕，如有如無，息息歸
爐，到此意氣兩不相離，如母子相隨，則和合凝矣。

　　吾仙苦嘆世人，只知順行，生人生物之理，全不知逆行，
成仙成佛之道，何也。因為人身，下丹田之處，藏命之所，其
中有水，故名曰龍宮，其水是生人生物之濁精，水質沉沉重
重，朝朝下流，而心即神，神屬火，火質輕輕浮浮刻刻上炎，
兩離分散，則性不能見其命，而命不能見其性，此為人道之
事，死後變鬼道，轉六道之苦，乃由順行而沉墜，故逆行之
法，知者微少，上升亦少矣。

　　◎若仙佛之道，即天道，乃煉龍宮之水，即生人之濁精，
使其逆行，再用心中之火，降下丹田，火凝在水中，自此而身
中，無名之火消滅，心則自空，而火不上薄水得火煎，就變為
元氣，以後此濁精，則不下流，六神通之中，漏盡一通已得，
精血既不下流，化而為氣，由此真氣，自然上升，此名曰：煉
汞補丹基，延年益壽，可為地仙也。又曰，最初一點真種子，
入得丹田萬古春，乃此意也。

　　得藥者，無念之念，是為正念，若正念時時現於前，方可
合先天一氣，到此藥苗，則能順序而得矣。得藥之名，乃是奪
天地造化之權，盡在此得藥之節，藥既然得入，名曰風霜都吃
盡，獨占普天春，此乃譬喻梅花，不怕霜雪，而風霜不染，修
煉到此，萬塵不能染身，內外融和，已無陰氣，如春陽光輝，
丹田一派，純陽之氣，其中境象，如沐如浴，周身融融和和，
爽快不可勝言，此內外真是陽春之景，乃真種產時，大藥已得
也。

　　學者，若坐到此真境時節，當興功收取，如若不收取，即

是當面錯過機會，須要用仙佛靈活手段，如降龍伏虎以強奪之，切要勇猛，用真意牽之，用真息攝之，將大藥收歸在丹爐之中，後待周天之功，得藥之時，欲靜理純，忘照沌一，意息無雙無急，自然定靜，虛無合體，我不知有身，身不知有我，如是真忘，真照真息，此為真噓之文火，能用此文火，何懼真種大藥之不得哉。

此時呼吸之頓斷，呼吸再復起，總由得藥之自然口訣，以採藥之後，不吸氣者，何也。蓋回光有火，吸氣有風，風火交加，必損藥苗，所以不回不吸，此時依照前節，兩腳伸直，兩手搭膝，心守丹田，意順甘露而降下丹田，引出兩腿，腳尖上面，已免收回，盡追引，盡降下，約三寸香久，數分間，引出三十六回左右，追得風盡，心自靜，身自輕，恍惚杳冥。入虛無之境，全體舒暢爽快，四相忘形，膀胱即尿道，如火熱，兩腎如滾湯之蒸氣，相貌如痴癲，不知有我身，甘露如蜜之甜，久久忽醒，此為得藥妙景火候也。到此之時，須要緊急進火，切莫貪其輕爽，恐怕藥性太過，則不能結丹矣。

吾仙教好色慾之人，須急速來學道，道中亦有色慾之可娛樂，猶勝有形之娛樂數萬倍，此樂不但不犯過失，亦不損精氣神，反而精神爽快，氣血壯旺，精氣不外泄走，得此娛樂者，反而得長生不老，亦可得仙佛之極樂，豈不大妙哉。此乃飲食自家水，即長生藥，乃精所化永生真水，又名先天真水，既然能得飲吃此水，可得快樂長生，盼望世人，須要相信，至急來學道修煉，而受無為之樂，故謂好色者，快來學道，以上妙喻，讀者切記之，勿忘是幸。

◎上說得藥，由全身溫暖之熱氣，而將濁精污血燒化，方有真炁可採取，即用逆行之功，用心意，另名精神力，而使真氣升降，轉運法輪，所以精能化氣，由氣可養元神明朗，此元

神另名，謂之本性，世人若知用元神做事，即不違背良心犯過失，因此元神好靜，人若知靜定，自得減少閒事是非，所謂識神者，即貪求愛慾之心，此元神同識神鬥戰，天理戰敗人慾，謂之邪不敵正，從此元神退藏，即識神人心用事，學道之人，若要見本性，須知煉己之功純一，將識神人欲，煉得乾淨，精血能化為真氣，而得元神本性明現，學者所知，本性本虛空無體，若有意見本性者，本性永遠不得見，心有著相，乃屬有為法，所謂棄我者，即天堂現前，從我者，即天堂路遠，地獄現前矣。

若有意入虛空，即虛空不可得，比如世人，有意欲鼻香味，千思萬想，香味亦不來，但無意思吸香味，香味一陣一陣吹來，此乃示學道者，不可執我相人相，或一切有為法，而求本來佛性，故佛之淨土法門，由念佛號，以棄心中雜念，則說「有禪有淨土，猶如帶角虎，有禪無淨土，十人九差路」此乃欲得藥，見本性者，須念佛號靜心也。

（第五節：得藥，古傳為鍾離權祖師講授）

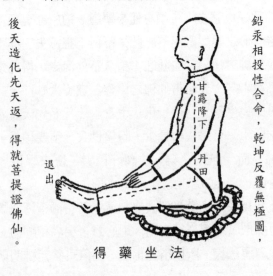

鉛汞相投性合命，乾坤反覆無極圖，

後天造化先天返，得就菩提證佛仙。

甘露降下

丹田

退出

得藥坐法

五、進　火

進火者，乃是道之運周天，釋曰轉法輪，儒謂升降，三教之名雖異，其理相同，總由真炁上升，方得法輪常轉，學者，要知轉運之理，並不是有何物可轉，乃是用真意，使真氣運轉而已也。

所以自得藥以後，不知不覺，忽然丹田融融合合，全身如棉花之輕軟快樂，爽快之樂，透於四肢，其時身自然定靜，如大石居在高山不動，吾心亦自然入虛空無物之靜，猶如秋天之月，天氣清和，月影照在澄碧水，而現出光亮，約有數分鐘久，全身毫毛孔竅，丹田之處，癢生快樂爽快，肢體酥麻如綿，自然自心亦舒快，陽物勃然而舉，男人雖有此證，但女人到此功夫，亦是感覺爽快之境，現在內理，男女修煉，無差別絲毫，此時忽然一吼，呼吸頓息，即呼吸斷去，神氣如磁石之相翕，意息如蟄蟲之相含，不覺入於恍惚，天地人我，莫知所有，渾渾淪淪，入得無為恍惚之中，其時心自不肯捨其物，心腎合一，物者三炁所結之至寶，又名曰金丹大藥，元炁亦不肯離其神，相親相戀，紐結一團，而元關之頓變，如婦人之受胎，呼吸偶然斷，身心樂，容顙神氣真渾合，自此萬竅千脈自開，其中景象，似舒似翕，而實未見之舒翕似泄走真精，亦如漏走真藥，而實不能以漏泄此精氣，有此妙境，不可以言語形容也。故大士云，一陽初動，有無窮之消息，亦是表示此得藥之樂境也。

少焉恍恍惚惚，此爽快之境，在恍恍惚惚之時，約數分鐘間，心於是復靈，呼吸再復起，丹田之氣自下，往後而行，腎管之根，即外腎，龜頭毛際之間，癢生快樂，實不能禁止，女人雖無此證，但樂在其中，亦難形容，總不徹底說，恐成污語也。

第七章　當代鬼谷子學術思想與道家內丹養生傳人研究名家關於鬼谷子的著作精選

此境界謂金滿三車奪聖基，沖開九竅過漕谿，谿者丹田，迢迢運上崑崙頂，萬道霞光射紫微，此乃指示修學之人，到此境來，定不可貪爽快，若貪爽快，恐變後天，須至急轉法輪進火，但亦不可真機未動，而急於運轉進火，須待其爽快暫過，方可進火運周天，此進火之名，又曰移爐換鼎，亦名抽坎補離，即煉石補先天之妙名也。

◎所謂氣滿，前任脈、後督脈自開，而運行道路自通，乃自然之法，而上自有溶溶兮、如山雲之騰太空，霖霖兮、似膏雨之遍原野，淫淫兮、如春雨之滿漢澤，液液兮，似河水之將流釋，散則透於周身，為百雛岐綱，聚則合於先天，真乙氣之虛無，此乃至清至真之正子時，實則至虛至靈之真景象，乃妙示得藥後，要進火之真妙景也。此景象，若有妄想，或功夫未到，總不可得，功到自然而有，至此時膀胱如熱火，兩腎如滾湯，切不可貪其舒暢，恐藥苗，被熱氣燒太過之危，又金丹不結之險，須急速轉大法輪，運上玄關，不然此物，滿而有溢，物極必反，樂極生悲，則前功廢矣。

進火之法，兩腳收回，照前築基之姿勢坐法，統身端正，兩手安太極，眼露一線之光，此謂盤膝，則尾閭關自開，尾閭謂之第一關，尾閭一開，則夾脊謂之第二關亦開，玉枕關謂之第三關亦開，此謂之三關，三關既齊開，九竅亦定相通，所以泥丸宮，崑崙頂，等等關竅都盡開，此自古至今，先天大道，自然之經絡，若是真意，不對三關順序運上崑崙，而下玄關，若對玉枕運透玄關者，乃大差矣。

此運法之路，乃屬偏路，絕不是大道之通路，若如此做，不是一氣流行通達，而天地相通之理，所以若如此運用定然做不通，亦定煉不成，此謂旁門左道，若知用前面之正法運用，至此時候，三關已開，八方暢通，甘露如泉，吞不得了，其味

香如蜜，此時緊急回光返照而吸氣，運動真意，推動甘露降下，引對前通任脈，上通陰蹻，下通陽蹻，中通衝脈，橫通帶脈，上前通陽維，而降下丹田，自丹田所得之藥物，即金丹舍利，運動真意，引對尾閭關，而通督脈，上後通陰維，而直運過夾脊關，到達玉枕關，再運過九峰山，崑崙頂上，一併載於金鼎，即玄關之中，此時心意齊守玄關，丹田已免再守，藥物到玄關之時，約量守二三分鐘，此謂第一次運功，第二次運功，心意再順甘露，而照初次運法，引通尾閭，提上玄關，再守二三分鐘，第三次之運法相同，連運三回以後，心意齊守玄關，以待烹煉，其時龍虎同宮，水火既濟，又曰貫滿干也。

　　此謂少鍛鍊之功夫耳，以上候烹煉，參照下節自知也。

為急收圓逢末劫，玄機口訣露成篇。

佛曰轉法輪

三關九竅最難穿，自古佛仙不敢傳，

仙曰運周天

玄關　玉枕　甘露降下　任脈　食癸　美容　丹田　盈大腸　命巷　尾閭

進　火　坐　法

◎須知進火之法，即用真意，另名謂之精神力，亦謂心之思想力，運用丹田之熱氣，使其周流全體，既然有溫氣，可轉運關竅，由此而可得，新鮮血氣周流，百病不治自癒，所謂熱氣，即陽氣，寒冷之氣，謂之陰氣，所以人身，有一分溫氣，即不死，仙佛若有一點陰氣，則不成，故道法無他，全部都是，用精神力運用，學者，若如將精神統一，時時用真意使其

升降，氣血自循環，所謂達摩西來一字無，全憑心意用功夫，即此意也。

（第五節：進火，古傳為李鐵拐祖師傳授）

六、烹　煉

何謂烹煉，烹煉者，譬如凡人飲食之煮飯也。煮飯起初，定必用猛火而煮，初初要煮之時，若無用猛火煮者，米定不能成飯矣。所以藥物已得，若無用進火行法輪之功，運上玄關烹煉，定不能成金丹舍利也。

須知道者，路也。乃法輪之通路也。即前任脈，後督脈也。烹煉必須，不遲不速，以呼吸定其法，進火亦名，運周天也。故行法輪之時，神氣必須與甘露而同行，亦謂心意，乃精神力之作用，其時心意同甘露，至丹田，則運過尾閭，夾脊，玉枕，透上泥丸宮，落在玄關，若泛然由偏道之外而行，渺渺茫茫，不由正路而行，此不得成舍利，凡行法輪，合乎自然，同順三關九竅之大道，若勤則太過，而風大，即呼吸粗，法輪不能轉運，而息息所制，若怠則不及，而風少，乃呼吸過微，不能成長旺之功，而變散也。

須知進火者，乃運大藥，即真靈歸源，若不運轉，則漏盡，不能止，而舍利亦不成，此運用之法，要運三回後，心意齊守玄關，以待烹煉，此言雖重複，乃叮嚀之妙喻，學者愈須注意為是，所謂達摩初祖，折蘆渡江，此亦是行法輪過關之妙喻也。世尊一箭射中九重鐵鼓，此亦行法輪之意也。箭者真意也。射者神氣，同甘露而行之法也。九重者，人身背骨有三關，即尾閭夾脊玉枕，此三關，左右皆有竅，故曰，九重鐵鼓，當過關之妙法，所以運過關，亦要照前節說明，必由中竅而運行，若馳別路，則不能得道矣。

◎須知烹煉在玄關，儒曰，靈台，煅煉九曲明珠，釋曰，靈山，烹煉牟尼寶珠，道曰，靈關，修煉黍米玄珠，名雖分三，其實皆烹煉，真意所運載之藥物，金丹舍利，使混合一團也。學者當知，此藥物雖載於金鼎，若不用烹煉之功，而用武火煅煉，則不能凝丹成至寶，此時依照，前節坐法盤膝，六神統一，齊守玄關，即守藥物，同時立刻用起枴子，大開神光，兩眼圓神，返照玄關守竅，兩手舉起，左手迭右手，如帶加之刑，須用大力，在胸前臍上八寸左右，用最大力量之武火，將那濁精識神，游魂鬼魄，妄意一切煉退，此時呼吸之功，自然一吸到丹田，一呼到玄關，自此妙法輪而常轉，烹煉大藥，約量數分鐘久就可，若過時間，恐怕藥物燒化，而丹反不結也。

此時五物自交，成為元精，元氣，元神，元性，元情也。五物既返，則五元歸復，五德持權，則五賊降伏後，五氣自然朝元，三花聚項，顯吾本性，如城巍巍不動，而丹自結，舍利自成矣。

所謂武火者，呼吸之息強烈，謂之武火，微細謂之文火，因此烹煉之功，全動武火用事，但年青之人，以及老年之人，在修煉之中，文武火候之分法，亦略有差別之不同，因老年人氣弱，須多用文火溫養，若是青年之人氣旺，精血猛強，故要多用武火而制止，絕不可過微，反而精不化，即大丹不結，若過旺精走泄，而藥被燒，即丹分化，須謹慎抱中和，進功，為一大要事也。

◎學者，既知前節進火，是用真意，引動元氣，周流全身，實際上是精神力之作用，須知此精神力偉大，身體若有失調之處，只用調息之功，而運動精神力，如兵將抗戰，專心誠意，統一精神，然後將此精神力。引對此痛處而出，能相信不怠運用，久久血氣循環，由此百病，免服藥調治，亦決定痊

癒，若工作上無注意，或無故打傷，須要隨時運動精神力，打開凝結血氣，自然免積傷，此法，最秘之妙法，古今少有泄漏，今為使學修煉之人，早得見功，雖未得道成真，亦可得身體健康，享人間之安樂也。

（第六節：烹煉，古傳為何仙姑傳授）

全憑自己力任，猛烹度數適中決。

燈煉玄珠在元關，一陣武火圓神法，

烹　煉　坐　法

七、溫　養

溫養即是溫養聖胎，實喻保守此元氣之不散也。前節既採得金丹大藥，逆運河車，轉大法輪，透過三關，載於玄關，用烹煉之功，煉化陰神，識性，妄念，自此神光寂照，須臾不離，合成虛境，溫養聖胎，乃專一，猶如雞抱卵之至誠，恰似龍含珠，時時靜守玄關竅，免得爐中水火寒，此時陽氣未純，有餘有陰氣未盡，須要防危險，所以至誠，保守胎元不虧損，要念茲在茲，念之天理，即抱正念，如明月之當空，念之人慾，即有妄想，如浮雲之蔽日，須能一念不生，靜極自生動機，有一點純陽之物，從丹田升上中宮，欲與道胎，合為一處，則自往下，轉回尾閭，而上干頂，降於玄關，此物是無為

助胎至寶，如有現此妙境，當要謹慎轉之，所以在克念可以作聖，不視不聞，存覺性，無思無念，養胎仙，須知元氣為結胎之本，呼吸為養胎之源，再者，元氣有生活之理，呼吸有資養之機，元氣生時，使之歸源，助我胎之圓滿，呼吸綿然，使之純調，助我胎之化育，則心依息平，而息亦隨心平，心息相依，神氣相含，息之往來，如有如無，不急不緩，聽其自然，任其自如，故調其息，定養其神，明道胎初凝，後天之息，本似於有，不著於有，聖胎既結，意在其中，寂然不動，心常覺悟，勿忘勿助而養，勿寂勿照而溫，自然氤氳二氣，升降循環不絕，法輪亦自轉，其元氣同流，激去五臟六腑之陰氣，即變成純陽乾體，由此而三百六十骨節，八萬四千毛竅，無不通達，打成一片明鏡，凡軀自忘，道胎永存，昏昏默默，渾渾淪淪，則神入其氣中，而此氣包住其神，外則我虛無寂滅之性，在於氤氳瑞氣之中，其時陽光發現，普照全體，內則一派天然之佛性，無形無象，又無內無外，就可以欣喜，則性朗朗兮、如秋月之明，而命融融兮、如薰蒸之醉，其骨肉如沐浴，而心性似太空，通達無為兮，安寂六根，靜照六識兮，空盡五蘊，身似浮雲兮、實合泰山之不動也。

◎若溫養聖胎者，照最初築基坐法，枷子放下，眼漏一線之光，守玄關，約量數分鐘，就可以沐浴，此時最忌妄念，武火不用，全用文火，溫養聖胎，一呼一吸，隨其自然，亦不著而存心意，又不放心意，則不使陰魔作祟，煉陰保陽，而金丹自固矣。前節烹煉，譬喻煮飯，起初用猛火而煮，後米已成飯，但有水分未乾，所以餘燼熱度，自然飯不太過，乃是自定之文武火候，火候若不平和，即金丹被損，恐焚化之危險，烹煉金丹多用武火，須合身中三昧真火，此火者，身心意大定後，可謂三不昧，而成也。

　　此為煉魂制魄，而成金剛真性，到此溫養聖胎，定要用文火，須能知進知止，若不知進或止，當用文火之時，而再用武火者，所成之藥物金丹，定被武火逼散，學者，到此功程，當知危險，至要謹慎，此為小溫養，須知小溫養之功，不但靜坐進功時，要保守元氣之不散而已，在行住坐臥，都要小心注意，現在所說之溫養，乃每日每時之溫養保守，故謂小溫養，至元氣結聚，溫養道胎，即謂大溫養，雖分有大小溫養，但其原理原同，只要防止心意不動，使元神元精能合一，關於溫養道胎，需要經過，九年面壁功夫，方得本性圓明，而出聖胎，故謂之大溫養也。

　　學修煉之人，今聽此重複之言論，定有疑問，總要抱信心，尊師重道，在受苦遇難考刺中，亦要精進，若能煉到此功夫，雖免說明，已無不知之處，切莫溫一時，而放棄寒雨時，如此修法，任有精勤用功，亦決定不能成功，得道果也。

　　（第七節：溫養，古傳為藍采和祖師傳授）

武武文文調合際，永固長生不老根。

武火烹兮文火溫，呼吸有無自然存，

溫養坐法

八、沐　浴

沐浴乃是聖胎結就，即元氣已經聚會，須防其危險，是防其心念不定，畏此陽氣未純也。慮者，慮其意念不靜，怕此陰氣未盡也。學者，當知洗心滌慮，正是寂而常照，此為沐浴之首務，沐浴者，乃洗滌其心，能知此意，則能轉識成智，日後則能證胎之圓性，比如玉工琢玉，如琢如磨，則玉如光亮，而成寶貴矣。

古仙云，三萬刻中無間斷，行行坐坐轉分明，此為法輪常轉，息息歸根，只知內而不知外，免妄想念慮，則無分散之不幸，所以元氣既聚，如嬰兒出現，十月之養胎，只在綿密寂照之功夫，此綿密寂照之功者，乃沐浴所用之義也。能得心意不動，正是照而常寂，此為沐浴之正功也。

須知後天氣，乃濁精被熱氣薰蒸，化在全身，結在元關，所以寂照返觀，正是綿而又密，此為沐浴之大義，其時默識氤氳和暢，正是密而又綿，此為沐浴之仙機，所謂道胎立，則千智生，金丹舍利歸中宮，自然明通真理，可以聞一知二，至大成之後，萬物之事理，即無所不通，若至六通俱備，智慧廣大，過去未來，亦無所不知，內則心無虛妄，性無生滅，佛性融融，猶如陽日之慧光，耀耀心明，猶如陰月之光亮，正是真空無為之景，此乃一性圓明，不為物慾所累也。

沐浴者，聖胎已結，舍利金丹出現，本性圓明，實是元氣聚而不散之說也。

此種種之名字，乃借比喻而已，總不離自身三寶，精氣神也。所以要沐浴其身，須絕點塵埃也。但此嬰兒非後天順生之肉子，實自身至寶，三花五氣結成，若十月胎足，脫離胞胎，必須沐浴其心身能潔，如污水之蓮花，不受污穢之染，此即儒之無聲無臭，釋為不生不滅，道曰不凋不殘，總之，不外內

守，洗心滌慮，不受情慾之牽，在行住坐臥不使心意妄馳，至此時候，若無謹慎，妄念一起，譬喻凡間婦人之流胎，金丹舍利分散，則前功盡廢矣。

須當緊制妄念，能久久不移志念，至胎圓，脫胎神化，總由此而成也。

此沐浴坐法，盤坐就可，兩手搭膝，在腿上，此時玄關免守，全心放空，兩腳放開亦可用，兩眼自然，上不守玄關，下不守丹田，舌免搭天橋，停幾分鐘可以退符，所謂十月養胎，乃借比喻而已，學者當知大道之真理，須要加倍猛志，窮究心性理，才免煉至中途，而生疑惑退志，致費前功也。亦不是學十月道胎自能足，而能脫胎神化也。

定要保守，日日溫養而知新，刻刻不離常轉運，至本性圓明，兩用真意，使其出胎，方可穩當，若本性未明，後天陰氣未盡，其時出胎者，恐出陰胎，另名謂之陰神出現，如此則不妙，學者，當知此意，而靜守待時，雖守三年五載，亦須忍耐精進，若全身之溫熱，能得日日增加，則有進步之證據，若熱度火候日退，乃元氣分散之內證，總要調和凡體，至大功成就，方可和光混俗，而渡己渡人，乃有獨善其身周全，即可兼善天下，萬眾無不欽服也。希望大成仙佛之果，若無經十四五年之火候燒過，由此熱氣，而激出身中陰氣，由陰氣煉盡，本性圓明，方能大成仙佛也。

若無修煉大道之人，身中之熱氣，屬在感邪之氣，此邪氣既發，至發汗後，全身變成虛弱失力，若有練功者，所發之熱氣，謂之浩然正氣，此氣既生，全體爽快，元氣百倍，口永不渴，須知修煉大道，定無速成之法可學，若用速成之法，以望早出胎神者，定走出陰神，此法乃屬旁門外道，非真仙佛之道也。

所以仙佛，有一分陰氣未盡，則不成，人若有一分陽氣，乃體中有絲毫溫氣，則不死，宜要棄陰保陽也。

（第八節：沐浴，古傳為韓湘子祖師傳授）

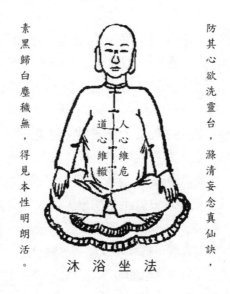

防其心欲洗靈台，滌清妄念真仙訣，

素黑歸白塵穢無，得見本性明朗活。

人心維危

道心維轍

沐浴坐法

九、退　符

何謂退符，乃是退陰符也。未出胎神之前，體中有陰氣，必須用退符之功，兩腳伸直，兩手搭膝，求生甘露，此時心意順甘露，而降下丹田，再推出兩腿足彎，連推三回，已免吸回收入，為何要退陰符於兩足彎，因留下火種，以待下次煉丹之用也。若退符在腳尖者，已無火種矣。所以退在足彎，乃留下次之火種也。

退符三回以後，起身留意，切莫胡思亂想，以使心意無妄馳，行住坐臥，須臾不離，念茲在茲，時時在道，外則三寶，眼耳口閉塞，自然功夫日進，胎神日足，待氣足神明，能脫胎神化，則不為閻王，以及天地五行，金木水火土之拘束，做世

外之客，無極永久長存也。吾仙囑咐學道之眾生，先明此九節玄功之秘訣，自築基，至退符，為做全盤大道之總訣，此九節玄功，要分為二階段以行之，不可亂分為三四段，若分為三四段者，差矣。

第一段者，築基第一節，煉己第二節，此二節者，謂之第一段，未進道之人，或者，進道之眾生，定要先修此二節，以為健康長生之根本，方可做大道之基礎，所以煉己之功不可急，須知煉己難，而還丹容易，煉己，須要煉數年，總之年數不能一定，心性能得早靜者，身體早得健康，方有辦法可煉道，若身體未健康，或心性未純，須煉三年二載，或五七月八九月之久，亦要忍耐精進，若覺有精進，就可以繼續進入，第二階段修煉，諸子，大道不可想難，須知道要真，人亦要真，理有真，亦須天命有真，總要由自己根緣，至誠即能感天，然後方有大道真理可得，所以築基，煉己之功，若無大德行以感天，受上天神佛之暗助，亦決定做不來，須能忍耐，苦心修煉，在數年之艱苦，方能進功，煉心性之功夫，若做得完全，雖受刺激不動心，可順序進入第三節，由採藥至退符，合共七節，謂之第二段，雖然分為九節二段，亦要同時做得始終，二段亦如一段，此初步每日定要做，須勤採，而繼續轉法輪之功夫不斷，若能做到心腎合一，則陰陽會合後，此九節免做，只用文火保守，守至本性明朗，自能脫胎飛升，此時逍遙快樂，在千萬劫亦不損，豈不大妙哉。

◎諸子對此九節玄功，時時刻刻要詳細靜觀，自有妙理出現，須知築基，若築有堅固，自然男不走精，女無月信，此乃築基之證據，但此煉己，乃一生之功程，雖然築基成功，自有大藥金丹可得，乃由精化，而元氣方聚，謂之結道胎，至本性圓明，未出胎之前，因為身中存有陰氣，故煉己之功夫，切不

可少也。

　　煉己之功，謂之煉心性，此功夫定要至死方休，在未成道之前，切莫放鬆煉己功程，恐有無明火，燒化功德林，則前功盡廢矣。

　　學者，對此九節玄功之做法，每日定要做二次至三次，一次之功夫，約量一點鐘左右，同時定要做得透徹後，方可以休息起身，待至道胎圓滿，至出胎後，吾身順先天一氣而行事，乾坤雖大，難包其身，吾身無掛無礙，無拘無束，養太和之氣，所謂大德潤身，至德自有至道，此九節玄功，謂道之全盤口訣，自進道，以至了道，無不備此中矣。

　　此盤玄機，乃是吾八大金仙同南極仙翁，奉無極至尊懿命，應三期收圓，不得已漏在本道鍾書中，賜予劫中之眾生，以及劫後之原人，能得早日，返本還原，若有大幸，得受本書，能依照書中之皈戒，以及口訣而修持，男子三綱五常不廢，女人三從四德無虧，始終無怠，久久自有效果，然必要栽培功德，或印一切善書醒世，或者，代老母印本道鍾救劫，警明大千世界，渡盡原人，放生解孽，或者誦經消冤，或者，捨身渡眾，有財出財助道，修廟設堂結緣，行種種善事，廣積陰德，以為做大道之基礎，久行無怠，方保此先天至道，能得成就，不然，雖得本書，日聞大道，片善不積，寸功無行，慾望仙佛之快樂，即愚夫之想也。而道定無所成矣。

　　得此道鍾既有機緣，聞此至道，須恭敬於諸佛諸仙諸聖面前，叩首百拜，以謝泄漏玄機之恩，盡孝於無極老母，愛兒女之心，一心一德，尊敬精進，待後日功圓果滿，自有丹書下詔，脫殼跨鶴飛升，永不再投東下世，此為大丈夫之能事畢矣，是謂得其出生了死，先天大道也。其樂為何如乎，奈因何而不謹慎哉。

（第九節：退符，古傳為張果老祖師傳授）

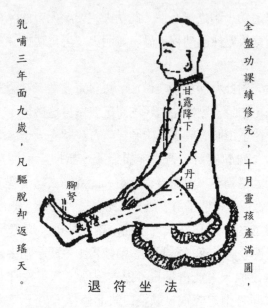

乳哺三年面九歲，凡驅脫却返瑤天。

甘露降下

丹田

腳弩

全盤功課續修完，十月靈孩產滿圓，

退 符 坐 法

十、九轉還丹功補充明細之解說

九節玄功者，築基、煉己、採藥、得藥、進火、烹煉、溫養、沐浴、退符也。

築基者，建築基礎也。學道，必須先行人道，配合天道，行外功，作善事，守規誡，煉靜坐，閉精血，定飲食，制睡眠，限勞動，棄妄想，以為修大道基礎也。為何學道，要先行此幾項乎，因為無先守此幾項，決定離不開地獄門路，所以佛說地獄五條根，謂之貪財，好色，愛名，貪食，貪睡，此五項之慾，乃世人所慾，所以學道之人，若不知制止，激去此慾，絕無成道之可望，再者，靜坐之法，依照書內所定三種，一雙盤，二單盤，三普通此三種坐法，由人隨便選坐，此三法者，乃築基初步坐法也。

初步坐法，坐到心靜，雜念消除，則伸出兩腳，兩手搭，

此兩腳伸直之法者，築基心靜之時，所用之法也。煉己者，煉心制性也。使心欲無妄生，靜中對境無心，一切假境，現於目前，一毫不著，即俗氣全消矣。煉己坐法，兩腳照原伸直，恐心意不定，合掌暗念佛號，求佛幫助，此二節者，成佛成仙之總根源也。外功由此而滿，內果由此而圓，大藥由此而生，絕不可急欲速成也。此二節，每日勤調，時時注意，勤練勤習，學習既久，功自成矣。

人欲煉盡，天理流行，道氣凝結，藥苗自現，此自然之正理，雖無意採藥，而自有藥物可採也。然後順序做第三節，採藥功夫，採藥者，築基煉己功成，外功滿，而人慾消，得到大自然之景象，靜極之中，已有藥物漸現，實時用採取之功奪之也。採藥坐法，佛號，免念，玄關免守，兩腳照原伸直，兩手搭膝，靜中求出甘露，真意順甘露，而降下丹田，實時用真意，推出兩腿，在腳尖拇趾上面。一寸三分高，隨時吸先天虛無之氣到玄關，在吸之同時，眼要開一次，而鼻息，亦要吸一回，開吸後，隨時再降下甘露，同樣推出兩腿，二次照原，一吸一開，連續用三次，到得藥之節者，照前節之坐法，兩腳伸直，兩手搭膝，心守丹田，再求甘露，真意再順甘露，而降下丹田，實時推出兩腿，腳尖拇趾上面，以免吸回，口訣以採藥之後，不吸氣者何也。因回光有火，吸氣有風，風火交加，必損藥苗也。所以不回不吸，約量引出三寸香久，連推連降，有三十六回左右，推得陰盡，心自靜，身自輕，全體舒暢爽快，四相忘形，膀胱如火，兩腎即丹田如湯，相貌如痴，甘露如蜜，此時緊急進火，運法輪之功也。若貪其輕爽，則損藥苗，而大丹不能結矣。

進火者，運周天，行法輪之名也。進火坐法，兩腳收回，照初步築基之坐法，大藥元氣，已凝結在丹田，緊急用真意，

順甘露，而降下丹田，茲將丹田之藥物，名曰金丹舍利元氣，原本用真意，引對尾閭關，而上夾脊關，直透玉枕關，運上崑崙頂，自將所運之藥物，乃溫暖之氣，一併載於玄關之中，此時約量守數分鐘，再繼續第二回，再降下甘露，運過三關，到玄關，再守數分鐘，連運三次，以待烹煉之功，烹煉者，用武火而煅煉真意所引之藥物，謂之元氣，在玄關烹煉之也。若不烹煉，定不能成金丹舍利，就是此溫暖之氣，不能聚在身中，分散之危險也。

烹煉坐法，照前節築基之姿勢，六神統一於玄關，守藥物，立刻用起枷子，大開神光，兩眼圓神觀竅，用最大力量，兩手速力，將那濁精，識神，遊魂，鬼魄，忘意，一切煉退，烹煉大藥，約量數分鐘就可以，並看年齡，由自己分定，更要時刻注意，恐藥物燒化也。

溫養者，溫養聖胎，實是濁精所化，已成元氣，聚在丹田，如萬星斗數，拱照北斗星也。前節所載藥物，用烹煉之功，已成金丹舍利矣。所以聖胎已結，溫養聖胎，不用武火，而用文火，以溫養之，坐法照最初築基之法，枷子放下，眼漏一線之光，守在玄關，呼吸要自然，不可急，約量溫養數分鐘，就可以沐浴矣。

沐浴者，因金丹舍利元氣已結，沐浴其心身，絕點塵埃也。沐浴坐法，照初步築基姿勢，兩手放開，兩眼自然，此時玄關免守，全身放空，暫停幾分，可以退符矣。退符者，乃全盤功夫做完，退了陰符，留下火種，待下次之用也。坐法兩腳再伸直，兩手搭膝，再求甘露，實時真意順甘露，降下丹田，用真意引出兩足彎，已免吸回，退符於兩足彎，以待下次煉丹之用也。連推三回以後，起身留意，切莫胡思亂想，使心意無妄馳也。此段功夫，若希望早日入手者，一日定要連作三四

次，不可中途而停止也。

以上九節妙訣者，是最上乘之法也。而且自築基，到煉己，此二節為一段，自採藥起，得藥，進火，烹煉，溫養，沐浴，退符，此七節為一段，此二段，若合為一段而學，亦可用也。絕不可功夫未就，築基未固，煉己未純，時時都有走漏，則心意妄想採藥，或妄想得藥，乃愚人也。因築基煉己之功夫，未煉得堅固，直做採藥者，定無藥可採，反而變成筋骨酸痛也。藥者須外功滿，而人慾無，得大自然之正理，至精血閉斷，自有藥物可採也。所以築基，煉己未純，欲想採藥，或慾望得藥，亦不研究實學，致功夫亂做，如此者，差之毫釐，錯有千里，定錯失機緣，且永沉苦海，無有出期矣。

此九節實際，係同時並用，不分亦可以，為使學道之人，詳細起見，不得已分段，而繪圖記述，為較勿明瞭，便利應用關係也。此九節絕不可分割三四段，而煉之，學者，應該精進，統一精神，十二分貫徹，善於體會，能記吾言而不忘者，決定成功也。

◎學者，當知真道為體，方法為用，故在修煉當中，須要抱意誠志堅，借假體以修真性，由外功內果俱備，方可證位大羅，所以先後天兼用之法，不可不知也。須知借後天命，而修先天性，再有先天息，後天息之分別，先天息之呼吸，對玄關吸，但要借後天鼻出入，修煉若無借後天息，決定無道可學，所以法為筏，即船也。

欲渡江須用筏，若到彼岸，法就不用，故此九節玄功行法，亦是暫時借用而已，行法至陰陽會合，水火既濟以後，已有產真種，另名謂之結道胎，乃浩然正氣上身，煉到此功夫，四禪通用，只用文火保守真氣不散，已免再用九節玄功亦可，此保守之法，亦須要詳細，雖然陰陽會合，已得真種，宜要保

守謹慎，以免真種分化之憂，若只歡喜，水火既濟，此未得究竟之道，此乃初開花，未結道果，花既然開，須能使其結果了道，對於結果之說，即指在善能保守道胎本性圓明，由此而可出陽神，脫胎神化，謂之結果也。

若不能脫胎出陽神，就是守尸鬼，任學百年亦難成道，死後定走不出，六道輪廻，觀古及今能開花不結果者，不計其數，多是有始無終，煉至中途放棄不學，為此原因，致成道證果者少矣。今既然知開花結果之法，不分男女須要向上精進，緊急修持正法，行功積德，待至功果全備，應赴三會龍華，得涅槃之極果，須知今次龍華會，是最後一會，切勿輕視本道鍾而不學，致錯過此會良期也。

第二節　混元禪師恭撰《鬼谷仙師天德經》

禱請式儀

⊙奉獻 鮮花。佳果。明燈。寶燭。

焚香　淨香

一、上香

二、禮拜

三、化水

四、敬誦諸贊

⊙水贊

先天真水淨洗靈台。楊柳一滴。洒塵埃凡境即蓬萊。滌穢消災。香林法界開　皈命

蕩魔解穢大天尊　三稱

⊙香贊

香焚寶鼎。炁達先天。威光旋赫接祥煙。降鑒此心虔。展

讀靈篇。擁護仗雷鞭。

　香林說法大天尊　三稱

　⊙ 淨壇贊

　清淨之水。日月花開楊柳枝頭。灑塵埃。一滴淨玄壇。除

穢除殃。

　消災降吉祥

　清泉龍變化淨塵大天尊 三稱

五、佛淨

六、敬誦神咒

淨口神咒

　　丹末口神。吐穢除氛。舌神正倫。

　　通命養神。羅千齒神。卻邪衛真。

　　喉神虎賁。氣神引津。心神丹元。

　　令我童真。恩神煉液。道氣長存。

　　急急如律令。

　　叩

淨心神咒

　　太上台星。應化變無停。驅邪搏魅。

　　保命護身。智慧明淨。心神安寧。

　　三魂永固。魄無喪傾。急急如律令。

　　叩

淨身神咒

　　靈寶天尊。安慰身形。弟子魂魄。

　　五臟玄明。青龍白虎。隊仗紛紜。

　　朱雀玄武。侍衛我真。急急如律令。

　　叩

淨三業神咒

身中諸內境。三萬六個神。動作履行藏。
前劫並後業。願我身自在。常住三寶中。
當於劫壞時。我身當不滅。
誦此真文時。身。心。口業。皆清淨。
急急如律令。
叩

淨壇神咒

太上說法時。金鐘響玉音。百穢藏九地。
群魔護騫林。天花散法雨。法鼓振迷沈。
諸天賡善哉。金童舞瑤琴。願傾八霞光。
照依皈依心。蚤法大法稿。翼侍五雲深。
急急如律令
叩

安土地神咒

元始安鎮。普告萬靈。岳瀆真官。
土地祇靈。左社右稷。不得妄驚。
回向正道。內外肅清。各安方位。
備守壇宮廷。太上有命。搜捕邪精。
護法神王。保衛誦經。皈依大道。
元亨利貞。急急如律令。
叩

淨天地神咒

天地自然。穢氣分散。洞中玄虛。
晃囊太元。八方威神。使我自然。
靈寶符令。普告九天。干羅答那。
洞罡太玄。斬妖縛邪。度人無量。

中山神咒。元始玉文。持誦一遍。
卻病延年。按行五岳。八海知聞。
魔王束手。侍衛我軒。凶穢消散。
道炁長存。
急急如太上老君律令勅
叩

金光神咒

天地玄宗。萬氣本根。廣修萬劫。
證我神通。三界內外。惟道獨尊。
體有金光。覆映吾身。視之不見。
聽之不聞。包羅天地。養育群生。
受持萬遍。身有光明。三界侍衛。
五帝司迎。萬神朝禮。役使雷霆。
鬼妖喪膽。精怪亡形。內有霹靂。
雷神隱名。洞慧交徹。五氣騰騰。
金光速現。覆護真人。
急急如玉皇上帝律令勅
叩

祝香神咒

道由心學。心假香傳。香熱玉爐。
心存帝前。真靈下盼。仙旆臨軒。
令臣關告。徑達九天。
所祈所願。咸賜如言
七、上香 禱請
八、敬獻、清茶。香果。
九、拜禮 三跪、九叩
十、敬誦寶誥

王禪老祖贊

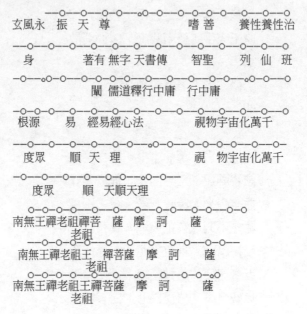

玄風永　振　天　尊　　　　嗜善　　養性養性治

身　　　著有　無字　天書傳　智聖　　列　仙　班

闡　儒道釋行中庸　行中庸

根源　　易　經易經心法　　　視物宇宙化萬千

度眾　　順　天　理　　　　視　物宇宙化萬千

度眾　　順　天順天理

南無王禪老祖禪菩　薩　摩　訶　　　薩
　　　　　　老祖

南無王禪老祖王　禪菩薩　摩　訶　　　薩
　　　　　　老祖

南無王禪老祖王禪菩薩　摩　訶　　　薩
　　　　　　老祖

鬼谷仙師天德經

恭　請

鬼谷仙師寶誥

志心皈命禮　三稱

大羅道長。上界仙翁。玄功洞徹。補造化陰陽之樞機。道學高超。得天人性命之祕奧。雲夢山頭。煉丹採藥。水濂洞裡。洗髓伐毛。證金剛不壞之身。修玉鏡長明之性。神機妙算。判人間之吉凶。仙術精微。消世上之災劫。慈悲憫世。功德齊天。名傳今古。徧三千。臨塵凡。迅風驟雨。開人覺路。施雨露。解罪消愆。化物生機。大悲大願。大德大仁。

皈命大羅天界。瓊霄玄境。王禪老祖。度人救世。

敷揚妙道天尊。三稱

開經贊

彌羅上界。玉局金仙。功參造化法玄玄。神力更無邊。道果修圓。恩光照八埏。

皈命大羅天界。瓊霄玄境。王禪老祖。度人救世。

敷揚妙道天尊。　三稱

開經偈

雲夢青山上。巍巍道氣高。

凡塵施雨露。苦海靖波濤。

降福垂恩大。消災化劫多。

仙班名著列。救世不辭勞。

鬼谷仙師天德經

恭維

陰陽日月最長生。可惜天理難分明。

若有真聖鬼谷子。一出天下定太平。

謹遵智聖

大慈大悲鬼谷仙師王禪老祖玄風永振天尊。於天運歲次癸未年七月九日在天壇空界傳心法開示南天三十三天天德寶誥。曰：

無量光明滿虛空三千世界。有名號南天世界。其位於南瞻部洲娑婆世界地球。名為世間。位在台灣之南方無量空間天界。又名南天。南天世界計有三十三天空界。個個天界有無量功德天王守護其淨土。各轉法輪護佑天人。鬼谷仙師大慈悲心啟示眾生曰：心易大道。不離八卦。乾兌離震。巽坎艮坤。位位天機。位位天德。妙不可言。不可思議。往昔眾生。存疑塵厚。心生無明。智慧愚蒙。今日不忍見眾生諸苦。漂沉苦海。永無出離之境。故傳此心易大道。萬物之生。萬念之起。皆出於南天之門。南天之位在先天之南方。寬廣無邊無際。浩瀚無

窮。故無極天帝伏羲氏。心傳天機畫卦作易。妙述天地法則。傳至今日已有七千年。悠悠歲月。人事山河大地文化變遷無量劫。但真理永恒不變。易之妙。道之妙。天地無常之道也。南天位居伏羲卦之南方。曰干卦卦象三陽開泰。位居人之首位。其性陽。其德光。其智無邊。遍照三千世界。故名純陽。亦屬五行白金。其性剛。其德慈悲。遍照三千世界。南天聖門。三陽之尊。天地人之元。其光其炁。一以貫之。無有障礙。其象為王。王之貴。誠由一點靈光。眾星之光。恒河之星光。永伴王者。故象為玉也。王道之德。仁者之心。遍照三千世界眾生。眾生之緣。永伴王者。再名為玉也。伏羲無極天帝。制易心法。以光之德為王。為一。為易。為陽。為光。為剛。為善。為純陽。故名三陽開泰。三陽為白光。遍照三千世界無遮障。又為王。故聖人作易造字。為皇極也。其功滋養三千世界。德配天地法界虛空之境。心達虛空無盡法界。窮達萬象之境。包容三千法界一切眾生功謗與善惡。從未分別兩端與來往。故其心之功。其行之德。實屬眾生萬物之尊。諸天聖神佛菩薩之心。故聖尊德號大帝。宇宙虛空之大。無如光之大德。是故名為玉皇大帝。是無量光明。是無上之尊。故又名玉皇上帝。玉皇大天尊。天公。天公祖。是故為無上法寶之尊。凡我聖凡。本性皆有靈光。其光由首。由五官。由五臟六腑細胞散出光明。其形生滅無常。時有靈光。時生晦暗。是名無常。惟干首三陽靈光。永無生滅。其光遍照三千大千世界。是故。南天世界。光明世界。頂首光明。遍滿法界三千世界。永恒不滅。色界色身思維世界。光明無礙。空界法身思維世界。亦復如是。微塵世界。恒河沙數世界眾生。皆有色空思維世界。其光出於頂首者。與諸仙佛無異。王侯將相。販夫走卒。諸法界一切眾生。其源如一。其德如一。其心如一。其性如一。一者

易也。易者心也。由始至終。皆由一點靈光。聚合如一。遍照無量劫來光明世界。眾生如是。天界神聖諸仙佛菩薩。頂首之光。永不生滅亦無增減。故眾生之頂首光明境界中。本心皆已奉祀至尊玉皇大帝故世人曰：人之頂上三尺有神明。有天公祖。有玉皇大帝。故混元習易研易。了知光中世界萬佛萬聖尊。是名玉皇大帝。位居南天頂首世界中。身穿金色九龍袍。首頂冠戴萬丈光芒智慧帽。身居干宮南天世界。德威顯赫。玉帝身居六方彌合中。東西南北上下有天王守護神。人身萬物法身亦具六方彌合中。故玉帝為心。為聖。為德。為智也。人應尊天。敬天。順天。合天。方制天。方統天。方達天。方勝天也。天之德。名天德。天德者無量光明普照大千世界。欲達天德。必遵玉帝之德。玉帝之德。是為三三天王之德。三三階層之德也。亦名三三法門。其法門殊勝無倫比。是名三三天王聖號。若有眾生欲成就玉帝之德者。可依三三天王聖德而修。日念此寶誥。供養此寶誥。力行此寶誥。即是身居三三天宮中。日夜與玉帝相伴。聽聞玉帝慈悲教誨。並與諸天王同在。同登正等正覺之位也。鬼谷仙師隨即開示三三天個個天王寶誥妙法曰：

玉皇大帝居南天	首頂光明無等倫
念念光明無遮障	慈光普照三重千。
三陽開泰萬聖尊	天德慈光照眾生
不分貴賤皆普施	同登同證大團圓。
三三天宮有天王	天王聖德如玉皇
分布六方顧中宮	盡責盡職德無窮。
第一天宮居北方	天王聖名水精王
大智大慧滋眾生	甘露法雨潤萬民。

第二天宮東北方　　　天王聖名虎威王
神威顯赫驅魔氛　　　慈悲度引護蒼生。
第三天宮在東南　　　天王聖名土龍王
千承萬載眾生業　　　其德其仁如玉皇。
第四天宮居南方　　　天王聖名炎龍王
光明無量三重千　　　慈光普照迷路人。
第五天宮位西南　　　天王聖名慈龍王
身白光潔塵不染　　　面慈心善度眾靈。
第六天宮居干方　　　天王聖名金龍王
威震八方無能比　　　賜福眾生災不臨。
第七天宮居北上　　　天王聖名水龍王
普降雨露利眾生　　　萬物生發居其功。
第八天宮東北東　　　天王聖名文昌王
木火通明智無上　　　大智聖慧永光明。
第九天宮上東南　　　天王聖名仁惠王
生命活力無窮極　　　助佑五氣皆朝元。
第十天宮朝北斗　　　天王聖名金獅王
金獅嚎吼說善法　　　宏法利生不辭勞。
十一天王北西宮　　　天王聖名慈德王
指引眾生皆空性　　　滿願聖眾生西方。
十二天宮西北上　　　天王聖名天龍王
空心包容諸法界　　　智慧如海度蒼生。
十三天宮癸水方　　　天王聖名寶霖王
柔性治國得民心　　　光明無礙遍十方。
十四天王震宮上　　　天王聖名甘露王
天瘟天災永不侵　　　風調雨順五穀登。
十五天王天乙宮　　　天王聖名仁禮王

旭日東升照大地　　禮義度生知廉恥。
十六天宮巳火位　　天王聖名光明王
聖德齊天最光明　　遍照消業虛空行。
十七天宮坤德方　　天王聖名白金王
一心助佑有德人　　依順賜寶無差池。
十八天宮四庫天　　天王聖名金天王
金銀珠寶兼琉璃　　其德如天如玉皇。
十九天宮龍德天　　天王聖名風神王
正氣驅魔千萬里　　其德暢行永無休。
二十天宮四正天　　天王聖名天磯王
星光斗照夜歸人　　不辭勞苦照天明。
二一天宮天雷天　　天王聖名信守王
天地正氣貫陰陽　　四時護佑世間人。
二二天宮尊澤天　　天王聖名廣被王
萬物興發順其德　　順天則昌逆天亡。
二三天宮火澤天　　天王聖名崇貴王
異中求同至中庸　　無偏無倚千萬年。
二四天宮天中天　　天王聖名天慈王
力行布施修善行　　方證善道可達天。
二五天宮震風天　　天王聖名梵音王
啟玄妙智滿世間　　眾生聞聲見自性。
二六天宮南北天　　天王聖名玄天王
中道行正斷無明　　無善無惡真超升。
二七天宮滿周天　　天王聖名天咸王
山澤通氣貫古今　　生命永恒是天機。
二八天宮四維天　　天王聖名光輝王
統御人我誠信心　　法界天人皆蒙薰。

二九天宮理想天　　天王聖名慈善王

教人行善多積德　　一朝一夕可昇華。

三十天宮三界天　　天王聖名自在王

觀心內照自聖心　　頓悟無明障生機。

三一天宮仙人天　　天王聖名金仙王

逍遙自在無煩惱　　福祿壽喜得善果。

三二天宮至聖天　　天王聖名大聖王

漏盡無生亦無盡　　身心自在最清明。

三三天宮光明天　　天王聖號是玉皇

三元九紫玄中玄　　頂首光明三重千。

混元歲次六十一　　學修正道尊天意

啟建南天八卦城　　迎神迎聖會祖靈。

中華民族五千年　　悠悠歷史變萬千

八六二位諸帝王　　萬姓宗祠諸祖靈。

同是玉皇大帝靈　　生化衍行無休止

億萬子孫傳古今　　香火薪傳億萬年。三拜

混元尊天得天機　　南天聖門任爾行

天子帝王諸祖靈　　來從南天去南天

今後諸眾善知識　　日誦天德經一卷

回向祖先最殊勝　　仰仗玉帝渡西行

若有行商諸善信　　日誦天德經一卷

龍天天王護念爾　　福慧增長事業順

若有家中不安平　　日誦妙法天德經

三三天王降家中　　消災解厄度一切

若有求取光明路　　日誦妙法天德經

天公賜福得光明　　前途光明貴人助

若有病魔纏自身　　日誦妙法天德經

天王聞聲救度爾	百業消除病離身
治國濟民求安康	日誦妙法天德經
龍天護法保蒼生	化解干戈見太平。
官非枉法纏繞身	日誦妙法天德經
天乙貴人齊降臨	解除災厄禍離身。
智慧不開最苦惱	日誦妙法天德經
有緣天王來加持	開啟智慧見光明。
妙法傳世今重逢	有緣大眾勿猶疑
只要一心勤持誦	幸福光明到門庭。

　　鬼谷仙師開示妙法天德經。普傳台灣淨土上。混元遵天法旨恭錄在天壇。法界蒙薰降甘霖。時維癸未年七月九日申時恭錄畢。南天天門光輝遍滿虛空三重千世界。諸天神聖如來佛菩薩天人等。讚嘆鬼谷仙師傳妙法眾等歡喜信受。曰。

鬼谷仙師大慈悲	開啟南天傳天機
益民益眾皆歡喜	普願人心守真理　三拜

收經偈

經文垂一卷	苦海渡人舟
永使群生悟	常教累劫修
人間超大難	世上挽狂流
晨昏虔朗誦	合眷保無憂

收經贊

　　仙師垂訓、玄妙天德經、人間醉夢喚回醒、修養真靈性、回光照帝庭。皈依

　　王禪老祖鬼谷仙師玄風永振天尊　三稱。

　　鬼谷仙師天德經　終

回向

願以此功德	莊嚴自淨土
凡有見聞者	自性度一切
從此無苦厄	聞者生智慧
信者生信心	天下早太平

癸未年七月九日

第三節　混元禪師恭撰《王禪老祖玄妙真經》

王禪老祖贊

玄風永 振 天 尊　　嗜善 養性 養性治

身　著有 無字天書傳　智聖 列 仙 班

闡儒 道 釋 行 中庸 行中庸

根源 易 經易經 心法 視物宇宙 化 萬千

度眾 順 天 理　　視 物宇宙 化 萬千

度眾 順 天順 天理

南無王禪 老禪菩 薩 摩 訶 薩
老祖

南 無王禪老祖王禪菩薩 摩 訶 薩
老祖

南無王禪老祖王禪菩薩 摩 訶 薩
老祖

王禪老祖玄妙真經

恭請

王禪老祖寶誥　聖誕　3 月 26 日

志心皈命禮　三稱

大羅道長。上界仙翁。玄功洞徹。補造化陰陽之樞機。道學高超。得天人性命之秘奧。雲夢山頭。煉丹採藥。水濂洞裡。洗髓伐毛。證金剛不壞之身。修玉鏡長明之性。神機妙算。判人間之吉凶。仙術精微。消世上之災劫。慈悲憫世。功德齊天。名傳今古。道徧三千。臨塵凡。迅風驟雨。開人覺路。施雨露。解罪消愆。化物生機。大悲大願。大德大仁。大羅天界。瓊霄玄境。王禪老祖。度人救世。敷揚妙道天尊。三稱

開經贊

彌羅上界。玉局金仙。功參造化法玄玄。神力更無邊。道果修圓。恩光照八埏。皈命大羅天界。瓊霄玄境。王禪老祖。度人救世。敷揚妙道天尊。三稱

開經偈

雲夢青山上。巍巍道氣高。凡塵施雨露。苦海靖波濤。降福垂恩大。消災化劫多。仙班名著列。救世不辭勞。爾時太上老君。端坐玉清上宮。俯瞰閻浮世界。娑婆國土之中。無數眾生。劫劫漂沉苦海。難逃生死之門。因是頓發慈悲。欲為救度。則說玄妙真言曰。子會開天。丑會闢地。未有於人。三才缺一。雖有兩間。奠其乾坤。不足傳於大道。於是無極神君。東西二老。木公、金母。相對煉丹。迨至寅會。則生於人。萬物同茲發生。靈性稟自無極。惟人得厚。物僅得微。故人為萬物靈長。能致知格物。自三皇迄至於今。生生不息。其數難稽。九六原靈之出來。始自寅會之時矣。上古人心。純而且

正。修道易成。是故神仙者多。西域有佛、有僧。中原誕聖、誕道。皆窮心盡性。究玄妙之真詮。參造化之真理。垂作後世之津梁。教分其三。其理則一。道倡、守一抱元。佛云、悟空皈一。聖說、惟一惟精。各守其任。而度眾生。同道殊途而皈。無如大眾痴痴。不知返本窮原。內昏心性。外醉情緣。如黑雲蔽日。若狂風推浪。將先天實性。埋卻無光。故難辟散魔氛。是故。億億劫中。輪迴不息。吾今演說玄機妙道。以為養正開蒙。願解此中真義。勿偏邪見。以證真道。勿因魔考而分心。不為艱難而退志。試看黃金越經火煉。越光華。蒼松益受雪凍。加青翠。

夫道者陰陽也。是故一陰一陽之謂道。在天曰日月。在地曰水火。在人曰性命。在虛空曰風雲。在方位曰南北。在爻卦曰坎離。天無日月。晝夜無以分。地無水火。萬物無以養。人無性命。無以主其周身。虛空絕其風雲。人物不能清泰。方位無南北。無以定其四方。爻卦無坎離。不得成其陰陽。胎兒在胞中含無極之真炁。稟先天之性命。不食而不飢。氣無出入而胎息。圓頂朝上以為乾。方足朝下以為坤。十月期滿。乾坤顛倒。一聲啼哭。四相打開。乾斷中爻以為離。坤接中爻以為坎。離者離也。離了先天也。坎者陷也。陷落下地也。欲修還原返本之道。非煉陰陽而不得。撤離卦以補坎。運坎爻以填離。復乾健高明以配天。轉坤柔博厚而配地。

金丹之道用以虛心實性求。虛心者何。清靜也。實性者何。圓明也。人能常清靜。天地悉皆歸。吾言道。不言丹。神仙煉丹。不離道。但人未得真道者。欲未遣也。富貴縈其心。情緣繫其性。日耗身中三寶。時驚體上五官。喜怒哀樂愛慾好惡。無時不為惑之矣。

夫煉道功夫。其法無他。惟於養性、修心而已。養生之

道。不恖善亦無思惡。以靜為體。以空為用。自在如如。湛然常寂。同於無極之靜。等乎太虛之清。性天心地。相映光明。一團神光。照遍三千大千。觀乎黃庭內境。則景象清幽。白雪滿天。黃芽漫地。丹道之玄。非工夫造詣。無以知其奧。能知之者。便是脫開五行之客。不為命運所拘。不為氣數所縛。萬事由我不由天。一身出世更出塵。天地尚有毀壞。靈性不能滅亡。歷乎源蒙而永在。經乎混沌而長存。吁嗟。人病未識玄機妙奧。不知性命關門。視生死之輕。看榮華為重。三寸氣在。巧走百條路徑。一命嗚呼。深墜三途苦楚。罪業纔清、又復轉輪。輪迴路上。往來不絕。一切皆由心造。萬劫千生。未得返故家鄉。空負慈娘倚門而待。望眼成穿。

　　吾今不忍東林眾生。常沉苦海。永失真道。不辭苦口婆心。說盡玄微妙奧。流傳於世。願爾群倫。早悟玄機大道。將心性以用功。捨有形之物質。守無象之精神。藉假身以修真道。存正氣而養虛靈。蓋人之生。來自南極。死從北極以歸。所以坐胎天靈之蓋先結。則腦神定。而後地穴生。可知生從何來。死從何去。善人之將亡。由足以先冷。氣從頭脫。上升也。惡人之將死。由頭先冷。氣從足脫。下墜也。道煉全丹。性命雙修。得三花之聚頂。圓光朗朗。道氣騰騰。悠久無終。三花者。即三寶之煉成也。千秋不散。萬古長存。變化無窮。佛修一性圓明。精與氣神結為舍利之珠。寂滅涅槃。遺留於世。其寶貴勝乎人間之寶也。

　　光生五彩。憑人氣運興衰。心性善惡。各視不同。金丹舍利之微妙。豈非從道氣以修來。焉得如斯。玄機曾授予人。智者易悟。昧者難明。知而不講不仁也。不知而言無智也。人之在家修道。往往靜難勝動。非被情緣所縛。即為名利之牽。上士之修。動中能靜。可為絕頂功夫。人之出家修道。得乎清閒

自在。白雲深處。豈有塵勞。得得忘機之心。所以易也。豈不聞天下名山僧道占多。許由之避世愛泉石。如病入膏肓。其斯之謂歟。是故。曉樂林泉。其人必壽。而身且閒。世網陳羅。不求解脫。而自脫菩提日長於寸地。塵埃不染境靈台。智藏一身而不用。神隱三谷而無驚。靜無所靜。空無所空。渺人間之幻境。明自身之法相。蓋空之義大矣。是故。金空則響。火空則焰。何況心空不明。

學道參禪。任爾坐破蒲團。非心空而不得。能了三心。自通一竅。既通一竅。自斷六根。既斷六根。自除五蘊。掃八識於無何有之鄉。歷萬劫乎自在之天。世味小酌之人。修真比較容易。所以童女童男。煉道大都成就。乃為陽純之故。男兒十六。陽足而發育興。最要防閒而避邪徑。按白虎以擒住。則修道煉丹。一超直上。女子十四。陰足而濁水下降。身發育以當興。情初開而易動。尤宜凜遵四勿。參玄學道。易斬赤龍。造詣工夫一超直入。無如蚩蚩群黎。悟者寡。而迷者多。晨鐘報曉。遂起慾心。耳為聲。目為色。鼻為臭。口為味。意為情。無所不為外誘矣。雖童男女。則失本善。而習相近。所以性愈離而愈遠。靈山面目已全非矣。

夫人身一小乾坤也。萬物皆備。兩眸為日月。溫度為火。周身暖而氣血行。風雷振作。呼吸運五臟。而激濁揚清。雷者聲也。氣者風也。血者水也。脈道為川流不息。毛髮為草木。至於五臟六經。亦屬乎五行。而毛孔等乎星辰。故有三萬六千神將。以履行藏。可知身非小。而與造化同。然修煉之法。總歸一心。善則身體如春。景象皆宜。惡則如冬。景物盡凋。心正而靜。五炁朝元。病患無從以發。六脈調和。惟修道者能之。脈已調和。精神隨之舒快。故身安命立。則無恐怖。還無顛倒。坐臥起居。泰然自在。不生妄想。久而自然。蓋道在乎

自然而已。非一朝一夕之故。其所由來者漸也。日以甩勉而修。時莫忽略。自能精進。

然非持戒無以成。並非忍辱無以究。心廣如大海然。清濁之流。皆能容納。性闊如太空矣。旋轉之星。盡得掛懸。浩浩巍巍。無際無邊。此則修大我之道也。

堪嘆凡夫。多迷真道。誤入旁門。學仙不知正法。著於求術。不將心上用功。趨乎邪途左道。或念咒書符。或用吐納之功。視虛靜為寂寥。口不持齋。心無戒殺。不體上天以好生。傷殘物命。既違仁德。焉識慈悲。聰明之者。偏為錯事。不養心中之性。專說口頭之禪。誤人誤眾。自欺欺人。縱有為善之人。亦求福報。不解真常之理。無念為宗。所謂迷人。修福不修功。施財捨物。不過造就福德因緣。若非修慧。看破萬般。煉得一身純陽。不雜於陰。制其濁魄。煉乎清魂。則飲食睡眠難免。而色關之犯。豈能戒定。慾火縱時。淫心自起。泄漏元陽。又焉得還精補腦。

煉丹修道。最重精神。是故丹經云。河車旋轉。運坎水以逆流。則取腎中之精。以充於腦。乃煉金丹初步工夫也。夫身若地基。道如大廈。地基不固。大廈難載。不知其法。焉能載道。猶如無筏。未得度人。惟願修真之士。勿入旁左之門。正道是趨。則證聖成真無難矣。

老君說經已畢。卿雲燦爛。瑞靄繽紛。諸仙贊嘆。而作偈曰

先天大道最玄玄
太上慈悲度眾傳
誰肯虛心勤造詣
彌羅玉局列神仙

收經贊

仙師垂訓。玄妙真經。人間醉夢喚回醒。修養真靈。回光照帝庭。皈依王禪老祖鬼谷仙師玄風永振天尊　三稱

回向偈

願消三障諸煩惱　　願得智慧真明瞭
普願災障儘消除　　世世常行菩薩道

王禪老祖玄妙真經　終辛未年 3 月 26 日

第四節　陳英略著《鬼谷子修真大法》

一、一陽來復

修煉法，就是依照宇宙間自然法則的道理，配合了藥物和在內經和黃庭內景經中，提到的有上藥三品，是精氣神。就是用自己的力量，改變自己的身體，一陽來復，生氣就有了，繼續的努力，變為二陽四陰，再進步為三陽三陰，最後達到乾卦，恢復為純陽之體，成為原始的青春狀態。

二、向太陽服氣法

首先照著向太陽服氣法。服氣太陽能，然後閉起眼來，在腦海裏用觀想去描繪陽光滲透於體內，充滿身上每個角落，更溢出於體外與外界的光合流，以至於沉沒於光芒的大海中的情景。人類自從太古時期便敬畏太陽，因此我們仍然知道太陽的光，一定遍近照暗，給萬物以光明與希望。

三、聽天籟

聽天籟乃藉單調、反覆、清音或濁音，以引導入定。其聲

音也是宇宙間之根本事物，無色乃乃世界之本色，無聲乃宇宙之本音。

聽天籟前人謂聽大地之聲音，是聽天地間無音之音。為修煉重要功夫之一，為靈境中另一方面的探索和進取。

四、默想法

默想法之境界為高，神通成就亦甚大，誠所謂神通廣大，法力無邊。但學者切須注意，不可因神通而墜於小道，須學救世，慈航之普度。世界只是一音，一色，一物。法界充滿，一而非二。上上乘智，得上上乘法；幸勿自誤，速立救世之大志。做道流中之志士。救世界之苦厄，挽人類之自殺之戰禍，加德更勝於往聖賢。

五、叩齒法

叩齒——經云：夫叩齒以命神，咽氣以和真。凡存修養上法禮祝之時，皆先叩齒，上下相叩，勿左右也。一呼一吸，令得咽諸氣液耳。此名為呼和真，其法扣齒，上下叩名曰天鼓，左齒相叩名曰天鐘，右齒相叩名曰天磬也。制鬼降魔可叩鐘磬，行道求真叩天鼓也。

經云：叩齒是集真而集神。凡人氣體散，心氣耗，真氣不應，須用集之，所謂叩齒者，擊動天門而神氣應，左叩為鳴天鐘，右叩擊天磬，凡制伏驅降用之，至於當門齒上四下四共八齒相叩，謂之鳴法鼓者，所以通真路上帝，凡朝奏用之：上下三叩，成廿四通，謂之鳴法鼓，常當如此。

叩齒咽液——三洞珠囊云：夫朝睡起，未洗澡之前，平坐漱口唾曰玉泉，令滿口，咽之，即叩齒二七止，又更漱唾如前法，又更叩齒如前法。夫叩齒者，召身內神令其安之，又令人

齒不朽。夫咽液者，令人身體光澤，力壯有顏色，去三尸蟲，名曰煉精，使人長生，若能終身行之得仙也。

又消魔上靈經曰：若體中不寧，當反舌塞喉，漱漏咽液無數，須臾不寧之疴自除，其時亦當覺體中寬和也。咽液又名納律。陳泥丸云：以舌住上腭，覺口內外液自生，漱滿咽，凡納時，正坐存心下有一咽開口，方致之。

六、天眼通

眉間輪一在兩眉之間，印堂稍下的地方，稱為眉間輪。修道，練氣坐的人，在眉間輪氣脈打通後，就會有相似神通的境界，叫做眼通。真有天眼通的人，沒有任何物質的東西可以障礙到他的視野；換句話說，閉著眼睛，隔著墻壁，都可以清楚地看到外界的一切。

七、眂䁝法

莊子外物篇云：「靜默可以補病，眂䁝可以防老。」眂䁝者，以兩手按摩目眥也，雲見子（許通述）云：一、以兩手掩口取熱汗及津液摩面，上下十五遍，食後為之，令華潤。二、以兩手摩拭面，使極熱，令面光澤不皺，行之三年，色如少女，兼明目。

八、導引按摩法

導引按摩乃養生之術，亦為出世工夫之一也。以呼吸俯仰，搖筋骨，動支節，屈伸手足，使氣血充盈，身體輕舉也。漢書張良傳：「良從入關，性多疾，即導引不食穀。」是則養生之外，而又能得長生也。《雲笈七籤》引導引法云：「清旦未起，啄齒二七，閉目握咽，漱漏唾三咽氣，尋閉而不息。自

極，乃徐徐出氣，滿三止，便起。狼踞鴟顧，左右自搖曳不息，自極復三，便起下床。握固不息，頓踵三，還上一手，下一手，亦不息，自極三，又叉手頂上，左右自了戾不息，復三，又伸兩足，及叉手前，卻自極，復三，皆當朝暮為之。能數充善！平旦以兩掌相摩令熱，熨眼三過，次又以指按目四眥，令人目明。按經云：拘魂門，制魄戶，名曰握固，與魂魄安門戶也。此固精明目，留年返魄之法，若能終日握之，則邪氣百毒不能入。」按握固法，屈大拇指於四小指下把之也。

又按摩法云：「摩手令熱，以摩面，從上至下，去邪氣，令人面上有光彩。又法：摩手令熱，以摩身體，從上至下，名曰乾浴，令人辟風邪，勝寒熱，去頭痛，百病皆除。」蓋皆為強健心身之術，造詣深者，進而能得長生也。

九、養形法

改造外氣為精氣的目的，為的是讓精氣在體內循環，以增強體內各器官，促進肉體的活動。因此在宮所製造的精氣，便很快地循環七個精宮（內分泌腺），達到身上的各角落。同時多餘的精氣，便被儲存於各精宮，以備肉體組織的改善強化。由於這些的精氣在體內儲存得多。才能在粗糙物質所構成的肉體組織內，造成精妙的身體。這叫做菱形。

十、頭坐法

在陽光充足的戶外，挑一個適當掩蔽處，脫光下半身實行頭坐法。這時候腳不必向上伸，腰彎曲，將大腿抵住下腹部，下肢在膝部彎曲，使陰部彎曲，使陰部曬到太陽光。在這個姿勢之下，利用觀念之力由肛門吸進氣來，使外氣經過前列腺，睪丸，另根，（女性的話為產道，卵巢）而循環。並且想像到

這些器官逐漸強化的情景。

十一、腹壓強化法

為開發腹腦，首先止強化腹壓，然後再強化太陽神經叢的機能。腹壓強化法如下手續：

1.仰臥下來，雙手很自然地放在胸腹部上面，雙腳不離床上，靜靜地抬起上體，然後雙手不碰床而到原來姿勢，反覆做幾次。

2.仰臥以後，兩腳齊伸與床上或 30 ～ 40 度，照這姿勢持續一全之後，兩腳位置照舊，上體舉起，並將向前伸長以資保持均衡。最後腳尖達到眼睛一般高時，只有臀部乃在床上，然後盡量保持這個姿勢。

3.仰臥下來，兩膝豎地，以後頭部為軸，抬起體軀來，直到膝部到頭部斜變成一直線為止。

4.寬坐之後，由鼻子吸進氣，使上體在心層一帶彎曲而向前倒下去，並使下腹脹成球一般。臉盡量朝著肛門，兩手放在心窩上面，但頂注意不必故意出力。然後由嘴裡吐出氣來讓腹部收縮，照這個所吸法反覆幾十次。

十二、太陽神經叢強化法

腹壓強化之後，太陽神經叢的機能也就自然地活潑起來，現在介紹有效方法兩、三種。

1.臀部放在兩腳之間坐下來，上體倒向後面躺下來，兩手在後頭下面叉交，靜地做腹式深深呼吸。

2.兩腳稍開或直立，兩手握後放在兩邊，由肚子裡可氣一聲同時兩手向後揮動，兩膝曲而上體直立，上體垂直時，雙手背在下由後開向前開出，膝部角度起初為直角，隨著做慣以後

漸漸的深沉，直到後跟與臀部距離十公分為度。臀部盡量向後收，上體保持垂直下腹邊力並不便搖動，當上半身放下邊停止時，使上半身落下的力氣滲透太神經叢。照這個姿勢保持 5～10 秒鐘，然後由鼻子靜靜地吸氣。並且伸著膝部恢復原來站立姿勢，照這樣反覆動作。這個行法保持姿勢不至於離幌為前要緊。如果不能保持姿勢，再多做幾次也是沒有效果。

　　3.所有的服氣法行氣法對於強化太陽神經叢，都具有奇效。首先服氣以後，將首元氣降到尾骨的末端，然後把它導推於最下面的精度一般宮，前列線，在這裡與內元氣混合之後，順著各精宮玄宮、丹宮、心宮、脂宮、命宮上升，因流全身後到脂天黃宮，——松果腺，然後一口氣地降下來，使元碰到太陽神經叢。內觀法對於加強太陽神經叢非常有效在前數章已詳述，故此省略。

　　以上所舉的只不過一小部分而已，除此而外增高腹壓強化太陽神經叢的枝法，再行法體系等，一階段的曾技法生活得以增進，人類的腦子裡仍有許多開發的領域，拋棄知識，並不以我們否定大腦的作用，而在於促進大腦未開發部分的開發，使充分用大腦的機能，以增進一生樂趣為目的。所謂超能力並不是神所賜予，而是高度發揮人類身上各器官的機能的結果。

十三、食餌法

　　食餌法，與一般所說食養法不同，具有特別的意義。仙道的目的在於享受現世的樂趣為目的，自然先要讓肉體維持長久，然而我們肉體組織具有崩壞的必然性，所以應先把身體的組織要素，改變為更精妙的物質，所以首先我們要選擇食物，避免由粗的氣所做成的食品，而盡量進食由精妙的氣所做的食物。這種物是含有多量生氣的食物，如新鮮或生活力旺盛的草

或樹木的新芽嫩葉。

　　至於死肉或老化的食物，既無生氣，並且會速成粗糙的肉體。所應該避免。這是食餌法。

十四、辟穀法

　　辟穀乃斷絕糧食五穀也。莊子云：藐姑射山之神人，不食五穀，吸風飲露。此為辟穀說之所本。據列仙傳云：斷食米糧，以除穀氣，呼吸導引，吐故納新。是也。大日經云：汝欲不死，腸中無滓，謂辟穀則無滓濁，可以長生也。然抱朴子雜應篇則云：斷穀人止可息餽糧之費，不能獨令長生也。蓋道書謂：神仙以辟穀為下，然卻粒則無滓濁而不漏，因而亦可入道也。故雲笈七籤有神仙絕穀食氣經；與道藏洞玄部及靈寶淨明院頁師密語詣，枕中記、抱朴子雜應篇等，均有絕穀丸丹之方，以為服食之，可以卻穀。

　　按辟穀僅為入道初步之工夫，其法仍以服氣為主，以久定為用。蓋神不用則不散，自然可濟飢渴，如動物之冬眠，故辟穀須善服氣為上也。

第五節　黃樹枝著《中國文化大熔爐‧鬼谷子思想學說與中華文化大熔爐》

摘自混元禪師指導、黃樹枝教授撰《中華文化大熔爐》

一、鬼谷子思想學說上承周易文化

　　鬼谷先生，姓王名詡，戰國晉平公時人。人稱智聖王禪老祖，聖號玄風永振天尊。隱居鬼谷，因而得名。鬼谷，即現今河南省淇縣雲夢山。雲夢山位於華北大平原與黃土高原的交匯處，是太行山的餘脈，由劍秀峰、桃圓峰、龍王峰和玉帝峰等

幾個主峰所組成，海拔不足六百公尺，但卻群山拱環清溪蜿蜒，素有人間仙境之稱。而鬼谷祠、水簾洞及其周遭包括崖壁等卻充滿無盡的文化氣息。

水簾洞旁的兩句楹聯：「天開道眼，山透玄心」，予後人以無限的遐思與啟迪。它象徵雲夢山的地靈人傑與文化脈絡的根源，也象徵天人合一理想境界的追尋與踐行。「天人合一」是我中華民族傳統文化的基本內涵。

相傳鬼谷子在此創辦兵家學校，收徒授藝，將兵法傳授給孫臏、龐涓，將說服術傳授給蘇秦、張儀，將長生術傳授給茅濛，將治國與仙道之術傳給徐福，將經商術傳授給計然。將周易卜巫之學傳授給天傑、地靈兩兄弟，為其講授周易，教其觀及象、星相、面相、推命諸法；並送天傑以《鬼谷子觀氣色出相圖》及《鬼谷子天髓靈文》各一卷，送地靈以《鬼谷先生五命》及《鬼谷子天甲兵常禳術》；俟後，周易卜巫學由二兄弟傳至司馬季主，再代代傳至唐氏李虛中，經李虛中整理注釋成《李虛中注鬼谷子命書》，該書成為星命家之經典（房立中，1994）。

文獻記載，鬼谷先生除精通易經、兵學、遊學、養身學外，當年在雲夢山辦學時，經常帶領弟子到劍秀峰、太陽洞觀星象、看日出，窺測天時，研究天體運行、斗轉星移的規則。再根據長期觀察研究結果，為天空星座命名，並根據斗轉星移規則，結合農時季節，歸納出許多可用以指導生產、安排生活的實用性諺語。

至今兩千多年來，仍為中原人民用來作為指導生活、生產的法則。其匡世濟民的風範，至今仍令人緬懷不已。

歷來學者對其之讚譽，更是發自肺腑。如石同勛先生曾撰聯曰：「縱橫之術九流十家譽中外，兵學之道三韜六略冠古今」

「數學兵學遊學出世學學之不盡，軍戰心戰謀戰外交戰戰之必勝。」此更說盡了鬼谷先生的博才大略，無人能及。

鬼谷先生將中華周易文化予以傳承，使中華文化得以綿延不斷，源遠流長，其在歷史上的貢獻是不容抹滅的。

二、《鬼谷子》一書是鬼谷子思想學說的核心

鬼谷子思想學說涵蓋四大層面，一曰數學：日星象緯，在其掌中，占往察來，言無不驗。二曰兵學：六韜三略，變化無窮，布陣行兵，鬼神不測。三曰遊學：廣記多聞，明理審視，出詞吐辯，萬口莫當。四曰出世：修真養性，服食導引，卻病延年，衝舉可俟（明·馮夢龍·東周列國志）。

《鬼谷子》一書三卷共十五篇，傳說中的「無字天書」中，被視為兵怯及縱橫之術的十三篇，即是《鬼谷子》一書中的上、中二卷；而被視為「養性修真大法」的本經陰符七術，則是《鬼谷子》一書中的下卷。因之，《鬼谷子》一書可謂是鬼谷子思想學說中的核心體系。

台灣學術各界對該書的整體內容架構及其實用性皆十分推崇。史學家崇奉其救世濟民的獨特風格。文學界贊賞其遊學法則及在遊學過程所呈現的說辭與議論談辯技巧的運用。傳播學界稱其學說是中國說服理論的大綱，是一套完整的談判理論，並稱「鬼谷子應可稱為說服傳播的鼻祖」。心理學界的研究則積極肯定其學說是當今科學心理學的中國哲學源頭，並稱《鬼谷子》一書是一部實用心理學大典。

實則，《鬼谷子》一書，由不同角度、不同背景、不同專業領域研究之，皆可獲不同的示現與啟發，皆可有不同的收穫，論說該書是一部「百科全書」，亦不為過。是哲學，是兵學，是說服傳播學，是經貿管理學，是組織領導學，是教育輔

導學，是人際關係學……可用之於政治軍事外交，亦可用之於經濟商貿教育；可用之於個體人際互動，亦可用之於團體國際互動；可用之於個人修身養性，亦可用之於治人、治家、治國、治天下。鬼谷子思想學說與周易同為中華文化大熔爐之基石，當之不疑。

三、《鬼谷子》一書是 21 世紀文化經典

21 世紀是一科技高度文明的世紀，也是國與國、社會與社會、人與人間衝突競爭日益激烈的世紀。《鬼谷子》一書，闡明宇宙天地法則，人與人間互動法則。善用之，則人際和諧、社會祥和、天下太平，是解決人際衝突的寶典，值得再度弘揚。故試以社會心理學的核心課題——人際互動角度切入研究。

社會心理學中有關人際互動的理論甚多，其中 Thibaut & Kelley 的社會交易理論，即強調人際互動關係的進展與持續，係由彼此雙方互動結果的內在主觀滿足感來論定。其所持之法則與《鬼谷子》一書所主張甚多契合。在人際互動中，不論單向或雙向，皆有主客體之別。《鬼谷子》一書上、中二卷十二篇，篇篇皆論及主客體的關係，並以達成天人合一，人際和諧為準則，是故，《鬼谷子》一書，以「捭闔」置第一，蓋「捭闔」之道即是天地之道，天人合一之道。

《鬼谷子》一書，由第二篇「反應篇」至第十一篇「決篇」，皆依捭闔之道論述主客體間的互動關係，亦即「聖人之行」，包括主體知覺者之道，客體被知覺者之道及主客體相互知覺之道。其間過程所運用的策略或技巧，皆與現今社會心理學研究課題中的競爭與合作行為，所採用的交涉（bargain）與協調（negotiation）策略，不謀而合，包括設法探索對方的利益程表（utility scheduls），設法隱瞞自己的利益程表以及操弄對方的交

涉立場等。

這些策略，皆可由《鬼谷子》一書中搜尋出。因之，可以肯定地說，當今社會心理學的交涉協調策略，實則即是鬼谷子捭闔理論體系的應用。用之於處理兩人或兩團體間的利害衝突即可達成確定雙方應讓或應得的一致性意見，以免導致兩敗俱傷的結果。

唯在現實生活中，發生利害衝突的常不只是兩人或兩個團體，如戰國時期的諸侯間的爭霸問題及現今發生的國際衝突問題。這類問題的解決通常需要透過「聯盟」（coalition）的組織形態來達遂各自的利益考慮，其間過程當需透過交涉與協調來完成，亦即結合彼此資源以抵制競爭的其它人或團體，以達成共同目標。鬼谷子思想體系中的「縱橫學說」即論述此一課題。

由是觀之，《鬼谷子》一書，於古於今皆適用。鬼谷先生在兩千多年前所展現的睿智與謀略，至今仍無人能及。是故，《鬼谷子》一書，政治軍事外交學者研究之，國際商貿經濟學者研究之，教育心理輔導學者、大眾傳播學者亦研究之。《鬼谷子》一書的整體架構，雖依「篇」呈現，但其篇篇間卻是交互作用，並以「捭闔之道」統貫之。茲陳述如下：

1. 捭闔第一 ──論天地人三才之道

(1) 天地之道

曰：「捭闔者，天地之道」「捭之者，開也，言也，陽也。闔之者，閉也，默也」「捭之者，料其情也。闔之者，結其誠也」「故捭者，或捭而出之，或捭而內之。闔者，或闔而取之，或闔而去之」「即欲捭之，貴周；即欲闔之，貴密。周密之貴微，而與道相追」。

又曰：「捭闔之道，以陰陽試之」「捭闔者，以變動陰陽，四時開閉，以化萬物；縱橫反出，反覆反忤，必由此矣」「陰

陽其和，終始其義」「陰陽相求，由捭闔也。此天地陰陽之道，而說人之法也。為萬事之先，是謂圓方之門戶。」

(2) 聖人之道

曰：「粵若稽古聖人之在天地間也，為眾生之先，觀陰陽之開闔以名命物；知存亡之門戶，籌策萬類之終始，達人心之理，見變化之朕焉，而守司其門戶」。論「變化」曰：「變化無窮，各有所歸，或陰或陽，或柔或剛，或開或閉，或弛或張。是故聖人一守司其門戶，審察其所先後，度權量能，校其技巧短長」。論「人」曰：「夫賢、不肖；智、愚；勇、怯；仁、義；有差。乃可捭，乃可闔，乃可進，乃可退，乃可賤，乃可貴；無為以牧之」。論「心」曰：「口者，心之門戶也。心者，神之主也。志意、喜欲、思慮、智謀，此皆由門戶出入。故關之以捭闔，制之以出入。」

2. 反應第二——論為君之道，領導者之道，主體之道

(1) 善反觀

人的反應來自刺激，含內在與外在，也含過去與現在，且具連續性。故曰：「古之大化者，乃與無形俱生，反今觀往，覆以驗來；反以知古，覆以知今；反以知彼，覆以知此。動靜虛實之理不合於今，反古以求之。」

人的反應有動靜虛實，故須就事論事，由多角度觀之。故曰：「言有象，事有比」「象者，象其事。比者，比其辭」「其釣語人事，得人實也」「多張其會而司之，道合其事，彼自出之」「己反往，彼覆來，言有象比，因而定基，重之、襲之、反之、覆之，萬事不失其辭。聖人所誘愚智，事皆不疑。」

(2) 善反聽

互動之主體，欲了解客體，首須知己，以先定為之法則。故曰：「己欲平靜以聽其辭，察其事，論萬物，別雄雌」「故知

之始己，自知而後知人也」「己先審定以牧人，策而無形容，莫見其門，是謂天神」。如何「知人」，曰：「若探人而居其內，量其能，射其意；符應不失」，此觀點與當今完形心理學者 Lewin 所提之場地理論中的 Inside 概念，強調走人對方內心世界的觀點極其相近。

如何「牧人」，鬼谷先生提出「善反聽」的概念。曰：「故善反聽者，乃變鬼神以得其情。其變當也，而牧之審也。牧之不審，得情不明。得情不明，定基不審」又曰「變象比必有反辭以還聽之。……此聽真偽，知同異，得其情詐也……以反求覆，觀其所托，故用此者。」

3. 內揵第三——論人臣之道，被領導者之道，客體之道

由團體組織效能看，團體目標的達成，除領導者的領導取向外，更有賴領導者與被領導者間的良好關係的建立。用之於行政體系科層化的今日，「內揵第三」強調的是被領導者在組織系統中應持的角色行為與應有的角色扮演。

它關係與領導者間感情的親疏與去就。故曰：「君臣上下之事，有遠而親者，近而疏者；就之不用，去之所求；日進前而不禦，遙聞聲而相思」，又曰：「故遠而親者，有陰德也。近而疏者，志不合也。就而不用者，策不得也。去而反求者，事中來也。日進前而不禦者，施不合也。遙聞聲而相思者，合於謀待決事也。」

何謂「內揵」，曰：「內者，進說辭也。揵者，揵所謀也。何時「內揵」，曰：「事皆有內揵，素結本始」「方來應時，以合其謀。詳思來揵，往應時當也」。

如何「內揵」，曰：「欲說者務隱度，計事者務循順」「夫內有不合者，不可施行也」「事有不合者，聖人不為謀也」「故聖人立事，以此先知而揵萬物。」

「內揵第三」，除重視說辭謀略之時機與技巧外，也重視內揵者個人自身的修為。故曰：「由夫道德仁義，禮樂忠信計謀，先取詩書，混說損益，議論去就。欲合者用內，欲去者用外。外內者，必明道數」。內揵者，猶如古之行官。史書記載，「古之行官」博學多能，並飽讀詩書，內揵者，進辭說謀，亦復如是，此乃聖人之行。

4. 抵巇第四——論處世之道

宇宙萬物生生不息，變化是常，惟變中有常。故曰：「物有自然，事有合離。有近而不可見，有遠而可知。近而不可見者，不察其辭也；遠而可知者，反往以驗來也」。

何謂「抵巇」，曰：「巇者，罅也。罅者，澗也。澗者成大隙也。巇始有朕，可抵而塞，可抵而卻，可抵而息，可抵而匿，可抵而得，此謂抵巇之理。」

如何「抵巇」，曰：「自天地之合離終始，必有巇隙，不可不察也。察之以捭闔，能用此道，聖人也」。是故，曰：「聖人見萌芽巇隙，則抵之以法。世可以治，則抵而塞之；不可治，則抵而得之。」「世無可抵，則深隱而待時；時有可抵，則為之謀；可以上合，可以檢下。能因能循，為天地守神。」

5. 飛箝第五——論影響之道

何謂「飛箝」，意即造作聲譽以飛揚之，再運用技巧以箝制之。一方面提升自己的吸引力、價值與權力，一方面也增加對方對己的依賴性，並進而避免對方做出不利的行為。此策略之所以能獲致成功，主要基於人有喜歡並重視他人給予恭維、顯揚、順服及施惠的心理。此即社會心理學中的所謂「策略性的自我表現」，它是屬私自設計的一套策略行為，被用於影響一個特定對象，使其對施策者的行為作有利的歸因判斷。在人際互動中，它有時是屬不得不為的策略應用，尤其當雙方權力

不平衡時，常為權力較弱的一方所使用，期改變對方態度，以完成整體目標。

如何「飛箝」，曰：「引鉤箝之辭，飛而箝之」「其不可善者，或先徵之，而後重累；或先重以累，而後毀之；或以重累為毀；或毀以重累。其用或稱財貨、琦偉、珠玉、璧帛、采邑以事之。或量能立勢以鉤之；或伺候見間而箝之，其事用抵巇。」

影響對象，包括上欲輔佐之君主，也包括下欲探納之才俊人士。用之於人君或領導者，曰：「必度權量能，見天時之盛衰，制地形之廣狹，岨險之難易，人民貨財之多少，諸侯之交孰親孰疏，孰愛孰憎，心意之慮懷。審其意，知其所好惡，乃就說其所重，以飛箝之辭，鉤其所好，乃以箝求之」。用之於人臣或才俊之士，曰：「則量智能、權材力、料氣勢，為之樞機，以迎之、隨之，以箝和之，以意宣之，此飛箝之綴也。」

6. 忤合第六——論調和之道

事有合反，忠不兩施；與此相合，則與彼相忤；合於此，則忤於彼，是故忤合之道在「知天命之箝，故歸之不疑」，在「反覆相求，因事為制」，在「成於事而合於計謀」。故曰：「是以聖人居天地之間，立身、御世、施教、揚聲、明名也；必因事物之會，觀六時之宜，因知所多所少，以此先知之，與之轉化」，又曰：「古之善背向者，乃協四海，包諸侯忤合之地而化轉之，然後求合。」

如何「求合」，曰：「其術也，用之於天下，必量天下而與之；用之於國，必量國而與之；用之於家，必量家而與之；用之於身，必量身材能氣勢而與之；大小進退，其用一也。必先謀慮計定，而後行之以飛箝之術」。此外，忤合者，亦需「自度材能知睿，量長短遠近孰不如，乃可以進，乃可以退，乃可

以縱，乃可以橫。」

7. 揣、摩、權、謀、決──論權變之道

此五篇，基本上乃是歸結前五篇的權變應用。與現今領導學中的權變理論頗相接近。根據 Fiedler 的權變理論，領導者在領導過程中，採用何種領導取向，端視其所處的情境對其是否有利程度而定，包括領導者職權的強弱、工作的有無結構以及領導者與部屬間關係的好壞。依此，則本五篇所論者，即是權變理論的應用。其基本法則，則採易經中的「變易」之道，亦即易經繫辭傳中的所謂變通之理。何謂「變通」，《易經‧繫辭》有云：「一闔一闢謂之變，往來不窮，謂之通」「化而裁之謂之變，推而行之謂之通」「通其變，遂成天地之文」「易，窮則變，變則通，通則久」「變通者，趣時者也。」

(1) 揣篇第七

揣者，量權揣情也。「故計國事者，則當審權量」，以知天下權之強弱輕重；「說人主，則當審揣情」，以知其隱匿變化之動靜。其中，揣情乃「謀之大本也，而說之法也」「最難守司」，惟「古之善用天下者，必量天下之權，而揣諸侯之情。」

如何「揣情」，曰：「揣情者，必以其甚喜之時，往而極其欲也；其有欲也，不能隱其情。必以其甚懼之時，往而極其惡也；其有惡也，不能隱其情」。又曰：「情欲必出其變」「夫情變於內者，形見於外，故常必以其見者而知其隱者，此所謂測深探情。」

(2) 摩篇第八

「摩者，揣之術也。內符者，揣之主也」「摩之在此，符應在彼」。如何使內符應外摩，曰：「用之有道，其道必隱」「古之善摩者，如操鉤而臨深淵，餌而投之，必得魚焉。故曰：主事日成，而人不知；主兵日勝，而人不畏也。聖人謀之於陰，

故曰神；成之於陽，故曰明。」又曰：「故謀莫難於周密，說莫難於悉聽，事莫難於必成；此三者唯聖人然後能任之。」謀欲周密「必擇其所與通者說也，故曰：或結而無隙也」。事欲成，則「必合於數，故曰：道、數與時相偶者也」。言欲悉聽，則「必合於情，故曰：情合者聽」。是故「摩之以其類，焉有不相應者；乃摩之以其欲，焉有不聽者。」

(3) 權篇第九

權者，權衡輕重或衡量事物，以為說之法也。曰：「故口者，機關也；所以關閉情意也。耳目者，心之佐助也；所以窺視奸邪。故曰：參調而應，利道而動」「物有不通者，聖人故不事也。」

本篇論說之法有五：「佞言」、「諛言」、「平言」、「戚言」、「靜言」。如何「說法」，① 視對象而定，曰：「故與智者言，依於博；與博者言，依於辨；與辨者言，依於要；與貴者言，依於勢；與富者言，依於高；與貧者言，依於利；與賤者言，依於謙；與勇者言，依於敢；與愚者言，依於銳；此其術也。」② 視情境而定，曰：「言其有利者，從其所長也；言其有害者，避其所短也」。又曰：「談者亦知其用而用也。故曰：辭言有五：曰病、曰恐、曰憂、曰怒、曰喜。……此五者精則用之，利則行之。」

(4) 謀篇第十

謀者，設立計謀也。如何設立，曰：「凡謀有道，必得其所因，以求其情；審得其情，乃立三儀」又曰：「夫度材、量能、揣情者，亦事之司南也」「相益則親，相損則疏，其數行也，此所以察異同之分也。」

如何「謀」，因人因事裁之，曰：「夫仁人輕貨，不可誘以利，可使出費；勇士輕難，不可懼以患，可使據危；智者，達

於數，明於理，不可欺以誠，可示以道理，可使立功，是三才也。」

「謀」如何用，曰：「計謀之用，公不如私，私不如結；結比而無隙者也；正不如奇，奇流而不止者也」「故陰道而陽取之。故去之者，從之；從之者，乘之。貌者不美又不惡，故至情托焉」「故聖人之道陰，愚人之道陽。……言有之曰天地之化，在高與深；聖人之制道，在隱與匿，非獨忠信仁義也，中正而已矣。」

(5) 決篇第十一

決者，決疑斷惑也。曰：「決情定疑，萬事之基，以正治亂，決成敗，難為者」。如何「決」，曰：「聖人所以能成事者有五：有以陽德之者，有以陰賊之者，有以信誠之者，有以蔽匿之者，有以平素之者。……於是度之往事，驗之來事，參之平素，可則決之」。何者可「決」而助之，曰：「王公大人之事也，危而美名者，可則決之；不用費力而易成者，可則決之；用力犯勤苦，然不得已而為之者，可則決之；去患者，可則決之；從福者，可則決之。」

決情定疑，難為，「故先王仍用蓍龜者，以自決也」。此意謂應用權變之道者，應研習易經占卜，以為天人合德，並為天地守司其門戶。

8. 總　覽

《鬼谷子》一書是一門捭闔學，也是一門經世致用實學。全書各篇皆以「捭闔」為主軸，探討天地人法則，並以權變為其策略，以為天地守神為其核心，以天地人三極一貫為其理想，「捭闔」之意涵及其精神融貫於各篇脈絡中。

《鬼谷子》一書最後四篇，符言第十二、本經陰符七術、持樞及中經等可視為前述各篇之總結。其中「符言第十二」論

修己牧民之道，本經陰符七術在借由修身養性工夫以體察「體用如一」之道；持樞則再論「天人合一」之道，而中經則歸結由「內」，由「中」以經外的法則包括：「見形為容，象體為貌」、「聞聲知音」、「解仇鬥郤」、「綴去」、「卻語」、「攝心」、「守義」等；並強調道貴制人，不貴制於人。制人者，握權。制於人者，失命。此與社會心理學人際互動交易法則中之「資源類別交易法則」所強調的「權力遊戲問題」頗相符合。

所謂「權力遊戲問題」，實則即是面子問題。亦即個人所擁有資源愈多，影響力愈大，面子愈大；面子大者，制人，面子大者，握權。

四、縱橫學說是鬼谷子思想學說的實踐

1. 鬼谷先生是縱橫學說的鼻祖

活躍於春秋戰國政治舞台的縱橫學說，以現今心理學的觀點論之，即是「訊息說服與態度改變」策略的應用。根據「訊息說服與態度改變」理論，欲運用訊息說服成功達成對方態度的改變，必須掌握三大變項：

一是說服者，包括說服者的可信度及吸引力；二是訊息內容及呈現方式，包括是採情緒訴求或理性訴求，是用單面論證或雙面論證，是探起始效應（primacy effect）或近時效應（recency effect）以及如何才能產生臥車效應（sleeper effect）和需不需要明白下結論等；三是訊息接收者，包括收訊者對傳播訊息的選擇性曝光，收訊者立場與傳播訊息立場的差距，以及收訊者的說服感受性等。

其間是一複雜的訊息傳播結構互動過程，當時的現場情境的影響，也是一重要變項。因此，說服者本身需具有專家身份或擁有法定權力，始能具有可信度，包括所受的教育、專業訓

練、經驗及社會背景等。

　　研究發現，古之縱橫家多為彼時之俊傑，天下之奇才，足智多謀，善於辭令，使於四方，「折衝樽俎之間，決勝千里之外」。如蘇秦合六國為縱以擯秦，張儀散六國為橫以事秦，同術而異其用。縱橫之名所由盛，蘇張二人集大成，二者皆本於六藝，出於詩教。因之，論及縱橫學說，多以蘇秦、張儀的合縱連橫說為代表。

　　史書《史記》記載，蘇秦、張儀事師鬼谷先生，是將鬼谷子思想學說用之於社會政治情境的實踐者。鬼谷先生被尊稱為縱橫家的鼻祖。《鬼谷子》一書內涵鬼谷子思想學說中的遊學、兵學、易學及出世學。

　　中國大陸學者鄭鐵生教授（2003）研究《鬼谷子》一書，謂該書蘊含深厚的謀略思想，包括謀略思維之根源在於道，謀略思維之原則在於貴周密，謀略思維之方式在以陰陽試之，並特重謀略主體的素養。相當深刻掌握該書的基本精神，亦是縱橫學說的應用之道。

　　歷史上對縱橫家的論述，始於《淮南子‧要略訓》。司馬遷的《史記》則以大量篇幅為縱橫家立了專傳，如《蘇秦列傳》《張儀列傳》等等，傳中具體記述與評價縱橫家的言行思想。而劉向整理編輯的《戰國策》則是史上第一部專載縱橫家言論事跡和思想活動的著作。根據史書記載，縱橫家為春秋戰國九家之一《劉向‧別錄‧諸子略》，出於先秦王官之學《劉歆‧七略‧諸子略》，出於古行人之官《淮南子‧要略訓》；《漢書‧藝文志‧諸子略序》。

　　行人者，行於四方，執節出使，守禮儀之官也。春秋時代之行人，淵源於儒學，故博學多能，六藝六儀為必修，屬志潔行廉，守禮重義，忠貞不二之士。戰國時期，禮崩樂壞，與春

秋已大異其趣，故戰國時期的縱橫家與春秋時之行人比之，較具獨特風格，是時代使然。

2. 縱橫學說的實踐奠基於客觀歷史條件

先秦戰國時期，國無常君，士無常主，社會兼併戰爭激烈。富國強兵、轉危為安、救亡圖存，是當時一切國家的重要國策，政治外交活動成為決定一國存亡的先機。在各列強諸國皆認同中華大傳統文化背景的前提下，縱橫家周遊列國，干說人主，其「化解干戈息戰爭」的貢獻，不容抹滅。

史書及研究縱橫家的歷史學者，對縱橫家言行思想的評價，向是貶多褒少，毀多譽少。實則，縱橫家馳騁列國，其縱橫學說對中華文化發展的影響，值得重視。就以代表人物蘇秦、張儀的合縱連橫說而論，戰國時期，諸侯爭霸，兼併戰爭迭起，縱橫學說的提倡與付諸實踐行動，使秦統一，方有天下的太平，傳統中華民族文化才得以綿延不絕。

西漢武帝，罷黜百家，獨尊儒術，至封建社會結束的數千年歷史長河中，縱橫家雖不再具思想文化的主導地位，但其思想文化及其獨具風格的行動人生哲學，仍對眾多歷史人物產生重要影響，甚且成為某些歷史人物一生中的主導文化。其言詞的詭奇明快、雄肆豪放，在中國歷史上產生極廣泛的作用；而其善談辯謀略的學養，更是國際軍事、外交所不可缺。

顧念先先生在其《縱橫家研究》一書中，即謂：「立國不可無外交，折衝樽俎之間，決勝千里之外，惟縱橫家優為之。倘吾人能師縱橫家語言辯給之術，而用之於和平，用之於政治、外交，或用之於軍事兵謀以及戰略戰術；不以侵略是尚，而以自救、救人、救世界為目的，則縱橫之術，有足取者，故縱橫家學術之研究，有其特殊之必要」。又謂「為六國謀秦，不出於縱，為秦謀六國，不出於橫，一縱一橫，乃當日必然之

趨勢，研究縱橫家之言，為發揚中華文化所必須」。

研究發現，史學者對縱橫家的評論之所以貶多褒少，乃由於判斷角度不同所致。縱橫家所呈現的獨特言行思想及作風，實是環境使然，是當時大環境快速變化所趨，實非個人人品問題。因之，評其為「棄仁義用詐諼」「上詐諼而棄其信」，實有欠公平。觀諸當時國際情勢風雲變幻莫測，今日之盟友，明天可能是敵人；昨日奉行合縱，今天可能重行連橫。縱橫之說起，即在切合時宜，為救時之急，為的是轉危為安，救亡圖存。

再則，外交重信義，但在戰國，仁義已不行於當時。是時乃兵家之冷戰，兵不厭詐，是故，權謀詭諼不忌。蓋因，所處情境不同，設心即各異，此乃必然之趨勢。

因之，對於先人思想言行的評論，以站在對方當時的社會政治情境及當時整體情境的價值取向去評斷，應較為客觀。傅劍平先生在其論著《縱橫家與中國文化》一書中，即謂「應當承認任何文化的價值都不會是一個穩定不變的常數，而是取決於用什麼樣的價值觀念去衡量、去評價。而歷史的變遷，觀念的更新，文明的進步與倒退，民族成分的融合與分離等因素都會改變觀察問題的角度，從而引起價值觀念的變異，導致對同一觀察研究對象價值評估的浮動」。

3. 縱橫學說與儒家相為表裡

文獻記載，縱橫家的倫理道德與儒家傳統相對立，並論說縱橫家欠缺倫理道德，亦有失公道。鬼谷先生被尊為縱橫家的鼻祖，縱橫家的縱橫學說源自於鬼谷子思想學說。「法天與聖」「闡儒道釋行中庸」是鬼谷先生思想的核心。道德仁義、禮樂忠信及中正誠行是鬼谷先生對其弟子的最基本要求。

試看蘇秦對「仁義」的看法：《戰國策・燕策》有云：「燕王曰：『然則仁義不可為與？』對曰：『胡為不可。人不信則不

徹，國無義不王。仁義所以自為也，非所以為人也。』又曰：『且夫信行者，所以自為也，非所以為人也。皆自覆之術，非進取之道也。且夫三王代興，五霸迭盛，皆不自覆也』」。其強調的是，唯個人道德倫理的圓滿，始能實現「禮制仁學」的善政，實則，即是儒家哲學中強調的修身、齊家、治國、平天下的內聖外王之學。

再看蘇秦的治國之道，其謂「安民之本，在於擇交；擇交而得，則民安；擇交不得，則民終身不得安」《戰國策·趙策》。亦即縱橫家重視的是富國強兵之道與救亡圖存之術，故有張儀、甘茂之注重蜀中的經濟開嶺，范雎的力主加強秦國內政建設。縱橫家的外交政治路線是審時度勢，並充分著眼於考慮國家眼前利益與長遠利益後再加以調和處置的結果。

再論「擇交」，其所秉持者，實則即是將當今社會心理學中，有關人際互動的兩大法則：一是社會公平交易法則，二是資源類別交易法則，實際應用在當時社會政治外交情境中而已，所為者仍是轉危為安與富國強兵。

顧念先生在其《縱橫家研究》一書中，即謂：「秦有席捲天下之意，併吞八荒之心，幸蘇秦出而結之，合縱締交，使六國為一，會盟而謀弱秦，秦人恐懼，不敢窺兵於關中者十餘年。惜蘇秦死，縱約解，向之六國終為張儀之連橫外交政策所擊破，諸侯割地賄秦終至六王畢，四海一。」

再看《鬼谷子》一書，鬼谷先生在書中，亦一再地闡述天地之道及明天道立人道，天人合一，天人合德的儒家哲學。如內揵第三，曰：「夫道德仁義，禮樂忠信計謀，先取詩書……必明道數」。抵巇第四，曰：「事之危也，聖人知之」「聖人見萌芽巇罅，則抵之以法。世可以治，則抵而塞之；不可治，則抵而得之；……五帝之政，抵而塞之；三王之事，抵而得之」，

又曰：「聖人者，天地之使也。世無可抵，則深隱而待時；時有可抵，則為之謀，為天地守神」。忤合第六，曰：「古之善背向者，乃協四海，包諸侯忤合之地而化轉之，然後求合。故伊尹五就湯，五就桀，而不能有所明，然後合於湯。呂尚三就文王，三入殷，而不能有所明，然後合於文王。此知天命之箝，故歸之不疑也」。謀篇第十，曰：「故先王之道陰……非獨忠信仁義也，中正而已矣」。符言第十二，曰：「德之術曰勿堅而拒之，許之則防守，拒之則閉塞」「用賞貴信，用刑貴正，……誠暢於天下神明」。持樞，曰：「人君亦有天樞，生、養、成、藏，亦不可干而逆之；逆之者，雖盛必衰。此天道，人君之綱也。」

　　史學家章太炎先生在其《諸子學略說》中，論及縱橫家對中國文化的影響時，亦闡明儒學流於縱橫，其謂：「儒家不兼縱橫，則不能取富貴。縱橫之術，不用於國家，則用於私人。……韓愈以儒者得名，亦數數騰言當道，求為援手。乃知儒與縱橫，相為表裡，猶手足之相支，毛革之相附也。」

　　儒家與縱橫家淵源及關係密切，縱橫學說與儒學同屬中華傳統文化的組成部分，同是創造現代中華文明的古文化遺產。

4. 鬼谷子思想學說是中華文化大熔爐之基礎

　　縱橫家尊稱鬼谷先生為縱橫學說的鼻祖，縱橫家是鬼谷子思想學說在遊學、兵學及易學等方面的行動實踐者。戰國時期王綱解紐，君德淺薄，為之謀略者，不得不因勢以為資。其所謀者扶急持傾，為一切之權。雖不可以臨國，教化興革，亦為救急之勢。借其利口，常使「甲兵不出而勝敵國，衝櫓不施而降邊城」。其影響及作用力，不論在軍事、外交，甚或作為學術研究，皆有其不可抹滅的價值。

　　《劉向‧戰國策‧目錄》敘有云：「周室自文、武始興，崇

道德，隆禮義，故仁義之道，滿乎天下。遠方慕義，莫不賓服。及春秋之後，眾賢輔國者既沒，而禮義衰矣。是以王道遂而不興。故曰「非威不立，非讓不行。」至秦孝公捐禮讓而貴戰爭，棄仁義而用詭譎，苟以取強而已矣。……雖有道德不能施謀，故孟子、荀卿儒術之士，棄捐於世。……縱橫短長之說起」。又云：「是以蘇秦、張儀、公孫衍、陳軫、蘇代、蘇厲之屬，生縱橫長短之說，左右傾倒，蘇秦為縱，張儀為橫，橫則秦帝，縱則楚王，所在國重，所去國輕。」

史書記載，謂縱橫家「其智有過人者……毋令徒蒙惡聲焉」「皆高才秀士」（《史記·蘇秦列傳》，《張儀列傳》，《戰國策·書錄》）。彼等所為縱橫捭闔之說，皆由觀察當時局勢及人君心理而發。其「富國強兵，擇交安民」的政治理念及「縱橫開拓，進取為人」的思想精神乃為後世所取法。其各自以深邃睿知將政治理念及思想精神，藉實際行動力直接投身於現實社會，去治國平天下的人生哲學，亦為後世之典範。而其所顯揚的遊「士」的主體個性創造及個性尊嚴的維護，對後世新人文主義和新理性主義的萌芽與發展，亦產生積極的催化作用。

總而言之，縱橫家將縱橫學說成功地實踐在社會、政治、軍事、外交及經濟等各層面的貢獻，及其進取為人，勇於開拓的價值取向，已深植成為中華文化的內在結構與精神，鬼谷子思想學說是中華文化大熔爐之基礎，亦由此獲得明證。

第六節　房立中：《鬼谷子養生學說及其實用價值》

歷來談養生者，無不言老子、莊子，而很少有人提及鬼谷子。然而，鬼谷學派的養生學說無論系統性，還是實用性，都

不在老、莊之下。

　世傳鬼谷子的四門學問之一就是出世學，即「修真養性，服食引導，袪病延年，沖舉可俟。」這些不過是一種傳說，還不足為憑，真正能代表鬼谷子學派養生理論的，主要是《本經陰符七術》。《本經陰符七術》與《鬼谷子》其他部分的風格截然有別。歷代學者多以為是後人的附會，也有人認為很可能是「鬼谷先生」向弟子們傳授的另一本古《陰符》，而被後人附於《鬼谷子》之後，誤以為是一體。不論哪一說法成立，都大體上可以認定，《本經陰符七術》應是一部有別於《鬼谷子》的獨立內容。這部分內容與鬼谷子的學說長期共同流傳，有廣泛影響。以鬼谷子為祖師的縱橫家們都是現實主義者。「時有可抵，則為之謀」。「世無可抵，則深隱以待時」。世稱縱橫家「一怒而諸侯懼，安居而天下息」。在「世無可抵」的安居之時，縱橫家們便是山中宰相、世外高人。當此之時他們既是著書立說教徒授藝的理論家，又是服食引導修真養性的仙家。鬼谷子就是這樣一個人物，傳說他嘗入雲夢山採藥，顏如少童。他們選擇的隱居之所都是人跡不逢、飛塵罕至的人間仙境。

　鬼谷學派的養生理論本屬於樸素的經驗總結，但在後世的流傳和附會中分別被引入了不同的境地，醫家講服食引導、仿生鍛鍊。仙家則講沖舉成仙、長生不死。所有這些不過是後人的發揮。從《鬼谷子》一書的內容來看，鬼谷養生的主要觀點是精神與物質並用，追求延年益壽、長生不老。

　《鬼谷子》一書有《本經陰符七術》，其中有「盛神」、「實意」、「養志」之說，在《持樞》和托名鬼谷子的《陰符經注》中又有保身、守時等理論。此外《本經陰符七術》中還有：「盛神法五龍」、「養志法靈龜」、「實意法螣蛇」、「分威法伏熊」、「散勢法鷙鳥」、「轉丸法猛獸」、「損兌法靈蓍」之說，這些質

樸的說法，也可理解為類似五禽戲的仿生保健方法。

鬼谷子養生說是中國最早的養生理論之一，尊奉鬼谷養生說的門徒是中國仙家的一個重要流派。鬼谷子的養生理論概括起來主要有六個方面。

1. 盛　神

《本經陰符七術》認為：人身上有五氣，即心、肝、脾、肺、腎。精神是五氣的統領，心靈是五氣的居處，道德是五氣的根本。認為「養神之所」在於道。道是神明之源。品德可養五氣，心志自然可生術。術是心氣所借助的手段，是魂魄的使者。九種器官、十二種住處都是氣的出入口，是心的控制器，這些都是與生俱來的。只要從內部進行修煉就會明白道數。

認為人生在世上，都是在自然之中。人所以能知道事物，就是九種器官對外界刺激的反映。對哪些事物疑惑時就需要透過心術去掌握。心術勾通之後五氣就得以滋養，可以使精氣固住。寧靜可以養氣，養氣可以寧靜。假如能修煉到精神常住那就叫「從神而化」，對身體來說就是「得道成仙」。「得道成仙」就是跟自然相同，跟道數相合，堅守無為的原則，心懷自然，滋養五氣。

2. 養　志

《本經陰符七術》認為：養志是由於慾望不能都得以實現，需要養志以通達。心志是慾望的使者，慾望多，心神就會散漫；心神散漫，志氣就會消沉；志氣消沉，思想就不痛快。所以心氣如能有所抑制，慾望就不會過多；慾望不過多，意志就不會消沉；意志不消沉，思想就痛快。思想通了，氣也就順了，於是悶氣也不會產生。

為此，在內要以培養五氣為主，對外要以諒解他人為主，這樣就會心情舒暢，安分守己。要使用一個人，要先看他養氣

的工夫，以知道他的修養和慾望，然後再了解他的愛好和才幹。如果心氣得不到修養，心志就不會堅定；心志不堅定，情緒就不會愉快；思慮就不會通達，志意就不會踏實；志意不踏實，應對就不會周到；應對不周到，就會使心氣空虛。那就等於喪失了一個人的靈魂。一個人如果失去了靈魂，就會陷入迷惘。養志的目的就是安定自己；心緒安定，意志就堅定；精力就不分散，就會常有靈感。

3. 實　意

《本經陰符七術》認為：人心都需要安靜，思慮都希望深遠。心安靜則精神爽；思慮能深遠，計謀就有威力。實意需要無為，無為要求安靜五臟、和通六腑。思緒不為外界所動，這樣才能內視、反聽、定志、思之太虛幻境，任思緒馳騁往來。於是就觀察開天闢地的道理，了解大自然造化萬物的功力；掌握週而復始的變化規律，然後探討治國安邦的政治途徑。因此，不出門就可以明白天下，不開窗就可以看見天道。沒看見人民就可以發布命令，沒推行政令就可以使天下大治。

4. 保　身

《持樞》中說：「春季耕種、夏季生長、秋季收割、冬季儲藏，是天時的正常運行。決不可改變和違背這些規律。違背了這些規律即使暫時成功了最後也要失敗。所以作為人君就像天的中軸一樣，擔負起生聚、教養、收成和儲藏等重任。在生活中決不可違背和抗拒這些規律，非如此即使暫時興盛，最後也要衰落。這是大自然的規律。鬼谷子在注《陰符經》說，經歷寒冬的草，被蓋上就不會枯死；裸露在外，就要受傷。草木皆如此，更何況人呢？最重要的是珍惜時光。」

5. 守　時

鬼谷子注《陰符經》說：「天、地、人三者之間是互相侵

害的關係。飲食可以治療百病，但飲食不當就會生百病；運動可以平復萬物，但運動不當就可以傷害萬物。所以把握時機是最關鍵的，不能有一點差錯，早了會太過，晚了又不及。所以賢能明達之士善於把握時機，不肖者只會保命。」

6. 仿　生

在養生學說中有著名的「華佗五禽戲」。其實《鬼谷子》中已有了類似的養生方法。鬼谷子《本經陰符七術》就提出了一套養生方法。其中有「盛神法五龍」、「養志法靈龜」、「實意法螣蛇」、「散勢法鷙鳥」、轉圓法猛獸」、「損兌法靈蓍」。《本經陰符七術》儘管內容複雜，不盡言仿生之術，其方法也不盡具體完善，但從總體上仍可給人以某些啟示，不失為中國傳統仿生理論的一個源頭。

鬼谷養生說主張「靜和養氣」，忌諱「慾多心散」。主張「心欲安靜」，忌諱「精神不專」。《鬼谷子·中經篇》有：「目不視非，耳不聽邪。」「以精化氣，以氣化神，以神化虛；各三華聚頂」的理論相聯繫，提出一套修氣之法，借想像、動作來引導精神與身體。透過運氣，使氣經丹田——會陰——尾閭——夾脊——玉枕——泥丸——印堂——膻中，再返回丹田，以達到養氣之目的。又提出制慾法並引鬼谷子的話說：「審定有無，隨其嗜慾以見其意志。」提出要想取得難得之資、蓋世之名，必須困身承志、倍味甘辛，欲達其志必須制慾，破除財色二念，用心修行，意與神會，蓄精儲銳，心靈專一，溫柔寬忍，愛世救人，不囿世俗，能隨遇而安，入世導化，反樸歸真，即可成為活神仙。

《本經陰符七術》有：「九竅，十二舍者，氣之門戶，心之總攝也。生受之天，謂之真人，真人者與天為一。而知之者，內修煉而知之，謂之聖人。」後世學鬼谷者對修煉之法大加發

揮，提出五煉，即煉心、煉性、煉精、煉氣、煉神。煉心就是正心；煉性就是修德；煉精就是陰陽匹配；煉氣就是修肺腑、口鼻、丹田，練神就是練性靈。

仙家提出了六種修煉方法：

(1)安心定神法：以正神震攝刺激和誘惑以及自身的冥想，以達到履險如夷，逢凶化吉，水火不入、疫染不侵的境地。

(2)內丹法：用仙丹神藥去煉精化氣，練氣化神。

(3)服氣法：氣有六氣，為元氣、志氣、運氣、人氣、靈氣及和氣。透過呼吸運動可達到修煉目的。

(4)服氣法：是通過呼吸吐納六時之氣來修煉，六時之氣為：「平旦為朝霞，日中為正陽，日入為飛家，夜半為沆瀣，天玄，地黃」，這種方法可以治百病、可以強身、延年益壽。

(5)服餌法：在食物或藥物中加入特殊補益品。常用松脂、柏脂、中乳、人參、地黃等物，可以耐飢益氣。

(6)辟穀法：是求絕食以生存，這裡又分為：胎息法，以食氣化營養物來維持生命；入定法，道家神遊、禪家入定都可以數日不進食，長睡不醒；精神專一法，透過誦經等手段專一精神而止食。

附會於鬼谷子名下的道家著作《天髓靈文》中也雜糅一些養生的內容。在一個咒語中除祈禱太上老君、太上老君、元始天尊以外，還提到：長生保命天尊、八卦護身天尊、延壽益算天尊、法身藏化元君、腦神精根泥丸君、眼神明上應元君、鼻神主龍氣君、齒神羅喉清元君、耳神天空閉宮君、舌神正倫君、脾神近命君、膽神虛空君、腎神玄武敬君。

志心用天之訣，行用血氣之功，夫血氣者，穿九宮，度八卦，運真氣一十五度。先舌柱上腭，定息一十五度，下有津，叩齒一十五度，漱液烹津。度滿，做五度咽之。此行血氣之

功，行罷覺己身萬竅中汗自出。此是驗也，微覺頂內有簫韶之聲，行九還七返之，功成。七返者，是心頭悶而恰震之，相火輪送頂左右，五日進火一度三分日為滿，週而復始，返本還源記之。行閉形隱跡之功式，天清地寧，六塵不起，心氣散亂，想心火送在宮轉一百八遭，光轉五十四遭，若是次氣本胸氣來覺，時心頭恰似清風相似，心頭悶不多時。太陽金丹隱跡之法，延年 120 歲形壽。

該書中還提出些戒忌。其中有：戒忌葷膻，三元、五臘、四時、八節、三七、三八、十五、生日、本命日、甲子、庚申、壬申。

右戒持法之人，不可食葷膻。

戒色慾，三元、五臘、四時、八節、三七、三八、十五、生日、本命日、庚申、甲子、壬戌，大風、大雨、大雪、大寒、大陰、大星落，大喜、大怒、飢飽之日。

「右件行法之人，不可不記之。」

「戒食味，牛肉、狗肉、黑魚肉、鱉肉，五辛薤、蒜、蔥、胡、蘿、韭辛酸苦鹹。」

「右件此物，如行法之人食之，傷神役性，有觸此法不一慎之。」

書中講到一個解痛藥引子，其成分和作用是：人參　茯苓　石膏　赤箭　甘草　附子　木香

「右件各分停為末，乳香水調下，二錢日進三服則止，慎勿飲河水，至百日任意服藥經 27 日，渾身變換，體輕身健，眼如碧桃，臉若紅蓮，走如棄馬，三七日心開，無物不知，無書不解，心開意朗，眼中夜放一丈光明。」

書中介紹了一付神奇藥方，名曰：「造化靈藥」，「此藥乃神異之書，有通神驗聖奇術，驚耳駭目之靈方，觀其夏雪冬

雷，興雲致雨，隱形匿貌，變白延年，有謂藥術之精微，天書之玄妙者，愚人得之樂然而。如磁石引針、琥珀拾芥、河車伏汞、揄耳採金、陽燧取火、獺膽分杯、蟹黃聚鼠奇方，豈是聖歟？蓋以藥性相扶，氣類相感使之然也。此方鬼谷先生所載，又兼前術時有驗者，多乃揀去集為秘要藥術，摘太清之玄章，遂以墨子之要，心搜世藥幽微，乃術於世秘密流傳，以成天髓靈經。」

這些附會於鬼谷學說的養性修真之說，也被稱為鬼谷子的「出世學」。主要講成仙得道、超脫塵世的道理。提出修煉可以致天道合一。最後達到見性，超越矛盾，超越凡世，豁達神怡的境界，從而使內心寧靜、情志適意、身體健康、生命安久、無拘無束、適意而行。無辱志痛心之委屈，無困心賊性之戕損。論軀體，則與人無事，與物無忤，無憂無慮；論生命，則不受打擊，不招怨恨，所以安全，可以長久。以至「出世」。

世傳秦始皇欲長生，派人去請教鬼谷子，茅濛學長生拜鬼谷子為師，司馬季主得鬼谷子真傳顏如二十女子。《錄異記》、《金樓子》、《神仙鑒》、《太平廣記·神仙》、《仙傳拾遺》等仙道家的書多有鬼谷子事跡，《三才圖會》也將鬼谷子列入神仙類。可見作為神仙的鬼谷子在中國歷史上影響頗大。

杜光庭《錄異記》稱：「鬼谷先生者古之真仙也，云姓王氏，自軒轅之代歷商周，隨老君西化流沙，洎周末復還中國。」志為「嵩岱松柏、華霍之樹，上葉凌青雲，下根通三泉，……千秋萬歲，不逢斤斧之患。」「飢必噉芝英，渴必飲玉漿。德與神靈齊，明與三光同。」

這個神話了的鬼谷子完全成了超時空的人物。《太平廣記·神仙》稱茅濛：「師北郭鬼谷先生，受長生之術，神丹之方。」後入山「靜齋絕塵，修道合藥，乘龍駕雲，白日升天。」

《金樓子・箴戒篇》稱「秦始皇聞鬼谷子言，因遣徐福入海求玉蔬金菜。」鬼谷子在這裡完全是一位仙家。

這些傳說固然不是史實，但傳說也在一定程度上反映歷史，它說明鬼谷子的養生理論與其門徒的實踐，有仙家特徵。

第七節　劉占文：《鬼谷子的養生思想》

一、闡析陰陽之道，寓含養生哲理

陰陽理論是我們的祖先在長期的生產鬥爭中總結歸納出來的哲學概念，而被引用到醫學和養生學領域之中，就變成其重要的理論組成部分。戰國時期，比較完善的陰陽學說已經得到了諸方面的具體運用。早在《易經》中就有「一陰一陽之謂道」之明旨；故《鬼谷子》一書開宗明義指出：「觀陰陽之開闔以命物，知存亡之門戶，籌策萬類之終始，達人心之理，見變化之朕焉，而守司其門戶，故聖人之在天下也，自古至今，其道一也。」宇宙間的事物統可概括為陰陽兩類，陰陽對立統一的變化是天地萬物生化之本，正如《素問・生氣通天論》說：「生於本，本於陰陽」，《素問・寶命全形論》又說：「人生有形，不離陰陽」，天地合而萬物生，陰陽接而變化起，說明生命的根本就是陰陽變化。

鬼谷子明確指出了，只要掌握陰陽之理，就可以明白天地之理，社會之理，人身之理。他又進而指出：「陽動而行，陰止而藏，陽動而出，陰隨而入，陽還始終，陰極反陽，以陽動者，德相生也，以陰靜者，形相成也……陰陽相求，由捭闔也，此天地陰陽之道而說人之法也，為萬事之先，是謂圓方之門戶。」在此，他論述了陰陽互根，相互依存，相互轉化，相輔相成的規律，正如其謂：「陰陽其和，終始其義」。

天地萬物的發生發展變化都離不開陰陽變化的規律。以人的生命而言，生命活動的過程就是一個不斷氣化和成形的過程。所謂「陽化氣，陰成形」，故《素問‧四氣調神大論》說：「夫四時陰陽者，萬物之體也。」也就是說，在天地自然界中，生物必須遵循和適應其陰陽消長的自然法則，以治病養生保健而言，無論任何治療保健方法，都是為了協調陰陽，所以《素問‧生氣通無論》云：「陰平陽秘，精神乃治，陰陽離決，精氣乃絕。」鬼谷子從陰陽為萬物之本的哲學思想出發，把陰陽之道作為天地之道，處世之道，養生之道。即所謂天、地、人「三才」之道。

他用陰陽學說作為理論工具來闡發世態的演變，人生的哲理，養生的奧旨，並希望萬民在天地陰陽和諧中發生、發展，既能事業有成，又得五穀充養，頤養天年。

二、同源道論之說，法宗順應天時

《鬼谷子》中所表現出來的天人哲學觀與老莊道論自然觀是一致的。《老子》云：「道生一，一生二，二生三，三生萬物，萬物負陰而抱陽，沖氣以為和」，「道生之，德畜之，物形之，勢成之」。莊子強調：「天下有道，則與物皆昌」，「夫道，復載萬物也，洋洋乎大哉，君子不可以不刳心焉」。老莊認為「道」為萬物之本源，養生之哲理。只有領悟「道」之奧妙者，才能順應其規律發生發展，才能得養生之真諦。

鬼谷子對於尊道養生亦有精闢見解。他指出：「道者，天地之始，一其紀也。物之所造，天之所生，包容無形化氣，先天地而成，莫見其形，莫知其名，謂之神靈，故道者，神明之源，一其化端」。「真人者，與天為一。而知之者，內修煉而知之，謂之聖人，聖人者，以類知之，故人與生一，出於化

物」。意思是說，所謂「道」就是天地的本源，天地的綱紀。製造萬物的地方。化育萬物之氣，在天地之前就形成了，未見其形，未知其名，於是稱之為「神靈」。所以，「道」是神明的源泉，而「一」是變化的開端。明白道數的人，是由內心的修煉才領悟的，由此成為更有道德修養之人，謂之「聖人」，聖人能以此類推而明白一切道理，人與萬物一起生成，這都是事物變化的結果。

由此可見，鬼谷子道論之說與老莊的道論思想同出一源。鬼谷子明確指出了宇宙天地萬物的發生發展是有其自然規律的，這個「規律」就是「道」，「道」是萬物生生化化之本源。與此同時，他又進一步指出真人，聖人，養生之人皆需循天合道而養身。他指出：「真人者同天而合道，執一而養產萬類」。在《持樞》中又說：「持樞謂春生、夏長、秋收、冬藏，天之正也，不可干而逆之。逆之者，雖成必敗。故人君亦有天樞，生養成藏，亦復不可干而逆之。逆之雖盛動衰。此天道人君之大綱也。」這種思想體現了「天人相應」的四時陰陽變化規律的整體觀。

人與宇宙自然是一個統一的整體，自然界的一切生物皆受春溫、夏熱、秋涼、冬寒之變化的影響，因而形成了春生、夏長、秋收、冬藏的自然規律，四時陰陽變化規律是萬物由始而終的根本法則，順應它做事養生就會成功，健康無病，正如《黃帝內經》云：「智者之養生也，必順四時而適寒暑。」如果違背這個規律就要受到自然的懲罰，故鬼谷子在注《陰符經》時明確告誡世人說：「非命而動，然後應之」，即不循自然規律辦事，必然受到相應的報應。

在此，鬼谷子的養生思想明確地表達了兩個觀點，首先要掌握天地自然規律，即所謂領悟「道」，只有懂得了道之理，才

能掌養「天和」，在順應規律的同時要學會正確保護自己，又如鬼谷子在注《陰符經》時云：「經冬之草復之而不死，露之則見傷，草木植性尚猶如此，況人萬物之靈。」這說明鬼谷子順應天時的思想，並非單純的被動的適應，而是應發揮主觀能動性，利用自然，改造自然，養護陰陽以借人體生生不息之用。

三、強調精神修養，明辨「心」、「德」精義

我們的祖先在漫長的生活實踐中既認識到生長壯老已是人們不可逃脫的自然法則，更認識到修身養性可以強身健體、益壽延年。古代養生家在養生實踐中，不僅重視「生理自我」的攝養，更重視「精神自我」的修煉。從養生學角度而言，單純的生理健康並非是真正的健康，只有心理和生理都健康才是高水準的健康。

鬼谷子在修身養性方面有不少精闢論述。他在《本經陰符七篇》中明確提出了「盛神」、「養志」、「實意」情志養生三法，對指導情志保健很有價值。鬼谷子認為氣是生命的本源，神是氣之長，養志又是養神的根本。在情志修煉中，養心是養神之根基，養德是養氣之關鍵。

《本經陰符七篇》首先指出：「盛神法五龍，盛神中有五氣，神為之長，心為之舍，德為之人，養神之所，歸諸道。」意思是說，要想使人的精神健康旺盛，就要效法五龍（即指木、火、土、金、水五行）。旺盛的精神包含五臟之氣，神是五氣之總帥，心靈是五氣之住所，品德是精神在人身上的體現。凡要培養精神必須遵循「道」。

上述這段話闡明了人的精神、五氣、心性、品德的辯證關係，揭示了人的心理活動的本質和特點。在盛神法中，他明確指出：「五氣得養，務在舍神。」何為五氣？「五氣者，志也，

思也，神也，心也，德也，神其一長也。靜和者養氣，養氣得其和」。其意是，滋養五臟之氣，務在舍神。五氣主要是指志、思、神、心、德而言，其中神是五氣總帥，如果寧靜、祥和就能養氣，養氣就能得到祥和。

這段原文的中心意思是，養氣之本在於養神，養神之法在於靜養，靜養之要在於養心。所謂萬物歸心，萬道歸心，心為人之主宰，亦為精氣神之主宰。煉精煉氣煉神均須先從煉心開始。這說明攝養心神乃養生壽老之本法，防病治病之良方。「養生貴乎養神」，不懂養神之重要，單靠飲食營養，藥物滋補是難以達到健康長壽目的的。《黃帝內經》指出：「精神內守，病安從來？」說明只要寧靜安定，真氣內存，神清氣和，五臟協調，自然健康無病。

鬼谷子在養志法中提出了節慾斂思，養心安志的正確的養生觀。他說：「養志者，心氣之思不達也。有所慾，志存而思之。志者，慾之使也，慾多則心散，心散則志衰，志衰則思不達也。故心氣一，則欲不徨，慾不徨則志意不衰，志意不衰則思理達矣。理達則和通，和通則亂氣不煩胸中。故內以養氣，外以知人，養志則心通矣，知人則分職明矣。」這段原文指出了調養心神的兩種重要方法。

一是要少私寡慾，清靜養神，七情六慾人皆有之，此乃人之常情，但慾望不可過高過多脫離現實，而應從實際情況出發，節制對私慾和名利的奢望，減輕不必要的思想負擔。使人變得心地坦然，心情舒暢，從而促進身心健康。

二是要安己定志，養心斂思。鬼谷子說：「養志之始，務在安己，己安則志意實堅，志意實堅則威勢不分，神明常固守。」這說明只要志向專一，排除雜誌，就可驅除煩惱，養心斂思，內養心志。從養生學的觀點講，志貴堅而惡變。神貴凝

而惡亂，思貴斂則惡散，志向堅定，凝神斂思是保持思想清靜的良方，它可以使人體生理功能處於最佳狀態。

鬼谷子又在實意法中指出了無為靜養，內守觀道的思想。他說：「實意者，氣之慮也，心欲安靜，慮欲深遠，心安靜則神明榮，慮深遠則計謀成。神明榮則志不亂，計謀成則功不可間。」「無為而求安靜，五臟和通六腑。精神魂魄固守不動，乃能內視、反聽、定志、思之太虛，待神往來，以觀天地開閉，知萬物所造化，見陰陽之終始，原人事之政理」。

其意是修煉自己的意志，首先要在內修五氣和堅定意志上下工夫。所採取的方法是無為靜養，固守純真，不為外界所動。所謂「無為」並非是不為，而是不妄為，不亂為，要按規律辦事。只要心神靜謐，從容溫和，就能臟腑安和，心胸豁達，掌握人身，自然外界的變化規律，也就可收到運籌帷幄於胸中，決勝於千里之外的效果。

四、提倡運動強身，注重仿生導引

歷代學鬼谷養生術的人都非常重視運動健身。華佗的五禽戲是古代養生者經常效仿和實踐的仿生體操，對促進健康很有益處。其實，鬼谷子在《本經陰符七篇》中就提出了一種類似五禽戲的仿生導引養生法，其中有「盛神法五龍」，「養志法靈龜」，「實意法螣蛇」，「分威法伏熊」，「散勢法鷙鳥」，「轉圓法猛獸」等。雖然其中的內容比較複雜，不都是具體描述禽獸運動形態之術的，但這種取象比類的仿生的方法卻給人們攝生保健以深刻的啟迪，也可以說是中國傳統仿生養生理論的一個源頭。

在古代，凡修道養生者，都能掌握吐故納新的調息法，實踐熊、鳥、龜、猿等仿生運動鍛鍊，既能導引，又能養形，還

第七章　當代鬼谷子學術思想與道家內丹養生傳人研究名家　關於鬼谷子的著作精選

可做動靜結合的凝神行氣。鬼谷子所提倡的仿生修養法，並非是一種高強度的機械運動。而是主張動靜適度，有弛有張，有勞有逸的運動形態。

中國傳統的運動健身法一直是指動靜互涵的運動形式。從《內經》的「不妄作勞」到孫思邈的「養性之道，常慾小勞」；從湖南長沙馬王堆出土的導引圖中的導引術到華佗的五禽戲及後世各種導引功法，都突出了一個基本特點：動中求靜，靜中求動，動靜互涵，剛柔相濟。這種運動形式從根本上糾正了那種片面強調「生命在於運動」和「生命在於靜止」的思想。

動靜互涵是指動和靜永遠是一個對立統一的不可分割的整體，是相輔相成的。動為健，靜為康，動以養形，靜以養神，動靜結合，形神共養，「守神全形」或「保形全神」，其目的是為了達到「形與神俱，而盡終其天年。」

在精神攝養中，鬼谷子十分重視內養五氣。他主張「靜和養氣」，「目不視非，耳不聽邪」，反對「慾多心散」，「精神不專」。只有五氣得養，志、心、神才能交會統一。

他的這種修真養志之說，與道家修氣理論是相一致的，這也是一種高層次的導引氣功修煉。從修真養氣的理論出發，後世提出多種修煉方法。

宋代氣功導引功法中，有托名先秦鬼谷子傳，在《諸真聖胎神用訣》中載有《鬼谷子胎息訣》功法，其做法為：「凡修道之人，返本還純，內合真氣，故道反則四象、五行、六氣、七元、八卦而煉精氣神，成其形質，則是虛中取實，無中取有，而內秘真丹也。故煉心為神，煉精為形，煉氣為命，此是陰陽升降之氣也。氣源者，命之根也。故修三法則大道也。」本法以返本還純立法，內煉精氣神以穩定身心，平秘陰陽，形神合一，修煉成真，正如鬼谷子《本經陰符七篇》所云：「九

竅，十二舍者，氣之門戶，心之總攝也。生受於天，謂之真人。真人者，與天為一，而知之者，內修煉知之，謂之聖人。」道家氣功家對此修煉之法大加發揮，提出五煉，即煉心、煉性、煉精、煉氣、煉神。並由此提出多種修煉方法。

後世道家附會於鬼谷子的養性修真之說，因而被稱為鬼谷子的「出世學」，其主要思想是修煉可以致天道合一，超塵脫俗。而實際上也只是一種氣功修煉。

五、隱居修煉養真，盡享自然之美

人與環境，像魚和水一樣密不可分，環境創造了人類，人類依存於環境，只由自身的生產活動不斷改造環境，使其與自然更加和諧，所以人與自然環境是一個有機統一的整體，而人類無不打上環境的烙印。隨著社會的發展，人類越來越體會到自然環境對養生保健的重要性，因此，越來越多的人希望自己的生活環境回歸自然。中國歷代養生家養生都選擇優良的地理環境和優美的居住環境。不論是道家的道觀還是釋家的寺院都是營建在名山勝境之中，其景致之幽雅，自不待說。鬼谷子隱居攝養亦是如此。

鬼谷子所隱居之處，雖有多種考證，各說不一，但比較一致認為他隱居在古之穎川陽城，即今之河南登封。

當年鬼谷子所居之處，地處豫北，東臨淇河，西依太行，雲山疊翠，依山傍水，是人類最適宜的居住環境，鬼谷隱居辦學之處，地處雲夢山中，其景致幽雅靜謐，青山翠巒，樹木蔥鬱，蒼松翠柏，鳥語花香，鬼谷幽幽，清泉細流，魚蟲奇態，格外喜人。再看鬼谷所居之洞，其景是洞中有水，水中有山，陽光可人，又能避風遮雨，冬日暖意融融，炎夏陰涼宜人。這真可謂「世外桃源」之仙境。生活、工作在這樣的環境中，自

然會受益無窮。

自古及今，學道養生者紛紛，然成功受益者寥寥，其故何也？原因是多方面的，但僅從養生角度而言，選擇或創造一個理想的生活環境，靜心投入是成功的重要條件，鬼谷子當年在這種天然美景中傳道、養生，既可清神明智，充分挖掘和發揮自己的聰明才智，宣揚自己的思想觀點，傳道授業解惑，又可調養身心，修性養真，從而達到心理上的高度平衡，故此，對精神養生起到良好的作用。

與此同時，終日盡情享受山風松濤的沐浴，有超凡脫俗，回歸自然之感。晴天麗日之時，可遊覽山水，飽覽天下名勝佳景及秀麗風光，與自然宇宙混為一體，使人頓感心胸寬廣，一切恩怨煩惱，一掃而光，而且鍛鍊了筋骨體魄，使人心曠神怡，精力充沛，增添了生活的情趣。

生活在這種優美的環境中，既無環境污染，又無噪音干擾，空氣清新，生活規律，精神安逸，自然會益壽延年。鬼谷這種隱居生活方式對後世一些學道之人亦有一定影響，南朝華陽隱士陶弘景，三十六歲後隱居茅山，精心修煉，著書立說，被時人稱為「山中宰相」。並評注《鬼谷子》一書，使其廣為流傳，為鬼谷子學說在道教中傳播開了先河。

鬼谷子養生之論，屬於長期生活實踐經驗的總結。就其內容而言，基本上屬於道家學說。然而，對養生理論和方法的論述，無論在深度上還是在廣度上都不在老莊之下。故此，其養生之說在道家中廣為流傳，並為後世養生家不斷應用和發展，以至演變出氣功、導引、服食、藥餌、運動保健等具體方法。

從鬼谷子或托名鬼谷書籍的內容來看。鬼谷養生的主要觀點是精神、物質並用，動靜相合，養神和養形並舉，眾術合修，綜合攝養，以求健康長壽，頤養天年。他的這些思想至今

仍有積極意義。因此，當今研究、探討鬼谷養生思想的目的是為了使中國古老而深奧的養生益壽之術走向現代人的生活，為人類的健康帶來益處。

第八節　王煜：《老子、莊子對鬼谷子沾益》

正如《冠子》和《文子》，《鬼谷子》屢受理解為偽書。蕭登福《鬼谷子研究》③確證它是戰國時代記載縱橫學的碩果僅存者。兩千年來它被低估為縱橫家的詭譎權謀，豐富的人生哲學卻遭忽略。

初唐長孫無忌《鬼谷子序》欣賞縱橫家對君主「諭以九稅之利、九儀之親、九牧之維、九禁之難、九戎之威」。但是特重九的經典是《易》而非《老》、《莊》。

北宋高似孫《子略》盛贊《鬼谷子》變詐激昂……出於戰國諸人之表。夫一闔一闢，《易》之神也；一翕一張，老氏之幾也。鬼谷之術，往往有得於闔闢翕張之外，神而明之，益至於自放潰裂而不可禦。高似孫已知縱橫家容易走火入魔了。

明初宋廉《諸子辨》反對高氏的過譽，貶抑鬼谷子的黃老哲學為「恒語」，即老生常談甚至陳腔濫調。恪遵程朱的方孝孺在《讀〈讀戰國策〉》痛斥「功利熾，而仁義銷矣；遊說行，而廉恥衰矣；譎詐盛，而忠厚之風息矣。」這種傾向泛道德主義，須知遊說列國諸侯未必寡廉鮮恥如妾婦，孔孟也曾遊說而失敗，問題在於遊說的內容和目標是功利抑或仁義。胡應麟《四部正偽》罵鬼谷子淺陋。

清代孫德謙《諸子通考序》為鬼谷子平反道：「蘇（秦）、張（儀）學於鬼谷子，歷說諸侯，取富貴於立談。儒者每鄙之微不足道，然禁攻息兵，天下稍免干戈之患，其功烈亦何可輕

議？」孫德謙《諸子通考》卷2指出：「儒術獨絀（屈），孟荀不得志於世，而從（縱）橫家反能顯榮於天下，此非《六經》之無用，可束高閣焉。亦以生逢亂世，別有匡濟之學術耳。聞之公羊家有張三世之說：「一據亂世，一升平世，一太平世。以吾言之：諸子者，亂世之所貴；而《六經》者，其為太平世矣。」在孫德謙心中，亂世僅能用權、奇、變而不可取經、正、常，否則迂闊虛浮、華而不實。升兩平、太平兩世不妨遵循儒典。高似孫對鬼谷的推崇未必過度，宋濂對鬼谷的彈訶必定太嚴了！

《四庫全書總目‧〈鬼谷子〉提要》兼否定高、宋兩極端批評，尤其是不滿宋濂《醨溪集》詆為蛇鼠之智，結論比較附和融會儒佛的柳子厚：柳宗元辨《鬼谷子》，以為言益奇，而道益隘，差得其真。蓋其書雖不足道，其文之奇變詭偉，要非後世所能為也。柳氏厭惡鬼谷好術，即是痴迷於權謀術數。此乃老莊與鬼谷的差異。

然而鬼谷深受老莊灌溉，讓我逐篇指陳。《捭闔》篇陰陽其和顯然來自《老》、《莊》、《易》，特別是老子「萬物負陰而抱陰，沖氣以為和。」「為小無內，為大無外」，源於《莊子‧天下》惠施詭詞「至大無外……至小無內。」陽還終始，陰極反陽的靈感取自老子反者道之動及《周易》，老子雖未造「捭闔」一詞，但有「開闔」、「張翕」兩對同義的概念。

《反應篇》「欲聞其聲反默，欲張反合，欲高反下，欲取反與」四句顯然採納老子「將欲歙之，必固張之；將欲弱之，必固強之；將欲廢之，必固興之；將欲奪之，必固與之。」當然鬼谷子絕無教人防避陰謀的慈心。他所言「莫見其門是謂天神」強調真人不露相，或無形容。老子說過「聖人不行而知，不見而名」《莊子‧知北遊》謂至道「無門無房」，《則陽》，又說「萬

物有乎生而莫見其根，有乎出而莫見其門。」

《內揵篇》「獨往獨來」出自《莊子・在宥》「獨往獨來，是謂獨有；獨有之人，是謂至貴。」「環轉因化」似從《莊子・齊物論》獲致。

《抵巇篇》物有自然的「自然」源於老子「道法自然」；「經起秋毫之末，揮之於泰山之本」發揮《莊子・齊物論》「天下莫大於秋毫之末，而太（泰）山為小」。鬼谷子頌贊聖人洞察危殆的預兆云：「事之危也，聖人知之，獨保其用。因化說事，通達計謀，以識細微。」老子早已領悟「其安易持，其未兆易謀；其脆易判，其微易散。為之於未有，治之於未亂。合抱之木，生於毫末；九層之台，始於累土」。抵巇就是防範於未然。防範屬消極面，積極面是偉大事業從小事做起，即老子「千里之行，起於足下。」

《飛鉗篇》「心意」可能出自《莊子・讓王》「逍遙於天地之間而心意自得。」

《忤合篇》「世無常貴，事無常師」可能受益於《莊子・徐無鬼》「時為帝者也」和「學一先生（老師）之言，則暖暖昧昧而私自說（悅）也，自以為足矣，而未知未始有物（實學）也，是以謂暖昧者也。」杜甫遂謂「轉益多師是汝師」。每位老師不免先天後天的局限與盲點，不能有固定的老師，正如不同時勢造就分歧的貴重物品，往往實用者珍貴，除非裝飾品。鬼谷子又倡「聖人常為，無不為」；「材質不惠（慧），不能用兵；忠實無真，不能知人。」老子已言「道常無為而無不為」；「以正治國，以奇用兵」；「用兵有言，吾不敢為主而為客，不敢進寸而退尺。」「知人者智，自知者明」。《莊子・漁父》說「聖人法天貴真」，《莊子・田子方》有褒詞「其為人也真。」無真就是虛情假意，戴上假面具，障碍彼此精神的溝通。存在主義

亦倡真人不戴假面具，不會與別人疏離或異化，甚至具備吸引群眾的魅力。

《揣篇》「情慾必失其變。感動而不知其變者，乃且錯其人，勿與語，而更問所親，知其所安」。其中「情慾」出自《莊子‧天下》「情慾寡淺」一語。《莊子‧人間世》假托孔子教訓顏回說「人則鳴，不入則止」，比較後來鬼谷子消極一些。對鬼谷子「揣情最難守司（掌握）」，陶弘景疏論云：「人情險於山川，難於知天。今欲揣度而守司之，不亦難乎！」原來《莊子‧列禦寇》借孔子口云：「凡人心險於山川，難於知天。」陶氏改「心」為「情」。《摩篇》「神明」一詞源於《莊子‧天下》。《莊子》多篇強調道術必須配合時勢，鬼谷子也說：「夫事成必合於數（術），故曰道數與時相偶者也。」陶弘景指出道、術、時三要素，他像《莊子》比較輕視「數」。鬼谷子主張「成而不抱（包，居），久而化成」，沿襲老子「生而不有，為而為恃，長而不宰，是謂玄德」之意。人文化成不能性急，而須長久忍耐。「不失其所者久，死而不亡（忘）則壽。」分說生物與人類。「進化」函蘊「長久」如「天地。」

《權篇》「佞言者諂而於（干，求）忠，諛言者博而於（干，求）智，……先意承欲者，諂也；繁稱文辭者，博也。……故介蟲之捍也，必為堅厚；螫蟲之動也，必以毒螫。故禽獸知用其長，而者知用其用（所長）也。」此段似受益於《莊子‧漁父》「莫之顧而進謂之佞，希意道（導）言謂之諂，不擇是非而言謂之諛。」以及《莊子‧庚桑楚》「唯蟲能蟲，唯蟲能天」。鬼谷子類比人類和昆蟲，認為辯士善用長處，恰似甲（介）蟲與螫蟲（如蜂蝎）本能運施天賦的殼和刺。老子「知者不博，博者不知」抨擊博學。鬼谷子亦以博為貶詞，似與孔子、荀子、黃石公、朱子的博學精神相反，即帶反重智主義色彩。實際上

《荀子・宥坐》抨擊少正卯「記丑而博」同老子以「博」為雜亂而非功力深厚，黃石公《素書・求人之志》卻倡「博學切問，所以廣知。」

《謀篇》「參（三義）以立焉，以生奇」的「奇」大多出自老子，遂闡釋道：「正不如奇，奇流而不止者也。故說人主者，必與之言奇」。鬼谷子懂得人性好奇愛勝，樂意出奇制勝，「事貴制人，而不貴見制於人。制人者，握權也；見制於人者，制命也。」這遠比莊子「物物而不物於物」積極。老子透視「欲 A 先 A」（如欲取先與）式陰謀，教人防範而非運用；韓非子純粹視作陰謀，鬼谷子更說：「陰道而陽取之也。故去之者，縱之；縱之者，乘之。」他教人用秘密方法博取對方的歡心好感。若要幹掉某人，先須放縱他，讓他盡情放肆積惡，然後趁機乘勢除掉此眼中釘。諸葛亮擅長實踐孫子兵法，對孟獲的七度擒縱符契三十六計的第十六計「欲擒故縱」。鬼谷子的「陰道」可溯源於《老子》、《孫子》和《易・屯卦》三十六計第二十七計「假痴不癲」云：「寧偽作不知不為，為偽作假知妄為。靜不露機，雲雷屯也。」清代姚配中《周易姚氏學》說：「冬雷藏地中，至春乃激薄（逼）而出。」智者深藏不露，始能順利清理門戶。「靜不露機」就是實踐陰道，包括孫武的愚兵手段使兵「無知」。近代李宗吾《厚黑學》不是兵法，而客觀描述人心陰險奸詐，堪稱最廣義的「陰道」了。

《決篇》「陽勵於一言（真話簡明），陰勵於二言（真假虛實的話）。平素、樞機以用四者。微（陰隱奧妙）而施之。於是度以往事，驗之來事，參之平素，可則決之。」此段似要參考《莊子・天下》「以法為分，以名為表，以參為驗，以稽為決。共數一二三四是也。」此「四」非鬼谷子所謂一言、二言、平素及機樞，老子「微明」之「微」亦指隱秘的政策謀略，對

照顯露的法令計劃。

《符言篇》「名當則生於實」，必定採取《莊子‧逍遙遊》「名者實之賓也。」

《轉丸篇》亡佚，篇名令人聯想《莊子‧徐無鬼》「市南宜僚弄（轉）丸而兩家之難解」。《胠篋篇》亡佚，錢穆憑一句引文同《莊子‧胠篋》而武斷地認為全篇抄襲《莊子》。

《本經陰符》卷包括七篇：《盛神篇》主張「養神之所歸諸道。道者，天地之始，一其紀也。物之所造，天之所生，包宏無形。化氣先天地而成，莫見其形，莫知其名，謂之神靈。故道者，神明之源，一其化端。……生受之天，謂之真人。真人者，與天為一。而知之者內修煉而知之，謂之聖人。聖人者，以類知之。……知類在竅，有所疑惑，通於心術。……真人者，同天而合道，執一而養產萬類，懷天心，施德養，無為以包志慮、思意，而行威勢者也。士者，通達之，神盛乃能養志。」此篇運施老莊的形而上學與功夫論，「神明」、「審靈」同義。老子比孔子早用「聖人」一詞。莊周首創「真人」一語、黃老學派傑作《管子‧心術》可能始造心術一詞，老莊啟迪的《易傳》說「陰陽不測之謂神」。《莊子》「神人」即聖人、至人或真人。聖人亦需學習──內修煉，譬如像《荀子》提倡的「知統類」。《莊子‧天地》勾勒真人形象云：「古之畜（養產）天下者，無欲而天下足，無為而萬物化，淵靜而百姓定。《記》（古書）曰：通欲一百萬事畢，無心於得而鬼神服。」通於一即「執一」或「守一」，「神盛」即《莊子》「神旺」，「養志」即《莊子‧在宥》「心養」（養心）和《莊子‧天運》「養神」，「天心」近似《莊子》「天機」、「天和」。」

《養志篇》云：「養志法靈龜。……慾多則心散，心散則志衰，志衰則思不達也。」慾心志思四部曲可簡化為理慾兩項。

《易‧捐卦》倡君子懲忿窒慾，即加強理性對治感性衝動。道教比先秦道家哲學更尊擅長調息的靈龜，彷彿龜能清心寡慾。葛洪《抱朴子‧對俗》反問：「《仙經》象龜之息，豈不有以乎？」晚唐道家隱士陸龜蒙推測鬼谷子名王詡。稍遲於鬼谷子的黃石公，在《素書‧求人之志》酷似捐卦倡導「絕嗜禁慾，所以除累」。難怪黃石公啟蒙的張良似范蠡，免蹈文種（可能作《文子》）的悲慘覆轍，文種多欲戀棧。鬼谷子的貶詞「慾多」、「心散」、「志衰」、「思不達」（宜改為「思滯」以保持一律兩字）貶「慾」為禍根，可能薰染陳平當面指責漢高祖「多欲，乃道家之所惡。」

　　《實意篇》主張「心欲安靜，慮欲深遠。信心術，守真一而不化……待神往來，……知萬物所造化……不出戶而知天下，不窺牖而見天道。不見（現）而命，不行而至。是謂道知，以通神明，應於無方，而神宿矣」。「心術」出自《莊子‧天運》「精神之運，心術之動。」老子歌頌聖人「不出戶，知天下；不窺牖，見天道……不行而知，不見而名（不必觀察外界而能明白事理）。」老聃又倡「致虛極，守靜篤」，虛靜始能深謀遠慮；所以儒道之間的賈誼在《過秦論》說：「深謀遠慮，行軍用兵之道，非及曩時（往昔）之士也」。賈誼比較務實，不會仿效《呂氏春秋‧重言》褒賞「聖人聽於無聲，視於無形，詹何、田子方（子貢門人）、老耽（聃）是也。」

　　鬼谷子嚮往「通神明」的玄妙境界，「神明」等於「造化」。《莊子‧大宗師》創造優秀的譬喻：「以天地為大爐，以造化為大冶。」《天下篇》描述真人「獨與天地精神往來」。就是通神明。《天運篇》動於天方，居於窈冥不外鬼谷子「應於無方」。《分威篇》以「伏熊為典範，教人模仿熊羆出擊前在草叢或樹後窺伺埋伏」，剛似《莊子‧逍遙遊》所述狸狌（野貓）「卑身

而伏，以候敖（遨）者」，卻非效法（刻意）篇「熊經鳥申」。《散勢篇》倡導「心虛志溢」且反對「精神不專」。老子首先頌「虛」，《國語‧越語下》提出「天道盈而不溢」，然而「志溢」非貶詞而為褒詞，等同志遠，像鯤鵬而非斑鳩，又似《莊子‧養生主》那庖丁「躊躇滿志」，必須「用志不分，乃凝於神」（《達生》），即心無旁騖。

《轉圓篇》主張「以不測之智而通心術。而神道混沌為一，以變論萬義類。……故興造化者為始，動作無不包大道，以觀神明之域。」「神道」之道指規律或事理。「混沌」出於《莊子‧應帝王》「中央之帝為混沌」，鬼谷子改造「渾沌」成動詞。《損兌篇》非合併《易》經損、兌兩卦要旨，因為此兌，不通「悅」而指變換。結語「善損兌者，譬如決水於千仞之堤，轉圓石於萬仞之谿」，似受裨益於《莊子‧秋水》。

《持樞篇》簡賅：「持樞」謂「春生、夏長、秋收、冬藏，天之正也，不可干而逆之。逆之者，雖成必敗。故人君亦有天樞，生養成藏，亦復不別干而逆之。逆之，雖盛必衰。此天道、人君之大綱也。」自然規律神聖不可干犯忤逆，否則自取滅亡，即自作孽。

中國哲學以道家最尊重自然規律，感染《管子‧八觀》「江海雖廣，池澤雖博，魚鱉雖多，罔罟必有正。」此正指準則、規矩及管理。《莊子‧德充符》賞與「受命於天，惟舜獨也正，幸能正生以正眾生」，正生即正性，「正」是標準或法則。《商君書‧開塞》「訟而元正，則莫得其性也」，「正拾準繩」。陶弘景慨嘆云：「此《持樞》之術，恨太簡促，暢理不盡；或篇簡脫爛，本不能全也。」他未注意「天樞」即「《莊子‧齊物論》「道樞」或「環中」。《中經篇》強調「制人者握權，制於人者失命」。將《莊子》「物物而不物於物」含義推到積極的政治軍

事。鬼谷子「觀漫瀾之命，使有後會」，陶弘景注稱：「性命漫瀾而無極，終會於永年」。「漫瀾」是褒詞，似改造《莊子・在宥》「大德不同，而性命爛漫矣」的貶詞「爛漫」。鬼谷子說：「聖人所貴道微妙者，誠以其可以轉危為安，救亡使存也。」老子已倡「尊道貴德」；「古之善為士（抱道）者，微妙玄通，深不可識。」末句即孟子「聖而不可知之之謂神。」孔孟無權，遂鬱鬱不得志。莊周放棄擔任宰相的權柄而效自由烏龜。《中經》像黃老帛書正視權位的必要性。

瑞士漢學家勝雅律融會中西兵法而撰《智謀》成名，精通三十六計，然而未嘗充分運用鬼谷子的智謀呢？我要指出，縱橫家和兵家不必放棄儒家所重的仁義。孫武、吳起齊名，《孫子兵法》亦談仁義，以智信仁勇嚴為五德。子夏門徒吳起以道義禮仁為四德。孫武的孫兒孫臏說：「權衡，所以篡（選拔）賢取良也」，齊景公大夫司馬穰苴《司馬法・仁本第一》，更重仁義道：「古者，以仁為本，以義治之之為正。正不獲意（符合理想）則權（奇變）。」《嚴為第四》又說：「凡民，以仁救，以義戰，以智決，以勇間，以信事，以利勸，以功勝。故心中仁，行中義，堪物智也，堪大勇也，堪久信也。」

有趣的是秦始皇的軍師尉繚子，深受老子啟發，雖不倡仁義而跟隨老子謂「兵者，凶器也；爭者，逆德也；將者，死官也。故不得已而用之。」老子「三寶」首項「慈」近似儒家的「仁」，包含愛惜軍民性命，遂斥兵為不祥。偽托姜太公（呂尚）撰的兵書《六韜》應成於戰國晚期，《文韜大禮篇》用黃老學派口吻說：「安徐而靜，柔節先定；善與（仁慈）而不爭，虛心平志，待物以正。」下文「以天下之目視，則無不見也；以天下之耳聽，則無不聞之；以天下之心慮，則無不知也。」此段同《鬼谷子・符言》和《鄧析子・轉辭》，未知誰較早。《鬼

谷子・內揵》篇也不廢仁義道：「由夫（依據）道德仁義，禮樂計謀。」意謂計謀以道德仁義、禮樂忠信為根基。黃石公《原始篇》「道德仁義禮，五者一體矣」，矣，這比《老子》38 章接近儒學。《求人之志篇》「絕嗜禁慾，所以除累」則比《鬼谷子》更傾向禁慾主義。

第九節　高衛星：《鬼谷子的縱橫家管理思想》

《鬼谷子》一書是一本實用性和思辨性很強的著作。但《鬼谷子》在闡述遊說縱橫之術中，字裡行間還透露出另外一種閃光的東西，這就是其表現出來的管理思想。筆者認為，其管理思想的主要內容表現在以下幾個方面：

一、審時度勢

《鬼谷子》一書特別強調在管理中要審時度勢，把握事物發展的客觀規律，只有這樣，作為君主才能稱上是明君英主，作為謀士才算是聰明的士人，其計謀也會為君主所接受所採納。

《鬼谷子》認為，天下形勢是處在不斷地發展變化之中的，作為君主對國家大事的考慮「不可不周；人主不周，則群臣生亂。寂乎，其無常也，內外不通，安知所開？開閉不善，不見原也。」（《鬼谷子・符言》，以下凡引《鬼谷子》一書，只注篇名）因此作為君主對問題的考慮應當非常周到，要不出任何差錯，這是非常重要的。那麼怎樣才能做到這一點呢？《鬼谷子》認為有三種具體的辦法，「一曰長目，二曰飛耳，三曰樹明」，這樣「千里之外，隱微之中，是謂洞天下奸，莫不暗變更。」（《符言》）也就是說，君主應當眼觀六路，耳聞八

方，精心思考，無論遠近，大小問題，都在君主考慮之中，這樣天下的奸佞小人不敢為非作歹，國家就會因此而穩定，君主的地位就會因此而更加鞏固。

馬克思指出：「一切規模較大的直接社會勞動或共同勞動，都或多或少地需要指揮，以協調個人的活動。」（《資本論》第一卷，第 376 頁）這就是說，一切規模較大的直接社會勞動和共同勞動，都需要有指揮活動和執行這種職能的指揮者和領導者。指揮者的目的，就是要協調個人的活動，使之成為集體的，甚至是國家的活動。要實現這一目的，首先就要解決好怎樣協調個人活動的問題，也就是說要指揮者怎樣把個人的力量集中起來成為集體的或社會組織的力量的問題。對此古往今來，志士仁人，各學術流派可謂是仁者見仁，智者見智。

《鬼谷子》則有自己獨到的見解。他認為，每個人的品質，意志和聰明程度都是不一樣的。要指揮或領導由眾多的這樣的人組成的群體，很關鍵的一點就是要根據每個人的具體情況，因人而異，開展具有針對性的工作。他認為「仁人輕貨，不可誘以利，可使出費；勇士輕難，不可懼以患，可使據危；智者達於數，明於理，不可欺以誠，可以道理，可使立功，是三才也。」（《謀篇》）也就是說對待「三才」，要採取不同的領導方法，這樣才能達到控制他們的目的。而對待與「三才」品格截然相反的人，也應當採取與之相適應的措施。「愚者易蔽也，不肖者易懼也，貪者易誘也，是因事而裁之。」（《謀篇》）即針對這些人的弱點，因人施治，同樣可以達到控制這些人的目的。

這樣，透過這些手段，就可以把各方面的人協調起來，形成一個集體，實現更大的社會目標。

對如何判斷人才，《鬼谷子》也有自己的理解。它認為任

何事物雖然變化無窮，但最終都有各自的歸宿。對於人來說也是如此，一個人的行為可以是多種多樣，但其個人的品質一旦形成以後是很難改變的。《鬼谷子》中說，「變化無窮，各有所歸。或陰或陽，或柔或剛，或開或閉，或弛或張。是故聖人一守司其門戶，審察其所先後，度權量能，校其伎巧短長。」即作為統治者要根據事物變化的規律，人的表現，來衡量一個人的謀略和才幹，並據此，「乃可捭，乃可闔，乃可進，乃可退，乃可賤，乃可貴，無為以牧之。」(《捭闔》)即因才施用，取其所長、比較輕鬆地達到控制人才的目的。

作為謀士，要想為人君所賞識，要想使自己的文韜得到施展，就更應當審時度勢，揣情摩意。「故計國事者，則當審權量，說人主，則當審揣情。」所謂「審權量」，就是說要「度於大小，謀於眾寡；稱貨財之有無，料人民多少饒乏，有餘不足幾何；辨地形之險易，孰利孰害；謀慮，孰長孰短；君臣之親疏，孰賢孰不肖；與賓客之知睿，孰少孰多；觀天時之禍福，孰吉孰凶；諸侯之親，孰用孰不用，百姓之心，去就變化，孰安孰危；孰好孰憎，反側孰便。」(《揣篇》)對這些事情，作為謀士都要有清醒的認識和把握。

所謂「揣情」，就是要仔細地觀察、深入地了解君主的真情實感，「必以其甚喜之時，往而極其慾也，其有慾也，不能隱其情；必以其甚懼之時，往而極其惡也，其有惡也，不能隱其情。情慾必失其變。感動而不知其變者，乃且錯其人勿與語，而更問所親知其所安。夫情變於內者，形見於外，故常必以其見者而知其隱者。」(《揣篇》)

只有在君主有某種「慾望」和「恐懼」的時候，才最容易暴露其真情實感，這也是謀士最容易把握君主的時候。否則，「量權不審，不知強弱輕重之稱；揣情不審，不知隱匿之變化

之靜動」。《揣篇》謀士也就難以推銷自己，更難推銷自己的謀略。

二、賞罰嚴明

賞罰術是戰國時期以及整個封建社會，在統治階級治國實踐中較為經常採用的一種統治權術。它透過對有功勳官員的獎賞和對貪官污吏的懲罰，而保持整個官僚隊伍的清正廉潔，充滿活力。這種統治權術，為戰國時期的法家所創立。其代表人物，法家學派的集大成者韓非認為，君主之所以能夠制服臣下，並不是由於君主的品行、才能高於臣下，主要是因為君主手中握有勢。所謂勢，包括兩個方面的內容，即德與刑。「明主之所致其臣者，二柄而已矣。二柄者，刑、德也。何謂刑德？曰殺戮之謂刑，慶賞之謂德，為人臣者畏誅罰而利慶賞，故人主自用其刑德則群臣畏其威而歸其利矣。」（《韓非子·二柄》）也就是說君主只有操德和刑即賞與罰二柄，才能制服臣下。否則，一旦臣下掌握了賞罰的權力，君主就會喪失權力，將會為人臣所制。

《鬼谷子》也像法家一樣，特別強調「勢」，它認為「勢者，利害之決，權變之威。」（《散勢法鷙鳥》）因此君主一定牢牢掌握「勢」。也還認為，作為君主應當寬容大度，沉著冷靜，同時要擦亮自己的眼睛，眼觀六路，耳聞八方，「以天下之目視者，則無不見；以天下之耳聽者，則無不聞；以天下之心慮者，則無不知。」（《符言》）只有兼聽、廣聞、熟慮，才不會被壞人所蒙蔽。作為君主還應當做到不恥下問，使自己對天地人之間的事都有透徹地了解，對四方、上下、左右、前後的關係都要有深切地體察。所有這些都是君主對臣下進行獎賞和懲罰的基礎。

君主為了使國家穩定富強，自己的地位鞏固，就要遵循一定的治國道理，這就是在處理國家事務時，一定要做到有功必賞，有罪必罰。「君為五官之長。為善者，君與之賞；為非者，君與之罰。君因其政之所以求，因與之，則不勞。」(《符言》)也就是說，聰明的君主，在行使統治權的時候，一方面要用賞賜來拉攏誘導臣下，另一方面又以處罰甚至殺戮來制約臣下。《鬼谷子》的賞罰之術，與韓非子所提倡的刑賞之術，如出一轍，都是君主統御臣下的重要手段。

君主雖然握有賞罰大臣的權力，但也並不是任意的，而是要有一定的標準，一定的原則。這個原則，就是「用賞貴信，用刑貴正。賞賜貴信，必驗耳目之所見聞，其所不見聞者，莫不暗化矣。」(《符言》)

這樣，君主不僅可以透過賞罰達到控制臣下的目的，而且還可以透過賞罰為自己樹立起一個講究信用，公正無私的高大形象，從而可以使更多的有識之士投到自己的麾下，壯大自己的勢力，可謂是一箭雙雕。因此，作為控制臣下的手段，君主要常用賞罰之術，但更要慎重使用，不能濫用。

三、事貴主動

管理活動是一項非常複雜的為實現某一具體的目標而進行的協調，領導和指揮的組織活動。管理思想來源於人類的管理實踐。《鬼谷子》一書的管理思想也不例外，它是對戰國時期各國管理實踐的高度總結，同時，又反過來指導各國的管理活動。

戰國初期，經春秋時期各國之間的兼併戰爭，使當時天下諸侯國的數量由春秋初期的一百四十餘國減少到戰國初期的七個諸侯國。而這七個諸侯國為了在爭霸戰爭中處於有利的地

位，甚至要滅掉其他國家，建立統一的王朝，也不斷地在國家管理和軍事管理上都採取一些積極主動的措施。《鬼谷子》關於爭取主動的管理思想，也正是在這一基礎上產生的，同時又是對這一實踐的高度的理論概括。

《鬼谷子》說：「事貴制人，而不貴見制於人。制人者，握權也；見制於人者，制命也。」（《謀篇》）也就是說要在管理實踐中，爭取主動，控制對方，這樣就抓住了事物發展的主動權。否則，就會受制於人，處於被動挨打的地位。因此要想在管理活動中立於不敗之地，就必須爭取主動，先發制人。

要在管理中爭取主動，並不是輕而易舉可以做到的，而是一項複雜而艱巨的工作。《鬼谷子》認為，要在管理中占據主動，就要利用自己的「智」，採取一些「陰」的手段。它所說的「陰」，並非我們今天講的陰謀詭計，他說的「陰」和「智」是緊密聯繫在一起的。也就是說管理者要充分運用自己的智慧，發揮主觀能動，對具體管理的問題，進行私下而不公開的深入地調查。研究和分析，從中找出事物發展的規律和關鍵，以達到不發則已，一發一定要擊中要害，抓住關鍵，占據主動。所以，《鬼谷子》中說：「聖人之道陰，愚人之道陽；智者事易，而不智者事難，……智用於眾人之所不能知，而能用於眾人之所不能見，既用見可否，擇事而為之。」所以說「天地之化，在高與深；聖人之制道，在隱在匿。」（《謀篇》）只有做到了「智」與「陰」，才有可能使自己在管理中爭取主動，事事順利。

總之，《鬼谷子》的管理思想，是我國古代管理思想寶庫中的瑰寶，是非常豐富的也是非常實用的。因此，深入地研究《鬼谷子》的管理思想不僅有深遠的歷史意義，而且對於批判地繼承、借鑒其管理思想中的合理內核，也有積極的現實意義。

當代鬼谷子學術思想與道家內丹養生傳人研究名家
關於鬼谷子的著作精選

太極武術教學光碟

歡迎至本公司購買書籍

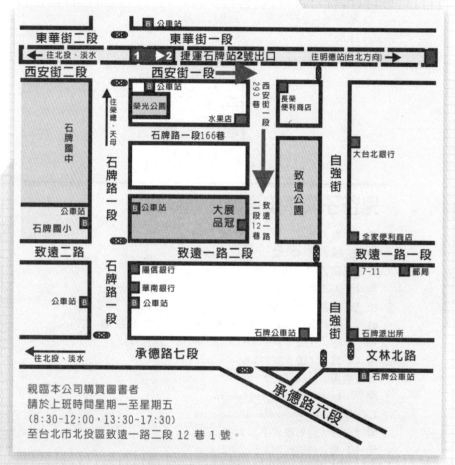

親臨本公司購買圖書者
請於上班時間星期一至星期五
（8：30~12：00，13：30~17：30）
至台北市北投區致遠一路二段 12 巷 1 號。

建議路線
1.搭乘捷運‧公車
　　淡水線石牌站下車，由石牌捷運站 2 號出口出站（出站後靠右邊），沿著捷運高架往台北方向走（往明德站方向），其街名為西安街，約走100公尺（勿超過紅綠燈），由西安街一段293巷進來（巷口有一公車站牌，站名為自強街口），本公司位於致遠公園對面。搭公車者請於石牌站（石牌派出所）下車，走進自強街，遇致遠路口左轉，右手邊第一條巷子即為本社位置。

2.自行開車或騎車
　　由承德路接石牌路，看到陽信銀行右轉，此條即為致遠一路二段，在遇到自強街（紅綠燈）前的巷子（致遠公園）左轉，即可看到本公司招牌。

國家圖書館出版品預行編目資料

鬼谷子與茅山道丹道修真學 / 鬼谷子原著；蘇德仙等編著。
—初版，—臺北市，大展，2013 [民 102.04]
　　面；21公分—（道家養生與生命科學；8）
　　ISBN　978-957-468-939-2（平裝）

　1.鬼谷子　2.研究考訂　3.道教修鍊

121.887　　　　　　　　　　　　　　　　　102002388

鬼谷子與茅山道派丹道修真學

原　　著/鬼谷子

總主編/蘇德仙

責任編輯/趙志春

發行人/蔡森明

出版者/大展出版社有限公司

社　　址/臺北市北投區（石牌）致遠一路2段12巷1號

電　　話/（02）28236031，28236033，28233123

傳　　真/（02）28272069

郵政劃撥/01669551

網　　址/www.dah-jaan.com.tw

E-mail/service@dah-jann.com.tw

登記證/局版臺業字第2171號

承印者/傳興印刷有限公司

裝　　訂/建鑫裝訂有限公司

排版者/菩薩蠻數位文化有限公司

授權者/山西科學技術出版社

初版1刷/2013年（民102年）4月　　　　　定價/550元

大展好書　好書大展

品嘗好書　冠群可期